아르케
북스
247

정
재
철 鄭載喆 Jung, Jaechul

단국대학교 한문교육과 졸업
태동고전연구소 한문연수원 3년 과정 수료
고려대학교 국문학과 문학석사 및 문학박사
단국대학교 한문교육과 교수
UC버클리대 한국학연구소 방문학자
한국한문학회 회장
한국한문교육학회 회장
(현) 단국대학교 한문교육과 명예교수

저서 및 논문
이색 시의 사상적 조명
『고문진보』 연구
한유 문집 연구
한문교육과 창의·인성교육
박종채의 『열하일기』 편집과 교정
『열하일기』 초고본 계열의 이본 연구
이외 다수

민속원 아르케북스 247　minsokwon archebooks

한국한문학의 재도문학 수용 양상

| 정재철 |

민 속 원

서언

　이 책은 우리나라의 문인 학자들이 중국에서 송대의 성리학자들에 의해 체계화된 재도문학을 수용한 양상에 대해 살펴본 것이다. 위와 같은 연구의 목적은 궁극적으로 우리나라와 중국이 공유했던 한국한문학의 보편 문학적 특징과 함께, 중국과는 다른 문학적 풍토 아래 자생해 온 한국한문학의 고유 문학적 특징을 확인하는 데 있다. 따라서 이 책에서는 위와 같은 연구의 목적을 효과적으로 달성하기 위해 다음과 같이 네 단계로 논의를 전개하였다.
　제1부에서는 여말에 새로운 정치세력으로 등장한 신흥사대부들의 문학이 재도문학과 조우한 양상에 대해 살펴보았다. 먼저 이색이 원의 국자감에 유학한 궤적과 성리학을 수학한 과정에 대해 알아보고, 그가 시를 통해 정이와 주희의 경서 주석을 수용한 양상에 대해 살펴보았다. 이어 신흥사대부로 활동한 이강李岡이 시에서 구현한 성리학적 사유와 풍격에 대해 알아보고, 정도전이 정몽주의 시를 다섯 유형의 풍격으로 나누어 비평한 양상에 대해 살펴보았다. 마지막으로 이숭인이 시에서 성리학적 사유로 청정한 정신을 유지하고 성리학적 의리를 실천한 양상에 대해 살펴보았다.
　제2부에서는 조선 전기에 활동한 사대부들의 문학이 재도문학과 유착한 양상에 대해 살펴보았다. 먼저 조선의 문인 학자들이 건양에서 유염이 편찬한 도서에 담겨있는 성리학적 의미를 면밀하게 검토하고, 이에서 한 걸음 더 나아가 각자의 사상적 논리를 강화하는 데 활용한 양상에 대해 살펴보았다. 이어 이이가 중국 시를 8종의 풍격으로 나누어 편찬한 『정언묘선』의 성리학적 사유체계와 심미의식에 대해 알아보았다. 마지막으로 이황과 이이가 주희의 이기론을 체계적으로 이해하여 독창적인 학설을 확립하고, 위와 같은 학설에 기반해 두보 시를 비평한 양상에 대해 살펴보았다.
　제3부에서는 조선 후기에 활동한 박지원의 문학이 재도문학과 이완된 양상에 대해 살펴보았다. 먼저 박지원이 『열하일기』「옥갑야화」에 쓴 허생후지를 교체한 이유에 대해 알아보고, 그가 면천군수 시절에 작성한 『면양잡록』에 윤가기의 시를 써놓은 이유에 대해 살펴보았

다. 이어 박지원의 아들 박종채가 『연암집』을 편집하기 위해 박지원의 시를 채록하면서 「만조숙인」을 제외한 이유에 대해 알아보고, 그가 『연암집』을 편집할 때 박지원의 시 50수 중 8수를 제외한 이유에 대해 살펴보았다. 마지막으로 이재성, 유득공, 박종채가 박지원의 문학을 인식한 양상에 대해 살펴보았다.

제4부에서는 구한말에 활동한 김택영의 문학이 재도문학과 분리된 양상에 대해 살펴보았다. 먼저 김택영이 중국에서 간행한 『고본대학장구』와 『한사경』에서 보여준 반주자적 경학관과 역사비전에 대해 살펴보았다. 이어 김택영과 조긍섭이 한국 역대 산문을 비평하면서 문과 도의 관계에 대해 서로 다르게 인식한 양상에 대해 알아보고, 김택영이 간행한 『연암집』 3종의 내용과 연암 산문의 비평 양상에 대해 살펴보았다. 마지막으로 중국에서 신문학운동이 활발히 전개되던 때에, 김택영이 특정한 문학 유파나 사승 관계에 구애 없이 중국 산문을 비평한 양상에 대해 살펴보았다.

위와 같이 이 책에서는 여말에 등장한 신흥사대부의 문학에서 시작해 구한말에 활동한 김택영의 문학에 이르기까지, 한국한문학과 재도문학이 초기에는 서로 조우하고 유착하였다가 후기에는 서로 이완되거나 분리되는 과정을 거치며 서로 긴밀한 관계를 맺고 있는 것을 확인하였다. 또한 이 책에서는 위와 같은 내용을 통해 한국한문학의 특징을 이해하기 위해서는 여말에서 구한말까지 활동한 문인들의 문예 활동에 큰 영향을 끼친 재도문학에 대해 깊은 이해가 필요하고, 이와 함께 우리나라의 문인 학자들이 중국에서 재도문학에 기반해 간행한 도서를 수용한 양상에 대해서도 심도 있는 연구가 필요하다는 것을 확인하였다.

2024년 2월 20일
단국대학교 죽전캠퍼스에서 필자 쓰다.

차례

서언 • 4

총론 13

1. 여말문학과 재도문학의 조우 ········· 15
2. 사림문학과 재도문학의 유착 ········· 19
3. 연암문학과 재도문학의 이완 ········· 21
4. 창강문학과 재도문학의 분리 ········· 26

제1부
여말문학과 재도문학의 조우 31

제1장 이색의 국자감 유학과 성리학 수용
032

1. 머리말 ········· 32
2. 국자감의 유학 과정 ········· 33
3. 성리학의 수용 양상 ········· 41
4. 도의 동전東傳과 그 의미 ········· 48

제2장 이색의 경학사상 :
　　　정주 주석의 수용
　　　　───── 053

　　1. 머리말 ··· 53
　　2. 정주 주석의 수용 양상 ·· 57
　　3. 맺음말 - 경학사적 의의 ·· 70

제3장 이강李岡 시의 주제와
　　　풍격 연구
　　　　───── 072

　　1. 머리말 ··· 72
　　2. 이강의 생애와 정치활동 ·· 73
　　3. 이강 시의 주제와 풍격 ·· 77
　　4. 맺음말 - 문학사적 의미 ·· 97

제4장 정도전의
　　　포은 시 비평과 그 의미
　　　　───── 099

　　1. 머리말 ··· 99
　　2. 정도전의 포은 시 비평 양상 ··· 102
　　3. 맺음말 - 문학사적 의미 ·· 124

제5장 이숭인 시의
　　　사상적 지향과 풍격 연구
　　　　───── 127

　　1. 머리말 ··· 127
　　2. 청한 : 기심이 소진된 청정경계 ·· 129
　　3. 신기 : 불의에 대응한 절의정신 ·· 137
　　4. 맺음말 ··· 145

제2부
사림문학과 재도문학의 유착 149

제6장 유엽劉曄 편찬 도서의 성리학적 수용
150

1. 머리말 · 150
2. 유엽은 누구인가 · 154
3. 유엽의 도서 편찬 · 157
4. 성리학적 수용 양상 · 176
5. 맺음말 · 193

제7장 『정언묘선』의 사유체계 및 심미의식
196

1. 머리말 · 196
2. 『정언묘선』의 성리학적 사유체계 · 198
3. 『정언묘선』의 성리학적 심미의식 · 205
4. 맺음말 · 244

제8장 이황과 이이의 두보 시 수용 연구
247

1. 머리말 · 247
2. 두보 시 수용의 사상적 기반 · 249
3. 이황과 이이의 두보 시 수용 · 254
4. 맺음말 - 문학사적 의미 · 264

제3부
연암문학과 재도문학의 이완   267

제9장 『열하일기』「옥갑야화」의 허생후지 연구
───── 268

1. 머리말 ·· 268
2. 「진덕재야화」와 「옥갑야화」의 관계 ··· 272
3. 「진덕재야화」 허생후지의 교체 이유 ··· 274
4. 「옥갑야어」 허생후지의 내용과 주제 ··· 279
5. 맺음말 ·· 284

제10장 『면양잡록』 수록 윤가기 시 연구
───── 287

1. 머리말 ·· 287
2. 윤가기 시 10수의 내용 ·· 289
3. 윤가기 시의 배경과 의미 ·· 298
4. 맺음말 - 『면양잡록』 수록 이유 ·· 314

제11장 연암의 장편시 「만조숙인」 연구
───── 318

1. 머리말 ·· 318
2. 「만조숙인」의 내용과 주제 ··· 321
3. 연암의 정치의리와 홍낙임 ·· 329
4. 「만조숙인」의 미수록 이유 ··· 334
5. 맺음말 ·· 339

제12장 『연암집』 미수록 연암 시 연구 ——— 341

1. 머리말 ·· 341
2. 연암 시 50수와 42수의 관계 ··· 343
3. 연암 시 50수의 채록 양상 ··· 348
4. 『연암집』 미수록 8수의 내용 ··· 353
5. 맺음말 ·· 362

제13장 연암 문학에 대한 당시대인의 인식 ——— 365

1. 머리말 ·· 365
2. 당시대인의 연암문학 인식 ··· 367
3. 맺음말 - 문학사적 의미 ··· 385

제4부

창강문학과 재도문학의 분리   389

제14장 김택영의 반주자적 경학론과 역사비전 ——— 390

1. 머리말 ·· 390
2. 『고본대학장구』의 사상적 함의 ··· 391
3. 『한사경』의 역사비전과 귀결점 ··· 401
4. 맺음말 - 사상사적 의미 ··· 410

제15장 김택영과 조긍섭의 문학관 비교 연구
───── 412

1. 문제의 제기 ·· 412
2. 문文과 도道의 관계 ·· 416
3. 문에서의 기氣와 리理 ·· 422
4. 맺음말 - 산문사적 의미 ·· 429

제16장 김택영의 『연암집』 편찬과 연암 산문비평
───── 431

1. 머리말 ··· 431
2. 『연암집』의 교정과 편집 ······································ 434
3. 연암 산문의 비평 양상 ·· 443
4. 맺음말 - 문학사적 의미 ·· 454

제17장 김택영의 중국 산문비평과 사상적 지향
───── 457

1. 머리말 ··· 457
2. 산문비평의 양축 : 감甘과 고苦 ································ 459
3. 구풍격과 신의경의 관계 ······································ 464
4. 산문비평의 사상적 지향 ······································ 469
5. 맺음말 : 산문사적 의미 ·· 473

참고문헌 475

총론

1. 여말문학과 재도문학의 조우
2. 사림문학과 재도문학의 유착
3. 연암문학과 재도문학의 이완
4. 창강문학과 재도문학의 분리

총론

　재도문학에서의 '재도'는 11세기 북송의 성리학자인 주돈이周敦頤가 '문장으로 도를 싣는다'고 말한 '문이재도文以載道'에서 나온 용어로, 재도문학은 문과 도의 관계에서 문보다 도를 더 강조하는 도덕주의 문학을 의미한다. 한국한문학의 특징을 이해하기 위해서는 우리나라의 문인 학자들이 위와 같이 송대의 성리학자들에 의해 체계화된 재도문학을 어떻게 이해하고 활용했는지 파악하는 것이 중요하다.

　학계에서는 조선 전기의 문학을 사대부문학의 시대로 규정하고 있다. 사대부문학은 여말에 남송의 주희가 체계화한 성리학을 정치적 이념으로 하여 등장한 신흥사대부들이 재도문학을 시문으로 구현하면서 시작되었다. 이 사대부문학이 조선 전기에 토착·개화한 데에는 주희의 문집은 물론 그가 편찬한 주석서와 각종의 중국 도서들이 활자로 인쇄되어 보급된 것에 힘입은 바가 크다. 그러므로 여말부터 조선 전기까지 전개된 한문학의 실체를 규명하기 위해서는, 위와 같이 당시의 문학을 주도한 문인 학자들의 문학이 재도문학과 조우하거나 유착한 양상을 파악하는 것이 중요하다.

　한편 조선 후기에 실학파 문인으로 활동한 박지원은 재도문학이 사람의 감정을 왜곡시킬 수 있다고 보고, 글을 지으면서 일상의 감정을 타고난 본성에 따라 여과 없이 표출하였다. 또한 구한말에 문장가로 활동한 김택영은 중국에서 지은 글을 통해 주희의 격물설과 조선왕조의 정통성을 부정하고, 문을 중시하는 문장가의 관점에서 재도문학을 비판하였다. 그러므로 조선 후기부터 구한말까지 전개된 한문학의 실체를 규명하기 위해서는, 위와 같이 당대의 문학을 주도한 박지원과 김택영의 문학이 재도문학과 이완되거나 분리된 양상을 파악하는 것이 중요하다.

1. 여말문학과 재도문학의 조우

1-1. 목은 이색(1328~1396)은 21세부터 3년여에 걸쳐 원나라 국자감에 재학하였다. 그는 국자감 유학 시절을 회고하며 지은 시에서『춘추』를 끝까지 정독하였고,『주역』을 가죽끈이 세 번 끊기도록 탐독하였으며,『서경』을 하루에 백회씩 읽었다고 하였다. 위와 같이 그가 국자감에서 학습한 학문은 허형에 의해 원의 관학으로 정착된 성리학이다. 그러나 그는 국자감에 입학할 당시에 문자언어인 한문에는 능통했지만, 음성언어인 한어에는 거의 문외한에 가까웠다. 따라서 그는 국자감에서 탁월한 문장력을 활용하여 부친 이곡과 친분이 있던 학자와의 필담을 통해 학문의 지경을 넓혀나갔다.

이색은 1354년(공민왕 3)에 원의 제과에서 제2갑 제2명으로 합격하여 응봉한림 문자승사랑에 임명되었다. 당시 고려와 원에서 시행한 과거는 성리학적 이론을 설명하는 것 그 자체에만 머물지 않고, 정주의 경서 주석에 대한 폭넓은 이해를 바탕으로 이를 현실 정치에서 실천할 방안을 창의적으로 제시하는 것이었다. 이색이 국자감에서 가장 크게 영향을 받은 학자는 국자감 박사였던 구양현이다. 그는 자신이 직접 주관한 원의 제과에서 이색이 제2갑 제2명으로 합격한 것을 보고, '나의 도가 해외로 전해질 것'이라고 말하기도 하였다.

이색은 1367년(공민왕 16)에 성균관 대사성을 맡아 김구용, 정몽주, 박상충, 박의중, 이숭인 등과 함께 경서를 토론하였다. 이때 그는 경서를 변석하고 절충하여, 경서의 원문이나 정주의 주석의 본뜻에 벗어나지 않는 범위 내에서 다양한 자료와 관련 인물을 제시하거나 글자에 새로운 의미를 부여하였다. 또한 그는 성리학적 우주론, 본성론, 수양론의 핵심 명제들을 인용하여 경서의 이론을 회통하였다. 위와 같이 성균관에서 이색을 중심으로 진행된 토론 과정은 고려의 유풍과 학술이 일신하는 데 크게 기여하였다.

1-2. 이색은 시문을 통해 경서를 학습하거나 토론하면서 체득한 경학사상을 펼쳤다. 그는 우왕에게 『논어·태백』을 진강하고 나서 지은 시에서 주희의 『논어집주』를 중심으로 성인의 학문과 공효를 말하였다. 또한 그는 『중용』을 하늘의 도와 인간의 도를 연결한 공문의 심법으로 이해하고, 「백중설伯中說」에서 주희가 『중용장구·제1장』을 주석한 내용에 기초하여 중화론을 체계적으로 펼쳤다. 이어 그는 양도陽道를 발양하여 군자의 삶을 실천하는 것을 인생의 목표로 삼고, 「자복설子復說」에서 정이의 『역전·복괘』를 주석한 내용에 근거하여 역학적 사유를 펼쳤다. 그리고 그는 『시경』이 사람들을 풍화하여 사회의 풍기를 변화시킬 수 있을 것으로 생각하고, 문왕과 주공에 의해 완성된 성인 시대의 정치를 시로 형상화하였다.

이색은 경서를 해석하면서 이론적 탐색에만 머물지 않고, 이를 현실 정치에 구현하겠다는 강력한 실천 의지를 보여주었다. 이와 같은 그의 실천적 경학사상은 원에서 명으로 교체되고 고려에서 조선으로 바뀌는 역사적 전환기를 맞아, 소인들의 발호를 막고 고풍을 회복하여 성인의 정치를 실현하겠다는 경세관에서 비롯된 것이다. 위와 같은 그의 경세관은 당시 성균관에 모여 경서를 토론했던 학자들이 정주의 주석을 깊이 이해하여 각각의 입장에서 재해석하거나 각자의 인생철학과 정치이념을 구축하는 데 크게 기여하였다.

1-3. 평재 이강(1333~1368)은 문하시중을 지낸 이암의 넷째 아들로 태어났다. 그는 15세에 문과에 급제하여 시독에 임명되었고, 공민왕의 지우를 입어 여러 관직을 거쳐 밀직부사에 이르렀다. 그러나 그는 불행하게도 재능을 마음껏 펼치지 못하고 36세라는 젊은 나이로 생을 마쳤다. 그는 과거에 합격했을 때 이미 주희의 경서 주석을 읽었으며, 당시 대표적인 학자인 이색과 함께 학문을 강론하고 연구하였다. 이에 그는 과거시험을 준비하거나 이색 등과 같은 당대 명유와의 학문적 교류를 통해 익힌 성리학을 현실 정치에서 실현하고자 하였다.

이강이 남긴 40수의 시에는 이색을 중심으로 정치적 행보를 함께 했던 신흥사대부 출신 관료들과 주고받은 작품이 다수 남아있다. 그는 26세에 지은 시에서 공민왕의 정치개혁으로 고려의 문명이 다시 회복되는 시기를 맞아, 자신과 뜻이 같은 관료들과 정치적으로 결속하여 군자의 도를 실천하겠다는 의지를 강하게 표출하였다. 또한 그는 30세에 지은 시에서 두 차례에 걸친 홍건적으로 침입으로 인해 국가의 안위가 위협받던 시기에, 다양한 문학적 전고와 수사를 활용하여 안동으로 파천한 공민왕을 호종하여 국운을 다시 일으키기를 바라는 심경을 묘사하였다.

서거정은 이강 시의 풍격이 평담하고 온순하다고 말하였다. 위와 같이 그의 시가 평담하고 온순한 풍격을 보여주게 된 것은 그의 신중함, 신의, 독실함, 평정심, 충성심, 맑음, 공손함, 검소함 등과 같은 인격적 요소들이 문학으로 형상화된 데 따른 것이다. 그는 분주한 관직 생활에서 벗어나 주변에 펼쳐진 자연 경물을 바라보며, 세속적 욕망을 씻고 자연의 질서에 순응하고자 하는 평담한 마음을 자연스럽게 시로 펼쳤다. 또한 그는 한가롭게 주변에 펼쳐진 경물을 바라보며 일어난 감흥을 노래하며 성인의 학문을 실천하는 과정에서 형성된 온순한 인격을 자연스럽게 담아냈다.

1-4. 포은 정몽주(1337~1392)는 당대 학자들에 의해 동방 이학의 조종으로 추숭을 받았다. 당시 그의 학문과 문학을 가장 잘 이해한 사람으로 삼봉 정도전을 들 수 있다. 정도전은 정몽주가 50세인 1386년(우왕 12)에 명나라에 봉사하면서 지은 시를 모아 엮은 책에 쓴 서문에서 정몽주의 시는 그의 학문이 진보하면서 다음과 같이 다섯 차례 변모하였다고 말하였다.

첫째, 정몽주가 젊은 시기에 지은 시는 지기志氣가 한창 날카로워 직시하여 맞설 자가 없을 정도로 굉사宏肆하여 방달하였으나, 이후 실천이 오래되면서 수렴이 더해졌다. 둘째, 정몽주가 13년간 왕을 시종할 때에 지은 시는 의론을 헌납하고 왕의 교화를 윤색하였으므로 전아하여 모범이 될 만하였다. 셋째, 정몽주가 39세부터 이듬해까지 언양에 유배갔을 때 지은 시는 우환을 당하였으나 의리와 천명에 안주하였으므로 화이·평담하여 크게 원망하거나 심하게 탓하지 않았다. 넷째, 정몽주가 41세부터 이듬해까지 일본에 봉사할 때 지은 시는 안색을 바로 하고 외교문서를 지어 국가의 아름다움을 선양하였으므로 명백·정대하여 급박하거나 좌절하는 기운이 없었다. 다섯째, 정몽주가 모두 세 차례에 걸쳐 명나라에 봉사할 때 지은 시는 본 것이 더욱 넓고 나아간 것이 더욱 깊어져 펼친 것이 더욱 높고 멀었다.

위와 같이 모두 다섯 차례에 걸쳐 변화된 정몽주의 시는 그가 성인의 도를 실천하는 과정에서 나온 것으로, 정도전은 그의 시를 당대 성리학을 익히고 실천한 신진사대부들이 지향했던 재도문학의 전범으로 인식하였다. 위와 같이 정몽주는 그의 학문이 당대 학자들에 의해 동방 이학의 조종으로 추숭을 받은 것 못지않게, 그의 시 또한 당대 문인들에 의해 재도문학의 전범으로 인정을 받았다는 점에서 그 의미가 적지 않다.

1-5. 도은 이숭인(1347~1392)은 고려말에 태어나 고려와 운명을 함께 했던 정치인이요 문인이다. 이숭인은 관직 생활을 하거나 선승들과 교류하는 과정에서 우주에 펼쳐진 외물들의 지순한 본성을 자신의 마음속으로 녹아들게 하여 맑고 한가로운 성정을 유지하였다. 이는 그가 기심이 인간의 사사로운 욕심에서 발동된 것으로 보고, 천리에 따라 유동하는 자연을 바라보며 일체의 세속적 욕망에서 벗어나고자 노력한 결과이다. 그의 위와 같은 과정에서 지어진 시의 풍격이 청한이다. 이 시들은 의도적인 조탁이나 꾸밈이 없이 맑고 한가로운 성정에 의해 시행과 시구, 시어들이 매우 자연스럽게 배치되어 있다.

한편 이숭인은 자신이 지향해 갔던 요순시대로 일컬어지는 이상 사회의 실현이 공민왕의 승하를 계기로 점차 무너졌고, 종국에는 장자아와 부귀아로 표현된 권세가, 그리고 이를 추종하던 경박아들에 의해 참소를 만나 유배의 길을 나서게 되었다. 이에 그는 자신의 눈앞에 혹렬하게 다가온 세계의 장애를 만나 불의에 맞서서 강직하게 의리를 실천하는 방식으로 이를 극복하고자 하였다. 그의 이와 같은 과정에서 지어진 시의 풍격이 신기이다. 이 시들은 절의 정신으로 무장된 주체 역량이 불의에 강력히 맞서는 모습이 힘 있는 어휘가 동원된 활기찬 필력으로 여과 없이 펼쳐져 있어 신기한 풍격을 잘 보여주고 있다.

위와 같이 이숭인의 시가 청한하고 신기한 풍격을 형성하게 된 철학적 사유의 기저에는 경敬과 의義라는 성리학적 학문 방식이 자리하고 있다. 이 경과 의는 『주역』「곤괘·문언」의 "군자는 경으로써 안을 바르게 하고, 의로써 밖을 방정하게 한다"에서 나온 말이다. '경으로써 안을 바르게 한다'는 것은 경으로써 마음을 길러 사사로운 생각이 조금도 없게 하는 것이고, '의로써 밖을 방정하게 한다'는 것은 천리에 어긋남이 없이 의리에 합당한 삶을 통하여 행동을 방정하게 하는 것이다. 이숭인은 위와 같은 경과 의의 성리학적 의미를 체계적으로 이해하고 실천하였다. 따라서 그는 경을 통해 도달한 청정한 정신 경계를 청한한 풍격의 시로, 의를 실천하려는 주체의 강한 의지를 신기한 풍격의 시로 형상화하였다.

2. 사림문학과 재도문학의 유착

2-1. 중국에서 건양의 조판 인쇄는 오대 시대를 시작으로 북송과 남송 시대에 걸쳐 크게 발전하였는데, 특히 이곳의 출판업자들은 주로 명교에 관한 저술보다는 시속에 필요한 도서들을 출판하였다. 그런데 명나라 초기에 주희의 고향인 신안 지역을 무대로 활동한 학자들에 의해 주희의 학문을 계승한 저술들이 수집되고, 건양의 서림학자 유염이 이들 저서를 편찬한 것이 주목된다. 유염은 주희의 학문을 계승한 왕봉의 문인으로 자처하고, 왕봉에 의해 편찬된 주희 관련 저작을 세상에 전하기 위해 노력하였다. 그의 도서 편찬 사업은 1430년대에 집중적으로 이루어졌는데, 그가 당시 편찬한 도서들은 대부분 청종예에 의해 간행되었다.

위와 같이 유염이 편찬한 도서들은 모두 조선에 전해져 세종대를 중심으로 조선 전기에 금속활자로 간행되었다. 먼저 1428년에 유염이 편찬한 『통감절요』는 적어도 1434년 이전에 경자자로 간행되었고, 비슷한 시기에 유염이 편찬한 『상설고문진보대전』과 『십팔사략』이 1452년에 경오자로 간행되었다. 또한 이 시기에 유염이 편찬한 『사서통의』가 세종대에 새로 주조한 활자로 간행되었고, 이어 1437년에 유염이 『선시보주』 14권과 『감흥시통』을 합편해 교정한 『선시보주』 15권이 1553년에 초주갑인자로 간행되었다. 이후 이 도서들은 조선에서 초학자의 필수 교재로 인식되어 조선 후기까지 활자와 목판으로 간행되었다.

조선의 문인 학자들은 위와 같이 유염이 편찬한 도서들이 주희에 의해 형성된 도학적 문학관, 경학관, 역사관의 핵심 내용을 담고 있다고 보고, 고도의 도학적 사유에 기초해 이들 도서의 내용을 재검토하거나 사상적 논리를 강화하는 데 활용하였다. 그 예로 임성주와 이종수는 기존의 「감흥시」 주석을 주기론과 주리론에 기초해 재검토하였다. 그리고 정조는 『사서통의』를 저본으로 활용하여 『사서집석』을 복원하였고, 윤행임은 유염의 『통감절요』에서 제시한 동주군東周君의 역사를 대명의리론의 이론적 기반으로 활용하였다.

2-2. 『정언묘선』은 율곡 이이(1536~1584)가 여러 해에 걸친 선시 과정을 통해 그의 나이 38세인 1573년에 편찬한 시선집이다. 이이는 시경의 시는 희로애락의 정이 도의를 위해 발한 것으로 선하지 않은 것이 없지만, 후대의 시는 희로애락의 정이 구체를 위해 발한 것으로 선한 것과 악한 것이 뒤섞여 있다고 보았다. 그의 도학적 사유에 있어서 인심은 천리와 인욕이

뒤섞여 있는 가치중립적인 것으로 인욕을 억제하고 천리를 부양하면 언제든 도심을 회복할 수 있는 것이다. 그는 위와 같은 도학적 심성론에 기초해 후대의 시가 비록 조회의 꾸밈이 있긴 하지만 성정의 바름을 간직하고 있다고 보고, 후대의 시에서 정교하여 법으로 삼을 만한 작품들은 독자에게 선을 좋아하고 악을 미워하는 자각을 불러일으켜 존양성찰에 도움을 준다고 생각하였다.

율곡은 위와 같이 스스로 체계화한 도학적 사유를 토대로 형성된 특정한 심미의식에 기초해 중국 역대의 시를 7종의 풍격으로 나누어 수록하였다. 먼저 충담소산한 시는 우유충후한 성정을 꾸밈없이 노래하고 있어, 이를 읽으면 담박을 맛보고 희음을 즐기게 된다. 그리고 한미청적하고 청신쇄락한 시는 청정한 정신경계를 곧장 펼치고 있어, 이를 읽으면 심기가 화평하고 뼛속이 시원하게 된다. 또한 용의정심하고 정심의원한 시는 희노애락의 감정을 정밀하게 운용하고 있어, 이를 읽으면 의사가 천근하지 않고 원망에 이르지 않게 된다. 마지막으로 격사청건하고 정공묘려한 시는 고도의 형식미를 갖추고 있어, 이를 읽으면 정신과 기운이 솟고 정의가 짙어지게 된다.

이이는 『정언묘선』을 편찬한 시기에 여러 학자와의 논쟁을 통해 성리학을 체계화하는 과정을 거쳤고, 이 과정을 통하여 시는 어디까지나 인욕에 의해 더럽힌 마음을 닦아내어 본연의 성정을 회복하는 데 도움을 주어야 한다고 생각하였다. 이에 학자들이 시의 맥락을 바로 알아 도덕을 선창하여 몸속에 쌓여 있는 훈혈을 씻어 낼 수 있도록, 성정의 바름을 꾸밈없이 펼친 시로부터 후대에 인위적 조탁이 가미된 시에 이르기까지 가장 정교하여 법이 될 만한 시를 7종의 풍격으로 나누어 선록하였다. 위와 같이 『정언묘선』은 도학적 수양론에 기초해 작자와 독자의 편에서 시의 창작과 공효에 대한 심미의식을 체계적으로 구조화했다는 점에서, 조선 전기 사림문학의 특징을 이해하는 데 도움을 주는 것이 적지 않다.

2-3. 조선 중기의 도학가인 퇴계 이황(1501~1570)은 문인들에게 『고문진보전집』에 수록된 중국 시를 강해하고 그 내용을 모아 『고문전집강해』를 편찬하였다. 이황의 문인인 김융과 이덕홍의 문집에도 『고문진보전집』에 수록된 44수의 두보 시를 이황에게 질의한 내용이 실려 있다. 이 두 책에서 이황과 문인들이 두보 시를 강해하거나 질의한 작품은 모두 32수이다. 한편 앞서 살펴보았듯이 이이는 중국 시를 8종의 풍격으로 구분하여 『정언묘선』을 편찬

하였다. 이 책에는 한대의 탁문군으로부터 송대의 진여의에 이르는 520수가 수록되어 있는데, 그중에 두보 시 48수가 포함되어 있다.

이황과 이이는 비슷한 시기에 여러 학자와 논쟁을 거쳐 주희의 성리학을 체계화하는 과정을 거쳤고, 이 과정을 통하여 문학은 어디까지나 인욕에 의해 더럽혀진 마음을 정화시켜 성정의 바름을 회복하는 데 도움을 주어야 한다고 생각하였다. 이에 이황은 우리나라의 가곡들은 모두 세속의 음악으로 이해하고 성정의 바름을 노래한 「도산십이곡」을 지었고, 이이는 가장 정교하여 법으로 삼을 만한 중국 시를 8종의 풍격으로 구분하여 『정언묘선』을 편찬하였다.

위와 같이 두 사람이 한국 가곡과 중국 시를 평가한 데에는 이理의 능동성 여부에 대한 인식에 차이가 자리하고 있다. 이황은 우리나라의 가곡이 기氣를 겸하고 있어 선악이 뒤섞여 있는 인심에서 나온 것으로 이해하였으나, 이이는 시경 이후에 나온 중국의 시들은 도심에서 나온 시와 인심에서 나온 시가 뒤섞여 있다고 보았다. 위와 같은 이황과 이이의 문학관의 차이는 이들이 두보 시를 수용한 내용에 그대로 반영되었다.

이황은 문인들에게 『고문진보전집』에 수록된 두보 시 44수를 교수하면서 이理의 능동성을 인정하는 그의 성정론에 기초하여 32수의 작품을 재해석함으로써 문인들이 인심에서 벗어나 도심을 회복하는 데 도움이 되도록 하였다. 그러나 이이는 『정언묘선』을 편찬하면서 이理의 능동성을 부정하는 그의 성정론에 기초하여 두보 시 48수를 충담소산에서 정공묘려에 이르는 7종의 풍격으로 나누어 수록함으로써 독자들이 인심을 절제하는 데 도움이 되도록 하였다.

3. 연암문학과 재도문학의 이완

3-1. 박종채가 『연암집』을 편찬하기 위해 필사한 『연암집초고보유(9)』에는 연암 박지원(1737~1805)이 지은 「서허생사후」가 수록되어 있다. 이 글은 옥류산장본 『열하일기』의 「진덕재야화」에 수록된 허생후지를 옮겨놓은 것이다. 그런데 연암은 이 허생후지를 『행계집』에

옮겨쓰면서 「진덕재야화」의 제목을 「옥갑야화」로 바꾸고 내용 또한 다른 것으로 교체하였다. 이어 그는 『잡록(하)』와 『열하일기(정)』에서 「옥갑야화」의 제목을 「옥갑야어」로 바꾸고 이곳에 교체한 허생후지를 수록하였다. 현재 박영철본 『열하일기』의 「옥갑야화」에는 위와 같이 연암이 교체한 허생후지가 수록되어 있다.

연암은 「진덕재야화」에 쓴 허생후지에는 다음과 같이 세 가지 문제가 있다고 생각하였다. 첫째, 허생의 이야기를 의로운 행동을 하였거나 나라에 공을 세운 염시도, 배시황, 완흥군 부인 등과 함께 언급하여, 허생이 의로운 인물이라고 이해할 수 있는 여지를 남긴 것이다. 둘째, 윤영에게서 허생의 이야기를 듣고 궤기·괴휼하다고 말하거나 허생의 처세에 대해 완세불공하다고 말하여, 사람들이 연암 문장을 비판하는 증거로 삼을 수 있게 한 것이다. 셋째, 허생 이야기를 들려준 윤영이 폐족이거나 좌도 이단으로 세상에서 도피한 사람이라고 말하여, 연암이 불순한 무리와 어울린다는 빌미를 제공한 것이다.

연암이 「옥갑야화」에 다시 쓴 허생후지는 글의 구성이나 주제의 표현에 있어서 다음과 같이 세 가지 내용이 주목해볼 만하다. 첫째, 이 글의 첫 부분을 '혹왈或曰'이라고 써서 「옥갑야화」를 구성하고 있는 일곱 가지 일화에서 다른 일화의 하나를 추가하여, 「허생전」의 주제를 명확하게 드러낸 것이다. 둘째, 이 글의 주인공인 조계원의 역할이 비판하는 인물에서 비판을 당하는 인물로 전환하여, 북벌론의 허구성을 선명하게 드러낸 것이다. 셋째, 주인공인 조계원이 망한 명나라의 장수로 설정된 승려들에게 조롱받는 장면을 묘사하여, 당시 국제 정세에 등한했던 북벌론자들의 무능력과 무지함을 드러낸 것이다. 위의 내용으로 보아 연암은 허생후지를 다시 쓰면서 「허생전」을 통해 북벌론의 허구성을 보다 강화하는 방향으로 수정한 것으로 생각된다.

3-2. 단국대 연민문고에는 연암이 면천군수로 재임하면서 작성한 『면양잡록』 6책이 결본 형태로 소장되어 있다. 그중 제8책에는 1801년에 흉서 사건의 주모자로 사형에 처해진 윤가기의 시 10수가 『단구관집』이라는 제목으로 수록되어 있다. 위와 같이 연암이 『면양잡록』에 윤가기의 시를 정선해 놓은 것에 매우 특이한 것으로, 이 책에 수록된 윤가기의 시 10수의 내용과 그 의미를 통해 지금까지 베일에 가려져 있던 윤가기 문학의 특징을 확인할 수 있다.

윤가기는 「촉석루」에서 세 장군과 논개의 충절로 표상되는 진주성 전투를 떠올리며 태평

성대를 희구하였고, 「만하루월야」에서 천하가 안정되기를 바라는 사대부의 이상을 노래하였다. 이어 그는 통제영과 한산도를 방문하여 지은 시 4수를 통해 이순신이 왜구에게 대승했던 현장을 답사하면서 일어난 호연한 기상을 펼쳤다. 이는 평생에 걸쳐 성인지학을 익히고 실천하는 과정을 통해 축적된 호연지기가 경세의지로 표출된 것이다. 또한 윤가기는 「관루월야」에서 단성에 부임해 한 해를 마감하며 느낀 지방관의 고독감을 평담하게 노래하였고, 「안의공작관」에서 연암이 안의현감을 지내면서 세속적 이욕에서 벗어나 신선처럼 살아가던 탈속적 삶을 생생하게 묘사하였다. 이는 그가 서얼 출신이라는 신분적 한계를 극복하고 지속적인 심성수양을 통해 마음속에서 일어난 욕구를 절제함으로써, 천지의 기와 내아의 기가 하나 된 중화의 성정이 시로 발현된 것이다.

연암이 안의 현감으로 재임하면서 편집한 소집들은 정조에 의해 불시에 있을지도 모를 문집을 올려보내라는 명에 대비해서 만든 자선집自選集이다. 정조는 당시 이봉환이 창시한 '초림체'와 이덕무 등이 창시한 '검서체'를 서얼 출신 관료의 시로 단정하고, 이들에게 치세의 중화의 음을 지닌 시를 짓도록 하였다. 연암은 당시 서얼 문인들의 시 중에서 윤가기의 시가 성정지정을 노래한 중화의 음을 보여주고 있다고 보고, 순정한 시를 올리라는 정조의 명에 대비해 그의 시 10수를 『면양잡록』에 수록하였다.

3-3. 연암의 장편 시 「만조숙인」은 연암이 1771년 10월에 연암의 친구였던 홍낙임(1741~1801)의 부인의 죽음을 애도해 지은 것이다. 조숙인은 연암의 부친상에 소중히 관리해오던 가체를 전당 잡혀 반함에 필요한 물품을 제공하였고, 연암은 이에 대한 보은으로 직접 누에를 쳐서 비단을 짜고 오색실로 그녀의 얼굴을 수놓아 장수를 기원하였다. 「만조숙인」의 주제는 연암의 부친상에서 보여준 조숙인의 의로운 행위이다. 연암은 이 시를 통해 남성 우위의 조선 사회에서 하찮은 존재로만 인식되었던 여성의 의로운 행위야말로 하찮지 않은 가치가 있음을 드러내려 하였다. 따라서 이 시는 같은 주제 의식을 담고 있는 『방경각외전』에 수록된 여러 전에 못지않은 현실적 의미를 지니고 있다.

연암을 비롯한 그의 집안은 신임의리에 관한 한 매우 준엄한 입장이었다. 이와 같은 연암의 정치의리는 당시 영조의 탕평책에 호응하여 권력을 장악한 외척 세력과는 정면으로 반대되는 것이다. 「만조숙인」이 지어진 때 풍산 홍씨와 경주 김씨의 외척 세력들이 혼인 관계와 경제적 지원을 통해 촉망받던 선비들을 자파로 끌어들이고 있던 시기였다. 연암은 이와 같은 외척 세력의 권력 투쟁에 희생되는 것을 우려하고, 당시 많은 사람의 권유에도 불구하고 과거에 응시하지 않았다. 그런데도 그가 외척 세력의 핵심이었던 홍낙임의 부인상을 애도하는 시를 지었는데, 이는 그가 경제적으로 어려운 시기에 홍낙임과 그의 부인이 보여준 호의를 외면하기 어려웠기 때문이었다.

연암은 자신이 지은 장편 고체시인 「증좌소산인」, 「만조숙인」, 「수산해도가」, 「총석정관일출」 4수를 묶어 놓고 『중향성창수』라는 제목을 붙였다. 그런데 연암의 아들 박종채는 『연암집』을 편찬하기 위해 연암 시를 모아 놓은 『연암집초고보유(9)』에 「만조숙인」을 수록하지 않았다. 홍낙임은 정조가 승하한 후 권력을 잡은 경주 김씨 세력에 의해 정치적 희생양이 되었는데, 정순왕후의 죽음으로 이들이 실세한 이후에도 홍낙임의 처리를 놓고 정치권에서 민감하게 반응하였다. 박종채는 위와 같은 때 사회적 통념을 뛰어넘는 내용과 주제를 담고 있는 「만조숙인」에 의해 초래될 수 있는 집안의 우환을 고려해 이를 『연암집』에서 제외하였다.

3-4. 박종채는 연암의 언행과 가르침을 기록한 『과정록』에서 연암 시는 고체시와 금체시를 모두 합하여 50수가 있다고 하였다. 실제 단국대 연민문고에는 연암의 아들 박종채가 『연암집』을 편집하기 위하여 연암의 저작물 중에서 시를 채록해 놓은 『연암집초고보유(9)』가 소장되어 있는데, 이곳에는 연암 시 50수가 온전히 수록되어 있다. 그러나 박종채는 『연암집』을 편집하면서 연암 시를 문편의 끝에 『영대정잡영』이라는 편명으로 수록하였다고 하고, 이어 연암 시는 고체시와 금체시를 모두 합하여 42수가 있다고 하였다. 실제 박영철본 『연암집』에는 50수 중에서 「사약행」 1수를 비롯해 모두 8수가 제외된 채 42수만 수록되어 있다.

학계에 따르면 후인들에 의해 연암 저작의 내용이 손질된 경우는 크게 세 가지이다. 하나는 양반으로서의 체모에 크게 구애되지 않는 연암 자신의 소탈한 언동을 솔직히 드러낸 부분이고, 다음은 서양 문물이나 오랑캐인 청에 대해 편견 없이 기술하여 당시 조선의 반서학·반청 풍조에 저촉될 우려가 있는 내용이며, 마지막으로 문체 면에서 과도하게 해학적이거나 자잘한 표현들, 백화체, 조선식 속어투, 패관소설적인 표현들이다. 박종채가 『연암집』을 편집하면서 제외한 8수에는 사대부로서의 체모에 어울리지 않는 표현들이 다수 포함되어 있다.

이로 보아 박종채는 아버지의 글이 순정하지 못하다는 세간의 의혹을 불식하기 위하여, 『연암집』의 편집하면서 고의로 8수를 수록하지 않은 것으로 생각된다.

박종채에 의해『과정록』이 완성된 1816년부터 박종채가 효명세자에게『연암집』을 올린 1829년까지의 13년 사이에 연암 저작들이 박종채에 의해 대폭적인 수정이 가해졌다. 위와 같이 박종채에 의해 수정이 가해진 연암의 저작들은 국내외에 산재해 있는『연암집』이본의 선후 관계와 계통을 규명하는 데 도움일 될 것으로 생각된다. 또한 박영철본에 수록되지 않은 연암 시 8수는 내용상으로나 문체면에서 파격과 일탈을 일삼았던 연암 시의 특징을 온전히 보여주고 있다. 따라서 이 시들은 연암의 산문 저작에 비해 그 수가 현저히 적은 연암 시의 특징을 규명하거나, 연암 시가 연암문학에서 차지하는 위상을 새롭게 정립하는 데 도움을 줄 것으로 생각된다.

3-5. 연민 이가원 선생이 단국대에 기증한 연암 저작 필사본 중에는 그 존재가 처음 밝혀진 『부록』이 포함되어 있는데, 이곳에는 연암의 친구, 인척, 제자 등이 지은「제문」4편과「만장」 34제 131수가 수록되어 있다. 연암의 처남인 이재성은「제박연암문」에서 연암 문학의 특징은 사물에 의해 촉발된 감정을 여과 없이 드러내는 방식으로 기이함과 새로움을 추구하는 것이라고 주장하였다. 이에 따라 그는 연암이 구사한 우언과 해소는 궤변이나 비정한 것이 아니라, 위와 같이 새로움과 기이함을 추구하는 과정에서 나온 것으로 이해하였다.

연암이 구사한 우언의 문학적 의미를 이해하는 데 도움이 되는 글로 유득공이 지은「열하일기서」가 있다. 유득공은 이 글에서『장자』의 우언은 헛된 이야기를 황홀하게 늘어놓은 궤변에 불과하지만,『열하일기』의 우언은 치란과 이용후생의 도리를 담론한 실용적인 글이라고 주장하였다. 연암이 구사한 해소의 문학적 의미를 설명한 글로 연암의 아들인 박종채가 지은『과정록』을 들 수 있다. 박종채는 이 책에서 연암이 해소가 섞인 순정하지 못한 문체를 구사했다는 혐의에서 벗어나기 위한 목적으로, 연암이 열하 지역을 지나며 체험한 사물의 정태를 곡진하게 묘사하기 위하여 다수의 해소를 구사한 것이라고 주장하였다.

이재성은「제박연암문」에서 연암이 "기뻐서 웃고 성내어 꾸짖는 것이 타고난 본성[天眞]을 드러냈다."고 하였다. 당대 사람들은 성정의 바름[성정지정]을 추구하는 재도문학에 기초하여, 위와 같이 연암이 기쁘고 성난 감정을 여과 없이 문학으로 드러낸 것은 성정의 바름을 잃은 것이라고 비방하였다. 이와 달리 연암은 위와 같이 성정의 바름만을 강조하는 것은 사람의 감정이 왜곡될 수 있다고 비판하고, 타고난 본성에 따라 사물에 의해 촉발된 감정을 여과 없이 표출하였다. 이로 보아 이재성이 위의 글에서 연암 문학의 특징으로 제시한 천진은 성정지정으로 대표되는 재도문학과 차별화된 상징적인 의미를 담고 있는 것으로 생각된다.

4. 창강문학과 재도문학의 분리

4-1. 창강 김택영(1850~1927)은 개성의 무변 집안에서 태어나 갑오개혁으로 총리에 오른 김홍집에 의해 편사국 주사로 발탁되어 사서를 편찬하는 일에 참여하였다. 이후 그는 을사조약이 체결되기 직전인 1905년 9월에 중국 남통으로 이주하여 그곳에서 22년을 살았다. 그는 조선이 망한 원인 중의 하나로 주자학 일변도의 편협한 학문 풍토에 있다고 보고, 1913년 10월에 『고본대학장구』를 지어 주희가 새로 보충한 격물치지장은 증자가 처음부터 입전하지 않았다고 비판하였다. 위와 같은 그의 주장은 500년 이상 지속된 조선의 학술적 근거를 제공해오던 주자학의 입각점인 격물설을 근본적으로 부정하는 것으로, 주자학에 기반해 성립된 국내 학문과 도통의 진실성은 물론 이를 근간으로 형상된 통치 질서의 합법성까지 흔들어 놓았다.

김택영은 삼국시대를 문보다 질이 우세했던 초기의 문명으로, 조선 시대를 질보다 문이 우세했던 말기의 문명으로 고려 시대를 문과 질이 조화를 이룬 중기의 문명으로 이해하였다. 이에 그는 1913년에 『한사경』을 간행하여 위화도 회군 문제를 거침없이 거론하면서 조선왕조의 정통성을 전면적으로 부정하였다. 또한 그는 이 책에서 고려왕조가 문과 질이 조화를 이루어 양한과 삼대의 정치를 완성한 것으로 파악하고, 건국에서 망국에 이르기까지 조선 역대 왕들의 실정과 붕당정치의 폐해를 집중적으로 비판하였다. 위와 같은 그의 역사인식은 위화도 회군에서 시작된 조선왕조의 정통성은 물론 이를 근간으로 500년 동안 유지된 조선왕조의 합법성까지 흔들었다.

김택영이 평생에 걸쳐 익힌 학문은 모두 중국의 성인에게서 자뢰한 것이다. 따라서 그는 당시에 동아시아 국가들이 당면한 문제들을 해결할 수 있는 유일한 길은 양한과 삼대의 정치를 회복하는 것으로 생각하였다. 그가 편찬한 『고본대학장구』와 『한사경』은 위와 같이 성인의 도덕으로 서양의 세력에 맞서고자 했던 반주자적 경학론과 복고적 역사인식을 실천하는 과정에서 나온 것이다. 그는 구한말을 전후로 한문을 수단으로 문학 활동을 한 한말사대가의 마지막 주자였다는 점에서, 그가 보여준 이와 같은 반주자적 경학론과 복고적 역사인식은 십수 세기에 걸쳐 중국과 한국 문학의 중심에 자리하고 있던 한문학의 역사적 소임이 마침표를 찍었음을 상징적으로 보여주는 것이다.

　4-2. 창강 김택영과 심재 조긍섭(1873~1933)은 한문학 말기에 활동했던 문인이다. 이 기간은 정치 사회적으로 대변혁기였을 뿐만 아니라 문학 또한 한문 문학이 국문 문학으로 대체되던 시기이다. 따라서 이 시기 한문학자들은 당대까지 지속한 한문학 유산을 정리하는 작업을 진행하였는데, 김택영이 편찬한 『여한십가문초』 또한 이러한 노력의 하나하고 할 수 있다. 김택영은 문장가의 관점에서 여한구가를 선정하였는데, 이에 대해 조긍섭은 도학가의 관점에서 여한구가의 선정 기준과 방법을 비판하였다. 곧 김택영은 한국산문의 전개 과정을 김부식 → 이제현 → 장유 → 이식 → 김창협 → 박지원 → 홍석주 등으로 설정하면서 이색과 최립의 문장을 혹평하였으나, 조긍섭은 이색과 최립의 문장을 중시하고 박지원의 문장을 혹평하였다.

　위와 같이 한국 역대 산문 작가들에 대한 두 문인의 상반된 평가는 조선 시대 문장가와 도학가의 문학관의 차이에서 기인한 것이다. 먼저 김택영은 문과 도의 관계에 대해 문을 경시했던 성리학자들을 비판하면서 문의 효용적 측면을 강조하여 문을 도에서 분리하여 도와 동등한 지위를 부여하였다. 그러나 조긍섭은 도와 문의 합일을 통한 도의 구현을 강조하여 문보다는 실천적 행위인 도를 중시하였다. 또한 김택영은 문에서의 氣와 理의 관계에 대해서도 문의 우열이 기에 의해 결정되는 것으로 보고 문의 기세를 중시하였으나, 조긍섭은 문이란 윤리를 담은 것이라고 하여 화려한 문사보다는 내용을 갖춘 평담한 문을 중시하였다.

　한편 김택영은 위와 같이 도보다는 문을 중시하는 문학관에 기초해 정주학을 표방한 이색 이하 성리학자들의 문장을 주소·어록체라고 하여 비판하였다. 이와 달리 조긍섭은 문보다는 도를 중시하는 문학관에 기초해 이색을 고려와 조선의 제일대가로 평가하였다. 또한 김택영은 박지원의 문장이 중체를 구비하였고 따라서 그를 조선의 제일대가라고 평가하고, 최립의 문장은 고고枯槁·소삽한 의고체를 구사하였다고 비판하였다. 그러나 조긍섭은 박지원의 문장은 불교어가 빈번하고 해학이 섞여 있다고 비판하고, 최립의 문장은 혼박渾樸·질직한 문체를 구사하여 전아하다고 옹호하였다. 위와 같이 김택영과 조긍섭이 한국 역대 산문의 전개 과정을 놓고 벌인 논쟁은 문장가와 도학가로 대표되는 조선시대 문학관의 두 흐름을 대변하는 것이다.

4-3. 조선 후기의 대표적인 학자이자 문인인 박지원의 문집은 그의 사후에 간행되지 못하고 전사되어 유통하다가, 200여 년이 지난 후 김택영에 의해 처음 활자로 간행되었다. 그는 1900년에 연암의 시 33수와 문 117수를 유형별로 나누어 『연암집』을 전사자로 간행하였고, 이듬해에 『열하일기』에 수록된 8편과 시문 11수를 정선하여 『연암속집』을 전사자로 간행하였다. 이어 그는 1905년에 중국의 실업가 장건의 도움을 받아 중국 남통으로 이주하였는데, 그는 1916년에 이곳에 있는 한묵림서국에서 앞서 간행한 『연암집』과 『연암속집』을 합편하여 『중편연암집』을 신활자로 간행하였다. 이 책에는 연암 작품의 제목 아래에 평어가 붙어있고, 작품원문의 오른쪽에 비점이 찍혀있다.

박영철이 1932년에 간행한 『연암집』에는 9종의 소집을 포함해 『열하일기』와 『과농소초』에 모두 321편의 연암 작품이 수록되어 있다. 그러나 김택영은 『중편연암집』을 편찬하면서 연암의 본의에 부합한다고 생각되는 작품 124편을 뽑아 20유형의 문체로 나누어 수록하였다. 이는 앞서 간행한 두 책과 비교해 5유형의 문체가 축소된 것으로, 이를 통해 산문 문체에 대한 그의 인식이 강화되었음을 알 수 있다. 또한 그는 『중편연암집』을 편찬하면서 자신의 고문 인식에 기초해 패관소설에 가까운 작품들을 수록하지 않거나, 수록된 작품 중에서도 순정하지 못하다고 생각되는 내용을 삭제하였다. 그리고 그는 이 책을 교정하면서 조선왕조의 정통성을 부정하는 역사 인식에 기초해 조선 왕실의 존엄과 관련된 내용을 수정하였다.

김택영은 『중편연암집』을 편찬하면서 124편 중 52편에서 연암 작품을 작가(작품)나 시대를 비교해 평하거나 연암 작품의 풍격을 밝히고, 해당 원문에 권圈과 방점을 찍어놓았다. 한 예로 그는 「증백영숙입기인협서」에서 이 작품의 풍격을 비장으로 제시하고, 원문 '불비기궁不悲其窮'에 권을 찍어놓거나 '장기지壯其志'에 해당하는 부분에 방점을 찍어놓았다. 또한 그는 연암 문장을 비평하면서 주로 기승전합으로 구성된 문장에서 자연스럽게 변화를 꾀하여 기세가 성대하게 된 부분에 대해 집중해서 부각하였다. 한 예로 그는 「이존당기」에서 3단락은 생기가 넘치고[活] 논지가 새롭다[新]고 보아 해당 원문에 권을 찍어놓았고, 4단락은 주소와 어록의 문체를 순정한 고문으로 변용하여 신령스럽고 기교가 있게 만든 것으로 이해하였다.

4-4. 김택영은 중국 역대 산문의 문체적 특징을 입맛에 비유하여 단맛[甘] 나는 문장과 쓴맛[苦] 나는 문장으로 구분하였다. 그는 가장 이상적인 문장의 모델로 공자의 단맛 나는 문장을 설정하고, 그와 반대의 문체를 추구한 문장으로 제자의 쓴맛 나는 문장을 제시하였다. 그는 전국시대 맹자에 의해 파란이 있는 문장이 지어졌고, 한대에 사마천에 의해 신운이 있는 문장이 지어졌다고 하였다 이어 그는 당대에 한유는 맹자의 문장을 이어 강하 같은 문장을 지었고, 명대에는 방효유와 귀유광에 의해 한유의 고문이 이어졌다고 하였다. 이와 반대로 그는 제자의 쓴맛 나는 문장은 명대에 왕세정과 이반룡에게 이어졌고, 청대의 방포와 요내가 그것을 이어 쓴맛에 가까운 간담한 문장을 지었다고 하였다.

김택영은 옛사람의 글을 읽을 때 눈을 가늘게 뜬 채 급하게 보거나 소리 내어 읽는 것을 좋아하지 않았고, 정신이 이미 응집되어 마음속에서 운용하고 손으로 끄집어냄에 전고를 소홀히 하고 신취를 중시하였으며, 찌꺼기를 버리고 정화를 높게 평가하였다. 위와 같은 그의 비평안은 19세에 독학으로 고문을 연구하여 23세에 귀유광의 글을 읽고서 고문의 이치를 터득한 이후, 각종의 한국과 중국의 한문 산문에 대한 깊은 사유 과정을 거치면서 형성된 것이다. 또한 그가 중국 산문을 소신 있게 비평할 수 있었던 것은 장건과 유월을 비롯하여 중국 남쪽 지역을 대표하던 학자와 정치가들이 그를 지지한 데에 힘입은 것이다.

김택영이 중국에서 활동하던 때는 5.4운동을 계기로 신문학운동이 활발히 펼쳐진 시기이다. 이를 주도했던 호적은 1917년 1월 『신청년』에 발표한 「문학개량추의」에서 중국 문학은 주대周代의 언문일치 이후로 오랫동안 언어와 문자가 배치되었다가, 당대와 송대의 어록체부터 언문일치를 향한 추세가 나타났다고 하였다. 이어 그는 원대에는 거의 언문일치에 접근하였으나, 명대에 들면서 그 추세가 중단되었다고 하였다. 그러나 김택영은 위와 반대로 원대와 청대에 정령과 풍기가 유약하고 문장도 약해졌으나, 명대의 문장은 원기가 성하여 방효유와 귀유광이 한유와 소식의 정통을 이었다고 하였다. 위와 같은 그의 중국 산문비평은 신문학운동이 활발히 전개되던 시기에 특정한 사승 관계나 문학 유파에 구애됨이 없이 주희의 어록체와 진한의 의고체를 뛰어넘어 공자의 단맛 나는 문장으로 돌아가자는 복고적 언어관에서 비롯된 것이다.

제1부

여말문학과 재도문학의 조우

제1장 이색의 국자감 유학과 성리학 수용
제2장 이색의 경학사상 : 정주 주석의 수용
제3장 이강李岡 시의 주제와 풍격 연구
제4장 정도전의 포은 시 비평과 그 의미
제5장 이숭인 시의 사상적 지향과 풍격 연구

제1장

이색의 국자감 유학과 성리학 수용

1. 머리말

목은牧隱 이색李穡(1328~1396)은 자신의 계층적 성격을 '문종文種'[1]이라는 말로 표현하였다. 그가 말한 문종은 '대를 이어 독서하는 것이 끊어지지 않는 집안'이라는 의미를 지니고 있는데, 이는 고려 후기에 독서를 통해 과거에 오르고 국가의 인재가 되고자 했던 신흥사대부 그룹을 지칭하는 것이다. 그중에서 이색은 원의 국자감에서 유학하여 정주 성리학의 진수를 체득하고, 귀국하여 성균관 대사성을 맡아 고려의 유풍과 학술을 일신한 인물이다.[2] 실제 그는 "경서를 해석하고 이학理學을 살펴보니 그 연원이 정호程顥·정이程頤에서 나왔다."[3]고 하거나, "도를 바라보는 것은 오직 성리서性理書에 의지한다."[4]고 하여, 그가 국자감에서 익힌 학문이 성리학이라는 것을 말하였다.

---

1   李穡, 『牧隱詩藁』권9, 71면, 「用前韻自詠」. "文種邦傑是書生, 義膽忠肝鬱不平."
2   權近, 「朝鮮牧隱先生李文靖公行狀」, 『牧隱藁』, 506면, "在學三年, 得受中國淵源之學, 切磨涵漬, 益大以進, 尤邃於性理之書. … 儒風學術煥然一新, 皆先生教誨之力也."
3   李穡, 『牧隱詩藁』권23, 321면, 「中場日」. "釋經觀理學, … 淵源出兩程."
4   李穡, 『牧隱詩藁』권13, 132면, 「卽事」. "望道唯憑性理書."

구한말 전후에 문장가로 활동한 김택영金澤榮은 "이색은 익재의 문생으로 처음 정주학을 제창하여 그 문장이 대부분 주소注疏·어록語錄의 기운이 섞여 있다."[5]고 말하였다. 이 말은 곧 이색이 원에서 익힌 성리학을 전문 저서가 아닌 시문을 통해 문학적 언어로 펼친 것을 의미한다. 이러한 사실은 권근이 쓴 이색의 행장에 잘 나타나 있다. 권근은 이 글에서 '이색은 사대부의 묘도墓道에 세우는 비갈碑碣이나 잔치를 베풀고 떠나는 이를 송별하는 글에서부터 방외方外의 부도浮屠에 관한 작품에 이르기까지, 요구만 있으면 붓을 들고 줄줄 써 내려가 마음을 쓰지 않고도 조리 있게 내용을 구성하여 최고 수준의 걸작을 만들었다.'[6]고 하였다.

현전하는 『목은문고牧隱文藁』 15권에는 230여 편의 산문이 수록되어 있고, 『목은시고牧隱詩藁』 35권에는 4,340여 제題(5,980여 수首)에 달하는 시가 수록되어 있다. 위와 같이 방대한 그의 시문에는 성리학적 사유를 주제로 한 작품들이 상당수 포함되어 있다. 따라서 본 장에서는 이색의 시문에 보이는 내용을 중심으로 그가 국자감에 유학한 궤적과 성리학을 수용한 양상에 대해 살펴보고자 한다.

2. 국자감의 유학 과정

이색은 국자감에 재학하던 시절을 회고한 시의 서문에서 '원나라 북경에 있는 국자감에 1348년(충목왕 4)에 입학하여 1351년(충정왕 3)에 마쳤고, 그 사이에 성친을 위해 고려를 다녀오기도 하였다.'[7]고 하였다. 그가 고려로 성친을 갔다가 국자감에 복귀한 것은 1350년 1월이다.[8] 이어 그는 국자감에 복귀한 다음 해인 1351년 1월 그믐날에 부친의 부음을 받고 고려로 돌아왔다.[9] 이로 보아 그가 국자감에서 수학한 기간은 해 수로는 4년에 걸쳐 있으나, 실제

---

[5] 金澤榮, 『韶濩堂集』 권8, 320면, 「雜言四」. "李牧隱以益齋門生, 始唱程朱之學, 而其文多雜註疏語錄之氣."
[6] 李詹, 「牧隱先生文集序」, 『牧隱藁』, 506면. "士大夫墓隧碑碣, 讌游餞行, 以至浮屠方外之作, 有求輒應, 下筆如神, 初不用意, 妙臻其極, 兼總條貫, 蔚爲大家."
[7] 李穡, 『牧隱詩藁』 권17, 201면, 「讀書處歌幷序」. "大都國子監, 始於戊子, 終於辛卯, 其間有省親之行."
[8] 李穡, 『牧隱詩藁』 권2, 530면, 「十二月二十日, 發王京, 明年正月還學」.
[9] 李穡, 『牧隱詩藁』 권2, 530면, 「旣還學之明年正月晦, 先考訃音至. …」.

국자감에 재학한 달수는 성친을 위해 잠시 귀국한 기간을 제외하고 33개월 전후일 것으로 생각된다. 그가 위와 같이 21세인 1348년부터 24세인 1351년까지 3년여에 걸쳐 국자감에 유학할 수 있게 된 계기는 전적으로 부친 이곡李穀에 힘입은 것이다. 이곡은 1333년(충숙왕 복위 2)에 원에서 치른 제과에서 제2갑으로 합격하였고, 1343년(충혜왕 4)에 원나라에서 중서사전부中瑞司典簿(종7품)에 올랐다. 이후 그는 1348년(충목왕 4)에 원나라 중서성中書省 監倉(종5품)에 올랐고, 이로인해 이색은 원나라에서 종5품 이상의 조관 자제에게 주어졌던 전례에 따라 국자감에 입학할 수 있는 자격을 갖추게 되었다.

이곡의 문집에는 그가 밀직密直 이공수李公秀에게 보낸 시가 수록되어 있다. 그는 이 시에서 "국자감의 문물이 요순 때보다 성대하니, 자식을 어찌 고려에서만 가르치겠습니까? 선생께서 원나라 대궐에 조회 가신다고 들었으니, 제 자식에게 말고삐를 잡게 할 수는 없는지요?"[10]라고 하였다. 또한 이색의 문집에는 "지난 무자년에 정승政丞 이능간李凌幹과 밀직 이공수를 모시고 천수성절天壽聖節을 진하하기 위해 갔었다."[11]는 제목으로 된 시가 실려 있다. 이곡의 연보에는 이곡이 1347년에 원나라로 돌아갔다가, 겨울에 고려로 돌아와 동지공거가 되어 김인관金仁琯 등 33인을 취한 것으로 나와 있다. 이어 그는 이듬해인 1348년에 중서성이 감창에 차임하여 다시 원나라로 갔다가, 여름에 도첨의찬성사都僉議贊成事 우문관대제학右文館大提學에 임명되어 이해에 고려로 돌아온 것으로 되어있다.[12]

위의 내용을 종합하면 이곡은 1347년 겨울에 원나라에서 귀국하여 과거를 주관하였고, 이듬해인 1348년에 중서성 감창에 차임되어 천수절진하사인 이능간과 이공수와 함께 원나라 북경에 들어갔다. 그리고 그는 이때 이색을 진하사절의 일행에 포함하여 함께 북경에 가서 국자감에 입학시키고, 같은 해 여름에 고려로 돌아와 도첨의찬성사 우문관대제학에 임명되었다. 이로 보아 이색이 국자감에 입학한 시기는 1348년 봄일 것으로 생각된다.

당시 국자감의 입학 자격과 정원은 엄격히 제한되어 있었다. 1315년(충숙왕 2)에 정한 국자

---

10 李穀, 『稼亭集』 권19, 217면, 「寄李密直」. "胄庠文物盛唐虞, 有子爭教守海隅. 聞說先生朝北闕, 可令豚犬執鞭無."
11 李穡, 『牧隱詩藁』 권2, 201면, 「歲戊子, 陪李政丞凌幹・李密直公秀, 進賀天壽聖節. …」.
12 李穀, 『稼亭集』, 100면, 「年譜」.

감의 재학생 수는 국자생이 100명(몽고인 50명, 색목인 20명, 한인漢人 30명)이고, 백관 자제로 취학한 자가 200~300명에서 내려가지 않았으며, 서민 자제에서 뽑힌 배당생陪堂生이 114명으로,[13] 이를 모두 합한 학생 수는 최소 414명에서 최대 514명에 불과하였다. 앞서 살폈듯이 이색이 원의 국자감에 입학하게 된 것은 원의 관직을 역임한 부친의 각별한 노력의 결과로, 그가 당시 품었던 부친에 대한 존경심과 고려 출신 국자감 학생으로서의 자부심은 상당하였다.[14]

이색이 처음 북경에서 기숙한 곳은 국자감 근처에 자리한 숭덕사崇德寺 인근이었다. 이곳은 수많은 말들이 오가던 번화한 거리의 초입에 자리하였다. 그러나 주변 경개는 자못 그윽하여 섬돌을 붉게 물들인 구기자꽃에 이슬이 맺혀 있고, 시렁에는 푸른 포도 넝쿨이 물 흐르듯 뻗어 있기도 하였다.[15] 특히 이곳에는 국자감 학생과 과거 지망생들을 상대로 한 대규모의 기숙사 설비를 갖추고 있었던 것으로 추정되는데,[16] 이색은 이곳에서 더위가 극심하자 질항아리에 담긴 얼음물로 손과 얼굴을 씻곤 하였다.[17] 당시 유학생이 겪었던 고단한 삶의 단면을 잘 보여주는 대목이다.

[자료1] : 유곡幽谷에서 나와 교목喬木으로 옮겨야지 / 환학宦學 하려고 멀리 부모와 이별했네 / 눈보라 치는 삼천 리 길 / 교문橋門에는 학생이 오백 인이네 / ①새봄에 유예재游藝齋에 들어가니 / 화락한 기운이 명륜당에 넘치네 / 눈 크게 뜨고 서로 마주하고 있는데 / 등창 앞은 흰 눈발에 어둑하네.[18]

---

13 梁國治 찬, 『欽定國子監志』 권35. "延祐二年, 增置國子生百人, 陪堂生二十人, 歲貢伴讀四員. 又以所設生員百人, 蒙古五十人, 色目二十人, 漢人三十人, 而百官子弟之就學者, 常不下二三百人, 宜增其廩餼乃減去, 庶民子弟一百一十四員, 聽陪堂."
14 李穡, 『牧隱詩藁』 권17, 201면, 「讀書處歌幷序」. "東人鼓篋亦甚少, 朝官子弟何其尊. 先君箸跡奉訓列, 援例得以游橋門."
15 李穡, 『牧隱詩藁』 권2, 523면, 「新寓崇德寺」 3수 중 제3수. "千車萬馬九街頭, 咫尺祇林境自幽. 枸杞映階紅欲滴, 葡萄滿架翠如流."
16 李穡, 『牧隱詩藁』 권2, 535면, 「崇德寺, 舊寓僧房雜詠」. "幽居將子托, 奇抱向誰開. (中略) 滿座無諱語, 開懷盡故鄉."
17 李穡, 『牧隱詩藁』 권24, 337면, 「在燕都國子監, 於街南貰屋一間, 極熱, 以瓦盆盛氷, 濯手灌面. 有詩結句云」.
18 李穡, 『牧隱詩藁』 권2, 530면, 「十二月二十日, 發王京, 明年還學」 2수 중 제1수. 遷喬出幽谷, 宦學遠辭親. 風雪三千里, 橋門五百人. 新春入游藝, 和氣溢明倫. 刮目徒相待, 燈窗暗素塵.

[자료 1]은 시의 제목에서 보여주듯이 이색이 국자감에 입학한 다음 해인 1349년(충정왕 1) 11월에 성친을 위해 일시 귀국했다가 이듬해인 1350년(충정왕 2) 정월에 다시 국자감으로 돌아와서 지은 것이다. 당시 국자감에는 상양재·중양재·하양재 등 모두 6재가 설치되어 있었다. 하양재에는 유예재游藝齋와 의인재依仁齋에서 글을 외우고[誦書] 『소학』을 강설하며 촉대屬對하는 학생들이 소속되어 있고, 중양재에는 거덕재據德齋와 지도재志道齋에서 사서를 강설하고 시율을 익히는 학생들이 소속되어 있었으며, 상양재에는 시습재時習齋와 일신재日新齋에서 『주역』·『서경』·『시경』·『춘추』를 강설하고 경의經義와 정문程文을 익히는 학생들이 소속되어 있었다. 학생들은 매달 말이 되면 위와 같이 6재에서 학습한 경서와 과예課藝, 규칙의 위반 여부 등을 평가받아 다음 과정으로 승차하였다.[19] 그런데 이색은 ①에서 "새봄에 유예재에 들어갔다."고 하였다. 그가 말한 새봄은 고려로 성친하러 갔다가 다시 국자감에 복귀한 1350년 1월을 가리킨다. 이로 보아 이색은 국자감에 입학한 1348년 봄에서 2년이 지난 1350년 1월까지 하양재에 속한 유예재에서 수학한 것으로 생각된다.

[자료 2] : 국자감에서 보낸 소년 시절을 기억하니 / 빙 둘러친 8재에서 글 읽는 소리가 이어졌네 / ①당에 올라 찌를 뽑아 강하기가 가장 두려우니 / 발음이 틀려 뜻을 전하지 못해서였네 / 당시의 다른 학생들은 모두 참다운 유생이기에 / 정미한 곳을 설파하는데 어찌 머뭇거릴까? / 이 늙은이만 홀로 길이 입을 닫은 채 / 중당中堂에서 마른 등걸처럼 올연히 앉아 있었었지.[20]

이색이 국자감에 재학한 지 2년여의 기간 동안 여전히 유예재에서 수학한 이유는 무엇일까? 이에 대한 해답은 [자료 2]에 나와 있다. 당시 국자감에서 시행한 교육은 먼저 박사와 조교가 직접 구두句讀와 음훈音訓을 교수하고, 이어 정록正錄과 반독伴讀이 차례로 전습傳習하

---

19 梁國治 찬, 『欽定國子監志』 권36. "六齋, 東西相向, 下兩齋, 左曰游藝, 右曰依仁, 凡誦書·講說小學·屬對者隸焉. 中兩齋, 左曰據德, 右曰志道, 講說四書·課肄詩律者隸焉. 上兩齋, 左曰時習, 右曰日新, 講說易書詩春秋·習經義程文者隸焉. 每季, 考其所習經書·課藝, 及不違規矩者, 以次遞升."
20 李穡, 『牧隱詩藁』 권19, 234면, 「有懷成均館」 5수 중 제3수와 제4수. "壁水光陰記少年, 八齋環列誦聲連. 升堂最怕抽籤講, 爲是音訛意莫傳."(제3수) "當時諸子摠眞儒, 說到精微肯囁嚅. 獨有牧翁長閉口, 中堂兀坐似枯株"(제4수)

는 방식으로 진행되었다. 그런 이와 달리 강설은 읽은 순서대로 정록과 반독이 차례로 전습하고, 다음날 학생들이 찌를 뽑아 그 찌에 표시된 부분을 다시 강설하도록 하는 방식으로 진행되었다.[21] 이색은 [자료 2]의 ①에서 당에 올라가 찌를 뽑아 강설하는 것이 가장 두렵다고 하였는데, 그 이유는 발음이 틀려 그 뜻이 제대로 전달되지 못할 것을 염려해서이다. 그렇기에 위의 시구에서 당시 모든 학생이 정미하게 경서의 의미를 강설하였으나, 자신만 유독 입을 닫고 마른 나무처럼 중당에서 올연히 앉아 있었다고 밝힌 것이다. 유학생이라면 누구나 겪게 마련인 언어 문제를 잘 보여주는 대목이다.

위와 같이 이색이 국자감에서 겪은 언어 소통 과정에서 겪었던 고충은 그가 이곡과 동년同年인 성준成遵에게 보낸 시에서 잘 보여준다. 그는 이 시에서 "동심童心이 아직 변화하지 않았고, 한어漢語는 모두 진짜가 아니다."[22]라고 하였다. 당시 국자감에서 통용된 한어漢語[중국어]는 음성언어이고, 그가 고려에서 익힌 한문漢文[古文]은 문자언어이다. 이색이 20세에 국자감에 입학할 당시에는 문자언어인 한문에는 능통했지만, 음성언어인 한어에는 거의 문외한에 가까웠다. 따라서 그는 경서의 내용이나 시문을 짓는 데는 다른 학생들보다 못하지 않았지만, 전날 배운 내용을 한어로 강설하는 것은 쉽지 않은 일이었을 것이다. 그가 국자감에 재학한 지 2년이 가까웠는데도 여전히 유예재에 머문 것은 바로 음성언어인 한어의 벽을 넘지 못해서이다.

언어학자들은 언어를 말과 글의 표현 방식에 따라 각각 음성언어와 문자언어로 구분한다. 음성언어로 말을 할 때는 입이 주기관으로 쓰이고 귀가 보조기관으로 사용되는 데 반하여, 문자언어로 글을 쓸 때는 손이 주기관으로 쓰이고 눈이 보조기관으로 사용된다.[23] 이색은 국자감에서 음성언어인 한어의 한계를 문자언어인 한문으로 극복하였다. 이는 그가 월과로 제출한 부를 당시 학관으로 있던 오백상吳伯尙이 칭찬하거나,[24] 그가 글을 지으면 가끔 여러

21　梁國治 찬, 『欽定國子監志』 권35. "博士助教, 親授句讀音訓, 正錄伴讀, 以次傳習之, 講說則依所讀之序, 正錄伴錄, 亦以次而傳習之. 次日, 抽籤, 令諸生復說."
22　李穡, 『牧隱詩藁』 권2, 524면, 「謁成誼叔侍郎」. "童心猶未化, 漢語摠非眞."
23　김진우(1996), 278~279면.
24　李穡, 『牧隱詩藁』 권1, 521면, 「觀魚臺小賦幷序」. "二十一歲, 入燕都國學月課, 吳伯尙先生賞予賦, 每日可教."

사람을 놀라게 한 것[25]을 통해 알 수 있다. 특히 그는 국자감에 재학하면서 탁월한 문장력을 활용하여 이곡과 교분이 두터운 학자들과의 필담을 통해 그들의 학문을 전수하였다.

[자료 3] : 공[홍빈洪彬: 필자 주]이 제거提擧에게 글을 가르칠 때, 절동浙東 호중연胡仲淵 선생이 공의 집에서 머물렀다. 나의 선군 가정공이 좌막佐幕이 되었을 때, 정동행성에서 공과 동료가 되고, 또 서로 좋게 지냈다. 이 때문에 나는 같이 학업을 전수할 수 있었는데, 날이 저물어 돌아가려 하면 공이 문득 만류하여 걸핏하면 1달이 넘었다. 공이 나에게 먹이고 묵게 한 그 은혜가 또한 깊다.[26]

[자료 3]은 이색이 국자감에 재학하면서 고려 사람 홍빈洪彬의 배려로 절동浙東 출신의 학자 호중연胡仲淵에게 학문을 전수한 사실을 밝힌 글이다. 홍빈은 이곡이 정동행성 좌막左幕으로 재직할 때 막역하게 지내던 사람이었다. 호중연은 1355년(공민왕 4) 2월에 참지정사參知政事 은녕恩寧 보공普公의 막하로 강절행성江浙行省으로 출수하였는데, 그의 학문은 인의와 예악을 근본하였고 천문, 병법, 술수, 기예에도 정통하였다.[27] 홍빈은 이색을 집으로 초대해 장자인 제거提擧 홍도산洪壽山과 함께 호중연의 학문을 전수하게 하였다. 이때 이색은 1달을 넘겨 홍빈의 집에 머물 때로 있었다고 한다.

[자료 4] : 『주역』은 가학이다. 아직 스승을 만나지 못했는데, 마침 선군의 동년인 우문자정宇文子貞 선생이 학관으로 부름을 받고 국자감에 부임하였다. 내가 즉시 찾아뵙고 나아가 스스로 청하기를, "저는 고려 이가정의 자식입니다. 선생에게 『주역』을 전수하기를 바랍니다."라고 하였다. 선생이 이르기를, "중보中甫[이곡: 필자 주]은 『주역』에 밝은 사람으로 내가 경외하는 대상이다. 자네의 나이가 어려 자네의 부친이 아직 가르쳐 주지 못한 것 같다. 동년의 아들은 내 아들과 같으니, 내가

---

25 李穡, 『牧隱詩藁』 권14, 146면, 「少年行」. "少年綴文我最工, 落筆往往驚諸公."
26 李穡, 『牧隱文藁』 권19, 28~29면, 「朴子虛貞齋記」. "公之教提擧也, 浙東胡仲淵先生館于公. 予先君稼亭公佐幕, 東省, 於公爲同寮, 又相善也. 是以, 予得同受業焉. 日且晚將歸, 公輒留之, 動踰旬月. 公之食我館我, 其恩又深矣."
27 王禕 찬, 『王忠文集』 권7, 「送胡仲淵叅謀序」. "至正十五年二月, 有詔命, 江浙行省, 叅知政事, 恩寧普公, 鎭禦饒城公幕下, 有文武士曰胡君仲淵, 實預在行, 君之學, 本於仁義・禮樂, 而於天文・兵法・術數・技藝, 靡不精通."

자네를 가르쳐 주지 않을까 걱정하지 말라."라고 하였다. ①며칠 동안 질정을 구했는데, 선생이 말하기를, "가르칠 만하다. 그러나 『주역』은 연소한 자가 배울 수 있는 것이 아니니, ②내가 우선 자네에게 구두나 가르쳐 주겠다."라고 하였다. 마침내 한 계절이 지나 ③내가 『역의易義』 1편을 지어 올렸더니, 선생이 기뻐하면서 말하기를, "의리는 거의 가깝다고 하겠으나, 조사措辭는 차서를 잃은 것이 있다."라고 하고는 ④바로 붓을 잡고 써서 주었는데, 마치 구름이 날아가고 물이 흐르듯 조금도 멈춤이 없었다. 나는 서안書案 앞에 두 손을 맞잡고 서서 얼굴에 즐거움을 감추지 못하였다. 선생이 말하기를, "문장은 이미 이루어졌으나 이것은 『주역』의 거친 정도이다. 자네도 몇 년 후에는 스스로 그 정교한 것을 알 수 있을 것이다."라고 하였다.[28]

[자료 4]는 이색이 국자감에서 수학할 때 이곡과 동년인 국자감 학관으로 부임해온 우문자정宇文子貞[우문공량宇文公諒: 필자 쥐을 찾아가 『주역』을 익힌 내용을 밝힌 것이다. 그는 이 글에서 『주역』은 가학이라고 하였다. 우문자정 또한 이곡이 『주역』에 밝은 사람으로 자신이 경외하는 대상이라고 하였다. 이곡은 1333년에 원의 회시에 응시할 때 5경 중 1경을 선택하도록 한 경의經義 1도에서 『주역』을 선택하기도 하였다.[29]

위의 글에는 이색과 우문자정이 『주역』을 교수·학습한 과정을 잘 보여주고 있다. 먼저 ①에서 이색은 우문자정에게 『주역』을 질정하였고, 이어 ②에서 우문자정은 이색에게 구두를 가르쳐주었다. 다음 ③에서 한 계절이 지나자 이색은 『역의易義』 1편을 지어 우문자정에게 보여주었고, 마지막으로 ④에서 우문자정은 이색에게 『주역』의 뜻을 붓으로 써서 전수하였다. 이로 보아 우문자정과 이색에 의한 『주역』의 교수·학습 과정은 국자감과 같이 전날의 학습 내용을 한어로 강설하는 방식으로 이루어지지 않고, 필담을 통한 문자언어 중심으로 이루어졌다는 것을 알 수 있다.

---

28 李穡, 『牧隱文藁』 권19, 167면, 「唐城府院君洪康敬公墓誌銘」. "易家學也. 未得師, 會先君同年宇文子貞先生以學官召至, 予卽上謁, 進而自請曰: 穡高麗李穀亭牛馬走也. 願從先生受易. 先生曰: 中甫明易者也, 吾所畏也. 汝年少, 汝父未必授. 同年之子猶子焉, 無患吾不汝授也. 數日有所求正, 先生曰: 可敎也, 然易非少年所可學, 吾且訓汝句讀. 旣踰時, 進易義一編. 先生欣然曰: 義理其殆庶幾矣, 措辭失其序爾. 因授筆而書, 如雲行流水, 略無點綴. 予拱立案前, 喜形于色. 先生曰: 章不已就乎, 然此易之粗也, 汝數年後當自知其精者矣."

29 장동익(1992), 248면.

[자료 5] : ①아득한 성인의 학문을 얻을 수 있을까? / 천 리 길을 가려고 문을 나선 처음일세 / 검은 책상 위의 비바람은 등잔 앞의 꿈이요 / 국자감에서의 세월은 책상 위의 책이라 / 처음엔 가을 하늘을 횡단하는 매에 비기다가 / 비로소 점차 대나무 타고 오르는 메기임을 알았네 / 때때로 분화芬華한 마음과의 싸움을 끝내고 / ②새봄엔 하락河洛에 자리 잡기를 바라네.[30]

[자료 6] : 유학 생활의 외로운 그림자는 절로 쓸쓸한데 / ③책을 허리에 낀 국자생은 기가 여전히 모질다네 / 털과 깃이 비범한 그대는 봉황이요 / ④마음과 몸을 바꾸려는 나는 명령螟蛉이네 / 해마다 푸른 봄풀이 마음이 상하고 / 밤마다 청운의 푸른 꿈에 들어오네 / 후일에 잘 봉양하게 될지는 모르지만 / 지금 부모 떠난 게 깊은 한이네.[31]

[자료 5]와 [자료 6]은 모두 국자감 유학 시절의 생활을 읊은 것이다. ①에서 보듯이 이색이 국자감에서 수학한 학문은 성인의 학문이다. 그가 ②에서 밝힌 성인의 학문은 하도河圖와 낙서洛書를 근원으로 하고 있다. 잘 알려져 있듯이 하도는 『주역』의 팔괘의 근원이 되고, 낙서는 『서경』의 홍범구주洪範九疇의 근원이 된다. [자료 5]에서 보듯이 이색은 국자감에 유학하면서 번화하고 성대한 북경의 봄 행락을 즐기고자 하는 마음의 유혹을 물리치고, 성학의 근거지인 하도와 낙서에 깊이 침잠하였다. 이러한 사실은 그가 국자감 유학 시절을 회고한 시에서 '『춘추』를 끝까지 정독하였고, 『주역』을 가죽끈이 세 번 끊기도록 탐독하거나, 『서경』을 하루에 백회씩 읽었다.'[32]고 말한 것을 통해 알 수 있다.

그러나 이색은 ③에서 책을 허리에 끼고 국자감을 오가는 자신의 기는 여전히 모질다고 하였다. 그가 기가 모질다고 말한 것은 자신이 아직 중인衆人의 흐린 기질에서 벗어나지 못했다는 것을 의미한다. 성리학적 심성론에 따르면 성인과 중인은 모두 본연지성을 지니고

---

30 李穡, 『牧隱詩藁』 권2, 524면, 「自詠二首」 제2수. "聖學茫茫可得歟, 欲行千里出門初. 黎床風雨燈前夢, 槐市光陰案上書. 始擬橫秋如鷙鳥, 漸知緣竹有鮎魚. 時時罷却紛華戰, 河洛新春願卜居."
31 李穡, 『牧隱詩藁』 권2, 524면, 「與同舍同賦」. "遠遊孤影自零丁, 挾冊橋門氣尙獰. 毛羽不凡君鸑鷟, 神形欲變我螟蛉. 年年春草傷心碧, 夜夜雲山入夢青. 未識他年榮養否, 只深恨阻庭闈."
32 李穡, 『牧隱詩藁』 권2, 524면, 「崇德寺舊寓僧房雜詠」 3수 중 제1수와 제2수. "坐讀春秋阕, 何時到定哀. 昔不推吾去, 今無喚我來. 幽居將子托, 奇抱向誰開. 玩易時三絶, 觀書日百廻, 只緣來往少, 樂極却生哀."

태어나지만 기질지성에는 서로 차이가 있다. 중인은 성인에 비해 기질지성이 흐리고, 이에 더해 물욕에 구속되어 타고난 모진 기질에서 벗어나지 못한다. 따라서 중인이 모진 극복하기 위해서는 성인의 학문을 통해 호연지기를 기르고 배양하여 천지의 기와 하나가 되어야 한다. 이색은 ④에서 중인이 모진 기질에서 벗어나 성인이 되는 과정을 나나니벌이 나방의 유충인 명령螟蛉을 데려다 길러 제 새끼로 변화시키는 것에 비유하였다. 위와 같은 두 시의 내용으로 보아 이색이 국자감에서 침잠했던 성인의 학문은 허형에 의해 원의 관학으로 정착된 성리학임을 알 수 있다.

3. 성리학의 수용 양상

앞서 살폈듯이 이색은 1351년 1월에 선친의 부음을 받고서 3년여에 걸친 국자감 유학 생화을 접고 고려로 돌아와 1353년(공민왕 2)까지 부친의 삼년상을 마쳤다. 이후 그는 같은 해 5월에 치른 과거에 수석으로 합격하여 숙옹부승肅雍府丞에 임명되었고, 같은 해 가을 정동행성에서 치른 향시에 수석으로 합격하여 원의 회시에 응시할 자격을 얻었다. 이어 그는 같은 해 10월에 천추절千秋節과 태자 책봉을 하례하기 위해 원에 간 사절단의 서장관으로 북경에 가서 원의 회시와 전시에 응시하였다.[33] 마침내 그는 이듬해인 1354년(공민왕 3) 2월에 한림학사승지翰林學士承旨 구양현歐陽玄과 예부상서禮部尙書 왕사성王思誠이 주관한 회시에 합격하였고, 다음 달에는 전시에 제2갑 제2명으로 합격하여 응봉한림應奉翰林 문자승사랑文字承事郎에 임명되었다.

위와 같이 이색이 치른 제과는 원에서 12번째 시행된 것으로 수석 급제자 주계지朱繼志를 포함하여 총 62명의 급제자를 배출하였는데, 이는 앞서 이곡이 1333년에 시행된 7번째 시행된 과거에서 제2갑으로 급제한 후 유일한 것이다.[34] 다음 이색이 1353년에 고려의 과거시험

---

33 『高麗史節要』 권21, 「恭愍王1」. "冬十月, 遣蔡河中, 如元賀千秋節, 軍簿判書金希祖, 賀册太子, 以李穡充書狀官 應擧擢制科."

에 제출한 대책문의 일부를 통해 그가 국자감에서 전수한 성리학의 내용을 파악할 수 있다.[35]

[자료 7] : 답 : 성인이 경서를 지은 것은 여섯이나 집사께서는 그중 4종의 경서를 취했습니다. 저는 청컨대 『예기』와 『악경』 등 2종의 경서는 네 가지 경서에서 빠진 것을 보충한 것입니다. 사물이 그 조화로움을 얻는 것을 악樂이라고 말하니[①物得其和謂之樂], 악으로 가르치면 인심이 조화롭게 됩니다. 사물이 그 질서를 얻는 것을 예禮라고 말하니[②事得其序謂之禮], 예로 가르치면 사리가 마땅하게 됩니다[③事理宜]. 사리가 마땅하고 인심이 조화로우면 교화를 잡을 수 있고, 풍속을 돌이킬 수 있고, 천지에 참여할 수 있고[參天地], 화육을 도울 수 있습니다[贊化育]. 하물며 그 네 가지 경서에서 빠진 것임에야? 변화시켜 통하게 하고[變而通之], 미루어나가 실행하는 것이 유독 오늘에 있지 않겠습니까?[36]

[자료 8] : 일이 이루어지지 않으면 예악이 일어나지 못하고, 예악이 일어나지 못하면 형벌이 알맞지 못하고, 형벌이 알맞지 못하면 백성들이 손발을 둘 곳이 없게 된다. [본주] 범씨가 말하길, "사물이 그 조화로움을 얻는 것을 악樂이라고 말하고[④事得其序之謂禮] 사물이 그 질서를 얻는 것을 예禮라고 말하니[⑤物得其和之謂樂], 일이 이루어지지 않으면 질서도 없고 조화롭지도 못하기 때문에 예악이 일어나지 않는다. 예악이 일어나지 않으면 그것을 정사에 펼쳐도 모두 그 도를 잃게 되므로 형벌이 알맞지 못하게 된다."라고 하였다. [소주] 주자가 말하길, "일이 이루어지지 않는 것은 사事로써 말한 것이고, 예악이 일어나지 않는 것은 이理로써 말한 것이다[⑥事不成, 以事言, 禮樂不興, 以理言]. 대개 일이 이루어지지 않으면 일을 하면서 모두 도리가 없게 되니 어찌 예악을 말할 수

---

34 고혜령(1991), 184~186면.
35 도현철 교수는 일본 나고야 봉좌문고蓬左文庫에 있는 『책문』에서 이색의 「대책문」 1개를 발굴하고, 국내에서 『동인책선東人策選』(고려대, 서울대, 국립도서관 소장)과 『책문』(유진兪䥴 편, 고려대 소장)에 있는 이색의 「대책문」 2개를 발굴하였다. 일본 봉좌문고에 있는 『책문』에는 이색의 「대책문」 1편이 남아있고, 『동인책선』과 『책문』에는 일본 봉좌문고와 같은 내용의 「대책」 1편을 포함해서 이색의 「대책문」 2편이 있다. (도현철 (2010), 10~20면)
36 兪䥴 편, 『策文』. "答. 聖人之作經有六, 而執事取其四. 愚請以曰禮曰樂二者爲救四者之失焉. 物得其和謂之樂, 以樂爲敎, 則人心和矣. 事得其序謂之禮, 以禮爲敎, 則事理宜矣. 事理之宜, 人心之和, 可以幹敎化, 可以回風俗, 可以參天地, 可以贊化育, 況其四者之失乎. 變而通之, 推而行之, 獨不在於今日乎."

있겠는가?"라고 하였다.[37]

    이색이 당시 치른 향시의 책문에서는 『예기』에 나오는 내용으로 『시경』・『서경』・『역경』・『춘추』 등 4종 경서의 효용을 질문하였는데, 이색은 이 책문에 대한 대책으로 [자료 7]과 같이 『예기』와 『악경』 등 2종 경서의 내용으로 4종의 경서에서 빠진 것을 보충하는 방법을 제시하였다. [자료 8]은 이색의 대책과 관련이 있는 주희의 『논어집주』 「자로」 제3장의 내용을 옮긴 것이다. 이색은 "대성戴聖이 산정한 예기는 하자가 있지만 정령精靈을 얻었다."[38]고 하였고, "예서들은 방잡하거나 순수한 것이 뒤섞여 있는데 주희가 왕왕 정미한 것에 통하였다."[39]고 하였다.

    [자료 8]에서 보듯이 이색은 대책을 작성하면서 주희가 편찬한 『논어집주』의 주석을 인용해 논지를 전개하였다. 그가 [자료 7]에서 말한 ①'물득기화위지악物得其和謂之樂'과 ②'사득기서위지예事得其序謂之禮'는 [자료 8]의 ④'물득기화지위악物得其和之謂樂'과 ⑤'사득기서지위예事得其序之謂禮'를 변형한 것으로 의미는 모두 같다. 또한 [자료 7]에서 말한 ③'사리事理'에서의 '이理'는 [자료 8]의 ⑥"사불성事不成, 이사언以事言, 예악불흥禮樂不興, 이리언以理言."에서 '사事'와 '이理'를 차용한 것이다. 위와 같이 이색은 『논어집주』에 실린 [본주]와 [소주]의 내용을 잘 이해하였고, 그에 따라 [자료 7]의 책문을 쓰면서 이들 자료의 용어와 내용을 적절히 활용하여 답지를 작성하였다.

    이색은 1355년(공민왕 4) 12월에 원의 조정에서 경력經歷을 지내다가 이듬해 정월에 귀국하였다. 이후 그는 공민왕을 보필하여 3년상을 실시하거나 정방을 폐지하는 등 정치개혁에 앞장섰다. 그는 1367년(공민왕 16)에 성균관 대사성을 맡아 김구용金九容, 정몽주鄭夢周, 박상충朴尙衷, 박의중朴宜中, 이숭인李崇仁 등의 학관과 함께 경서를 토론하였는데, 이를 통해 그가

---

37 朱熹, 『論語集註』, 447~448면, 「子路」. "事不成, 則禮樂不興, 禮樂不興, 則刑罰不中, 刑罰不中, 則民無所措手足. [本註] 范氏曰; 事得其序之謂禮, 物得其和之謂樂. 事不成, 則無序而不和, 故禮樂不興. 禮樂不興, 則施之政事, 皆失其道, 故刑罰不中. [小註] 朱子曰; 事不成, 以事言, 禮樂不興, 以理言. 蓋事不成, 則事上面都無道理了, 說甚禮樂."
38 李穡, 『牧隱詩藁』 권7, 41면, 「讀禮」. "火向狂秦滅, 書從小戴成. 雖然有瑕纇, 動是得精英."
39 李穡, 『牧隱詩藁』 권9, 77면, 「偶吟」. "禮書疣雜純粹多, 考亭往往通精微."

원의 국자감에서 유학하고 원의 과거를 준비하면서 체득한 성리학이 학관들에게 전수되었다. 당시 학관들은 각자 경서를 분담하여 강의를 마치고 나서 서로 의심나는 내용을 논란論難하면서 각각 그 극단으로 치달았는데, 이색은 편안한 얼굴로 한가운데 앉아서 논제를 변석하고 정주의 뜻에 합치하도록 절충하여 날이 저물어도 피곤한 줄 몰랐다[40]고 한다. 다음 자료를 통해 당시 이색이 취했던 정주 중심의 경서 해석의 내용을 살필 수 있다.

> [자료 9] : 어떤 이가 묻기를, "맹가孟軻씨는 대大와 강剛과 직直을 가지고 해설하였는데, 지금 그대는 강彊과 순純을 가지고 호연浩然을 풀이하였으니, 어째서인가?"라고 하였다. 내가 대답하기를, "나는 그 뜻을 풀이한 것이지 그 말을 풀이한 것이 아니니[①箋其義, 不箋其語], 내가 공부하는 방식은 이와 같다."라고 하였다. 정군은 성품이 수결脩潔하고 강개慷慨하여 세상의 일을 감당하려는 뜻이 있는데, 호연지기를 기르는 것에 어쩌면 아직 이르지 못한 점이 있다는 걱정이 들었다. 그러므로 내가 호연이라고 자를 지어주었으니, 그렇게 이름한 것을 실천하기를 바란다.[41]

[자료 9]는 정우鄭寓가 이색에게 자신의 자를 지어줄 것을 청하자, 이색이 그의 이름인 '우寓'를 '천지사방天地四方'의 뜻으로 풀이하고, 호연지기浩然之氣에서의 '호연'으로 자를 지어주고 쓴 것이다. 맹자는 호연지기의 의미를 '지대至大' · '지강至剛'으로 풀이하였으나,[42] 이색은 이것의 의미를 '유강惟彊' · '유순惟純'으로 풀이하였다.[43] 이는 그가 정우의 성품이 수결脩潔 · 강개慷慨하여 세상에 나아갈 뜻이 있다고 보고, '호연'이라고 말한 자의 의미를 취하면서 맹자가 말한 '지대至大' · '지강至剛'을 '유강惟彊' · '유순惟純'으로 대체한 것이다. 그

40　權近, 「朝鮮牧隱先生李文靖公行狀」, 『牧隱藁』, 506면. "諸公分經授業, 每日講畢, 相與論難疑義, 各臻其極, 公怡然中處, 辨析折衷, 必務合於程朱之旨, 竟夕忘倦."

41　李穡, 『牧隱文藁』 권10, 83면, 「浩然說贈鄭甫州別」. "或曰: 孟軻氏以大剛直爲說, 今子以彊純釋浩然, 何歟. 予曰, 箋其義, 不箋其語, 予學如此. 鄭君性脩潔慷慨, 有志當世事, 懼其所以養氣者或未至焉, 故以浩然字之, 庶有以實其名."

42　朱熹, 『孟子集註』, 131~132면, 「公孫丑章句上」. "其爲氣也, 至大至剛, 以直養以無害則塞于天地之間."

43　李穡, 『牧隱文藁』 권10, 83면, 「浩然說贈鄭甫州別」. "惟彊, 故能不撓於天下之物, 天下之物, 無得而沮之, 所以不息也. 惟純, 故能不雜於天下之物, 天下之物, 無得而間之, 所以不已也."

는 이와 같은 경전 해석을 ①에서 '의미를 취하고 말을 취하지 않은 것[箋其義, 不箋其語]'이라고 하였다.

[자료 10] : 어떤 이가 묻기를, "선생께서 「원재찬圓齋讚」을 지으면서 원圓의 의미는 조금도 언급하지 않고 위로 유후留侯의 일만 취한 것은 무슨 까닭입니까?"라고 하였다. 내가 말하기를, "부자께서 『주역』을 찬하면서 대부분 선현을 들어서 그 일을 형상하였으므로, 정자가 『주역』을 주석하면서 옛사람을 끌어대서 실증한 것이 또한 많다. 나는 정자를 따라서 공자를 배우려는 사람이다. 원圓이란 지智에 관한 일인데, 후세의 지智로는 오직 유후만이 거기에 해당하므로, 유후를 끌어대서 원圓의 이치를 실증한 것이다."라고 하였다. 혹자가 "예." 하고 물러갔다.[44]

[자료 10]은 이색과 동년인 정공권鄭公權의 호인 원재圓齋를 찬讚한 글에서 '원圓'의 의미를 직접 제시하지 않고, 한나라 고조의 신하였던 유후留侯 장량張良의 일로 대신한 이유를 말한 것이다. 이색은 이 글에 앞서 회남자가 '지혜는 원만하고 행동은 모나게 하고자 한다.'[45]이라고 말한 것을 예로 들어 '원圓'과 '지智'를 연계시켰다. 이어 그는 후세에 '지智'를 구현한 인물로 장량을 제시하는 것으로 '원圓'에 대한 설명을 대체하였다. 그는 위와 같이 '원圓'에 대한 설명을 유후의 일로 대체한 것에 대해 ②에서 공자와 정이가 『주역』을 해석하면서 '선현으로 그 일을 형상했던[先賢象其事]' 방식을 본받은 것이라고 하였다.

[자료 11] : 내가 말하길, "우리 유자가 복희씨 이래로 지켜오면서 서로 전한 것도 또한 적寂이라고 할 것이다. 나같이 불초한 사람에 이르러도 감히 이를 실추할 수 없다. 태극은 적寂의 근본이니, 한 번 움직이고 한 번 고요함에 따라 만물이 순일하게 변화한다. 인심은 적寂의 버금이 되니, 그것이 한 번 느끼고 한 번 감응함에 따라 온갖 선한 것이 널리 행해지게 된다. 이 때문에 『대학』의 강령은 정

44　李穡, 『牧隱文藁』 권4, 284면, 「圓齋讚用前韻」. "或問先生作圓齋讚, 略不及圓之義, 上取留侯事, 何也. 予曰: 夫子贊易, 多以先賢象其事, 故程子註易, 引古人實之者又多. 予沿程而求孔者也. 圓者, 智之事也, 後世之智, 惟留侯足以當之, 故引留侯以實圓之理. 或者唯而退."

45　劉安 著, 安吉煥 編譯, 『淮南子』, 「主術訓」. "智欲圓而行欲方."

정靜定에 있으니, 적적을 말함이 아니겠는가? 『중용』의 요체는 계구戒懼에 있으니, 적적을 말함이 아니겠는가? 계구는 경敬이고, 정정 역시 경이다. 경이란 주일무적主一無適일 따름이다. 주일은 지키는 바가 있는 것이고 무적은 옮겨 감이 없는 것이다. 지키는 바가 있고 옮겨 감이 없는 데도 적적이라고 말하지 않은 것은 옳지 않다. 치평治平은 정사의 밝은 효과이고 위육位育은 도덕의 큰 효험이다. 스님의 적적이라는 것도 또한 보리普利 · 함식含識의 본원이다. 만약 혹시라도 그 형체를 마른 등걸처럼 만들고 그 마음을 불 꺼진 재처럼 만든 채 적적에만 빠져 있다면, 우리 유자가 말하는 '새와 짐승과 무리 지어 사는 자'와 무엇이 다르겠는가? 우리 유자가 단절하는 것이고, 석씨釋氏의 죄인이 되는 것이다.[46]

[자료 11]은 이색이 화엄대선華嚴大選 경원景元이 나옹懶翁에게 받은 '적적'이라는 명호에 쓴 기문記文이다. 위의 글에서 이색은 태극이 우주를 생성하기 이전의 상태를 '적적'으로 보고, 인심이 외물과 감응하기 이전의 상태를 '적적'으로 보았다. 이어 『대학』의 강령인 정정靜定과 『중용』의 요체인 계구戒懼를 '적적'으로 보고, 이를 성리학적 수양론의 핵심 명제인 '경敬'의 '주일무적主一無適'과 연계시켰다. 이에 더 나아가 그는 『대학』의 '치국', '평천하'는 정사의 밝은 효과이고 『중용』의 '천지위天地位', '만물육萬物育'은 도덕의 큰 효험으로, 이는 불교에서 깨달음의 지혜를 의미하는 보리普利와 심식心識을 함유한 함식含識의 근원인 '적적'과 같은 것이라고 하였다. 이로 보아 그는 불교에서 깨달음의 경지인 열반의 의미로 사용되는 '적적'을 성리학적 수양론의 핵심인 '경敬'과 같은 뜻으로 이해했음을 알 수 있다.

위의 세 가지 사례에서 보듯이 이색은 성균관 학관들과 토론하면서 경서를 변석하고 절충하여, 경서의 원문이나 정주의 주석의 본뜻에 벗어나지 않는 범위 내에서 다양한 자료와 관련 인물을 제시하면서 글자에 새로운 의미를 부여하였다. 또한 그는 태극, 인심, 정정靜定,

---

46 李穡, 『牧隱文藁』 권5, 48면, 「寂菴記」. "予曰: 吾儒者自庖犧氏以來所崇守而相傳者, 亦曰寂而已矣. 至于及吾不肖, 蓋不敢墜失也. 太極寂之本也. 一動一靜而萬物化醇焉. 人心寂之次也. 一感一應而萬善流行焉. 是以大學綱領, 在於靜定, 非寂之謂乎. 中庸樞紐, 在於戒懼, 非寂之謂乎. 戒懼敬也, 靜定亦敬也. 敬者, 主一無適而已矣. 主一, 有所守也. 無適, 無所移也. 有所守而無所移, 不曰寂, 不可也. 治平, 政事之明效, 位育, 道德之大驗. 師之寂也其亦普利含識之源本歟. 如或槁木其形, 寒灰其心, 而滯於寂, 則與吾儒之群鳥獸者何異. 吾儒之絶物也, 釋氏之罪人也."

계구戒懼, 치평治平, 위육位育 등 성리학적 우주론, 본성론, 수양론의 핵심 명제들을 인용하여 경서의 이론을 회통하고, 한 걸음 더 나아가 불교에서 깨달음의 경지인 열반을 의미하는 '적寂'을 성리학적 수양론의 핵심인 '경敬'의 범주로 융합하였다.

그러나 위와 같이 이색이 성리학적 용어를 새로운 의미로 재해석한 것은 조선 시대에 학자들이 원문과 주석에 나오는 난해한 글자와 난해한 구절을 면밀하게 연구하여 성리학적 이론에 대한 이해를 심화시킨 것과는 차이가 있다. 그 한 예로 유희춘柳希春이 "이색은 학술이 정밀하지 않고 불교를 배척한 것이 엄하지 않다."[47]고 말한 것을 들 수 있다. 위와 같이 이색이 정주 성리학을 수용하면서 보여준 학문 방식은 당시의 교육제도와 과거제도에 의해 형성된 것이다. 학교는 인재를 육성하는 교육기관이고 과거는 학교에서 육성된 인재를 일정한 시험을 거쳐 국가 관리로 선발하는 관리 등용 시험이다.[48] 따라서 교육제도와 과거제도는 반드시 일치하는 것은 아니지만 서로 밀접하게 연계되어 있으며, 과거의 시험 과목과 출제 방향은 당대의 학문 방식을 좌우할 만한 핵심 요인이었다. 이색이 당시 치른 정동행성의 향시와 원의 제과는 제1장에서 명경明經과 경의經義 2문問을 출제하였다.[49]

앞서 이색이 공민왕 2년에 작성한 대책문에서 보듯이 고려와 원에서 시행한 과거의 책문은 우주론, 심성론, 수양론과 같은 성리학적 이론을 설명하는 것 그 자체에만 머물지 않고, 정주의 경서 주석에 대한 폭넓은 이해를 바탕으로 이를 현실정치에 실현하는 방안을 창의적으로 제시할 것을 요구하였다. 이색이 제출한 과거 답안과 시문에서 보여준 정주 성리학의 수용 양상은 그가 국자감 유학 과정과 원 과거의 준비 과정을 거치며 체득한 학문 역량이 총체적으로 발휘된 것이라 할 수 있다. 이색이 당대 학계에서 차지하는 비중으로 보아, 위와 같은 그의 학문은 여말에 원에서 수용한 정주 성리학의 실체로 보아도 무리가 없을 것으로 생각된다.

---

47 柳希春, 『眉巖先生集』 권15, 440면, 「經筵日記・己巳」. "穡學術未精, 闢佛不嚴."
48 이성무(1981), 110면.
49 『元史』 권81, 「選擧」1・'科目'. 명경明經은 4서에서 주희의 장구와 집주를 병용하였고, 경의經義 1도道에서 『시경』은 주희의 장구와 집주를, 『서경』은 채침의 주를, 『주역』은 정이와 주희의 주를 중심으로 하되 옛 주소를 겸용하도록 하였다.

4. 도의 동전東傳과 그 의미

이색이 국자감에서 정주의 성리학에 침잠해 있을 때 가장 크게 영향을 받은 학자는 당시 국자감 박사로 있던 구양현歐陽玄이다. 이러한 사실은 이색이 국자감 시절을 회상하며 지은 시에서 "구양현이 문형을 잡고 여러 호걸이 보좌하여 경중을 가림에 조금도 어긋난 말이 없었다."[50]고 말한 것에서 확인된다. 구양현은 주희 → 황간黃幹 → 하기何其 → 왕백王柏 → 김이상金履祥 → 허겸許謙으로 이어진 송의 도학을 계승한 학자로, 경사經史 백가를 연구하지 않은 것이 없었고, 이락伊洛 제유의 학문에 대해서도 깊이 이해하였다.[51]

당시 국자감 박사는 학사學事를 관장하고 6재에 학생들을 분산 배치하며, 경서의 의미와 글자의 음과 뜻을 직접 교수하는 것은 물론, 교관을 교도하고 학생의 학업을 살피는 일에도 관여하였다.[52] 그러나 앞서 [자료 1]에서 살펴보았듯이 이색은 3년여에 달하는 국자감 시절을 주로 하위 과정에서 보낸 것으로 보아, 그가 당시에 국자감의 교육과 행정을 총괄했던 구양현과 직접 학문적으로 교류했을 가능성은 크지 않다. 따라서 이 두 사람의 관계가 긴밀하게 된 계기는 구양현이 주관한 원의 제과에서 이색이 제2갑 제2명으로 합격하여 원의 조정에서 관직을 받게 되면서부터이다.

[자료 12] : 목은이 처음 원나라에 갔을 때 문사들이 그를 조금 경멸하며 조롱하기를, "술잔을 들고 바다에 들어왔으니 바다에 물이 많다는 것을 알겠네."라고 하였다. 목은이 응대하여 소리치기를, "우물 속에 앉아 하늘을 보며 하늘이 작다고 말하네."라고 하자, 조롱하는 자들이 다시 잇지 못하였다. 일찍이 학사 구양현歐陽玄을 알현하여 인가를 얻었다. 목은이 만년에 지은 시에서, "의발이 해외를 따라 전해지겠지[①衣鉢當從海外傳], 규재圭齋의 말 한마디 아직도 귀에 쟁쟁하네. 요즘 들어

---

50 李穡, 『牧隱詩藁』 권23, 319면, 「書登科錄後」. "我初偕計游中原, 望洋學海窮詞源. 圭齋提衡翼群豪, 輕重毫釐無間言."
51 黃宗羲 찬, 『增補宋元學案』 권82, 27면.
52 梁國治 찬, 『欽定國子監志』 권35. "博士, 通掌學事, 分教三齋生員, 講授經旨, 是正音訓, 上嚴教導之術, 下考肄習之業."

물가가 모두 치솟았건마는, 유독 내 문장만은 동전값을 못하네."라고 하였다. 대체로 만년에 뜻을 잃은 것을 탄식한 것이다.[53]

[자료 12]는 서거정이 『동인시화』에서 이색이 원의 제과에 합격하여 처음 조정에 들어갔을 때의 일화를 기록한 것이다. 위의 글 ①에서 구양현은 처음 입조한 이색을 보고 '자신의 도가 해외로 옮겨갈 것[衣鉢當從海外傳]'이라고 하였다. 원대는 철저히 민족주의 정책을 취하던 시대였다. 원의 과거제도에 의하면 전국에서 치른 향시의 합격자 수를 300명으로 한정하여 몽고蒙古·색목色目·한인漢人·남인南人에게 각각 75명씩 균분하였다. 더욱이 회시에서는 각각의 민족로 배정된 300명의 지원자 중에서 100명을 넘지 않도록 하였는데, 실제 1315년에서 1366년까지 합격자 총수가 1,135명으로 매 시험 평균 71명에 불과하였다.[54] 이는 네 민족을 합한 숫자로 고려인이 포함된 한인으로 제과에 합격한 경우는 연평균 12명 정도에 불과하다. [자료 12]에서 보듯이 구양현이 이색을 인가한 것이 어느 정도의 진정성을 담보하고 있는지는 확인하기 어렵다. 다만 배정 인원이 극히 적은 고려 출신으로 자신이 직접 주관한 시험에서 제2갑 제2명으로 합격한 사실로 보거나, [자료 7]의 내용과 같이 그가 향시에 제출한 대책을 통해 확인할 수 있는 그의 학문 역량으로 볼 때, [자료 12]에서 밝힌 구양현의 말이 허언은 아닐 것으로 생각된다.

[자료 13] : 공자와 맹자의 학문을 강명하고 이씨二氏[도교와 불교를 말함: 필자 주]를 축출하여 만세에 알려준 것에 이르러서는 주돈이와 정호·정이의 공이다. 송나라가 이미 망하고, 그 학설이 북쪽으로 흘러가서 노재魯齋 허선생許先生[허형許衡: 필자 주]이 그 학문을 사용하여 세조를 도왔다. 중통中統과 지원至元의 치세는 모두 이것에서 나온 것이다.[55]

---

53 徐居正, 『東人詩話』, 241면. "牧隱初入元朝, 文士稍輕之嘲曰: 持杯入海知多海. 牧隱應聲曰, 坐井觀天日小天, 嘲者更不續. 嘗謁歐陽學士玄, 得印可. 牧老晚有詩云, 衣鉢當從海外傳, 圭齋一語尙琅然. 邇來物價皆翔貴, 獨我文章不直錢. 蓋嘆晚節之蹭蹬也."

54 오금성(1981), 38면.

55 李穡, 『牧隱文藁』 권9, 72면, 「選粹集序」. "至於講明鄒魯之學, 出二氏詔萬世, 周程之功也. 宋社旣屋, 其說北流, 魯齋許先生, 用其學, 相世祖. 中統至元之治, 胥此焉出."

[자료 13]은 이색이 공자와 맹자에 의해 이어진 성인의 학문이 송나라의 주돈이와 정호·정이 형제를 거쳐 원나라의 허형에게로 이어진 과정을 밝힌 것이다. 앞서 [자료 12]에서 보듯이 이색은 허형에 의해 원에 전해진 성리학이 국자감 박사인 구양현을 거쳐 자신에게 이어졌다고 하였다. 남송의 성리학을 원에 전한 학자는 조목趙復이다. 그는 주자의 학문을 계승한 남송의 성리학자로, 태종이 남송을 정벌할 때 포로로 잡혀 원에 귀의하였다. 이후 그는 자신의 학문을 요추姚樞에게 전하였고, 요추는 이를 다시 허형에게 전하였다. 원나라 세조는 1287년(지원 24) 국자감을 세워 학식을 정비하는 한편 허형을 집현전학사로 발탁하였는데, 이로부터 허형에 의해 성리학이 원의 관학으로 정착하게 하였다.

  [자료 14] : 최치원·설총·안향 이후에는 오직 우리 익재 이제현이 도학을 창명唱鳴하였고, 목은 이색이 진실로 정통한 인가를 전하였습니다. 신의 스승인 양촌 권근이 홀로 그 으뜸을 얻었는데, 권근의 학문이 으뜸인 것은 이색에게서 나왔기 때문이고, 이색의 학문이 정통한 것은 익재에게서 나왔기 때문입니다.[56]

[자료 14]는 권근의 문생인 성균사예 김반金泮이 세종에게 상소하여 이제현, 이색, 권근을 문묘에 배향하도록 건의한 글이다. 김반은 이 글에서 유학의 도통은 최치원→설총→안향으로 이어졌고, 이들을 문묘에 종사한 이후에 동방의 세교가 밝아지게 되었다고 하였다. 이어 그는 고려에서 도학을 창도한 이제현과 구양현의 정통한 인가를 전한 이색, 유일하게 도학의 종지宗旨를 얻은 권근을 문묘에 배향할 것을 주장하고, 그 구체적인 사례로 구양현이 이색을 인가하여 "의발당종해외전衣鉢當從海外傳"이라고 말한 것을 들었다.[57] 위의 두 자료를 참고하여 이색의 학문적 계승 관계를 그림으로 제시하면 다음과 같다.

---

[56] 『世宗實錄』59권, 15年 2月 9日. "致遠薛聰安珦之後, 唯吾益齋李齊賢唱鳴道學, 牧隱李穡, 實傳正印, 臣師陽村權近獨得其宗, 而近之學之源, 出於穡, 穡之學之正, 出於齊賢."
[57] 『世宗實錄』59권, 15年 2月 9日. "圭齋歐陽公贈穡曰: 衣鉢當從海外傳."

〈표 1〉 이색 학문의 계승 양상

공자 → 맹자 → 주돈이 → 정이 → 주희 → 허형→ 구양현
↓
최치원 → 설총 → 안향 → 이제현 → 이색 → 권근

    원의 뒤를 이어 중원을 차지한 명나라에서 진행된 이색의 학문에 대한 평가는 상당하였다. 1403년(태종 3) 11월에 명의 사신으로 온 왕연령王延齡이 귀국하면서 우정승 성석린成石璘에게 "그대는 반드시 이색을 알아야 한다. 이색 같은 사람은 중원에서도 한둘에 불과하다. 중원 사람이 어찌 모두 조선 사람 같겠는가? 조선은 외국으로 간주할 수 없다."[58]라고 하였다. 또한 1411년(태종 11) 6월에는 태종이 명의 국자조교 진련陳璉이 지은 이색의 비명을 보고, 중국 사람들이 이색을 비명을 지은 일을 추국하여 이색의 아들인 호조참의 이종선李種善을 동래진東萊鎭으로 귀양을 보내기도 하였다.[59]

    이와 달리 조선에서는 앞서 이황과 유희춘의 언급에서 보듯이 많은 학자가 이색의 호불을 문제 삼아 그의 학문적 성과를 폄하하였다. 그러나 기대승은 연소한 유자들이 이색의 숭불을 저훼하거나 그가 학문을 본업으로 하지 않은 것을 지적하였으나, 그가 조선에 출사하지 않은 높은 기절氣節만으로도 동방의 학문의 원류가 된다[60]고 하여, 이색의 학문적 득실과 공과에 대해 중도적인 입장을 취하기도 하였다.

    위와 같이 이색의 학문에 대한 다양한 평가는 정주 성리학이 정착되던 여말선초와 성리학의 토착화가 실현된 조선 중기의 학문 수준이나 학문 풍토가 서로 다른 것에서 기인한 것이다.

---

58 『太宗實錄』 6권, 3年 11月 15日. "延齡謂右政丞成石璘曰:"公必知李穡, 如李穡者, 中原亦不過一二. 中原之人, 豈盡如朝鮮之人乎. 朝鮮不可以外國視之也."
59 『太宗實錄』 21권, 11年 6月 29日. "流戶曹參議李種善于東萊鎭. 初, 任君禮朝京師時, 於太僕少卿祝孟獻處, 受國子助敎羊城陳璉所製本國文靖公李穡碑銘以來, 獻之."
60 奇大升, 『高峯先生論思錄』 권하, 209면, 「初七日」. "所學雖主於文章, 而其於禮交儒者之學, 所見亦多, 而敎誨之事, 甚有功力, 鄭夢周非全學於李穡, 而亦以獎勸興起而成. (중략) 故年少之儒, 以爲崇佛而詆毁. 此人雖非學問中人, 氣節甚高, 實東方學問之源流也."

그러나 앞서 명의 사신 왕연령이 말했듯이 이색이 원의 국자감에서 학습한 정주 성리학의 수준은 14세기 후반 동아시아의 그것을 대표하는 것이다. 또한 앞서 살펴보았듯이 그에 의해 13세기 말에 원의 관학으로 정착된 정주 성리학이 14세기 후반에 다시 고려에서 뿌리를 내렸다는 점에서, 이색의 국자감 유학과 성리학은 수용은 원제국기에 중국과 한국 사이에서 진행된 학문교류의 실상을 잘 보여주고 있는 것으로 생각된다.

제2장

이색의 경학사상 :
정주 주석의 수용

1. 머리말

　이색의 시집인 『목은시고』에는 다음과 같이 그가 51세에 오경을 읽고 지은 다섯 수의 시가 나란히 실려 있다.

　　①당서唐書에서 공경하는 곳을 읽고 / 목서穆誓에서 뉘우친 때를 찾네 / 비바람에 진나라의 재가 식고 / 먼지에 공자의 벽이 깊이 묻혔네 / 검은 구름이 땅 위에서 걷히고 / 흰 해가 중천에 이르렀네 / 인산仁山의 학문을 가장 사랑하니 / 푸르고 푸른 그대의 옷이로세.
　　唐書欽處讀, 穆誓悔時尋. 風雨秦灰冷, 塵埃孔壁深. 黑雲收地面, 白日到天心. 最愛仁山學, 靑靑是子衿.「讀書」
　　②빈풍은 풍風으로부터 아雅가 되었고 / 왕풍은 아로부터 풍이 되었네 / 인심은 스스로 고금이 다르고 / 세도는 쇠하고 융성함이 있네 / 풀과 나무가 모두 풍화를 입었고 / 솔개와 물고기 또한 본성을 타고났네 / '생각에 사특함 없다.'는 한 구절 / 누가 공자의 공을 알까?
　　豳自風爲雅, 王由雅列風. 人心自今古, 世道有汙隆. 草木皆蒙化, 鳶魚亦降衷. 思無邪一句, 誰識素王功.「讀詩」

③ 복희씨와 문왕은 팔획과 단사象辭를 이루고 / 하락에선 도서가 나왔도다 / 팔괘가 상을 본받는 게 원래 빠짐이 없는데 / 인하여 거듭한 것이 어찌 남음이 있을까? / 육효六爻의 허虛는 흘러 움직이는 곳이요 / 위편삼절은 깊이 연구하던 처음이네 / 마음을 깨끗이 씻고 은밀하게 간직하니 / 맑은 향기가 집안에 가득하네.

羲文成畫象, 河洛出圖書. 則象元無漏, 因重豈有餘. 六虛流動處, 三絶鞦硏初. 洗盡心藏密, 淸香滿屋廬. 「讀易」

④ 춘추의 전이 서로 어긋나니 / 필삭한 마음은 정미하였네 / 백 왕의 모범이 이곳에 있으니 / 한 글자를 두세 번씩 찾아갔네 / 기린은 우리의 도를 표상하고 / 봉황은 그 덕음을 노래하네 / 유유히 천년 아래에서 / 나그네 눈물이 옷깃을 적시네.

齟齬春秋傳, 精微筆削心. 百王模範在, 一字再三尋. 麟也表吾道, 鳳兮歌德音. 悠悠千載下, 有客淚霑襟. 「讀春秋」

⑤ 불은 미친 진나라에서 꺼지고 / 책은 대성戴聖에 의해 이뤄졌네 / 비록 하자가 있기는 하나 / 어느새 정영精英을 얻었네 / 박약으로 남은 부족함이 없고 / 조용히 태평에 이르렀네 / 이제 노나라가 한 번 변하여 / 봉황이 훨훨 날아 울기를 기약하네.

火向狂秦滅, 書從小戴成. 雖然有瑕纇, 動是得精英. 博約無餘蘊, 從容致太平. 方期魯一變, 翽翽鳳凰鳴. 「讀禮」[1]

①에서 이색은 『서경』의 주석서에서 인산仁山의 학문을 가장 사랑한다고 하였다. 인산仁山은 송대의 학자 김이상金履祥을 가리킨다. 김이상은 주희의 어록 중에서 채침蔡沈의 『서집전』에 빠져 있는 강요綱要를 모아 『상서표주尙書表注』을 편찬하였다.[2] 그는 왕백王柏에게 수학하여 주희 → 황간黃幹 → 하기何基 → 왕백으로 이어진 주자학의 진수를 이은 학자로 알려져 있다.[3]

---

1   李穡, 『牧隱詩藁』 권7, 41면.
2   金履祥, 『尙書表注』, 「尙書表注序」 "書成於朱子旣歿之後, 門人語錄未萃之前, 猶或不無遺漏放失之憾, 予茲表注之作. 雖爲疎畧, 苟得其綱要, 無所疑礙, 則其精詳之蘊, 固在夫自得之者, 何如耳."
3   金履祥, 『仁山文集』 권수, 「提要」 "履祥, 受學于王柏, 柏, 受學于何基, 基, 受學于黃幹, 號爲得朱子之傳."

②에서 이색은 「빈풍」은 풍風으로부터 아雅가 된 것이고 「왕풍」은 아로부터 풍이 된 것이라고 하였다. 이는 주희가 15국풍의 차서를 설명하면서 공자가 변풍變風이 정풍正風으로 바뀔 수 있음을 보여주고자 「빈풍」을 마지막에 두었다[4]고 하거나, 평왕平王이 국도를 왕성王城으로 옮긴 이후에 지어진 시들은 아에서 풍이 되었다[5]고 하여, 왕풍王風을 변풍變風의 시작으로 본 것과 같은 의미이다.

③에서 이색은 육효六爻가 유동하는 곳을 가죽끈이 3번 끊어질 정도로 엄격히 연구하였다고 하였다. 그는 "정이가 『주역』을 주석하면서 옛사람을 인용하여 실증한 것이 또한 많다. 나는 정이를 통해서 공자를 구한 사람이다."[6]라고 하여, 이리만을 말하여 천도를 천발闡發하고 인사를 절개切開한 정이의 『역전』[7]을 연구하였다.

④에서 이색은 『춘추』 삼전三傳은 내용이 서로 어긋나긴 하지만 공자가 필삭한 마음은 정미하다고 하였다. 이 밖에 그는 "삼전의 이동異同을 내가 이미 폐하니, 이천伊川의 마음이 성인의 마음이다."[8]라고 하여, 『춘추』를 학습하면서 삼전을 멀리하고 주로 정이의 주석을 참고하였다. 정이의 주석은 현재 『정씨경설程氏經說』에 미완의 형태로 남아있다.[9]

⑤에서 이색은 대성戴聖이 산정한 『예기』는 비록 하자가 있기는 하지만 정영精英을 얻었다고 하였다. 또한 그는 "예서禮書들은 방잡하거나 순수한 것이 뒤섞여 있는데 주희의 주석만이 정미함을 꿰뚫었다."[10]고 하여, 주희가 『의례』로 경經을 삼아 『예기』 및 여러 경사經史에 수록된 예설禮說과 제유의 주석을 모아 편찬한 『의례경전통해儀禮經傳通解』[11]를 중시하였다.

이색은 "경서를 해석하며 이학을 살펴보니 그 연원이 양정兩程에서 나왔다."[12]고 하거나,

4 　胡廣 纂, 『詩傳大全』 권8, 197면, 「豳風」 註. "夷王以下, 變風不復正矣, 夫子蓋傷之也. 故終之以豳風, 言變之可正也, 惟周公能之."
5 　胡廣 纂, 『詩傳大全』 권4, 105면. "是爲平王, 徙居東都王城, 於是, 王室遂卑, 與諸侯無異. 故其詩不爲雅而爲風."
6 　李穡, 『牧隱詩藁』 권21, 284면, 「圓齋讚用前韻」. "程子註易, 引古人實之者又多. 予沿程而求孔者也."
7 　程頤, 『伊川易傳』, 「提要」. "程子此傳, 則理明, 一闡天道, 一切人事."
8 　李穡, 『牧隱詩藁』 권2, 533면, 「讀春秋」. "三傳異同吾已廢, 伊川心是聖人心."
9 　程頤, 『程氏經說』, 「提要」. "春秋傳則專著而未成."
10 　李穡, 『牧隱詩藁』 권9, 77면, 「偶吟」. "禮書痝雜純粹多, 考亭往往通精微."
11 　朱熹, 『儀禮經傳通解』, 「提要」. "以儀禮爲經, 而取禮記及諸經史雜書所載有及於禮者, 皆附本經之下, 具列注疏諸儒之說, 畧有端緒, 即是書也."
12 　李穡, 『牧隱詩藁』 권23, 321면, 「中場日」. "釋經觀理學, … 淵源出兩程."

"도를 바라보는 것은 오직 성리서에 의지한다."[13]고 하여, 자신의 경학사상은 정주의 성리학을 중심으로 체계화된 것임을 밝혔다. 권근 또한 이색의 학문을 평하면서 그가 원의 국자감에 3년간 재학하면서 중원 연원의 학문을 전수하여 갈고 닦아 크게 나아갔으며 특히 성리의 학에 조예가 깊다[14]고 하였고, 김택영은 이색의 문을 평하면서 "이색은 이제현의 문생으로 처음 정주학을 제창하였는데, 그의 문에는 주소나 어록의 기운이 섞여 있는 것이 많다."[15]고 하였다. 이로 보아 이색의 경학사상은 그가 원의 국자감에 3년간 재학하면서 익힌 정주학을 중심으로 형성된 것이고, 이러한 그의 경학사상은 전문 저서가 아닌 시문을 통해 문학적 언어로 전개되어 있음을 알 수 있다.

이색의 『목은문고』 15권에 수록된 230편에는 기記 74편, 설說 21편, 서序 39편이 포함되어 있는데, 이색은 이들 산문 양식 속에 자신의 경학사상을 집중적으로 펼쳤다. 기記는 본래 서사를 위주로 하였는데 후에 의론이 뒤섞여 들어간 것[16]이고, 설說은 의리를 해석하여 스스로 뜻을 펼치는 것[17]이며, 서序는 사리를 잘 펼쳐 실의 실마리와 같이 질서 있게 차례 지은 것[18]이다. 이색은 이와 같은 산문의 양식적 특징을 십분 활용하여 정자나 암자의 이름이나 사람의 자호와 같은 명제를 도학적 의리로 해석하였다. 또한 그의 『목은시고』 35권에 수록된 4,340여 제(5,980여 수)에는 인용 시와 같이 경서를 학습하거나 토론하면서 체득한 경학사상을 운문 형식으로 펼친 명도운어明道韻語들이 도처에 산재해 있다. 본 장에서는 이색이 정이와 주희의 주석을 중심으로 자신의 경학사상을 체계화한 것에 주목하고, 이색의 경학적 사유가 펼쳐져 있는 시문들을 정이와 주희의 경서 주석과 비교하는 방식으로 이색의 경학사상의 특징과 그 의의에 대해 밝혀보기로 한다.[19]

---

13 李穡, 『牧隱詩藁』 권13, 132면, 「卽事」. "望道唯憑性理書."
14 權近, 「朝鮮牧隱先生李文靖公行狀」, 『牧隱藁』, 502면, "在學三年, 得受中原淵源之學, 切磨涵漬, 益大以進, 尤邃性理之學."
15 金澤榮, 『金澤榮全集』 권2, 123면, 「雜言」. "李牧隱以益齋門生, 始唱程朱之學, 而其文多雜註疏語錄之氣."
16 徐師曾, 『文體明辯』 3, 374면, 「記一」. "以敍事爲主, 後人, 不知其體, 顧以議論雜之."
17 徐師曾, 『文體明辯』 3, 166면, 「說」. "解釋義理, 而以己意述之."
18 徐師曾, 『文體明辯』 3, 213면, 「序上」. "言其善敍事理, 次第有序, 若絲之緖也."
19 이색의 철학사상이나 경학사상을 논한 연구서로 본 연구에서 참고한 논문으로는 목은연구회(1996), 목은연구회(2000), 한국역사연구회(2006), 진단학회(2006) 등에 수록된 것이 있다.

2. 정주 주석의 수용 양상

1) 『논어』 : 성학聖學의 발명

이색은 우왕 5년(1379) 5월 홍중선洪仲宣의 뒤를 이어 우왕의 사부가 되고, 12년까지 사부로서의 지위를 유지하였다. 이색의 『목은시고』 권16과 권19에는 5월부터 8월까지 4개월 동안 서연書筵에서 『논어』 「태백」을 강의하고 난 후의 소회를 읊은 시 11수가 수록되어 있다. 이 시들은 「태백」 제2장의 끝부분인 "군자독어친君子篤於親, 즉민흥어인則民興於仁, 고구불유故舊不遺, 즉민불투則民不偸."에서 시작해 중간의 일부 내용이 제외된 상태로 「태백」 제14장 "자왈子曰 부재기위不在其位, 불모기정不謀其政."까지 이어져 있다.[20] 이색이 「태백」을 진강하고 나서 지은 시들은 주로 주희의 『논어집주』를 중심으로 경서에서 다양하게 표현된 성인의 학문과 공효를 말하고, 자신의 인생 역정을 되돌아보며 스스로 성찰하는 내용으로 구성되어 있다. 위와 같이 이색이 경연에서 강의한 주제 사상을 비교적 잘 표출한 것으로 생각되는 시들을 대상으로, 그 내용을 주희의 『논어집주』와 비교해 보면 다음과 같다.

〈표 1〉 이색의 시와 『논어집주』의 원문 비교

이색의 시	주희의 『논어집주』
(가) ⓐ君師建極化生民, 照耀來今覺後人. ①大學初中終有得, 先王詩禮樂相循. ②性情動盪無邪日, 查滓消融順道春. 三百三千通上下, 端居雜處對明神.[21]	**成於樂.** ②樂有五聲十二律, 更唱迭和, 以爲歌舞八音之節, 可以養人之性情, 而蕩滌其邪穢, 消融其查滓, 故, 學者之終, 所以至於義精仁熟, 而自和順於道德者, 必於此得之, 是學之成也. ○①按內則, 十歲, 學幼儀, 十三, 學樂, 誦詩, 二十而後, 學禮, 則此三者, 非小學傳授之次, 乃大學終身所得之難易先後淺深也.[22]

---

20 이색의 서연 강의와 서연 관련 시의 소개는 도현철(2006), 20~30면을 참고해 작성하였다.
21 李穡, 『牧隱詩藁』 권1, 193면, 「進講興於詩, 立於禮, 成於樂一章」.
22 朱熹, 『論語集註』, 277~279면.
23 李穡, 『牧隱詩藁』 권16, 195면, 「十六日, 進講周公之才之美一章」.

(나) (1) ⓒ矜誇鄙嗇豈無尤, 根葉相因勢自周. 縱使多材似公旦, 此人端的是恒流. (2) ⓑ赤舃周公几几餘, 風雷歲熟感梟書. 當時一點心平正, 日月明明照太虛. (3) 禮樂文章盛一時, 美哉制作在蒼姬. 卜年卜世終明白, ⓒ祗在初生哲命胎.²³	子曰: 如有周公之才之美, 使驕且吝, 其餘, 不足觀也已. ③ 才美, 謂智能技藝之美. 驕, 矜夸, 吝, 鄙嗇也. ○ 程子曰: 此, 甚言驕吝之不可也. 蓋有周公之德, 則自無驕吝, 若但有周公之才而驕吝焉, 亦不足觀矣. 又曰: 驕, 氣盈, 吝, 氣歉. 愚謂: 驕吝, 雖有盈歉之殊, 然其勢常相因. 蓋驕者, 吝之枝葉, 吝者, 驕之本根, 故, 嘗驗之天下之人, 未有驕而不吝, 吝而不驕者也.²⁴
(다) (1) ⓓ蒙養無非作聖功, 終身所得一中庸. 奈何挑得繁華戰, 只爲飽鮮仍醉醴.(子弟學) (2) 聖人由來一執中, ⓔ潛龍忽躍是飛龍. 誰知從道先明道, 穆穆他年德可宗.(帝王學) (3) ⓕ小臣當日走中原, 鼓篋璧雍窺聖門. 忽起子張干祿問, 白髮心地尙昏昏.(自責)²⁵	子曰: 三年學, 不至於穀, 不易得也. ④穀, 祿也. 至, 疑當作志. 爲學之久, 而不求祿, 如此之人, 不易得也. ○ 楊氏曰: 雖子張之賢, 猶以干祿爲問, 況其下者乎. 然則三年學, 而不至於穀, 宜不易得也.²⁶

 (가)는 「태백」 제8장 "흥어시興於詩, 입어예立於禮, 성어악成於樂."을 진강하고 지은 시이다. ⓐ는 『서경』 「홍범」의 "황건기유극皇建其有極, 염시오복斂時五福, 용부석궐서민用敷錫厥庶民."의 의미를 해석한 것이다. ①에서 주희는 「내칙內則」을 인용해 10세에 유의幼儀를 배우고 13세에 음악[樂]과 시詩를 익히며 20세가 넘어야 예禮를 배웠다고 하였다. 위와 같이 시와 예와 음악의 학습 순서가 서로 다른 것에 대해 이색은 「내칙」에서는 시간별 수학 과정을 중심으로 말한 것이고, 「태백」에서는 성정의 수양 단계를 중심으로 말한 것이라고 하였다. ②에서 주희는 음악은 성정을 길러 사악하고 더러운[邪穢] 마음을 씻고 마음속에 남아있는 앙금[查滓]을 녹여 성정의 바름을 얻게 된다고 하였다. 이색은 주희의 주석을 인용해 시·서·음악을 익히면 마음이 불안해 흔들려도[動蕩] 사악함을 행하지 않고, 마음속의 앙금이 녹아 하늘의 도를 따르게 된다고 하였다. 위와 같이 이색은 위의 시에서 「홍범」과 주희의 주석에 기초해 시詩와 예禮와 악樂의 학습 과정과 공효를 말하였다.
 (나)는 「태백」 제11장 "여유주공지재지미如有周公之才之美, 사교차린使驕且吝, 기여其餘, 부족

---

24 朱熹, 『論語集註』, 282면.
25 李穡, 『牧隱詩藁』 권16, 196면, 「進講三年學, 不志於穀, 不易得也一章」.
26 朱熹, 『論語集註』, 283면.

관야이不足觀也已."를 진강하고 지은 시이다. ⓑ는 『시경』「빈풍·낭발狼跋」의 '적석궤궤赤舃几几'를 인용한 것이고, ⓒ는 『서경』「소고召誥」의 "약생자若生子, 망부재궐초생罔不在厥初生, 자이명철自貽哲命."를 부연한 것이다. ③에서 주희는 교驕를 긍과矜夸로 인吝을 비색鄙嗇으로 풀이하고, 교驕는 인吝의 지엽枝葉이고 인吝는 교驕의 본근本根으로 둘의 형세가 항상 서로 따른다고 하였다. 또한 그는 정이의 말을 인용해 주공의 덕으로는 교린驕吝함이 없어야 하지만, 주공의 재능만 지니고 있고 성정이 교린하다면 볼 것이 없다고 하였다. 그리고 그는 주희의 주석을 인용해 성정이 긍과矜誇하거나 비린鄙嗇하게 된다면 그 형세가 본근과 지엽이 서로 통한다고 하고, 비록 주공과 같이 재능이 많아도 교린한 사람은 분명히 긍과와 비색한 마음이 흐른다고 하였다. 위와 같이 이색은 (1)에서 주희가 주공의 재미才美와 교린을 주석한 내용을 재구성하고, (2)에서 시상을 확장하여 관숙管叔과 채숙蔡叔의 유언에도 공평 정대하게 성왕을 보필했던 주공의 성정을 묘사하였으며, (3)에서 선천적으로 밝은 지혜를 받은 주공에 의해 완성된 예악과 문장을 다시 일으키려는 경세관을 펼쳤다.

(다)는 「태백」 제12장 "삼년학三年學, 부지어곡不至於穀, 불이득야不易得也."를 진강하고 지은 시이다. ⓓ는 『주역』「몽괘蒙卦」의 "몽이양정蒙以養正, 성공야聖功也."를 부연한 것이고 ⓔ는 『주역』「건괘」의 효사를 재구성한 것이다. 주희는 ④에서 '지至'를 '지志'로 보고 자장이 공자에게 '관직을 구하는 것'을 배운 사실을 들면서, 관직에 뜻을 두지 않고 3년 동안 학문을 하는 것은 쉬운 일이 아니라고 하였다. 이색은 (1), (2), (3)에 각각 '제제학子弟學', '제왕학帝王學', '자책自責'이라고 주를 달았다. 또한 그는 (1)과 중용의 도를 들어 당시 젊은 자제들이 문장을 다투어 배불리 취하며 시절을 보내는 것을 경계하였고, (2)에서 우왕禑王에게 중용의 도를 들어 '명명덕明明德'에서 시작해 '지어지선止於至善'하는 성학을 익혀 제왕의 덕을 갖출 것을 권면하였으며, (3)에서 원의 국자감에서 3년간 학문을 익힌 것은 벼슬을 위해 학문을 한 자장과 다를 것이 없다고 자책하였다. 위와 같이 이색은 주희가 주석에서 자장의 예를 든 것을 매개로 자신은 물론 군왕과 신료들이 지향해야 할 학문 목표를 제시하였다.

2) 『중용』: 중화中和의 체현

이색은 『중용』은 천명이 드러나 있는 것으로 생각하고, 이 책을 행로의 지남으로 여겼다.[27] 또한 그는 천지에 혈기가 있는 곳에는 성명이 존재하는 것으로 보고,[28] 『중용』을 읽으면서 성정을 단속하곤 하였다.[29] 그리고 그는 「가명설可明說」에서 하늘에 있는 것을 명명明命이라고 하고 사람에게 있는 것을 명덕明德이라고 하는데, 시대가 내려오면서 하늘의 도와 인간의 도가 서로 나누어지게 된 것을 공자가 하나로 하였으며, 이는 다시 자사에게 이어져『중용』이 지어진 것으로 인식하였다.[30] 위와 같이 이색은 『중용』을 하늘의 도와 인간의 도를 연결한 공문孔門의 심법으로 이해하였으며, 특히 『중용』 제1장은 자사의 사상이 집약된 곳으로 전편의 요체가 된다고 생각하였다. 그 예로 그는 「백중설伯中說」에서 주희가 『중용장구』 제1장을 주석한 내용에 기초하여 중화론中和論을 체계적으로 펼쳤다.

〈표 2〉 이색의 「백중설(伯中說)」과 『중용장구』 제1장의 원문 비교

이색의 「백중설」	주희의 『중용장구』 제1장
(가) 今庚申科狀元李文和伯中, 將觀親于鄕, 請予言, 且曰; 伯中字說. 未蒙先進之敎, 願受一言以行, 孝於家, 忠於國, 將何以爲之本乎. (나) 予曰; 大哉問乎, 中焉而已矣. 善事父母, 其名曰孝. 移之於君, 其名曰忠. 名雖殊而理則一. 理之一, 卽所謂中也. 何也. ①夫人之生也, 具健順五常之德, 所謂性也. 曷嘗有忠與孝哉. ⓐ寂然不動, ⓑ鑑空衡平, 性之體也, 其名曰中. ⓒ感而遂通, ⓓ雲行水流, 性之用也, 其名曰和. ②中之體立則天地位, 和之用行則萬物育. 聖人參贊之妙, 德性尊, 人倫敍, 天敍天秩, 粲然明白. 曰忠曰孝曰中曰和, 夫豈異致哉.	天命之謂性, 率性之謂道, 修道之謂敎. 命, 猶令也. 性, 卽理也. 天以陰陽五行, 化生萬物, 氣以成形而理亦賦焉, 猶命令也. 於是. ①人物之生, 因各得其所賦之理, 以爲健順五常之德, 所謂性也. 率, 循也. 道, 猶路也. 人物 各循其性之自然, 則其日用事物之間, 莫不各有當行之路, 是則所謂道也. 修, 品節之也. 性道雖同, 而氣稟或異, 故 不能無過不及之差. 聖人, 因人物之所當行者而品節之, 以爲法於天下, 則謂之敎, 若禮樂刑政之屬, 是也. 蓋人, 知己之有性, 而不知其出於天, 知事之有道, 而不知其由於性, 知聖人之有敎, 而不知其因吾之所固有者裁之也. 故, 子思於此, 首發明之, 而董子所謂道之大原, 出於天, 亦此意也.[32] 道也者, 不可須臾離也, 可離, 非道也. 是故, 君子, 戒愼乎其所不睹, 恐懼乎其所不聞. 道者, 日用事物當行之理, 皆性之德而具於

---

27 李穡, 『牧隱詩藁』 권15, 163면, 「君子有所事」. "中庸衍天命, 行路之指南."
28 李穡, 『牧隱文藁』 권6, 44면, 「負暄堂記」. "血氣之所在, 性命之所存."
29 李穡, 『牧隱詩藁』 권24, 234면, 「曉雨」. "坐讀中庸檢性情."
30 李穡, 『牧隱文藁』 권10, 80면, 「可明說」. "在天曰明命, 在人曰明德, 非二物也, 而天與人判而離也久矣. 仲尼蓋悲之, 道統之傳, 不絶如線, 幸而再傳, 有聖孫焉. 著爲一書, 所以望後人者, 至矣."

(다) 舜以天下養親, 其孝大矣, 是舜之中也. 瞽瞍殺人, 則負之走, 是舜之中也. 周公抱成王, 以定周室, 其忠至矣, 是周公之中也. 管蔡流言, 居東三年, 是周公之中也. 和而不能中, 柳下惠而已矣. 中而不能權, 子莫而已矣. 是則事君事親, 行己應物, 中和而已. (라) ③欲致中和, 自戒愼始. 戒懼之何, 存天理也. 愼獨焉何, 遏人欲也. 存天理, 遏人欲, 皆至其極, 聖學斯畢矣. (마) 大舜也, 周公也, 能致其極者也. 下惠也, 子莫也, 一於偏者也. 士生千載之下, 有志乎學, 所當企而慕者, 安所在歟. 今有人呼於衆曰, 願學大舜乎, 周公乎, 必皆曰不敢. 願學下惠乎, 子莫乎, 必皆曰不欲. 然夷考其行, 果於不敢者, 皆是, 果於不欲者, 又未之多見, 此予之日夜自責而自愧者也. (바) 伯中擢第狀元, 則與予同, 求敎求益, 卓然欲趨於大中之域, 過予遠甚矣. 他日所就, 其可量乎. 熱甚, 困不能覃思, 略述所懷, 幸伯中往讀中庸一部書, 敢以是爲伯中贈.[31]	心, 無物不有, 無時不然, 所以不可須臾離也. 若其可離, 則豈率性之謂哉. 是以, 君子之心, 常存敬畏, 雖不見聞, 亦不敢忽, 所以存天理之本然, 而不使離於須臾之頃也. **莫見乎隱, 莫顯乎微, 故, 君子, 愼其獨也.** 隱, 暗處也. 微, 細事也. 獨者, 人所不知而己所獨知之地也. 言幽暗之中, 細微之事, 跡雖未形, 而幾則已動, 人雖不知, 而己獨知之, 則是天下之事, 無有著見明顯, 而過於此者. ③是以, 君子旣常戒懼, 而於此, 尤加謹焉. 所以遏人欲於將萌, 而不使其潛滋暗長於隱微之中, 以至離道之遠也. **喜怒哀樂之未發, 謂之中, 發而皆中節, 謂之和, 中也者, 天下之大本也, 和也者, 天下之達道也.** 喜怒哀樂, 情也, 其未發, 則性也. 無所偏倚, 故, 謂之中, 發皆中節, 情之正也. 無所乖戾, 故, 謂之和. 大本者, 天命之性, 天下之理, 皆由此出, 道之體也. 達道者, 循性之謂, 天下古今之所共由, 道之用也. 此, 言性情之德, 以明道不可離之意.[33] **致中和, 天地位焉, 萬物育焉.** 致, 推而極之也. 位者, 安其所也. 育者, 遂其生也. ②自戒懼而約之, 以至於至靜之中, 無所偏倚, 而其守不失, 則極其中, 而天地位矣. 自謹獨而精之, 以至於應物之處, 無少差謬, 而無適不然, 則極其和而萬物育矣. 蓋天地萬物, 本吾一體, 吾之心正, 則天地之心亦正矣 吾之氣順 則天地之氣亦順矣 故 其效驗 至於如此. 此, 學問之極功, 聖人之能事, 初非有待於外, 而修道之敎, 亦在其中矣. 是其一體一用, 雖有動靜之殊, 然, 必其體立, 而後用有以行, 則其實, 亦非有兩事也. 故, 於此, 合而言之, 以結上文之意.[34]

「백중설」은 이문화李文和의 자인 백중伯仲에서 중中을 취하고 이름인 문화文和에서 화和를 취하여, 『중용』 제1장에서 말한 중화의 체용과 공효를 말한 것이다. 이색은 (가)에서 이문화가 효와 충의 근본을 물은 것에 대한 답으로 『중용』에서의 중中을 제시하고, (나)와 (라)에서 주희의 주석에 기초하여 중화 이론을 전개하였다. ①에서 주희는 '천명지위성天命之謂性'을 주석하여 사람이 '건순오상健順五常'의 덕을 갖추고 태어난 것을 성이라고 풀이하였다. 이색은 주희

---

31 李穡, 『牧隱文藁』 권10, 83면, 「伯中說贈李壯元別」.
32 朱熹, 『中庸集註』, 244~246면.
33 朱熹, 『中庸集註』, 251~252면.
34 朱熹, 『中庸集註』, 253~254면.

의 주석을 그대로 인용하면서 성을 체용으로 나누어 성의 본체가 '중中'이고 성의 쓰임이 '화和'라고 하였다. ⓐ와 ⓒ는 『주역』「계사」의 "적연부동寂然不動, 감이수통感而遂通."를 인용한 것이고, ⓑ와 ⓓ는 『대학혹문』의 '감공형평鑑空衡平'과 『주자어류』의 '운행수류雲行水流'를 인용한 것이다. 인간의 마음이 '고요하여 움직이지 않고 거울처럼 비고 저울처럼 수평인 상태[寂然不動, 鑑空衡平]'는 물욕에 의한 희로애락이 발생하기 이전 즉, 순백한 정신에 의해 본연의 성을 간직한 모습을 형상화한 것이다. 이것이 바로 '희로애락지미발喜怒哀樂之未發'이요, '중中'이다. 그리고 '느껴서 통하여 구름이 떠다니고 물이 흐르듯 하는 상태[感而遂通, 雲行水流]'는 순백한 정신상태가 외물과 응하여 희로애락의 감정을 드러냈을 때 모두 절도에 맞는 것을 형상화한 것이다. 이것이 바로 '발이개중절發而皆中節'이요, '화和'이다. 위와 같이 이색은 성의 본체인 중中의 모습을 '적연부동寂然不動'과 '감공형평鑑空衡平'으로 표현하고, 성의 쓰임인 화和의 모습을 '감공형평鑑空衡平'과 '운행수류雲行水流'로 표현하여 상투적인 표현에 그치기 쉬운 철학 이론을 선명하고 생동감 있는 시적 언어로 묘사하였다.

②에서 주희는 "치중화致中和, 천지위언天地位焉, 만물육언萬物育焉."을 해석하여 계구戒懼에서 시작해 어느 한 곳에 치우침이 없어 '중中'에 이르면 천지가 자리하게 되고, 근독謹獨에서 시작해 무엇을 행하여도 어긋남이 없어 '화和'에 이르면 만물이 길러지게 된다고 하였다. 이색은 주희에 주석에 기초하여 마음속에 내재해 있는 희로애락의 감정을 절도 있게 하여 물욕에 의해 본연의 선이 훼손되지 않으면, 천지 사계절의 기와 인간의 기가 서로 조화를 이루어 천지가 자리하고 만물이 화육하게 된다고 하였다. 이때가 되면 임금을 섬기는 것[忠]과 어버이를 섬기는 것[孝]과 중中과 화和가 모두 같은 이치가 된다고 하였다. 이는 그가 『중용』에서의 중中과 화和는 궁극적으로 인간의 윤리적 행위인 효孝나 충忠와 관련이 있음을 말하여, 이문화가 실천하려 했던 효와 충과 그의 자호인 중中과 화和를 주희의 주석에 기초해 논리적으로 연계시킨 것이다. ③에서 주희는 "고군자故君子, 신기독야愼其獨也."를 해석하여 군자는 항상 계구戒懼하고 더욱 근신謹身하여 인욕이 마음속에서 싹트는 것을 막고 은미한 속에서 몰래 자라지 못하도록 해야 한다고 하였다. 위와 같이 이색은 주희의 해석에 근거해 계구를 '존천리存天理'로, 신독을 '알인욕遏人欲'으로 나누어 설명하였다.

㈐와 ㈑는 이색이 앞서 펼친 중화론을 실제의 삶을 통하여 구현한 인물을 예시하여 설명한

것이다. (다)에서 그는 순이 천하로써 부모를 봉양했지만 고수瞽瞍가 살인을 하면 업고 달아나며, 주공이 성왕을 도와 주나라를 안정시켰지만 관숙과 채숙의 유언으로 동쪽에 3년간 머문 것은 모두 '중中'의 도를 실현한 것으로 보았다. 이와 달리 그는 유하혜가 화和에만 집착하여 중中을 실현하지 못했고, 자막子莫이 중中에만 집착하여 권權을 행하지 못한 것으로 보았다. 권은 저울이다. 저울은 새겨진 눈금 가운데 물체의 중량과 일치하는 수치에 적중해야 기능을 다할 수 있다. 이색은 유하혜가 화和만을 추구하고 자막이 중中만을 고집한 이유로 권權을 행하지 못하고 하나에만 집착한 것에서 찾았다. (마)에서 이색은 학문에 뜻을 둔 사람들이 성학을 완성한 순과 주공의 도를 지향하지 않고, 유하혜나 자막과 같이 한 곳으로 치우쳐 중도를 잃은 것이 많다고 지적하였다. 따라서 그는 (바)에서 이문화에게 자호에 걸맞게 중화의 도를 실천할 것을 권유하였다.

3) 『주역』: 양도陽道의 발양

이색은 "복희가 기수奇數와 우수耦數를 그어 괘상卦象으로 이리의 근원을 밝히고, 문왕과 주공이 인사에 관련시켜 단사彖辭와 효사爻辭를 펼쳤으며, 공자가 십익十翼을 연찬하여 도의의 문을 크게 하였다."[35]라고 하고, "늙어 가며 『주역』을 배움에 이천을 사모한다."[36]고 하였다. 이는 그가 복희 → 문왕 → 주공 → 공자로 이어진 역학의 발전이 상수로부터 점차적으로 의리로 발전하는 과정으로 이해한 것이다. 또한 그는 「양촌기陽村記」에서 "양은 군자이고 음은 소인으로, 『주역』 64괘는 양을 부양하고 음을 억제하지 않는 것이 없다."[37]라고 하거나, 「고풍삼수古風三首」에서 "서지舒遲한 것은 군자의 양陽이고 참박慘迫한 것은 소인의 음陰이다."[38]라고 하여, 양의 도를 발양하여 군자의 삶을 실천하는 것을 인생의 목표로 삼았다.

---

35 李穡, 『牧隱詩藁』 권16, 194면, 「古風」 3수 중 2수. "包犧畫奇耦, 象以明理源. 文王與周公, 觸事宣諸言. 仲尼演十翼, 大哉道義門."
36 李穡, 『牧隱詩藁』 권15, 163면, 「憶鄭散騎」. "老來學易慕伊川."
37 李穡, 『牧隱文藁』 권2, 18면, 「陽村記」. "陽君子也, 陰小人也. 易六十四卦, 無非扶陽而抑陰者也. 所以長君子之道也."
38 李穡, 『牧隱詩藁』 권15, 161면, 「古風三首」. "舒遲君子陽, 慘迫小人陰."

이색은 다음 「자복설子復說」에서 정이의 『역전』「복괘復卦」를 주석한 내용에 근거하여 역학적 사유를 체계적으로 펼쳤다.

〈표 3〉 이색의 「자복설(子復說)」과 정이의 『역전』「복괘(復卦)」의 원문 비교

이색의 「子復說」	정이의 『역전』「復卦」
(가) 驪興閔子復來曰; 安仁之選補成均生也. 先生爲大司成, 字之曰; 子復. 安仁, 事先生有年矣, 而未得蒙子復之訓, 安仁, 實有慊焉, 願先生終惠焉. (나) 予曰: 吾病也久, 易之不玩, 而幾於忘. ①陽之復也, 而在五陰之下, 以人性言, 則善之萌也, 以人事言, 則吉之兆也, 以學言, 則返乎其初者也. (다) 故曰: 顏氏之子, 其殆庶幾乎. 其問仁也, 夫子曰: 克己復禮爲仁, 勿於非禮, 復之功也. 愚於不違, 復之效也. 私欲淨盡, 何待於克之, 天理行矣, 何待於復之. 此天下之所以歸其仁也. 今稱顏子曰; 復聖公, 其知顏子也不淺矣. (라) 子復以篤實之資, 高明之學, 踐履之是先, 而不專於聞見, 沈潛之是急, 而不務於涉獵. 出試場屋, 卓冠百人之列, 則其文章之發見, 又可見矣. 拜翰林, 遷閣門, 方以知禮, 名于時, 其自負, 必不輕矣, 猶以爲不足, 問於予. 嗚呼, 子復眞好學矣. (마) 易之象曰; ②復, 其見天地之心. 天地之心, 卽人之心也. 求仁心, 觀乎易, 觀乎語, 斯足矣. 予以一說告焉, 子復其可乎. ③仁, 子之舍也, 子出游數千里外, 不在于舍者, 子之身也, 其在于舍者, 子之心也. 身雖在遠, 心猶不忘其舍, 而必復歸焉. 仁則子之舍, 豈可輒忘之, 而不謀所以居之之術乎. 有門以出入, 有室以寢處, 則前日崎嶇道路, 迷於所趨, 顚倒之狀, 悉變, 而申申夭夭於燕居矣, 而況承祭見賓之頃乎. 有朋, 亦必自遠方來矣. 如其不然, 雖閉戶亦可也. 勉之哉.[39]	復. 序卦, 物不可以終盡剝, 窮上反下, 故受之以復. 物无剝盡之理, 故剝極, 則復來, 陰極, 則陽生. 陽剝極於上, 而復生於下, 窮上而反下也. 復所以次剝也. ①爲卦, 一陽 生於五陰之下, 陰極而陽復也. 歲十月, 陰盛既極, 冬至, 則一陽復生於地中, 故爲復也. 陽, 君子之道, 陽消極而復反, 君子之道, 消極而復長也. 故爲反善之義.[40] **復, 亨, 出入, 无疾, 朋來, 无咎.** 復亨, 既復, 則亨也. 陽氣, 復生於下, 漸亨盛, 而生育萬物. 君子之道, 既復, 則漸以亨通, 澤於天下, 故, 復則有亨盛之理也. 出入无疾, 出入, 謂生長, 復生於內, 入也, 長進於外, 出也, 先云出, 語順耳. 陽生, 非自外也, 來於內, 故, 謂之入. 物之始生, 其氣至微, 故, 多屯艱. 陽之始生, 其氣至微, 故, 多摧折. 春陽之發, 爲陰寒所折, 觀草木於朝暮, 則可見矣. 出入无疾, 謂微陽生長无害之者也. 既无害之, 而其類漸進而來, 則將亨盛, 故, 无咎也. 所謂咎在氣, 則爲差忒, 在君子, 則爲抑塞, 不得盡其理. 陽之當復, 雖使有疾之固, 不能止其復也. 但爲阻礙耳, 而卦之才, 有无疾之義, 乃復道之善也. 一陽始生, 至微, 固未能勝羣陰, 而發生萬物, 必待諸陽之來, 然後, 能成生物之功, 而无差忒, 以朋來而无咎也. 三陽, 子丑寅之氣, 生成萬物, 衆陽之功也. 若君子之道, 既消而復, 豈能便勝於小人, 必待其朋類, 漸盛, 則能恊力以勝之也.[41] **象曰; 復亨, 剛反, 動而以順行. 是以, 出入, 无疾, 朋來, 无咎.** ③復亨, 謂剛反而亨也. 陽剛, 消極而來反, 既來反, 則漸長盛, 而亨通矣. 動而以順行, 是以, 出入, 无疾, 朋来, 无咎, 以卦才, 言其所以然也. 下動而上順, 是動而以順行也. 陽剛, 反而順動, 是以, 得出入无疾, 朋來而无咎也. 朋之來, 亦順動也.[42] **反復其道, 七日來復, 天行也, 利有攸往, 剛長也, 復, 其見天地之心乎.** 其道, 反復往來, 迭消迭息, 七日而來復者, 天地之運行, 如是也. 消長相因, 天之理也. 陽剛, 君子之道長, 故, 利有攸往. ②一陽, 復於下, 乃天地生物之心也. 先儒, 皆以靜爲見天地之心, 蓋不知動之端, 乃天地之心也, 非知道者, 孰能識之.[43]

---

39   李穡, 『牧隱詩藁』 권10, 79면, 「子復說」.

이 글은 이색이 성균관 대사성을 맡았을 때 민안인閔安仁을 성균관 학생으로 뽑고 그의 자를 자복子復이라고 말한 이유를 풀이한 것이다. 이 글은 의미상 다섯 단락으로 나눌 수 있는데, 그중 정이가 『역전』에서 「복괘」를 풀이한 내용과 관련이 있는 곳은 (나)와 (마)이다. (나)는 이색이 정이가 「복괘」의 의미를 해석한 것에 기초해 「복괘」에서의 일양一陽의 의미를 재해석한 것이다. 정이는 ①에서 「복괘」는 곤坤(☷)과 진震(☳)이 만나 일양一陽이 오음五陰의 아래에서 생겨 양이 회복되는 것이라고 하였다. 그는 이곳에서 양을 군자의 도로 이해하고, 양이 소극消極되었다가 다시 회복되는 것은 군자의 도가 소극되었다가 다시 자라는 것으로 선을 회복하는 뜻이 있다고 하였다. 또한 그는 정이의 주석에 기초해 오음五陰의 아래에서 일양一陽이 회복되는 것은 인성으로 말하면 선의 싹이고 인사로 말하면 길한 징조이며, 학문으로 말하면 처음으로 돌아가는 것이라고 하였다. 위와 같이 그는 「복괘」에서의 일양一陽을 인성人性, 인사人事, 학문學問으로 나누어 풀이하여, 안인安仁에서의 인仁과 자복子復에서의 복復의 의미를 논리적으로 연계시키고, 민안인에게 지속적인 학문 과정과 인仁의 실천을 통하여 본연의 선을 회복한 안연의 삶을 실천하도록 권하였다.

　(다)와 (라)는 안연과 민안인이 인仁의 도를 실천한 내용을 펼친 것이다. (다)에서 이색은 『논어』에서 안연이 인을 회복한 공효로 「안연」의 "극기복례위인克己復禮爲仁. 비례물시非禮勿視, 비례물청非禮勿聽, 비례물언非禮勿言, 비례물동非禮勿動."과 「위정」의 "오여회언吾與回言, 종일불이여우終日不違如愚, 퇴이성기사退而省其私, 역족이발亦足以發, 회야불우回也不愚."을 들었다. 그는 안연을 복성공復聖公이라고 일컫는 것은 그가 끊임없는 수양을 통해 마음에서 사욕이 제거되고 본연의 선을 회복해 인으로 돌아갔기 때문으로 보았다. 따라서 그는 안연이 평생 인의 실천을 통해 얻은 복례復禮와 복성復聖을 언급하여, 『논어』에서의 인과 『주역』에서의 복復이 같은 뜻임을 거듭 밝혔다. 또한 (라)에서 그는 민안인이 과거에 올라 문장을 드높이고 관직을 역임하여 예를 아는 사람을 명성이 높다고 하고, 이는 그가 독실한 자질과 고명한

40　胡廣 찬, 『周易大傳』 권9, 255면, 「復卦」.
41　胡廣 찬, 『周易大傳』 권9, 255~256면, 「復卦」.
42　胡廣 찬, 『周易大傳』 권9, 257면, 「復卦」.
43　胡廣 찬, 『周易大傳』 권9, 257~258면, 「復卦」.

학문으로 인을 견실하게 실천하고 인에 깊이 침잠했기 때문이라고 하였다. 이를 통해 그는 민안인이 익힌 학문과 그가 걸어온 출사가 안인安仁과 자복子復이라는 명자名字에 어긋나지 않았다는 것을 증명하였다.

㈑는 「복괘」의 '단사'에서 말한 "복復, 기견천지지심其見天地之心."과 "출입出入, 무질无疾, 붕래朋來, 무구无咎."에 대한 정이의 해석에 기초하여 민안인에게 인仁을 실천하도록 권한 것이다. 정이는 ②에서 '단사'의 "복復, 기견천지지심其見天地之心."을 주석하여 일양一陽이 아래에서 회복되는 것은 천지가 만물을 낳는 마음이라고 보고, 도를 아는 자만이 이 천지의 마음을 알 수 있다고 하였다. 이색은 위와 같은 정이의 주석에 기초해 천지의 마음은 곧 사람의 마음이고, 인심仁心이 무엇인가를 파악하려면 『주역』과 『논어』를 보면 알 수 있다고 하였다. 이는 그가 마음을 매개로 천지·인人·인仁을 하나로 묶어 천지의 마음과 사람의 마음, 그리고 인심仁心은 모두 같은 것임을 논증한 것이다. 그가 다른 글에서 "인재천왈생仁在天曰生, 재인왈심在人曰心."[44]이라고 하거나 "기어인야其於人也, 존심왈인存心曰仁."[45]이라고 하여 생生·심心·인仁을 하나로 연계한 것도 위와 같은 의미이다.

③에서 정이는 '단사'에서 말한 "출입出入, 무질无疾, 붕래朋來, 무구无咎."를 해석하여 아래에서 양陽이 강건하게 회복되어 위에서 음이 순종해 움직이므로, 출입하여도 병이 없고 벗이 이르러도 허물이 없는 것이라고 하였다. 이색은 위와 같은 정이의 주석에 기초해 민안인에게 인仁을 사람의 거처하는 집에 문과 방을 만들어 수시로 출입하는 것에 비유하여, 몸은 멀리 있어도 마음에서 집을 잊지 않으면 종국에는 다시 돌아오듯이 마음속에서 항상 인을 간직할 것을 권하였다. 따라서 그는 집에 문을 만들어 출입하고 방을 두어 거처하면, 전날 기구한 도로를 만나 길을 잃고 전도하던 상황이 모두 바뀌어 집안에서 편안히 머물 수 있고, 제사를 받들고 손님을 만날 때에는 벗이 반드시 먼 곳에서 이를 것이라고 하였다. 위와 같이 그는 민안인에게 인을 실천하여 감정을 항상 선한 상태를 유지하도록 하여, 실제로 뜻을 같이하는 벗이 먼 곳에서 이를 수 있기를 권면하였다.

---

44 李穡, 『牧隱文藁』 권10, 87면, 「景春說」.
45 李穡, 『牧隱文藁』 권10, 87면, 「景春說」.

4) 『시경』 : 고풍古風의 회복

이색은 『시경』이 성인의 공덕을 노래하고 고도의 회복을 추동하는 문학적 효용을 가지고 있고, 이를 통하여 사람들을 풍화하여 사회의 풍기를 개변할 수 있을 것으로 생각하였다. 그는 「고풍高風」에서 "내가 처음 시를 배울 때 다만 성정만을 구했지. 선악으로 권면하고 경계하여 나의 도를 정밀하게 하였네."[46]라고 하여, 『시경』을 읽으면서 사회 비판이나 풍자보다는 주로 도덕적 효용에 관심을 보였다. 이러한 그의 시경관은 주희가 "온유돈후溫柔敦厚가 시의 가르침이다. 편편이 모두 기롱하고 풍자한 것이라면 사람들이 어찌 온유돈후할 수 있겠는가?"[47]라고 하여, 「모시서」에서 '하이풍자상下以風刺上'에 근거하여 사회 정치적 풍자에 치중하는 태도를 비판한 것과 맥을 같이 하는 것이다. 그의 시에는 다음과 같이 우왕을 보필해 주의 문왕과 주공에 의해 완성된 고풍을 회복하고자 하는 내용을 지닌 작품이 적지 않다.

〈표 4〉 이색의 시와 주희의 『시전』의 원문 비교

이색의 시	주희의 『시전』
(가) 豳風與雅頌, 桑蠶半農功. ①載績先孔陽, 願被公子躬. ②靄然有和氣, 足見於君忠. ③於戱篤公劉, 推心與民同. 子孫得天下, 擧世臻時雍. 君子但務本, 一家無困窮. 奇技淫巧作, 天祿其永終. ④蠶詩雖鄙俚, 或可告臣工.[48]	(ㄱ) 七月流火, 八月萑葦. 蠶月條桑, 取彼斧斨. 以伐遠揚, 猗彼女桑. 七月鳴鵙, 八月載績. 載玄載黃, 我朱孔陽, 爲公子裳. 言七月, 暑退將寒, 而是歲禦冬之備, 亦庶幾其成矣. 又當預絛來歲治蠶之用. 故於八月萑葦既成之際, 而收畜之, 將以爲曲薄, 至來歲治蠶之月, 則采桑以供蠶食, 而大小畢取, 見蠶盛而人力至也. 蠶事既備, 又於鳴鵙之後, 麻熟而可績之. ①時則績其麻, 以爲布, 而凡此蠶績之所成者, 皆染之, 或玄或黃, 而其朱者無爲鮮明, 皆以供上, 而爲公子之裳. ②言勞於其事, 而不自愛, 以奉其上. 蓋至誠惨怛之意, 上以是施之, 下以是報之也. 以上二章, 專言蠶績之事, 以終首章前段無衣之意.[49] (ㄴ) 篤公劉. 既溥既長, 既景迺岡. 相其陰陽, 觀其流泉, 其軍三單. 度其隰原, 徹田爲糧. 度其夕陽, 豳居允荒. ③此言辨土宜, 以授所徙之民. 定其軍賦與其稅法. 又度山西之田以廣之, 而豳人之居, 於此益大矣.[50] (ㄷ) 嗟嗟臣工, 敬爾在公. 王釐爾成, 來咨來茹. ④此, 戒農官之詩. 先言王有成法以賜女, 女當來咨度也. 嗟嗟保介, 維莫之春, 亦又何求, 如何新畬. 於皇來牟, 將受厥明. 月昭上帝, 迄用康年. 命我衆人, 庤乃錢鎛, 奄觀銍艾. 此乃言所戒之事. 言三月則當治其新畬矣, 今如

---

46 李穡, 『牧隱詩藁』 권23, 320면, 「高風」. "我初學爲詩, 祇以求性情. 善惡所勸戒, 足求吾道精."
47 黎靖德 찬, 『朱子語類』 권80, 686면, 「詩一·綱領」. "溫柔敦厚, 詩之敎也. 使篇篇皆是譏刺, 人安得溫柔敦厚."

	何哉. 然麥已將熟, 則可以受上帝之明賜, 而此明昭之上帝, 又將賜我新畬以豊年也. 於是, 命甸徒, 具農器, 以治其新畬, 而又將忽見其收成也.[51]
(나) ⑤梧桐今不生, 鳳凰今不鳴. ⑥卷阿不復作, 渺渺思周成. ⑦周成爲今主, 公旦披忠誠. 鴟鴞人疑釋, 風雨天心朗. 至今千載下, 托孤有法程.[52]	(ㄹ) **有卷者阿, 飄風自南. 豈弟君子, 來游來歌, 以矢其音.** 此詩, ⑥舊說亦召康公作. 疑公從成王游, 歌於卷阿之上, 因王之歌, 而作此爲戒. 此章, 總叙以發端也. **鳳凰鳴矣, 于彼高岡. 梧桐生矣, 于彼朝陽. 菶菶萋萋, 雝雝喈喈.** 比也. 又以興下章之事也. 山之東曰朝陽. ⑤鳳凰之性, 非梧桐不棲, 非竹實不食. 菶菶萋萋, 梧桐生之盛也. 雝雝喈喈, 鳳凰鳴之和也.[53] (ㅁ) **鴟鴞鴟鴞. 旣取我子, 無毁我室. 恩斯勤斯, 鬻子之閔斯.** ⑦武王克商, 使弟管叔鮮, 蔡叔度, 監于紂子武庚之國, 武王崩, 成王立, 周公相之, 而二叔, 以武庚叛, 且流言於國曰; 周公, 將不利於孺子. 故, 周公, 東征二年, 乃得管叔武庚而誅之, 而成王, 猶未知公之意也, 公乃作此詩以貽王. 託爲鳥之愛巢者, 呼鴟鴞而謂之曰 鴟鴞鴟鴞, 爾旣取我之子矣, 無更毁我之室也. 以我情愛之心, 篤厚之意, 鬻養此子, 誠可憐憫, 今旣取之, 其毒甚矣. 況又毁我室乎, 以比武庚旣敗, 管蔡, 不可更毁我王室也.[54]

　　(가)는 이색이 52세 되는 해 봄에 누에 치는 잠부蠶婦의 모습을 보고 지은 시이다. 그는 이 시에서 「빈풍」 시대에 농관農官과 잠부가 한 몸이 되어 치세를 이루었던 모습을 집중적으로 조명하여, 쇄미한 민풍을 다시 일으켜 성인의 도를 회복하려는 주제 사상을 자연스럽게 이끌어냈다. (ㄱ)은 주희가 「빈풍·칠월」을 주석한 내용에 기초해 당시 잠부의 모습을 형상화한 것이다. 주희는 이 시를 주석하여 주공이 총재로 섭정을 할 때 성왕이 농사의 어려움을 알지 못하자, 빈에서 시작된 후직과 공유公劉의 풍화 과정을 펼치고 소경들이 이를 조석으로 읊도록 하여 성왕을 경계시킨 것이라고 하였다. 이 시는 모두 8장으로 구성되어 있는데 그 중 특히 잠업과 관련된 내용은 2장과 3장에 집중되어 있다. 주희는 ①에서 삼과 고치실을 길쌈하여 만든 옷감을 선명한 붉은 색으로 위로 바쳐 공자公子가 입도록 했다고 하고, ②에서 잠부가 몸을 아끼지 않고 수고하여 윗사람을 받든 것은 윗사람이 지성至誠·참달慘怛한 마음

48　李穡, 『牧隱詩藁』 권16, 190면, 「蠶婦詞後篇」.
49　胡廣 찬, 『詩傳大傳』 권8, 180~181면, 「豳風·七月」 三章.
50　胡廣 찬, 『詩傳大傳』 권15, 387면, 「大雅·公劉」 五章.
51　胡廣 찬, 『詩傳大傳』 권19, 448~449면, 「周頌·臣工」 一章.
52　李穡, 『牧隱詩藁』 권15, 185면, 「古意」 제3수.
53　胡廣 찬, 『詩傳大傳』 권17, 389~391면, 「大雅·卷阿」 一章·七章.
54　胡廣 찬, 『詩傳大傳』 권18, 187면, 「豳風·鴟鴞」 一章.

으로 이들을 응대한 것에 대해 보답한 것이라고 하였다. 이색은 위와 같은 주희의 주석에 기초해 붉게 물들인 옷감으로 공자가 입도록 한다고 말하고, 잠부에 얼굴에 화기가 감도는 것은 임금에 대한 충심忠心이 드러난 것이라고 하였다.

㈏은 주희가「대아·독공유篤公劉」를 주석한 내용에 기초해 공유가 백성과 함께 빈으로 이주해 나라를 일으킨 모습을 형상화한 것이다. 주희는 ③에서 공유가 빈에서 농사에 알맞은 땅을 살펴 함께 온 사람들에게 주며 군부軍賦와 세법을 정하고, 산 서쪽의 밭을 넓혀 빈에 사람들이 거주하는 것이 더욱 넓게 되었다고 하였다. 이색은 주희의 주석을 부연하여 공유가 백성과 함께 정사를 행하여 후손이 천하를 얻어 성인의 도를 실현될 수 있었다고 말하고, 백성들이 근본에 힘써 곤궁함에서 벗어나게 되면 기기奇技를 부려 음교淫巧를 일삼는 일이 없을 것이라고 하였다. ㈐은 주희가「주송·신공臣工」을 주석한 내용에 따라 당시의 관료들을 경계한 것이다. ④에서 주희는「신공」이 농관農官을 경계하여 농기를 갖추어 묵은 밭을 다스려 수성收成할 것을 권한 시라고 하였다. 이색은 주희의 주석에 기초해 이 시는 내용이 비리하지만 농사를 담당하는 관리들의 공을 임금에게 알릴만 하다고 하여, 당시 토지 겸병을 자행하며 세금을 과도하게 부과하던 관료들을 경계하였다.

㈏는 이색이 52세에 정치 권력과 유리된 채 성밖 남산 근처 산재山齋에 머물면서 지은 시이다. 이색은 이 시에서 주공과 소공이 어린 성왕을 지성으로 보필하던 모습을 노래한「대아·권아卷阿」와「빈풍·치효鴟鴞」를 환기하는 방식으로, 공민왕을 이어 왕위에 오른 우왕을 보필해 고풍을 회복하고자 하였다. ㈑은「권아」에서 성왕이 바람 부는 굽은 언덕에 올라 노래하는 모습과 봉황이 높은 언덕에서 온화하게 울고 오동나무가 산의 동쪽에서 무성하게 자라는 모습을 묘사한 것이다. ⑤에서 주희는 봉황은 오동나무가 아니면 거처하지 않고 죽실이 아니면 먹지 않는다고 하였다. 이색은 주희의 주석에 착안해 오동나무가 자라지 않고 봉황도 울지 않는다고 표현하여, 공민왕이 훙거한 후 고려의 조정은 우왕의 황음무도와 권신 이인임의 횡포가 극심했던 정치 현실을 비유하였다. ⑥에서 주희는「모시서」를 인용해「권아」는 소공이 성왕을 따라 노닐면서 바람 부는 굽은 언덕에서 노래하며 성왕을 경계한 것이라고 하였다. 이색은 위와 같은 주희의 주석에 기초해 성왕을 경계했던 소공의 모습을 회상하며 우왕의 황망한 행동을 경계할만한 현신이 없음을 탄식하였다.

(마)은 「치효」 1장으로 주공이 유언을 퍼트린 관숙과 채숙을 징벌한 충정을 성왕이 알아주지 않자, 집을 지키는 새에 의탁해 치효鴟鴞가 자식을 취하였으니 다시 우리 집을 훼손하지 말라고 말한 것이다. 주희는 ⑦에서 어미 새가 돈독한 마음으로 키운 자식을 죽인 치효에게 집을 훼손하지 말라고 한 것은, 무경武庚이 이미 패하였으니 관숙과 채숙은 다시 우리 왕실을 훼손하지 말라고 비유한 것이라고 하였다. 이색은 위와 같은 주희의 주석에 기초해 주공이 충성을 다하여 「치효」를 지어 바치자 사람들의 의심이 풀리고 비바람을 몰고 왔던 하늘의 마음이 개었다고 하였다. 이어 그는 주의 무왕은 당시의 우왕과 같은 처지로 이해하고, 주공에게 성왕을 부탁한 것이 천년이 지난 지금에 법정이 된다고 하였다. 위와 같이 이색은 숱한 모함을 견디며 어린 성왕을 보필해 치세를 이룬 주공의 시를 곱씹으며, 용약한 우왕을 보필하여 국운을 일으키는 것만이 공민왕이 자신에게 어린 우왕을 부탁한 특별한 은혜에 보답하는 길이라는 것을 확인하였다.[55]

3. 맺음말 - 경학사적 의의

『세종실록』에는 이색이 성균관에서 학관들과 함께 경서의 심오한 의미를 토론하였는데, 정주의 뜻과 오묘하게 맞아 학자들이 사장을 익히는 습관에서 벗어나고 심신身心·성명性命의 근원을 궁구해 이단에 미혹되거나 공리功利에 빠지지 않았으며, 동방에 성리학이 크게 일어나 유풍과 학술이 일신하였다[56]고 하였다. 이색이 정몽주의 경서 해석을 평하면서 그의 논리는 횡으로 말하거나 종으로 말하거나 이치에 마땅하지 않은 것이 없다[57]고 말한 것에서

---

55 이색은 52세에 지은 시에서 "孔明付託何廖闊, 靖節歸來已太平."(『牧隱詩藁』 권18, 231면, 「八月初一一遊光嚴夜歸就枕頹然達旦」)이라고 하여 공민왕이 자신에게 우왕을 부탁한 것을 劉備가 諸葛亮에게 後主를 부탁한 것에 비유하였다. 이는 우왕이 세자로 있을 때 공민왕이 친히 講官을 선발하면서 '이색의 병은 근심할 것이 못된다.'고 하여 그를 낙점한 일을 가리킨다.

56 『世宗實錄』 권72, 世宗 18年 5月 丁丑. "惟李穡兼成均, 討論經籍之蘊, 妙契程朱之志, 使學者祛口耳詞章之習. 窮身心性命之源, 宗師道而不惑於異端, 正其義而不忧於功利. 於是東方性理大興, 而儒風學術, 煥然一新."

57 鄭夢周, 『圃隱集』, 625면, 「圃隱先生本傳」. "李穡亟稱之曰, 夢周論理, 橫說豎說, 無非當理."

보듯이, 그는 경서를 해석하면서 주로 하나의 명제가 주어지면 경서의 원문과 정주의 주석에 기초하여 경서의 이론을 회통하고 불교의 논리를 융합하는 방식으로 논의를 진행하였다. 위와 같은 이색의 경서 해석에 대해 이황은 "(이색은) 스스로 불佛을 배우지 않았다고 하였지만 석교釋敎를 칭술한 것이 많고 상세할 뿐만 아니라, 유학에 대해서는 자못 맹랑하여 적확하게 말한 것이 없다."[58]라고 지적하였다. 정민정程敏政이 증보한 『심경부주』의 난자難字와 난구難句를 연구하여 『심경부주석의心經附註釋疑』를 편찬한 이황의 눈으로 보면, 위와 같은 이색의 경서 해석은 논리가 맹랑하여 정주학과 맞지 않는 것이 사실이다.

 그러나 이색이 고금을 넘나들고 유불을 출입하며 전개한 경서 해석에는 단지 이론적 탐색에 그치지 않고, 이를 현실정치에 구현하겠다는 강력한 실천 의지가 담겨있다. 앞서 살폈듯이 이색은 우왕에게 『논어』를 강의하거나 『시경』의 시를 형상화하면서 주공에 의해 완성된 성인의 도가 현실정치로 구현되기를 희구하였다. 또한 그는 이문화李文和와 민안인閔安仁의 자호를 풀이하면서 이들에게 실제의 삶을 통해 중화中和를 체현하고 양도陽道를 발양할 것을 주문하였다. 위와 같이 그가 경학사상을 펼치면서 실천적 측면을 강조한 것은 원에서 명으로 교체되고 고려에서 조선으로 바뀌는 역사적 전환기를 맞아, 소인들의 발호를 막고 고풍을 회복하여 성인의 정치를 실현하고자 하는 경세관에서 비롯된 것이다. 위와 같은 이색의 실천 위주의 경학사상은 당대 성균관에서 그와 함께 5경을 나누어 강설했던 김구용, 정몽주, 박상충, 박의중, 이숭인 등의 학관들이 정주학을 체계적으로 이해하고 실천하는 데 큰 영향을 주었다. 따라서 그의 경학사상은 당시 성균관에 모여 경서를 토론했던 학자들이 정주의 주석을 깊이 이해하여 각자의 입장에서 재해석하는 사색 경로를 거치고, 이 과정을 통해 각자의 인생철학과 정치이념을 구축, 심화시키는 기폭제가 되었다는 점에서 당대 경학의 특징을 이해하는 데 도움이 될 것으로 생각된다.

---

58 李滉, 『退溪集』 권2, 77면, 「閑居次趙士敬穆具景瑞鳳齡金舜擧八元權景受大器諸人唱酬韻十四首」. "牧隱每自謂不學佛, 然其稱述釋敎, 不啻多且詳, 而於吾學殊孟浪, 無的確說到處."

제3장

이강李岡 시의 주제와 풍격 연구

1. 머리말

평재平齋 이강李岡(1333~1368)의 본관은 경상도 고성이다. 고성이씨는 채씨蔡氏, 김씨金氏, 박씨朴氏, 남씨南氏와 함께 고성현의 토성으로 알려져 있다. 고성이씨의 시조는 이황李璜이고, 이강은 그의 10세손이 된다. 고성이씨 출신으로 처음 과거에 오른 사람은 이강의 고조부인 이진李瑨이다. 그가 활동한 고종대(1214~1259)에는 최씨정권이 '능문능리能文能吏'라 하여 행정실무의 능력과 학문적 소양을 고루 갖춘 관리들을 발탁하였는데, 고성 지역의 향리였던 이진도 이때 상경하여 과거에 오른 것으로 보인다.[1] 이후 이강의 증조부인 이존비李尊庇(1214~1259)는 전형적인 '능문능리'의 관리로서 인정을 받아 재상의 반열에 올랐고, 삼사판사를 지낸 조부 이우李瑀를 거쳐 부친 행촌杏村 이암李嵒(1297~1364)이 공민왕 때에 수문하시중에 오름으로써 명문가로 자리하였다. 1333년에 이암의 넷째 아들로 태어난 이강은 15세에 문과에 급제하여 시독侍讀에 임명되었다. 이후 그는 공민왕의 지우를 입어 여러 관직을 거쳐 밀직부사에 이르렀다. 공민왕은 이강이 경세제민의 국량이 있다고 생각하여 그를 크게 쓰고

---

1   이익주(2002), 67면.

자 하였으나, 그는 불행하게도 재능을 마음껏 펼치지 못하고 1370년에 36세라는 젊은 나이로 생을 마쳤다.

이암과 아들 이강, 손자인 용헌容軒 이원李原(1368~1429)은 3대에 걸쳐 시로 널리 이름이 알려졌고, 그들의 작품은 사람들이 입으로 전하거나 시집에 수록되었다. 그러나 이암이 서거한 지 얼마 되지 않아 이강이 생을 마쳤고, 이원은 이강이 세상을 떠난 가을에 태어나 만년에 급하게 남쪽으로 이사하고 나서 바로 세상을 떠났다. 뒤이어 이원의 백부들도 잇달아 세상을 떠나게 되면서 집안에 남아있던 유고들은 거의 모두 망실되었다.[2] 그 후 이원의 손자인 청파青坡 이륙李陸(1438~1498)이 1476년에 이암, 이강, 이원의 시를 모아『철성연방집鐵城聯芳集』을 간행하였는데, 이 책에는 이암의 시 7수, 이강의 시 40수, 이원의 시 231수가 수록되어 있다. 서거정(1420~1488)은 이 책에 쓴 서문에서 "평재와 용헌의 시법은 행촌 이암에게서 나왔다."[3]라고 말한 것으로 보아, 이강의 한시는 고고高古하고 간결한 풍격을 지닌 것으로 알려진 이암의 시[4]에서 영향을 받은 것으로 생각된다. 본 장에서는 먼저 이강의 생애와 정치활동에 대해 알아보고, 이어 그의 시의 주제와 풍격에 대해 살펴본 후, 마지막으로 이강 한시의 문학사적 의미에 대해 밝혀보기로 한다.

2. 이강의 생애와 정치활동

이강은 1333년(충숙왕 2)에 이암과 우대언右代言 홍승서洪承緖의 딸 사이에서 4남으로 태어났다. 그가 태어나기 한 해 전인 1332년 2월에는 충혜왕이 즉위한 지 2년 만에 왕위에서 물러나고 부친 충숙왕이 복위하였다. 충숙왕은 즉위하자마자 충혜왕의 지지 세력에 대한

---

2 李陸,『青坡集』권2, 456면,「鐵城聯芳集序」. "判密直公‧杏村公, 皆有詩章, 傳詠人口, 而或載於東人詩集. 第以杏村沒, 而平齋早年繼逝, 容軒又生於平齋辭世之秋, 而晩年倉卒南徙, 因遂卽世, 而諸伯父又相繼亡沒, 家之遺稿, 失亡殆盡."
3 徐居正,『四佳集』권5, 255면,「鐵城聯芳集序」. "平齋‧容軒詩法, 出於杏村李文貞公."
4 정재철(2000), 1~15면.

대대적인 보복을 시작하였는데, 이암도 그해 2월에 순군옥에 갇혔다가 3월에 섬으로 장류杖流되었다. 당시 이암의 부친 이우도 함께 연루되어 직위에서 파면되고 전리田里로 돌아가는 귀향형에 처해졌다.[5] 그러나 두 달이 지난 5월에 원의 조정에서 사신을 보내와 섬에 유배되어 있던 손기孫琦 등 20여 명을 소환하도록 하였는데, 이때 이암도 함께 유배에서 풀려났을 것으로 생각된다. 이후 이암의 행적은 1339년에 충혜왕이 복위하여 지신사知申事(정3품)로 복직될 때까지 7년간 모든 기록에서 사라졌다.[6]

이강이 태어난 장소와 관련해 그가 지은 시에서 "이르는 곳마다 사람을 만나면 나의 고향을 말했는데, 두류산 아래이니 곧 함양이다."[7]라고 하여, 자신의 고향이 경상도 함양임을 밝히고 있어 주목된다. 이강의 부친 이암은 경상도 고성군 송곡촌松谷村 앞 바닷가에 있는 생가에서 유년기를 보냈는데,[8] 함양은 지리적으로 이암이 유년기를 보낸 고성에서 멀지 않은 곳에 있다. 이강은 이암이 1332년 5월에 섬에서 풀려난 이듬해에 태어났고, 그때는 이미 조부인 이우가 1332년 3월에 전리가 있는 고성군 송곡촌으로 귀향한 이후이다. 이로 보아 이암은 5월에 섬에서 풀려난 후 가족을 이끌고 부친 이우가 귀향한 송곡촌으로 돌아갔고, 이듬해 그곳에서 이강을 낳은 것으로 추정된다. 그런데 이강이 앞의 시에서 자신의 고향을 함양이라고 말한 이유는 무엇일까? 이와 관련해 이색이 이암의 묘지명에서 이우의 부인은 판삼사사를 지낸 박지량朴之亮의 딸 함양군부인[9]이라고 말한 것이 주목된다. 이와 같은 이색의 말로 보아 이우의 장인 박지량은 함양 지역을 기반으로 발신한 신흥사대부이고, 따라서 이강은 유년기를 조모의 세거지가 있는 함양에서 보냈을 가능성이 있다.

이강의 부친 이암이 다시 정계에 진출한 것은 이강이 7세가 되던 해인 1339년 3월에 충숙왕이 승하하고 충혜왕이 복위하면서이다. 그 사이에 이강의 모친 홍씨는 이강을 낳고 4년이

---

5 『高麗史』 권111, 장5b, 「李嵒」. "忠肅復位, 李嵒以忠惠嬖幸, 杖流海島, 罷瑀, 歸田里."
6 야사를 수록한 『杏村先生實記』에 의하면, 이암은 3년간의 강화 유배에서 풀려나 천하 주유에 나섰고, 1335년 天寶山에 들어가 太素庵에 1년간 머물면서 素佺道人이라는 기인을 만나 桓檀시대의 역사를 논하고 『太白眞訓』이라는 책을 썼다고 한다. (이익주(2002), 85면)
7 李岡, 『鐵城聯芳集』 권1, 장4b, 「次郭諫議」. "到處逢人說我鄕, 頭流山下卽咸陽."
8 한영우(2002), 23면.
9 李穡, 『牧隱文藁』 권17, 147면, 「鐵城府院君李文貞公墓誌銘幷序」. "妣朴氏, 咸陽郡夫人, 父諱之亮, 判三司事."

지난 1337년에 세상을 떠났다. 충혜왕은 복위하자마자 충숙왕에 의해 쫓겨났던 사람들을 불러들였는데, 이암도 이때 지신사로 복직되었다가 곧바로 종2품으로 승진하여 봉익대부奉翊大夫의 관계官階를 받고 성균관대사성이 되었다. 이후 그는 잠시 후에 동지밀직사사同知密直司事(종2품)에 올라 국가의 중요 정책을 의논하는 재추의 반열에 들게 되었는데, 이강은 이와 같은 부친의 공로를 인정받아 복두점록사幞頭店錄事가 되었다.[10] 이로 보아 그는 적어도 7세 이후에는 고향을 떠나 중앙 부서에서 요직을 두루 맡고 있던 부친과 함께 개경에 거주한 것으로 생각된다. 그는 15세인 1347년에 이곡이 주관한 과거에 합격하여 경순부승慶順府丞에 임명되었다. 당시 이곡은 이강이 젊은 나이에 신채身彩가 매우 뛰어난 것을 보고, 부친의 풍도를 이었다고 칭찬하였다. 이후 이강은 학문이 깊어지고 식견이 높아짐에 따라 명성이 날로 더욱 커졌고, 세인들은 그가 당당하게 재상이 될 재목이라고 칭송하였다.

이강이 정치무대에 처음 등장한 것은 그가 과거에 합격하고 4년이 지난 1351년에 충정왕이 공민왕에게 왕위를 양위한 때이다. 충정왕은 왕이 되기는 하였으나 공민왕이 원에 있으면서 훌륭하다는 명망이 있었고, 공주에게 장가들어 원에서도 더욱 세력이 있었다. 결국 1351년 10월에 원에서 단사관斷事官 완자불화完者不花를 보내어 부고府庫와 궁실을 봉하고, 국새를 거두어 돌아가게 하자, 충정왕은 강화도 용장사龍藏寺로 물러났다. 당시 전교령典校令 신덕린申德麟, 전교승典校丞 안길상安吉祥 등 4~5인만이 충정왕을 따라갔으나 순군巡軍의 추격을 받아 체포되었고, 시독관侍讀官을 맡고 있었던 이강과 한수韓脩, 박사진朴思愼 등 3인이 충정왕을 끝까지 따라가 함께 거처하였다. 이색은 위와 같은 그의 행동에 대해 "그 뜻을 세운 것이 구차하지 않았다."[11]라고 말하였다. 이는 당시 모든 정치세력이 강화도로 쫓겨간 충정왕을 멀리했지만, 그는 시독관으로 왕을 모시던 처지에서 충정왕에 대한 의리를 저버리지 않았음을 보여주는 것이다.

위와 같이 충정왕을 끝까지 모셨던 이강은 공민왕이 즉위한 지 4년이 지난 23세가 되어서야 왕과 가깝게 할 기회를 얻었다. 공민왕은 1355년에 전의典儀 직장直長을 맡는 이강을 불러

---

10 李穡, 『牧隱文藁』 권18, 155면, 「文敬李公墓誌銘幷序」. "初以門功, 錄事幞頭店."
11 李穡, 『牧隱文藁』 권18, 155면, 「文敬李公墓誌銘幷序」. "其立志可謂不苟矣,"

이야기를 나누었는데, 왕은 그를 기특하게 여기고는 즉시 주부主簿로 제수하여 부새符璽를 관장하게 하였다. 이강은 이때부터 항상 왕의 좌우에 있으면서 시간이 갈수록 더욱 근신하는 자세를 보였다. 그는 26세가 되는 1358년 가을에 사간원의 사간司諫으로 재임하면서 시랑侍郞 하전중河殿中을 축하하는 시[12]를 짓기도 하였다. 이후 공민왕은 이강을 이부랑중吏部郞中으로 임명하였는데, 왕이 그를 다른 부서로 옮기려 하자 그는 "신이 직접 붓을 잡고서 신의 이름을 주의注擬하는 일은 감히 하지 못하겠습니다."[13]라고 아뢰었다. 이는 그가 각 부처의 인사를 맡은 입장에서 자신의 인사 발령장에 직접 이름을 쓰는 것이 예에 맞지 않는다고 생각했기 때문이다.

이강은 29세가 되는 1361년 가을 경상도 안렴사로 재임하고 있었는데, 공민왕이 그해 12월에 홍건적의 침입을 피해 그의 경내인 안동으로 피신하였다. 당시 이강은 국왕을 맞이하는 의례와 호위를 극진히 하였고, 일행들에게 갖가지 물품을 제공하여 모두 자기 집에 돌아온 것처럼 편안하게 하였다. 이어 그는 1362년 2월에 상주尙州에서 공민왕을 호종하면서 진파사秦判事의 「청풍정淸風亭」 시에 차운하였고,[14] 같은 해 9월 19일에는 개경으로 환도하는 공민왕을 호종하면서 청주 공북루拱北樓에 올라 부친 이암과 함께 응제시를 지었다.[15] 이어 그는 같은 해에 개경에 환도하고 나서 강화도 마이산에 올라 재실의 판상에 걸려 있는 시에 차운하거나,[16] 재궁에서 시를 지어 동료에게 보여주기도 하였다.[17] 위와 같은 이강의 활약에 대해 이색은 당시 "사기가 다시 진작되어 마침내 흉적을 섬멸하게 된 것은 이강의 도움이 있었기 때문이다."[18]라고 하였다.

이강은 1366년 6월에 원송수元松壽(1324~1366)의 천거를 받아 추밀원樞密院 좌부대언左副代言(정3품)에 올라 전주銓注에 참여하였다. 원송수는 풍채가 청수하며 진퇴에 법도가 있었으

---

12 李岡, 『鐵城聯芳集』 권1, 장4b, 「次諸公賀許中書佺詩」.
13 李穡, 『牧隱文藁』 권18, 155면, 「文敬李公墓誌銘幷序」. "臣執筆注臣名, 臣實不敢."
14 李岡, 『鐵城聯芳集』 권1, 장3b, 「扈從尙州, 次秦判事家淸風亭詩韻」.
15 李岡, 『鐵城聯芳集』 권1, 장3b, 「淸州拱北樓應製詩, 次諸公韻」.
16 李岡, 『鐵城聯芳集』 권1, 장3b, 「次摩利山齋室板上韻」.
17 李岡, 『鐵城聯芳集』 권1, 장3b, 「齋宮有作示同齋諸僚」.
18 李穡, 『牧隱文藁』 권18, 155면, 「文敬李公墓誌銘幷序」. "士氣復振, 卒殲兇黨, 蓋有助焉."

며, 왕이 그가 범상하지 않은 사람임을 알고 좌부대언으로 발탁하여 기밀을 맡겼다. 그는 전주에 참여해 관료 임용을 신중하게 하여 조금도 사사로이 하지 않았고, 비록 왕명이라 하더라도 구차하게 따르지 않았다. 또한 그는 기무를 맡은 8년 동안 항상 두려워하는 마음으로 교체시켜 주기를 간청했는데, 왕이 "경과 똑같은 사람을 추천하라."[19]는 명을 받고 이강을 천거하였다. 이색은 당시 이강의 활약에 대해, "변방의 경보가 끊이지 않고 이어졌는데, 상하의 관계가 제대로 유지되어 각자 바라는 바를 흡족하게 이루면서 높은 공을 세우게 된 것은 그의 힘이 컸다."[20]라고 하였다.

이강은 내제內制와 외제外制의 관직을 두루 거쳐 1367년 7월에 추밀원 밀직부사密直副使(정3품)에 올랐고, 이듬해인 1368년에는 진현관進賢館 대제학(정2품)으로 승진하였으며, 품계는 봉익대부奉翊大夫에 이르렀다. 그러나 그는 두 해가 지난 1370년 4월에 36세라는 젊은 나이에 생을 마감하였다. 전례典禮에 따르면 추밀원에서 관직을 역임한 사람은 시호를 내리지 않았는데, 공민왕은 특별히 이강에게 문경文敬이란 시호를 내렸다. 이강의 부인 곽씨는 판개성부사判開城府事 곽연준郭延俊의 딸로, 슬하에 1남 3녀를 두었다. 장녀는 이색의 문인으로 성리학에 정통한 권근(1352~1409)에게 출가하였고, 아들 이원은 이강이 세상을 떠난 이듬해에 유복자로 태어났다. 이원은 조선 세종 대에 좌의정에 올라 1422년에 토성이던 한양도성 성곽을 석성으로 개축하는 업적을 세웠다. 이강의 묘소는 개경의 성남 남촌藍村에 자리하고 있다. 이강은 부친 이암과 함께 시뿐만 아니라 서예에도 일가를 이룬 것으로 알려져 있다.

3. 이강 시의 주제와 풍격

이암과 이강, 그리고 이원 3대의 한시를 모아놓은 『철성연방집』에는 이강의 시 31제 40수가 수록되어 있는데, 이를 수록한 순서대로 시의 형식과 주요 내용으로 나누어 살펴보면

19　李岡, 『鐵城聯芳集』 권1, 장3b, 「扈從尙州, 次秦判事家淸風亭詩韻」.
20　李穡, 『牧隱文藁』 권18, 155면, 「文敬李公墓誌銘幷序」. "方邊報絡繹, 上下維持, 各飽所望而成駿功, 公之力居多."

다음과 같다.

〈표 1〉『철성연방집』 수록 이강 한시의 작품과 내용

순서	작품명	작품수	형식	주요 내용	창작시기
1	省中次諸郎詩	1	칠언절구	정동행성에서 봉사하다가 중서문하성 낭중에 임명되어 여러 낭중의 시에 차운함.	
2	省中次山水圖詩	1	칠언절구	중서문하성의 벽에 걸려 있는 산수도를 보고 산의 정상에 올라 천지를 바라보려는 이상을 펼침.	
3	次吳散騎宅芍藥宴詩	1	칠언율시	오산기吳散騎 댁의 작약연芍藥宴에서 차운함.	
4	次諸公賀許中書佺詩	1	칠언율시	여러 사람이 중서사인 허전許佺을 축하하는 시에 차운함.	
5	戊戌冬, 以右司諫因父親左侍中相避, 到淸州金城村, 留一月, 朴郎中以詩寄之, 次其韻	3	칠언절구	중서문하성 우사간으로 부친 이암이 좌시중에 오른 것을 피하여 청주 금성촌에서 1개월간 거처할 때에 박랑중의 시에 차운함.	1358년(26세)
6	冬至日, 留金城村, 偶作, 示妻姪鄭進士樞	1	칠언절구	동지 날 금성촌에 머물면서 처조카 진사 정추에게 시를 지어 줌.	1358년(26세)
7	直竹堂有作寄劉少卿	1	칠언절구	직죽당直竹堂에서 시를 지어 유소경劉少卿에게 줌.	
8	送鄭淸風樞次牧隱先生韻	1	칠언절구	이색의 시를 차운하여 지청풍군사知淸風郡事로 임명되어 떠나는 정추를 전송함.	
9	次淸風詩韻	2	칠언절구	청풍에서 수재守宰하는 정추의 시를 차운함.	
10	詩邀河郞中	1	오언율시	시를 지어 낭중 하윤원河允源을 초청함.	
11	立秋前一日與田郞中祿生同宿	1	오언율시	입추 전날 낭중 전록생과 함께 숙직하며 시를 지음.	
12	賦來字, 送妻兄赴尙州. 早回來之意也.	1	칠언절구	내자來字 운韻을 사용하여 상주로 출수하는 처형을 전송함.	
13	扈從尙州, 次秦判事家淸風亭詩韻	1	칠언절구	상주에 호종하여 진판사秦判事의「청풍정淸風亭」시에 차운함.	1362년(30세)
14	送崔持平德成分司舊京, 次郭諫議韻	1	오언율시	간의 곽충수郭忠守 시에 차운하여 개경의 분사分司로 떠나는 지평持平 최덕성崔德成을 전송함.	1362년(30세)

15	淸州拱北樓應製詩, 次諸公韻	1	오언율시	청주 공북루拱北樓에서 차운하여 응제시를 지음.	1362년(30세)
16	次朴摠郞衡詩, 寄慶尙廉使李中書寶林	1	칠언절구	총랑摠郞 박형朴衡의 시를 차운하여 경상도 안렴사로 부임하는 이보림을 전송함.	1363년(31세)
17	次鄭淸風風雨詩韻	1	칠언절구	청풍에서 수재守宰하는 정추의 「풍우風雨」시에 차운함.	
18	次郭諫議詩	1	칠언율시	간의 곽충수의 시에 차운함.	
19	賀河殿中侍郞戊戌秋司諫時作	1	칠언절구	무술년 가을에 중서문하성 우사간으로 재임하면서 시랑 하전중河殿中을 축하함.	1358년(26세)
20	淸道郡村家偶作	1	칠언절구	청도군 촌가에서 우연히 시를 지음.	
21	次摩利山齋室板上韻	2	칠언율시	마이산摩利山에 올라 재실의 판상에 걸려 있는 시에 차운함.	1363년(31세)
21	齋宮有作示同齋諸僚	1	오언율시	마이산에 올라 재궁에서 시를 지어 동료에게 보임.	1363년(31세)
22	與諸公會賢聖寺峰頭	2	칠언절구	여러 사람들과 현성사賢聖寺의 산봉우리에서 만나 시를 지음.	
23	早春, 次諸相國, 賦廉侍中宅盆梅	1	칠언절구	이른 봄에 여러 상국들과 시중 염제신廉悌臣의 「분매盆梅」시에 차운함.	
24	訪朴常侍大揚, 壁上有續蘭亭會記, 慕而有作二首	2	오언절구	상시常侍 박대양朴大揚을 방문하여 벽에 걸려 있는 「속난정회기續蘭亭會記」를 보고 3수를 지음.	
25	夜飮, 次金承旨韻	3	칠언절구	밤 술자리에서 김승지金承旨의 시에 차운함.	
26	陪諸公, 遊中和堂, 誦一齋相國詩, 次其韻	1	칠언절구	여러 사람을 모시고 중화당에서 노닐면서 일재一齋 권한공權漢功의 시를 암송하고 차운함.	
27	中和堂又書	1	칠언고시	중화당에서 다시 시를 지음.	
28	送河南郭檢閱使還	1	오언율시	하남河南의 검열檢閱 곽구주郭九疇를 전송함.	1366년(34세)
29	金壯元挽詞	1	오언율시	김장원金壯元의 죽음을 애도함.	
30	王代言宅席上	1	칠언절구	완대언王代言 댁의 연회 자리에서 시를 지음.	
31	柳侍中花房盆梅	1	칠언절구	시중 유탁柳濯의 집에 있는 분매盆梅를 읊음.	
계		40			

이강이 남긴 한시 40수를 형식별로 살펴보면, 고체시 1수를 제외한 39수는 모두 근체시이다. 근체시 39수에서 오언절구 2수와 오언율시 7수 등 오언시가 9수이고, 칠언절구 25수와 칠언율시 5수 등 칠언시가 29수이다. 창작 시기는 이강이 26세가 되던 1358년에 중서문하성 우사간으로 재임하면서 지은 시를 비롯하여, 34세인 1366년에 원송수의 천거로 추밀원 좌부대언에 올랐을 때 지은 시에 이르기까지, 그가 왕성하게 정치활동을 하던 시기에 지은 작품들로 이루어져 있다. 시의 내용은 연회나 전별 모임에서 다른 사람들의 시를 차운한 작품이 많은데, 그중에는 1362년 9월 19일에 청주 공북루에 올라 공민왕의 명에 의해 지은 응제시와 1366년 12월에 고려에 사신으로 왔다가 중국 하남河南으로 돌아가는 검열檢閱 곽구주郭九疇를 전송하며 지은 시가 포함되어 있다. 또한 이강의 시는 1478년에 편찬된 『동문선』에 「중화당우서中和堂又書」, 「송곽검교구주환하남送郭檢校九疇還河南」, 「시요하윤원랑중詩邀河允源郎中」, 「차곽간의운송최덕성지평분사구경次郭諫議韻送崔德成持平分司舊京」 등 4수가 수록되어 있다.

1) 사대부의 문명의식과 정치이상

고려 시대에는 과거를 주관한 시험관인 지공거를 좌주라 하고, 급제자들을 문생이라 하여 정치적으로 마치 부자와 같은 유대관계를 맺고 있었다.[21] 이와 같은 좌주와 문생 간의 동지적 유대감은 당시 지방의 향리 출신으로 과거를 통해 정치무대에 진출한 사족들이 중앙에서 대를 이어 권력을 세습한 권문세족과 맞서는 과정에서 형성된 것이다. 이들은 혼인을 통하여 더욱 긴밀한 관계를 유지하는 한편, 주요한 정책을 놓고 권문세족들과 대립할 때마다 정치적 행보를 함께하였다. 이강은 15세가 되던 해인 1447년 겨울에 이곡이 지공거를 맡아 주관한 과거에 급제하였다. 이와 같은 이곡과 이강의 좌주-문생 관계는 이곡의 아들 이색과 이강의 부친 이암과의 인연으로 이어졌다. 이색은 이암의 동생인 승려 이징李澄이 주지로 있던 백암사白巖寺 쌍계루雙溪樓에 쓴 기문에서 "이강의 부친 이암을 스승으로 섬겼으며, 그의 아들

---

21 이익주(2002), 「杏村 李嵒의 생애와 정치활동」, 『행촌 이암의 생애와 사상』, 68면.

및 조카들과 함께 놀았다."²²라고 하였다. 이곡은 나이가 이암보다 한 살 많았는데, 이곡의 문집인『가정집』에는 이곡이 이암에게 보낸 시가 수록되어 있기도 하다.²³ 이색은 이와 같은 이강 집안과의 인연으로 이암과 이강의 묘지명을 모두 썼을 뿐만 아니라, 이암이 원에서 구해온『농상집요農桑輯要』에 후서를 쓰기도 하였다. 이강이 지은 시에는 이색을 중심으로 정치적 행보를 함께 했던 신흥사대부 출신 관료들과 주고받은 작품이 다수 남아있다.

이강의 문집에는 첫 작품으로「성중차제랑시省中次諸郞詩」가 실려 있다. 이강은 이 시의 3~4구에서 "전에 중원에서 정동행성의 사신이 되었는데, 중서문하성에서 새로 문하랑에 제수되었다."²⁴고 하였다. 문하랑은 중서문하성에 소속된 3품 이하의 낭사郞舍로서 간관을 총칭하여 말한 것이다. 이강의 문집에는 위의 시에 이어 그가 중서문하성에 재임하면서 지은 두 편의 시가 연이어 수록되어 있다. 그는 중서문하성의 벽에 걸려 있는「산수도」에 차운한 시에서, "벽을 가로질러 푸른 산봉우리들이 우뚝 솟아있는데, 운무가 만들어내는 모양이 여인의 흐트러진 머리 쪽 같네. 어찌하면 발을 들어 높이 정상에 올라, 단 한 번에 천지 사이를 끝까지 바라볼까?"²⁵라고 하였다. 위와 같이 그는 당시 초급 관료로서 한 치도 예견하기 어려웠던 암담한 국내외의 정치 현장을 마주하고, 자신이 익힌 학문을 실천하여 고려의 국운을 다시 일으키겠다는 강한 의지를 시로 표출하였다. 그러나 그는 고성 지역의 향리 출신으로 과거를 통해 관직에 오른 미관말직의 신흥사대부이었기에, 그의 앞날은 권문세족의 자제와는 비교하기 어려울 정도로 불안할 수밖에 없었다. 당시 그가 느낀 장래에 대한 불안감은 다음 중서문하성의 직속 상관인 산기상시散騎常侍(정3품) 오吳○○의 집에서 열린 작약연芍藥宴에서 지은 시에 차운한 작품에 잘 나타나 있다.

    天道尤知不失常   천도가 상도를 잃지 않았음을 더욱 알겠나니,

---

22 李穡,『牧隱文藁』권3, 25면,「長城縣白巖寺雙溪樓記」. "予嘗師事杏村侍中公, 與子姪遊."
23 李穀,『稼亭先生文集』권18, 210면,「寄李杏村」. "烏頭容可白, 俗眼豈終青. 遙羨明窓下, 焚香寫佛經."
24 李岡,『鐵城聯芳集』권1, 장1a,「省中次諸郞詩」. "中原昔作征東使, 西掖新除門下郞."
25 李岡,『鐵城聯芳集』권1, 장1a,「省中次諸郞詩」. "滿壁嵯峨橫翠巘, 雲煙作態思愁鬖. 何當擧足凌高頂, 一覽便窮天地間."

曲教芍藥屬諸郎	에둘러서 작약을 모든 낭사들에게 속하게 하였네.
此花栽日先成兆	이 꽃이 심어진 날에 미리 길조를 이루었고,
同舍來時別有光	동료 낭사들 들어올 때 특별히 광채가 났네.
芳宴未參開秩秩	아름다운 잔치가 질서 있게 열렸으나 참여하지 못한 채,
良辰更惜去堂堂	좋은 계절이 거리낌 없이 지나가는 것은 더욱 애석하네.
寄言愼勿隨風墜	전해 주시게. 삼가 바람에 떨어지지 말고,
要使寒生一嗅香[26]	한생寒生에게도 한 번 향기 맡을 기회가 오기를.

이 시에 등장하는 작약은 주로 궁궐에 심은 것으로, 시에서는 흔히 궁궐을 가리키는 상징물로 쓰이고 있다. 특히 남조南朝 제齊나라의 사조謝朓가 중서문하성에서 숙직하면서 지은 「직중서성直中書省」에서 "붉은 작약이 계단을 마주해 날리고, 푸른 이끼는 섬돌에 기대어 자라네.[홍작당계번紅芍當階翻, 창태의체상蒼苔依砌上]"라고 읊은 이후, 작약은 중서성의 상징물이 되었다. 중서문하성은 고려 시대의 최고 정무기관이었으나, 충렬왕이 즉위한 해인 1275년에 원의 요구에 의해 상서성과 통합되어 첨의부僉議部로 바뀌었다. 공민왕은 1356년 5월에 부원 세력인 기철奇轍(?~1356) 일당을 제거한 후 7월에 첨의부를 혁파하고 중서문하성을 다시 복구하였다. 이강은 이 시 1~2구에서 공민왕이 중서문하성을 복구하고 전례에 따라 다시 심어놓은 작약꽃을 보고, 고려의 정치가 100년 이상 지속된 원의 지배에서 벗어나 상도를 회복하여 우주의 만물들이 제자리를 얻게 된 것으로 이해하였다. 그러므로 이강은 3구에서 작약이 중서문하성에 다시 심어 있는 것은 고려의 국운이 회복되는 길조라고 하고, 이어 4구에서 자신이 동료 낭사들과 중서문하성에 들어온 것은 공민왕의 특별한 지우를 입었기 때문이라고 말한 것이다.

위와 같이 이 시의 전반부에서 보여준 공민왕의 지우에 따른 장밋빛 기대감은 후반부에 이르러 지방 출신의 한미한 신흥사대부 출신에서 기인한 좌절감으로 급반전하였다. 먼저 그는 5구에서 중서문하성의 오산기吳散騎의 집에서 질서정연하게 펼쳐진 작약연에 참여하

---

[26] 李岡, 『鐵城聯芳集』 권1, 장1b, 「次吳散騎宅芍藥宴詩」.

지 못했다고 하였다. 그가 연회에 참석하지 못한 이유는 알 수 없다. 다만 그는 이 시를 지은 후 2년이 지난 1358년 가을에 정6품 우사간에 재임한 것으로 보아, 당시 그는 정3품인 산기상시가 주관하는 작약연에 초청을 받지 못했을 가능성이 있다. 이는 그가 6구에서 아름다운 봄에 작약 꽃이 떨어지는 것을 안타깝게 바라보기만 한 것을 통해서 알 수 있다. 결국 그는 마지막 7~8구에서 문하중서성에 만발한 작약꽃을 향해 단 한 번이라도 향기를 맡을 기회를 달라고 말하였다. 그에게 있어서 자신의 분신과도 같은 작약꽃이 바람에 떨어지는 것은 정치 이상을 실현하기도 전에 자신의 정치생명이 끝나는 것을 의미하는 것이기 때문이다. 위와 같이 이 시에는 작약꽃이라는 문학적 상징물을 매개로 하여, 당시 공민왕의 정치개혁을 도와 새로운 세력으로 정치무대에 등장했던 신흥사대부의 정치적 자긍심과 좌절감이 표출되어 있다.

 이강이 중서문하성에서 사인으로 재임하던 시기에 일어난 주요 사건으로 염철별감鹽鐵別監의 폐지 문제를 들 수 있다. 공민왕은 1357년 9월에 각도에 염철별감을 파견하였는데, 그때 좌간의 이색, 기거사인起居舍人 전록생田祿生(1318~1373), 우사간 이이보림李寶林, 좌사간 정추鄭樞(1333~1382) 등이 당시 염철별감의 폐단을 이유로 폐지하라는 상소를 올렸다. 이들의 상소는 결국 다른 간관의 반대로 실행하지 못했으나, 이는 당시 신흥사대부 출신의 젊은 관료들이 강력하게 추진한 개혁정치의 일단을 살필 수 있다. 이강은 당시 이색과 함께 상소를 올린 세 사람과 모두 각별한 관계를 유지하였다. 그는 입추 하루 전날 낭중 전록생과 함께 숙직하며 지은 시에서, 그와 함께 바다와 같이 원대하고 호방한 경세 의지를 펼치고자 하였다.[27] 또한, 그는 31세가 되던 해인 1363년에 경상도 안렴사로 부임하는 이보림을 전송한 시에서, 그에게 인정을 펼쳐 홍건적의 침입으로 인해 도탄에 빠진 주민들의 삶이 안정되게 하도록 권하였다.[28]

 특히 이강은 처조카이자 서로 나이가 같은 정추와 깊이 교류하였다. 정추는 21세가 되던

---

27 李岡, 『鐵城聯芳集』 권1, 장3a, 「立秋前日與田郞中祿生同宿」. "迢迢湖海夢, 今夕與君同."
28 李岡, 『鐵城聯芳集』 권1, 장4a, 「次朴摠郞衡詩, 寄慶尙廉使李中書寶林」. "聞道南州別有天, 家家自起太平烟. 不才不幸遭多難, 塗炭民應說去年."

해인 1353년에 이색과 같이 과거에 올라 함께 간관을 지냈는데, 이강은 1328년에 정추가 경상도 청풍으로 출수할 때 이색의 시를 차운하여 그를 전송하기도 하였다.[29] 이를 포함해 이강의 문집에는 그가 정추에게 보낸 시 다섯 수가 수록되어 있는데, 그중 한 작품을 살펴보면 다음과 같다.

行隨初雪到金城	첫 눈을 맞으며 길을 나서 금성촌金城村에 도착하고,
坐見微陽井底生	정좌하여 우물 밑에 생겨나는 희미한 양기陽氣를 보네.
遙想五雲凝鳳闕	멀리 상상하니 오색구름이 대궐 위에 짙은데,
鵷行肅肅賀文明[30]	관료들은 조정에 엄숙하게 늘어서 문명에 하례하리.

이강은 26세가 되는 1358년에 중서문하성 우사간(정6품)을 맡고 있었는데, 같은 해 8월에 부친 이암이 중서문하성 수문하시중(종1품)으로 임명되었다. 그는 부자가 같은 기관에서 봉직하는 것을 피해 1개월 동안 청주 금성촌에 머물러 있었는데,[31] 이 시는 그해 동지에 금성촌에 도착하여 소회를 읊은 것이다. 먼저 이강은 1~2구에서 동짓날 첫눈을 맞으며 금성촌에 도착하자마자 정좌하여 우물 밑에 생긴 희미한 양의 기운을 본다고 하였다. 음력에서 동짓달은 곤괘坤卦(☷)와 진괘震卦(☳)가 겹쳐있는 복괘復卦(䷗)에 해당한다. 복괘는 땅(☷) 속에 우레(☳)가 있는 모습으로 10월의 음이 극성한 때를 지나 11월 동짓달에 하나의 양이 처음 움직이기 시작하는 단계이다. '복復'은 '돌아오다'는 뜻으로 본래 상태로 회복됨을 의미하는데, 2구에서 말한 '희미한 양기[微陽]'는 복괘가 초효初爻만 양효陽爻이고, 나머지 다섯 효爻는 모두 음효陰爻로 이루어져 있는 것을 가리킨다. 복괘는 「단전象傳」에서 "하나의 양이 아래에서 돌아오니 곧 천지가 만물을 낳으려는 마음이다."[32]라고 하였다. 위와 같이 이강은 눈 내린

---

29 李岡, 『鐵城聯芳集』 권1, 장2b, 「送鄭淸風樞次牧隱先生韻」. "何人惜別又傷時, 獨立秋風淚滿衣. 一曲陽關歌未闋, 長鬚急報已斜暉."
30 李岡, 『鐵城聯芳集』 권1, 장2a, 「冬至日, 留金城村, 偶作, 示妻姪鄭進士樞」.
31 李岡, 『鐵城聯芳集』 권1, 장1b, 「戊戌冬, 以右司諫, 因父親左侍中, 相避, 到淸州金城村, 留一月」.
32 胡廣 찬, 『周易大傳』, 권9, 258면, 「復」. "一陽, 復於下, 乃天地生物之心也."

동짓날에 우물 밑에 생긴 희미한 양의 기운을 보고, 그것은 바로 공민왕에 의해 한 세기가 넘게 지속한 원의 압제에서 벗어나 고려의 국권이 회복하는 징표라고 이해하였다.

이강은 3구에서 멀리 개경의 왕궁 주변을 감싸고 있는 오색구름[五雲]을 떠올렸다. 그가 말한 '오운五雲'은 우물 밑에서 시작된 희미한 양의 기운이 하늘 위로 솟아올라, 우주에 사악한 음의 기운이 물러나고 광명이 회복되었음을 상징한다. 이어 그는 4구에서 원추 새가 줄지어 날듯이[鵷行] 관료들이 조정에 엄숙하게 늘어서서 문명에 하례한다고 하였다. 그의 머리에는 조정의 반열에 중서문하성 수시중으로 임명된 부친 이암을 필두로, 자신의 정치적 동지인 이색, 전록생, 이보림, 정추 등 신진 관료들이 엄숙하게 서 있는 광경이 떠오른 것이다. 그러나 앞서 그가 당시의 정치 현실을 '미양微陽'으로 표현한 것에서 보듯이, 처음 움직이기 시작하는 양기는 매우 미약하여 첩첩이 쌓여 있는 음기를 뚫고 성장하는 데에 많은 고난이 따른다. 그러므로 복괘는 「괘사」에서 "복復은 형통하다. 출입하는 데에 해치는 자가 없으며, 벗이 와야 허물이 없을 것이다."[33]라고 하여, 군자의 도를 지향하는 동지들이 서로 협력해야 뜻을 이룰 수 있다고 말한 것이다. 위와 같이 이 시에서 이강은 공민왕의 정치개혁으로 고려의 문명이 다시 회복되는 시기를 맞아, 그와 뜻이 같은 관료들과 정치적으로 결속하여 군자의 도를 실천하겠다는 의지를 강하게 표출하였다.

위의 시에서 보여준 고려의 문명 회복에 대한 이강의 기대감은 이듬해인 1359년과 1361년에 두 차례에 걸쳐 일어난 홍건적의 침입으로 인해 물거품이 되었다. 당시 이암은 수문하시중으로 서북면도원수로 임명되어 홍건적의 침입을 방어하는 중책을 맡았고, 둘째 아들 이숭李崇은 어린 나이임에도 자원 종군했으며, 셋째 아들 이음李陰도 상장군으로 있다가 1361년 11월 안주安州 전투에서 전사하였다.[34] 이암의 넷째 아들인 이강은 1361년 가을부터 경상도 안렴사로 재임하고 있었는데, 공민왕은 그해 11월 20일에 개경을 떠나 12월 25일에 경상북도 안동에 도착하였다. 그는 공민왕을 호종한 일행에게 갖가지 물품을 제공하여 모두 자기 집에 돌아온 것처럼 편하게 해주었다. 또한 그는 1362년 가을에 개경으로 환도하는 공민왕을

33　胡廣 찬, 『周易大傳』 권9, 255면, 「復」. "復. 亨. 出入, 无疾, 朋來, 无咎."
34　한영우(2002), 34면.

상주尚州에서 호종하면서 진판사秦判事의 「청풍정淸風亭」 시에 차운하여 "아름다운 자리 열어 즐거이 가절佳節을 노래하니, 한번 노래하고 나면 한번 술잔을 들어야지."[35]라고 하여, 오랜 전란 끝에 환도하게 된 기쁨을 시로 표출하였다. 이어 그는 같은 해 9월 19일에 공민왕을 청주에서 호종하며 공북루에 올라 지은 응제시에서 "바로 알겠네. 천년이 지나면, 응제한 나를 비웃겠지."[36]라고 하여, 말직에서 부친과 함께 응제시를 짓게 된 것에 대해 자부심을 느끼기도 하였다. 다음 시는 『동문선』에도 수록된 작품으로, 이를 통해 이강이 공민왕을 호종했을 때의 심경을 살필 수 있다.

北闕彤雲遠	북녘 대궐에는 붉은 구름이 저 멀리 있는데,
南州白日遲	남쪽 고을에는 흰 해가 더디게 지나가네.
仲宣初作賦	왕찬王粲은 처음 부賦를 지어 향수를 달래고,
賈傅獨傷時	가의賈誼는 홀로 상수湘水에서 시절을 아파했지.
洛曲一杯酒	술은 낙동강 굽이에서 권하는 한 잔의 술이고,
陽關三疊詩	시는 양관삼첩의 시일세.
相逢何日是	서로 만날 날이 어느 날인가?
漂泊負前期[37]	떠도느라 이전 약속을 어기리.

이강이 개경에 분사分司로 떠나는 사헌부 지평 최덕성崔德成[38]을 전송하며 지은 것으로, 간의 곽충수郭忠守[39]의 시에 차운한 것이다. 홍건적의 2차 침입에 맞서 총병관 정세운鄭世雲이

---

35 李岡, 『鐵城聯芳集』 권1, 장2b, 「扈從尙州, 次秦判事家淸風亭詩韻」. "好開綺席酬佳節, 一咏仍須一擧觴."
36 李岡, 『鐵城聯芳集』 권1, 장2b, 「淸州拱北樓應製詩, 次諸公韻」. "端知千載下, 應製必嗤予."
37 李岡, 『鐵城聯芳集』 권1, 장3a, 「送崔持平德成分司舊京, 次郭諫議韻」.
38 최덕성은 공민왕대에 開城尹을 지낸 崔文眞(1303~1378)의 둘째 아들이다. 그는 이색과 막역한 사이로 성격이 쾌활하여 술을 잘하였고, 관직에 있으면서 가는 곳마다 명성이 있었다.
39 곽충수는 1341년에 金光載(?~1363)가 주관한 과거에서 이색, 정추 등과 함께 급제하였다. 그의 조부 郭麟은 충직하고 문장을 잘하였으나 일본에 書狀官으로 가서 그곳에서 죽었고, 그의 부친 郭之泰는 출사하지 않고 淸州 楸洞에서 은둔해 살았으며, 그 또한 의로운 일을 보면 참지 못하는 성격을 지니고 있었다. 그는 공민왕이 즉위한 해인 1352년에 사헌부 지평으로 재임하면서 監察執義 金科와 함께 權奸 趙日新을 탄핵하였고, 1354년에

지휘하는 20만의 고려군은 1362년 1월 18일에 개경을 수복하였다. 공민왕은 그해 2월 15일 안동을 출발해 27일 상주에 도착하였고, 8월 13일까지 그곳에 머물면서 개경의 각 관청에 분사를 설치하도록 지시하였다.[40] 이 시 1~2구에서 말한 북녘 대궐은 바로 직전에 수복한 개경을 가리키고, 남쪽 고을은 공민왕의 어가가 머물러 있는 상주를 가리킨다. 이강은 1구에서 멀리 북쪽 하늘 끝에는 상서로운 붉은 구름이 감싸고 있다고 하여, 홍건적의 수중에서 벗어난 개경에 다시 왕도가 회복되었음을 말하였다. 이어 그는 2구에서 임금의 어가가 머문 상주는 해가 더디기만 하다고 하여, 당시 여러 이유로 어가가 개경으로 즉시 환도하지 못하는 답답한 심경을 드러냈다. 위와 같이 1~2구는 '북녘 대궐[北闕]'과 '남쪽 고을[南州]'의 공간적 거리감, '붉은 구름[彤雲]'과 '흰 해[白日]'의 시각적 색채감, '멀리 있음[遠]'과 '더디게 지나감[遲]'의 공간적 속도감을 표현하는 어휘들이 대우를 이루게 하여, 율시 특유의 운율감과 함께 속히 개성으로 환도하려는 심경을 잘 보여주었다.

이강은 3~4구에서 왕찬王粲과 가의賈誼의 고사를 통해 상주를 가로질러 흐르는 낙동강을 바라보며 일어난 감회를 묘사하였다. 중선仲宣은 건안칠자建安七子의 한 사람으로 동한 말기의 관리이자 문학가인 왕찬의 자이다. 그는 192년에 관중關中에 난이 일어나자 형주荊州의 유표劉表에게 의탁하여 10년 동안 빈객 생활을 했는데, 당시 그는 강릉江陵의 성루에 올라 고향을 그리워하며 「등루부登樓賦」를 지었다. 가부賈傅는 한나라 문제文帝 때의 문장가인 가의를 가리킨다. 그는 고관들의 모함을 받아 장사왕長沙王의 태부로 좌천되었는데, 장사로 부임하는 길에 굴원이 빠져 죽은 상강湘江을 지나면서 「조굴원부」를 지어 자신의 불우함을 슬퍼하였다. 이강은 자신이 경상도 안렴사로 부임하여 안동으로 파천한 공민왕을 호종하며 상주에 머문 것에 대해, 왕찬이 난을 만나 형주에서 유표에게 10년간 의탁하거나 가의가 모함을 받아 장사로 좌천되어 떠난 것에 비유하였다. 따라서 그는 왕찬이 지은 「등루부」와 가의가 읊은 「조굴원부」가 세상에 널리 알려졌듯이, 개경의 분사로 떠나는 최덕성을 전송하며 지은 자신의 시가 후대에 널리 알려질 것이라고 말한 것이다.

---

40 경상도 안렴사로 출수하여 진주에서 간행한 崔瀣(1287~1340)의 문집 『拙藁千百』에 刊記를 쓰기도 하였다. 홍영의(2004), 87~88면.

이강은 5~6구에서 낙곡洛曲에서 최덕성을 전송하며 한 잔의 술을 마시고, 시를 지으니 바로 '양관삼첩陽關三疊'과 같다고 하였다. 낙곡은 어느 곳을 가리키는지 알 수 없으나, 시의 내용으로 보아 상주를 가로질러 흐르는 낙동강의 한 지점일 것으로 추정된다. '양관삼첩'은 당나라 왕유가 위성渭城에서 안서安西 지역으로 봉사하는 원이元二를 전송하면서 지은 「송원이사안서送元二使安西」이다. 왕유는 이 시의 3~4구에서 "그대에게 다시 술 한 잔을 더할 것을 권하니, 서쪽으로 양관을 벗어나면 친구가 없을 것이네.[勸君更盡一杯酒, 西出陽關無故人]"라고 하였다. 이곳에서 이강은 낙동강의 한 굽이에서 최덕성에게 권한 '일배주一杯酒'를 왕유가 위성에서 원이에게 권한 '일배주'에 비유하여, 최덕성이 멀리 개경으로 돌아가고 나면 그를 다시 보기 어려울 것이라는 석별의 감정을 토해냈다. 이어 그는 7구에서 서로 만날 날이 언제인가를 되묻고, 마지막 8구에서 정처 없이 떠도는 신세이기에 다시 만나기로 약속한들 이를 지킬 수가 없다고 하였다. 위와 같이 이 시는 두 차례에 걸친 홍건적으로 침입으로 인해 국가의 안위가 위협받는 시기에, 다양한 문학적 전고와 수사를 활용하여 안동으로 파천한 공민왕을 호종하며 국운을 다시 일으키고자 동분서주했던 신흥사대부 출신 관료의 심회를 잘 보여주고 있다.

2) 평담 · 온순한 풍격의 사상적 기반

맹자는 "그의 시를 외우고 그의 글을 읽으면서 그 사람을 알지 못하는 것이 가한가?"[41]라고 하였다. 풍격은 그가 말한 '그 사람'을 문학으로 형상화한 것이다. 곧 풍격이란 한 작가의 창작 개성이 작품 속에 내용을 통해서 형식으로 구체화한 모습을 말한다.[42] 서거정은 이강 시의 풍격이 평담平淡하고 온순溫醇하다[43]고 하였고, 정종로鄭宗魯(1783~1816) 또한 이강의 시는 평담平澹하고 온순溫淳하다[44]고 하였다. 이로 보아 현재 40수에 달하는 이강의 시는

41　朱熹, 『孟子集註』 권10, 526면, 「萬章章句下」. "頌其詩, 讀其書, 不知其人, 可乎."
42　정재철(2002), 117면.
43　徐居正, 『四佳集』 권5, 452면, 「鐵城聯芳集序」. "今觀平齋之平淡溫醇, 容軒之淸新雅麗, 正有家法."
44　鄭宗魯, 『立齋先生文集』 권26, 255면, 「鐵城聯芳集序」. "其詩或平澹而溫淳。或雅麗而淸新。或高古而奇健."

대체로 평담平淡[澹]하고 온순溫醇[淳]한 풍격을 지닌 것으로 생각된다. 그리고 이것은 이강의 사람됨이 평담하고 온순하다는 것을 의미하기도 한다. 이색은 이강이 "일에 임해서는 두려운 마음으로 신중하게 처리하였고, 벗과 사귈 때는 신의를 지켰으며, 착한 일을 독실하게 좋아하고, 마음가짐은 항상 평안하게 하였다."⁴⁵라고 말하였다. 한방신韓方信 또한 이강이 "충성스럽고 맑음은 타고난 성품이요, 공손하고 검소함이 홀로 무리에서 뛰어났다."⁴⁶라고 말하였다. 이로 보아 서거정 등이 이강 시의 특징이라고 말한 평담하고 온순한 풍격은 그의 신중함[愼], 신의[信], 독실함[篤], 평정심[平], 충성심[忠], 맑음[淸], 공손함[恭], 검소함[儉] 등과 같은 인격적 요소들이 문학으로 형상화된 것이라고 할 수 있다.

 이강 시의 풍격이 평담하다고 말한 서거정은 "왕유와 위응물이 평담에 그쳤다."⁴⁷라고 하였다. 정조는 왕유와 위응물의 시를 평하면서 "왕유의 시는 조어가 빼어나고 격조는 우아하며, 의취가 참신하고 조리는 정연하여 시 속에 그림이 있는 것 같다. 그리고 위응물의 시는 한가하고 담박하며, 간결하고도 심원하여 확연히 도연명의 남은 운치가 있다."⁴⁸라고 하였다. 앞서 이색이 이강의 인격을 평하면서 '마음가짐이 평담하다.[存心以平]'이라고 말했듯이, 그의 시에서 보여주고 있는 평담한 풍격은 그의 평담한 마음이 문학으로 형상화된 것이다. 따라서 평담한 시를 짓기 위해서는 먼저 지속적인 수양 과정을 통해 마음속에서 끝없이 일어나는 세속적 욕구를 제거함으로써 마음이 평담해야 한다. 이색은 「남창南窓」이라는 시에서 "점차 기미가 평담한 데로 돌아가게 되어, 마침내 계책을 부려 기괴하게 만드는 것이 싫어졌다."⁴⁹고 하였다. 위와 같이 마음이 평담한 상태에서 지은 시는 도끼로 깎은 흔적이 전혀 없게 되어, 도연명이 동쪽 울타리 밑에서 국화를 따면서 유연히 남산을 바라보듯이⁵⁰ 자연스러운 것이 특징이다.

---

45 李穡, 『牧隱文藁』 권18, 155면, 「文敬李公墓誌銘幷序」. "至於臨事懼, 交友信, 好善之篤, 存心以平, 吾所以友也."
46 韓方信, 「哭平齋李文敬公岡」, 『東文選』 권10, 장13a, "忠淸來有種, 恭儉獨超群."
47 徐居正, 『四佳集』 권4, 239면, 「觀光錄序」. "王韋止於平淡."
48 正祖, 『弘齋全書』 권180, 509면, 「詩觀五百六十卷」. "王維, 秀詞雅調, 意新理愜, 詩中有畫 … 韋應物, 閒淡簡遠, 居然陶潛之遺韻."
49 李穡, 『牧隱詩藁』 권27, 388면, 「南窓」. "漸教氣味廻平淡, 已厭機關逞怪奇."
50 李穡, 『牧隱詩藁』 권7, 39면, 「卽事」. "斧鑿了無痕跡, 悠然採菊東籬."

이강의 시에 나타나는 평담한 풍격은 주로 분주한 관직 생활에서 벗어나 주변에 펼쳐진 자연 경물을 바라보며, 세속적 욕망을 씻어내고 자연의 질서에 순응하고자 하는 마음을 자연스럽게 펼친 작품에서 찾을 수 있다.

獨坐成幽興	혼자 앉아있자니 그윽한 흥이 일어나네.
苔深四壁空	벽은 사방이 이끼가 패인 채로 휑한데.
菰蒲一池雨	줄풀과 부들에는 연못 가득한 비가 내리고,
枕簟滿樓風	베개와 대자리에는 누각 가득한 바람이 이네.
壺底氷漿冷	병 속에는 얼음물이 차갑고,
盤心野果紅	소반에는 들 과일이 붉게 익었네.
此間閑氣味	이 사이의 한가로운 멋을,
思與阿兄同[51]	그대와 함께 하길 생각하네.

이 시는 이강이 하낭중河郞中을 초청하며 보낸 것으로 『동문선』에도 실려 있다. 『동문선』에는 하낭중의 이름이 하윤원河允源(?~1376)으로 되어 있는데, 하윤원은 찬성사 하집河楫의 아들로 충혜왕 말년에 과거에 오른 신흥사대부이다. 그는 공민왕 때에 전리총랑典理摠郎으로서 여러 장수를 따라 경성을 회복하여 2등 공신이 되었고, 신돈이 정사를 마음대로 할 적에 홀로 아첨하지 않았다.[52] 이 시의 내용으로 보아 당시 하윤원은 이강과 교분이 매우 두터웠고, 육부六部의 낭중을 지낼 때 이강처럼 세속의 번화함을 멀리했던 것으로 생각된다. 이 시에서 이강은 몸이 비록 개경에 있지만 번화한 도시 생활을 멀리하고 집안에서 담박하게 살아가는 모습을 보여주었다. 이색은 「피초披草」라는 시에서 "잡초 헤쳐 이웃 삼으니 좋은 일이 많은데, 이강은 높은 기개 밖에 없다."[53]라고 말하여, 잡초가 무성한 마을에서 이강과

---

51 李岡,『鐵城聯芳集』권1, 장3a, 「詩邀河郞中」.
52 李荇等 찬,『新增東國輿地勝覽』권30, 장20a, 「晉州牧」. 하윤원은 우왕 때에 대사헌에 임명되자 "그른 줄 알면서 그릇 판결하면 황천이 벌을 내린다.[知非誤斷, 皇天降罰.]"는 여덟 글자를 목판에 써서 憲臺 위에 걸어 놓고 일을 보았다고 한다.

서로 이웃해 살았음을 밝혔다.[54] 『동국여지승람』에는 이색의 집이 개성부開城府 양온동良醞洞에 있다[55]고 하였는데, 이색의 문집에는 34세가 되는 해인 1366년에 이부 낭중으로 재임하던 시기에 집을 짓고 나서 낭중 이강에게 보낸 시 세 수가 수록되어 있다.[56]

이 시는 일반적으로 선경후정으로 이어지는 율시의 표현 방식과는 달리, 수련과 미련에 감정이 표출되어 있는 것이 특징이다. 이강은 1~2구에서 무더운 여름날 이끼로 둘러친 텅 빈 사방 벽을 바라보며 홀로 앉아 있으니 그윽한 흥취가 일어난다고 하였다. 그의 이러한 흥취는 연못가에서 한줄기 비를 맞고 서 있는 줄풀과 부들을 바라보고, 곧이어 시원한 바람이 가득한 누각에 깔린 베개와 대자리로 시선이 옮겨가면서 일어난 것이다. 이에 더하여 이러한 그의 그윽한 흥취는 누각 안에 놓인 얼음물과 붉게 익은 과일로 인해 배가되었다. 위와 같이 이강은 3~6구에서 '줄풀과 부들[菰蒲]', '비 내리는 연못[池雨]', '베개와 대자리[枕簟]', '바람 가득한 누각[樓風]', '얼음물[氷漿]', '들 과일[野果]' 등과 같이 집 주변의 맑고 시원한 경물들을 바라보며, 관직 생활에서 얻게 된 세상의 먼지를 깨끗하게 털어내고자 하였다. 따라서 그는 마지막 7구에서 위와 같이 집주변에 펼쳐진 경물들에 의해 기미가 한가롭게 되었다고 말하고, 동료 관료인 하윤원에게 이 한가로운 기미를 함께 하기를 청한 것이다. 그가 이곳에서 기미가 한가롭게 되었다고 말한 것은 당시 그의 마음이 평담하게 되었음을 의미한다. 위와 같이 이 시는 이강이 외진 마을에 거처하면서 형성된 평담한 마음과 한여름의 무더위 속에서 속된 기운을 제거해 주는 경물이 묘하게 조화를 이루고 있어, 당시 몸은 비록 속박된 현실에 머물러 있으나 마음만은 공명空明한 세계에서 노닐고자 했던 그의 탈속적 정신 경계를 잘 보여주고 있다.

---

53 李穡, 『牧隱詩藁』 권5, 16면, 「披草」. "披草卜隣幽事多, 髥郞偶儷儒無他. 自註: 指李提學岡." 이색은 이 시구 아래에 '提學 李岡을 가리킨다.'라고 주석을 붙인 것으로 보아, 이 시는 이강이 36세가 되는 해인 1368년에 提學으로 재임하던 무렵으로 생각된다.
54 이 시에 달린 주석으로 보아 이 시는 이강이 36세가 되는 해인 1368년에 提學으로 재임하던 무렵에 지은 것으로 생각된다.
55 李荇等 찬, 『新增東國輿地勝覽』 권5, 장9b, 「開城府下·古蹟」. "姜邯贊第, 李穡第, 韓修第, 安裕第, 俱在良醞洞."
56 李穡, 『牧隱詩藁』 권4, 15면, 「卜築呈李郎中岡·三首」. 이로 보아 이강과 이색이 함께 이웃해 산 것은 이강이 34세가 되는 해인 1366년에 吏部 郎中으로 재임하면서인 것으로 생각된다.

月出四山靜	달이 떠올라 산은 사방이 고요한데,
虫鳴一院空	벌레 울어대어 관사는 온통 휑하네.
人間猶夏夜	인간 세상은 여전히 여름밤이나,
天上已秋風	하늘에는 이미 가을바람이 부네.
蘭葉露華白	난초 잎엔 이슬이 하얗게 내리고,
花畦煙彩紅	꽃밭 길은 안개로 붉게 물들었네.
迢迢湖海夢	아득하고 아득한 호해湖海의 꿈을,
今夕與君同[57]	오늘 저녁은 그대와 함께하련다.

이강이 입추 하루 전날 전록생과 관사에서 숙직하며 지은 시이다. 전록생의 집안은 그의 6대조인 전득시田得時가 충렬왕 원년에 과거에 합격하고 부사府使에 올라 담양에 터를 잡은 후에 크게 번성하였다. 그는 충혜왕 때 과거에 급제하여 제주사록濟州司錄으로 관직 생활을 시작하였다. 이 시의 제목에서 이강은 낭중으로 재직 중인 전록생과 함께 숙직했다고 말한 것으로 보아, 이 시는 그의 나이 34세가 되던 해인 1366년에 이부 낭중으로 재직하며 지은 것으로 생각된다. 앞서 살폈듯이 전록생이 중서문하성의 기거사인으로 재임하면서 염천별감의 폐단을 논할 때 이강 또한 중서문하성의 사인으로 재임하고 있었다. 따라서 두 사람은 적어도 10여 년에 걸쳐 신흥사대부 출신 특유의 동지적 유대감을 가지고, 이색, 이보림, 정추 등과 함께 공민왕의 개혁정치에 적극 참여한 것으로 생각된다.

이 시는 1~6구에서 관사 주변의 경물을 묘사한 후, 마지막 7~8구에서 자신의 감정을 드러내는 방식을 취하고 있다. 먼저 이강은 1~2구에서 밤하늘에 떠 있는 달이 고요하게 천지간의 만물들을 비추고 있고, 사방이 휑하니 텅 빈 관사에는 벌레 소리만 요란하다고 하였다. 이는 그가 눈으로는 달에 비친 고요한 산을 바라보고 귀로는 한밤의 정적을 깨는 벌레 소리를 들으면서, 세속적 욕망에 의해 잃어버린 평담한 마음이 다시 회복되었음을 밝힌 것이다. 이어 그는 3~4구에서 인간이 사는 세상은 아직도 여름밤이지만 하늘에는 이미 가을바람이

---

57 李岡, 『鐵城聯芳集』 권1, 장3a, 「立秋前一日, 與田郞中祿生同宿」.

분다고 말하고, 5~6구에서 난초 잎에는 하얀 이슬이 맺히고 꽃밭 길은 안개 속에 붉게 물들었다고 하였다. 당시 그는 마음이 지상에서 하늘 위로 비상하여 아득한 시간과 공간을 향해 망연히 사방을 바라보았고, 입추가 다가온 계절의 변화에 따라 만물들이 아무 갈등이나 욕심 없이 하늘의 질서에 순응하고 있다는 진리를 깨달았다. 그리고 그는 이와 같은 깨달음을 '떠오른 달[月出]', '벌레 울음[虫鳴]', '가을바람[秋風]', '난초 잎[蘭葉]', '꽃밭 길[花畦]' 등과 같은 맑고 깨끗한 시어로 묘사하여, 자신의 마음 또한 세속적 욕망에서 벗어나 평담하게 되었음을 밝혔다. 이어 그는 마지막 7~8구에서 전록생과 함께 호해湖海의 꿈을 함께 하는 것으로 끝을 맺었다. 호해몽은 삼국 시대 위魏나라 진등陳登의 뜻이 원대하고 호방하여 속인들과 왕래하지 않는 것을 의미한다.[58] 위와 같이 이강은 이 시에서 정치적 동지인 전록생과 함께 세속적 욕심이 제거된 평담한 마음으로 돌아가, 사심 없이 공민왕을 보필하여 정치개혁을 이루려 한 포부를 맑고 깨끗한 시어들을 활용하여 담박하게 묘사하였다.

앞서 말했듯이 온순한 풍격은 온순한 인격이 문학으로 형상화된 것이다. 허엽許曄(1517~1580)이 이항李恒(1499~1576)의 인격을 말하면서 "칼로 꼿꼿한 모서리를 갈무리하여 온순함에 나아갔다."[59]라고 말했듯이, 온순한 인격은 끊임없는 심성 수양을 통해 모난 기질을 갈고 닦아 마음이 온순하게 변화된 것이다. 한편 이강 시의 풍격이 온순하다고 말한 서거정은 당시 문장가인 채수蔡壽(1449~1515)의 글을 평하면서, "그가 성균관에 이르러 공자를 알현하고 목청전穆淸殿에 들어가 태조의 어진을 배알할 때, 예의에 맞게 주선하고 차분히 우러러 바라보는 대목에서는 그 글이 온순하고 전아하다."[60]고 하였다. 또한 홍석주洪奭周(1774~1842)는 "종조부의 저술들은 모두 육경에 근거해 온순하고 연이演迤하여 성색聲色에 혼들림이 없고, 간혹 문사를 내달려 변화가 심하여도 하나같이 도덕에서 벗어나지 않았다."[61]고

---

58 陳登이 許汜의 방문을 받았을 때, 말 상대도 해 주지 않으면서 자기는 높은 침상 위에서 자고 허사는 낮은 곳에 눕게 하였는데, 뒤에 허사가 劉表와 劉備와 말하면서 "陳元龍湖海之士, 豪氣不除."라고 불평했던 고사에서 나온 말이다.
59 許曄, 『逸齋先生集』 附錄, 448면, 「挽詞」. "劍藏稜角就溫醇."
60 徐居正, 『四佳集』 권5, 264면, 「遊松都錄序」. "至成均館謁宣聖, 入穆淸拜粹眞, 周旋禮儀, 從容瞻眺者, 則其辭溫醇而典雅矣."
61 洪奭周, 『淵泉先生文集』 권34, 84면, 「從祖吏曹判書文淸公府君家狀」. "所著述, 咸根據六經, 溫醇演迤, 不動聲

하였다. 이로 보아 온순한 풍격을 지닌 시는 경서에 근거하고 도덕에서 벗어나지 않은 내용을 지니고 있음을 알 수 있다.

이강의 시에 나타나는 온순한 풍격은 그가 익힌 성인의 학문을 익히고 실천하는 과정에서 형성된 온순한 인격이 한가롭게 주변에 펼쳐진 경물들을 바라보면서 자연스럽게 선한 감정으로 표출된 작품에서 찾을 수 있다.

1수

盤谷甘泉土亦肥	반곡은 샘이 달고 땅 또한 기름진데,
小牕靜坐咏陶詩	작은 창가에 조용히 앉아 도잠 시를 읊네.
回頭擾擾功名地	머리 돌려 번잡한 공명의 땅을 바라보니,
正是風塵滿面時	바로 풍진이 얼굴에 가득한 시간이었네.

2수

無錢易得白魚肥	돈 없이도 살진 물고기를 얻기 쉬운데,
況有尙州酒與詩	하물며 상주尙州에는 술과 시가 있음에야?
雪擁草廬風折木	눈이 초려를 덮고 바람은 나무를 꺾으니,
挑燈夜話未眠時	야화夜話에 심지 돋우며 잠 못 드는 시간이네.

[自註: 당시 처형이 전에 상주尙州 수재守宰을 지내 그 마을에 머물렀으므로 그렇게 말한 것이다.]

3수

留村日久馬初肥	마을에 머문 날이 길어 말이 처음 살찌는데,
故友相思寄一詩	친구가 그리운 생각에 시 한 수를 보냈네.
戀主思親心更切	임금과 부모를 사모하는 마음은 더욱 간절하니,
歸期正在月圓時[62]	돌아갈 기일은 바로 달이 둥글어질 때라네.

色, 間亦或馳騁其辭, 變化錯出, 考其歸無一不澤於道德者."

이 시는 이강이 26세가 되는 1358년 겨울에 청주 금성촌에서 1개월을 거처하면서 지은 것이다. 그는 이 시의 제목에서 박낭중朴郎中이 보내온 시에 차운하여 지었다고 하였다. 박낭중은 이강과 같은 해에 태어나 정치적 행보를 함께 했던 박상충朴尚衷(1332~1375)인 것으로 추정된다.[63] 칠언절구 세 수로 되어있는 이 시는 각각 '비肥', '시詩', '시時'자를 운자로 사용하였는데, 특히 마지막 구의 운자로 '시時'자를 구사하여 과거의 관료생활(1수) → 현재의 은거생활(2수) → 미래의 정치활동(3수)을 묘사하는 방식으로, 삶의 핵심 장면들이 파노라마처럼 시간순으로 이어지게 하는 효과를 연출하였다.

이강은 1수에서 지난날의 관료 생활을 깊이 성찰하였다. '반곡盤谷'은 중국 태항산 남쪽에 자리한 지역으로 당나라 이원李愿이 은거했던 곳이고, '감천甘泉'은 섬서성 감천현의 남서쪽에 있는 샘의 이름으로 물맛이 좋다고 소문난 곳이다. 이강은 1~2구에서 잠시 머문 청주의 금성촌은 땅이 기름지고 물맛이 좋아 현자들이 은거하기에 알맞다고 말하고, 이곳에 터 잡은 작은 집의 창가에 앉아 도잠의 시를 읊는다고 하였다. 이어 그는 3~4구에서 머리 돌려 세상 먼지를 얼굴에 뒤집어쓰며 세속적 공명을 추구했던 북궐을 바라본다고 하였다. 그는 자신이 머물던 금성촌을 현자들의 은둔지를 상징하는 '반곡'과 '감천'에 비유하고, 과거 개경에서의 관직 생활을 '공명功名'과 '풍진風塵'으로 묘사하였다. 이를 통해 그는 상관에게 머리를 굽히지 않고 향리로 돌아온 도연명을 본받아, 자신 또한 전원에서 몸과 마음을 닦으며 세상의 명리를 탐하지 않겠다는 의지를 보여주려 한 것이다.

이강은 2수에서 금성촌에서 생활하면서 일어난 감흥을 담담한 어조로 펼쳤다. 위와 같은 그의 흥취는 돈 없이도 흰 물고기를 얻을 수 있는 시골 인심과 근처 상주에 머문 처형이 가져온 술을 함께 마시며 시를 짓는 것에서 시작되었다. 이러한 그의 흥취는 깊은 밤에 눈에 덮인 초려에서 바람에 나뭇가지가 꺾어지는 소리 속에서 야화夜話로 등불 심지 돋으며 밤을

---

62 李岡, 『鐵城聯芳集』 권1, 1면, 「戊戌冬, 以右司諫因父親左侍中相避, 到淸州金城村, 留一月, 朴郎中以詩寄之, 次其韻」. "自註: 時妻兄以前尙州留其村故云."
63 박상충은 이색의 매부로 이색과 함께 과거에 급제하였다. 그는 禮曹 正郎에 임명되어 古禮를 잘 고증하고 차례 있게 정리하여 『祀典』을 만들었고, 錦州[충청남도 금산군]에 출수했을 때는 이색의 부탁을 받아 이곡의 문집인 『가정집』을 간행하였다.

지새우는 시간으로 이어졌다. 위와 같이 그는 대낮의 흥취를 '살진 물고기'와 '술'과 '시'로 묘사하거나, 이어진 한밤의 흥취를 '눈'과 '바람', '등잔불'과 '야화'로 표현하였다. 이를 통해 그는 비록 부친이 같은 부서에 부임한 것을 이유로 청주의 궁벽한 마을에서 거주하고 있으나, 단 한 마디도 자신의 처지를 원망함이 없이 의명義命을 편안한 마음으로 받아들이고 있음을 드러내고자 한 것이다.

이강은 3수에서 금성촌에 머문 날이 지속되면서 말이 살찌고 친구가 그리워하는 시를 보내왔다고 하여, 다시 개경으로 돌아갈 준비가 되었음을 은연중에 내비쳤다. 이어 그는 임금과 부모를 사모하는 마음이 더욱 간절하다고 말하고, 돌아갈 기일로 예정된 한 달이 가까워졌음을 밝혔다. 3구에서 말한 '연주戀主'와 '사친思親'은 당시 이강이 추구했던 인생철학의 지향점이라 할 수 있다. 또한 이것은 자신의 관직 생활이 세속적 이욕을 추구하는 공명심에서 나온 것이 아니라, 공민왕이 추진했던 정치개혁에 적극 참여해 원의 압제에서 벗어나 고려의 문명을 다시 일으키는 것임을 의미하는 것이기도 하다. 위와 같이 3수에는 이강이 임금을 그리워하고 부모를 사모하는 온순한 마음이 자연스럽게 표출되어 있어, 이를 읽는 독자로 하여금 마음속에서 선한 감정이 저절로 일어나게 한다.

이강은 신흥사대부이다. 사대부는 글자 그대로 '사士'의 신분과 '대부大夫'의 신분을 합친 것이다. 따라서 사대부 계급은 '사士'와 '대부大夫'에 따라 하는 일도 달랐다. 박지원(1737~1805)은 「양반전」에서 "독서를 하면 士라고 말하고, 벼슬을 하면 대부가 된다."[64]라고 하였다. 맹자의 말에 따르면 선비[士]가 '독서를 하는 것'은 '곤궁하게 되면 홀로 몸을 선하게 하는 것[獨善其身]'을 의미하고, 대부가 '벼슬을 하는 것'은 '현달하게 되면 겸하여 천하를 선하게 하는 것[兼善天下]'[65]을 가리킨다. 이강이 위의 시의 1수와 2수에서 도연명의 시를 읽으면서 세속적 공명에 급급했던 과거의 관직 생활을 반성하면서 금성촌에서의 자족적 삶을 즐겼는데, 이는 도연명이 곤궁한 시절을 만났으나 외물의 유혹에 빠지지 않았던 '독선기신'의 삶을 본받은 것이다. 또한 그가 3수에서 임금을 사모하고 부모를 생각하며 돌아갈 날을 손꼽아

---

64 朴趾源(1), 『燕巖集』 권8, 119면, 「兩班傳」. "讀書曰士, 從政爲大夫."
65 朱熹, 『孟子集註』 권13, 656면, 「盡心章句上」. "窮則獨善其身, 達則兼善天下."

기다렸는데, 이는 맹자가 백성을 새롭게 하고 왕도를 구현하여 천하를 안정시켜야 한다고 말한 '겸선천하'의 의지를 밝힌 것이다. 위와 같이 이 시는 당시 신흥사대부 계급이 지향했던 유학적 처세관을 실천하면서 형성된 온순한 마음이 자연스럽게 시적 언어로 형상화됨으로써, 이강 시의 특징인 온순한 풍격을 잘 보여주고 있다.

4. 맺음말 - 문학사적 의미

고성 이씨는 6대 이진李瑨 때부터 사대부 명유 집안과 통혼 관계를 맺으면서 학문적 실력[문과 합격]을 바탕으로 명환名宦을 배출해온 신흥사대부 계급의 전형적 출세형을 보여주고 있다.[66] 이강의 학문 역량은 성리학을 기반으로 하여 이루어진 것이다. 그가 성리학에 조예가 깊었음은 여러 사실에서 확인된다. 먼저 그가 15세인 1347년에 치른 과거시험 과목이 주목된다. 고려의 과거제도는 그가 시험에 합격하기 3년 전인 1344년(충혜왕 1)에 초장에서 육경의 六經義와 사서의四書疑, 중장에서 고부古賦, 종장에서 책문策問을 출제하도록 바뀌었다. 초장에서 치르는 육경의와 사서의는 당시 시행된 원의 과거 과목으로 보아 주희의 주가 사용된 것으로 생각된다. 전 장에서 살펴보았듯이 원나라 1314년(인종 3)에 시작된 원의 과거에서 경서와 관련된 과목은 대부분 주희의 주를 사용하도록 한 것을 통해 알 수 있다. 또한 당시 고려에서 시행한 과거시험은 원의 과거시험과 긴밀하게 연계되어 있었다. 이로 보아 이강은 15세에 고려의 과거에 합격했을 때 이미 주희의 경서 주석을 익혔을 것으로 생각된다.

한편 이강의 가계는 당시 성리학에 정통한 가문과 깊은 관련이 있는 것으로 알려져 있다. 이강의 증조부인 이존비는 어려서 외삼촌인 백문절白文節(?~1282)에게 학문을 배웠는데, 백문절은 원에서 성리학을 도입한 것으로 알려진 백이정(1247~1323)의 부친이다. 또한 그는 28세가 되는 해인 1260년에 명유 안향(1243~1306), 이제현(1287~1367) 등과 함께 과거에 급제하여 동문이 되기도 하였다. 앞서 살폈듯이 이암과 이강 부자는 이곡과 이색 부자와 각별한

---

66 한영우(2002), 23면.

관계를 유지하였다. 먼저 이색은 이암을 스승으로 섬겼고, 이암의 자질들과 긴밀하게 교류하였다. 또한 이강은 이곡이 주관한 시험에 합격하여 좌주-문생의 관계를 맺고 있었다. 이강은 당시 대표적인 학자인 이색과 이웃해 살면서 함께 성리학을 강론하고 연구하여 당시 신흥사대부들의 존경을 받았다.[67] 특히 이강의 사위인 권근은 이색의 제자였고, 이색의 아들인 이종선李種善(1368~1438)은 권근의 사위가 되었다. 또한 이강의 아들 이원은 자형인 권근의 집에 살면서 그의 학문을 전수하였다. 위와 같이 이강을 전후로 한 고성이씨 집안은 여말선초 성리학을 대표하는 학자들과 사우師友 관계 혹은 혈연관계를 맺으면서 학자가 많이 배출되었다.

이강의 부친 이암은 손수 「태갑편太甲篇」을 써서 공민왕에게 올린 후에 아들 이강에게 말하기를, "너는 명심해라. 나는 이미 늙어서 실무의 직책도 없고 간관의 직책도 없으니 마땅히 왕의 마음을 바로잡는 것으로써 직무로 여길 뿐이다."[68]라고 하였다. 이암이 공민왕에게 써서 올린 「태갑편」은 은나라 이윤이 탕湯의 손자 태갑을 3년간 동棟땅에 거처하게 하자, 태갑이 과오를 뉘우치고 선정을 펼쳤다는 내용을 담고 있다. 이강의 정치철학은 바로 부친 이암이 그에게 유훈으로 말한 '임금의 마음을 바로잡는 것'이다. 그리고 그 방법은 과거시험을 준비하거나 이색 등과 같은 당대 명유와의 학문적 교류를 통해 익힌 성리학을 유가적 도덕주의로 구현하는 것이다. 앞서 살폈듯이 이강의 시는 그가 수많은 악조건에도 불구하고 동지들과 함께 평생에 걸쳐 익힌 성리학적 경세관을 정치 현장에서 의연하게 실천하는 내용으로 구성되어 있다. 또한 그의 시는 타고난 문학적 재능을 바탕으로 덕을 존중하고 의를 즐기는 과정에서 형성된 평담하고 온순한 마음이 자연스럽게 표출됨으로써 문학적으로 높은 수준을 유지하고 있다. 위와 같이 이강이 남긴 40수의 한시는 여말에 성리학을 익히고 이를 세상에 구현하는 것을 인생의 목표로 설정했던 신흥사대부 문학의 특징을 잘 보여주고 있다는 점에서 그 의미를 찾을 수 있다.

67　權近, 『陽村先生文集』 권17, 180면, 「柳巷先生韓文敬公脩文集序」. "所與從遊牧隱・平齋諸公, 又皆縉紳之選, 漸濡磨礱, 相觀而善."
68　李穡, 『牧隱文藁』 권17, 147면, 「鐵城府院君李文貞公墓誌銘幷序」. "嘗手寫太甲篇以獻, 語其子岡曰: 汝志之, 吾旣老矣, 無官守, 無言責, 當以格君心爲務爾."

제4장

정도전의
포은 시 비평과 그 의미

1. 머리말

　포은 정몽주(1337~1392)는 당대 학자들에 의해 동방이학의 조종으로 추숭을 받은 학자이다. 그는 25세인 1361년(공민왕 3)에 예문검열로 출사하기 이전부터 이경李瓊(1337~?), 이집李集(1327~1387), 민안인閔安仁(1343~138), 이존오李存吾(1341~1347) 등과 교유하였는데,[1] 당시 그의 학문과 문학을 가장 잘 이해한 사람으로 삼봉 정도전(1342~1398)을 들 수 있다. 이는 그가 정몽주가 50세인 1386년(우왕 12)에 명나라에 봉사하면서 지은 시를 모아 엮은 책에 쓴 서문을 통해 알 수 있다. 그는 이 글에서 16~17세 때 삼각산에서 글을 읽은 정몽주를 통해 『대학』과 『중용』이 심신心身을 위한 학문이라는 것을 알았다고 하였다. 이어 그는 18세 때 문과에 장원한 정몽주를 찾아가 미처 알지 못했던 성리학의 요체를 들었고, 그 후 5년 동안 부모상을 치를 때에 정몽주가 보내온 『맹자』를 연구하였다고 하였다.[2] 그리고 그는 23세에 부모상을

1　강문식(2009), 7~13면.
2　鄭道傳, 『三峯集』 권3, 340면, 「圃隱奉使藁序」. "道傳十六七, 習聲律爲對偶語. 一日, 驪江閔子復, 謂道傳曰: 吾見鄭先生達可, 曰: 詞章末藝耳, 有所謂身心之學, 其說具大學中庸二書, 今與李順卿, 携二書, 住于三角山僧舍, 講究之, 子知之乎? 予旣聞之, 求二書以讀, 雖未有得, 頗自喜. 屬國家設賓, 興科, 先生來自三角山, 連冠三場, 名聲

마치고 개경에 돌아와 성균관 학관에 임명되어 정몽주와 함께 경서를 강론하였는데, 당시 정몽주가 도달한 경학의 내용에 대해 다음과 같이 말하였다.

> [자료 1] : 선생은 『대학』의 제강提綱과 『중용』의 회극會極에서 도를 밝히고 도를 전한 뜻을 얻었고, 『논어』와 『맹자』의 정미함에서 조존操存하고 함양涵養하는 요체를 얻고 확충하는 방법을 체험하였다. 『주역』에서 선천先天과 후천後天이 서로 체와 용이 된다는 것을 알았고, 『서경』에서 정일집중精一執中이 제왕이 전수한 심법이라는 것을 알았으며, 『시경』은 민이民彛와 물칙物則의 가르침에 근거한 것이고 『춘추』는 도의道誼와 공리功利의 구별을 분변한 것임을 알았다.[3]

[자료 1]에서 정도전은 당시 정몽주가 경서를 깊이 연구하고 실천하는 과정을 통해, 『대학』의 제강提綱과 『중용』의 회극會極, 『논어』와 『맹자』의 조존操存과 함양涵養, 『주역』의 선천先天과 후천後天, 『서경』의 정일집중精一執中, 『시경』의 민이民彛와 물칙物則, 『춘추』의 도의道誼와 공리功利 등과 같은 경서의 요체를 깊이 체득하였다고 말하였다. 정몽주는 위와 같은 학문을 바탕으로 당시 학자들의 상이한 학설을 한 치의 오차도 없이 해석하였다. 전 장에서 살펴보았듯이 당시 성균관 대사성을 맡고 있던 이색은 이와 같은 정몽주의 학문을 평하여, 정몽주는 호상豪爽·탁월卓越하여 횡으로 말하고 종으로 말함에 적당하지 않은 것이 없다고 하였다. 정도전은 이때 정몽주의 학설과 자신의 견해가 은연중 합치한다는 것을 확인하였고, 그 후에도 정몽주와 지속적으로 교유하면서 관감觀感한 것이 매우 많았다. 그는 위와 같이 정몽주의 학문에 대한 깊은 이해에 기초하여 정몽주 시의 특징에 대해 다음과 같이 말하였다.

籍籍, 予亟往謁, 則與語如平生, 遂賜之教, 日聞所未聞. 後奔父喪榮州, 居二年, 繼有母喪, 凡五年, 先生送孟子一部, 朔望之暇, 日究一帋, 或半帋, 且信且疑, 思欲取正於先生."

[3] 鄭道傳, 『三峯集』권3, 340면, 「圃隱奉使藁序」. "先生於大學之提綱, 中庸之會極, 得明道傳道之旨, 於論·孟之精微, 得操存涵養之要體, 驗擴充之方. 至於易, 知先天後天相爲體用, 於書, 知精一執中爲帝王傳授心法, 詩則本於民彛物則之訓, 春秋則辨其道誼功利之分."

[자료 2] : 선생의 학문이 날로 진보하면서 시 또한 그에 따랐다. 젊은 시절에는 지기志氣가 한창 날카로워 직시함에 맞설 자가 없었으므로, 그 말이 굉사宏肆하여 방달放達하였으나[肆以達] 다시 실천이 오래되면서 수렴이 더해졌다. 그가 시종할 때에는 의론을 헌납하고 왕의 교화를 윤색하였으므로, 그 말이 전아하여 모범이 될 만하다.[典以則] 그가 남쪽 황폐한 땅으로 쫓겨난 때에는 우환의 한 가운데 처하여 의리와 천명의 분수에 안주하였으므로, 그 말이 화이和易·평담平淡하여 크게 원망하거나 심하게 탓하는 언사가 없다. 그가 일본에 봉사할 때에는 험한 파도를 헤쳐 나가고 만 리 외국에 있으면서 안색을 바로 하고 외교문서를 지음에 국가의 아름다움을 선양하여 다른 풍속의 사람들이 경모하였으므로, 그 말이 명백明白·정대正大하여 급박하거나 좌절하는 기운이 없다. 명나라가 천하를 소유하고 사해가 글을 함께 하게 되자, 선생은 세 번 봉사하여 경사에 이르렀는데, 대체로 그가 본 것이 더욱 넓고 나아간 것이 더욱 깊어짐에 따라서 시로 발한 것이 더욱 높고 멀다[高遠].[4]

[자료 2]에서 정도전은 정몽주의 학문이 진보하면서 그의 시가 다섯 차례 변모한 것으로 이해하였다. 첫째, 정몽주가 젊은 시절에 지은 시이다. 당시 그의 시는 지기志氣가 한창 날카로워 직시하여 맞설 자가 없었으므로, 굉사宏肆하여 방달放達하였으나[肆以達] 실천이 오래되면서 수렴이 더해졌다. 둘째, 정몽주가 25세인 1361년(충정왕 3)에 예문검열로 출사한 이후 38세에 공민왕이 시해되기까지 13년간 왕을 시종할 때에 지은 시이다. 당시 그의 시는 의론을 헌납하고 왕의 교화를 윤색하였으므로 전아하여 모범이 될 만하였다[典以則]. 셋째, 정몽주가 39세인 1375년(우왕 1)부터 이듬해까지 경상도 언양으로 유배를 갔을 때 지은 시이다. 당시 그의 시는 우환을 당하였으나 의리와 천명에 안주하였으므로 화이和易·평담平淡하여 크게 원망하거나 심하게 탓하는 말이 없었다. 넷째, 정몽주가 41세인 1377(우왕 3)년부터 이듬해까지 일본에 봉사할 때 지은 시이다. 당시 그의 시는 안색을 바로 하고 외교문서를

---

4 鄭道傳, 『三峯集』 권3, 340면, 「圃隱奉使藁序」. "先生之學, 日以長進, 詩亦隨之. 當其少時, 志氣方銳, 直視無前, 故其言肆以達, 更踐旣久, 收斂有加. 其爲侍从也, 獻納論思, 閏色王化, 故其言典以則. 其見逐南荒也, 處憂患之中, 安義命之分, 故其言和易平淡, 無怨悱過甚之辭. 其奉使日本也, 涉鯨濤之峻, 在萬里外國, 正其顏色, 修其辭令, 揚于國美, 使殊俗景慕, 故其言明白正大, 無局迫沮挫之氣. 皇明有天下, 四海同文, 先生三奉使至京師, 蓋其所見益廣, 所造益深, 而所發益以高遠."

지어 국가의 아름다움을 선양하였으므로 명백明白·정대正大하여 급박하거나 좌절하는 기운이 없었다. 다섯째, 정몽주가 36세인 1372년(공민왕 21)부터 50세인 1386년(우왕 12)까지 모두 세 차례에 걸쳐 명나라에 봉사할 때에 지은 시이다. 당시 그의 시는 본 것이 더욱 넓고 나아간 것이 더욱 깊어졌으므로 펼친 것이 더욱 높고 멀었다[高遠]. 본 장에서는 위와 같이 정몽주와 동시대에 활동한 정도전이 정몽주 시에 대해 비평한 것에 주목하고, 정몽주의 문집에서 정도전이 밝힌 다섯 유형에 해당하는 시를 찾아 분석하고 그 문학사적 의미를 밝혀보고자 한다.

2. 정도전의 포은 시 비평 양상

1) 사달肆達 : 지기를 곧바로 펼침

앞서 정도전은 정몽주가 젊은 시절에 지은 시는 '지기志氣가 한창 날카로워 곧장 바라봄에 맞설 자가 없다.'고 하였다. 성리학적 우주론에 따르면 사람은 우주의 기가 모여 만들어진 존재이다. 주희는 사람의 기는 하나이지만 마음에서 주관하면 지기가 되고, 형체에서 주관하면 혈기가 된다고 하였다.[5] 맹자가 말한 양기는 위와 같이 마음에서 주관하는 지기를 잘 길러 형체에서 주관하는 혈기에 마음이 동요하지 않게 하는 것이다.[6] 이로 보아 정몽주가 젊은 시절에 한창 날카로웠던 지기는 하늘에서 부여받은 크고 굳센 호연지기를 잘 길러, 그 어떤 행동을 하더라도 도에서 어긋나지 않으려는 의지에서 나온 것으로 생각된다.

앞서 정도전은 정몽주가 젊은 시절에 날카로운 지기를 표출한 시는 '그 말이 굉사宏肆하여 방달放達하였으나[肆以達] 실천이 지속되면서 수렴이 더해졌다.'고 하였다. '사肆'는 한유가

---

5 朱熹(1),『朱子全書』권19, 장45b,「性理四」. "氣一也, 主於心者, 則爲志氣, 主於形體者, 卽爲血氣."
6 朱熹,『孟子集註』, 권3, 125면,「公孫丑章句上」. "夫志氣之帥也, 氣體之充也, 夫志至焉, 氣次焉, 故曰: 持其志, 無暴其氣."

「진학해進學解」에서 자신의 문장을 "그 마음을 넓게 하고[宏] 그 밖을 펼쳤다[肆]."라고 말한 것에서 나온 말이다. 한유가 위와 같이 굉사한 글을 지을 수 있었던 것은 그가 오경에서 시작해 『장자』, 『초사』, 사마상여의 작품에 이르기까지 다양한 내용을 언사로 드러냈기 때문이다. 또한 '달達'은 『논어』에서 "문사文辭는 뜻을 통하게 할[辭達] 뿐이다."[8]라고 말한 것에서 나온 말로, 글을 지을 때 자기의 뜻을 전달하기만 하면 되고 미사여구를 거창하게 나열하지 않는 것이다. 이로 보아 정몽주가 젊은 시절에 '사달肆達'한 시를 짓게 된 것은 그가 익힌 성인의 도를 실천하려는 지기를 미사여구 없이 곧바로 드러낸 데 따른 것으로 생각된다.

정몽주는 1357년 성균시에 합격한 후에 3년이 지난 1360년에 정당문학 김득배金得培가 지공거가 되고, 추밀직학사 한방신韓方信이 동지공거가 되어 치른 과거의 3장에서 장원하였다. 그러나 그는 그 후에도 두 해가 지난 1362년 3월에 예문검열에 제수되었다. 그의 문집에는 다음과 같이 그가 출사하기 한 해 전인 1361년 10월에 핀 국화를 보고 지은 「신축시월辛丑十月, 정전국화탄庭前菊花嘆.」이 수록되어 있다.

夏月雨不止	여름 달에 비가 그치지 않더니,
秋來天早霜	가을에는 일찍 서리가 내렸네.
萬物苦憔悴	만물은 고통 속에 초췌하고,
流年劇奔忙	세월은 매우 바쁘게 지나가네.
菊花何太晚	국화는 어찌 그리 늦는지,
開不及重陽	중양절이 되어도 피지 못하네.
正當十月交	이제 시월이 되어,
風日漸寒涼	바람과 날씨가 점점 차고 서늘하네.
粲粲發舊態	찬란하게 옛 모습을 드러내고,
悠悠抱清香	한가롭게 맑은 향기를 품고 있네.

7　　王伯大 편, 『別本韓文考異』 권12, 장5a, 「進學解」. "閎其中而肆其外."
8　　朱熹, 『論語集註』 권15, 569면, 「衛靈公」. "辭達而已矣."

枝葉綠未歇	푸른 가지와 잎이 마르지도 않았는데,
花蘂亂金黃	황금빛의 꽃잎들이 어지럽네.
我病不出門	나는 병으로 문을 나서지 못하고,
遶叢獨彷徨	국화 떨기를 돌며 홀로 방황하네.
可愛不可飡	아낄 뿐이지 먹지는 못하고,
三嗅臨垂堂	대청에서 마주하여 몇 번이나 맡아보네.
人雖可與語	사람들은 비록 함께 말을 할 수 있어도,
吾惡其心狂	나는 그들의 미친 마음을 미워하네.
花雖不解語	꽃은 비록 말을 이해하지 못해도,
我愛其心芳	나는 그 향기로운 마음을 사랑하네.
平生不飮酒	평생 술을 마시지 않았지만,
爲汝擧一觴	너를 위해 한 잔의 술을 마시네.
平生不啓齒	평생 이를 드러내지 않았지만,
爲汝笑一塲	너를 위해 한바탕 웃음 짓네.
菊花我所思	국화는 내가 사모하는 꽃이니,
桃李多風光[9]	도리화는 풍광이 많을 뿐이네.

　　5언 26구로 이루어진 고체시이다. 이 시는 내용상 두 단락으로 이루어져 있다. 첫 단락은 1구의 '하월우부지夏月雨不止'에서 12구의 '화예난금황花蘂亂金黃'까지이다. 이곳에서 정몽주는 여름 달에는 비가 그치지 않고 가을에는 서리가 일찍 내려, 만물이 초췌하고 시간은 바삐 지나간다고 하였다. 이어 그는 예년에는 중양절[9월 9일]에 피던 국화꽃이 10월에 이르러서야 만개하였으나, 황금빛의 꽃잎들은 찬란하고 한가로운 모습 그대로 맑은 향기를 품고 있다고 하였다. 그는 위와 같이 여름비와 가을 서리를 극복하고 10월에야 활짝 핀 국화를 바라보면서 늦은 나이인 24세에 과거에 합격하였으나 한 해가 지나도록 관직을 받지 못한

9　　鄭夢周, 『圃隱先生文集』 권2, 594면, 「辛丑十月, 庭前菊花嘆」.

자기 모습을 발견하고, 이어 그는 수년간 사장 공부의 유혹을 물리치고 체득한 성인의 도를 실천하겠다고 하는 지기가 발동하였다.

이 시의 둘째 단락은 13구의 '아병불출문我病不出門'에서 마지막 16구의 '도리다풍광桃李多風光'까지이다. 정몽주는 이곳에서 국화를 바라보며 일어난 생각을 곧바로 펼쳤다. 먼저 그는 병중이라 문밖을 나서지 못하고 국화꽃 주위를 돌며 홀로 방황하기도 하고, 대청에서 국화꽃을 바라보며 향기를 음미하기도 하였다. 이어 그는 겉으로는 국화를 칭송하면서도 속에는 불의로 가득한 세상 사람과는 달리, 서릿발 속에 향기를 품고 있는 국화의 모습에서 불의에 타협하지 않는 군자의 마음을 읽었다. 이 때문에 그는 국화를 위해 평생 입에 대지 않던 술을 마시고, 평생 드러내지 않던 이가 보이도록 한바탕 웃는다고 말한 것이다. 그는 마지막 두 구에서 자신만이 국화를 아낄 뿐이고 세상 사람은 풍광이 많은 도리화를 좋아한다고 말하여, 세속적 이익만을 추구하는 사람들과 달리 자신은 변함없이 지기를 간직하겠다고 다짐하였다.

앞서 살폈듯이 정몽주는 과거에 오르기 전에 이미 『대학』과 『중용』에 담긴 수기·치인의 방법을 이해하였고, 과거에 오른 후에도 자신이 익힌 성인의 도를 실천하겠다고 다짐하였다. 따라서 그는 위의 시에서 위와 같은 자신의 마음을 '가애불가손可愛不可飡'과 같이 한 구에 '가可'자를 두 번 사용하거나, '위여거일상爲汝擧一觴', '위여소일장爲汝笑一場' 등과 같이 두 구에 '위여爲汝'를 중복해 사용하여, 화려한 미사여구나 다양한 문학적 기교 없이 산문적인 언어로 표출하였다. 또한 그는 위의 시에서 '오오기심광吾惡其心狂', '아애기심방我愛其心芳' 등과 같이 국화를 마주하고 일어난 호오好惡의 감정을 문학적 여과 없이 직설적으로 표현하였다.

위와 같이 위의 시는 정몽주가 과거에 오른 이듬해에 10월이 되어서야 만개한 국화꽃을 바라보면서 발동한 날카로운 지기를 문학적 수사 없이 곧바로 펼침으로써 그의 젊은 시기에 지은 '사달肆達'한 시의 특징을 잘 보여주고 있다.

2) 전칙典則 : 왕의 교화를 윤색함

앞서 정도전은 정몽주가 '임금을 시종할 때에 지은 시는 의론을 헌납하고 왕화를 윤색하였다.'고 하였다. 정몽주는 26세인 1362년(공민왕 11)에 예문검열에 임명된 후, 39세인 1375년(우왕 1)에 언양으로 귀양을 갈 때까지 13년 동안 공민왕을 보필하였다. 정도전은 당시 그의 시가 공민왕의 교화를 윤색하여 '전이칙[典以則]'하다고 평하였다. '전典'은 『서경』의 「요전堯典」과 「순전舜典」에서의 '전典'에서 보듯이, 경전의 바른 내용을 담고 있어 유가에서 전범으로 삼을만한 전아典雅한 의미를 지니고 있다.[10] '칙則'은 모범으로 삼아 따를만한 글을 가리킨다. 이로 보아 정몽주가 13년간 공민왕을 보필하면서 지은 시는 그가 경서를 통해 익힌 성인의 도를 현실정치에 실천하는 과정에서 나온 것으로, 그 내용이 경전의 전아한 뜻이 있어 모범으로 삼을 만한 것으로 생각된다.

정몽주는 26세인 1362년(공민왕 11) 3월에 예문검열을 거쳐 같은 해 10월에 수찬에 올랐고, 이듬해 8월에 종사관으로서 그의 좌주인 동북면도지휘사 한방신韓方信을 따라 화주和州[함경남도 영흥]에서 여진 징벌에 참여하였다. 다음 시는 그가 같은 해 정주定州[함경남도 정평]에서 중양절을 맞아 한방신의 명을 받아 지은 것이다.

定州重九登高處	정주에서 중양절에 높은 곳에 오르니,
依舊黃花照眼明	예와 같이 노란 국화가 환하게 눈에 비치네.
浦溆南連宣德鎭	갯벌은 남쪽으로 선덕진에 이어지고,
峯巒北倚女眞城	봉우리는 북으로 여진성에 기대었네.
百年戰國興亡事	백 년간 전국시대의 흥하고 망한 일,
萬里征夫慷慨情	만 리 멀리 출정한 장부의 강개한 마음.
酒罷元戎扶上馬	술자리 끝나자 원융은 부액 받고 말에 오르니,
淺山斜日照紅旌[11]	낮은 산에 비낀 석양이 붉은 기를 비추네.

10　劉勰, 『文心雕龍』 권6, 장3b, 「體性第二十七」. "典雅者, 熔式經誥, 方軌儒門者也."

고려에서는 양陽의 숫자인 아홉[九]가 겹치는 중양절이 되면 의례히 높은 산에 올라[登高] 국화주를 마시며 시를 지었다. 정몽주는 수련에서 이날을 맞이하여 한방신과 함께 동북면의 최전방에 자리한 정주에서 등고하였는데, 그가 오른 곳에는 예전과 같이 노란 국화가 환하게 눈에 비춘다고 하였다. 정주는 1044년에 완성된 천리장성이 시작되는 곳으로 원나라 지배 아래 쌍성총관부에 예속되었으나, 공민왕이 반원 정책으로 쌍성총관부를 혁파하고 종전의 방어사를 도호부로 승격시킨 곳이다. 그가 2구에서 노란 국화가 환하게 눈에 비친다고 말한 것은, 위와 같이 공민왕이 원으로부터 회복한 동북 지역을 사수하겠다는 충심을 문학적으로 표출한 것이다.

이어 정몽주는 함련에서 정주지역의 표면적이고 우연적인 부분을 생략하고 가장 핵심적인 두 장소를 제시하여, 남쪽으로는 갯벌이 선덕진宣德鎭과 이어져 있고 북쪽으로는 봉우리들이 여진성女眞城까지 이어져 있다고 하였다. 선덕진은 정평군 선덕면에 자리한 고려의 최전방 요새이고, 여진성은 양강도 갑산군에 자리한 여진족의 근거지이다. '덕을 선양한다.[宣德]'는 뜻을 지닌 선덕진과 이적의 오랑캐임을 의미하는 여진성에서 보듯이, 그는 함련에서 이 두 장소를 대우로 제시하여 고려의 문명성과 여진족의 후진성을 명료하게 드러냈다.

다음 정몽주는 경련에서 시의 공간과 시간을 고려의 정주에서 중국 전국시대의 만리장성으로 전환하였다. 먼저 그는 5구에서 거란의 요나라에서 여진의 금나라로, 다시 몽골의 원나라로 이어진 북방 지역의 역사를 힘을 앞세워 패도를 추구했던 전국시대의 흥망사로 대체하였다. 이어 그는 6구에서 북쪽의 여진족에 주거지인 여진성을 바라보며 일어난 강개한 감정을 중국에서 만리장성에 출정한 장부의 강개한 감정으로 대체하였다. 그가 위와 같이 정주의 시간과 공간을 중국의 시공간으로 바꾸어놓은 이면에는 문명국인 고려가 미개한 북방 국가들을 덕으로 교화해야 한다는 문명의식이 자리하고 있다.

마지막으로 정몽주는 미련에서 원융元戎 한방신이 등고 행사를 마치고 부축을 받아 말에 오를 때에 낮은 산에 비낀 석양이 붉은 기를 비춘다고 하였다. 이 시를 짓기 네 달 전인 5월에 공민왕은 원나라 황제가 덕흥군德興君을 국왕으로 삼고 요양성 군대를 풀어 호송한다는 말을

---

11 鄭夢周, 『圃隱先生文集』 권2, 583면, 「定州重九韓相命賦」.

듣고, 경복흥慶復興을 서북면도원수로 임명하여 안주安州[평안남도 안주]에 주둔시키고 한방신을 동북면도지휘사로 임명하여 화주에 주둔시켰다. 그가 8구에서 석양이 붉은 깃발을 비춘다고 말한 것은 원융 한방신이 동북지역의 최고 책임자로서 당시 백척간두에 놓인 국가의 위기에 맞서 고려의 영토를 끝까지 지키겠다는 충심을 형상화한 것이다.

위와 같이 정몽주는 위의 시에서 동북지역의 최전방에 자리한 정주에서 중양절에 높은 산에 올라 노란 국화와 주변의 요새들을 바라보고, 배원 정책을 펼친 공민왕을 도와 성인의 교화를 완성하겠다는 경세 의지를 전아한 언어로 형상화하였다.

정몽주는 1364년 2월에 동북면도지휘사 한방신을 도와 여진의 삼선三善·삼개三介를 격파하고 돌아와 조봉랑 전보도감판관에 임명되었다. 그러나 그는 이듬해 정월에 어머니 변한국부인卞韓國夫人의 상을 당하여 고향인 영천永川에서 3년간 여묘 생활을 하였다. 이후 그는 1367년에 모친상을 마치고 통직랑 전공정랑에 제수되었지만 출사하지 않고 계속 영천에 머물러 있었는데, 다음 시는 정몽주가 같은 해 중양절에 영주부사 이용李容이 창건한 명원루明遠樓에 올라 지은 것이다.

青溪石壁抱州回	푸른 시내와 석벽이 고을을 안고 도는 곳에,
更起新樓眼豁開	새로 누각이 일어나니 눈이 활짝 열리네.
南畝黃雲知歲熟	남쪽 이랑의 누런 구름에서 풍년이 든 줄 알고,
西山爽氣覺朝來	서산의 상쾌한 기운에서 아침이 온 줄 알겠네.
風流太守二千石	풍류 있는 태수는 2천 석이요,
邂逅故人三百杯	모처럼 만난 친구는 3백 잔이라.
直欲夜深吹玉笛	곧바로 깊은 밤에 옥피리를 불면서,
高攀明月共徘徊[12]	밝은 달에 높이 올라 함께 배회하려네.

이 시는 정몽주가 영주부사 이용이 지은 「구일등명원루九日登明遠樓」[13]를 차운한 것으로,

---

12 鄭夢周, 『圃隱先生文集』 권2, 592면, 「重九日, 題益陽守李容明遠樓.」.

운자는 회回, 개開, 래來, 배杯, 회徊이다. 그의 문집에는 이 시 외에도 같은 시기에 동일 장소에서 지은 「취제익양신정醉題益陽新亭」[14]과 「제익양신정題益陽新亭」[15]이 수록되어 있다. 당시 이 누각은 서세루瑞世樓라는 별칭이 있었는데, 1637년(인조 15) 영주군수 한덕급韓德及이 임란 때 소실된 누각을 중창하여 이름을 조양각朝陽閣이라고 고쳤다.

먼저 정몽주는 수련에서 맑은 시내와 석벽이 고을을 안고 도는 곳에 누각이 새롭게 솟아올라 눈이 활짝 열린다고 하였다. 맑은 시내는 금호강을 가리키고, 석벽은 명원루를 떠받치고 있는 바위산을 의미한다. '눈이 활짝 열린다.'는 것은 '광명이 멀리까지 미친다.[明遠]'라는 의미를 담고 있는 누각의 이름을 형상화한 것이다. 이는 바로 정몽주가 이곳에 올라 환하게 트여있는 주변을 바라보고, 그의 정신 경계가 속된 인욕에서 벗어나 맑고 높아지게 되었음을 의미한다.

이어 정몽주는 함련에서 남쪽 이랑의 누런 구름을 보며 풍년이 온 것을 알고, 서쪽 산의 상쾌한 기운을 통해 아침이 온 것을 알았다고 하였다. 3구의 '남쪽 이랑의 누런 구름[黃雲]'은 『주례』에서 다섯 가지 구름의 빛으로 길흉과 풍흉을 점친 것에서 유래한 것으로, 누런 구름은 풍년이 들었음을 의미한다.[16] 4구의 '상쾌한 기운[爽氣]'는 진나라의 왕희지가 환충참군桓沖參軍이 되었을 때 "서산이 아침이 되자 상쾌한 기분이 감도네요."[17]라고 말한 것을 차용한 것으로, 정몽주의 정신 경계가 세속을 초탈하여 어디에도 구애됨이 없게 된 것을 의미한다. 따라서 이곳에서 대우로 제시된 '남무황운南畝黃雲'과 '서산상기西山爽氣'는 이 누각의 별칭인 '상서로운 세상[瑞世]'세 형상화한 것으로, 이는 왕의 교화가 두루 행해져 백성의 생활이 안정되고 민풍이 진작된 이상세계를 의미한다.[18] 임란 이후 이 누각의 이름을 '조양각朝陽閣'이라고

---

13 徐居正 찬, 『東文選』 권16, 장18a, 「九日登明遠樓」. "新樓突兀鳥飛回, 懷抱登臨得好開. 異縣故人難再會, 今年此日不重來. 溪虛日影搖歌扇, 山近秋光落酒杯. 五十二年成底事, 可堪千里獨徘徊."

14 鄭夢周, 『圃隱先生文集』 권2, 592면, 「醉題益陽新亭」. "故郡通原隔, 新亭接樹林. 魚肥溪水近, 鶴沒稻田深. 暮雨襄王夢, 青山謝守吟. 政行逢歲熟, 高興日登臨."

15 鄭夢周, 『圃隱先生文集』 권2, 592면, 「題益陽新亭」. "山近暮雲合, 草長秋雨深. 一燈孤客夢, 千里故人心."

16 李睟光, 『芝峯類說』 권1, 「天文部·風雲」. "周禮保章氏, 以五雲之物, 卞吉凶水旱豐衰之祲象. 註: 二分二至, 觀雲氣, 靑爲蟲, 白爲喪, 赤爲兵荒, 黑爲水, 黃爲豐, 所謂南畝黃雲知歲熟, 是也."

17 『晉書』 권80, 장13b. "西山朝來, 致有爽氣."

18 이는 정몽주가 같은 장소에서 지은 시에서 "시내 가까이에는 살진 고기가 놀고, 벼논 깊은 곳에는 학이 숨어

고친 것은 바로 이 4구에 나오는 '조래朝來'에 착안하여 성인의 도가 세상에 실현되었음을 상징적으로 담아낸 것이다.[19]

다음 정몽주는 경련에서 풍류 있는 태수는 2천 석이요 모처럼 만난 친구는 3백 잔이라고 하였다. 5구의 '풍류태수'는 인정仁政을 행하고 시재詩才를 갖춘 영주부사 이용을 가리키고,[20] '2천 석'은 중국에서 우량한 태수에게 지급한 2천 석의 녹봉을 의미한다. 또한 6구의 '모처럼 만난 친구[邂逅故人]'는 신정新亭 축하 모임에 초대된 이웃 고을의 수령을 가리키고,[21] '3백 잔'은 이백이 「양양가襄陽歌」에서 "백 년 삼만 육천일에, 하루에 3백 잔씩 기울여야지."[22]라고 말한 것을 차용한 것이다. 정몽주는 이 두 구에서 당시 영천 주변의 지방 관리들과 함께 행해진 누각의 신축 모임을 묘사하면서, '2천 석'과 '3백 잔'이라는 시적 언어를 사용하여 왕을 도와 치국평천하를 이룬 이상세계에서의 축하 모임으로 비약하였다.

마지막으로 정몽주는 경련에서 깊은 밤에 옥피리를 불면서 밝은 달을 부여잡고 함께 배회하고 싶다고 하였다. 7구에서 '옥피리를 분다.[吹玉笛]'고 말한 것은 이백이 "한공韓公이 옥피리를 불어서, 초연한 기개로 기이한 소리를 내네."[23]라고 말한 것과 같이, 자신의 정신 경계가 표연히 현실을 초월하여 우주의 시공간을 넘나들고 있음을 의미한다. 또한 '밝은 달[明月]'은 성인의 교화가 우주에 광명하게 빛나고 있음을 상징한다. 따라서 그가 8구에서 '밝은 달에 높이 올라 함께 배회하고 싶다.'고 말한 것은 그가 영주부사 이용을 포함해 축하 모임에 참여한 이웃 고을의 수령들이 모두 왕을 도와 천지가 자리를 잡고 만물이 화육되는 이상세계를 구현하기를 희구한 것이다.

위와 같이 정몽주는 이 시에서 중추절에 고향인 영천에 새로 지은 누각의 축하 모임에

있다. [魚肥溪水近, 鶴沒稻田深.]"라고 말하여, '솔개는 날아 하늘에 이르고, 고기는 못에서 뛴다. [鳶飛戾天 魚躍于淵]'는 표현으로 상징되는 이상세계의 모습을 형상화한 것을 통해 알 수 있다.

19 '朝陽'은 『詩經』 「大雅·卷阿」의 "봉황이 우니나 저 높은 뫼요, 오동이 자라나니 아침 해 뜨는 동산이라. [鳳凰鳴矣, 于彼高岡. 梧桐生矣, 于彼朝陽]"라는 말에서 나온 것이다.
20 정몽주가 같은 장소에서 지은 시에서 "청산에서 태수 사영운이 노래하네.[靑山謝守吟]"라고 하여, 영주부사 이용의 시재를 永嘉太守를 지낸 사령운에 비유하였다.
21 이용은 「九日登明遠樓」에서 "다른 고을의 친구들은 다시 만나기 어렵다.[異縣故人難再會]"하고 하였다.
22 李白, 『李太白文集』 권5, 장8a, 「襄陽歌」. "百年三萬六千日, 一日須傾三百杯."
23 李白, 『李太白文集』 권22, 장12a, 「金陵聽韓侍御吹笛」. "韓公吹玉笛, 倜儻流英音."

참석한 것을 계기로, 공민왕을 보필하여 권문세족의 토지침탈을 막고 민풍을 진작시켜 치국평천하를 구현하겠다는 경세 의지를 전아한 언어로 호쾌하게 펼쳤다.

3) 화이和易·평담平淡 : 의명의 분수에 안주함

정몽주는 1367년 영천에서 모친상을 마치고 같은 해 12월에 예조정랑 겸 성균박사에 임명되어 상경하였다. 이후 그는 다양한 관직을 거쳐 39세인 1375년에 성균관 대사성에 임명되었다. 그러나 당시 공민왕이 피살되고 권신인 이인임이 북원의 사신을 맞아들이려 하자, 그는 박상충·김구용 등과 함께 반대하는 상서를 올렸다. 이에 당시 권신들은 이들을 모두 하옥하여 장류杖流하였고, 정몽주 또한 언양으로 귀양을 보냈다. 정도전의 문집에는 정몽주가 언양에서 그에게 보낸 시에 차운한 시가 수록되어 있는데, 그는 이곳에서 변치 않는 우의와 함께 의리를 지킬 것을 약속하였다.[24]

앞서 정도전은 '정몽주가 언양에서 유배 생활을 할 때에 의명義命의 분수를 알고 이에 안주하였다.'고 말하였다. '의명에 안주하였다.'는 것은 사람이 환란에 처하여 어찌할 수가 없다는 것을 알고도 마음을 풀어놓지 않은 것을 말한다.[25] 그는 둔촌 이집의 시집에 제題한 시에서 "기자箕子는 밝음을 숨김으로써 만세에 황극皇極을 가르쳤네. 중이重耳는 고난을 맛봄으로써 제후로서 진나라의 조종이 되었지. 이를 통해 옛사람이 곤경에 유익함이 있음을 알았네."[26]라고 하여, 『주역』의 명이明夷의 상으로부터 어려운 곤경을 당했을 때 지혜를 숨기고 이를 잘 벗어났던 기자와 중이의 예를 듦으로써 「명이」괘를 의리적 관점에서 이해하였다.[27] 따라서 그가 유배기에 지은 시가 화이和易·평담平淡하게 된 것은 위와 같이 『주역』의 의리사상에 입각해 유배를 천명으로 순순히 받아들여 화이·평담하게 된 마음이 시로 형상화된 데 따른

---

24 鄭道傳,『三峯集』292면,「次韻寄鄭達可夢周」. "芝蘭焚愈馨, 良金淬愈光. 共保堅貞操, 永矢莫相忘."
25 程頤,『易川易傳』권4, 장127b,「未濟·上九」. "人之處患難, 知其無可奈何, 而放意不反者, 豈安於義命者哉."
26 鄭夢周,『圃隱先生文集』권2, 589면,「遁村卷子詩」. "箕子以明夷, 萬世訓皇極. 重耳嘗險阻, 諸侯宗晉國. 乃知古之人, 處困斯有益."
27 엄연석(2009), 73면.

것으로 생각된다.

다음 시는 정몽주가 1377년 3월에 해배되어 언양을 떠나 의성군의 관사에 머물면서 지은 「정사삼월丁巳三月, 우중등의성북루雨中登義城北樓」로, 이를 통해 그가 유배기에 지은 시에서 나타나는 화이·평담한 모습을 읽을 수 있다.[28]

聞韶郡樓佳處	문소 군루의 아름다운 곳,
避雨來登日斜	비를 피해 올라오니 해가 기우네.
草色青連驛路	풀빛은 푸르게 역 길에 이어 있고,
桃花暖覆人家	복숭아꽃은 온화하게 인가를 덮었네.
春愁正濃似酒	봄 근심은 술처럼 한창 무르익었고,
世味漸薄如紗	세상맛은 비단처럼 점점 엷어만 가네.
腸斷江南行客	애간장 끊어지는 강남의 나그네,
蹇驢又向京華[29]	다리 저는 나귀로 다시 서울을 향하네.

6언 8구로 이루어진 고체시이다. 정몽주는 1~2구에서 해배 되어 개경으로 가는 길에 비를 피해 문소聞韶[경상북도 의성]의 군루郡樓에 올랐는데, 마침 해가 서산으로 기운다고 하였다. 이어 그는 3~4구에서 '풀빛[草色]'과 '복숭아꽃[桃花]'를 대우로 제시하여 봄비 속에 펼쳐져 있는 생기발랄한 우주의 생명력을 묘사하였다. 그에게 있어서 봄은 한 개의 양이 움직이는 것을 통하여 하늘의 마음을 알고 자신의 마음을 징험해보는 때였다.[30] 한 예로 그는 「춘春」이

---

28 정몽주의 문집에는 그가 1376년 유배지인 언양에서 중양절을 맞아 유종원의 시에 차운해 지은 시가 수록되어 있다. (鄭夢周, 『圃隱先生文集』권2, 596면, 「彦陽九日有懷, 次柳宗元韻」). "客心今日轉凄然, 臨水登山瘴海邊. 腹裏有書還誤國, 囊中無藥可延年. 龍愁歲暮藏深壑, 鶴喜秋晴上碧天. 手折黃花聊一醉, 美人如玉隔雲烟." 그는 이 시에서 중양절을 맞아 독기 서린 바닷가의 산에 올라 물을 바라보며, 구름 너머에 있는 임금에게 국화를 꺾어 바치겠다는 말로 변함없는 충절을 보여주었다. 그러나 이 시에는 그의 처지를 크게 원망하거나 심하게 탓하지는 않았지만, 유배지에서 중양절을 맞는 처연한 감정이 여과 없이 노출되어 있어, 정도전이 유배기 시의 특징으로 말한 和易·平淡한 언사와는 거리가 있는 것으로 생각된다.

29 鄭夢周, 『圃隱先生文集』권1, 593면, 「丁巳三月, 雨中登義城北樓」.

30 鄭夢周, 『圃隱先生文集』권2, 594면, 「冬至吟二首」. "乾道未嘗息, 坤爻純是陰. 一陽初動處, 可以見天心. (一首)

란 시에서 가늘게 내리는 봄비 소리를 들으며 음의 계절인 겨울을 상징하는 얼음을 녹이고 그 사이로 풀싹이 돋는 모습을 상상하기도 하였다.[31] 따라서 그는 이곳에서 봄비 속에 펼쳐져 있는 '풀빛'과 '복숭아꽃'을 통하여 자신의 마음을 징험하려 한 것이다.

이어 정몽주는 5구에서 "봄 근심[春愁]이 술처럼 한창 무르익었다."고 말하였다. 이는 그가 춘삼월을 맞아 외물들이 본성에 따라 생명력을 뿜내고 있는 모습을 바라보면서, 자신은 인욕을 억제하여 선심善心을 보존하지 못하고 음기가 가득한 세상을 향해가는 것에 대한 근심을 토로한 것이다. 이어 그는 6구에서 "세상 맛[世味]은 비단처럼 얇아졌다.'고 말하였다. 그는 유배지에서 두 번의 봄을 거치면서 우주에 펼쳐진 천심을 읽게 되었고, 이로 인해 그의 마음에는 끊임없이 일어나는 원망과 회한이 사라져 세상을 향한 마음이 비단처럼 얇게 된 것이다.

마지막으로 정몽주는 7구에서 자신의 모습을 '애간장 끊어지는 강남의 나그네'라고 말하여, 봄을 대하는 자신의 감정을 중국의 시인 묵객들이 강남 지역의 봄 풍광을 바라보며 애간장을 끊이면서 시를 짓는 장면에 비유하였다. 이어 그는 8구에서 '다리 저는 나귀[蹇驢]로 다시 서울을 향한다.'고 말하였다. 이는 두보가 「픱측행증필사요偪側行贈畢四曜」에서 "동쪽 집에서 다리 저는 나귀를 빌려준다 했으나, 길이 미끄러워 감히 타고 조참을 못 가겠네."[32]라고 한 것을 차용한 것으로, 세속을 향한 귀경길이 자신의 마음과는 괴리되어 있음을 드러낸 것이다.

위와 같이 정몽주는 이 시에서 유배 생활이 처음에는 국내외의 정세로 인해 마음이 격동하여 편치 않았으나, 봄을 맞아 양이 음을 억제하여 만물이 생명을 다시 회복하는 모습을 바라보면서 의명의 분수에 안주하게 된 심경을 화이·평담한 언어로 형상화하였다.

造化無偏氣, 聖人猶抑陰. 一陽初動處, 可以驗吾心.(二首)"
31 鄭夢周, 『圃隱先生文集』 권1, 594면, 「春」. "春雨細不滴, 夜中微有聲. 雪盡南溪漲, 多少草芽生."
32 仇兆鰲 찬, 『杜詩詳註』 권6, 장27a, 「偪側行贈畢四曜」. "東家蹇驢許借我, 泥滑不敢騎朝天."

4) 명백明白·정대正大 : 국가의 미풍을 선양함

정몽주는 2년간 언양에서 유배 생활을 마치고 41세인 1377년(우왕 3) 3월에 개경으로 돌아왔다. 그러나 그는 귀경한 후에도 관직을 받지 못하다가 9월에 전대사성의 자격으로 일본에 봉사하였다. 당시 조정에서는 왜구의 잦은 침탈이 더욱 극심해지자 1376년에 판전객사사 나흥유羅興儒를 패가대覇家臺[지금의 큐슈 하카대]에 파견하여 화친을 도모하였다. 그는 같은 해 10월에 패가대의 주장主將인 이마가와今川 료순了俊의 서신을 가지고 귀국하였다. 그러나 이후에도 왜구의 침탈이 그치지 않았고, 고려에서는 이듬해 6월에 판전객사사 안길상安吉常을 일본에 보내어 왜구를 금지할 것을 청하였다. 그러나 안길상이 일본에서 병사하자 같은 해 9월에 정몽주를 일본에 파견하였다. 당시 정몽주는 동료들의 만류에도 불구하고 두려워하는 기색 없이 건너가 교린의 이해利害를 적극적으로 설명하고, 결국 왜구에게 잡혀갔던 고려 백성 수백 명과 함께 귀국하였다.

앞서 정도전은 정몽주가 일본에 봉사하면서 안색을 바로 하고 외교문서를 지음에 국가의 미풍을 선양하였으므로, 그 시가 명백明白·정대正大하여 급박하거나 좌절하는 기운이 없다고 하였다. '안색을 바로 한다.[正顔色]'은 것은 『논어』에서 증자가 도를 귀하게 여기는 방법의 하나로 "안색을 바로 하면 이에 믿음에 가깝게 된다."[33]라고 한 말을 가리킨다. 정몽주가 일본에 봉사하면서 안색을 바로 하게 된 것은 문명의 정도에 따라 중화와 이적을 구분하는 『춘추』의 의리사상에서 나온 것이다. 이는 그가 겨울밤에 『춘추』를 읽고 지은 시에서 "공자께서 빼고 정리한 의리가 정밀한데, 설야에 어스름한 등불 아래 자세히 완미하던 때가 있었지. 일찍이 나의 몸에 안고서 중국에 나갔는데, 주변 사람들은 몰라보고 오랑캐 땅에 산다고 말하네."[34]라고 하여, 중화의 문명과 이적의 오랑캐를 구별하는 기준은 지역적 차이에 있는 것이 아니라 예의를 습득하고 실천하는 것의 여부에 달려 있다[35]고 이해한 것을 통해 확인된

---

33 朱熹, 『論語集註』 권8, 「泰伯」, 270면. "正顔色, 斯近信矣."
34 鄭夢周, 『圃隱先生文集』 권1, 595면, 「春」. "仲尼筆削義精微, 雪夜靑燈細玩時. 早抱吾身進中國, 傍人不識謂居夷."
35 엄연석(2009), 76면.

다. 이로 보아 그가 일본에 봉사하면서 지은 시가 명백·정대하게 된 것은 위와 같이 중화의 문명으로 이적의 오랑캐를 교화시켜야 한다는 춘추대의를 실천한 데 따른 것으로 생각된다.

다음 시는 정몽주가 1377년에 일본에 봉사하면서 지은 「홍무정사洪武丁巳, 봉사일본작奉使日本作」 11수 중 제6수이다.

弊盡貂裘志未伸	돈피 갖옷이 다 해지도록 뜻을 펴지 못해,
羞將寸舌比蘇秦	세 치 혀를 소진에 비교할까 부끄럽네.
張騫查上天連海	장건의 떼 위에 하늘은 바다에 이어지고,
徐福祠前草自春	서복의 사당 앞에 풀은 저절로 봄이로세.
眼爲感時垂淚易	눈은 시절을 느끼어 눈물이 쉽게 나오고,
身因許國遠遊頻	몸은 나라에 허락한지라 자주 멀리 노니네.
故園手種新楊柳	고향 집 뜰에 손수 새 버들을 심었으니,
應向春風待主人[36]	응당 봄바람을 향하여 주인 기다리겠지.

정몽주는 수련에서 자신의 일본 봉사를 전국시대 소진이 합종책合從策을 주장하면서 전국을 돌아다닌 것에 견주었다. 1구에서 '돈피 갖옷이 다 해졌다.'는 것은 소진이 검은담비 가죽옷을 입고 진나라에 가서 유세했으나 그의 주장이 받아들여지지 않자 가죽옷이 모두 해진 채 초췌한 몰골로 돌아온 것을 말한다. 그는 2구에서 세 치 혀로 패가대의 주장인 이마가와 료순을 설득하는 것이 위와 같은 소진의 유세에 비견될까 부끄럽다고 하였다. 이는 당시 일본 사람들이 성인의 문명으로 일본을 교화했던 그의 유세가 패도를 추구한 소진의 합종설과 같은 것으로 이해하는 것에 대한 우려를 드러낸 것이다.

이어 정몽주는 함련에서 그의 일본 사행을 장건張騫과 서복徐福에 비교하였다. 먼저 그는 3구에서 '장건의 떼 위에 하늘은 바다에 이어졌다.'고 말하여, 한나라 무제의 명을 받아 13년간 서역의 대월씨大月氏와 동맹을 맺은 장건과 같이 자신 또한 외교 사명을 성공적으로 마칠

---

36 鄭夢周, 『圃隱先生文集』 권1, 581면, 「洪武丁巳, 奉使日本作.」 11수 중 제6수.

것을 다짐하였다. 이어 그는 4구에서 불사약을 찾아 수천의 동남동녀童男童女와 함께 일본에 온 서복을 모신 사당에 풀을 자라고 있는 것을 지적하여, 화려했던 서복의 일본 행차는 인간의 허망한 꿈에 불과했음을 증명하였다. 이는 그가 중국의 봉래각蓬萊閣에 올라 지은 시에서 "서복의 교사巧詐한 계책을 알리 어렵지 않으니, 이는 군왕의 욕심에서 시작된 것이네."[37]라고 말했듯이, 자신의 일본 사행은 헛된 욕망을 따라 일본에 온 서복과는 다르다는 것을 강조한 것이다.

다음 정몽주는 경련에서 일본에서 봄을 맞은 소회를 펼쳤다. 먼저 그는 5구에서 두보가 「춘망春望」에서 "시절을 느끼어 꽃은 눈물을 뿌린다."[38]라고 말한 것을 차용하여, 고향에서 봄에 핀 꽃에 맺힌 이슬을 바라보며 천심天心을 살폈던 기억을 떠올리며 눈물이 흐른다고 하였다. 그러나 그는 곧바로 6구에서 '나라에 몸을 허락했다.'는 말로 자신의 일본행이 왜적의 침탈을 막아 국가를 안정시키기 위한 것임을 환기하였다. 위와 같이 그는 함련에서 이국에서 맞은 봄의 풍광에서 발동된 애절한 감정과 함께 사명을 잊지 않겠다는 투철한 의지를 대우의 형식으로 형상화하였다.

마지막으로 정몽주는 미련에서 고향 집 뜰에 새로 심은 버들이 이 봄바람을 향해 주인을 기다릴 것이라고 하였다. 그에게 있어서 버들은 봄에는 뜰을 진녹색으로 가득 채우고 여름에는 평상에 시원한 바람이 들게 하는 안식처이자,[39] 성인의 교화를 입어 난새와 봉황이 운집하여 춤을 추고 만물이 우로雨露를 맞고 생성되는 이상세계의 상징물이었다.[40] 따라서 그는 수련에서 일본의 산하에 펼쳐진 봄바람이 고향에 새로 심은 버들로 옮겨 갈 것이라고 말하여, 속히 사명을 마치고 고향의 봄으로 돌아가 우주에 펼쳐진 천심을 살피며 선심善心을 회복하기를 희구한 것이다.

다음 시는 정몽주가 일본 봉사시에 지은 「홍무정사洪武丁巳, 봉사일본작奉使日本作」 11수

37　鄭夢周, 『圃隱先生文集』 권1, 장13b, 「蓬萊閣」.
38　仇兆鰲 찬, 『杜詩詳註』 권4, 장51a, 「春望」. "感時花濺淚."
39　鄭夢周, 『圃隱先生文集』 권1, 577면, 「盖州館柳」. "築館仍栽柳, 迎門似盖欹. 春庭濃綠滿, 夏榻嫩涼吹. 驛騎來磨樹, 行人愛折枝. 州民好封植, 天使此游嬉."
40　鄭夢周, 『圃隱先生文集』 권1, 577면, 「會同館柳」. "洪武初年種, 亭亭接上林. 新梢過碧瓦, 綠葉蔭華簪. 舞集鸞鳳盛, 生成雨露深. 我來歌聖德, 遶樹一沉吟."

중 제7수이다.

山川井邑古今同	산과 시내, 우물과 고을은 고금이 같은데,
地近扶桑曉日紅	땅은 부상에 가까워 새벽 해가 붉네.
但道神仙居海上	다만 신선이 바다 위에 있다고 말할 뿐,
誰知民社在天東	누가 백성과 사직이 하늘 동쪽에 있는 줄 알까?
斑衣想自秦童化	색동옷은 생각건대 진의 동자로부터 변하였고,
染齒曾將越俗通	검게 물들인 이는 멀리 월나라 풍속과 통하네.
回首三韓應不遠	삼한을 돌아보니 과히 멀지 않은 곳,
千年箕子有遺風[41]	천 년 기자의 유풍이 남아있네.

정몽주는 1구에서 일본의 산천에도 우물과 촌락이 있는 것은 고금이 같다고 하고, 2구에서 일본 땅은 부상扶桑과 가까워 새벽 해가 붉다고 하였다. 부상은 해 뜨는 동쪽 바다에 있다는 전설상의 신목神木을 말한다. 그러나 그는 함련에서 고려 사람들은 부상과 가까운 일본에는 신선이 바다에 거처한다고만 말할 뿐, 이곳에도 백성과 사직을 갖춘 나라가 존재한다는 것을 모른다고 하였다. 이는 그가 사행을 통해 그동안 신선의 나라로만 생각했던 일본도 백성과 군주를 갖춘 문명이 존재하는 사실을 확인한 것이다.

이어 정몽주는 경련에서 일본 문화의 특징과 그 유래를 밝혔다. 먼저 그는 5구에서 '색동옷[斑衣]'는 서복을 따라온 수천 명의 동자들이 입은 색동옷에서 유래한 것으로 보았고, 이어 6구에서 여자가 시집가면 '이에 검정 물을 들이는 것[染齒]'는 중국 남방의 월나라 풍속에서 유래한 것이라고 하였다. 이는 그가 일본의 문명이 중국에서 유래한 것을 인정하면서도, 그 문명은 패도를 지향한 진나라와 중국 남방의 오랑캐인 월나라에서 전수한 것으로 이해한 것이다.

마지막으로 정몽주는 미련에서 일본에서 멀지 않은 곳에 기자의 유풍을 지닌 삼한의 나라

---

41 鄭夢周, 『圃隱先生文集』 권1, 581면, 「洪武丁巳, 奉使日本作.」 11수 중 제7수.

고려가 있다고 하였다. 이는 그가 우리나라에는 아직 기자의 유풍이 남아있기에 고려의 문명이 중국보다 못하지 않은 것으로 생각하는 문화적 자긍심을 드러낸 것이다.[42] 곧 그는 이곳에서 기자가 성인의 도를 무왕에게 전한 후 우리나라로 건너와 홍범구주를 행하면서부터 삼한이 성인의 교화를 입은 문명국이 되었음을 강조하여, 고려의 문명이 일본보다 우위에 있음을 밝혔다.

위의 두 시에서 알 수 있듯이 정몽주가 일본에 봉사하면서 지은 시들은 명백·정대하여 급박하거나 좌절하는 기운이 없이 국가의 아름다운 풍속을 선양하였다. 이는 그가 같은 시 제3수에서 "남아가 사방에 뜻을 두는 것[四方志]는 유독 공명만을 위한 것이 아니다."[43]라고 말한 것에서 보듯이, 『춘추』의 의리사상에 입각해 오랑캐의 풍속에서 벗어나지 못한 일본을 교화시켜 천하 사방을 안정시키고자 하는 경세 의지를 형상화한 데 따른 것이다.

5) 고원高遠 : 견문이 넓고 깊어짐

정몽주가 명나라에 봉사하여 수도인 남경을 다녀온 것은 모두 세 차례이다. 먼저 제1차 사행으로 그는 36세인 1372년(공민왕 21) 3월에 홍사범洪師範의 서장관으로 남경에 가서 촉을 평정한 것을 축하하고 고려 자제의 국자감 입학을 청하였는데, 환국 길에 태풍을 만나 홍사범은 물에 빠져 죽고 이듬해 7월에 구사일생으로 귀국하였다. 이어 제2차 사행으로 그는 48세인 1384년(우왕 10) 7월에 하성절사로 남경에 갔다가 이듬해 4월에 돌아왔다. 마지막 제3차 사행으로 그는 50세인 1386년(우왕 12) 2월에 남경에 가서 5년간 체납된 세공을 감면받고 같은 해 7월에 돌아왔다.

앞서 정도전은 정몽주가 세 차례에 걸쳐 남경을 오가면서 본 것이 더욱 넓고 나아간 것이 더욱 깊어졌으므로 시로 펼친 것이 더욱 높고 멀다고 하였다. 당시 정몽주는 발해를 건너 봉래각에 올라 요동의 광막한 들과 바다의 우람한 파도를 보고 일어난 벅찬 감동을 시로

---

42 정재철(2002), 110면.
43 鄭夢周, 『圃隱先生文集』 권1, 581면, 「洪武丁巳, 奉使日本作」 11수 중 제3수. "男兒四方志, 不獨爲功名."

읊었다. 또한 그는 용산龍山을 지나고 회하淮河를 건너며 범광해范光湖를 내려가 용담龍潭에 당도하는 동안 모두 제영題詠을 남겼다. 이어 그는 황도인 남경에서 천자의 작은 나라를 사랑하고 먼 사람을 안아주는 인仁을 포장하고, 공신과 장상의 부귀하고 존안尊安한 영화와 성곽과 궁실의 크고 화려한 것과 인물의 번화한 모습을 모두 시로 남겼다.[44] 이로 보아 그가 명나라에 봉사하면서 지은 시가 고원高遠하게 된 것은 남경에서 시작된 중화 문명의 현장을 생생하게 보고 들으면서 성인의 도를 세상에 구현하겠다는 경세 의지를 형상화한 데 따른 것으로 생각된다.

정몽주의 문집에는 「다경루증계담多景樓贈季潭」이라는 제목의 시가 수록되어 있는데, 이 시는 강소성江蘇省 진강현鎭江縣 북고산北固山에 있는 감로사甘露寺의 다경루多景樓에 올라 계담季潭 스님에게 준 것이다. 정몽주는 제3차 남경 사행 때에 4월 말일경에 남경을 떠나 양자도揚子渡에 도착해 지은 「양자도楊子渡, 망북고산도김약재望北固山悼金若齋.」가 수록되어 있는데, 이 시의 제목 아래에는 "홍무 계축년(1373)에 김구용 선생과 함께 북고산 다경루에 올랐다."[45]라는 내용의 주석이 붙어있다. 이로 보아 정몽주가 지은 「다경루증계담多景樓贈季潭」은 제1차 사행 때인 1373년에 김구용과 함께 감로사를 방문하고 다경루에 올라 지은 것으로 추정된다.

欲展平生氣浩然	평생에 기른 호연지기를 펼치려거든,
須來甘露寺樓前	모름지기 감로사 다경루 앞에 와야지.
瓮城畫角斜陽裏	옹성의 뿔피리 소리는 석양 속에 들려오고,
瓜浦歸帆細雨邊	과포로 돌아가는 배는 가랑비 끝에 보이네.
古鑊尚留梁歲月	옛 가마엔 아직도 양나라 세월이 남아있고,
高軒直壓楚山川	높은 난간은 곧바로 초의 산천을 압도하네.

---

[44] 鄭道傳, 『三峯集』 권3, 340면, 「圃隱奉使藁序」. "渡渤海登蓬萊閣, 望遼野之廣邈, 視海濤之洶湧, 興懷敍言, 不能自已. … 道龍山邐迤逾淮河, 登舟沿范光湖, 絶大江至龍潭, 皆有題詠. … 其皇朝四首, 入京出京二絶, 鋪張聖天子字小懷遠之仁, 功臣將相富貴尊安之榮, 與夫城郭宮室之巨麗, 人物之繁華, 無不備載."

[45] 鄭夢周, 『圃隱先生文集』 권1, 574면, 「楊子渡, 望北固山悼金若齋.」. "洪武癸丑, 與先生同登北固山多景樓."

| 登臨半日逢僧話 | 올라 마주해 반나절 스님을 만나 대화하니, |
| 忘却東韓路八千[46] | 우리나라로 돌아가는 8천 리 길을 잊었네. |

정몽주는 수련에서 평생에 호연지기를 펼치고 싶거든 감로사 다경루 앞에서 사방을 바라보아야 한다고 하였다. 그는 자가 호연浩然인 이집李集의 문집에 쓴 시에서 "하늘이 사람을 내림에 그 기는 크고 강하다. 기르는 데에는 본디 도가 있으니, 호연을 누가 감히 당하리오."[47]라고 하였다. 그가 이 시에서 말한 '도'는 맹자가 호연지기를 기르는 방법으로 말한 "의와 도에 짝한다."[48]에서의 도이다. 따라서 그가 1구에서 '평생에 기른 호연지기를 펼치고 싶다.'고 말한 것은 자신이 평생 익힌 성인의 도를 실천하고 싶다고 말하는 것과 같은 의미이다. 2구에서 말한 감로사는 북고산 위에 있는데, 이곳에서는 경항京杭 운하를 품는 장강이 한눈에 조망된다. 그는 이곳에 올라 사방을 바라보며 주변을 무대로 펼쳐진 중국 흥망의 역사를 회고하면서, 평생에 걸쳐 익힌 성인의 도를 세상에 구현하겠다는 호연한 경세의지가 발동하였다.

이어 정몽주는 함련에서 다경루 앞에 아득히 시간과 공간 속에서 펼쳐진 풍경을 묘사하였다. 먼저 그는 3구에서 옹성甕城에서 석양 속에 뿔피리 소리가 들려온다고 하였다. 옹성은 삼국의 오나라 손권이 북고산 앞에 세운 철옹성을 가리킨다. 그는 이곳에서 청각적 이미지를 활용해 뿔피리 소리가 붉게 물든 저녁 햇살에 퍼져나가는 장면을 연출하여, 삼국 시대 오나라의 찬란했던 문명을 은연중에 드러냈다. 이어 그는 4구에서 과포瓜浦로 돌아가는 배는 가랑비 끝에 보인다고 하였다. 과포는 양자강 건너 경구京口 강변에 있는 과주도瓜州渡를 가리킨다. 이곳은 고운하와 장강이 합류하는 지점에 있는데, 그가 1386년 2월에 시작된 사행에서 지은「과주도瓜州渡」가 바로 이곳이다.[49] 그는 이곳에서 시각적 이미지를 활용해 가랑비 속에 희미하게 배가 과포로 돌아가는 장면을 연출하여, 아득히 양자강을 따라 8천 리로 이어

---

46 鄭夢周,『圃隱先生文集』권1, 580면,「多景樓贈季潭」.
47 鄭夢周,『圃隱先生文集』권2, 589면,「浩然卷子」. "皇天降生民, 厥氣大且剛, … 養之固有道, 浩然誰敢當."
48 朱熹,『孟子集註』권3,「公孫丑章句上」, 133면. "配義與道."
49 사림문로의 산책자 검하객(2015),「醉往夢還, 또는 迷行亂歸」, 네이버 블로그.

지는 귀국길의 암담한 심사를 드러냈다.

다음 정몽주는 경련에서 시의 제재와 무대를 양나라와 초나라의 역사적 사실을 반영하는 고립적 장소로 바꾸어놓았다. 먼저 그는 5구에서 옛 가마엔 아직도 양나라 세월이 남아있다고 하였다. 옛 가마는 남조 양무제가 "우리나라는 마치 황금 단지와 같아서 하나도 상하거나 부서진 곳이 없다."[50]라고 말한 것을 가리킨다. 이어 그는 6구에서 높은 난간이 곧바로 초의 산천을 압도한다고 하였다. 초나라는 춘추전국시대에 남쪽 지역을 장악했던 강대한 나라이다. 그는 위와 같이 이 지역의 맹주로 자리했던 양나라와 초나라의 문명도 지금은 흔적만이 남아있는 역사 현장을 마주하고, 남경을 중심으로 흥기한 명나라의 주원장에 의해 이 지역에 성인의 문명이 다시 회복될 것임을 말한 것이다.

마지막으로 정몽주는 미련에서 계담 스님과 반나절을 대화하고 나자 고국으로 돌아가는 팔천 리 길을 잊게 되었다고 하였다. 그는 1차 남경 사행 때인 1372년 10월 12일에 남경을 출발하여 진강부鎭江府 단도역丹徒驛에서 숙박하였다.[51] 그러나 그를 포함한 사신 일행은 귀국 길에 풍랑으로 배가 난파되어 홍사범을 포함한 일행 12인이 익사하였고, 그는 13일 동안 사경을 헤매다가 명나라 구조선에 극적으로 구출되었다. 그는 그 이듬해에 다경루에 올라 앞에 펼쳐진 팔천 리 귀국길과 마주하게 되었고, 그의 마음속에는 시에서 보듯이 지난해에 겪은 공포감이 엄습하였다. '사계절의 연못[季潭]'이라는 의미를 지닌 이름에서 보듯이, 그와 반나절 동안 대화한 계담 스님은 일체의 세속적 욕망을 떨쳐버리고 청정한 정신 경계에 도달한 승려였다. 따라서 그는 속세에 초연했던 계담과 대화하면서 잠시나마 8천 리 뱃길에 대한 두려움을 떨쳐낼 수 있었다.

위와 같이 정몽주는 이 시에서 감로사를 무대로 우주의 광대한 시간과 공간 속에 펼쳐진 중국 역대의 문명을 회고하면서, 평생 도를 실천하는 과정에서 얻은 호연지기를 세상에 구현하겠다는 경세의지와 계담 스님과의 대화를 통해 얻은 탈속적 정신 경계를 고원高遠한

---

50 『梁書』 권56, 장38a, 「侯景列傳」. "我家國猶若金甌. 無一傷缺."
51 鄭夢周, 『圃隱先生文集』 권1, 579면, 「壬子十月十二日發京師, 宿鎭江府丹徒驛」. "龍江關口解行舟, 日暮來投古潤州. 永夜不眠看月色, 旅魂鄕思共悠悠."

언어로 형상화하였다.

　정몽주는 제3차 남경 사행 때에 1386년 2월 중순에 개경을 출발하여 3월 19일 등주登州에 도착하였다. 4월 16일에는 회안淮安에서 배를 타고 출발하였고, 한 달 만인 4월 19일에 남경에 도착하였으며, 23일 황제와 면대하여 세폐 감축의 약속을 받았다.[52] 다음 시는 그가 남경에 도착해 빈관儐館에 머물며 황제의 면대를 기다릴 때 지은 것이다.

皇都穆穆四門開	황도는 화목하고 사대문은 열려있는데,
遠客觀光慰壯懷	멀리서 온 객은 관광하며 장대한 생각을 위로하네.
日暖紫雲低魏闕	따뜻한 햇볕에 붉은 구름이 대궐에 깔려 있고,
春深翠柳夾官街	깊은 봄에 푸른 버들이 관청 거리에 끼어 있네.
錦袍公子烏紗帽	비단 도포에 검은 사모를 쓴 공자公子,
蒨袖女兒紅綉鞋	푸른 소매에 붉게 수놓은 신을 신은 여아.
賓館岹嶢近天上	객이 묵는 집은 하늘 가까이 솟아올라,
蘭舟不用泊秦淮[53]	목란 배를 진회 가에 댈 필요가 없네.

　정몽주는 1구에서 명나라 수도인 남경은 화목하고[穆穆] 사대문은 열려있다고 하였다. '목목穆穆'은 명 황제의 덕을 칭송한 것이고, '사대문이 열려있다.'는 것은 명 황제가 문치를 이루어 세상이 편안해졌음을 의미한다. 이어 그는 2구에서 고려에서 온 객은 관광하며 장대한 생각을 위로한다고 하였다. '관광觀光'은 '관국지광觀國之光'을 줄여 말한 것으로 문치를 이룬 명나라의 광명한 세상을 살펴보는 것이고, '장대한 생각[壯懷]'는 황제를 만나 증액된 세공의 삭감과 5년간 미납한 세공의 면제를 반드시 관철하려는 다짐을 의미한다. 그는 봄이 끝나고 막 여름이 시작되는 황도의 풍광을 돌아보면서 위와 같이 막중한 외교 임무에서 잠시 벗어나려 하였다.

52　이승수(2015), 41면.
53　鄭夢周, 『圃隱先生文集』 권1, 573면, 「皇都」 4수 중 제1수.

이어 정몽주는 함련에서 황도인 남경의 자연경관을 묘사하였다. 먼저 그는 3구에서 따뜻한 햇볕에 붉은 구름이 대궐에 깔려있다고 하였다. '따뜻한 햇볕'과 '붉은 구름'은 광명한 문명 세계를 완성한 황제의 정치에 하늘이 감응하고 있다는 것을 형상화한 것이다. 이어 그는 4구에서 깊은 봄에 푸른 버들이 관청 거리에 끼어있다고 하였다. 앞서 살폈듯이 '푸른 버들'은 황제의 교화를 입어 만물이 우로雨露를 맞고 생성되는 이상세계를 상징적으로 보여주는 것으로, 그는 이를 통해 관청 거리에 푸르게 일렁이는 버들을 통해 명의 관료들이 황제를 보필하여 새로운 문명을 이루어냈음을 밝힌 것이다.

다음 정몽주는 경련에서 남경의 관료 거리를 활보하는 어린아이들의 모습을 묘사하였다. 그는 이곳에서 '공자公子'와 '여아女兒'가 입은 옷을 '노란 비단 도포'와 '푸른 소매', '검은 사모'와 '붉게 수놓은 신'이라는 강렬한 색채로 대비하여, 남경이 원나라의 철권통치에 따른 오랜 암흑기에서 벗어나 화려하게 광명을 회복한 황도로 거듭났음을 강조하였다. 이는 그가 같은 시 4수에서 "비로소 태평성대를 이룬 공신의 후예들이 만세 동안 함께 승평을 누릴 것을 기약하는"[54] 장면을 상징적으로 드러낸 것을 통해 확인된다.

마지막으로 정몽주는 미련에서 자신이 묶고 있는 빈관은 하늘 가까이 솟아올라 목란 배를 타고 진회 가에 댈 필요가 없다고 하였다. '목란 배'는 곱게 꾸민 작은 배를 가리키고, '진회 가에 배를 댄다[泊秦淮].'는 것은 두목杜牧이 「야박진회夜泊秦淮」에서 "안개는 차가운 강물을 덮고 달빛은 모래톱에 가득한데, 밤중에 술집 가까운 진회에 배를 대네."[55]라는 구절을 차용한 것이다. 그는 이곳에서 하늘 가까이 높이 솟아오른[岧嶢] 빈관에서 태평성대에 진회 가의 봄에 펼쳐진 야경을 바라볼 뿐, 목란 배를 타고 그곳을 찾지 않는다고 하였다. '초요岧嶢'는 당시 막중한 임무를 지니고 남경에 온 사신으로서 세속적 욕구에서 초연한 그의 고원한 정신 경계를 상징적으로 보여주는 시어이다.

정몽주는 위의 시를 지은 후 4월 23일에 봉천문奉天門에서 명나라 황제를 면대하고 본국의 세공인 금·은·마馬·포布 일체를 감면받았다. 그는 이때 지은 시에서 "이로부터 삼한이

---

54 鄭夢周, 『圃隱先生文集』 권1, 573면, 「皇都」 4수 중 제4수. "始知盛代功臣後, 共享昇平萬世期."
55 李昉 편, 『文苑英華』(『문연각사고전서』) 권294, 장6b, 「夜泊秦淮」. "煙寒實水月籠沙, 夜泊秦淮近酒家."

제왕의 힘에 힘입어, 밭을 갈고 우물을 파는 모든 백성이 편안하게 잠자게 되었다."⁵⁶라고 말한 것에서 보듯이, 그가 1386년 4월에 명나라에 봉사하여 거둔 외교 성과는 위와 같은 그의 막중한 책임감과 고원한 정신 경계가 있었기에 가능하였다.

3. 맺음말 - 문학사적 의미

앞서 살폈듯이 정도전은 1386년에 쓴 「포은봉사고서」에서 정몽주가 50세까지 지은 시는 모두 다섯 차례에 걸쳐 변하였다고 말하고, 위와 같은 정몽주 시의 변화는 그의 학문이 날로 진보한 데 따른 것이라고 하였다. 이어 그는 이 글의 마지막에서 "선생의 학문은 후세에 공이 있고, 선생의 시는 세교世教에 관련이 있는 것이 이와 같으니, 어찌 우리 도를 위하여 중요하지 않겠는가?"⁵⁷라고 하였다. 그가 말한 '도'는 그가 평생에 걸쳐 실천하고자 했던 성인의 도로, 이는 그가 송나라 도학자들의 문학관인 재도론의 관점으로 정몽주의 시를 인식했음을 보여주는 것이다. 그는 1388년에 쓴 「도은문집서陶隱文集序」에서 재도론에 대해 다음과 같이 말하였다.

> [자료 3] : 일월성신은 하늘의 문이고, 산천초목은 땅의 문이며, 시서예악은 사람의 문이다. 그러나 하늘의 문은 기氣로써 되고 땅의 문은 형形으로써 되며, 사람의 문은 도道로써 이루어지므로 문은 '도를 싣는 그릇[載道之器]'이라고 말하는 것이다. 인문에 대해서 말하자면 그 도를 얻으면 시서예악의 가르침이 천하에 밝아져서, 삼광三光[일·월·성신日·月·星晨: 필자 주]의 운행이 순조롭고 만물이 알맞게 다스려질 것이므로, 문의 성대함이 이에 이르면 지극해질 것이다.⁵⁸

---

56 鄭夢周, 『圃隱先生文集』 권1, 573면, 「皇都」 4수 중 제3수. "從此三韓蒙帝力, 耕田鑿井摠安眠."
57 鄭道傳, 『三峯集』 권3, 340면, 「圃隱奉使藁序」. "先生之學, 有功於後世, 先生之詩, 有關於世教如此, 寧不爲吾道重也."
58 鄭道傳, 『三峯集』 권3, 342면, 「陶隱文集序」. "日月星辰, 天之文也, 山川草木, 地之文也, 詩書禮樂, 人之文也. 然天以氣, 地以形, 而人則以道, 故曰: 文者, 載道之器. 言人文也, 得其道, 詩書禮樂之教, 明於天下, 順三光之行, 理萬物之宜, 文之盛, 至此極矣."

[자료 3]에서 정도전은 문文에는 하늘의 문, 땅의 문, 사람의 문이 있다고 하였다. 이어 그는 하늘의 문은 기로 이루어진 일월성신을 통해 드러나고, 땅의 문은 땅위에서 형체를 갖추고 있는 산천초목을 통해 드러나며, 사람의 문은 도를 싣고 있는 시서예악을 통해 드러난다고 하였다. 그리고 사람의 문은 '도를 싣는 그릇[載道之器]'이므로 시서예악이 도에 맞으면 하늘의 문과 땅의 문이 알맞게 다스려지게 된다고 하였다. 그 예로 그는 같은 글에서 명나라 황제가 "예를 제정하고 음악을 만들어 인문을 화성化成하고 천지를 경위經緯하였다."[59]고 말하였다. 위와 같이 그는 송대 재도론의 "문자文者, 재도지기載道之器."란 논리를 그대로 수용하되, '도道'의 경세적 측면에 주목하여 '도'의 사회적 실천을 지향하였다.[60] 이와 같은 그의 재도론은 성인의 도가 행해지면 천지가 자리하고 만물이 길러진다는 치국평천하의 경세 사상에 기초해 형성된 것이다.

앞서 살폈듯이 모두 다섯 차례에 걸쳐 변모한 정몽주의 시는 그가 익힌 성인의 도를 실천하는 과정에서 나온 것이다. 먼저 그는 출사 이전에 지은 시에서 수년에 걸쳐 『대학』과 『중용』을 읽고 성인의 학문을 실천하겠다는 날카로운 지기를 곧바로 펼쳤고, 출사 이후 13년간 공민왕을 시종할 때에는 왕을 보필하여 국토를 수호하고 민풍을 진작시켜 치국평천하를 구현하려는 경세의지를 전아한 언어로 형상화하였다. 이어 그는 39세부터 2년간 언양에서 유배 생활을 하면서 『주역』을 의리적 관점에서 해석하여 의명의 분수에 안주하게 된 마음을 화이·평담한 언어로 형상화하였다. 마지막으로 그는 일본과 명나라를 오가면서 『춘추』의 정미한 의리사상에 기초하여 일본을 성인의 도로 교화시키고 명나라와의 교류를 통해 중화의 문명 세계에 나가려는 경세 의지를 시로 표출하였다. 정도전은 위와 같이 전개된 정몽주 시의 변모 양상이 도를 위해 중요한 것으로 인식하고, 당대 성리학을 익히고 실천한 신진사대부들이 지향했던 재도문학의 전범이라고 생각하였다. 따라서 본 장에서는 정몽주의 학문과 문학을 가장 잘 이해했던 정도전이 정몽주 시에 대해 비평한 양상을 살펴봄으로써, 그의 학문이 당대 학자들에 의해 동방이학의 조종으로 추숭을 받은 것 못지않게, 그의 시

---

59 鄭道傳, 『三峯集』권3, 342면, 「陶隱文集序」. "其制禮作樂, 化成人文, 以經緯天地."
60 강명관(1992), 84면.

또한 당대 문인들에 의해 재도문학의 전범으로 인식되었다는 사실을 규명했다는 점에서 그 의미를 찾을 수 있다.

제5장

이숭인 시의 사상적 지향과 풍격 연구

1. 머리말

　　도은陶隱 이숭인李崇仁(1347~1392)은 고려말에 태어나 고려 왕조와 운명을 함께 했던 정치인이요 문인이다. 그는 충목왕 3년 성산부星山府 용산리龍山里 본가에서 태어나 굳은 마음으로 학업에 정진하여 농가에서 몸을 일으켜 일문의 관개冠蓋를 높이 빛내려 하였다.[1] 그 결과 가장 어린 나이인 14세에 성균관 시험에 합격하고 과거의 병과 제2인자로 급제하였다. 또 원의 과거에 응시할 수재를 뽑고자 치른 향시에서 제1등으로 발탁되었으나 나이 문제로 파견되지 못하기도 하였다. 그는 특히 성리학에 정통하여 직강直講으로부터 판서判書에 이르기까지 제교製敎를 겸하기도 하였다. 그의 정치활동은 공민왕의 지우에 힘입어 비교적 순탄했으나, 28세에 공민왕이 승하하고 우왕이 즉위하면서 유배와 복직으로 이어지는 정치적 시련이 되풀이되었다. 그는 결국 46세에 순천으로 유배 가는 도중 나주에 이르러 황거정黃巨正 등에 의해 죽임을 당하였다. 그가 스스로 말했듯이 세상에 태어나면서부터 공자와 주공을 추종하였으나 중도에 크게 어그러져 성인의 세상을 만들려던 계획이 여지없이 무너지게

1　李崇仁, 『陶隱集』 권1, 535~536면, 「走筆奉寄遁翁」. "君不見星山李氏起於農. 爲子必孝爲臣忠, 一門冠蓋光顯融."

된 것이다.[2]

  이숭인의 시문에 대해서는 은문恩門 이색이 "이 사람의 문장은 중국에서 구해도 많이 얻을 수 없다. 해동에 문사가 있은 이래로 비견할만한 자가 드물다."[3]라고 말할 정도로 당대에 이미 널리 알려졌다. 그리고 이색이 병든 이후에는 국가의 사명詞命이 모두 그의 손에서 나왔는데, 명 태조는 그의 글을 읽고 '표사表辭가 정절精切하다.'고 말하기도 하였다.[4] 특히 그의 시는 중국 사신들에 의해 크게 인정받기도 하여, 주탁周倬은 '화미華美하나 들뜨지 않고 질박質朴하나 속되지 않다.', '화평和平한 가운데 기려奇麗가 펼쳐져 있고 엄정嚴正한 가운데 우유優柔가 깃들어 있다.', '충군, 애국, 융사隆師, 친우親友의 뜻이 언표言表에 넘친다.'[5]고 하였고, 장부張溥는 '문사를 토해낸 것이 혼성渾成한 가운데 정확精確하다.', '뜻을 붙인 것이 아담雅淡한 사이에 심원深遠하다.'[6]고 하였다. 이숭인의 시문에 대한 국내 문인들의 평에 대해서는 다음 권근의 말이 가장 적절한 것으로 생각된다.

  [자료 1] : 도은 이 선생은 고려의 말에 태어나 타고난 자질이 영매하고 학문이 정박하였다. 염락 성리의 설을 근본으로 삼고 경사자집과 제자백가의 글을 꿰뚫지 않은 것이 없어, 나아간 것이 이미 깊고 본 것이 더욱 높아 정대한 경역에 우뚝 서 있다. 불교, 노장의 말에 이르러 또한 그 잘잘못을 연구하지 않은 것이 없다. 펼치어 문사를 지음에 고고高古·아결雅潔하고 탁위卓偉·정치精緻하였고, 고율과 변려에 이르러서는 모두 그 오묘한 경지에 이르러 삼연히 법도가 있다.[7]

---

2 李崇仁,『陶隱集』권3, 567면,「絶句二十首用唐詩分字爲韻寄呈民望待制」."生髮尙未燥, 願言追孔周. 中塗成護落, 此計應謬悠."
3 李崇仁,『陶隱集』, 권수,「陶隱先生文集序」."此子文章, 求之中國, 世不多得. 自有海東文士以來, 鮮有其比者也."
4 『太祖實錄』권1,「元年壬申八月條」."李穡病後, 事大文字, 全出其手, 高皇帝稱之曰, 表辭精切."
5 李崇仁,『陶隱集』권수,「陶隱先生詩集序」."其辭皆華而不浮, 質而不俚. 發奇麗於和平之中, 寓優柔於嚴整之外. 且忠君愛國隆師親友之意, 溢於言表."
6 李崇仁,『陶隱集』권수,「陶隱集跋」."愛其吐辭精確於渾成之中, 命意深遠於雅淡之際."
7 李崇仁,『陶隱集』권수,「陶隱先生文集序」."陶隱李先生, 生於高麗之季, 天資英邁, 學問精博. 本之濂洛性理之說, 經史子集百氏之書, 靡不貫穿, 所造旣深, 所見益高, 卓然立乎正大之域. 至於浮屠老莊之言, 亦莫不研究其是否. 敷爲文辭, 高古雅潔, 卓偉精緻, 以至古律併儷, 皆臻其妙, 森然有法度."

[자료 1]의 내용으로 보면 이숭인의 학문은 염락 성리의 설을 근본으로 삼아 경사자집, 제자백가의 글은 물론 불교와 노장의 글까지를 포괄하고 있다. 그리고 그의 시문에 펼쳐진 풍격, 예컨대 고고高古·아결雅潔하다고 하거나 탁위卓偉·정치精緻하다고 한 문장과 오묘한 경지에 이르러 삼연히 법도를 갖춘 한시와 변려문들은, 위의 학문 과정을 통해 형성된 그의 인생철학이 고도의 문학 학습에 따라 각종의 문체로 발현된 것이다. 따라서 그의 문학적 창작 개성이 구체적으로 무르녹아 특정한 풍격을 구비한 작품들을 바르게 이해하기 위해서는, 그의 인생철학이 당대의 역사적 사회적 조건에 의해 어떠한 내용으로 시문에 굴절되어 나타났는가를 파악하는 것이 매우 긴요한 것으로 생각된다.

풍격이란 한 시인의 창작 개성이 작품 속에 나타난 구체적 양상이다. 진정으로 풍격을 이루어 독자에게 깊은 인상을 주는 시는 제재를 내재화하여 이를 자신의 성정으로 만들고 다시 그것을 자신의 성정으로 표출해낸 것이다.[8] 따라서 시인의 시를 헤쳐서 시인의 성정에 도달하면 작품 속에 담긴 인격, 사상, 시대 내지는 문학적 기교 등을 파악하는 한편, 다른 시인의 작품과의 상호 비교를 통해 그 시인의 문학적 특질을 규명해낼 수 있다.[9] 이 장에서는 이숭인의 시에 그의 영매한 자질과 정박한 학문이 발현된 양상과 그 변모 양상에 대해, 그의 철학적 사유와 정치 사회적 환경, 개인적 처지 등과 관련해 살펴보고자 한다.

2. 청한 : 기심이 소진된 청정경계

이숭인은 관직 생활 중에 지은 시에서 "승명궁承明宮은 오색구름 사이에서 빛나고, 하사하신 얼음물은 옥그릇에 차갑네. 지어 바친 새로운 시 악부에 전하니, 나의 시의 풍운風韻은 모두 청한淸閑하기만."[10]이라고 하였다. 이는 그가 당시에 지은 시의 풍격을 청한으로 규정한

---

8   徐復觀(1986), 49면.
9   정재철(2002), 117면.
10 李崇仁, 『陶隱集』 권3, 573면. 「直廬卽事呈可遠院長」. "承明宮闕五雲間, 拜賜氷漿玉椀寒. 讚進新詞傳樂府, 侍臣風韻儘淸閑."

것이다. 사실 도은의 시에는 '청淸'자와 '한閑'자가 유달리 많이 보인다. 이 글자들은 대부분 맑은 심상을 지닌 외물들, 예컨대 소나무, 대나무, 시냇물, 가을밤, 바람, 구름 등을 소재로 지은 시에 많이 사용되고 있다. 그는 이러한 소재들을 활용하여 청계淸溪, 청풍淸風, 청류淸流, 청잔淸淺, 야청夜淸, 청락淸樂, 월청月淸, 풍청風淸, 운한雲閑, 천영한天影閑 등 자연 경물의 맑고 한가로운 모습을 그리거나, 자신의 청정한 정신 경계를 청좌淸坐, 청유淸幽, 사청思淸, 청담淸談, 청수淸愁, 청흥淸興, 신한身閑, 십분한十分閑, 오면한午眠閑 등으로 표현하였다. 바로 자신의 맑고 한가로운 정신 경계의 상징적 대응물로서 청한한 이미지를 지닌 자연경관이나 자연물들을 설정하고, 이를 통하여 자신의 정신적 고결성과 자유로움을 '청淸'자나 '한閑'자로 표출한 것이다.

다음 시를 통해 이숭인이 도달한 맑고 한가로운 정신 경계의 단면을 읽을 수 있다.

淸嘯長歌卽勝遊　　맑고 길게 읊조리는 것 빼어난 놀이,
機心消盡狎沙鷗　　기심機心이 소진消盡하니 물새와 친해진다.
瓦盆濁酒家家有　　집집마다 술동이에 탁주가 있으려니,
從此江頭日典裘　　이 강 머리 따라 날마다 옷을 저당하리.

杏花如雪柳如絲　　눈 같은 살구꽃과 실 같은 버들,
春滿江城日政遲　　강 마을에 봄이 가득하고 해는 더디기만.
低帽短靴人不識　　내려 쓴 모자에 짧은 신이라 아는 이 없는데,
歸來馬上有新詩[11]　돌아오며 말 위에서 새로운 시 읊는다.

1수의 기구와 승구에서 이숭인은 자신의 가장 빼어난 놀이가 강가에 가득한 봄 풍광을 맑게 읊조리고[淸嘯] 길게 노래하는[長歌] 것이라고 하였다. 그리고 이러한 놀이를 즐길 수 있게 된 것은 기심機心이 소진되어 모래 가의 물새와 친하게 되었기 때문이라고 하였다.

11　李崇仁, 『陶隱集』 권3, 570면, 「西江卽事」.

2수의 기구와 승구는 천리에 따라 유동하는 봄의 풍광을 묘사하였다. 그는 사욕 없이 각자 하늘이 부여한 본성에 따라 눈같이 희게 핀 살구꽃과 실같이 늘어선 푸른 버들을 바라보며 자신의 성정 또한 청정하게 되었다. 그리고 1수와 2수의 전구와 결구에서 봄 경치를 위해 집집마다 항아리에 가득 담겨있는 탁주를 사고자 옷을 저당한다고 하고, 돌아오는 길에 모자를 내려쓰고 짧은 신을 신은 채 새로운 시를 읊는다고 하였다. 기심이 소진된 이후에 보인 행동이 속세인의 그것과는 사뭇 다른 모습으로 표출된 것이다.

이 시에서 말하는 기심이란 무엇인가? 바로 인간의 사적인 욕망을 추구하려는 마음이다.[12] 물새는 본래 자신의 타고난 본성에 의해 물가에서 물고기를 잡으며 거닐거나 날아다닐 뿐이다. 이숭인이 물새를 보고 사적인 욕망이 발동하여 잡거나 쫓으려 했다면 시와 같이 물새와 친하게 지내기 어려웠을 것이다. 그는 자연 경물들을 관조하는 가운데 인생의 도리를 깨닫게 되고, 자신 또한 천리에 순응하여 이들과 하나가 되어 자여자재하고자 하였다. 그렇기에 그는 강가에 가득히 봄 경치를 이룬 경물들을 바라보는 가운데 발견한 자신의 참모습을 시로 읊은 것이다.

이숭인이 위의 시와 같이 봄 풍광을 위해 실제 옷을 저당 잡힌 것은 물론 아니다. 그는 「제재거벽상題齋居壁上」에서도 "뜰에 솟아난 풀은 봄을 맞아 푸르고, 바위에 솟는 샘은 밤에 더욱 서늘해. 시정詩情에 도움이 되는 듯, 이전의 습속이 모두 사라져. 세상의 맛은 조금도 맛보지 않고, 오직 두보의 미친 행동만 넉넉하네."[13]라고 하였다. 봄 풍광을 감상할 때에는 의례 두보가 「곡강이수曲江二首」에서 읊은 "조회일일전춘의朝回日日典春衣, 매일강두진취귀每日江頭盡醉歸."의 시구를 차용하여 자신의 맑고 한가로운 성정을 토로한 것이다. 그렇기에 그는 인용 시와 같이 서강 모래 가에 노니는 물새, 눈앞을 가득 채운 꽃과 버들을 바라보면서 얻은 청정한 정신 경계를, 일정한 의도 없이 한가롭게 기술하는 가운데 시어와 성정이 자연스

---

12 機心은 『壯子』에 처음 나온 말이다. 장자는 "有機械者, 必有機事, 有機事者, 必有機心."(『壯子』, 「天地」)라고 하여, 機心을 機變하려는 마음을 지니는 것으로 보았고, 程頤는 "閱機事之久, 機心必生. 蓋方其閱時, 心必喜, 旣喜則如種下種子"(朱熹·呂祖謙 찬, 『近思錄』 권12, 「警戒類」)라고 하여, 機心이 한번 마음에 발동하면 씨앗을 뿌리듯 팽창하게 된다고 하였다.
13 李崇仁, 『陶隱集』, 544면, 「題齋居壁上」. "庭草春交翠, 岩泉夜送涼, 詩情如有助, 舊習消磨盡, 世味未曾嘗, 唯餘老杜狂."

럽게 조화를 이룬 청한한 모습으로 담아낼 수 있게 된 것이다.

다음 시에서도 청한한 풍격을 맛볼 수 있다.

赤葉明村途	붉은 단풍이 시골길을 밝히고,
淸泉漱石根	맑은 샘이 돌 뿌리를 씻어내.
地偏車馬少	땅은 치우쳐 거마車馬가 적고,
山氣自黃昏	산 기운은 절로 황혼이라네.
林靜鳥聲盡	숲은 고요해 새 울음 끊기고,
潭空天影閑	못은 맑아 하늘 그림자 한가롭네.
因思陶靖節	인하여 생각하니 도연명이,
籬下見南山[14]	울 아래서 남산을 바라본 것.

수련에서 붉은 잎이 시골길을 밝혀주고 맑은 샘이 돌 뿌리를 씻어낸다고 하였다. 절 주변을 둘러싸고 있는 외물들의 본질을 묘사한 것이다. 함련에서는 거처하는 곳이 치우쳐 있어 사람들의 거마車馬 소리가 적게 나고 산 기운은 저절로 황혼이라고 하였다. 세속적 욕심에서 벗어나 천리를 보존하려는 소망이 여실히 드러나 있다. 경련에서 숲에는 새소리마저 끊겨 고요하고 연못은 텅 비어 하늘 그림자가 한가롭게 떠다닌다고 하였다. 세속적 욕망서 벗어나 천리에 따라 유행하는 우주의 참모습을 발견한 것이다. 그리고 미련에서는 울타리 아래에서 남산을 바라본 도연명을 생각한다고 하였다. 그의 물아일체적 삶은 이미 우주와 하나가 되어 인생의 진리를 깨달았던 도연명의 경지에 도달했음을 보여준다.

이 시의 시상 전개는 일반 시와는 사뭇 다르다. 수련과 함련, 그리고 경련이 모두 시인이 거처하는 주변의 물경을 그린 것이고, 미련에 제시된 이숭인의 성정 또한 동쪽 울타리 아래서 남산을 바라보는 도연명의 모습으로 대치되어 있다. 그리고 이 시의 '지편거마소地偏車馬少', '리하견남산籬下見南山'은 도연명의 「잡시」의 "결려재인경結廬在人境, 이무거마훤而無車馬喧.

---

14 李崇仁, 『陶隱集』 권3, 568~569면, 「謝人惠石榴(其二)」.

문군하능이問君何能爾, 심원지자편心遠地自偏."과, 「음주」의 "채국동리하采菊東籬下, 유연견남산悠然見南山."을 차용한 것이다. 초굉焦宏은 "정절선생은 인품이 가장 높아 평생 참에 맡겨 분수를 미루어 얻고 잃음에 마음을 두지 않았다. 항상 그 사람을 생각하면 문득 개연히 하늘가 진인의 그리움이 있다."[15]고 하여, 도연명이 남산을 바라보며 국화를 딸 때 지녔던 성정을 '망회득실忘懷得失'로 표현하였다.

도연명이 이룩한 '망회득실'은 어떠한 정신 경계인가? 이는 바로 기심이 소진되어 물새와 친해진 물아일체와 다르지 않다. 이러한 삶은 이숭인의 말대로 궁벽한 시골 생활을 참으로 자신에게 꼭 맞는 마음으로 여겨 한가롭게 떠다니는 구름을 보며 몸이 게으르게 되고, 눈앞에 펼쳐진 산을 보며 눈이 더욱 맑아지는 생활이다. 또한 시를 읊조려 고치거나 식사 후에 찻잔을 기울이면서 세속적 공명을 추구하는 것과는 사뭇 다른 맛을 느끼는 삶이다.[16] 인용 시에서 주변 경관으로 제시된 외경들, 예컨대 붉은 단풍에 물든 길, 맑은 샘에 씻긴 돌, 새 울음 끊어진 숲, 맑은 못에 비치는 한가한 구름 등은 이숭인의 눈에 들어오는 객관적 외경이 그의 정신에 스며들어 주관적 성정을 이룬 것이다. 그리고 '땅이 치우쳐 거마 소리 적다.'고 하거나 '울타리 아래에서 남산을 바라본다.'고 말한 것도 도연명의 탈속적 전원생활이 그의 주관적 성정으로 환치된 것이다. 그렇기에 인용 시는 시 전편이 주변 경관과 도연명의 생활 모습을 그리고 있음에도 불구하고, 그 안에 주관적 성정이 자연스럽게 녹아들어 있어 객관과 주관의 완전한 합일을 보여주고 있다.

한편 우리는 이숭인이 불교와 관련해 지은 시에서 청한한 풍격을 보여주는 작품들을 상당수 찾을 수 있다. 그는 「기은봉선사寄隱峯禪師」에서 "기심이 점차로 없어지게 되니, 맑은 것이 하나의 옛 우물과 같게 되었네."[17]라고 하거나, 「제승사題僧舍」에서 "선창禪窓의 기미 얻기 어려움을 생각하고, 환로 생활 편안치 못한 것 부끄럽네."[18]라고 하고, 「우중견청량연선

---

15 陶潛, 『陶靖節先生集』 권수, 「陶靖節先生集序」. "靖節先生, 人品最高, 平生任眞推分, 忘懷得失. 每念其人, 輒慨然有天際眞人之想."
16 李崇仁, 『陶隱集』 권2, 547면, 「次民望韻」. "誰道村居僻, 眞成適我情. 雲閑身覺懶, 山好眼增明. 詩藁吟餘改, 茶甌飯後傾. 從來知此味, 更別策功名."
17 李崇仁, 『陶隱集』 권1, 530면. "機心漸消磨, 湛然一古井."
18 李崇仁, 『陶隱集』 권3, 578면. "禪窓氣味思難得, 宦路馳驅愧未安."

사雨中見淸涼然禪師」에서 "세속에 끌려 따라가지 못함이 스스로 부끄러워, 멀리 중봉中峰의 예불 경쇠 소리를 향하네."[19]라고 하여, 선승들이 기심을 잊고 세속과 초연하게 지내는 삶을 동경하는 한편, 세속에서 떠나지 못하는 자신을 부끄러워한 것이 그 예이다. 이로 보아 그는 끊임없는 수양 과정을 통하여 인욕을 버리고 얻은 청정한 정신 경계는 불교에서 속세와 초연한 채 좌선에 몰입하면서 얻게 된 탈속적 정신 경계와 서로 통한다고 생각한 듯하다. 그는 유달리 불교와 관련해 지은 시에서 '청淸'자와 '한閑'자를 많이 사용하고 있는데,[20] 이 또한 선승들의 생활에서 찾을 수 있는 탈속적 정신 경계를 강조한 데 따른 것으로 생각된다.

이숭인은 「제신효사담사방題神孝寺湛師房」에서 "칡으로 만든 장삼을 입고 이미 형체를 잊었으니[忘形], 도를 깨달은 이래로 불경 외우기를 그쳤네."[21]라고 하거나, 「현성사독서玄聖寺讀書」에서 "몇 장의 책갈피 읽다가 문득 덮어버리고, 편안하게 낮잠을 즐기니 바로 좌망坐忘이라네."[22]라고 하였다. 선승들의 탈속적 정신 경계를 '망형'이나 '좌망'으로 표현한 것이다. 물론 그가 생각하는 '망형'이나 '좌망'은 내아內我와 외물外物이 서로를 잊어 징연澄然히 마음에 일삼는 것이 없게 되어, 마음이 안정되고 밝아져 외물과 대응함에 어떠한 얽매임도 없게 되는[23] 성리학적 사유에서 나온 말이다. 그리고 불교에서 말하는 '망형'이나 '좌망'은 일체제법一切諸法이 그 본성에서는 하나의 생명으로 통한다는 사실을 직관적으로 깨닫는 오도悟道의 정신적 공간을 말한다.[24] 그는 비록 성리학과 불교가 그 세계관이나 수양 목적은 서로 다르지만 '망형'이나 '좌망'이 앉은 채 잡념을 떠나 무아의 경지에 들어가는 것, 곧 방촌의 마음이 쇄락洒落하여 한 점의 티끌도 없이 맑은 정신 경계에 이르는 것[25]에 있어서는 서로

---

19 李崇仁,『陶隱集』권3, 577면. "自慙牽俗無由往, 遙向中峯禮磬聲."
20 그 예로 '高低樹葉覆淸溪'(『陶隱集』권2, 562면, 「遊郁山」), '蓮社有淸樂'(『陶隱集』권3, 568면, 「寄寶蓮住持」), '杜門淸坐草玄經'(『陶隱集』권3, 576면, 「奉送息谷吉祥山之行」), '息師方丈儘淸幽'(『陶隱集』권3, 574면, 「題神孝寺息師滿蔔軒」), '覺來情思淸如水'(『陶隱集』권3, 582면, 「睡起率爾有作錄奉金生長老法座幸一笑」) '揮塵請談玉屑霏'(『陶隱集』권3, 571면, 「送如師還山」), '客中淸興味'(『陶隱集』권3, 566면, 「題僧舍寓軒」), '倘能乞得此身閑'(『陶隱集』권3, 578면, 「寄深源長老」) 등을 들 수 있다.
21 李崇仁,『陶隱集』권3, 574면. "蘿衣百衲已忘形, 悟道年來綴誦經."
22 李崇仁,『陶隱集』권3, 569면. "讀殘數紙還拋却, 瞌睡居然是坐忘."
23 朱熹·呂祖謙 찬,『近思錄』권2, 「爲學類」. "與其非外而是內, 不若內外之兩忘也. 兩忘則澄然無事矣. 無事則定, 定則明. 明則尙何應物之爲累哉."
24 인권환(1989), 111면.

일치한다고 생각한 것이다.

이상의 논의를 통하여 볼 때 이숭인 시에서의 청한한 풍격은 인간의 사사로운 욕심에서 발동된 기심이 모두 사라져 진정으로 물아일체를 이룬 청정한 정신 경계를 시화한 것이라고 할 수 있다. 그가 위와 같이 기심의 소진을 강조한 것은 어떤 철학적 사유에 기초하고 있는가? 바로 인욕에서 벗어나 본연지선의 보존을 강조한 성리학적 학문 방식에 따른 것이다.

[자료 2] : 대저 중인衆人으로 태어나면 기품이 이미 뒤섞이고 물욕에 또한 가리게 되어, 그 마음을 잃고서도 스스로 알지 못하는 것이 모두 이와 같다. 그러나 그 본연지선이 본디 보존된 것이 양기陽氣가 모두 없어지지 않고 반드시 회복되는 것과 같다. 이 때문에 느낌을 따라서 드러나게 되면 저절로 막을 수 없는 것이 있어, 비록 지극히 궁핍한 자일지라도 혹은 멸시하면서 주는 음식을 달갑게 여기지 않으며, 비록 지극히 난폭한 자일지라도 어린아이가 우물로 기어가는 것을 참지 못한다. 이것이 본연지선의 실마리가 회복되는 것으로 감히 소홀히 할 수 없다.[26]

[자료 3] : 얻음과 잃음[得喪], 이로움과 해로움[利害]은 오는 것이 일정한 시간이 없다. 군자는 이에 대처해 편안하기가 겨울에 추우면 갖옷을 입고 여름에 더우면 갈옷을 입는 것과 같이 오직 만나는 것에 적합하게 하여 조금이라도 자득하지 못한 것이 있지 않았다. 이 때문에 '도가 폐하려니 명命이다.'라고 말하고, 또한 '내가 만나지 못한 것은 천天이다.'라고 말한 것이다. 옛날 사람들이 위와 같이 할 수 있었던 것은 다름이 아니다. 얻음과 잃음, 이익과 해로움을 밖에 두고 나에게 두지 않은 것이다. 나라고 이르는 것은 맑게 그 마음속에 존재한다. 대저 진실로 밖에 있는 것인데도 내가 마음속에서 발동하는 것이 있다면 의혹이다. 오직 나에게 있는 것을 다할 뿐이다.[27]

25　李崇仁,『陶隱集』권4, 589면,「秋興亭記」. "方寸之間, 洒落無一點塵, 盖淸者也."
26　李崇仁,『陶隱集』권4, 585면,「復齋記」. "若夫衆人之生, 氣稟旣駁矣, 物欲又蔽矣, 喪其心而不自知者皆是. 然其本然之善固在, 如陽之未嘗盡而必復也. 故隨感而見, 自有所不可遏者焉, 雖至窮者, 不能或屑於嗟來之食, 至暴者, 不能或忍於匍匐之入. 此其善端之復, 而不敢忽者也."
27　李崇仁,『陶隱集』권4, 596면,「送李侍史知南原序」. "得喪利害, 其來也無時. 君子處之安焉, 如冬寒而裘, 夏暑而葛, 惟所遇耳, 未嘗有毫髮不自得. 故曰 道之將廢也歟命也, 又曰 予之不遇天也. 古之人所以能若此者, 無他. 盖得喪利害, 在外而不在我也. 所謂我者, 湛乎其中存焉. 夫固在外, 而我以有動於中則惑也, 惟盡其在我者而已."

성리학적 우주론으로 본다면 우주 속에 펼쳐져 있는 만물은 존재의 근거인 이理에 의해 기氣가 모여서 형상을 이룬 것이다. 따라서 이理로써 말하면 만물은 하나의 본원으로서 인간과 외물의 구별이 없다. 이것이 바로 본연지선이다. 앞서 [자료 2]에서 보듯이 본연지선은 인간과 외물만이 같을 뿐만 아니라 성인과 중인衆人도 동일하다. 그러나 기氣로써 말한다면 가장 빼어난 것이 인간이 되고 한쪽으로 치우친 것이 외물이 된다. 인간에 있어서도 기를 온전하게 받은 사람만이 성인이 된다. 따라서 중인으로 태어나면 기품이 이미 뒤섞이고 물욕에 또한 가리게 된다. 물욕이란 바로 정情이 성性을 이기는 것이다. 그러나 정에 의해 잃게 된 본연지선을 일용하는 사이에 발견하고 이를 견고하게 지키면 언제든지 성性을 다시 회복할 수 있다. 이숭인은 이를 마치 양기陽氣가 겨울에 완전히 사라진 듯하다가도 봄이면 다시 회복되는 것과 같은 이치라고 하였다.

이숭인은 [자료 3]에서 이 본연의 단서를 잡아 이를 확충하여 본연지선을 회복하려면 바로 '득상得喪'과 '이해利害'에 편안하게 대처해야 한다고 하였다. 그리고 옛날 사람들은 이 '득상'과 '이해'를 천명으로 여겨 밖에 두고 마음속에 간직하지 않았다고 하였다. 인간이 이것에 얽매이면 외경과 접하여 눈, 코, 입, 귀의 사지四支가 미인, 향기, 성음, 진미의 안일만을 추구하게 되어, 양심을 해치는 것이 식물이 서리를 맞아 시드는 것과 같게 된다고 생각했기 때문이다.[28] 결국 이 '득상'과 '이해'는 주체의 마음 밖에 있는 것인데도 마음속에서 발동하게 되면, 주체의 마음속에 보존된 본연지선을 온전히 지키지 못하게 된다. 따라서 주체의 양심을 보존하려면 봄에 양陽의 기운에 의해 만물이 소생하는 것과 같이 세속적 욕심에서 벗어나 인생 자체를 사계절에 펼쳐지는 우주의 질서와 함께해야 한다. 이숭인은 이것을 겨울에 추우면 갖옷을 입고 여름에 더우면 갈옷을 입는 것과 같은 이치라고 하였다.

이숭인은 비록 성인보다 천년 뒤에 태어났고 품수한 기도 어둡고 약했지만, 바다 한 모퉁이에 몸을 의탁해 성인의 옛 자취를 밟아 노둔함을 없애고, 방촌의 마음에 의지해 돌 속에 감추어진 옥과 같이 은은하게 빛을 발하게 하며, 성인들의 행동을 본받아 촌각을 아껴 학문에

---

28 李崇仁, 『陶隱集』 권4, 586면, 「霜竹軒記」. "人之爲物也, 色之於目, 臭之於鼻, 聲音之於耳, 滋味之於口, 安佚之於四支, 其所以戕賊夫良心者, 何翅植物之霜露哉."

정진하고자 하였다.²⁹ 인용 글과 같이 타고난 기가 성인보다 흐린 중인衆人으로써 마음속에 보존된 양심을 지켜 일체의 세속적 욕심에서 벗어나 주체의 본연지선을 회복하려 한 것이다. 그리고 이러한 본연지선은 일체의 기심을 제거하고 생생지리에 의해 펼쳐진 만물의 생의生意를 바라보는 도중에 저절로 생기게 된다. 이숭인 시에서의 청한한 풍격은 바로 이와 같은 철학적 사유, 곧 천리의 유행에 따라 만물이 발육되는 모습을 바라보면서 회복된 본연지선을 의도적인 조탁이나 꾸밈이 없이 흥을 타 길게 읊조리는 가운데³⁰ 산출된 것이다.

3. 신기 : 불의에 대응한 절의정신

이숭인이 활동했던 여말의 국내외 정세는 성인의 학문을 익히고 이를 통해 세상을 요순시대로 만들고자 했던 그의 뜻과는 매우 다르게 진행되었다. 그는 강보襁褓를 면하면서부터 성인의 경적에 침잠하였고, 영웅호걸들과 교제를 맺어 마음을 강직하게 다졌다. 그러나 당시의 정치 현장은 시기와 혐의가 사람들의 가슴에 가득하였건만 이를 잘 헤아리지 못하고, 결국 유배 객이 되어 한치의 앞날도 예측하지 못한 채 몇 명의 동료들과 하늘 남쪽 끝에서 죄를 기다렸다.³¹ 공민왕의 지우에 의해 정치적 안정을 누리던 시대가 지나가고 정치 환경이 급격히 변하여 결국 유배까지 당한 것이다.³² 그는 유배지에서 세월은 끊임없이 흘러가는데 자신의 마음은 근심에 싸여 어둡기만 하였고,³³ 이에 주변의 외물과 마주해 마음이 격하게 일어 편치 않게 된 성정을 그대로 시로 펼치곤 하였다.

---

29   李崇仁, 『陶隱集』 권1, 527면, 「秋夜感懷」. "余生千載下, 所禀昏且弱. 托身海一隅, 磨驢踏舊迹. 賴此方寸地, 潛光玉韜石. 庶幾追前脩, 孜孜惜晷刻."
30   李崇仁, 『陶隱集』 권3, 571면. "不碍吾詩無態度, 偶然乘興卽長吟."
31   李崇仁, 『陶隱集』 권1, 530면, 「自訟」. "余生免襁褓, 汲汲事經籍. 結交盡豪英, 秉心尙强直. 猜嫌滿人胸, 不逆仍不億. 忽嬰縲絏間, 倚伏頗難測. 遂同二三子, 竢罪天南極."
32   이숭인은 29세에 鄭夢周, 金九容 등과 함께 北元使臣을 물리칠 것을 건의하다가 李仁任과 慶福興에 의해 京山府로 유배 길에 올랐고, 42세에는 이인임 일족에 연좌되어 通州로 유배되었으며, 같은 해 10월에는 吳思忠 등의 탄핵을 받아 다시 경산부로 유배되었다. 또한 44세에는 尹彛, 李初의 사건에 연루되어 청주에 구속되기도 하였다.
33   李崇仁, 『陶隱集』 권2, 546면, 「至日用民望韻」. "歲時何袞袞, 憂抱政忡忡."

다음 이숭인이 유배지에서 지은 시를 통해 당시 편치 않았던 성정의 일단을 엿볼 수 있다.

天末秋廻尙未歸	하늘 끝에 가을이 돌아왔건만 아직 돌아가지 못해,
孤城落照不勝悲	외로운 성에 떨어지는 햇볕에 슬픔 이기기 어려워.
曾陪元鷺趨文陛	일찍이 대신을 모시고 문신의 자리에 나아갔는데,
今向江湖理釣絲	지금은 강호를 향하여 낚시 줄을 고치는 신세라네.
骨自罹讒成大瘦	뼈는 참소에 걸려 크게 여위고,
詩因放意有新奇	시는 생각을 펼쳐내니 신기新奇하기만.
明珠薏苡終須辨	구슬과 율무는 끝내 가려지지만,
只恐難調長者兒[34]	다만 장자아長者兒를 조절하기 어려운 것이 걱정일 뿐.

수련의 '천말추회天末秋廻', '고성락조孤城落照'에서 풍기는 외경의 쓸쓸하고 고독한 분위기는 '상미귀尙未歸', '불승비不勝悲'로 이어지는 유배지에서의 비통한 성정과 잘 어울린다. 함련에서는 과거와 현재, 조정과 자연이라는 시간과 공간을 배경으로 삼아 '원로元鷺'와 '강호江湖', '문폐文陛'와 '조사釣絲'를 대비하는 방식으로 유배지에서 느낀 감정을 자유롭게 펼쳤다. 그리고 경련에서는 자신의 모습을 '대수大瘦'라고 하고, 자신의 성정을 토로한 시를 '신기新奇'하다고 하였다. 미련에 제시된 구슬[明珠]과 율무[薏苡]는 후한의 마원馬援과 관련된 고사이다.[35] 이숭인은 자신의 억울한 누명도 결국은 가려질 것이라는 희망을 마원의 고사로써 피력하는 한편, 당시 세도가로 비의된 장자아長者兒의 횡포에 대한 경계를 담아내었다. 자신의 누명이야 곧 그 진위가 가려지겠지만 하늘을 찌를 듯한 이들의 기세를 조절하지 않는 한 안정된 정치국면을 기대하기 어려웠기 때문이다.

위의 시에서 이숭인이 유배지에서의 생각을 펼쳐낸 시가 신기新奇하다고 말한 것은 앞에

---

34 李崇仁, 『陶隱集』 권2, 561면, 「秋廻」.
35 마원이 율무를 먹어 열대지방의 장기를 이겨내고 개선할 때 이를 싣고 왔는데, 그를 참소하는 사람들이 율무를 뇌물로 받은 구슬이라고 우겼다고 한다. (蕭統 편, 『文選』, 「爲范尙書讓吏部封候第一表」 注.)

서 관직 생활 중에 읊조린 시가 청한淸閑하다고 한 것과는 사뭇 대조적이다. 역사적 사회적 조건에 의해 성정이 변하고 이에 따라 풍격도 변했음을 보여준다. 당시 그는 극도로 혼탁해진 정치 현실과 마주해 마음속이 점차 좁아져 관대하지 못하게 되었고, 객관적 외경을 접할 때마다 근심의 실마리가 되어 이들과 하나가 되지 못한 성정을 그대로 시화하였다. 바로 자신의 주관적 성정이 정치 환경의 변화라는 외적 요인에 의해 편하지 않았고, 이때 바라본 주변의 외경들 또한 예전의 맑고 한가롭던[淸閑] 모습에서 새롭고 기이한[新奇] 모습으로 보였던 것이다. 그렇기에 그는 인용 시와 같이 천말天末, 추회秋廻, 고성孤城, 낙조落照, 대수大瘦, 장자아長者兒 등 시절을 비통해하는 시어들을 점철시켜 당시 정치적 현실에서 빚어진 편치 않았던 성정을 여과 없이 표출하였다.

이숭인이 당시 외경과 일체를 이루어 맑고 한가로운 마음을 유지하지 못했던 이유를 단지 그가 세속적 욕망에서 벗어나지 못한 탓으로만 돌릴 수는 없다. 그는 10여 년 동안 조정을 출입하는 가운데 고려의 사직은 날로 위태롭게 되었고, 충절로서 세도를 지탱하고자 했지만 대세는 이미 권간의 손에 넘어갔다.[36] 그는 이러한 현실을 바라보며 평시에 평탄하던 길이 형극의 길로 바뀌고 서울 대낮에도 승냥이들이 횡행한다고 하였다. 그리고 자신은 갖은 상념에 가슴이 타고 창자가 뒤틀려 새벽닭이 울 때까지도 잠을 못 이루곤 하였건만, 부귀아富貴兒들은 언덕의 높은 집에서 호의호식하며 끝내 책 한 권 읽지 않는다고 탄식하였다.[37] 그러나 그는 이색이 병든 이후에 문한을 맡아 국가의 사명詞命을 담당했던 문신으로서 이러한 국가적 위기를 전혀 등한시하기 어려웠다. 결국 인간 세상을 요순시대로 만들겠다는 그의 인생철학은 혼탁한 정치 현실로 인하여 커다란 장애를 만나게 되었고, 그는 이에 굴하지 않고 끝까지 대결해 나감으로써 참소와 유배라는 정치적 시련을 겪은 것이다.

이숭인은 현실 세계 자체를 하늘에서 부여받은 인간의 도리를 실천하는 의義와 이를 어기고 인욕을 추구하는 불의不義의 대결장으로 인식하였다. 그리고 충심을 추구하게 되면 더욱

---

36 李崇仁, 『陶隱集』 권2, 560면, 「呈明善副樞」. "周旋出入十年間, 宗社將危事可歎. 自許孤忠夫世道, 俄驚大勢屬權姦."
37 李崇仁, 『陶隱集』 권1, 18면, 「行路難用古人韻」. "平時坦途盡荊棘, 白日大都見豺狼. 萬慮燒胸腸欲爛, 聽雞未禁中夜舞. … 君不見長安陌上富貴兒, 終然不讀一卷書."

위태로운 길로 접어들고, 절의를 실천하더라도 세리勢利를 바르게 돌려놓기 어려운 현실을 직시하였다.[38] 이에 그는 눈앞에 가혹하게 다가온 세계의 장애를 바라보면서 청한한 풍격의 시와 같이 우주에 펼쳐진 자연의 지순한 본성과 함께 할 정도의 정신적 여유를 갖기 어려웠다. 권신의 발호에 의해 불의가 횡행하는 정치 현실에 대응해 강직한 의리를 실천하여 이를 극복하는 것이 더 중요하다고 생각했기 때문이다. 그리고 불의에 대응해 강직하게 싸워나가는 주체 역량의 강한 실천 의지를 시로 읊조리곤 하였다.

다음 이숭인이 41세에 중국 사행 길에 지은 시를 통해 불의한 세계에 대응해 절의를 지키려는 강한 의지를 읽을 수 있다.

嗚呼島在東溟中	오호도嗚呼島는 동해바다 한가운데 있어,
滄波渺然一點碧	푸른 파도 아득히 푸른 점 하나.
夫何使我雙涕零	어찌 나에게 두 줄기 눈물을 흘리게 하는가?
祗爲哀此田橫客	다만 이 전횡田橫의 검객들을 슬퍼함이라.
田橫氣槩橫素秋	전횡의 기개는 가을 하늘을 가로지를 듯,
義士歸心實五百	마음으로 따르던 의사義士들 5백을 채웠네.
咸陽隆準眞天人	함양咸陽 땅 콧마루 높은 이는 참으로 천인天人이라,
手注天潢洗秦虐	손으로 은하를 끌어와 진秦의 학정을 씻었네.
橫何爲哉不歸來	전횡은 무엇 때문에 귀의하지 않고,
怨血自汚蓮花鍔	원 맺힌 피를 스스로 연꽃 칼날에 적시었나?
客雖聞之爭奈何	검객들 이를 듣고 어찌할 줄 몰랐고,
飛鳥依依無處托	하늘을 나는 새조차 의탁할 곳 없었네.
寧從地下共追隨	차라리 땅끝까지 함께 따라가려니,
軀命如絲安足惜	실 같은 목숨 무엇이 아까우리?
同將一刎寄孤嶼	함께 목을 베어내 외로운 섬에 기탁하니,

---

38 李崇仁,『陶隱集』권2, 561면,「益山府院君李文忠公挽詞」. "忠心更與艱危固, 盛節難將勢利回."

山哀浦思日色薄	산과 포구는 슬피 생각하고 햇빛마저 엷어져.
嗚呼千秋與萬古	오호! 천추千秋와 만고萬古에,
此心菀結誰能識	이 마음이 울결함을 누가 알아주리?
不爲轟霆有所洩	천둥과 번개로도 씻을 수 없기에,
定作長虹射天赤	정녕 긴 무지개가 하늘에 붉게 솟았지.
君不見古今多少輕薄兒	그대는 보지 못했는가? 고금의 많은 경박아들,
朝爲同袍暮仇敵[39]	아침에 동포同袍였다가 저녁이면 원수가 되는 것을.

위의 시는 한나라의 고조가 진나라을 멸하고 천하를 통일하자 전횡田橫을 중심으로 그에 맞섰던 5백여 명의 검객들이 오호도嗚呼島에 들어가 목숨을 끊었다는 고사를 배경으로 지은 것이다. 이 시에서 이숭인은 한의 고조가 천명을 받아 진의 학정을 씻었다고 하여 한의 정통성을 강조하면서도, 고조와 맞서 싸운 전횡과 그의 무리를 군이 의사義士라고 표현하면서 이들을 기리고 있는 것이 주목된다. 바로 그들의 굽히지 않는 절의 정신을 높이 산 것이다. 전횡은 비록 천명이 한의 고조에게로 갔다는 것을 알았으나, 스스로 제나라 왕이 되어 고조와 함께 대립했던 입장에서 그의 신하가 되기는 어려웠다. 결국 그는 낙양에서 30리 떨어진 곳에서 장렬하게 최후를 마쳤고, 오호도에 들어가 있던 5백 인의 의사義士 역시 전횡의 자결 소식을 듣고 스스로 목숨을 끊었다.[40] 이들의 죽음에 산과 포구가 슬피 생각하고 햇빛조차 엷어졌으며, 천둥과 번개로도 원한을 씻지 못해 긴 무지개가 푸른 하늘을 찌른다고 한 것에서 그 절의 정신의 무게를 짐작하게 한다.

이 시의 중점은 전횡이 하늘이 낸 한의 고조와 천하를 놓고 대결한 것에 대한 비판에 있는 것이 아니라, 정치적 이상이 실현될 수 없는 현실에 맞서 이에 굴하지 않고 끝까지 대결했던 전횡의 굽힐 줄 모르는 절의 정신에 놓여 있다. 이숭인은 이들의 강직한 절의 정신이야말로 당시 지조 없이 세력가를 쫓아 아침저녁으로 변심을 일삼던 조정의 경박한 무리에게 경종을

---

39 李崇仁, 『陶隱集』 권1, 536면, 「嗚呼島」.
40 司馬遷, 『史記』 권 94, 「田橫傳」.

울려줄 수 있을 것으로 생각한 것이다. 바로 이점은 이 시의 결구가 아침에는 동포同胞였다 저녁이면 원수가 되는 경박아輕薄兒들에 대한 경고로 되어있는 사실을 통해서도 확인된다. 고려의 앞날이 권력의 중심 세력인 장자아長者兒와 이를 쫓아다니는 경박아들의 횡행으로 한치의 앞길도 예측하기 어렵던 차에, 이숭인은 사행 길에 오호도를 바라보면서 자연스럽게 전횡과 그의 무리 5백 인이 보여준 절의 정신을 떠올렸다. 그리고 절의 정신으로 무장된 주체가 불의에 강력히 맞섰던 모습을, 오호도와 관련된 고사를 십분 활용하여 힘있는 어휘가 동원된 활기찬 필력으로 자연스럽게 펼쳐내었다.

그는 인용 시 이외에도 「감흥感興」에서, "노중련魯仲連은 본래 제나라 사람, 우뚝하게 기절奇節이 있었네. 세모에 동해의 물가에서, 편안히 행동하니 누구인들 잡을 수 있으리? 공을 이루어도 상을 받지 않고, 진나라 황제도 달갑게 여기지 않았지. 유풍이 천 년 동안 늠연하여, 듣는 이들 머리가 소슬하네."[41]라고 하여, 전국시대 제나라 사람 노중련의 굽히지 않는 기절을 칭송하였다.[42] 전횡의 경우와 같이 노중련에게 있어서도 천하의 강국인 진나라에 굽히지 않는 사대부의 기상과 조금의 대가도 원하지 않았던 청렴한 의지를 높이 평가한 것이다. 또한 그는 「효맹참모效孟參謀」에서 "송백松柏은 설골雪骨을 지니고, 도리桃李는 풍자風姿를 가졌네. 설골은 추위를 두려워하지 않고, 풍자는 아첨할 때가 많구나."[43]라고 하여, 절의와 불의로 상징되는 송백과 도리를 등장시켜 세상 이익을 추구하는 속인과 군자의 길을 가는 자신의 모습을 대비하기도 하였다.

이상의 논의를 통하여 볼 때 이숭인 시에서의 신기한 풍격은 불의로 점철된 세계에 대응해 이를 극복하려는 주체의 절의 정신이 호연한 성정과 활기찬 필력에 의해 여과 없이 시화된 것이라고 할 수 있다. 그가 위와 같이 절의 정신을 강조한 것은 어떤 철학적 사유에 기초하고 있는 것인가? 바로 맹자의 양기론養氣論에 따른 의리 정신의 발양이다.

---

41 李崇仁, 『陶隱集』 권1, 526면. "魯連本齊人, 偶儻有奇節. 歲暮東海濱, 輕擧誰能縶. 功成不受賞, 帝秦非所屑. 遺風凜千載, 聞者髮蕭瑟."
42 노중련이 趙에서 유세할 때 마침 秦이 조를 포위하여 진을 황제로 칭할 것을 요구했으나, 그는 진을 稱帝한다면 자신은 동해에서 죽을 것이라고 하면서 大義를 펼쳤다. 이후 진의 군대가 물러나자 平原君이 千金으로 상을 내렸으나 천하의 상을 취하는 것은 장사꾼의 일이라고 하며 거절하였다. (『史記』 권83, 「魯仲連傳」.)
43 李崇仁, 『陶隱集』 권1, 529면. "松栢有雪骨, 桃李有風姿. 雪骨不怕寒, 風恣多媚時."

[자료 4] : 대저 대화大化가 유행함에 음양과 오행의 정기精氣가 섞이고 얽히어 사람이 생겨난다. 생기게 한 것은 천지의 기이다. 그러므로 이 기氣는 지대至大·지강至剛하다. 대저 지대하기에 천지에 펼쳐져 법칙이 되고 지강하기에 쇠와 돌에 부딪쳐 뚫을 수 있다. 그 본체는 본래 저절로 호연한 것으로 다만 이를 잘 기르는 데 달렸을 뿐이다. 기르는 것이 도를 얻으면 나의 기가 곧 천지일 따름이다. 저것이 굶주려 채워지지 못하는 것은 그것을 기르는 것이 도를 잃었기 때문이다. 이것에는 도가 있으니 오직 '집의集義'에 달려 있다. '집의'란 일이 모두 의에 맞는 것을 말한다. 의는 나에게 본디 갖추어져 있는 것으로 잠시라도 떨어질 수가 없는데, 내가 하는 것이 이와 반대이면 내가 어찌 만족하겠는가? 조금이라도 마음에 만족하지 못하는 것이 있게 되면 기는 이에 굶주리게 된다. 비록 한번 동정動靜·어묵語默하는 사이일지라도 조금의 부끄러움도 없어야만 심광체반心光體胖하게 된다. 곧, 이른 바 호연한 것이 몸에 유동하고 충만하여져 처하는 곳마다 발현되어 이루다 쓸 수가 없게 된다. 그러므로 '집의소생集義所生'이라고 말한 것이다. 지금 어떤 사람이 그 모습을 보면 보통 사람인데 큰 절의에 임하여 확고하여 꺾을 수 없는 것이, 도거刀鋸·정확鼎鑊도 그 위엄을 잃고, 헌면軒冕·규조珪組도 그 존귀함을 잃으며, 천사千駟·만종萬鍾도 그 부유함을 잃는 것은 무엇 때문인가? 나에게 보존된 의가 저것에 있는 것을 이겼기 때문이다. 아아! 사람이 이에 이르면 지극하다 이를만 하다.[44]

[자료 4]는 이숭인이 호연浩然 이집李集을 전송하면서 지은 글이다. 이집의 호가 호연이라는 점에 착안해 맹자의 양기론을 중심 주제로 삼았다. 앞장에서 살펴보았듯이 인간은 우주에 가득한 음양의 맑은 기에 의해서 만들어진 존재이다. 따라서 우주에 가득한 호연지기는 인간의 구체적 생명 안에 실재하며 구체적 생명과 불가분의 관계가 있다. 인간의 육체가

44　李崇仁,『陶隱集』권4, 594~595면,「送李浩然赴合浦幕序」. "夫大化流行, 二五之精, 絪縕轇轕, 人乃生焉. 所以生者, 卽天地之氣也. 故其爲氣也, 至大至剛. 夫惟至大也, 放諸天地而準, 至剛也, 觸諸金石而貫. 其體本自浩然, 第在乎善養之爾. 養之得其道, 則吾之氣, 天地而已矣. 彼餒焉而不充者, 養之失其道也. 於此有道焉, 惟集義乎. 集義者, 事皆合義之謂也. 義吾固有也, 不可須臾離也, 而吾所爲反乎是, 則吾豈慊乎哉. 有毫髮不慊於心, 氣斯餒矣. 雖一動靜語黙之間, 無少愧怍, 心光體胖. 則所謂浩然者, 流動充滿, 隨處發見, 將不可勝用矣. 故日是集義所生也. 今有人, 視其貌, 固常人耳, 至於臨大節, 確乎其不可拔, 刀鋸鼎鑊失其威, 軒冕珪組失其貴, 千駟萬鍾失其富, 是何也. 存吾之義, 有以勝夫在彼者也. 噫. 人至此, 可謂極矣."

굶주리게 되면 몸이 마르는 것과 같이 호연한 기를 몸에 배양하지 못하면 인간의 정신이 흐려지게 된다. 결국 맹자가 말한 양기의 공부도 생명 중의 도덕 이성[義]이 생명 중의 생리작용[氣]과 하나로 융합되도록 하는 것이다.[45] 곧, 양기란 생명 중의 도덕 이성이 생리작용을 충실하게 하여 생명 중에 함유된 모진 기질을 극복하고 도덕적 실천을 통해 성인의 경역에 나아가는 것이다. 이숭인은 양기의 핵심이 '집의集義'에 있는 것으로 보고, 이 '집의'는 '하는 일이 모두 도에 맞는 것[事皆合義]'이라고 하였다. 그리고 이를 통해 하늘에서 부여받은 인간으로서의 직분을 충실히 수행하여 인격의 완성을 이룸으로써 어떠한 유혹에도 굽히거나 흔들리지 않는 마음을 유지하고자 하였다.

이숭인은 자신이 수용했던 성리설 중에서도 특히 의義에 많은 관심을 보여주었다. 그는 군자가 의에 급급한 것은 소인이 이利에 급급한 것과 같다고 보았으며, 의義와 이利는 순임금과 도척이 구분되는 까닭이요 천하 국가의 치란과 흥망이 이와 연계되어 있다고 하였다. 그리고 이 의義와 이利는 맹자가 먼저 펼쳐 밝힌 것으로 인욕을 막고 천리를 보존하는 것인데, 남헌南軒 장식張栻의 학문이 의리義利의 분변에 더욱 엄격하다고 보았다. 장식은 의義란 '작위적인 것이 없이 하는 것[無所爲而爲者]'이라고 주장하였고, 이는 전현前賢들이 펼치지 못한 것으로 주자가 깊이 취했다고 하였다.[46] 그렇기에 그는 [자료 4]에서 의義는 본디 인간이 하늘에서 부여받은 본연의 성에 속하는 것으로 한 번의 동정動靜이나 어묵語黙의 사이에서도 의義에 어긋나지 않아야만, 이것이 몸에 충만하게 되어 그 기상과 기운이 어느 곳에서든 발현하게 된다고 한 것이다. 이렇듯 이숭인이 의리론義利論과 관련된 많은 학설 중에서 굳이 장식의 학설이 더욱 엄격하다고 강조한 것은 성리학적 학문 방법에 있어서 의義의 작용과 역할을 보다 중시했던 철학적 사유에 기인한다.[47]

45　徐復觀(1986), 335면.
46　李崇仁, 『陶隱集』권5, 610면, 「忠原判官李君及字說」. "夫君子之汲汲於義, 猶小人之汲汲於利也. 義利者, 舜蹠之所由分, 而天下國家之治亂存亡繫焉. 孟子首發明之, 以析梁惠利國之問, 所以遏人欲存天理也. 南軒張氏之學, 尤嚴於義利之辨, 以爲義者, 無所爲而爲者也. 此一言發前賢所未發, 晦菴先生深有取言."
47　南軒 張栻은 "無所爲而爲之者義也, 有所爲而爲之者利也"(『近思錄』권7, 「出處類」注)라고 라고 하여 義와 利의 차이는 작위성의 유무에 달려 있는 것으로 보았다. 따라서 주자가 '集義'의 뜻을 "集義猶言積善, 欲事事皆合于義"(朱熹, 『孟子集註』권3, 「公孫丑章句上」注)라고 풀이한 것에 대해, 장식은 "集義者, 應事接物, 無非心體之流

이숭인이 당시 마주했던 현실은 성인의 계책을 세상에 펼치기에는 너무 적막하여 탄식만을 자아내고, 주위에 있는 벗들조차 군자의 삶을 포기할 정도로 악화하였다.[48] 그러나 그는 양기를 통해 자신의 모진 기질을 극복하고 세상사를 방정方正한 마음으로 대처함으로써 주체가 불의에 꺾이거나 훼손되지 않으려 하였다. 그렇기에 그는 [자료 4]를 통해 겉으로 보기에는 보통 사람인데 큰 절의에 임하여 마음이 확고해 꺾을 수 없는 것이, 도거刀鋸와 정확鼎鑊도 그 위엄을 잃고, 헌면軒冕과 규조珪組도 그 존귀함을 잃으며, 천사千駟와 만종萬鍾도 그 부유함을 잃는 대장부의 기상을 강조한 것이다. 그리고 이러한 기상은 끊임없는 '집의'에 의해 자신을 위협하는 악조건에도 굴하지 않는 강직한 절의 정신을 확보하는 가운데 자연스럽게 생기게 된다. 이숭인 시에서의 신기한 풍격은 바로 이와 같은 철학적 사유, 곧 심체에서 유행하는 의를 현실정치에서 실천하려는 절의 정신이 여과 없이 시로 자연스럽게 형상화하는 가운데 산출된 것이다.

4. 맺음말

이 장에서는 이숭인 시의 풍격을 고찰하면서 그의 시에 내재한 성정, 특히 그의 영매한 자질과 정박한 학문이 시에 발현된 양상, 그리고 그 변모 양상과 원인 등을 그의 사유 양식과 정치 사회적 환경, 개인적 처지 등과 관련해 살펴보았다. 시인의 시를 헤쳐서 시인의 성정에 도달하면 작품에 내재한 인격, 사상, 시대 내지는 문학적 기교 등을 파악하는 한편, 다른 시인과의 상호 비교를 통하여 시인의 문학적 특질을 규명해낼 수 있을 것으로 생각했기 때문이다.

이숭인은 관직 생활을 하거나 선승들과 교류하는 과정에서 우주에 펼쳐진 외물들의 지순

行. 心不可見, 見之于事. 行所無事, 則卽事卽義也."(黃宗羲 찬, 『增補宋元學案』 권50, 「南軒學案」)라고 하여, 의란 작위적인 행위에 의한 것이 아닌 心體의 流行임을 강조하였다.

48 李崇仁, 『陶隱集』 2, 540면, 「示館中僚友」. "聖謨還寂寞, 吾事可嗚呼. 且問座中友, 誰爲君子儒."

한 본성을 자신의 마음속으로 녹아들게 하여 맑고 한가로운 성정을 유지하였다. 기심이 모두 사라져 물아일체를 이룬 청정한 정신 경계에 도달한 것이다. 이는 바로 기심이 인간의 사사로운 욕심에서 발동된 것으로 보고 천리에 따라 유동하는 자연을 바라보며 일체의 세속적 욕망에서 벗어나고자 노력한 결과이다. 이러한 과정에서 제출된 시의 풍격이 청한이다. 이 시들은 의도적인 조탁이나 꾸밈이 없이 맑고 한가로운 성정에 의해 시행과 시구, 시어들이 매우 자연스럽게 배치되어 있어 청한한 풍격을 십분 엿볼 수 있다.

한편 이숭인은 자신이 지향해 갔던 요순시대로 일컬어지는 이상 사회의 실현이 공민왕의 승하를 계기로 점차 무너졌고, 종국에는 장자아와 부귀아로 표현된 권세가, 그리고 이를 추종하던 경박아들에 의해 참소를 만나 유배의 길을 나서게 되었다. 이에 그는 자신의 눈앞에 혹렬하게 다가온 세계의 장애를 만나 불의에 맞서서 강직하게 의리를 실천하는 방식으로 이를 극복하고자 하였다. 이러한 과정에서 제출된 시의 풍격이 신기이다. 이 시들은 절의 정신으로 무장된 주체 역량이 불의에 강력히 맞서는 모습이 힘 있는 어휘가 동원된 활기찬 필력으로 여과 없이 펼쳐져 있어 신기한 풍격을 잘 보여주고 있다.

이숭인의 성리학적 사유는 정심精深·명쾌明快하여 다른 사람들보다 뛰어났으며, 홀로 얻은 것에 있어서는 사람들의 의표를 뛰어넘곤 하였다.[49] 그리고 그의 시는 성리학의 이론을 체계적으로 자기화하여 이를 일상생활과 정치 생활에 발현시키는 과정을 잘 보여주고 있다. 그가 청한한 풍격의 시에서 기심의 소진을 강조한 것은 인욕에서 벗어나 본연지선을 보존하려는 성리학적 사유에 기초한 것이다. 또한 신기한 풍격의 시에서 절의 정신을 강조한 것은 맹자의 양기론에 의거해 의를 실천하려는 인생철학에 기반한 것이다. 우리는 이들 작품을 통하여 그의 성리학에 대한 이해의 폭과 깊이를 확인하는 한편, 이론 양식으로서의 성리학적 사유를 문예 양식으로 시화하는 예술적 내재 역량의 깊이를 확인할 수 있다.

위와 같이 이숭인의 시가 청한하고 신기한 풍격을 형성하게 된 철학적 사유의 기저에는 경敬과 의義라는 성리학적 학문 방식이 자리하고 있다. 이 경과 의는 『주역』「곤괘坤卦·문언文言」의 "군자는 경敬으로써 안을 바르게 하고, 의義로써 밖을 방정하게 한다[敬以直內, 義以方

---

[49] 李崇仁,『陶隱集』권수,「京山李子安陶隱文集序」. "子安精深明快, 度越諸子. … 至其所獨得, 又超出人意表."

써]."에서 나온 말이다. '경으로써 안을 바르게 한다.'는 것은 경으로써 마음을 길러 사사로운 생각이 조금도 없게 하는 것이다. '의로써 밖을 방정하게 한다.'는 것은 천리에 어긋남이 없이 의리에 합당한 삶을 통하여 행동을 방정하게 하는 것이다.[50] 이숭인은 이를 체계적으로 이해하고 실천하는 가운데 경敬을 통해 도달한 청정한 정신 경계를 청한한 풍격으로, 의義를 실천하려는 주체의 강한 의지를 신기한 풍격으로 시화한 것이다.

이숭인 시의 풍격에서 찾을 수 있는 문학사적 의의는 바로 여기에 있다. 그는 바로 자신의 도학적 사유 · 직관을 전적으로 문학 양식으로 담아냄으로써 순전한 논리 양식으로 도달하기 어려운 사상 경계를 제시하였다.[51] 그리고 그의 시는 고도의 철학적 사유를 진정으로 수준 높은 작품으로 시화하고 있다는 점에서, 비록 전문적인 철학 저술은 아니지만, 그의 시를 통해 얼마든지 그의 철학적 사유의 깊이를 확인할 수 있다. 또한 그의 시는 영매한 천부적 자질과 정박한 학문적 역량을 토양으로 해서 산출된 문학의 정수라는 점에서 여말 성리학을 수용했던 신흥사대부 문학의 특질을 잘 보여주고 있는 것으로 생각된다.

---

50 이광호(1993), 65면. 송대의 성리학자들은 이 경과 의를 자신들의 학문 방법으로 정착시켜 성리학적 공부론을 완성하였다. 程顥는 敬을 '主一無適'으로 풀이하여 '主一'로써 마음을 오직 본연지선에 집중시키고, '無適'으로써 이 본연지선을 계속 유지하여 다른 곳으로 옮겨가지 못하도록 하였다(『遺書』 권 15). 또한 敬은 단지 자신의 道義만을 유지하는 것일 뿐이고, 일의 是非를 가려 이치에 맞게 행하는 것은 義라고 하였다. 따라서 단지 敬만을 지키게 되면 '集義'를 이룰 수 없게 되어 모두 헛일이 되고 만다고 하였다(『周易』, 「坤卦 · 文言」 小註).

51 이동환(1997), 2면.

제2부

사림문학과 재도문학의 유착

제6장 유염(劉剡) 편찬 도서의 성리학적 수용
제7장 『정언묘선』의 사유체계 및 심미의식
제8장 이황과 이이의 두보 시 수용 연구

제6장

유염劉剡 편찬 도서의
성리학적 수용

1. 머리말

명나라 초기에 건양建陽(현 복건성 건양시)의 서림을 무대로 활동한 출판가들은 원대에 출현한 도서들을 다수 간행하였다. 이곳에서 간행된 도서들은 다양한 경로를 통해 조선에 들어와 널리 유통하였는데, 다음 글을 통해 위와 같은 사실을 확인할 수 있다.

> [자료 1] : 산골짜기에는 서책이 없어 빌려보기 어려우니, 여러 부로父老들은 각자 자제들을 위해 재화를 아끼지 말고 반드시 초학자들에게 절실한 『사략』, 『통감』, 『사서』, 『삼경』, 『고문전후집』을 먼저 구입하라. 옛사람이 말하기를 "황금이 상자에 가득한 것은 아들에게 하나의 경經을 가르치는 것만 못하다."라고 하였다.[1]

[자료 1]은 권두인權斗寅(1643~1719)이 1692년에 영춘현永春縣(현 충북 단양군 영춘면)의 현감으

---

[1] 權斗寅, 『荷塘集』 권3, 358면, 「諭永春民人文」. "峽中無書册, 難於借讀, 諸父老各爲子弟, 勿惜貨財, 必先貿史略 · 通鑑 · 四書 · 三經 · 古文前後集切於初學者, 古人云: 黃金滿籯, 不如敎子一經."

로 재임하면서 현민에게 내린 교유문敎諭文 중 첫 번째 항목이다.[2] 그는 이 글에서 초학자들이 가장 먼저 읽어야 할 책으로 『사략』, 『통감』, 『사서』, 『삼경』, 『고문전후집』 등 5종을 들고, 자제들을 위해 재화를 아끼지 말고 이 책들을 구입하도록 하였다. 이 글에서 주목되는 것은 위와 같이 조선 시대에 초학자들의 필수 교재로 사용된 도서들이 대부분 명나라 초기에 건양의 서림에서 특정한 인물에 의해 간행되었다는 점이다. 당시 건양의 서림에서 위와 같은 책이 간행되는 데에 중요한 역할을 담당한 인물로 김덕현金德玹이 있다. 다음 글을 통해 이를 확인할 수 있다.

[자료 2] : 김덕현金德玹의 자는 인본仁本으로 휴녕休寧 왕갱교汪坑橋 사람이다. 집안 대대로 유학을 업으로 삼았는데, 그에 이르러 가난해졌다. 학문을 좋아하여 손수 베껴 쓴 책과 상자가 집에 가득하였고, 비록 기한으로 곤궁했으나 손에서 책을 놓지 않았다. 육경六經·삼전三傳·제사諸史·백가百家·산경山經·지지地志·의복醫卜·신선神仙·도불道佛의 책을 연구하지 않은 것이 없어, 세가世家의 사족들이 다투어 높이 받들었다. 일찍이 선유의 유서는 정신과 심술이 깃든 것인데 인몰하여 전해지지 못하게 되면 자신의 책임이라고 여기고, 장서가를 두루 방문하여 진씨陳氏[진력陳櫟: 필자 주]의 『사서구의四書口義』와 『비점백편고문批點百篇古文』, 예씨倪氏[예사의倪士毅: 필자 주]의 『중정사서집석重訂四書輯釋』, 주씨朱氏[주승朱升: 필자 주]의 『구경방주九經旁注』, 조씨趙氏[조방趙汸: 필자 주]의 『춘추집전春秋集傳』, 상우上虞 유씨劉氏[유리劉履: 필자 주]의 『선시보주選詩補註』, 호씨胡氏[호병문胡炳文: 필자 주]의 『감흥시통感興詩通』 등 30여 종을 얻었다. 베껴 써 교정을 마치고 나자 아들 휘輝를 시켜 서방에 들여보내 천하에 간행되도록 하였는데, 유용장劉用章[유엽劉刻: 필자 주] 선생이 그 뜻을 매우 가상히 여겼다. 평생의 저술로 『신안문집新安文集』 10권, 『도류원류정주씨록道流源流程朱氏錄』, 『소사서음석小四書音釋』이 있다. 졸년은 72세이다.[3]

---

2   허태용(2001), 30면.
3   蘇大, 「金仁本德玹傳」, 『新安文獻志』(『문연각사고전서』 1375) 권95하, 장20a~장20b. "金德玹字仁本, 休寧汪坑橋人. 家世業儒, 至德玹而貧. 好學, 手自抄錄, 箱帙滿家, 雖饑寒困苦, 手不釋卷. 六經·三傳·諸史·百氏·山經·地志·醫卜·神仙·道佛之書, 靡不研究, 世家士族, 爭爲西席. 子弟經其訓誨, 悉有禮度. 嘗以先儒遺書, 精神心術所寓, 湮沒不傳, 爲己任, 遍訪藏書家, 得陳氏四書口義·批點百篇古文, 倪氏重訂四書輯釋, 朱氏九經旁注, 趙氏春秋集傳, 上虞劉氏選詩補註, 胡氏感興詩通, 三十餘般. 抄校旣畢, 遣子輝, 送入書房, 刊行天下, 劉用章

김덕현은 자가 인본仁本으로 휴녕休寧(현 안휘성 휴녕현) 왕갱교汪坑橋 사람이다. 휴녕은 주희의 고향인 신안新安(현 강서성 무원현)과 이웃한 지역으로, 당시에는 모두 휘주徽州에 속해 있었다. 김덕현은 대대로 유학을 전업으로 삼은 집안 출신으로, 생활은 어려웠으나 학문을 좋아하여 손에서 책을 놓지 않았다. 그는 평생 육경과 삼전三傳을 포함해 많은 서적을 연구하여 세가 사족들의 존경을 받았으며, 72세에 생을 마칠 때까지 저술에 힘써『신안문집新安文集』10권,『도류원류정주씨록道流源流程朱氏錄』,『소사서음석小四書音釋』등의 저서를 남겼다.

[자료 2]에서 보듯이 김덕현은 선유들의 유서를 수집하여 후대에 전하는 것을 필생의 업으로 삼았다. 당시 그가 신안 일대의 장서가를 두루 방문하여 입수한 저술서는 모두 30종에 달한다. 그중에는 진력陳櫟의『사서구의四書口義』와『비점백편고문批點百篇古文』, 예사의倪士毅의『중정사서집석重訂四書輯釋』, 주승朱升의『구경방주九經旁注』, 조방趙汸의『춘추집전春秋集傳』, 유리劉履의『선시보주選詩補註』, 호병문胡炳文의『감흥시통感興詩通』등이 포함되어 있다. 그는 이들의 저술을 일일이 베껴 써서 교정하였고, 교정이 끝난 후에는 아들 김휘金輝를 서방에 보내 간행할 곳을 찾았다. 당시 이들의 저술에 관심을 보여준 사람이 바로 유염劉剡이다. 김덕현이 입수한 도서들은 대부분 유염의 편찬 과정을 거쳐 건양의 서림에서 간행되었다.

앞의 [자료 1]에서 조선에서 초학 교재로 널리 읽힌『고문전후집』은 유염이 편찬한『상설고문진보대전詳說古文眞寶大全』을 가리킨다. 이 책의『전집』은 유염이 원대에 황견黃堅이 편찬한『제유전해고문진보전집諸儒箋解古文眞寶前集』을 교정해 편찬한 것이고,『후집』은 황견이 편찬한『제유전해고문진보후집諸儒箋解古文眞寶後集』에 수록된 산문 30편과 김덕현이 입수해 교정한 진력陳櫟의『비점백편고문批點百篇古文』에 수록된 산문 100편을 합하여 편찬한 것이다.[4] 이 책은 1437년을 전후로 하여 건양의 전문 출판업자인 첨종예詹宗睿에 의해 간행되었다.

또한 유염은 김덕현이 입수해 교정한 유리의『선시보주』14권과 호병문의『감흥시통』을 합편하여『선시보주』15권으로 만들었다. 유리의『선시보주』14권은『선시보주選詩補註』

---

[4] 先生, 深嘉其志. 平生著述, 有新安文集十卷 · 道流源流程朱氏錄 · 小四書音釋. 卒年七十二."
김윤수(1988), 197~199면.

8권, 『선시보유選詩補遺』 2권, 『선시속편選詩續編』 4권 등으로 이루어져 있는데, 유염은 『선시속편』 권4에 수록된 주희의 「감흥시」 20수를 별도로 떼어내고, 이를 김덕현이 교정한 호병문의 『감흥시통』과 합편하여 『선시속편』 권5를 만들었다. 그가 편찬한 『선시보주』 15권은 1437년에 첨종예에 의해 『풍아익風雅翼』이란 이름으로 간행되었다.[5]

그리고 유염은 김덕현이 입수해 교정한 예사의의 『중정사서집석』에 김이상金履祥의 『소의疏義』·『지의指義』, 주공천朱公遷의 『통지通旨』·『약설約說』, 정복심程復心의 『장도章圖』, 사백선史伯璿의 『관규管窺』, 왕원선王元善의 『통고通攷』 등을 합편하여 『사서통의四書通義』를 편찬하였다. 이 책은 첨종예에 의해 『사서장도중정집석통의대성四書章圖重訂輯釋通義大成』(이하 『사서통의』로 약칭함)라는 이름으로 간행되었다.[6] [자료 1]에서 말한 『사서』는 명나라 영락 연간에 유신에게 명하여 찬수한 『사서대전四書大全』을 가리키는데, 이 책은 앞서 유염이 합편한 책에 약간의 증산增刪을 가하여 다시 간행한 것이다.

이뿐만이 아니다. 유염은 1428년에 주희의 학문을 계승한 왕봉王逢이 편찬한 『자치통감석의資治通鑑釋義』를 증교하여 『소미가숙점교부음자치통감절요少微家塾點校附音資治通鑑節要』(이하 『통감절요』라고 약칭함)를 편찬하였다.[7] [자료 1]에서 말한 『통감』은 바로 이 책을 가리킨다. 또한 그는 증선지曾先之의 『십팔사략十八史略』을 개정하여 『입재선생표제해주음석십팔사략立齋先生標題解註音釋十八史略』를 편찬하였는데, 이 책은 1430년에 우숙재虞叔載의 서방인 무본당務本堂에서 『비점구두표제석문십팔사략批點句讀標題釋文十八史略』이란 이름으로 간행되었다.[8] [자료 1]에서 말한 『사략』은 여진余進이 1441년에 위와 같이 유염이 개정한 책에 『원사략元史略』을 더하여 『고금역대표제주석십구사략통고古今歷代標題註釋十九史略通考』라는 이름으로 간행한 것이다.

위와 같이 [자료 1]에서 조선시대에 초학 교재로 널리 알려진 5종의 도서 중 『삼경』을 제외한 4종은 모두 유염이 직접 편찬하거나 그가 편찬한 책을 저본으로 하여 다시 간행된

---

5   박철상(2004), 180~182면.
6   심경호(1998)(1), 86면.
7   허태용(2001), 10면.
8   김윤수(1992), 67면.

것이다. 이로 보아 조선의 문인 학자들이 중국에서 들어온 도서들에 영향을 받아 새롭게 추구한 한문학의 실체를 규명하기 위해서는, 위와 같이 유염의 손을 거쳐 간행된 도서들이 조선에서 수용된 양상을 살펴보는 것이 매우 중요한 것으로 생각된다. 본 장에서는 바로 이 점에 주목하여 먼저 명나라 초기에 건양에서 서림학자로 활동한 유염의 학문과 도서 편찬에 대해 알아보고, 이어 그가 편찬한 도서들이 조선의 문인 학자들에 의해 수용된 양상과 그 의미에 대해 밝혀보기로 한다.

2. 유염은 누구인가

유염의 자는 용장用章으로 건양에서 대를 이어 서방을 운영해온 집안 출신이다. 그는 1435년에 주희의 『자치통감강목資治通鑑綱目』에 『발명發明』・『고이考異』 등을 혼합하여 편집하였는데, 이 책은 그의 족형인 유관劉寬에 의해 간행되었다.[9] 그리고 그의 숙조叔祖인 유금문劉錦文은 1337년에 예사의가 집석輯釋한 『사서집석四書輯釋』의 초고를 간행하기도 하였다.[10] 그러나 유염은 위와 같이 서방에서 단순히 간행할 책을 교정하거나 편집하는 일에만 종사한 것은 아니다. 이는 그가 『사서통의四書通義』에 수록한 『중정집석원류重訂輯釋源流』의 편집인을 밝히면서 '송오문인경조유용장집松塢門人京兆劉用章輯'[11]이라고 표기하여, 자신이 송오松塢 왕봉王逢의 문인이라고 밝힌 것을 통해 알 수 있다. 또한 1430년에 건안의 서림 우숙재虞叔載가 무본당務本堂에서 『비점구두표제석문십팔사략批點句讀標題釋文十八史略』을 간행하고 붙인 광고문에는 '본당에선 송오선생松梧先生 사우師友의 힘으로 정교訂校하였다.'라는 문구가 있는데, 이곳에서 말한 '사우師友'는 왕봉과 유염을 가리키는 것이다.[12] 위와 같이 유염은 자신뿐만 아니라 당시 그와 교류한 교우들도 그를 왕봉의 문인이라고 생각하였다.

---

9   市川任三, 「十八史略解說」, 『十八史略』, 52~53면.
10 劉剡 編, 『新刊重訂輯釋通義源流本末』 권말, 장24a, 「後誌」. "先族叔祖錦文先生, 刻其至元丁丑初藁, 以行于世."
11 劉剡 編, 『新刊重訂輯釋通義源流本末』 권두, 장1a.
12 市川任三, 「十八史略解說」, 『十八史略』, 53면.

왕봉은 주희의 학문을 계승한 학자로 평가받는 인물이다. 그의 자는 원부原夫이고 호는 송오松塢로 악평현樂平縣[현 강서성 삼수시] 사람이다. 그는 야곡野谷 홍초洪初를 사사하였다. 홍초의 학문은 주공천朱公遷에게 전수한 것이고, 주공천은 오중행吳中行에게 전수한 것이다. 또한 오중행의 학문은 요로饒魯에게 전수한 것이고, 요로의 학문은 황간黃幹에게 전수한 것이다. 황간은 주희의 문인이다. 위와 같이 주희의 학문을 계승한 왕봉은 과거를 버리고 도덕 성명을 연구하여 경사經史에 통달하였다. 그는 선덕宣德 1년(1425)에 천거를 받아 부양훈도富陽訓導에 임명되었으나 부임하지 않고, 향숙鄕塾에 돌아가 문인 하영何英, 오존吳存, 여진余進 등과 더불어 학문을 강론하다가 80여 세에 세상을 떠났다.[13]

왕봉은 건양의 출판업자들과 긴밀하게 교류하였다. 그는 영락 15년(1417)에 건양의 서림에 유력하여 처음 우모虞某를 알았다[14]고 술회였는데, 그가 말한 우모는 1430년에 무본당에서 유염이 편찬한 『비점구두표제석문십팔사략』을 간행한 우숙재虞叔載를 가리킨다. 앞서 살폈듯이 우숙재는 이 책을 정교訂敎한 유염을 사우師友라고 호칭한 것으로 보아, 유염 또한 우숙재와 함께 1417년에 건양의 서림을 방문한 왕봉을 만났을 것으로 생각된다. 위와 같이 왕봉은 건양의 서림에서 활동한 학자들과 교류하였는데, 이 과정에서 그가 지은 저작들이 이들의 교정을 거쳐 서방에서 간행되었다. 그 한 예로 다음 왕봉의 문인인 하영何英의 글을 통해 그가 저술한 『시전소의詩傳疏義』가 서림에서 간행되는 과정을 들 수 있다.

[자료3] : 영락 을유년(1405)에 선사先師(왕봉: 필자 주)의 종형 왕세재王世載가 서림에서 노닐다가 섭경달葉景達의 집에 이르렀다. 그로 인하여 『사서통지四書通旨』를 열람하다가 말이 『시전소의詩傳疏義』에 이르렀다. 섭경달은 상덕尙德의 선비로 누차 편지를 보내 간행하여 전할 것을 청하였다. 정유년(1417)에 하영何英이 선사를 모시고 섭경달의 광근당廣勤堂에 묵으며 이 책을 참교參校하였는데, 제유의 설을 널리 취하고 그 절요한 것을 뽑아 덧붙였다. 원고가 이루어지고 미처 간행하기 전에

13　王重民, 『中國善本書提要』, 42면. "王逢字原夫, 號松塢, 樂平縣懷義鄕人. … 師事野谷洪初, 初之學得於朱公遷, 遷得於吳中行, 中行得於饒魯, 魯得於黃幹. 幹朱子之門人也. 逢棄科擧業, 硏精道德性命之蘊, 淹貫經史. 宣德元年, 薦授富陽訓導, 不就, 退歸鄕塾, 日與門人何英·吳存·余進等相講究. … 年八十餘卒."
14　市川任三, 「十八史略解說」, 『十八史略』, 53면.

선생은 귀향하여 고종考終하였다. 정통 경신년(1440)에 섭경달이 편지를 보내 부탁하기를, "전해오는 『시전소의집록詩傳疏義輯錄』은 원고가 유기되어 여러 권이 남아있지 않으니, 보충하여 간행하길 바란다."고 말하였다. … 삼가 선사에게 받은 남은 원고를 취하여 부지런히 보유를 기록하고 거듭 증석을 더하여, 이 책이 완성할 수 있게 되었다. 『시전소의상석발명詩傳疏義詳釋發明』이라고 이름을 붙이고, 동문우同門友 경형京兄 유염에게 질정하여 선사의 뜻을 마치었다.[15]

[자료 3]에서 하영은 왕봉이 1417년에 건안에서 서림 섭경달葉景達이 운영하는 광근당廣勤堂에 묶으면서 주공천朱公遷이 지은 『시전소의詩傳疏義』를 참고했다고 하였다. 왕봉이 건양의 서림에서 유숙하게 된 계기는 1405년에 그의 종형인 왕세재王世載가 섭경달의 집에서 주공천이 지은 『사서통지四書通旨』를 열람하다가 그가 지은 『시전소의』가 언급되었기 때문이다. 섭경달은 왕봉에게 여러 차례 편지를 보내 『시전소의』를 간행할 것을 청하였고, 마침내 12년이 지난 1417년에 왕봉이 제자 하영과 함께 광근당에 이르렀다. 그는 『시전소의』의 참고를 마치고 귀향하고 나서 세상을 떠났고, 그가 참고한 책은 1440년에 하영의 보유와 증석 과정을 거쳐 섭경달에 의해 『시전소의상석발명詩傳疏義詳釋發明』라는 이름으로 간행되었다.

[자료 3]에서 하영은 이 책을 간행하기 전에 동문우同門友인 유염에게 질정하였다고 말하였다. 이는 왕봉의 학문을 계승한 하영 또한 유염을 왕봉의 문인으로 인정했음을 의미하는 것이다. 또한 [자료 3]의 내용으로 보아 유염이 왕봉의 문하에서 학문을 익힌 시기는 왕봉이 하영과 함께 섭경달의 서방에 머물며 『시전소의』를 참고하던 때로 추정된다. 당시 왕봉은 주공천의 『시전소의』를 참고했을 뿐만 아니라, 증선지曾先之의 『십팔사략十八史略』을 점교點校하여 『사략표제史略標題』를 편찬하기도 하였다. 이어 그는 예사의의 『사서집석四書輯釋』을

---

15 朱彝尊, 『經義考』 20권, 장3a~장3b, 「朱氏公遷詩傳疏義」. "永樂乙酉, 先師宗兄世載, 游書林, 至葉君景達家. 因閱通旨, 而語及疏義. 景達尙德之士, 屢致書來, 請梓傳. 歲丁酉, 英持先師, 宿於葉氏廣勤堂, 參校是書, 旁取諸儒之說, 節其切要者, 錄而附之. 藁成未就鋟刻, 先生還旆考終. 正統庚申, 景達書來囑曰: 所傳詩傳疏義輯錄, 遺其藁, 數卷不存, 願爲補葺而壽諸梓. … 敬取先師所受餘稿, 勤錄補遺, 重加增釋, 足成是編. 名曰: 詩傳疏義詳釋發明, 質諸同門友京兄劉剡, 以卒先師之志."

정정訂定하여 『사서통의四書通義』를 편찬하였고, 강지江贄의 『통감절요通鑑節要』를 석의釋義하여 『통감석의通鑑釋義』를 편찬하였다. 이때 왕봉이 편찬한 도서들은 유염의 교정과 편집 과정을 거쳐 건양의 서림에서 간행되었고, 이들 도서가 [자료 1]에서 보듯이 조선에 유입되어 초학자들의 필수 교재로 자리하였다.

3. 유염의 도서 편찬[16]

1) 『선시보주』의 편찬

현재 백씨白氏 종가에는 1533년(명종 8) 10월에 홍문정자弘文正字 백광홍에게 내사한 기록이 있는 『선시選詩』 15권이 완질로 소장되어 있다. 이 책의 편찬 시기와 관련하여 이 책의 앞부분에 수록된 「풍아익선시총목風雅翼選詩總目」 1장 2행에 '상우유리탄지집선上虞劉履坦之集選, 신안김덕현인본교정新安金德玹仁本校正, 건양현지현하경춘연봉간建陽縣知縣何景春捐俸刊.'이라고 표기되어 있다.([그림 1] 참고) '상우유리탄지집선'은 상우上虞(현 절강성 소흥시 상우현) 사람 유리劉履가 중국 역대의 시를 모아 집선한 『선시보주選詩補註』를 가리킨다. 또한 '신안김덕현인본교정'은 신안 사람인 김덕현金德玹이 유리의 『선시보주』를 교정한 사실을 말한 것이고, 또한, '건양

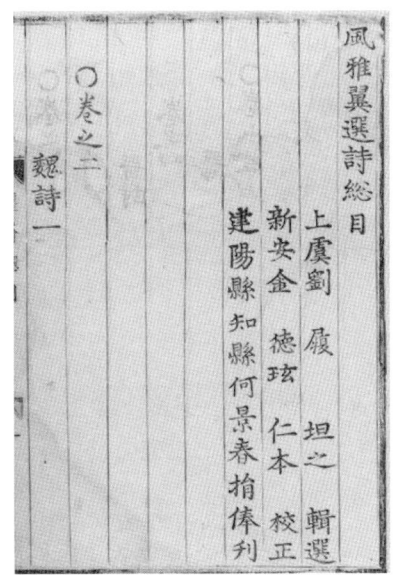

[그림 1] 『선시(選詩)』
(갑인자본, 백씨종가본)

---

16 유염이 편찬한 문학서로는 『상설고문진보대전』이 있다. 이 책의 내용과 수용 양상에 대해서는 정재철(2014), 『고문진보 연구』에서 상세히 논의하였으므로 이곳에서는 이를 제외하였다.

현지현하경춘연봉간'은 이 책을 출간할 당시에 건양현 지현知縣이었던 하경춘何景春이 출판 자금을 출연했음을 밝힌 것이다.

『중국고적판각사전中國古籍版閣辭典』에는 하경춘이 홍치 연간(1488~1505)년에 건양현 지현에 임명되어 『풍아익風雅翼』 15권을 간행하였다고 하였는데, 이 책은 1437년에 첨종예가 간행한 책을 저본으로 홍치 연간에 하경춘이 다시 간행하고, 이 책이 국내에 유입되어 1553년에 『선시』라는 책명으로 초주갑인자로 간행한 것이다.[17] 이로 보아 『풍아익』은 유리가 집선한 『선시보주』의 다른 이름임을 알 수 있다.

다음 글을 통해 유리가 집선한 『풍아익』이 김덕현을 거쳐 건양서림의 출판업자인 첨종예에게 전해진 경위를 알 수 있다.

> [자료 4] : 홍려소경鴻臚少卿 반문석潘文錫은 진사로 벼슬길에 올라 앞 사람들의 저술 중에서 세교에 관계되는 것이 있으면 후학들에게 도를 전하는 마음으로 부지런히 구하였다. 회계會稽 상우上虞에서 『풍아익風雅翼』을 구해와서 나에게 말하기를, "이 책이 겨우 한쪽 지방에만 있은 지가 오래되어 없어져 버릴까 걱정입니다. 우리 집이 있는 포성浦城은 건양과 이웃해 있습니다. 건양의 서적이 천하에 으뜸이지만 그 사람들은 돈벌이를 목적으로 하였으므로, 시속에 필요한 것은 급히 인쇄하고 명교에 관한 것은 중요하게 여기지 않습니다. 다만 신안 김덕현씨는 유속 중에서 뛰어난 사람으로 후대에 전할 만한 책을 구하면 시기 여부를 가리지 않고 반드시 출판하여 전하려 하였습니다. 당시 서림 첨종예씨가 신안에서 기서奇書를 구했는데, 내 마음과 같은 점이 있어서 이 책(『풍아익』: 필자 주)을 가져다가 그에게 주었습니다."라고 하였다.[18]

[자료 4]는 『선시보주』 15권에 증문장曾日章이 쓴 서문이다. 이 글에서 유리가 편찬한 『풍

---

17 박철상(2004), 180면.
18 曾日章,「風雅翼序」,『選詩』, 장1b~2a. "鴻臚少卿潘公文錫, 由進士登官途, 於前人著述有關於世敎者, 汲汲以傳道後學之心爲心. 得風雅翼之編於會稽上虞來謂余曰: 此書僅在一方久, 恐蕪沒. 吾家浦城視建陽爲隣邑, 建陽書籍甲天下. 然其人以爲貨居, 以時之所需用爲印行之緩急, 而名敎有所不論也. 獨新安金德珢氏超出流俗之中, 得書之可傳者, 不計時之用否, 必欲鋟梓以傳. 書林詹宗睿氏, 求奇書於新安, 與吾心有同然者, 乃持此書畀之."

아익』을 처음 입수한 사람은 포성浦城(현 복건성 포성현) 출신인 홍려소경鴻臚少卿 반문석潘文錫이다. 그는 진사과 출신의 관료로 유리의 고향인 회계會稽 상우上虞에 가서 『풍아익』을 구해왔다. 이어 그는 이 책을 출판할 목적으로 포성과 이웃해 있는 건양의 출판가를 찾아갔다. 당시 건양에서 간행된 서적들은 중국에서 으뜸으로 알려졌으나, 그곳의 출판업자들은 영리에만 급급해 명교보다는 시속에서 요구하는 책을 주로 간행하였다. 주희의 고향인 신안의 김덕현은 유독 명교에 도움이 되는 책이 있으면 시기를 가리지 않고 출판하려 하였다. 김덕현은 마침 서림 첨종예가 그를 찾아와 출판을 약속하고 자신이 모은 서적들을 모두 가져갔는데, 이때 반문석도 자신이 상우에서 입수한 『풍아익』을 첨종예에게 주었다.

다음 글을 통해 유염이 앞서 첨종예가 입수한 『선시보주』와 『감흥시통』을 합본하여 1437년에 『선시보주』 15권을 편찬한 사실을 알 수 있다.

[자료 5] : 서림 첨종예 선생이 신안 주희의 고향에 있는 인본仁本 김덕현 선생의 처소를 방문하여 진정우陳定宇(진력: 필자 주), 호운봉胡雲峯(호병문: 필자 주), 주풍림朱風林(주승: 필자 주), 조동산趙東山[조방: 필자 주], 예도천倪道川(예사의: 필자 주) 등의 서적을 구하였고, 이어 간행하려는 생각을 가지고 『선시보주』 등의 책을 얻었다. … 『선시보주』에는 속편에 「감흥시」가 실려있는데, 유탄지劉坦之(유리: 필자 주)선생이 편의 끝에서 말하길, "호운봉 선생의 『감흥시통』이 있다고 들었으나, 아직 보지 못하였다. 학자들이 만일 얻어서 나의 해설의 득실을 바로잡아 준다면 후인에게 바라는 것이 깊다."라고 하였으니, 그 얼마나 충후한 뜻인가? 내가 마침내 김덕현 선생이 예도천과 조동산 두 선생이 교정한 『감흥시통』에 의거해 자구를 지우거나 평범한 것을 제거해 놓은 정본을 저본으로 하여, 유리 선생의 보주를 각 편의 끝에 붙여놓아 온전히 갖추어진 형태를 이루었다. … 정통正統 정사丁巳 중추仲秋 정묘일丁卯日에 만학소생 경조京兆 유염劉剡이 삼가 쓰다.[19]

---

19 劉剡, 「感興詩通跋」, 『朱子感興詩諸家集解』, 장58b. "書林詹宗睿氏, 往新安朱子之鄉仁本金先生德玹處, 訪求陳定宇‧胡雲峯‧朱風林‧趙東山‧倪道川諸先生書籍, 志欲刊行, 迺得選詩補註等書. … 以歸. 選詩載感興詩於續編, 劉坦之先生於篇末云: 聞胡雲峯先生有感興詩通, 未及見. 學者倘得以正予得失之說, 則其望於後人也深矣. 其忠厚之意何如哉. 愚遂以金先生依倪趙二先生所校感興詩通, 句末去冗汎, 定本爲宗, 而附坦之補註于各篇之末, 以成全備之美. … 正統丁巳仲秋丁卯, 晚學小生京兆劉剡拜手書."

[자료 5]는 유염이 주희의 「감흥시」 20수와 호병문이 지은 『감흥시통』을 합본하고 나서 쓴 발문이다. 김덕현은 호병문의 『감흥시통』을 구한 후에 예사의와 조방이 교정한 내용에 의거하여 자구를 지우거나 평범한 것을 제거하였다. 앞서 살펴보았듯이 유리가 처음 편찬한 『선시보주』는 『선시보주』 8권, 『선시보유』 2권, 『선시속편』 4권 등 총 14권으로 이루어져 있다. 유염은 유리가 지은 『선시속편』 권4의 끝에 수록된 주희의 「감흥시」 20수를 분리하고, 이를 김덕현이 교정한 『감흥시통』과 합본하여 『선시속편』 권5라고 써 놓았다. 현

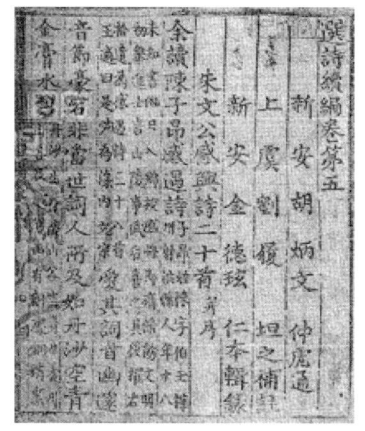

[그림 2] 『선시속편』
(목판본, 고려대도서관)

재 고려대 도서관에 소장된 『선시속편』 권5는 총 88장 1책으로 구성되어 있는데, 이 책의 제1장 2행~4행에는 '신안호병문중호통新安胡炳文仲虎通', '상우유리탄지보주上虞劉履坦之補註', '신안김덕현인본집록新安金德玹仁本輯錄'이라고 표기되어 있다. ([그림 2] 참고)

(1) 유리劉履의 『선시보주』

유리는 원말 명초 시기에 활동한 문인으로 자는 탄지坦之이고 상우上虞 사람이다. 그의 증조부는 송대에 시어사侍御史를 지낸 충공忠公[성명 미상]이다. 충공은 주희를 사숙한 학자로 알려져 있는데, 유리는 위와 같이 증조로부터 이어져 온 주자학을 가학으로 전수하였다. 그는 원이 망하고 명이 들어섰으나 출사하지 않고 스스로 '초택간민草澤間民'이라고 불렀다. 1383년(홍무 16)에 천하의 박학한 선비들을 구한다는 조서를 내리자, 절강포정사浙江布政使가 그를 강제로 수도로 올려보내 관직을 받게 하였다. 그러나 그는 늙고 병들었다는 이유로 관직을 고사하였고, 그 후 얼마 후에 세상을 떠났다. 그는 원명이 교체되는 시기에 시대를 비통해하고 원모怨慕하는 시를 지었는데, 이 시들은 한위漢魏 이래 난세에 지어진 시들의 풍치를 띠고 있었다. 이에 그는 『문선』에 수록된 시중에서 쇠란한 시대에 곤궁한 삶을 노래한 시들을 뽑아, 작품의 지취旨趣를 발명하고 시인의 정지情志를 펼쳐 후대에 전하고자 하였다.[20]

앞서 말했듯이 유리가 편찬한 『선시보주』 14권에는 체제가 고아古雅하고 의취가 유원悠遠

한 시들이 수록되어 있다. 또한 이곳에 수록된 시들은 성정에 근본하고 세교에 관계되어 후학들이 준식으로 삼을 만하다.[21] 먼저 그는 『선시보주』 8권에 소통이 편찬한 『문선』에서 212수를 뽑고, 이어 『문선』에 수록되지 않은 도잠 시 29수, 『후한서』에서 수록된 역염酈炎 시 2수, 『문장정종文章正宗』에 수록된 조식의 「원가행怨歌行」 1수, 『완사종집阮詞宗集』에 수록된 완적의 「영회永懷」 2수를 뽑아, 총 246수의 시를 수록하였다.[22] 또한 그는 『선시보유』 2권에 요순시대부터 진晉까지 여러 책에 보이는 가사歌辭 42수를 수록하였고, 『선시속편』 4권에는 당송의 시 112수와 주희의 「감흥시」 20수를 수록하였다. 그는 위와 같이 자신이 뽑은 시와 증원曾原이 편찬한 『선시연의選詩演義』에 수록된 시의 차이를 다음과 같이 설명하였다.

[자료 6] : 선록한 시를 증원曾原의 『선시연의選詩演義』와 비교하면, 도잠 시를 제외하고 더 보탠 것이 80수에 가깝고, 『선시연의』에는 수록되어 있으나 『선시보주』에서 취하지 않은 것이 39수이다. 위魏 무제武帝의 「단가행短歌行」, 문제文帝의 「부용지芙蓉池」, 유정劉楨의 「공연公燕」, 육기陸機의 「종군從軍」과 「고한苦寒」 등과 같은 시는 그 설이 함께 이미 각 사람의 주석에 보인다. 또한 고악부 「상가행傷歌行」과 같은 것은 곧 후인들이 모의한 것을 모아놓아 천근하여 쉽게 지을 수 있다. 응거應璩의 「백일시百一詩」는 사詞가 비리한 것이 많고 특히 전아한 체제가 아니며, 부함傅咸의 「증하소贈何劭」 등은 잡용하여 정결하지 못하고, 반악潘岳의 「도망悼亡」은 다만 정에서 발하고 예의에 머물지는 못하였다. 사첨謝瞻의 「종희마대從戲馬臺」는 경물을 모아놓은 것은 넉넉하나 의취가 부족하고, 안연지顔延之의 「시유경구侍遊京口」는 아로새겨 아름답지만 소산한 아취가 결핍되어 있으므로 모두 수록하지 않았다.[23]

---

20 작자미상, 「選詩補註序」, 『選詩』, 장5a. "身處乎窮約, 世更乎衰亂, 又或與之有近似者, 此所以注意於選詩, 而必爲之發其旨趣, 申其情志, 使不昧于千載之下也."
21 劉剡 編, 『選詩』, 장1b, 「凡例」. "重選之法, 必其體制古雅, 意趣悠遠, 而所言本於性情, 關於世教, 足爲後學準式者取之."
22 劉剡 編, 『選詩』, 장1a~장1b, 「凡例」. "愚故特於其中, 重加訂選, 得二百十有二首. 又尙恨陶靖節詩在文選者甚少, 今取其本集, 增取二十九首. 又於後漢書, 得酈炎詩二首, 於文章正宗, 得曹子建怨歌行一首, 於阮嗣宗集, 得詠懷二首, 皆文選所遺者. 總二百四十六首, 釐爲八卷."

[자료 6]에서 보듯이 유리는 『선시보주』 8권에 『선시연의』에는 수록되어 있지 않은 80여 수를 추가하였다. 그리고 그는 다음 몇 가지 이유를 들어 『선시연의』에 수록된 39수를 제외하였다. 먼저 그는 위魏 무제武帝의 「단가행短歌行」, 문제文帝의 「부용지芙蓉池」, 유정劉楨의 「공연公燕」, 육기陸機의 「종군從軍」과 「고한苦寒」 등은 이미 다른 사람들의 주석에서 그 의미가 드러났다고 하였다. 이어 그는 고악부 「상가행傷歌行」은 후인들이 모아서 모의한 것으로 천근하여 누구든 쉽게 지을 수 있고, 응거應璩의 「백일시百一詩」는 비리한 시어가 많고 체제가 전아하지 못하며, 부함傅咸의 「증하소贈何劭」는 잡용하여 정결하지 못하다고 하였다. 또한 그는 반악潘岳의 「도망悼亡」은 정에서 발하여 예의에 머물고 있지 못하고, 사첨謝瞻의 「종희마대從戲馬臺」는 경물을 모아놓은 것은 넉넉하나 의취가 부족하며, 안연지顔延之의 「시유경구侍遊京口」는 아로새겨 아름답지만 소산한 아취가 결핍되어 있다고 하였다. 이로 보아 유리는 『선시보주』를 편찬하면서 ① 후대에 모의한 것으로 천근한 시, ② 사어가 비리하고 체제가 전아하지 못한 시, ③ 잡용하여 정결하지 못한 시, ④ 정에서 발하고 예의에 머물러 있지 못한 시, ⑤ 경물만 말하고 의취가 부족한 시, ⑥ 아름답게 아로새겨 소산한 아취가 결핍된 시를 제외한 것으로 생각된다. 그 한 예로 다음과 같이 「고시십구수」 중 제5수의 주석을 통해 확인할 수 있다.

[자료 7] : [원문][24] 迢迢牽牛星, 皎皎河漢女. 纖˙纖˙擢˙素˙手˙, 札˙札˙弄˙機˙杼˙. 終˙日˙不˙成˙章˙, 泣˙涕˙零˙如˙雨˙. 河˙漢˙清˙且˙淺˙, 相˙去˙復˙幾˙許˙. 永˙永˙一˚水˙間˚, 脉˚脉˚不˚得˚語˚. 비이다. 초초迢迢는 높은 모습이다. … 이것은 신하가 재능이 있어 직책을 잘 할 수 있으나 임금이 믿고 쓰지 않아 신하의 충심을 다하지 못한 것이, 직녀가 깨끗하고 섬세한 자질이 있어 맡은 일에 부지런하나 견우와 서로 친하지 못하여 부부의 도를 다하지 못한 것과 같다. 오직

23　劉刻 편, 『選詩』, 장2a~장2b, 「凡例」. "所選詩, 較之曾原演義, 除陶詩外, 增多者, 幾八十首, 於演義所錄, 而補註之不取者, 三十九首. 如魏武帝短歌行, 文帝芙蓉池, 劉公幹公燕, 陸士衡從軍·苦寒等篇, 其說幷已見各人詩註. 又如古樂府傷歌行, 乃後人掇拾模擬, 淺近易到, 應休璉百一詩, 詞多鄙俚, 殊非雅製, 傅長·虞贍·何劭等, 雜冗而不精潔, 潘安仁悼亡, 徒發乎情而不止禮義, 謝宣遠從戲馬臺, 集景有餘而意不足, 顔延年侍遊京口, 雕斲藻繢, 而乏蕭散之趣, 故皆不得而錄."
24　'˙' 표기는 목판본에 방점(傍點)이 찍혀 있는 곳이고, 'ㅇ' 표기는 목판본에 권(圈)이 찍혀 있는 곳임.

서로 친하지 못한 것에 생각이 매여 있어 마음을 오로지하지 못하므로, 비록 종일토록 베를 짜도 문장을 이루지 못하고 오직 울며 눈물만 흘릴 뿐이다. 대저 은하수는 이미 맑고 얕은 것이 서로의 거리가 매우 가까우므로, 물 하나의 사이에 분명하게 눈을 떠서 보면서도 그 말을 통하게 할 수 없으니, 이는 어찌 할 바가 없겠는가? 함축하고 있는 의사를 스스로 모두 말하지 못하는 것이 있을 뿐이다.[25]

[자료 7]에서 보듯이 유리는 「고시십구수」 제5수에 주를 달면서 주희의 『시집전』을 본받아 먼저 시구의 훈고를 밝히고, 다음 작자의 지의旨意를 설명하는 방식을 취하였다. 인용문에서 '비야比也'는 주희가 『시경』에 수록된 305편의 시를 육의六義로 설명한 것을 본뜬 것이고, '초초고모迢迢高貌'는 원문을 훈고한 것이다. '차언此言' 이후의 내용은 유리가 작자의 지

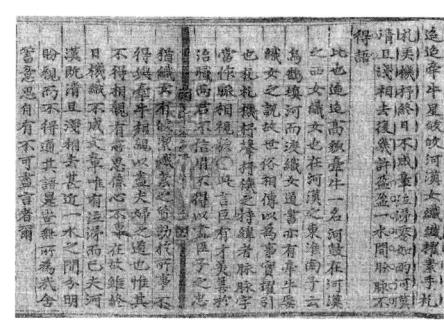

[그림 3] 『선시속편』
(목판본, 고려대도서관)

의를 해석한 것이다. 그는 이 시에서 직녀가 깨끗하고 섬세한 자질이 있으나 견우와 서로 친하지 못하여 부부의 도를 다하지 못한 것은, 신하가 재능이 있어 직책을 감당할 수 있으나 임금의 신용을 얻지 못해 신하의 충심을 다하지 못한 것을 비유한 것이라고 하였다. 특히 그는 시어가 지극히 정교하거나 의사가 유원한 곳에 방점 傍點[◧]을 찍어놓고, 함축하여 여운이 있는 곳에 권圈[ㅇ]을 찍어 놓았다.([그림 3] 참고)[26] 인용 시에는 '섬섬탁소수纖纖擢素手'부터 '상거부기허相去復幾許'까지 6구에 방점이 찍혀 있다. 이로 보아 그는 '직녀가 견우 생각에 마음을 오로지하지 못하여 종일 베를 짜도 문장을 이루지 못한 채 울며 눈물만 흘린다.'고 말하거나, '맑고 얕은 은하수를 사이에 두고 서로 또렷이 바라볼 뿐 말이 통하지 못한다.'고

---

25 劉刻 編, 『選詩』 권1, 「古詩十九首」 제10수, 장10b~장11b. "比也. 迢迢高貌. … 此言臣有才美, 善於治職, 而君不信用, 不得以盡臣子之忠, 猶織女有皎潔纖素之質, 勤於所事, 不得與牽牛相親, 以盡夫婦之道也. 惟其不得相親, 有所思係, 心不專, 故雖終日機織, 不成文章, 唯有泣涕而已. 夫河漢旣淸且淺, 相去甚近, 一水之間, 分明盻視, 而不得通其語, 是豈無所爲哉. 含蓄意思, 自有不可盡言者爾.
26 劉刻 編, 『選詩』, 장4a, 「凡例」. "語有精至, 或意思悠遠者, 從傍點識, 若含蓄有餘韻者圈."

말한 것에 대해, 시어가 지극히 정교하고 의사가 유원하다고 이해했음을 알 수 있다. 또한 그는 마지막 "영영일수간永永一水間, 맥맥부득어脉脉不得語."에 권을 달았는데, 이는 그가 이 두 구에서 '직녀가 생각을 모두 말하지 않은 것'은 여운을 함축하고 있다고 생각했기 때문으로 보인다.

> [자료 8] : 주희의 이 시는 오로지 심학의 온오蘊奧함을 발명한 것으로, 의리가 정미하고 겸하여 시인의 흥취를 얻었다. 비록 문인 과산瓜山 반병潘柄, 북계北溪 진순陳淳, 각헌覺軒 채모蔡模와 양용성楊庸成, 첨경진詹景辰, 서자여徐子與, 황백양黃伯暘, 여자절余子節 등과 같은 제가들이 일시에 전주箋註를 지어 설명한 것이 의리에 대해 발명한 것이 많으나, 사문師門의 전주傳註의 체제를 얻지 못하고 혹은 강의의 범연泛衍함과 부용浮冗함에 빠지거나 혹은 찬소纂疏의 지엽적이고 번쇄함에 흘러, 작자의 본의와 상반되고 어그러져 초학자들이 이 시가 지닌 흥취의 귀착점을 구하기가 어렵다. 내가 이 속편을 편집하면서 문득 자신을 헤아리지 못하고 그 시를 풀어 해석하였는데, 비록 의견이 범근凡近하여 감히 스스로 앞사람보다 뛰어나다고 말하지는 못하지만, 각 편의 사지詞旨가 부창敷暢·조달條達하여 그 시를 완미하는 자들이 기구하게 합치시키는 어려움은 거의 없을 것이다. 운봉 호병문 선생이 또한 『감흥시통』을 지었다고 들었지만, 누군가가 그의 원고를 감추어 전해지지 않는데, 만일 이 책을 얻어 보고 나의 잘못을 바로잡으면 다행이다.[27]

[자료 8]은 유리가 『선시속편』 권4에 주희의 「감흥시」 20수를 수록하고 쓴 발문이다. 유리는 이 시가 심학의 온오蘊奧함을 발명한 시로 의리의 정미함과 시인의 흥취를 겸하고 있다고 보았다. 그러나 그는 주희의 문인인 과산瓜山 반병潘柄, 북계北溪 진순陳淳, 각헌覺軒 채모蔡模등과 양용성楊庸成, 첨경진詹景辰, 서자여徐子與, 황백양黃伯暘, 여자절余子節 등이 쓴

---

[27] 劉剡 편,『選詩續編』권5, 장86a~장86b,「選詩補註跋」. "朱子此詩專明心學之蘊奧, 義理精微, 而兼得乎詞人之興趣. 雖一時箋註, 如門人瓜山潘柄·北溪陳淳·覺軒蔡模, 與夫楊庸成·詹景辰·徐子與·黃伯暘·余子節諸家之說, 其於義理, 固多發明, 然惜乎其未得師門傳註之體, 或墮於講義之泛衍浮冗, 或流於纂疏之枝葉繁碎, 使與作者本意反相矛盭, 而使初學卽此以求興趣之歸難矣. 愚因輯是續編, 輒不自量而訓解之, 雖意見凡近, 未敢自謂過於前人, 然於每篇之詞旨, 敷暢條達, 使諷玩之者, 無崎嶇求合之難, 或庶幾焉. 竊聞雲峯胡先生, 亦嘗著感興詩通, 或者祕其藁而不傳, 萬一獲見是書, 得以正予之謬妄則又幸矣."

전주箋註들은 의리를 발명한 것은 많으나 전주傳註의 체제를 갖추고 있지 못하며, 범연泛衍하거나 부용浮冗한 강의와 지엽적이고 번쇄한 찬소纂疏에 흘러 이 시 고유의 흥취를 얻기 어렵다고 하였다. 따라서 그는 「감흥시」를 해석하면서 시의 논지가 잘 드러나게 하여, 독자들이 억지로 뜻을 합치시키는 일이 없도록 하였다. 이로 보아 그는 당시 남아있는 「감흥시」의 주석서들은 이 시에 내재한 의리를 발명하는 데에 치중되어 있다고 보고, 이 시를 주석하면서 주희가 『시경』에 주를 달면서 강조한 시 자체의 문학적 흥취를 발명하는 데 초점을 맞춘 것으로 생각된다.

(2) 호병문胡炳文의 『감흥시통』

앞서 살펴보았듯이 유염은 첨종예가 반문석을 통해 입수한 『선시보주』14권과 『감흥시통』을 합편하여 『선시보주』15권을 편찬하였다. 이때 그는 유리가 편찬한 『선시보주』14권의 일부인 『선시속편』 권4에 수록된 주희의 「감흥시」 20수와 『감흥시통』을 합편하여 『선시속편』 권5을 새로 만들었다.

> [자료 9] : 『선시보주』에는 『선시속편』에 「감흥시」가 실려 있는데, 유탄지 선생이 책의 끝에서 말하길, "호운봉 선생의 『감흥시통』이 있다고 들었으나, 아직 보지 못하였다. 학자들이 만일 얻어서 나의 해설의 득실을 바로잡아 준다면 후인에게 바라는 것이 깊다."라고 하였으니, 이 얼마나 충후한 뜻인가? 내가 마침내 김덕현 선생이 예도천과 조동산 두 선생이 교정한 『감흥시통』에 의거하여 시구의 끝에 평범한 것을 제거해 놓은 정본으로 근본을 삼고, 유탄지의 『보주』를 각 편의 끝에 붙여 놓아 온전히 갖추어진 형태를 이루었다. 구차하게 번잡한 것을 좋아해서가 아니요, 다만 이 책은 성리의 오묘함을 발명한 것이 해와 달처럼 밝아 스스로 편리하게 읽도록 한 것이다. 장차 여러 동지에게 주어 대조 교정을 마치고 나서 권말에 그간의 경위를 기록한다. 정통 정사(1437년: 필자주) 중추 정묘일에 만학소생晚學小生 경조京兆 유염劉剡이 삼가 쓰다.[28]

---

[28] 劉剡 編, 『選詩續編』 권2, 장58b, 「跋」. "選詩載感興詩於續編, 劉坦之先生於篇末云: 聞胡雲峯先生有感興詩通, 未及見. 學者倘得以正予得失之說, 則其望於後人也深矣. 其忠厚之意何如哉. 愚遂以金先生依倪趙二先生所校

[자료 9]는 유염이 주희의 「감흥시」 20수와 호병문의 『감흥시통』을 합편하고 나서 쓴 발문이다. 유염은 인용 글의 앞에서 주희의 「감흥시」는 천도로써 인심을 밝혀 체體와 용用이 하나의 근원이 되게 하고, 현顯과 은隱이 간극이 없게 하여, 학자들이 일용생활을 하는데 도움이 된다[29]고 말하였다. 따라서 그는 『선시보주』와 『감흥시통』을 합편하면서 김덕현이 교정한 『감흥시통』을 정본으로 삼아 먼저 수록하고, 이어 유리의 『선시보주』를 각 편의 끝에 붙여놓았다. 이는 앞서 살펴보았듯이 유리가 『선시보주』 14권을 편찬하고 나서 쓴 발문에서 후대에 호병문의 『감흥시통』을 보고 자신의 해설을 바로잡길 바란다고 말한 것을 그대로 실천한 것이다. 현재 고려대 도서관에는 유염이 편찬한 『선시보주』 15권을 목판으로 간행한 판본이 소장되어 있다. 그중 『선시속편』 권5는 총 88장 1책으로 구성되어 있다. ([그림 2] 참고) 이 책에 수록된 「감흥시」 제1수의 내용을 살펴보면 다음과 같다.

〈표 1〉 『선시속편』 권5 수록 「감흥시」 제1수의 내용

①**昆侖大無外旁礴下深廣**(a)太玄經曰昆侖旁礴幽註昆渾也侖淪也旁礴猶彭魄地之形也礴與魄通○昆音渾(1)通曰昆胡昆切讀作崐崙之堒者非 ②**陰陽無停機寒暑互來往**Ⓐ詹氏曰昆侖旁礴以對待實體而言陰陽寒暑以流行實用而言梅巖胡氏曰前一句言天地之形後二句言天地之氣形則兩相配合以對待言氣則兩相禪代以流行言 ③**羲古神聖妙契一俯仰不待窺馬圖人文已宣朗**Ⓑ徐氏曰伏羲契先天之易不待窺見馬圖而剛柔之列奇耦之數尊卑之等貴賤之位所謂人文者已粲然矣不但有取於河圖特因河圖之出遂布奇耦以成八卦爾程子謂從河圖不出伏羲也須畫卦(2)通曰人文人之道也詩意謂伏羲仰觀於天俯察於地而人之道已昭著矣蓋天地之道皆以兩而成文者也不待窺河圖奇耦之數而後知其爲文也他註以爲文字之文者非是 ④**渾然一理貫昭晰非象罔**(b)莊子黃帝游赤水遺玄珠使象罔索得之楊氏曰象罔不明也此皆借用 Ⓒ胡氏升曰理無迹可見氣之分爲陰陽者皆有迹可見也敎人之序必自可見者言之故自對待流行而後及於渾然也 ⑤**珍重無極翁爲我重指掌**(c)珍重讚美之辭無極翁朱子也 Ⓓ蔡氏曰易有太極周子卽推無極而太極是生兩儀周子卽推太極動而生陽靜而生陰是不謂之重指掌乎Ⓔ潘氏曰天地不同形陰陽不同位寒暑不同時八卦不同位而太極一理默有以貫

感興詩通, 句末去冗汎, 定本爲宗, 而附坦之補註于各篇之末, 以成全備之美. 區區非欲好煩, 第此書發明性理之奧, 昭如日星, 得以自便讀, 且以貽諸同志, 因校對畢, 敬題卷末, 識其所自云. 正統丁巳仲秋丁卯, 晚學小生京兆劉剡拜手書"

29 劉剡 編, 『選詩續編』 권2, 장58b, 「跋」. "朱子之詩如布帛菽粟, 誠有補於學者之日用. 卽天道以明人心, 體用一原, 顯微無間."

乎其中昭然著見非見於彷彿象罔間也伏羲去世旣遠太極之理不明久矣非濂溪作太極以示人天下後世何由知之(3)通曰理之粲然者謂之人文理之渾然者謂之太極非有二理也㈠補註昆侖言天形之圓轉旁礴謂地勢之廣被馬圖卽榮河龍馬負圖而出伏羲則之以畫八卦者也人文謂兩儀四象支分交錯成八卦以備三才者說見朱子原象贊象罔猶言不分曉語出莊子無極翁指濂溪周子也㈡㈢此編論太極一貫之理也言天地設位以見太極之體所以立陰陽寒暑迭運以見太極之用所以行蓋無往而非太極也伏羲古之神聖仰觀俯察默契其妙有不待河之出圖而所謂人文者固已灼見於畫卦之前矣此五行一陰陽陰陽一太極渾然融貫本自昭著但聖遠言湮而於無聲無臭之中有未易以窺測者今乃感荷周子作爲圖說以示我人使獲見其如此之明而無疑也○㈢余子節曰伏羲作易自畫以下文王演易自乾元以下皆未嘗言太極而孔子言之孔子贊易自太極以下未嘗言無極而周子言之蓋無極二字乃周子不繇師傳黙體道妙立爲名義者如是故朱子於其圖說釋之已詳而復於此特擧是以名稱之不亦宜哉

〈표 1〉에서 ①~④는 5언시 12구로 이루어진 「감흥시」 1수의 원문이고, (1)~(3)은 호병문이 『감흥시통』을 편찬하면서 해당 시구에 자신의 해설을 붙여놓은 것이다. Ⓐ~Ⓔ는 호병문이 『감흥시통』을 편찬하면서 제가의 주석을 해당 시구에 붙여놓은 것이다. 호병문은 이 책에 모두 10명의 주석을 수록하였는데, 「감흥시」 1수에는 첨경진詹景辰, 서기徐幾, 호승胡升, 반병潘柄 등 4명의 주석이 실려 있다. ⒜~⒞는 김덕현이 예사의倪士毅와 조방趙汸이 교정한 내용에서 평범한 내용을 제거하고 해당 시구의 끝에 쌍주행雙註行으로 옮겨놓은 것이고, ㈠~㈢은 유리가 『선시속편』에 수록한 주석을 옮겨놓은 것이다. 그중 ㈠은 유리가 「감흥시」 1수에 사용된 어휘를 풀이한 것이고, ㈡은 「감흥시」 1수의 의미를 해설한 것이며, ㈢은 유리가 여백부余伯符가 「감흥시」 1수를 해설한 내용을 옮겨놓은 것이다. 유염은 위와 같이 『선시보주』와 『감흥시통』을 합편하면서 김덕현이 교정한 『감흥시통』을 먼저 수록한 후에 유리의 『선시보주』를 각 편의 끝에 붙여놓아, 독자들이 주희가 「감흥시」 20수에서 밝힌 성리의 오묘함을 스스로 알기 편하게 하였다.

2) 『사서통의』의 편집

현재 국립중앙도서관에는 일본에서 목판으로 간행한 『사서통의四書通義』 23책이 소장되어 있다. 이곳에 실려 있는 간기로 보아, 이 책은 1525년에 건양의 서림 임정당林正堂에서 간행한 판본을 중간한 것으로 생각된다. 또한 국립중앙도서관에는 '국외유출자료도서' 중에 우리 나라에서 갑진자로 간행한 『사서통의』 23책이 소장되어 있는데, 그중 『대학』 1책에는 앞의 일본 판본에는 없는 구석丘錫, 왕극관汪克寬, 소대蘇大 등의 「서」와 함께 유염이 편집해 수록한 『중정집석원류重訂集釋源流』의 「후지」가 수록되어 있다. 유염은 이 글에서 다음과 같이 예사의倪士毅의 『중정사서집석重訂四書輯釋』에 제가의 주석을 더하여 『사서통의』를 편찬한 과정을 상세하게 밝혔다.

[자료 10] : 공자·증자·자사·맹자 등 1성 3현의 『사서』는 주자 이후에 이르러서야 환하게 세상에 밝혀졌다. 그러나 그 사리辭理가 간략하게 갖추어진 것이 혼융하여 흔적이 없어 학자들이 살피기가 쉽지 않으므로, 이 『어록』과 『혹문』에서 문하의 고제高弟들이 발휘한 것을 읽기를 빠트릴 수 없는 바이다. 그 후에 큰 덕을 지닌 어진 선비인 조씨趙氏[조순손趙順孫: 필자 주]의 『찬소纂疏』, 오씨吳氏[오진자吳眞子: 필자 주]의 『집성集成』, 호씨胡氏[호병문: 필자 주]의 『통의通義』, 진씨陳氏[진력: 필자 주]의 『발명發明』이 서로 이어져 나왔으니, 모두 그것을 보좌한 것이 이름답고 지극하다. 애석하게도 선족先族인 숙조叔祖 유금문劉錦文 선생이 지원 정축년(1337)에 간행한 초고가 세상에 유행하게 되자, 예선생倪先生[예사의: 필자 주]이 서한을 수십 번 주고받으며 그것을 간행한 것이 너무 빠른 것을 유감으로 여겼다. 선덕 갑인년(1434)에 서림 첨종예가 삼가 사람을 보내 신안 휴양休陽(현 안휘성 휴녕현: 필자 주)의 선비 김인본金仁本[김덕현: 필자 주]를 찾아가게 하여 이현黟縣의 선비 왕사렴汪士濂의 집에서 회동하고, 예선생이 지정 정해년(1347)에 10년의 공력을 들여 중정重訂한 선본을 얻어서 돌아왔다. 또한, 파양鄱陽 송오松塢 왕선생王先生[왕봉: 필자 주]의 『찬록纂錄』, 인산仁山 김선생金先生[김이상金履詳: 필자 주], 백운白雲 허씨許氏[허겸許謙: 필자 주], 파양鄱陽 주씨朱氏[朱公遷: 필자 주], 그리고 정씨程氏[정복심程復心: 필자 주]의 『장도章圖』를 얻었다. 선비들이 집주한 뜻이 밝기가 흰 해가 푸른 하늘에 걸려 있는 것과 같으니, 어찌 유쾌하지 않겠는가? 첨종예가

간행하여 널리 전하니, 이로써 대조 교정하여 즐거이 사방 동지의 선비와 함께한다. 정통 용집龍集 정사년(1437) 맹춘 길일에 후학생 유용장劉用章이 기록하다.[30]

유염은 [자료 10]에서 주희의 『사서집주』는 사리辭理가 간략하게 갖추어져 있어 학자들이 이해하기 쉽지 않으므로, 『어록』과 『혹문』에서 주희의 고제高第들이 발휘한 내용을 읽어야 한다고 말하였다. 이어 그는 주희 사후에 조순손趙順孫의 『찬소纂疏』, 오진자吳眞子의 『집성集成』, 호병문의 『통의通義』, 진력의 『발명發明』이 잇달아 나와 주희의 주석을 보충하였다고 하였는데, 예사의가 이들 주석을 모아 놓고 자신의 학설을 더하여 『중정사서집석重訂四書集釋』을 편찬하였다고 하였다. 이 책의 초고가 1337년에 유염의 숙조叔祖인 유금문劉錦文에 의해 간행되었다. 그러나 예사의는

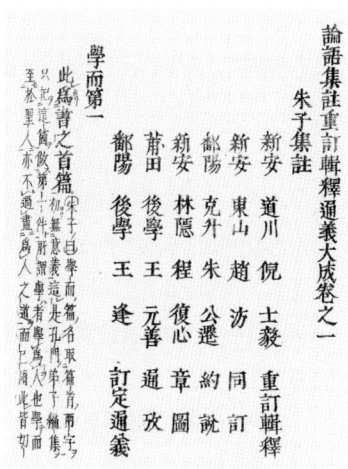

[그림 4] 『사서통의』
(목판본, 국립도서관)

이것이 너무 일찍 간행된 것을 유감으로 여기고 유금문과 서한을 수십 번 주고받으며 교정본을 다시 간행할 것을 청하였으나 뜻을 이루지 못하였다. 그 후 김덕현은 예사의가 10년의 공력을 들여 1347에 중정重訂한 선본을 입수하였고, 첨종예가 1434년에 이현黟縣(현 안휘성 이현)의 왕사렴汪士濂의 집에서 김덕현을 만나 이 선본을 얻었다. 유염은 이 선본에 왕봉의 『찬록纂錄』, 김이상金履詳의 『소의疏義』와 『집의指義』, 허겸許謙의 『총설叢說』, 주공천朱公遷의 『통지通旨』와 『약설約說』, 정복심程復心의 『장도章圖』 등을 추가하여 『사서통의』를 편찬

---

30 劉刻 편, 『重訂輯釋源流』, 장24a, 「後誌」. "孔·曾·思·孟, 一聖·三賢四書, 至朱子而後, 洞然燦明於世. 然其辭約理備, 混融無迹, 學者未易窺, 讀此語錄或問, 而至及門高第之所發揮, 所以不可闕也. 厥後賢儒碩德, 有趙氏纂疏, 吳氏集成, 胡氏通義, 陳氏發明, 相繼而出, 皆所以羽翼之, 美矣至矣. 惜乎先族叔祖錦文先生, 刻其至元丁丑初藁, 以行于世, 倪先生以書翰數十往來, 言其刊之遽速以爲憾. 宣德甲寅, 書林詹宗睿, 敬遣人往新安休陽儒士金仁本, 同於黟士汪士濂家, 請得倪先生至正丁丑重訂, 又用工十年善本而歸. 又得鄱陽松王先生纂錄, 仁山金先生, 白雲許氏, 鄱陽朱氏, 及程氏章圖. 士氏集註之義, 皎然如白日之麗乎青天者矣, 豈不快哉. 詹氏壽梓廣傳, 是用校對, 嘉與四方同志之士共之. 時正統龍集丁巳, 孟春吉日, 後學生劉用章誌."

하였다. 이 책은 1437년에 첨종예에 의해 간행되었다.

〈표 2〉 일본 목판본『논어집주중정집석통의대성』권1의 내용

①**學而第一**

②此爲書之首篇ⓐ(朱子曰)學而篇名取篇首兩字初無意義這是孔門弟子編集只把這箇做第一件所謂學者學爲人也學而至於聖人亦不過盡爲人之道而已爾此皆切要之言夫子之所志顏子之所學曾子子思孟子之所傳盡在此書而此篇所明又學之本古學者不可以不盡心焉(a)**[通義]**(程氏復心曰)六經中到商書說命篇方出學字乃學之爲王者事此則指人之爲學而言③故所記多務本之意ⓑ揭君子務本一句以爲首篇之要領此說本於游氏朱子已采入賢賢易色章下於此又首標之如首章以時習爲本次章以孝弟爲爲人之本三章忠信爲傳習之本道千乘章以五者爲治國之本皆是餘可以類推④乃入道之門積德之基學者之先務也(ㄱ)(章圖)道者人所共由之路德者己所獨有之理如孝弟忠信是人所共由之道能孝弟忠信便是己獨有之德才知有孝弟忠信便是入道之門能孝弟又能忠信便是積德之基⑤凡十六章

(1)**子曰學而時習之不亦說乎**

⑥學之爲言效也ⓒ(胡先生曰)言學之爲字卽是效字ⓓ按說文古斅字從文則學字卽是斅字效斅通(ㄲ)**[通攷]**(吳氏程曰)爲言言詞也謂此字之詞卽彼字之義也釋經之例凡曰某某也皆正訓也有曰某者某也某猶某也皆本非正訓而借彼明此者也如政者正也而又曰政猶正也政之爲言正也其意只一般⑦人性皆善而覺有先後後覺者必效先覺之所爲乃可以明善而復其初也

… 中略 …

(一)右第一章埜谷洪先生曰愚聞之師鄱陽朱先生曰此章言爲學之道學兼知行言首言學欲熟之於己中言學欲推之於人終言學者畢竟所以爲己

〈표 2〉는 일본에서 중간한 『사서통의』 중 『논어』 권1의 「학이」편의 첫 부분을 옮겨놓은 것이다. 이곳 1행에는 '논어집주중정집석통의대성권지일論語集註重訂輯釋通義大成卷之一'이라는 제명題名에 이어 2행에서 '주자집주朱子集註'라고 표기되어 있고, 3~8행에는 '신안도천예사의중정집석新安道川倪士毅重訂輯釋', '신안동산조방동정新安東山趙汸同訂', '파양극승주공천약설鄱陽克升朱公遷約說', '신안임은정복심장도新安林隱程復心章圖', '보전후학왕원선통고莆田後學王元善通攷', '파양후학왕봉정정통의鄱陽後學王逢訂定通義'라고 표기되어 있다([그림 4] 참고). (1)은 『논어』의 원문이고, ①~⑦은 주희가 『논어』를 주석한 것이다. 그리고 ⓐ~ⓓ는

예사의가 『중정사서집석』에 달아놓은 주석을 유염이 옮겨놓은 것이다. 그중 Ⓐ와 Ⓒ는 예사의가 주희와 호병문의 주석을 그대로 옮겨놓은 것이고, Ⓑ와 Ⓓ는 예사의가 직접 주석을 단 것이다. 밑줄 친 (a)는 왕봉이 『정정통의』에 달아놓은 주석을 유염이 옮겨놓은 것이고, (ㄱ)은 정복심이 『장도』에 달아놓은 주석을 유염이 옮겨놓은 것이다. (가)는 왕원선이 『통고』에 달아놓은 주석을 유염이 옮겨놓은 것이고, (一)은 주공천이 『약설』에 달아놓은 주석을 유염이 옮겨놓은 것이다. 위와 같이 유염의 편집 과정을 거쳐 간행된 『사서통의』는 당대 제가들의 주석이 망라하여, 후학들이 이를 읽고 주희의 주석을 융회·관통할 수 있도록 했다[31]는 점에서 그 의미를 찾을 수 있다.

3) 『통감절요』의 증교

현재 국립도서관에는 유염이 편찬한 『통감절요』를 무신자로 간행한 판본이 소장되어 있다. 이 책의 1장 1행에는 '소미가숙점교부음자치통감절요권지일少微家塾點校附音資治通鑑節要卷之一'이라는 제명題名에 이어 2~4행에는 '미산사소음석眉山史炤音釋', '파양왕봉집의鄱陽王逢輯義', '경조유염증교京兆劉剡增校'라고 표기되어 있다. ([그림 5] 참고) 이로 보아 이 책은 왕봉이 지은 『통감석의通鑑釋義』를 유염이 증교해 편찬한 것임을 알 수 있다. 이 책의 앞부분에는 다음과 같이 유응강劉應康이 1428년에 쓴 서문이 실려 있다. 유응강은 이 글의 내용으로 보아 유염일 것으로 추정된다.

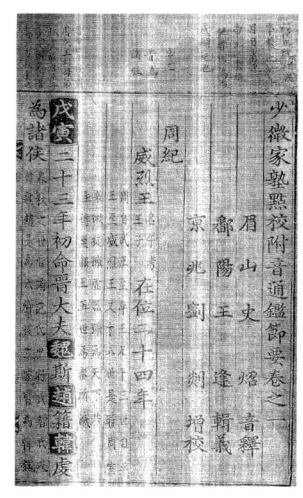

[그림 5] 『통감절요』
(무신자본, 국립도서관)

---

31 丘錫, 「叙」, 『大學章句重訂輯釋章圖通義大成』 1책, 장1b. "當代諸儒之著述, 亦並取而無遺, 而於朱夫子之書, 可謂融會貫通, 而無餘蘊矣, 其惠後學之心, 不亦至矣."

[자료 11] : 소미선생少微先生[강지江贄: 필자 주]이 지은『통감절요』한 책이 세상에 유행한 것이 오래되었으나, 훈석이 빠져 있고 의론이 간략하여 보는 자들이 유감으로 여겼다. 이제 공경히 송오松梧 왕선생王先生[왕봉: 필자 주]의『통감석의通鑑釋義』선본을 구하니, 훈석이 자세히 갖추어져 있고 구두가 명백하였다. 인용한 것은 그 말의 상세한 것을 표시하고, 결단하는 말에는 그 뜻의 정미한 것을 채집하고, 통기統紀한 것은 정삭正朔과 윤위閏位의 구분을 분별하고, 승계한 것은 영씨嬴氏와 여씨呂氏의 성씨姓氏와 계통의 혼란한 차이를 판단하였다. 또한, 「삼황세기三皇世紀」를 앞에 붙이고 이어서 송·요·금·원의『속통감절요續通鑑節要』를 뒤에 새겨 붙여, 학자들이 책을 펴면 한 번에 모두 얻게 하였으니, 어찌 유쾌하지 않겠는가? 삼가 목판에 새겨 즐거이 해내의 군자와 함께하니, 부디 볼지어다. 선덕 무신년(1428) 6월 갑신에 서림에서 경조京兆 유응강劉應康은 삼가 쓰다.[32]

[자료 11]에서 유염은 당시 유행하고 있는 강지江贄의『통감절요』의 문제점으로 훈석이 빠져있고 의론이 간략하다는 점을 지적하였다. 이어 그는 자신의 선사인 왕봉이 지은『통감석의通鑑釋義』는 훈석이 자세히 갖추어져 있고 구두가 명백하다고 말하고, 이 책을 증교하여『소미가숙점교부음자치통감절요少微家塾點校附音資治通鑑節要』라고 이름을 붙여놓았다. 그는 이 책의 특징으로 ① 인용한 것에 있어서는 말은 상세한 것을 표시하고, ② 결단하는 말은 그 뜻의 정미한 것을 채집하며, ③ 통기統紀한 것은 정삭正朔과 윤위閏位의 구분을 분별하고, ④ 승계한 것은 영씨嬴氏와 여씨呂氏의 성씨와 계통의 혼란한 차이를 판단하였다고 말하였다. 또한 그는 이 책의 앞에 「삼황세기三皇世紀」를 붙여놓고 뒤에 송·요·금·원의『속통감절요續通鑑節要』를 추가시켜, 학자들이 책을 펴면 한 번에 모두 얻을 수 있도록 하였다. 특히 그가 이 책을 편찬하면서 가장 중시한 것은 ③과 ④에서 말한 바와 같이 주희의 정통론에 기초하여 역대 왕위의 정삭과 윤위를 구분하고, 영씨와 여씨의 승계 문제를 바로 잡는 것이

---

[32] 劉剡 編,『少微家塾點校附音資治通鑑節要』권두, 장1a, 「序」. "少微先生通鑑節要一書, 行世久矣. 然訓釋闕略, 議論簡少, 覽者憾焉. 今敬求到松梧王先生釋義善本, 訓釋詳備, 句讀明白. 於引援則標其語之詳, 於斷語則采其義之精, 於統紀則別其正朔閏位之分, 於承繼則判嬴呂姓系混亂之殊. 而附之以三皇世紀於前, 繼之以宋·遼·金·元續節要, 刊附于後, 使學者, 開卷一覽而盡得之, 豈不快哉. 敬刻諸梓, 嘉與海內君子共之, 幸鑑. 宣德戊申年六月甲申, 書林京兆劉應康敬識."

다. 이를 확인하기 위해 이 책의 권1에 수록된 일부 내용을 제시하면 다음과 같다.

〈표 3〉 무신자본 『소미가숙점교부음자치통감절요』 권1의 내용

상단	①東周君 ②東周自考王封其弟于河南是爲桓工以續周公官職桓公卒子威公立威公卒子惠公立惠公乃封其少子於鞏以奉王號東周惠公Ⓐ出史記○東西周之稱又起於此索隱曰惠公立長子曰西周公又封少子於鞏仍襲父號曰東周惠公於是又稱東西二周也按世本西周桓公名揭居河南東周惠公名班居洛陽是也復齋胡氏曰其後揭沒而長子成公襲有其地少子班專制洛陽兄弟各立史冊逸其世數名氏至赧王三十四年楚謀入寇王使東周君諭止之蓋班之後也至赧王入秦遷西周公於單(+心)狐聚而河南亡莊襄元年遷東周君於陽人聚而洛陽之鞏亡③南宮氏靖一曰周自武王至東周君滅而周始亡于秦斯實錄也後有秉春秋之筆者盡改而正諸Ⓑ按舊本仍溫公之書自赧王入秦之後卽以秦昭襄承周統爲秦記剡旣已遵朱子綱目之例正之矣今復得南宮氏之說而雙湖胡氏深有取焉極爲確論眞所謂發先賢之所未發者也舊本正之而未盡今復正之于左以俟質于高明史學先生云 ③丙午元年Ⓒ秦昭襄王稷五十二楚考烈王八燕孝王三魏安釐王二十二趙孝成王十一韓桓惠王十八齊王建十年○凡七國④周民東亡秦取其寶器遷西周公於單(+心)狐聚⒜釋義索隱曰西周公武子文公也單(+心)狐地名單(+心)音憚徐廣曰탄單(+心)狐聚近陽人聚在洛陽南百五十里括地志汝州之外古梁城卽單(+心)狐聚○⑤秦丞相范雎免 … 中略 … (1)-1[新增]愚按南宮氏曰作史者當於莊襄元年東周旣滅方書周亡然後進秦使接周統於莊襄終年呂政嗣位特書秦亡然後正其姓氏別爲後秦斯實錄矣今乃不然東周未滅遽進昭襄之秦呂政嗣位猶冒嬴秦之姓於周則絶之如恐其不亟於秦則進之如恐其不多好惡不公是非逆置其諸謂之何哉秦自孝公以來累世窺周一念僭竊至莊襄百有餘年東周始滅彼固謂嬴氏之業可傳之不墜未幾呂政立而嬴氏之秦已亡嗚呼赧王入秦之後歷七年而東周如線之緒尙存莊襄取周之餘才三載而柏翳數百年之宗社遽滅Ⓓ襄公始封諸侯至莊襄甲寅五百七十年(1)-2孟子曰殺人之父人亦殺其父殺人之兄人亦殺其兄天道好還福善禍淫無毫髮爽而世之窺覦僭竊于人之國者每迷而不悟悲夫
하단	①列國年紀[秦][楚][燕][魏][趙][韓][齊] (1)[增校]愚按朱子綱目例凡正統之年歲下大書非正統者兩行分註今幷以綱目之例正之而分註列國君名年號於甲子下後凡非正統之國者倣此 ②秦紀 ③莊襄王(2)名楚孝文王初質於趙因不韋策歸以爲嗣其先栢翳佐舜有功賜姓嬴後有非子封秦秦仲始大自

孝公用商鞅以利而致富强廢井田開阡陌莊襄滅周三年而亡

④癸丑(3)秦莊襄王二楚考烈王十五燕王喜七魏安釐王二十九趙孝成王十八韓桓惠王二十五齊王建十七年○凡七國⑤日食○秦伐趙定太原取三十七城

　　<표 3>에서 상단의 내용은 유염이 진秦의 정통을 인정하지 않고 '동군주東周君'을 새로 설정해 놓은 것이다. 사마광의 『자치통감』에는 위의 부분이 난왕赧王 59년조에서 「진기秦紀」로 이어져 진의 소양왕昭襄王 52년(병오년)으로 넘어갔는데, 유염이 처음 저본으로 사용한 구본에도 주통周統이 진의 소양왕으로 바로 이어져 있다. 그러나 유염은 이곳에 '동주군東周君'을 설정하여 7년이 연장된 소양왕 59년(계축년)에 비로소 「진기」를 시작하였다. ①의 동주군은 주周 혜공惠公의 작은아들로 당시 공鞏에 봉封한 동주 혜공을 가리킨다. 유염은 ②에서 진秦에 정통성을 부여하지 않기 위해 『사기』의 내용을 인용하여 동주 혜공을 동주군으로 격상시키고, ③~⑤에서 7년의 기간을 주왕조의 역사로 편입하였다. (1)-1과 (1)-2는 유염이 구본의 주석을 보완할 목적으로 새로 추가하여 [신증新增]이라고 이름을 붙인 것이다. 그는 이곳에서 남궁정일南宮靖一의 말을 인용하여 앞의 [자료 11]에서 밝힌 '승계에 있어서는 영씨嬴氏와 여씨呂氏의 승계 문제'를 바로 잡았다. 이어 그는 진의 장양왕莊襄王이 서주를 멸한지 7년 만에 다시 동주도 취하였으나, 이후 3년 만에 여정呂政에 의해 영씨嬴氏의 진이 망한 사실을 지적하였다. 이 밖에 (a)는 왕봉의 『통감석의通鑑釋義』를 전재한 것이고, Ⓐ~Ⓓ는 유염이 구주를 보완한 것이다.

　　<표 3>에서 하단의 내용은 열국의 연기年紀에서 「진기秦紀」에 해당하는 부분을 옮겨놓은 것이다. ①~④는 구본의 원문을 그대로 옮긴 것이고, (1)은 유염이 이 책에 열국의 연기를 표기하는 방식을 설명하면서 [증교]라고 이름을 붙여놓은 것이다. 그는 이곳에서 주희가 『자치통감강목』에서 정통의 기년은 세歲 아래에 큰 글자로 쓰고 비정통은 둘로 줄을 나누어 분주分註한 예에 따라, 열국의 군명君名과 연호를 갑자甲子[큰 글자]의 아래에 분주하였다. 앞의 [자료 11]에서 '통기統紀에 있어서는 정삭正朔과 윤위閏位의 구분을 분별한 것'은 바로 이것을 의미한다. (2)는 유염이 초왕楚王의 이름을 큰 글자[莊襄王] 아래에 두 줄로 나누어 분주한 것이고, (3)은 열국의 연호를 큰 글자[癸丑] 아래에 두 줄로 나누어 분주한 것이다.

위와 같이 유염은 『통감절요』를 증교하면서 주희가 『자치통감강목』에서 보여준 정통론을 곳곳에서 반영하였다. 이와 같은 그의 정통론은 다음과 같은 예를 통해 거듭 확인할 수 있다.

> [자료 12] : [신증新增] 내가 살펴보건대 선유先儒[윤기신尹起莘: 필자 주]가 말하길 "공명孔明이 소열황제를 보좌하고 한漢을 위해 적을 토벌하여 천하에 대의를 진동시켰으니, 공은 비록 이루지 못했으나 명분은 바르다."라고 하였다. 진수陳壽가 삼국을 기록하면서 위魏을 주主로 하여 의례 '입구入寇'라고 썼으니, 진수는 참으로 만세의 죄인이다. 그런데 사마공 또한 인하여 그렇게 쓴 것은 어째서인가? 지금 주희의 『강목』에 따라 소열황제가 한漢의 정통을 이은 것으로 하였다. 그러므로 공명이 흥사興師한 것은 '벌위伐魏'라고 고쳐 쓰고 위병魏兵이 범경犯境한 것은 '입구入寇'라고 고쳐 쓴 연후에, 명분이 바르고 언어가 순조로우며 정위正僞의 분간이 절로 분명하게 되었다. 이후 모두 이를 따르고 다시 논하지 않는다.[33]

> [자료 13] : 살펴보건대 윤씨尹氏[윤기신尹起莘: 필자 주]가 말하길, "대개 중종中宗은 나라의 정통인데 무씨武氏[측천무후則天武后: 필자 주]가 이유 없이 그를 폐하고, 심지어 역성혁명에 이르렀으니, 왕망王莽과 조조曹操가 한 것과 차이가 없다. 그러나 천하는 여전히 당의 천하이니 무씨가 어찌 그것을 끊을 수 있었겠는가? 사성嗣聖[중종의 연호: 필자 주]으로 이어가고 광택光宅[무후의 연호: 필자 주]을 물리치는 것은 삼강을 일으키고 인극人極을 세워서 천하에 정대한 의리를 보여, 후세에 난적의 무리가 천하에 자립하지 못하도록 하는 것이다.[34]

[자료 12]는 유염이 윤기신尹起莘의 말을 인용해 제갈량이 유비를 보좌하고 한漢을 위해

---

33 劉剡 編, 『少微家塾點校附音資治通鑑節要』 권24, 장16a~장16b. "[新增]愚按先儒之說, 謂孔明左右昭烈, 爲漢討賊, 聲大義於天下, 功雖不就, 名則正矣. 自陳壽志三國, 以魏爲主, 例書入寇, 壽固萬歲之罪人也. 而司馬公亦因而書之何哉? 今依朱子綱目, 以昭烈紹漢之統, 故於孔明興師, 則改書伐魏, 而魏兵犯境, 則改書入寇然後, 名正言順, 而正僞之辨, 自明矣. 後皆倣此, 再不重述."

34 劉剡 編, 『少微家塾點校附音資治通鑑節要』 권39, 장11a. "[新增]○按尹氏曰 … 盖中宗國之正統, 武氏無故廢之, 甚之革命易姓, 無異莽操所爲. 然天下猶唐之天下, 武氏安得而絶之. 繫嗣聖而黜光宅, 所以扶三綱・立人極, 示天下以正大之義, 使後世亂賊之徒無以自立於天下爾."

위魏를 정벌한 것을 천하에 대의를 일으킨 행위로 평가한 내용이다. 그는 진수의 『삼국지』와 사마광의 『자치통감』에는 모두 위를 정통으로 여겨 제갈량이 위의 국경에 들어가는 것을 '입구入寇'라고 표현한 것을 비판하고, 주희의 『강목』에 따라 제갈량이 흥사興師한 것은 '벌위伐魏'라고 고치고, 위병魏兵이 범경犯境한 것은 '입구入寇'라고 적었다. 이로 보아 그는 주희의 정통론에 기초해 제갈량의 조조 정벌을 도학적 의리의 실천으로 이해했음을 알 수 있다.

[자료 13]은 유염이 윤기신의 말을 인용해 측천무후則天武后가 재위한 기간에도 당의 연호를 중종中宗의 연호로 사용했음을 밝힌 내용이다. 그는 이글에서 측천무후가 중종을 폐하고 역성한 것을 왕망과 조조의 행위와 같은 것으로 보았다. 따라서 그는 측천무후의 연호인 광택光宅 대신 중종의 연호인 사성嗣聖으로 사용하여 후세에 난신적자들이 혁명의 빌미로 삼는 것을 막았다. 위와 같이 그는 『통감절요』를 편찬하면서 정통을 계승한 왕조나 인물에 대해서는 칭송하고, 비정통인 왕조와 그 인물에 대해서는 폄훼하는 것으로 일관하여, 독자들이 주희의 정통론에 기초한 역사인식을 스스로 알 수 있도록 하였다.

4. 성리학적 수용 양상

1) 『선시보주』: 성정지정의 회복

성삼문은 1444년(세종 26)에 안평대군이 편찬한 『팔가시선八家詩選』에 쓴 서문에서 고금의 시체詩體는 아송雅頌, 「이소」, 고시, 율시가 있다고 말하고, 학자들이 「이소」를 주석한 주희의 『초사집주』와 고시를 엮어놓은 유리의 『선시보주』를 으뜸으로 여겨 높이고 있으며, 『초사집주』와 『선시보주』에 수록된 작품은 모두 『시경』의 여위興衛가 되어 성인의 교화에 큰 공을 세우고 있다고 하였다.[35] 이로 보아 1444년 이전에 이미 중국에서 간행한 유리의

---

35 成三問, 『成謹甫先生集』 권2, 193면, 「八家詩選序」. "所謂雅頌者, 出於聖人之手, 所以垂世立教者也. 騷些則朱子之楚辭, 古詩則劉履之選詩, 世之學者, 亦知宗而尊之矣. … 楚辭選詩之作, 皆能興衛雅頌, 而大有功於聖敎."

『선시보주』가 조선에 유입되었고, 이 책은 주희의 『초사집주』와 함께 명교에 도움을 주는 책으로 널리 읽힌 것으로 생각된다.

조선 전기에 『선시보주』를 수용한 예로 이이가 38세가 되는 해인 1573년(선조 6)에 중국 역대의 시를 모아 엮은 『정언묘선精言妙選』을 들 수 있다. 이 책은 중국 역대의 시를 8종의 풍격별로 구분하여 각각 원元·형亨·리利·정貞·인仁·의義·예禮·지자책智字集에 수록한 것으로, 현재 3종의 목판본과 2종의 필사본이 남아있다. 그중 원형에 가장 가까운 것으로 추정되는 동춘당본同春堂本에는 무명씨와 작가 미상인 경우를 제외하고도, 한대漢代의 탁문군卓文君으로부터 송대宋代의 진여의陳與義에 이르는 140명의 작품 520수가 수록되어 있다.[36] 『선시보주』에는 총 420수의 한시가 수록되어 있다. 그중 『정언묘선』에는 『선시보주』에서 선록한 72수가 수록되어 있는데, 특히 『정언묘선·원자집』에 한·육조대의 시 57수가 실려 있어 주목된다. 또한 『정언묘선·원자집』에는 모두 18수의 시에 다른 곳에서는 볼 수 없는 주석이 달려 있는데, 그중 「고시십구수」 제5수를 『선시보주』의 주석과 비교하면 다음과 같다.[37]

〈표 4〉 『선시보주』와 『정언묘선·원자집』의 「고시십구수」 제5수 내용 비교

선시보주	원자집
西北有高樓①叶前之反上與浮雲齊交疏結綺窓阿閣三重墄②叶堅夷反上'有'絃'歌'聲'音'響'一'何'悲'誰'能'爲'此'曲'無'乃'杞'梁'妻'③叶宜反清'商'隨'風'發'中'曲'正'徘'徊'④叶胡威反一'彈'再'三'歎'慷'慨'有'餘'哀'⑤叶於希反不惜歌者苦但'傷'知'音'稀'願'爲'雙'鳴'鶴'奮'翅'起'高'飛' ㉮比也㊁西北乾位君所居也㊂交疏結綺即漢書所謂綺疏蓋今之亮格窓刻鏤疏通而於交綴之處以丹青飾為綺文也㊃阿隅也㊄閣說文云以木戈承板所以止扉者以其四隅皆有欄楯可以通	西北有高樓㊀西北乾位君所居也上與浮雲齊交疏結綺窓㊁交疏刻鏤疏通也結綺於交綴之處以丹青飾為綺文也阿閣三重墄㊂阿隅也㊃閣說文云以木戈承板所以止扉者以其四隅皆有欄楯可以通行謂

---

36 김남형(1998), 176~182면. 이이가 편찬한 『정언묘선』에 대해서는 다음 장에서 이 책의 사유체계와 심미의식에 대해 상세하게 논의하였다. 따라서 본 장에서는 『정언묘선·원자집』과 『선시보주』의 원문을 비교하여 두 책의 차이점을 밝히는 데 중점을 두었다.
37 劉剡 편, 『選詩補註』 권1, 「古詩十九首」 5수, 장6a~장7b.

行謂之阿閣㈤堵梯也梯三重則閣亦三重以見樓之高也㈥杞梁妻齊大夫杞殖之妻即孟子所謂善哭其夫者梁殖之字也事見孔衍琴操㈦商金行之聲稍清有傷之義焉㈧徘徊舒遲旋轉之意㈨慷慨謂不得志而內自憤激也㈐曾原曰此詩傷賢者忠言之不用而將隱也高樓重堵比朝廷之而形於聲此則念君而形於言徘徊而不忍忘慷慨而懷不足其切切於君者至矣歌者苦而知音稀惜其其不用將高舉而遠去此說得之 愚按玉臺集以此篇為枚乘作豈果為吳王郞中時以王謀逆上書極諫不納遂去之梁故託此以寓已志云爾篇末有雙鶴俱奮之願意亦可見尊嚴絃歌音響喻忠言之悲切杞梁妻念夫³⁷	之阿閣上有絃歌聲音響悲何誰能為此曲無乃杞梁妻清商隨風發中曲正徘徊彈再三歎慷慨有餘哀不`惜`歌`者`苦但`傷`知`音`稀`願`為`雙鳴`鶴`奮`翅`起`高`飛 ㉮比也㉯此詩傷賢者忠言之不用而將隱也³⁸

* '`' 표기는 목판본에 방점(傍點)이 찍혀 있는 곳임.

　　〈표4〉에서 보듯이 유리는 이 시에 세 유형의 주석을 붙여놓았다. 첫째는 ①~⑤와 같이 각 시구의 운자에 해당하는 '루樓', '계堵', '처妻', '회徊', '애哀'자의 협운協韻을 반절음半切音으로 표기한 것이다. ([그림 6] 참고) 둘째는 ㈠~㈨와 같이 각각 시구에서 사용된 '서북西北', '교소결기交䟽結綺', '아阿', '각閣', '계堵', '기량처杞梁妻', '상商', '배회徘徊', '강개慷慨'의 의미를 주석한 것이다. 셋째는 ㉮~㉯와 같이 유리가 시를 비평한 것이다. ㉮는 주희의『시집전』을 본떠 각각의 작품을 육의六義로 풀이한 것이다. ㉯는 유리가 증원曾

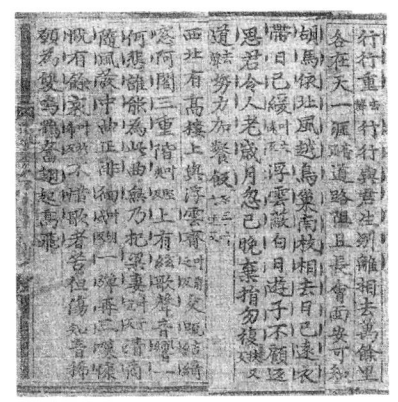

[그림 6]『선시속편』
(목판본, 고려대도서관)

原의 말을 인용하여 시의 대의大義를 제시한 것으로, 그는 이 시를 '현자가 충언이 받아들여지지 않는 것에 상심하여 장차 은둔하려고 한 것'이라고 말한 증원의 해석을 그대로 수용하였다. ㉰는 유염이 시의 작자와 창작 동기를 고증한 것이다. 그는 이곳에서『옥대집玉臺集』에 이 시의 작자가 매승枚乘으로 되어있는 것을 인용하여, 이 시는 매승이 오吳나라의 낭중郞中으로 재임하면서 오왕吳王에게 상서를 올린 후에 양梁나라로 떠나면서 지은 것이라고 하였다.

38　李珥 편,『精言玅選』,『元字集』,「古詩三首」2수, 장1b~장2a.

이이는 『정언묘선·원자집』에 이 시를 「고시십구수」 제1수 다음에 수록하면서 두 유형의 주석을 붙였다.([그림 7] 참고) 첫째는 ㊀~㊃와 같이 각각 시구에서 사용된 '서북西北', '교소결기交疏結綺', '아阿', '각閣'의 의미를 주석한 것이다. 이이는 이 네 곳의 주를 달면서 ㊀, ㊁, ㊃는 유리의 주석을 그대로 옮겼다. 그러나 ㊂에서 유리는 '교소결기交疏結綺'를 주석하면서 『한서』에 나오는 '기소綺疏'를 인용하여 '교소결기交疏結綺'를 함께 풀이하였으나, 이이는 『한서』를 인용하지 않고 유리의 주석한 '교소交疏'와 '결기結綺'를 분리하였다. 둘째는 ㉮, ㉯와 같이 이이가 시를 비평한 것이다. ㉮에서 이이는 이 시를 '비比'로 본 유리의 해석을 그대로 옮겨놓았다. 이어 그는 ㉯에서 유리가 증원曾原의 말을 인용하여 시의 대의大義를 그대로 옮겨놓고, 후반부에서 제시한 구체적인 설명을 제외하고 앞부분만 인용하였다. 위와 같이 이이는 『정언묘선·원자집』에 111수를 수록하면서 『선시보주』에서 57수를 뽑았고, 그중 18수에 유리의 주석을 대폭 축약시켜 해당 구의 아래에 붙였다.

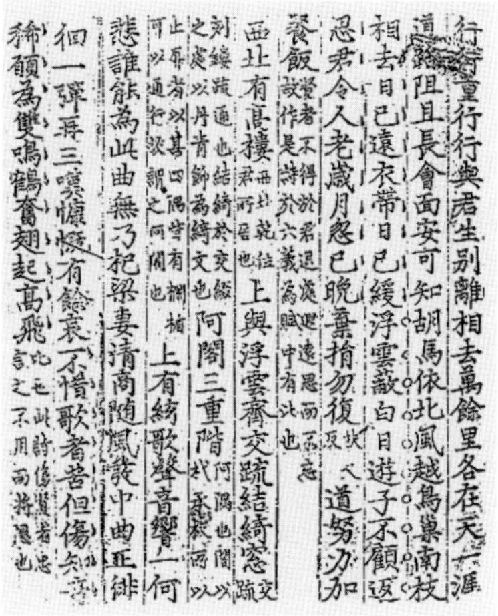

[그림 7] 『정언묘선』
(목판본, 연세대도서관)

『정언묘선·원자집』 18수에 달린 주석에서 유리의 주석과 다른 것은 완적阮籍의 「영회詠懷」 제2수 하나이다. 유리는 이 시의 "작작서운일灼灼西隤日, 여광조아의餘光照我衣."를 해석하면서 "위나라 왕실이 비록 미약하나 여전히 모두 그의 은총을 입은 것이, 하늘의 해가 비록 서쪽으로 기울고 있으나 그 여광餘光이 밝고 밝게 나를 비추는 것과 같음을 비유한 것이다."39라고 하였다. 그러나 이이는 이 두 구에 대해 "위나라가 장차 망하려 하는 것이 마치 저녁 해의 여광餘光이 여전히 사람을 비추는 것과 같다."40라고 하였다. 이곳에서 유리는 위나라가 망해가는 때를 당했지만 임금의 은총이 신하들에게 입혀진 것으로 보아, 조조가

39　劉刻 편, 『選詩補註』 권1, 장8a, 「詠懷」. "魏室雖微, 尙皆被其恩寵, 比之日雖西隤, 而其餘光猶灼灼然照我也."
40　李珥 편, 『精言玅選·元字集』, 장2a, 「詠懷」, "魏將亡, 如夕日餘光, 猶能照人."

찬탈한 위나라 왕실의 정통성 문제를 의식하지 않았음을 보여주었다. 그러나 이이는 위나라 왕실의 정통성에 문제가 있다고 보고, 위나라가 망해가는 것이 저녁 해의 여광이 사람을 비추는 것을 비유한 것이라고 해석하였다. 위와 같이 그가 '여광'을 유리의 해석과 달리 망해가는 위나라의 마지막 모습으로 이해한 것은, 그가 삼국의 정통성 문제를 유리보다 더욱 중시했음을 보여주는 것으로 생각된다. 위와 같이 이이가 편찬한 『정언묘선·원자집』은 주희의 성리학적 문학관에 기초해 체계화한 조선 전기 사림파의 문예 미학을 이해하는 데 도움이 된다는 점에서 그 의미를 찾을 수 있다.

2) 『감흥시통』: 성리사상의 발명

앞서 살펴보았듯이 해미 백씨 종가에는 1533년(명종 8) 10월에 홍문정자 백광홍에게 내사한 기록이 있는 『선시選詩』 15권이 완질로 소장되어 있다. 그런데 이보다 앞서 변계량卞季良(1369~1430)이 쓴 발문이 수록된 채모蔡模의 『감흥시주感興詩註』가 경자자로 간행 되었다. 이 책은 1553년에 청주목사 이정李楨(1512~1571)에 의해 청주에서 『문공선생감흥시文公先生感興詩』라는 이름으로 중간되었는데, 이 책은 현재 서울대규장각에 소장되어 있다. ([그림 8] 참고) 이정은 이 책을 간행하면서 이황(1501~1570)의 건의에 따라 뒷부분에 주희의 「무이도가십수武夷櫂歌十首」 등의 시들을 덧붙였는데, 이 책은 현존하는 최고의 채모 『감흥시주』 단행본

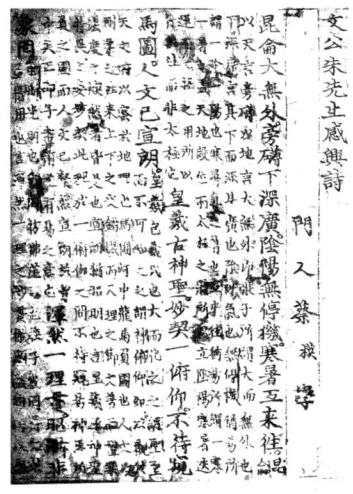

[그림 8] 『감흥시주』
(목판본, 서울대규장각)

으로 19세기 임형林衡이 『일존총서逸存叢書』를 편찬할 때 바로 이 책을 참고하였다.[41]

이후 18세기 중반에 이르러 호병문의 『감흥시통』에 다른 주석을 추가하여 간행한 책으로

---

41 卞東波(2011), 159면.

2종이 출현하였다. 그중 하나는 임성주任聖周(1711~1788)가 1750년에 편찬한 『주문공선생재거감흥시시가주해집람朱文公先生齋居感興詩詩家注解集覽』(이하 『집람集覽』이라고 칭함)이다.([그림 9] 참고) 이 책의 편찬 방향을 살펴보기 위해 그가 이 책을 편찬하고 쓴 발문을 살펴보면 다음과 같다.

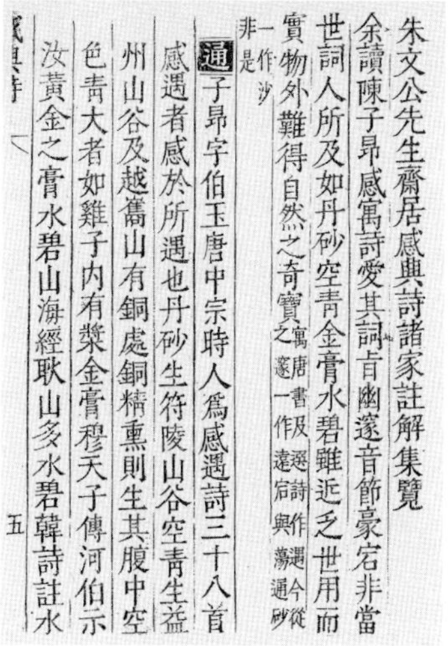
朱文公先生齋居感興詩諸家註解集覽
余讀陳子昻感寓詩愛其詞旨幽邃音節豪宕非當
世詞人所及如丹砂空青金膏水碧雖近乏世用而
實物外難得自然之奇寶寓唐書及選詩作遇今從之邃一作遠宕與蕩通砂一作沙非是
通子昻字伯玉唐中宗時人爲感遇詩三十八首
感遇者感於所遇也丹砂生符陵山谷空青生益
州山谷及越嶲山有銅處銅精熏則生其腹中空
色青大者如雞子內有漿金膏穆天子傳河伯示
汝黃金之膏水碧山海經耿山多水碧韓詩註水
五

[그림 9] 『집람』
(목판본, 국립도서관)

[자료 14] : 친구 홍계수洪季修가 명유明儒 유염이 편찬한 호운봉胡雲峰[호병문: 필자 주], 유상우劉上虞[유리: 필자 주] 두 사람의 주注[『선시속편』 권5를 가리킴: 필자 주]를 그의 족부인 홍경중洪敬中에게 얻어 나에게 보여주며 말하길, "어찌 그것을 수집修輯하여 책을 만들지 않겠는가?"라고 하였다. 내가 그것을 받아서 읽어보니 글자에는 훈석이 있고 구절에는 주해가 있어 무릇 전에 망연하여 알지 못한 것이 환하게 모두 갖추어져 있었다. 이것이 있는데도 오히려 침몰하여 유행하지 않는다면 참으로 애석한 일이다. 그러나 그 설명이 혹 번다한 것이 많고 편록編錄 또한 잡란하게 중복되어 있으며, 간혹 또한 빠지거나 생략된 것이 있었다. 마침내 그 속에서 겹치는 것을 깎고 잘못을 바로잡아 소략하게나마 차례를 정하고, 또한 김인산金仁山[김이상: 필자 주]의 『염락풍아주濂洛風雅注』 및 우암 선생의 『주자대전차의朱子大全箚疑』를 취하여 단락에 따라 첨입하여 전체를 한편으로 만들었다. 혹여 미비한 곳이 있으면 또한 율곡 선생의 『소학집주小學集注』의 예를 의방하여 그곳에 권圈을 붙여 보충하였는데, 한두 문장에 불과하다. 이에 다시 당세의 선달先達에게 여쭙거나 한때의 사우社友들과 널리 의논하고, 일찍이 감히 문득 나의 의견을 망령되이 한 글자라도 더하여 참유僭踰한 죄를 범하지 않았다. 편집이 완성됨에 이름을 『집람集覽』이라고 하였다. … 경오년(1750년: 필자 주) 계하에 서하西河 임성주가 삼가 발문을 쓰다.[42]

42 任聖周 편, 『朱文公先生齋居感興詩詩家注解集覽』, 장54a~장55a, 「跋」. "友人洪君季修得明儒劉剡所編胡運峰·劉上虞二氏注於其族父敬仲氏以示余曰: 盍爲之修輯而成書. 余受而閱之, 字有其訓, 句有其解, 凡昔之茫然而

[자료 14]에서 보듯이 임성주는 친구 홍계수洪季修가 숙부인 홍경중洪敬中이 소장하고 있던 『선시속편』 권5를 읽었는데, 이 책에는 설명이 번다한 것이 많고 편록編錄이 잡란하게 중복되어 있으며, 일부 빠지거나 생략된 것이 있음을 발견하였다. 따라서 그는 『집람』을 편찬하면서 겹치는 것은 깎아내고 잘못된 것을 바로잡았다. 그리고 그는 김이상이 편찬한 『염락풍아주濂洛風雅注』와 송시열이 편찬한 『주자대전차의朱子大全箚疑』을 해당 단락에 첨입하고, 이이가 편찬한 『소학집주小學集注』의 예와 같이 미비한 곳이 있으면 권圈(○)을 붙여 보충하였다.

호병문은 『감흥시통』을 편찬하면서 제가의 주석 중에서 주로 채모의 학설을 참고했기 때문에, 채모의 학설에 의문을 제시한 황간과 하기 두 사람의 주해는 수록하지 않았다.[43] 그 예로 주희의 「감흥시」 제1수에 대한 채모와 하기의 상반된 주석을 들 수 있다. 이정李楨이 1553년에 청주에서 『문공선생감흥시文公先生感興詩』라는 이름으로 간행한 채모의 주석에는 이 시의 주석 끝부분에서 "모망위차편언무극이태극模妄謂此篇言無極而太極, 즉태극지○야卽太極之○也."[44]라고 말하여, 이 시를 '무극이태극無極而太極'을 표현한 것으로 해석하였다. 그러나 『감흥시통』에는 이 채모의 주석은 물론 채모를 비판한 하기의 주석도 수록되어 있지 않다. 이와 달리 임성주의 『집람』에는 하기의 주석이 다음과 같은 내용으로 수록되어 있다.

[자료 15]: 북산北山 하문정何文定[하기: 필자 주]이 말하였다. … 이편은 단지 음양이 위주가 된다. 후면의 여러 편 또한 이것을 말하는 것이 많은데, 제설에는 이것을 추론한 것이 너무 지나치다. 채중각蔡仲覺[채모: 필자 주]이 이르기를 "이편은 무극·태극을 말한 것이다."라고 하였는데, 태극은 진실로 음양의 이理이니, 음양을 말하면 태극은 이미 그 가운데 있는 것이다. 다만 이편에서 억지로 「태극설」을 끌어내면 한 장의 어맥이 모두 관통하지 못한다. 이렇게 말이 끝없이 넓은 것은 이理에

不識者, 莫不瞭然而悉備. 有是而尙沈沒不行, 誠可惜也. 然其說或多繁碎, 編錄又復雜亂, 間亦有闕略處. 遂就其中, 刪複正誤, 略成次第, 而又取金仁山濂洛風雅注及尤庵先生朱子大全箚疑, 逐段添入, 通爲一編. 其或有未備者, 則又依倣栗谷先生小學集注例, 可圈而附補之, 然不過一二文而矣. 於是而復奉稟於當世先達, 博議於一時士友, 未嘗敢輒用己意妄下一字, 以犯僭踰之罪也. 編旣成, 名以集覽. … 庚午季夏西河任聖周謹跋."

43 卞東波(2011), 169면.
44 蔡模, 『文公先生感興詩』, 장1b.

대한 설명에 가장 큰 병이 된다.[45]

[자료 15]에서 임성주는 하기가 말한 것을 인용하여 주희의 「감흥시」 제1수는 음양을 위주로 말한 것으로 보고, 후대의 주석들이 지나치게 이를 확대해석한 것에 대해 비판하였다. 그 예로 그는 채모가 『감흥시주』에서 이 시를 '무극이태극無極而太極'이라고 말한 것을 지적하였다. 성리학적 이기론에 따르면 태극은 음양의 이理를 의미하는 것이므로, 음양을 말하면 태극은 이미 그 가운데 있는 것이 된다. 따라서 그는 채모와 같이 이 시를 확대해석하여 억지로 주돈이의 「태극설」을 끌어내면, 시의 맥락이 관통되지 못하게 된다고 지적한 것이다.

임성주는 위의 글에 이어서 송시열이 『주자대전차의』에서 웅강대熊剛大가 "이편은 천지, 음양, 한서寒暑 운행의 기氣를 논한 것으로, 이理가 그 사이에서 융회, 관통하여 그것을 주관함이 있다."[46]고 말한 것을 붙여놓았다. 위의 [자료 14]에서 그는 『집람』을 편찬하면서 자신의 의견을 한 글자도 수록하지 않았다고 말하였다. 그러나 그는 [자료 15]에서 보듯이 주리론적 관점에서 주희의 「감흥시」를 해석한 채모의 주석을 제외하고, 주기론적 관점에서 채모의 해석을 비판한 하기의 주석을 수록하였다. 이로 보아 그가 편찬한 『집람』에는 자신이 수립한 독창적인 기철학[47]의

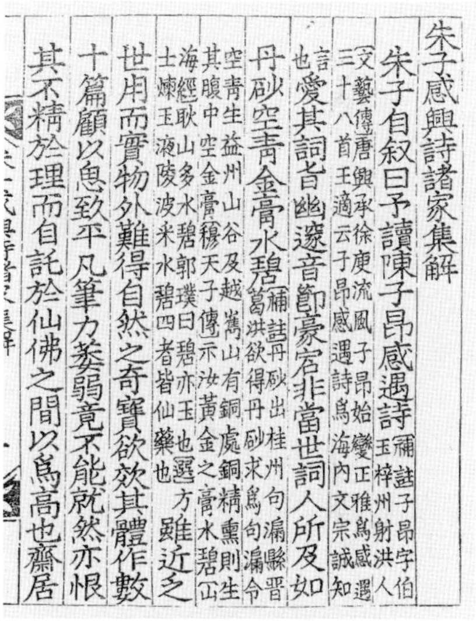
朱子感興詩諸家集解
朱子自叙曰予讀陳子昂感遇詩補註子昂字伯玉梓州射洪人文藝傳唐興承徐庾流風子昂始變正雅爲感遇三十八首王適云子昂感遇詩爲海內文宗誠知言也愛其詞旨幽邃音節豪宕非當世詞人所及如丹砂空青金膏水碧補註丹砂出桂州句漏縣晉葛洪欲得丹砂求爲句漏令空青生益州山谷及越嶲山有銅處銅精熏則生其腹中空金膏穆天子傳示汝黃金之膏水碧出海經耿山多水碧郭璞曰碧亦玉也選方士煉玉液陵波采水碧四者皆仙藥也雖近乏世用而實物外難得自然之奇寶欲效其體作數十篇顧以思致平凡筆力萎弱竟不能就然亦恨其不精於理而自託於仙佛之間以爲高也齋居

[그림 10] 『집해』
(목판본, 국립도서관)

---

45 任聖周 편, 『朱文公先生齋居感興詩詩家注解集覽』, 「第一首」 주석, 장8a. "北山何文定曰: … 此篇只是以陰陽爲主. 後面諸篇, 亦多是說此者, 而諸說推之太過. 蔡仲覺謂: 此篇言無極太極, 太極固是陰陽之理, 言陰陽則太極已在其中, 但此篇若强揠作太極說, 則一章語脈, 皆貫穿不來. 此等言語滉瀁, 最說理之大病也."
46 任聖周 편, 『朱文公先生齋居感興詩詩家注解集覽』, 「第一首」 주석, 장8a. "熊氏曰: 此篇論天地陰陽寒暑運行之氣, 有理融貫其間, 以爲之主."
47 한국사상사에 있어서 임성주는 조선성리학의 재정립 과정인 湖洛論爭의 연장선상에서 기존의 주자학 해석을

관점이 일관되게 적용되어 있음을 알 수 있다.

임성주의 『집람』에 이어 비슷한 시기에 이완수李宗洙(1722~1797)가 편찬한 『주자감흥시제가집해朱子感興詩諸家集解』(이하 『집해』라고 약칭함)가 간행되었다. ([그림 10] 참고) 이 책에서 가장 주목되는 것은 앞서 임성주가 『집람』을 편찬하면서 거의 인용하지 않은[48] 채모의 주석을 가장 중시한 점이다. 그가 채모의 주석을 위주로 이 책을 편찬한 것은 채모의 주석은 온전히 남아있으나, 나머지 제가들의 주석은 단지 유염이 편찬한 『선시속편』에만 수록되어 있기 때문이다.[49] 그러나 이종수가 주리론을 완성한 이황의 학문을 계승한 학자[50]라는 점에서, 그가 『집해』를 편찬하면서 주리론적 관점에서 「감흥시」를 해석한 채모의 주석을 위주로 삼은 것은 지극히 당연하다 하겠다. 그렇다고 해서 그가 『집해』에 채모의 학설을 모두 수록한 것은 아니다. 그 예로 「감흥시」 제1수에 수록된 채모의 주석은 모두 3개[51]에 불과한 것을 들 수 있다. 더욱이 그는 이곳에서 하기의 비판을 받은 "모망위차편언무극이태극模妄謂此篇言無極而太極, 즉태극지○야卽太極之○也."는 제외하고, 위와 같은 채모의 설을 비판한 하기의 주석을 수록하였다. 이곳의 끝에는 이종수가 쓴 '안설按說'이 다음과 같은 내용으로 수록되어 있다.

[자료 16] : [안按] 면재勉齋[황간: 필자 주]가 말하길 "이 두 편은 모두 음양을 논한 것이다."라고 하였으니, 참으로 이것은 바꿀 수 없는 의론이다. 채씨蔡氏[채모: 필자 주]가 '무극이태극無極而太極'을 말한다고 여긴즉, 하씨河氏[하기: 필자 주]가 그것을 비난한 것은 옳다. 그러나 그 스스로 말하길

재검토하면서 脫朱子學的이라고도 할 수 있는 太極을 氣의 모습으로 해석한다든지 性을 氣의 德으로 해석하는 데 까지 이르는 독창적인 기철학을 형성한 학자로 평가되고 있다. (허남진(2008), 171면)

48 필자의 조사에 따르면 임성주의 『집람』에 수록된 채모의 주석은 모두 6개이다.
49 李宗洙 편, 『朱子感興詩諸家集解』, 장1b, 「凡例」. "諸家註, 蔡氏解有全部, 行于世, 其他諸家說, 只據選詩續篇所載者採集, 故以蔡氏註爲主."
50 한국사상사에 있어서 이종수는 19세에 李象靖과 李光靖의 문하에 들어가 43년 동안 理學을 연구하였고, 湖門三宗(李宗洙·金宗德·鄭宗魯)와 湖門三老(李宗洙·柳長源·金宗德)의 한 사람으로 퇴계학의 정맥을 계승한 학자로 평가되고 있다. (「李宗洙」, 『한국향토문화전자대전』, 한국학중앙연구원)
51 「感興詩」 제1수에 수록되어 있는 채모의 주석은 "蔡氏曰: 宣朗猶昭明也.", "蔡氏曰: 昭晰光明也. 象罔髣髴茫昧也.", "蔡氏曰: 渾然一理貫一句, 實爲一詩之管也." 등 3개이다.

"어떤 말이 태극을 말한 것인지 알지 못하거늘, 하물며 무극에 있어서야?"라고 하였으니, 이것은 태극 위에 별도로 무극이라고 이르는 것이 있음을 말하는 것으로, 또한 이理에 대한 설명에 병이 된다.[52]

[자료 16]에서 이종수는 「감흥시」 1수와 2수는 모두 음양을 논한 것이라고 말한 황간의 논평을 들어, 채모가 이 시를 '무극이태극無極而太極'을 말한 것에 대해 하기가 그것을 비판한 것은 옳다고 하였다. 그러나 그는 하기가 채모를 비판하면서 "이 장에서 어떤 말이 태극을 말한 것인지 알지 못하거늘, 하물며 무극에 있어서야?"[53]라고 말한 것에 대해 비판하였다. 이는 하기가 태극 위에 별도로 무극이 있다고 본 것이 되므로, 그가 성리학에 있어서 무극과 태극은 분리되지 않는 것이라는 점을 간과했음을 지적한 것이다.

이종수는 『집해』를 편찬하면서 제가의 설에서 같은 것은 좀 더 낳은 것을 채록하였고, 이설이 있는 것은 삼가 본지本旨에 가까운 것을 선택하였으며, 또한 두 가지 설을 함께 남기기도 하였다.[54] 그는 이와 같은 편찬 방향에 기초해 「감흥시」 1수에 주석을 달면서 채모의 주석을 제외시키고 채모를 비판한 하기의 주석을 수록하였다. 그러나 그는 임성주가 『집람』에서 제외시킨 하기의 말을 다시 인용하여, 하기가 태극과 무극을 분리하여 말한 것은 성리학 설에 어긋난 것이라고 비판하였다. 이로 보아 이종수가 『집해』를 편찬한 이면에는 임성주의 『집람』이 주기론의 관점으로 일관한 데서 비롯된 성리사상의 해석적 문제들을 주리론의 관점에서 재검토하려는 의도가 자리하고 있는 것으로 생각된다. 위와 같이 임성주의 『집람』과 이종수의 『집해』는 주희의 「감흥시」에 대한 해석에 있어서 주기론과 주리론의 상반된 철학적 관점이 반영되었다는 점에서 그 의미를 찾을 수 있다.

---

52 李宗洙 편, 『朱子感興詩諸家集解』, 장3b~장4a, 第一首 주석. "[按]勉齋曰: 此兩篇皆論陰陽, 固是不易之論. 蔡氏以爲言無極而太極, 則何氏非之是矣. 而其自言曰: 不知何語爲說太極, 況無極乎, 是謂太極上別有所謂無極也, 亦不免爲說理之病."
53 李宗洙 편, 『朱子感興詩諸家集解』, 장3b, 第一首 주석. "何氏曰: … 不知於此章, 何說爲說太極, 況無極乎." 임성주의 『집람』에는 이 부분이 빠져 있다.
54 李宗洙 편, 『朱子感興詩諸家集解』, 장1b, 「凡例」. "諸家說同處, 采其差長者, 其異同處, 謹擇其近於本旨者, 亦有兩說並存處, 讀者詳之."

3) 『사서통의』: 사서주석의 집성

우리나라에서는 세종 15년(1433)에 명나라에서 『사서대전』이 들어온 이후, 위로는 조정의 인재 선발에서부터 아래로는 사숙私塾의 교도教徒에 이르기까지 모두 이 책을 기본으로 삼았다.[55] 그런데 정조는 『군서표기羣書標記』에서 "옛날 세종조에 새로 주조한 활자로 『사서집석통의대성四書輯釋通義大成』을 인행하여 반포하였는데, 오랜 세월이 지나면서 모두 없어지고 전하는 책이 없다."[56]고 하여, 세종 연간에 유염이 편찬한 『사서통의』가 활자로 간행된 사실을 언급하였다. 현재 일본 봉좌문고蓬左文庫에는 조선에서 활자로 간행한 『사서장도중정집석통의대성四書章圖重訂輯釋通義

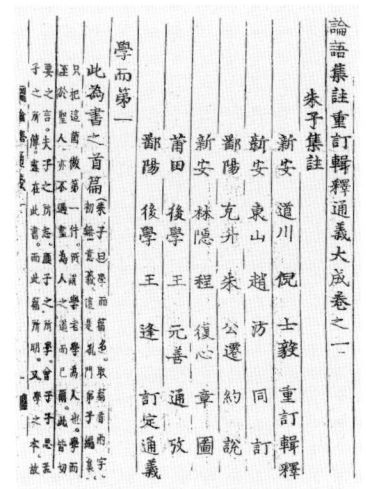

[그림 11] 『사서통의』
(갑진자본, 국립도서관)

大成』 39권이 소장되어 있는데, 앞서 살폈듯이 국립도서관에 '해외유출자료'를 영인한 갑진자본 『사서통의』 23책은 바로 이 책을 영인한 것으로 생각된다([그림 11] 참고). 이곳에는 『대학』 1책의 내지에 "융경사년십월일隆慶四年十月日, 내사영천군미수사서장도일건內賜永川君眉壽四書章圖一件, 명제사은命除謝恩, 우승지신유○右承旨臣兪○"라는 내용의 내사기가 적혀있는 것으로 보아, 이 책은 선조 3년(1570)에 갑진자로 중간하여 영천군永川君 송인宋寅에게 내사한 것으로 생각된다. 위와 같이 유염이 편찬한 『사서통의』는 적어도 세종대와 선조대에 두 차례에 걸쳐 활자로 간행되었다. 이 책의 인쇄 형태를 알아보기 위해 앞서 살핀 '<표 2> 일본 목판본 『논어집주중정집석통의대성』 권1의 내용'에 해당하는 부분을 제시하면 다음과 같다.

---

55 正祖, 『弘濟全書』 제182, 535면, 「重訂四書輯釋三十八卷」. "自大全之頒諸學宮, 朝廷之取士, 塾師之敎徒, 率用大全爲主."

56 正祖, 『弘濟全書』 제182, 535면, 「重訂四書輯釋三十八卷」. "昔在世宗朝, 新鑄活字, 印頒四書輯釋通義大成, 而歷年旣久, 印本無傳."

〈표 5〉 갑진자본 『논어집주중정집석통의대성』 권1의 내용

學而第一

此爲書之首篇(朱子曰)學而篇名。取篇首兩字。初無意義。這是孔門弟子編集。只把這箇做第一件。所謂學者學爲人也。學而至於聖人。亦不過盡爲人之道而已爾。此皆切要之言。夫子之所志。顔子之所學。曾子子思孟子之所傳。盡在此書。而此篇所明。又學之本古學者。不可以不盡心焉[通義](程氏復心曰)六經中到商書說命篇方出學字乃學之爲王者事此則指人之爲學而言故所記。多①務○本○之意揭君子務本一句。以爲首篇之要領。此說本於游氏。朱子已采入賢賢易色章下。於此又首標之。如首章以時習爲本次章以孝弟爲人之本。三章忠信爲傳習之本。道千乘章。以五者爲治國之本皆是。餘可以類推乃Ⓐ入❮道❯之❮門❯。積❮德❯之❮基❯。學者之先務也(章圖)道者。人所共由之路。德者。己所獨有之理。如孝弟忠信。是人所共由之道。能孝弟忠信。便是己獨有之德才知有孝弟忠信。便是入道之門能孝弟。又能忠信。便是積德之基凡十六章

子曰學而時習之。不亦說乎

學之爲言效也(胡先生曰)言學之爲字。卽是效字按說文古斅字。從文則學字。卽是斅字。效斅通㈎[通攷](吳氏程曰)爲言。言詞也。謂此字之詞。卽彼字之義也。釋經之例。凡曰某某也皆正訓也。有曰某者某也。某猶某也。皆本非正訓。而借彼明此者也。如政者正也。而又曰政猶正也。政之爲言正也。其意只一般人(a)性②皆○善○。Ⓑ而❮覺❯有❮先○後❯。後❮覺❯者❮必❯效❮先❯❮覺❯之❮所❯❮爲❯。乃❮可❯❮以❯③明○善○。Ⓒ而❮④復❯其○初❯也

… 中略 …

右第一章。楚谷洪先生曰。愚聞之師。鄱陽朱先生曰。此章言爲學之道。學兼⑤知○行○言。首言學。欲熟之於己。中言學。欲推之於人。終言學者。畢竟所以爲己

* '❮' 표기는 목판본에 방점傍點이 찍혀 있는 곳이고, '○' 표기는 목판본에 권圈이 찍혀 있는 곳임.

〈표 5〉에서 가장 눈에 띄는 것은 문장의 뜻이 끊어지는 부분에 표점(。)이 표기되어 있는 점이다. 이 표점은 원문과 주석에 모두 표기되어 있는데, "불역열호不亦說乎"와 같이 문장이 끝난 곳에는 표기되어 있지 않다. 또한 이 책에는 ①~⑤와 같이 주희의 주석 중에서 원문의 뜻을 파악하는 데 가장 중요한 내용을 보여주는 단어나 구절에는 해당 글자의 위에 권(○)이 표기되어 있다. 그리고 이 책에는 Ⓐ~Ⓒ와 같이 주희의 주석 중에서 원문과 주석의 뜻을 이해하는데 중요하다고 생각되는 부분에는 해당 글자 위에 방점(❮)이 표기되어 있다. 특히 이 책에는 (a)의 '성性'에서 보듯이 주희의 주석 중에서 원문을 파악하는 데 가장 핵심이 되는

글자에 사각형의 테두리(□)가 씌어 있다. 이렇듯 문장이 끊어지는 곳에 권점을 표기하거나 주희의 주석 중에서 핵심 내용을 세 단계로 구분하여 각각 다른 기호로 표기하는 데에는 적지 않은 공력이 요구된다. 위와 같이 선조 연간에 유염이 편찬한 『사서통의』가 표점과 함께 주요 부분에 다양한 기호를 활용하여 갑진자로 중간한 것에서, 이 책이 당시 『사서』 주석이 망라된 집성서로 인정받았음을 알 수 있다.

> [자료 17] : 내가 춘저에 있던 임진년(1772)에 세종조의 활자목본을 구하여 동활자 15만 자를 주조하면서, 세종조에 간행한 책을 중간하여 그 아름다운 일을 계승하겠다고 생각하였다. 마침내 내장하고 있는 왜각본倭刻本 『통의대성』 1부를 빈료에게 내려 주고, 후인[유염: 필자 주]이 붙인 『약설』, 『장도』, 『통고』, 『통의』 등을 모두 산거하고 단지 예씨倪氏[예사의: 필자 주]의 구본만을 취하여 선사繕寫하고 대교하도록 하였다. 매번 한 편이 올라오면 친히 감정하였는데, 여러 해를 거치도록 완수하지 못하였다. 즉위한 이후로는 기무에 겨를이 없어서 끝내 인행하여 반포하지 못하고, 책 또한 소재를 알지 못하였다. 그 후 기미년(1799) 겨울에 우연히 편찬된 책의 표제를 점검하면서, 그 책이 작고한 빈객 서명응徐命膺의 집에 있다는 것을 듣고, 서둘러 그것을 취하여 보니 옛 친구를 만난 것 같이 웃음이 났다. 마침내 신하들에게 명하여 책임을 분담해 교열하게 하였다. 영락 연간에 간행한 『사서』의 문자와 차이가 있는 곳은 일일이 난欄 위에 표주標註를 달고, 선유의 성씨를 인용한 의례義例가 일치하지 않은 것은 또한 모두 널리 고찰하여 바로잡았다.[57]

[자료 17]은 정조가 1799년에 유염의 『사서통의』에서 예사의가 집석한 부분을 뽑아내어 『사서집석』을 복원하고 나서 쓴 것이다. 정조는 위의 글의 앞에서 『사서』의 주석서 중에서 의리가 명확하게 갖추어져 있고, 제설의 채택이 정확하고 간략한 것으로 예사의가 편찬한

57　正祖, 『弘濟全書』 제182, 535면, 「重訂四書輯釋三十八卷」. "歲壬辰, 予在春邸, 得世宗朝活字木本銅鑄十五萬字, 思欲重刊世宗朝刊行之書, 以繼述盛事. 遂下內藏倭刻通義大成一部於賓僚, 凡其約說章圖攷通義等後人所附益者, 幷皆刪去, 但取倪氏舊本, 繕寫校對. 每一編奏, 親加勘訂, 閱屢歲未克完. 及夫御極以後, 機務靡暇, 遂未遑印頒, 而書亦不知所在. 己未冬, 偶檢編書標題, 聞其書在故賓客徐命膺家, 亟取而觀之, 如逢故人, 爲之解頤. 遂命諸臣分任校閱. 其與永樂所刊四書字, 有異同處, 逐加標註於格上, 引用先儒姓氏之義例不一者, 亦皆博考釐正."

『사서집석』을 꼽았다. 이어 영락 연간에 『사서대전』을 편찬할 때에 설선薛瑄과 같은 학자들이 이 책이 체계 없이 어수선한 것을 지적하며 『사서집석』에 많은 관심을 표시했던 사실을 환기하였다.[58] 위의 글에서 정조는 동궁 시절에 왕실에서 소장하고 있던 일본 목판본 『사서통의』을 빈료에게 내려 주면서, 유염이 『사서집석』에 붙인 『약설』, 『장도』, 『통고』, 『통의』 등을 삭제하고, 예사의가 편찬한 구본만을 뽑아 선사繕寫하여 대교하도록 하였다. 정조는 여러 해에 걸쳐 대교본을 직접 감정하였지만 이를 완성하지 못하였다. 이후 1799년 겨울에 작고한 서명응徐命膺의 집에서 당시의 교정본을 발견하고, 신료들에게 책임을 분담해 교열하게 하여 작업을 마쳤다. 정조는 이 책을 편찬하면서 영락 연간에 간행한 『사서』와 문자의 차이가 있는 곳은 일일이 난欄 위에 표주標註를 달았고, 선유의 성씨를 인용한 의례義例가 일치하지 않은 것은 모두 널리 고찰하여 바로잡았다. 위와 같이 조선 후기에 이르러 정조에 의해 추진된 『사서집석』의 복원 과정에서 유염이 편집한 『사서통의』가 저본으로 활용되었다는 점에서 그 의미를 찾을 수 있다.

4) 『통감절요』: 정통사관의 정립

유염이 1428년에 편찬한 『통감절요』가 우리나라에 들어와 간행된 것은 언제일까? 이에 대해서는 홍한주洪翰周(1798~1868)는 『지수염필智水拈筆』에서 "명초에 우리나라 사신이 연경에 들어가 우연히 이 책을 보고 서점에서 샀는데, 어음을 취하여 적은 가격으로 구입해 와서 간행하였다."[59]고 말한 것이 참고된다. 현재 성암고서박물관과 산기문고山氣文庫에는 경자자로 인쇄한 정인지의 수택본이 각각 2책, 1책씩 소장되어 있다.[60] 경자자는 1434년에 주조된 갑인자 이전에 사용된 것으로 보아, 유염이 편찬한 『통감절요』는 중국에서 간행된 이후

---

58 正祖, 『弘濟全書』 제182, 535면, 「重訂四書輯釋三十八卷」. "其義理明備。采擇精約。最稱元倪士毅輯釋。… 至明永樂中, 詔儒臣纂修大全, 以輯釋爲藍本, 而其詳其簡, 反不如舊, 大學中庸或問, 尤多舛誤. 當時如薛瑄諸儒, 已深致慨於大全之支離繁蕪, 而獨眷眷於輯釋, 則兩書之長短優劣, 自古有定論."
59 洪翰周, 『智水拈筆』 권1, 38면. "明初我使入燕, 偶見是書鬻於書肆, 取其券少價廉購來, 仍以刊行."
60 허태용·(2001), 17면.

6년 이내에 경자자로 인쇄되었음을 알 수 있다. 이 책은 이후 지속적으로 활자로 인쇄되었는데, 현재 고려대에는 을해자본과 계유자본이 소장되어 있고, 앞서 살폈듯이 국립중앙도서관에도 무신자본이 소장되어 있다. ([그림 5] 참조)

안정복(1712~1791)은 임란 이후 홍이상洪履祥(1549~1615)이 1603년에 안동부사로 재임하여 이 책을 간행하면서 우리나라에 성행하였다고 말하고, 그가 간행한 책에는 각 권마다 별도로 주해 여러 판이 부록되어 있다[61]고 하였다. 이를 알아보기 위해 홍이상이 쓴 발문을 살펴보면 다음과 같다.

[자료 18] : 우리나라에서 서적이 유행한 것은 우리 조정에 들어와 가장 번성하였는데, 한번 병화를 겪은 이후부터 공사公私의 서고들은 탕연히 텅 비게 되었다. 비록 진신 홍유鴻儒도 오히려 책을 보기 어려움을 한탄하는 것이 있는데, 하물며 궁향窮鄕 몽학의 선비에 있어서야? 지금 방백 월성 이공李公께서 이것을 깊이 개탄하여 경주부윤 때부터 급여를 출연하고 공인들을 모아 여러 책을 널리 간행하였다. 마침내 본도를 맡게 되어 다방면으로 많은 일이 번거로워 쉬는 날이 없음에도, 제일 먼저 이 일을 책무로 삼아『구인록求仁錄』,『심경부주』,『가례』,『경국대전』등과 같은 책을 차례로 간행하였다. 또한, 소미少微의『통감절요』한 책은 실로 후학들이 받아 읽음에 절실하여 뺄 수 없지만, 돌아보건대 편질이 너무 많고 공역 또한 컸다. 두루 열읍의 여러 선비에게 유시하여 역량에 따라 비용을 돕도록 하니, 듣는 자들이 다투어 일어나 응하지 않은 자가 없었다. 이에 운각의 선본을 구하여 고을의 대소에 따라 편간을 나누어 보내어 기일을 정해 일을 감독하게 하니, 오래지않아 완료했다고 보고하였다. 또한, 지난해(1602년: 필자 주) 옥당에서 편찬한『집석輯釋』을 각 행의 머리 부분에 함께 간행하여 고열하기 편하게 하였으니, 이것은 구본에는 없는 것으로 몽학들에게 도움이 되는 것이 더욱 크다.[62]

---

61 安鼎福,『順菴集』권13, 284면,『橡軒隨筆下』. "且少微通鑑之盛行于吾東, 自壬辰亂後始, 亂後書籍蕩然, 洪慕堂履祥爲安東府使, 刊行于世, 而每卷外別有註解數板, 以附錄焉."

62 洪履祥,『慕堂集上』, 437면,「通鑑跋」. "吾東方書籍之行, 至我朝最盛, 一自兵燹之後, 公私寶藏, 蕩然一空. 雖以縉紳鴻儒, 尙有見書難之嘆, 況在窮鄕蒙學之士哉. 今方伯月城李公, 深有慨於此, 自尹東京時, 捐俸鳩工, 廣刻諸書. 旣而陞按本道, 方面叢事之煩, 日不暇給, 而首先以此事爲務, 若求仁錄・心經附註・家禮・經國大典等書, 以次開刊. 又以少微通鑑節要一書, 實切於後學之受讀而不可闕者, 顧以篇帙頗多, 功役亦鉅. 遍諭列邑多士, 隨力助

[자료 18]에 따르면 홍이상洪履祥이 안동에서 『통감절요』를 중간한 것은 경상도관찰사 이공李公의 명에 따른 것이다. 이공은 임란을 겪고 나서 공사公私의 모든 서고에 책이 불타 없어진 것을 개탄하여, 경주부윤으로 재임하면서 급여를 출연해 서적을 간행하였고, 경상도 관찰사로 자리를 옮긴 이후에는 『구인록求仁錄』, 『심경부주』, 『가례』, 『경국대전』 등을 잇달아 간행하였다. 이어 그는 운각에서 『통감절요』 선본을 구하여 이를 중간하였는데, 비용은 열읍의 선비들이 충당하게 하고 판각은 형편에 따라 여러 읍에서 분담하였다. 특히 이 판본은 몽학들이 편하게 고열할 수 있도록 1602년에 홍문관에서 편찬한 『집석輯釋』을 해당 행의 머리 부분에 넣어 함께 간행하였다. 앞의 [그림 5]에서 1~4행의 머리 부분(○으로 표기한 곳)에 "기리야紀理也, 통리중사統理衆事, 계지어년월일자야繫之於年月日者也. 제왕지서帝王之書, 칭기자稱紀者, 언위후대강기야言爲後代綱紀也."라는 내용의 주해가 달려 있는데, 이것이 바로 홍문관에서 편찬한 『집석』을 해당 부분에 옮겨놓은 것이다.

우리나라에서 17세기에 이르러 유염이 편찬한 『통감절요』가 널리 읽히게 된 배경에는, 조정에서 청나라의 중국 지배를 인정할 수 없다고 주장하는 대명의리론이 형성된 것과 관련이 있다.[63] 물론 이 대명의리론은 화이론적 세계관에 기초해 역사에서 정통과 윤위閏位를 구별하여 정통에만 정당함을 부여하는 주희의 정통사관에서 나온 것이다. 앞서 유염이 진秦의 정통성을 부여하지 않기 위해 동주東周 혜공惠公을 '동주군東周君'으로 격상시켜 주왕조의 기간을 7년 연장한 것에서 보듯이, 당시의 관료와 학자들이 주희의 정통사관에 입각해 편찬된 유염의 『통감절요』를 주목한 것은 당연하

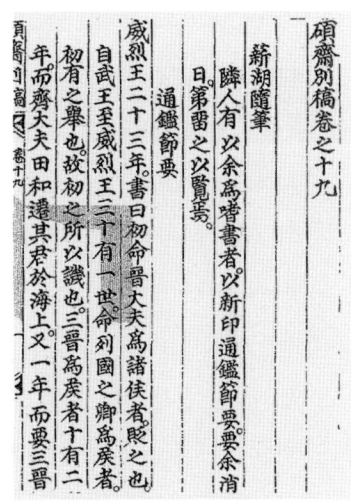

[그림 12] 『통감절요』
(목판본, 고전번역원)

費, 聞者莫不爭起而應之. 於是求得芸閣善本, 隨邑大小, 分送編簡, 刻期督工, 不久而告完. 且以頃年玉堂所撰輯釋, 幷刊於逐行之顚, 以便考閱, 此則舊本所無, 而有裨於蒙學爲尤大."
63 허태용(2001), 23면.

다 하겠다. 그 한 예로 한여유韓汝愈가 「통감기의通鑑記疑」라는 글에서 『통감절요』는 "황극皇極의 일통一統을 세워 참람하게 도적질한 거짓 나라들을 배척하고, 중화의 정맥을 계양하여 사이四夷의 침범을 끊었다."[64]고 말한 것을 들 수 있다.

윤행임尹行恁(1762~1802)은 『신호수필薪湖隨筆』에서 유염의 『통감절요』를 비평한 글을 모아 『통감절요』라고 이름을 붙여놓았는데, 이곳에는 모두 87항목에 달하는 비평문이 수록되어 있다.([그림 12] 참조) 그중 앞의 '<표 3> 무신자본 『소미가숙점교부음자치통감절요』 권1의 내용'에서 유염이 설정한 '동주군東周君'에 대한 비평 내용을 제시하면 다음과 같다.

[자료 19] : 난왕赧王이 비록 진秦에 들어갔지만 동주군東周君이 있었으므로 주周가 망했다고 말할 수는 없다. 남궁청일南宮靖一의 말은 족히 후세에 법이 될 만하다.[65]

[자료 20] : 난왕이 이미 진의 정벌을 모의하다가 망하였고, 동주군 또한 진의 정벌을 모의하다가 나라가 파괴됨에 이르렀지만 후회하지 않았으니, 이에서 주나라 왕실이 여전히 강기가 있음을 볼 수 있다. 살펴보건대 제후는 왕의 분노를 대적할 수 없거늘, 빛나고 빛나는 문왕과 무왕의 업적이 영원히 끊어져 돌이키지 못하게 한 것은 천양天壤의 사이에 도망갈 곳이 없는 제후의 죄로, 군신의 대륜大倫이 끝난 것이다. 마땅히 서로 이어지는 것이 끊어지게 하여, 그 뒤의 임금이 반역하는 것을 막아야 한다.[66]

[자료 19]는 윤행임이 유염의 『통감절요』에 나오는 '동주군東周君'에 대해 남궁청일南宮靖一이 언급한 내용을 비평한 것이다. 앞의 <표 3>에서 남궁정일은 "주周는 무왕武王으로부터 동주군이 멸함에 이르러 주가 비로소 진秦에게 멸망하였다."라고 하였는데, 윤행임은 그가

64　韓汝愈, 『遯翁集』 권3, 479면, 「通鑑記疑」. "立皇極之一統, 斥僭竊之僞邦, 揭中華之正脈. 絶四夷之憑陵."
65　尹行恁, 『碩齋別稿』 권19, 162면, 「通鑑節要」. "赧王雖入秦, 東周君在焉, 周不可謂亡矣. 南宮氏之說, 足以爲法於後世."
66　尹行恁, 『碩齋別稿』 권19, 162면, 「通鑑節要」. "赧王旣謀征秦而亡, 東周君又謀征秦, 至於國破而不悔焉, 於此有以見周室尙有綱紀. 顧諸侯不能敵王之愾, 使煌煌文武之業永絶不復, 則諸侯之罪, 無所逃於天壤之間, 而君臣之大倫斁矣. 宜其相繼淪喪, 以謝其後君之逆也."

위와 같이 주왕조의 통치 기간을 '동주군'의 재위기까지 설정한 것에 대해 후세의 법이 될 만하다고 평가하였다.

[자료 20]은 유염이 [신증]에서 "난왕赧王이 진秦에 들어간 후에 7년이 지나도록 동주東周가 실마리처럼 존재했는데, 장양왕莊襄王이 동주를 취한지 3년 만에 백예栢翳의 수백 년 종사가 갑자기 멸하였다."라고 말한 것에 대해 비평한 것이다. 윤행임은 이글에서 장양왕이 동주를 취한지 3년 만에 여정呂政에 의해 순의 신하인 백예栢翳부터 수백 년간 이어져 온 영씨嬴氏의 진秦의 종사가 여씨呂氏의 여상呂尙에 의해 끊어지게 된 것은, 군신의 대륜大倫를 어긴 제후가 죄의 대가를 치른 것으로 이해하였다. 따라서 그는 이로인해 후대에 제후들이 반역하는 것을 막을 수 있게 되었다고 평가하였다. 위와 같이 유염이 편찬한 『통감절요』는 청의 중국 지배를 정당화하지 않으려는 의도에서 제기된 대명의리론의 이론적 기반을 제공하고 있다는 점에서 그 의미를 찾을 수 있다.

5. 맺음말

중국에서 여러 시대에 걸쳐 조판 인쇄로 널리 알려진 곳이 바로 건양이다. 이곳의 조판 인쇄는 오대五代 시대를 시작으로 북송과 남송 시대에 걸쳐 크게 발전하여, 청나라 초기까지 지속하였다. 남송 때에는 전국 3대 판각 인쇄 책 발행의 중심인 사천泗川[촉蜀], 절강浙江[절浙], 건양建陽[민閩]의 하나로 자리하였고, 이곳에서 인쇄된 서적의 양이 전국 최대를 기록해 '도서지부圖書之府'라는 명성을 누렸다.[67] 그러나 명나라 초기에 건양에서 간행된 도서들은 비록 천하의 으뜸으로 알려지기는 했지만, 이곳의 출판업자들은 돈벌이를 목적으로 시속에 필요한 것은 급히 인쇄하였고, 명교에 관한 저술을 출판하는 일에는 관심이 매우 적었다.[68]

---

67 『中國新聞網』, 2015 August 15.
68 曾日章, 「風雅翼序」, 『選詩補註』, 장2a. "建陽書籍甲天下. 然其人以爲貨居, 以時之所需用爲印行之緩急, 而名教有所不論也."

이러한 시기에 김덕현, 반문석 등과 같이 주희의 고향인 신안 지역을 무대로 활동한 학자들에 의해 주희 학문을 계승한 저술들이 수집되고, 이들 저술이 건양에서 대를 이어 서방을 경영하고 있던 서림학자 유염에 의해 세상에 출현한 것은 매우 주목할 만한 일이다.

앞서 살폈듯이 유염은 건양에서 활동한 서림학자로서 주희의 학문을 계승한 왕봉의 문인으로 자처하였다. 왕봉은 홍초 → 주공천 → 오중 → 요로 → 황간 → 주희로 이어지는 주희의 학문을 계승한 학자이다. 건양의 서림학자인 유염은 왕봉의 문하에서 주희의 학문을 익히게 된 것을 계기로, 왕봉이 편찬한 주희 관련 저작들을 세상에 전하는 것을 필생의 업으로 삼았다. 유염의 도서 편찬 사업은 1430년대에 집중적으로 이루어졌는데, 당시 그에 의해 편찬된 도서들은 대부분 첨종예에 의해 간행되었다. 이들에 의해 세상에 나온 도서들은 모두 조선에 전해져 세종대(1418~1449)를 중심으로 조선전기에 금속활자로 간행되었다. 먼저 1428년에 유염이 편찬한 『통감절요』는 적어도 1434년(세종 16) 이전에 경자자로 간행되었고, 비슷한 시기에 유염이 편찬하고 첨종예가 간행한 『상설고문진보대전』과 『십팔사략』이 1452년에 경오자로 간행되었다.[69] 또한, 이 시기에 유염이 편찬하고 첨종예가 간행한 『사서통의』가 세종대에 새로 주조한 활자로 간행되었고, 이어 1437년에 유염이 편찬하고 첨종예가 간행한 『선시보주』 15권이 1553년(명종 8)에 초주갑인자로 간행되었다.

위와 같이 유염에 의해 세상에 나온 도서들이 세종대를 중심으로 조선 전기에 집중적으로 간행된 것은 이들 도서의 내용이 당시 조선이 지향했던 문교 정책과 무관하지 않기 때문이다. 세종은 건국 초기의 쇠퇴한 문교를 진작시키기 위해 경서와 사서를 중심으로 한 출판 사업에 심혈을 기울였다. 세종은 1419년(세종 1)과 1427(세종 9)년 두 차례에 걸쳐 『사서오경대전』과 『성리대전』을 각 지방 관청에서 간행하였고, 1423(세종 5)년에는 주조가 끝난 경자자로 유염이 편찬한 『통감절요』를 비롯한 8종의 史書를 간행하였다.[70] 또한 조선 전기에는 주희의 저술들이 대량으로 간행되었는데, 학계의 보고에 따르면 조선 전기에 간행된 주희의 저술은 목판본 97회, 금속활자본 48, 목활자본 2회, 판본 미상 1회 등 모두 148회에 달한다.[71]

---

69 『端宗實錄』 권4, 卽位年 8月 8日條. "頒賜十八史略·古文眞寶."
70 김두종(1974), 138~143면.

위와 같이 조선 전기에 간행된 중국 문헌에서 우리나라의 문인 학자들은 유염이 편찬한 도서들이 주희의 학문을 계승한 학자들에 의해 구축된 도학적 문학관, 경학관, 역사관의 핵심 내용을 담고 있다고 보고, 이들 도서를 초학자의 필수 교재로 삼아 조선 후기까지 지속해서 간행하였다. 이에 더하여 조선의 문인 학자들은 이들 도서에 담겨있는 도학적 의미를 면밀하게 검토하였고, 고도의 도학적 사유에 기초해 이들 도서의 내용을 재검토하거나 사상적 논리를 강화하는 데 적극적으로 활용하였다. 앞서 살펴보았듯이 임성주와 이종수가 기존의 「감흥시」 주석들을 주기론과 주리론에 기초해 재검토하거나, 윤행임이 유염의 『통감절요』에서 제시한 '동주군'의 역사를 대명의리론의 이론적 기반으로 활용한 것이 그 좋은 예이다. 본 장에서는 위와 같이 조선시대의 학문 전반에 끼친 영향이 매우 큰 것으로 생각되는 유염의 편찬 도서들을 대상으로 그 편찬 과정과 수록 내용, 그리고 조선에서의 학문적 수용 양상을 규명했다는 점에서 그 의미를 찾을 수 있다.

71 　최경훈(2009), 453면.

제7장

『정언묘선』의 사유체계 및 심미의식

1. 머리말

　『정언묘선』은 율곡 이이(1536~1584)가 여러 해에 걸친 선시 과정을 거쳐 그의 나이 38세인 1573년(선조 6) 여름에 편찬한 중국 시선집이다. 『정언묘선』은 현재까지 목판본 3종과 필사본 2종이 발견되었다. 목판본은 서울대학교 규장각 일사문고본─簑文庫本과 연세대학교 도서관본 및 대구 개인 소장의 낙와본樂窩本이고, 필사본은 연세대학교 도서관본과 김남형 개인 소장의 동춘당본同春堂本이다. 일사문고본과 연세대학교 도서관본, 낙와본은 1, 3, 5집만 남아있고, 연세대학교 필사본은 1~4집과 5집 일부가 실려 있으며, 김남형 개인 소장본은 1~7집이 수록되어 있어 현재까지 발견된 5종 중에서 가장 원형에 가깝다.[1] 전 장에서 살펴보았듯이 원형에 가장 가까운 것으로 추정되는 동춘당본에는 무명씨와 작가 미상인 경우를 제외하고도, 한대漢代의 탁문군卓文君으로부터 송대宋代의 진여의陳與義에 이르는 140명의 작품 520수가 수록되어 있다.

　이이는 37세 되던 해 여름 청주 목사를 사직하고 율곡리로 돌아왔다. 그는 9월부터 이듬해

---

[1] 김남형(1998), 176~182면. 본 연구는 연세대학교 필사본과 서울대학교 일사문고본을 주 자료로 하였다.

7월까지 사간원의 사간, 홍문관의 응교 및 직제학을 제수받았으나 병을 이유로 사직하였다. 왕이 이를 윤허하지 않자 대궐에 나가 사은하고, 「걸퇴소乞退疏」를 올린 끝에 8월에 다시 율곡으로 돌아왔다. 그는 응교를 사직하며 올린 疏에서 문을 닫고 조양한 지 1년이 지나 신음은 그쳤으나 머리에 현기증이 심하고 정신이 아득하다²고 하여 당시 병세가 매우 깊었음을 토로하였다. 그러나 그는 와병 중에도 성혼과 서신을 통해 이기설과 사단칠정설, 그리고 인심도심설에 대하여 아홉 차례에 걸쳐 논쟁을 벌이는 한편, 한대漢代에서 송대宋代에 이르는 중국 역대의 시를 풍격별로 모아 『정언묘선』을 편찬하였다. 그가 30대 후반에 학자들과의 논쟁을 거치며 자신의 성리학적 사유 구조를 체계화한 시기에, 다른 한편으로 일정한 심미 기준에 따라 주도면밀하게 『정언묘선』을 편찬한 것은 매우 의미 있는 일이다.

이이의 『정언묘선』은 조선시대 사림파 문예 미학의 결정판이라 할 수 있다. 이 책에 제시된 풍격 이론과 실제 작품의 내용에 대한 면밀한 검토는 한문학 작품과 작가에 대한 깊고 정확한 이해에 도달할 수 있는 잣대가 되는 한편, 한시를 자료적 차원이 아닌 하나의 문학 작품으로 향유할 수 있는 심미적 안목을 갖추게 하는 데 크게 도움이 된다. 지금까지 『정언묘선』과 관련된 연구는 다양한 방식으로 진행되었다.³ 본 장에서는 지금까지 『정언묘선』과 관련해 부분적으로 다양하게 진행된 연구 성과들을 수렴하고, 이이의 시문집인 『율곡전서』와 이이가 읽었을 것으로 추정되는 시론서의 내용을 검토하여, 모두 8종의 유형으로 제시된 비평용어의 개념과 특징을 밝혀보고자 한다. 그 방법으로 먼저 이론 양식으로서의 도학적 사유를 문예이론으로 구조화한 『정언묘선』의 사유체계를 알아보고, 심성 수양을 학문의 목표로 삼아 작자와 독자의 입장에서 시의 창작과 시의 효용을 말한 『정언묘선』의 심미의식에 대해 살펴보기로 한다.

---

2   李珥, 『栗谷全書』 권4, 민족문화추진회, 83면, 「辭應敎兼陳所懷疏」. "杜門調養, 今將周歲, 呻吟甫歇, 頭腦之間, 眩氣猶盛, 精神茫茫."
3   본 연구에서 참고한 논문을 시기별로 제시하면 다음과 같다. ① 임형택(1975), ② 이민홍(1985), ③ 김병국(1995), ④ 이민홍(1992), ⑤ 김풍기(1996), ⑥ 이연세(1998), ⑦ 김남형(1008), ⑧ 홍학희(2001).

2. 『정언묘선』의 성리학적 사유체계

1) 시의 본원 : 정언과 성정지정

이이는 『정언묘선』의 앞부분에 친필로 「정언묘선서」를 붙여놓고, 이곳에서 시의 본원과 시의 맥락, 그리고 시의 효용과 관련된 생각들을 펼쳤다. 우리는 이 글을 통해 『정언묘선』의 사유체계를 파악할 수 있다. 먼저 시의 본원에 대해 밝힌 부분을 제시하면 다음과 같다.

[자료 1] : 사람의 소리에서 정精한 것이 말이 되고, 시는 말에서 또 정精한 것이다. 시는 성정에서 근본한 것으로 속이거나 거짓으로 이루어진 것이 아니며, 소리의 높고 낮음은 자연에서 나온다. 3백 편은 인정을 완곡히 다하고 물리를 두루 통하였으며, 우유충후하여 반드시 바른 데로 돌아갈 것을 구하였으니, 이는 시의 본원이다. 세대가 점차 내려오고 풍기가 점차 어지러워져, 펼치어 시를 지은 것이 모두 성정의 바름에 근본할 수 없게 되어, 혹 거짓으로 꾸며 사람의 눈을 기쁘게 하는 데 힘쓴 것이 많다.[4]

[자료 1]에서 이이는 사람의 소리에서 정교한 것[精]이 말[言]이라고 하였다. 사람의 소리는 어떻게 생기는 것인가? 사람은 태어나면서 오장육부가 몸속에 갖추어지고 온갖 형체가 몸 밖으로 드러난다. 이이는 소리는 사람이 태어나는 근원에서부터 내재해 있던 것은 아니라, 기가 사람의 몸 안에 쌓이고 몸 밖으로 드러난 이후에 생긴 것이라고 하여, 사람이 내는 소리는 바로 기의 작용에 의한 것으로 보았다.[5] 그렇다면 기가 기로서 작용하게 하는 것은 무엇인가? 그것은 바로 마음이다. 마음이 마음으로서 작용하게 하는 것은 무엇인가? 그것은

---

[4] 李珥, 『栗谷全書』 권13, 271면, 「精言妙選序」. "人聲之精者爲言, 詩之於言, 又其精者也. 詩本性情, 非矯僞而成, 聲音高下, 出於自然. 三百篇, 曲盡人情, 旁通物理, 優柔忠厚, 要歸於正, 此詩之本源也. 世代漸降, 風氣漸漓, 其發爲詩者, 未能悉本於性情之正, 或假文飾, 務說人目者多矣."

[5] 李珥, 『栗谷全書・拾遺』 권3, 520면, 「贈崔立之序」. "人之生于世也, 五臟具乎內, 百骸形於外, 其本則豈有聲哉. 有氣積於內而發於外, 然後爲聲焉, 然則聲於人者, 氣也."

바로 천지이다. 천지가 천지로서 작용하게 하는 것은 무엇인가? 이이는 그것은 바로 '무극이태극無極而太極'이라고 하였다.[6] 이로 보면 사람의 소리는 우주의 시원이라고 할 수 있는 '무극이태극'에서 시작해 천지와 마음을 거치고, 마지막으로 기의 작용을 통해 나오는 것이다.

無極而太極 → 天地 → 心 → 氣 → 聲

[자료 1]에서 이이는 시는 말에서 또 정교한 것이라고 하였다. 사람의 소리는 한 가지가 아니다. 사람의 소리에는 유용한 소리와 무용한 소리가 있다. 재채기나 코훌쩍이는 소리는 무용한 것이고, 꾸짖거나 웃고 이야기하는 소리는 유용한 것이다. 유용한 소리에도 미성과 악성이 있다. 사람이 그 소리를 듣고 좋아하면 미성이 되고 싫어하면 악성이 된다. 미성에도 실성實聲이 있고 허성虛聲이 있다. 입에서 나와 문사로 표현되지 않으면 허성이 되고 문사로 표현되면 실성이 된다. 이 실성에도 바른 것과 사악한 것이 있고, 바른 듯하지만 사악한 것과 사악한 듯하지만 바른 것이 있다. 소리를 내서 남에게 좋게 들리면 문사로 지어진다. 이이는 문사로 지어지되 바른 것과 합치하면 선명善鳴, 곧 시가 된다[7]고 하였다. 이로 보아 시는 유용한 소리이자 미성이고, 실성 중에서도 바른 소리가 문사로 표현된 것이다.

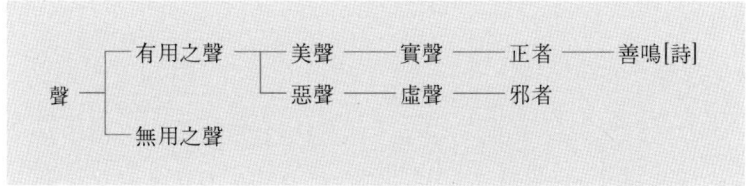

---

6 李珥, 『栗谷全書·拾遺』 권3, 520면, 「贈崔立之序」. "氣之爲氣, 孰使之耶. 氣之爲氣, 心使之也. 心之爲心, 孰使之耶. 心之爲心, 天地使之也. 天地之爲天地, 孰使之耶. 天地之爲天地, 無極太極使之也."

7 李珥, 『栗谷全書·拾遺』 권3, 520면, 「贈崔立之序」. "聲之出, 亦非一也. 有無用之聲, 有有用之聲, 噴嚔鼻唾之流, 人聲之無用者也. 呮嗟言笑之類, 人聲之有用者也. 有用之中, 亦有美聲惡聲. 人聞其聲而好之, 則爲美聲, 惡之則爲惡聲. 美聲之中, 亦有實聲虛聲. 出於口而不著於文, 則爲虛聲. 出於口而著於文, 則爲實聲. 實聲之中, 亦有正者邪者, 或似正而邪者, 或似邪而正者. 聲而好於人, 好於人而著於文. 著於文而合於正者, 謂之善鳴."

[자료 1]에서 이이는 시는 성정에서 근본한 것이라고 하였다. 성정이란 무엇인가? 천리가 사람에게 부여한 것을 성이라 말하고, 성과 기를 합해서 일신에 주재가 되는 것을 마음이라고 말한다. 이 마음이 사물에 감응해서 밖으로 발한 것이 정이다. 따라서 성은 마음의 본체가 되고, 정은 마음의 쓰임이 된다.[8] 성은 본래 선한 것이고, 정은 선한 성이 발해서 생기는 것이므로 선해야 마땅하다. 그러나 실제로는 정 가운데 선하지 못한 것이 있는 이유는 무엇 때문인가? 이에 대해 이이는 정이 선한 것은 청명淸明한 기를 타고 천리를 따라 직출直出하여 중도를 잃지 않은 것이고, 정이 선하지 못한 것은 오탁汚濁한 기에 가려 본체를 잃고 횡생橫生하여 혹 지나치거나 혹 미치지 못한 것[9]이라고 하였다. 시는 바른 소리가 문사로 표현된 것이므로 오탁한 기에 가려 본체를 잃고 횡생한 사악한 소리가 아니라, 청명한 기를 타고 천리를 따라 직출한 바른 소리이다. 따라서 시는 속이거나 거짓으로 지어서는 안 되고, 소리의 높고 낮음은 자연에서 나와야 한다.

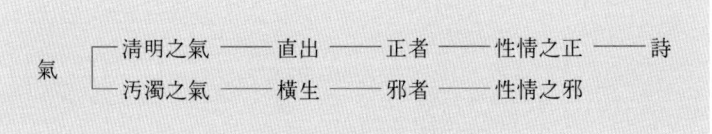

[자료 1]에서 이이는 『시경』에 수록된 3백 편의 시는 인정을 완곡히 다하고 물리를 두루 통하였으며, 우유충후하여 반드시 바른 데로 돌아갈 것을 구하였다고 하였다. 시는 희로애락의 정이 사물에 감응해 발한 것이다. 이이는 정에는 도의道義를 위하여 발한 것과 구체口體를 위하여 발한 것이 있다[10]고 하였다. 어버이에게 효도하고 임금에게 충성하는 것은 도의를 위하여 발한 정이다. 이를 도심이라고 한다. 배고플 때 먹으려 하고 추울 때 입으려 하는

8 　李珥, 『栗谷全書』 권14, 284면, 「人心道心圖說」. "天理之賦於人者, 謂之性. 合性與氣而爲主宰於一身者, 謂之心. 心應事物而發於外者, 謂之情. 性是心之體, 情是心之用."
9 　李珥, 『栗谷全書』 권14, 285면, 「人心道心圖說」. "情之善者, 乘淸明之氣, 循天理而直出, 不失其中. … 情之不善者, 雖亦本乎理, 而旣爲汙濁之氣所掩, 失其本體而橫生, 或過或不及."
10 　李珥, 『栗谷全書』 권14, 284면, 「人心道心圖說」. "情之發也, 有爲道義而發者, … 有爲口體而發者."

것은 구체를 위하여 발한 정이다. 이를 인심이라고 한다. 이이는 도심은 그 발하는 것이 도의를 위한 것이므로 성명性命에 속하지만, 인심은 그 발하는 것이 구체를 위한 것이므로 형기形氣에 속한다고 하였다. 『시경』은 희노애락의 정이 도의를 위해 발하여 성명을 좇아 나온 도심을 펼친 것으로 시의 본원이 된다.

『詩經』 → 性命 → 道心 → 天理 → 性情之正

[자료 1]에서 이이는 『시경』 이후에 지어진 시들은 성정의 바름에 근본하지 못하고, 거짓으로 꾸며 사람의 눈을 기쁘게 하는 것이 많다고 하였다. 그는 성명에 속하는 도심은 천리 그 자체이므로 선만 있고 악은 없지만, 형기에 속하는 인심은 천리도 있고 인욕도 있으므로 선도 있고 악도 있다[11]고 하였다. 마땅히 먹을 때에 먹고 마땅히 입을 때에 입는 것은 성현도 벗어날 수 없는 천리이다. 그러나 식색食色의 생각으로 인하여 악한 마음을 갖게 된다면 이것은 인욕에 사로잡힌 것이 된다. 선하기만 하고 악하지 않은 도심은 단지 잘 보존하면 그만이지만, 인심은 비록 선한 것일지라도 항상 인욕에 유혹을 받아 위태롭기 이를 데 없다. 『시경』 이후의 시들은 정이 구체를 위해 발하여 형기를 좇아 나온 인심이 펼쳐진 것이다. 따라서 이 시들은 성정의 바름에서 나와 천리가 보존된 것과 성정의 사악함에서 나와 인욕이 드러난 것이 뒤섞여 있어 이를 잘 살펴 읽어야 한다. 이이가 『정언묘선』을 편찬한 이유가 바로 여기에 있다.

후대의 시 —— 形氣 —— 人心 ┬ 天理 —— 性情之正
                              └ 人欲 —— 性情之邪

---

11 李珥, 『栗谷全書』 권14, 284면, 「人心道心圖說」. "道心, 純是天理, 故有善而無惡. 人心, 也有天理, 也有人欲."

2) 시의 맥락 : 원류와 말류다기

이이는 「정언묘선서」에서 시의 본원에 대해 밝힌 후에 시의 맥락에 대해 다음과 같이 말하였다.

> [자료 2] : 나는 몇 해 동안 병을 앓아 한가롭게 홀로 거처하며 신음하는 틈에, 때로 옛 시를 찾아 여러 체를 갖추어 얻었다. 시의 본원이 오래되어 막히고 말류末流가 다기多枝하여 학자들이 눈을 부릅뜨고 보아도 어지러워 그 길을 찾지 못할까 염려하여, 이에 감히 가장 정精하여 법法이 될 만한 것을 뽑아 모아 8편을 만들고, 권점圈點을 더하여 『정언묘선』이라고 하였다. 충담沖淡한 것을 머리로 삼은 것은 원류源流가 따라온 바를 알게 한 것이고, 차례로 점차 내려와 미려美麗에 이르게 되어서는 시의 맥락이 거의 참됨을 잃은 것에 가깝다. 이에 도를 밝힌 운어로 끝을 맺어 속이거나 거짓으로 흐르지 않게 하였으니, 버리고 취하는 사이에 의도가 남아있다.[12]

[자료 2]에서 이이는 시의 본원이 오래되어 막히고 말류가 다기多岐하여 학자들이 눈을 부릅뜨고 보아도 어지러워 바른길을 찾지 못할 것을 우려한다고 말하였다. 연세대학교 필사본 『정언묘선』의 『원자집』에는 한대의 시 9수와 육조대의 시 48수, 그리고 당대의 시 48수와 송대의 시 8수를 합하여 모두 113수가 수록되어 있는데, 이 시들은 『시경』의 정신을 바르게 계승한 시의 원류에 해당한다. 그다음 『형자집』에서 『예자집』에 이르는 6편의 선집에는 모두 당송대의 시 409수가 수록되어 있는데, 이는 근체시가 완성된 당나라 이후의 작품들을 각각의 풍격에 따라 나눈 것으로 말류의 다기에 속한다. 이이는 율시가 나온 당나라를 전후로 하여 시가 크게 변한 것으로 보고, 비록 인심에서 나온 것이긴 하지만 가장 정교하여 법으로 삼을 만한 시를 8종의 유형별로 나누어 『정언묘선』을 편찬하였다.

12　李珥, 『栗谷全書』권13, 271면, 「精言妙選序」. "余數年抱病, 居閒處獨, 殿屎之隙, 時搜古詩, 備得衆體. 患詩源久塞, 末流多岐, 學者睢盱, 眩亂莫尋其路, 乃敢採其最精而可法者, 集爲八篇, 加以圈點, 名曰精言妙選. 以冲淡者爲首, 使知源流之所自, 以次漸降, 至於美麗, 則詩之脈絡, 殆近於失眞矣. 乃以明道韻語終焉, 卑不流於矯僞, 去取之間, 有意存焉."

동춘당본 『정언묘선』의 『원자집』에는 우유충후한 성정을 꾸밈없이 펼친 충담소산한 시 113수가 수록되어 있다. 『형자집』에는 자득한 마음을 흥에 맡긴 한미청적한 시 58수, 『이자집』에는 매미가 바람과 이슬을 맞으며 허물을 벗는 듯한 청신쇄락한 시 118수가 수록되어 있다. 『정자집』에는 구어가 단련되고 격도가 엄정한 용의정심한 시 49수, 『인자집』에는 주변 사물에 의해 촉발된 마음을 펼친 정심의원한 시 116수가 수록되어 있다. 『의자집』에는 필력이 주경하여 응원한 맛을 주는 격사청건한 시 48수, 『예자집』에는 아로새기고 꾸미기는 했지만 음염에는 이르지 않은 정공묘려한 시 20수가 수록되어 있다. 위와 같이 이이는 『시경』 이후에 나온 시 가운데 『원자집』에 충담소산한 시를 수록하여 시의 원류를 알게 하였고, 점차 내려와 『예자집』에 시의 맥락이 거의 참모습을 잃은 정공묘려한 시를 실었으며, 마지막으로 『지자집』에 도의 이치를 밝힌 시를 수록하여 속이거나 거짓으로 흐르지 않게 하였다.

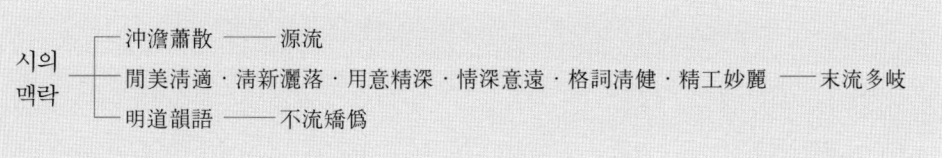

3) 시의 공효 : 존성과 이정탕심

이이는 「정언묘선서」에서 시의 맥락에 대해 밝힌 것에 이어 시의 공효에 대해 다음과 같이 말하였다.

[자료 3] : 시는 비록 학자가 할 것은 아니나, 또한 성정을 음영하고 청화淸和을 선창宣暢하여 가슴속의 재예滓穢를 씻어내는 것인즉, 또한 존성存省에 도움이 된다. 어찌 아로새기고 아름답게 꾸며 감정을 옮기고 마음을 방탕하게 하려고 펼치겠는가? 이 시집을 보는 자는 그 생각이 여기에 있어야 한다.[13]

[자료 3]에서 이이는 시는 학자가 할 것은 아니지만 존성存省에는 도움이 된다[14]고 하였다. 그가 말한 존성은 존양성찰存養省察을 줄여 말한 것이다. 그는 함양[또는 존양]은 희노애락이 발하기 이전인 계구戒懼를 말하고, 성찰은 희노애락이 발한 이후인 신독愼獨을 말한다[15]고 하였다. 마음의 본체는 텅 비고 밝아 거울처럼 깨끗하고 저울처럼 평평하다. 이 마음이 사물에 느끼어 움직이게 되면 여러 가지 감정이 일어나는데, 이 때 기에 구속되고 욕망에 가려 중도에서 벗어나면 감정이 바름을 잃게 된다. 언제나 존양성찰에 힘써 그침이 없어야 말하고 행동하는 것이 의리의 당연한 법칙에 합하게 된다. 학자들이 성정의 바름을 읊은 시를 읽으면 마음에서 희노애락의 정이 발하기 이전에는 계구를 통하여 마음을 보존해 기르고[존양], 희노애락의 정이 발한 이후에는 신독을 통하여 선악의 기미를 잘 살펴[성찰], 마음에서 발한 희노애락의 정이 자연스럽게 이치에 맞고 절도가 있게 하는 데 도움이 된다.

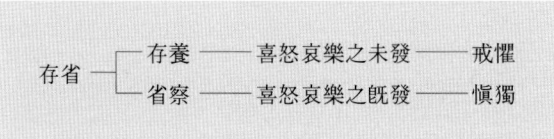

[자료 3]에서 이이는 시는 성정을 음영하고 청화淸和를 선창宣暢하여 가슴속의 더러운 찌끼를 씻어내어 존양성찰에 도움이 되어야 하고, 아로새기고 아름답게 꾸며 감정을 옮기거나 마음을 방탕하게 해서는 안 된다고 하였다. 사람들이 선한 내용의 시를 읽으면 마음에서 저절로 선한 감정이 일어나지만, 악한 내용의 시를 읽으면 마음속에서 악한 감정이 일어난다. 주희는 시는 성정에서 근본한 것으로 사악한 것과 바른 것이 있어, 그 말의 의미를 쉽게 알아 음영하고 억양·반복하는 가운데 사람을 감동시키기 쉽다[16]고 하였다. 이이 또한 두보

---

13 李珥, 『栗谷全書』 권13, 271면, 「精言妙選序」. "詩雖非學者能事, 亦所以吟詠性情, 宣暢淸和, 以滌胸中之滓滅, 則亦存省之一助. 豈爲雕繪繡藻, 移情蕩心而設哉. 覽此集者其念在玆."
14 李珥, 『栗谷全書』 권13, 271면, 「精言妙選序」. "詩雖非學者能事, … 存省之一助."
15 李珥, 『栗谷全書』, 권19, 426면, 「聖學輯要」. "戒懼者, 所以涵養於喜怒哀樂未發之前, 愼獨者, 所以省察於喜怒哀樂已發之後."
16 李珥, 『栗谷全書』 권20, 433면, 「聖學輯要」. "詩本性情, 有邪有正, 其爲言旣易知, 而吟詠之間, 抑揚反復, 其感人

의 시구는 학질을 뗄 수 있고, 위응물의 절구는 강 물결을 그치게 할 수 있을 정도로 시가 귀신을 감동시킨다[17]고 하였다. 시는 위와 같이 짓는 사람과 읽는 사람 사이에 서로 긴밀하게 연계되어 있고, 두 사람의 마음속에 서로 침투하여 상호 일치시키는 효능을 지니고 있다. 이이는 『정언묘선』에 존양성찰에 도움이 되는 시를 8종의 유형으로 수록하여, 학자들이 이를 읽어 물욕에 의해 왜곡되거나 편협한 마음을 버리고 선한 것을 좋아하며 악한 것을 미워하는 자각을 불러일으키게 하였다.

```
시의 ┬─ 存養省察 ──── 吟詠性情·宣暢淸和·滌胸中之滓滅
공효 └─ 雕繪繡藻 ──── 移情蕩心
```

3. 『정언묘선』의 성리학적 심미의식

심미의식이란, 일반적으로 말하는 미감 및 그에 관계되는 심미취미, 심미관념, 심미이상, 심미심리 등을 포함한 말이다. 심미의식은 사회의식 형태의 한 조성 부분을 이루어, 인간의 현실미와 예술미의 감수, 감상, 평론 속에 매우 구체적으로 나타나 있다. 미학 이론은 이와 같은 심미의식에 대하여 이론상으로 철학적이고 과학적인 연구를 진행하는 것이다.[18] 한문학에 있어서 미학 연구는 용어에 대한 개념 정의가 논리적으로 이루어지지 않은 상태에서 비유나 상징 등을 통하여 그 개념의 윤곽을 그리는 방법을 취하고 있는 것이 특징이다. 그러나 『정언묘선』은 기존의 방식과는 확연히 다르다.

이이는 『정언묘선』을 편찬하면서 『원자집』에서 『예자집』에 이르는 7종에 「정언묘선총

又易入."
17 李珥, 『栗谷全書·拾遺』 권3, 519쪽, 「仁物世橐序」. "子美之句, 能去瘧疾, 蘇州之絶, 能止江派, 則詩之可以感乎鬼神者, 亦可知也."
18 李澤厚·劉綱紀 주편, 權德周·金勝心 공역(1992), 2면.

서」를 붙여놓고, 이곳에서 작시자와 독시자의 심미 특징에 대한 생각들을 펼쳤다. 따라서 『정언묘선』에 나타난 이이의 심미의식을 파악하기 위해서는 무엇보다도 『정언묘선』 속에 8종의 풍격으로 나누어 수록된 작품을 분석하는 것이 가장 중요하다. 그러나 앞서 살폈듯이 『의자집』과 『예자집』에 수록된 격사청건·정공묘려한 시가 수록된 동춘당본은 아직 학계에 공개되지 않았고, 『지자집』에 수록된 것으로 추정되는 명도운어는 선시選詩 여부가 확인되지 않은 상태이다. 따라서 이곳에서는 이이가 『정언묘선』을 편찬하면서 참고했을 것으로 추정되는 『시인옥설』에 나타난 용어를 중심으로 하여,[19] 율곡이 도학적 수양론에 기초해 작자와 독자의 입장에서 이들 용어의 의미를 재해석하고, 이를 시의 창작과 공효에 관한 심미의식으로 구조화시킨 양상에 초점을 맞추어 논의를 전개하고자 한다. 이와 아울러 현재 학계에 공개된 『원자집』·『형자집』·『이자집』·『정자집』·『인자집』에 수록된 시를 분석하여 충담소산·한미청적·청신쇄락·용의정심·정심의원한 시의 미적 특징을 밝혀 보고자 한다.

1) 시의 원류와 도리의 발명

(1) 충담소산 : 성정이 충후하여 정신이 맑아짐

시의 풍격 용어로서 충담소산沖澹蕭散이 쓰인 예는 주로 도연명과 위응물, 그리고 유종원의 작품을 평한 말에서 찾을 수 있다. 주희는 시를 지을 때 반드시 도연명과 유종원의 문정門庭을 통해야만 소산충담한 묘취를 펼칠 수 있다[20]고 하였다. 또한 예찬倪瓚은 위응물과 유종원이 도연명의 충담소산한 지취를 얻었고, 왕유의 시는 사어가 부려富麗, 궁고窮苦하여 두 사람이 유심幽深, 한원閑遠한 것보다 못하다[21]고 하였다. 그리고 김매순은 김개국金蓋國의 시를

---

19 학계에 따르면 이이 이전에 조선에서 간행된 중국의 시론서는 송대 魏慶之의 『시인옥설』(세종 21)과 원대 歐陽起鳴의 『唐宋句法』(세종조), 『歐陽論範』(성종조), 『呂律新書解』(중종조) 등이 있다(김학주(2000), 10면). 이 중 『시인옥설』에는 閒適(卷之三 「唐人句法」), 淸新(卷之三 「唐人句法」), 淸健(卷之三 「句法」), 用意精深(卷之六 「命意」) 등과 같이 『정언묘선』에 제시된 8종과 동일한 용어들이 상당수 포함된 것으로 보아, 이이가 8종의 풍격 용어를 설정하고 유형별로 시를 선록하면서 『시인옥설』의 내용을 다양하게 참고했을 것으로 추정된다.
20 劉履 찬, 『風雅翼』권14, 213면. "晦庵先生又曰, 作詩須從陶柳門庭中來, 不如是, 無以發蕭散冲淡之趣."

평한 글에서 "사물을 끌어와 흥취를 읊은 작품들이 충담소산하여 마음을 풀어낸 것이 비린내나 찌꺼기의 난잡함이 전혀 없다."[22]고 말하였다. 이이는 「원자집서」에서 충담소산한 시의 풍격에 대해 다음과 같이 말하였다.

[자료 4] : 이 『원자집』에 뽑은 것은 충담소산한 시를 위주로 하여 꾸밈을 일삼지 않아 자연스러운 가운데 깊이 묘취가 있다. 고조古調과 고의古意는 아는 사람이 적다. 당송唐宋 이하로 여러 작품의 품격은 혹 옛것에 미치지 못하지만, 간혹 근체시 중에 모두 조탁의 기교가 없어서 자연히 성률에 맞은 것이 있으므로 함께 뽑았다. 이 『원자집』을 읽으면 담박함을 맛보고 희음希音을 즐길 수 있으니 삼 백 편의 남은 뜻이 결코 이것에서 벗어 나지 않을 것이다.[23]

[자료 4]에서 이이는 『원자집』에 뽑은 것은 충담소산한 시를 위주로 하여 꾸밈을 일삼지 않고 자연스러운 가운데 깊이 묘취가 있다고 하였다. 그는 「청송성선생행장聽松成先生行狀」에서 서수침徐守琛은 "평소의 뜻이 충담하여 멀리 세상 밖을 벗어났다."[24]고 하였고, 「경연일기」에서 이황은 "때때로 자연을 소요하며 성정을 음영하여 소산한 흥취를 맡겼다."[25]고 하였다. 그가 말한 '충담'은 멀리 세상 밖을 벗어난 마음을 의미하고, '소산'은 자연과 함께하면서 얻은 흥취를 가리킨다. 이이는 [자료 4]에서 충담소산한 시는 한결같이 고조古調와 고의古意를 띠고 있다고 하였다. '고조'는 충담소산한 성정을 꾸밈없이 자연스럽게 펼친 것을 말하고, '고의'는 충담소산한 성정이 자연스러운 가운데 깊이 묘취가 있는 것을 의미한다. 이로 보아 충담소산한 시는 세상의 이록과 절연된 우유충후한 성정을 꾸밈없이 펼친 『시경』의 정신이

21　陶敏 외, 『韋應物集校注』, 644~655면. "韋柳沖淡蕭散, 皆得陶之旨趣, 下此則王摩詰矣. 何則. 富麗窮苦之詞易工, 幽深閑遠之語難造."
22　金邁淳, 『臺山集』권43, 장19a, 「晩翠金公遺稿序」. "其引物寓興之作, 冲澹蕭散, 陶寫性靈, 絕無葷血查滓之雜."
23　李珥, 『栗谷全書・拾遺』권4, 534면, 「元字集序」. "此集所選, 主於冲澹蕭散, 不事繪飾, 自然之中, 深有妙趣. 古調古意, 知者鮮矣. 唐宋以下, 諸作品格, 或不逮古, 間有近體, 而皆無雕琢之巧, 自中聲律, 故竝選焉. 讀此集則味其淡泊, 樂其希音, 而三百之遺意, 端不外此矣."
24　李珥, 『栗谷全書』권18, 408면, 「聽松成先生行狀」. "素志沖澹, 逈出物表."
25　李珥, 『栗谷全書』권18, 126면, 「經筵日記一」. "有時逍遙水石間, 吟詠性情, 以寓蕭散之興."

한・육조대를 거쳐 당・송대까지 따라 내려온 것으로 생각된다.

[자료 4]에서 이이는 충담소산한 시를 읽으면 담박을 맛보고 희음을 즐길 수 있다고 하였다. '담박'은 몸과 마음을 단속하여 상정으로는 견딜 수 없는 것을 스스로의 즐거움으로 삼은 것이다.[26] 『원자집』에 수록된 유곤劉琨의 「부풍가扶風歌」[27]에는 "거안장탄식據鞍長歎息, 누하여류천淚下如流泉." "충신반획죄忠信反獲罪, 한무불견명漢武不見明." 등 모두 14구가 삭제되어 있는데, 이들 시구는 한결같이 시절을 탄식하거나 처지를 원망하는 감정을 그대로 표출한 것으로 시인의 충후한 성정과는 거리가 있다. 또한 『원자집』의 저본으로 생각되는 『선시보주』에는 「행행중행행行行重行行」의 마지막 "기연물부도棄捐勿復道, 노력가찬반努力加餐飯." 2구를 「주남・권이卷耳」 2장의 "아고작피금뢰我姑酌彼金罍, 유이불영회維以不永懷."라고 한 『시경』과 밀접하게 관련하여, 버림을 받은 것이 이와 같은데 다만 아첨하는 신하에게 잘못을 돌려 단 한 마디도 원망이 임금에게 미치지 않았으니 충후함이 지극하다[28]고 하였다. 위와 같이 우유충후한 성정을 노래한 충담소산한 시를 읽으면 담박을 맛보고 희음을 즐기는 가운데 마음속에 선한 감정이 저절로 일어난다.

[자료 5] : 어진 사람이 임금에게 인정받지 못하고 물러나 멀리 떨어져 있는데, 그리워하여 잊지 못한 까닭에 이 시를 지었다. 육의로는 '부중유비賦中有比'가 된다.[29]

[자료 6] : 장성에 천굴泉窟이 있다. 수자리 하는 병사가 말에 물을 먹이며 가곡을 지었다. 후에 대체로 부인들의 생각이 먼 것은 또한 이 제목을 빌려 정을 맡긴 것이다.[30]

---

26 李珥, 『栗谷全書』 권18, 408면, 「聽松成先生行狀」. "其收束撿制處, 則浩然以淡泊自守, 常情所不敢, 而方且自以爲樂也."
27 李珥 편, 『精言妙選』 권1, 15면.
28 劉履 撰, 『風雅翼』 권1, 3~4면. "盖亦卷耳酌金罍不永懷之意. 觀其見棄如此, 而但歸咎於讒佞, 曾無一語及其君, 忠厚之至也."
29 李珥 편, 『精言妙選』(연세대필사본, 연세대도서관) 권1, 3면, 「古詩三首」 其一. "賢者不得於君, 退處遐遠, 思不忘, 故作是詩. 於六義爲賦中有比也."
30 李珥 편, 『精言妙選』 권1, 5면, 「飮馬長城窟行」 頭註. "長城有泉窟. 征戍之士, 飮馬而作歌曲. 後凡婦人之思遠者亦借此題以寄情焉."

[자료 7] : 두보가 "죽엽주도 이미 함께 나눌 사람이 없으니, 국화는 이제부터 필 필요가 없게 되었네."라고 말하여 곧장 국화로써 죽엽을 대우로 삼은 것에 이르러야, 곧 소산한 것이 법도에 군색한 바가 되지 않는다.[31]

[자료 8] : 소각蕭慤의 「유추有秋」 시에 이르길, "부용은 이슬을 떨어트리고, 버들은 달빛에 성그네."라고 말했는데, 그 소산한 것이 완연히 눈에 있다.[32]

[자료 5]와 [자료 6]은 『원자집』에 수록한 시에 달린 주의 내용으로, 이를 통해 충담한 풍격의 일단을 살필 수 있다. [자료 5]는 「고시십구수」의 첫째 수인 「행행중행行行重行」을 주석한 것으로 음사한 신하가 임금의 눈을 가려 어진 사람이 버림받은 것을 슬퍼해 지은 것이다. [자료 6]은 「음마장성굴행飮馬長城窟行」을 주석한 것으로 정역 나간 남자의 부인이 물가에 돋은 푸른 풀을 보며 남편이 멀리 수자리 나간 것을 생각하고 읊은 것이다. [자료 7]과 [자료 8]은 두보와 소각의 시가 소산한 풍격을 띠고 있음을 밝힌 것이다. [자료 7]에서 두보가 국화로써 죽엽을 대우로 삼은 것은 비록 법도에는 군색하지만, 동생들과 함께 가을을 보내지 못하는 두보의 소산한 의사가 잘 드러나 있다. [자료 8]에서 소각은 이슬방울을 머금은 연꽃과 달빛이 스며있는 버들가지를 보고 일어난 흥취를 완연히 눈앞에 있듯이 소산하게 펼쳤다.

行行重行行
行ˋ行ˋ重ˋ行ˋ行ˋ, 與ˋ君ˋ生ˋ別ˋ離ˋ. 相去萬餘里, 各在天一涯. 道路阻且長, 會面安可知. 胡馬依北風, 越鳥思南枝. 相去ˋ日ˋ已ˋ遠ˋ, 衣ˋ帶ˋ日ˋ已ˋ緩ˋ. 浮○雲○蔽○白○日○, 遊○子○不○顧○返○. 思ˋ君ˋ令ˋ人ˋ老ˋ, 歲ˋ月ˋ忽ˋ已ˋ晚ˋ. 棄捐勿復道, 努力加餐飯.[33]
('ˋ' 표기는 목판본에 방점傍點이 찍혀 있는 곳이고, '○' 표기는 목판본에 권圈이 찍혀 있는 곳임 : 필자 주. 이하 같음)

---

31 魏慶之 편, 『詩人玉屑』 권17, 166면, 「屬對 · 陵陽謂對偶不必拘繩墨」. "至如杜子美云, 竹葉於人旣無分, 菊花從此不須開, 直以菊花對竹葉, 便蕭散不爲繩墨所窘."
32 魏慶之 편, 『詩人玉屑』 권12, 259면, 「品藻古今人物 · 蕭慤」. "蕭慤有秋詩云, 芙蓉露下落, 楊柳月中疎, 其蕭散宛然在目."
33 李珥 편, 『精言妙選』 권1, 장1b.

가고가고 또 가고가고

가고 가고 또 가고 가고, 임과 생이별했지, 서로 만 리나 떨어져, 각각 하늘 끝에 있네. 길은 험하고 멀어, 다시 만날 것을 어찌 기약하리? 오랑캐 말은 북녘 바람에 의지하고, 월 나라 새는 남쪽 가지에 둥지를 트네. 서로 거리가 더욱 멀어지니, 옷과 허리띠는 더욱 느슨해지네. 뜬구름이 밝은 해를 가려, 나그네 돌아가지 못하네. 임 생각에 사람은 늙어가고, 세월은 문득 저물었네. 버림받은 일 다시 말하지 않으리니. 음식 잘 드시어 건강하기 바라네.

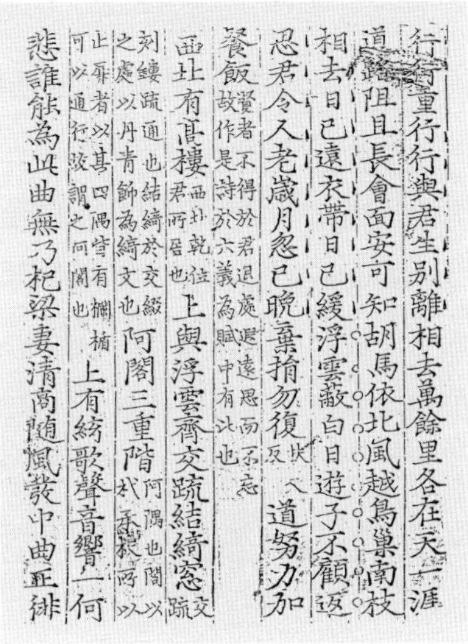
行行重行行與君生別離相去萬餘里各在天一涯
道路阻且長會面安可知胡馬依北風越鳥巢南枝
相去日已遠衣帶日已緩浮雲蔽白日遊子不顧返
思君令人老歲月忽已晚棄捐勿復道努力加
餐飯 賢者不得於君退處遐遠思而不忘故作是詩於六義爲賦中有比也
西北有高樓 西北乾位君所居也 上與浮雲齊交疏結綺窗 交疏
刻鏤疏通也結綺於交綴之處以丹青飾爲綺文也 阿閣三重階 阿閣也閣以
止屏者以其四隅皆有欄楯可以通行故謂之阿閣也 上有絃歌聲音響一何
悲誰能爲此曲無乃杞梁妻清商隨風發中曲正徘

[그림 1] 『정언묘선』 권1
(연세대 목판본)

위의 시는 『원자집』에 수록된 「고시십구수」 3수 중 제1수이다. 이 시는 현자가 임금에게 인정받지 못하고 물러나 있으면서 잊지 못했기 때문에 지은 것이다. '호마의북풍胡馬依北風, 월조사남지越鳥思南枝'는 서로 만리 길로 막혀 있어 임금을 다시 만날 기약이 없자, 말과 새가 각각 고향을 향해 가는 것에 빗대어 연군의 감정을 토해낸 것이다. '부운폐백일浮雲蔽白日'은 음사한 신하가 위로 임금을 가려 현로賢路를 막고 있음을 부운이 백일을 막고 있는 것에 비유한 것이다. 이들 시구가 바로 비比에 해당한다. 이 시에는 "행행중행행行行重行行, 여군생별리與君生別離.", "상거일이원相去日已遠, 의대일이완衣帶日已緩.", "사군영인로思君令人老, 세월홀이만歲月忽已晚." 등의 시구에 방점傍點[◖]이 찍혀 있고, "부운폐백일浮雲蔽白日, 유자불고반遊子不顧返."에는 권圈[○]이 찍혀 있다.([그림 1] 참고) 이로 보아 이이는 이들 시구에 고조古調와 고의古意가 담겨있는 것으로 생각한 것임을 알 수 있다. 『선시보주』에서는 이 시의 마지막 "기연물부도棄捐勿復道, 노력가찬반努力加餐飯." 2구를 「주남 · 권이卷耳」 2장의 "아고작피금뢰我姑酌彼金罍, 유이불영회維以不永懷."라고 한 『시경』과 밀접하게 관련지어, 버림을 받은 것이 이와 같은데 다만 참녕讒佞한 신하에게 잘못을 돌려 단 한 마디도 원망이 임금에게 미치지 않았으니 충후의 지극함을 보여준다[34]고 풀이하였다. 이이는 이 시가 임금에게 버림을 받은 신하의 충후한 성정을 완곡히 묘사하고 있어, 충담소산이 지향하는 『시경』의 남은 뜻을 충분히 갖추고 있는 것으로 보아 『원자집』의 첫 번째 작품으로 수록하였다.

> **扶風歌**
> 朝〮發〮廣〮莫〮門〮, 暮〮宿〮丹〮水〮山〮. 左手彎繁弱, 右手揮龍淵. 顧瞻望宮闕, 俯仰御飛軒. 繫〮馬〮長〮松〮下〮, 發〮鞍〮高〮岳〮頭〮. 烈〮烈〮悲〮風〮起〮, 冷〮冷〮澗〮水〮流〮. 揮手長相謝, 哽咽不能言. 浮〮雲〮爲〮我〮結〮. 歸〮鳥〮爲〮我〮旋〮. 攬轡命徒侶, 吟嘯絶岩中. 君子道微矣, 夫子固有窮. 我欲竟此曲, 此曲悲且長. 棄置勿重陳, 重陳令心傷.³⁵
>
> **부풍가**
> 아침에 광막문廣莫門을 떠나, 저녁에 단수산丹水山에 묵었네. 왼손으로 번약궁繁弱弓을 당기고, 오른손으로 용연검龍淵劍을 휘두르네. 돌아보아 궁궐을 바라보고는, 오르락내리락 날 듯이 수레를 모네. 우뚝한 소나무 아래에 말을 묶어놓고, 높은 산머리에 안장을 풀었지. 찬바람 매섭게 일어나고, 산골 물은 차갑게 흐른다. 손 흔들며 길이 서로 헤어지며, 목이 메어 말조차 못했지. 뜬구름은 나를 위해 엉켜있고, 철새도 나를 위해 맴돌았네. 고삐 잡으라고 병사들에게 명하고는, 깎아지른 바위에서 읊조리네. 군자의 도가 쇠미해져, 공자가 그로 인해 곤궁했지. 내가 이 곡을 끝내고자 하니, 이 곡조 슬프고 길다. 버려두고 다시는 펼치지 않으려니, 다시 펼쳐야 마음만 상할 뿐이네.

위의 시는 『원자집』에 수록된 유곤의 「부풍가扶風歌」로, 유곤이 병주자사幷州刺史로 임명되어 낙양에서 진양晉陽으로 가는 도중에 지은 것이다. 이 시는 전편에 걸쳐 부임 도중에 일어난 감회를 펼치는 가운데, 시절의 어려움을 근심하고 군자의 도가 회복되기를 원하는 충정을 꾸밈없이 묘사하였다. 특히 이 시는 '계마장송하繫馬長松下' 다음의 "거안장탄식據鞍長歎息, 누하여유천淚下如流泉." 2구, '귀조위아선歸鳥爲我旋' 다음의 "거가일이원去家日已遠, 안지존흥망安知存興亡. 강개궁임중慷慨窮林中, 포슬독최장抱膝獨摧藏. 미록유아전麋鹿遊我前, 원후희아측猿猴戲我側. 자량기핍진資糧旣乏盡, 미궐안족식薇蕨安足食," 8구, '부자고유궁夫子固有窮' 다음의 "유석이건기惟昔李騫期, 기재흉노정寄在匈奴庭. 충신반획죄忠信反獲罪, 한무불견명漢武不見明." 4구 등 모두 14구가 삭제되어 있어 주목된다. 『선시보주』에서는 이들 시구

34　劉履 撰, 『風雅翼』 권1, 3~4면. "盖亦卷耳酌金罍不永懷之意. 觀其見棄如此, 而但歸咎於讒佞, 曾無一語及其君, 忠厚之至也."

35　李珥 편, 『精言妙選』 권1, 장7b~장8a.

를 모두 수록하고 이 시를 유곤이 병주幷州를 잃고 계薊로 달아나 단필제段匹磾에게 의지했을 때 지은 것으로 보아, 감히 그 임금을 가리켜 말하지 못했기 때문에 이릉李陵으로 비유로 삼아 반복해서 탄식한 것[36]으로 풀이하였다. 그러나 이이는 이들 시구가 『원자집』이 지향하는 충담소산한 풍격에 어울리지 않는 것으로 생각하고 이를 의도적으로 삭제한 것으로 보인다. '길게 탄식하거나 눈물이 샘물처럼 흐르고', '강개한 채 마음이 꺾이며', '사슴이나 원숭이들과 유희하거나 고사리를 캐어 먹고', '이릉이 흉노에게 목숨을 맡기며', '충신이 죄를 입거나 임금이 명철하지 못한' 표현들은 '우유충후'한 시인의 성정과는 거리가 있는 것으로 생각한 것이다.[37] 그리고 이이는 고조古調와 고의古意를 담고 있는 것으로 생각되는 "조발광막문朝發廣莫門, 모숙단수산暮宿丹水山.", "계마장송하繫馬長松下, 발안고악두發鞍高岳頭. 열렬비풍기烈烈悲風起, 냉냉간수류冷冷澗水流.", "부운위아결浮雲爲我結, 귀조위아선歸鳥爲我旋."등의 시구에 방점[╹]을 찍어놓아, 작품 자체를 담박淡泊을 맛보고 희음希音을 즐길 수 있는 충담소산한 풍격을 갖춘 시가 되도록 하였다.

始作鎭軍參軍經曲阿
弱齡寄事外, 委懷在琴書. 被褐欣自得, 屢空常晏如. 時來苟冥會, 宛轡憩通衢. 投策命晨裝, 暫與園田疎. 渺╹渺╹孤╹舟╹逝╹, 綿╹綿╹歸╹思╹紆╹. 我行豈不遙, 登降千里餘. 目倦川塗異, 心念山澤居. 望雲慚高鳥, 臨水愧游魚. 眞想初在襟, 誰謂形跡拘. 聊且憑化遷, 終返班生廬.[38]

처음 진군참군이 되어 곡아를 지나며
젊을 적부터 세상일을 벗어나, 거문고와 책에 마음이 쏠렸네. 거친 옷에도 기뻐 만족하고, 밥 자주 걸러도 항상 편안하였지. 부귀한 시절이 절로 찾아오니, 고삐 굽혀 번화한 거리에서 쉬네. 지팡이 버리고 새벽 행장 꾸려, 잠시 전원과 소원했네. **아득히 외로운 배를 타고 가며, 끝없이 돌아올 생각에 잠기네**. 나의 행차가 어찌 멀지 않으리? 오르내리는 길 천 리 남짓인데. 눈은 낯선 시내 기로 인해 피로하고, 마음은 고향 산천의 집을 생각하네. 구름을 바라보니 높이 나는 새에 부끄럽고, 물과 마주하니 노니는 물고기에 부끄럽네. 참 마음 처음부터 마음속에 간직하니, 누가 형적에 구속당했다고 말하리? 오로지 자연의 조화를 타고, 끝내 반고의 오두막에 돌아오련다.

---

36 劉履 찬, 『風雅翼』권4, 84면. "越石旣失幷州, 遂奔薊, 依段匹磾. …不敢斥言其君, 故借李陵爲喩, 而反覆歎息之也."
37 인용한 「扶風歌」외에 『원자집』에는 曹植의 「美女篇」에서 '行徒用息駕, 休者以忘餐' 2구, 張協의 「雜詩」 1수의 '密葉日夜疎, 叢林森如雲' 2구, 같은 시 2수의 '養眞尙無爲, 道勝貴陸沈' 2구가 삭제되어 있다. 이들 시구 또한 충담소산한 풍격에 어울리지 않는 표현으로 생각하고 삭제한 것으로 보인다.
38 李珥 편, 『精言妙選』권1, 장9b~장10a.

위의 시는 『원자집』에 수록된 도연명의 「시작진군참군경곡아始作鎭軍參軍經曲阿」로, 도연명이 40세에 진군참군鎭軍參軍으로 부임하는 도중 곡아曲阿를 지나며 지은 것이다. 고얼봉孫月峰은 이 시를 평하여 모두 진실한 말로 조금도 꾸밈이 없어 충담한 맛을 준다[39]고 하였다. 이 시는 도연명이 처음 군직으로 부임하면서 일어난 감흥을 꾸밈없이 담담한 어조로 펼쳤다. 그는 처음부터 물외에 마음을 두어 세상에 나서지 않았지만, 결국 곤궁한 생활 때문에 원치 않는 벼슬길에 나아갔다. 그렇기에 그는 고향을 등지고 임지로 가는 길에 출사와 귀은歸隱이라는 모순된 감정이 교차하였고, 이러한 갈등을 아득히 외로운 배를 타고 가며, 끝없이 돌아올 생각에 잠긴다고 하였다. 이이는 "묘묘고주서渺渺孤舟逝, 면면귀사우綿綿歸思紆."에 고조古調와 고의古意로 담겨 있다고, 이 두 구에 방점[◐]을 달아놓았다. 이어 도연명은 "망운참고조望雲慚高鳥, 임수괴유어臨水愧游魚."라는 말로 출사로 인해 편치 않은 감정을 빗대어 말하고, "진상초재금眞想初在襟, 수위형적구誰謂形跡拘."라고 하여 전원을 향한 자신의 참마음을 간직해 결코 육체에 부림 받지 않을 것을 다짐하였다. 실제 그는 바로 이듬해에 사직하고 곧장 귀거래를 결행하여 이 참마음[眞想]이 거짓이 아니었음을 증명하였다. 유리는 『선시보주』에서 도연명의 시는 의명義命을 편안히 여기고, 우국을 잊지 않는 충정이 사기詞氣에 드러나 있다[40]고 하였다. 『원자집』에 수록된 그의 시 18수는 이렇듯 전원에서 몸과 마음을 닦으며 세상의 이록을 탐하지 않는 진실한 감정을 꾸밈없이 펼쳐져 있어, 우리는 이들 작품에서 우유충후하여 반드시 성정의 바름으로 돌아가기를 구한 『시경』의 남은 뜻을 엿볼 수 있다.

(2) 명도운어 : 도리가 발명되어 거짓이 사라짐

「정언묘선총서」에는 『지자집』을 풀이한 내용이 없다. 또한 지금까지 발견된 판본 가운데 원본에 가장 가까운 동춘당본 범례에도 『지자집』은 원래부터 볼 수 없었던 것으로 되어있다.[41] 다만 이이가 『지자집』을 설명하면서 명도운어로 끝을 맺어 속이거나 거짓으로 흐르지

---

39 張啓成 외, 『文選全釋』 권제26, 1715면. "俱是眞實語, 絶無粉飾, 有沖澹之味."
40 劉履 찬, 『風雅翼』 권6, 133면. "靖節之安於義命, 而不忘憂國, 見於詞氣者."
41 김남형(1998), 178면.

않게 하였다[42]고 말한 것으로 보아, 그가 수록하려 했던 명도운어는 속이거나 거짓으로 지은 것이 아니라 도를 밝힌 시임을 알 수 있다. 『율곡전서』에는 성혼이 이이에게 보낸 편지가 실려 있는데, 성혼은 이곳에서 "이에 보낸 편지를 받으면서 함께 명도운어를 받았는데, 견식이 밝고 말이 정밀하여 조금도 어긋남이 없다."[43]라고 하여, 이이의 시를 '명도운어'라고 지칭하였다. 이 시의 원문을 통해 이이가 「정언묘선서」에서 말한 명도운어의 내용을 살필 수 있다.

> **理氣詠呈牛溪道兄**
> 元氣何端始, 無形在有形. 窮源知本合, 沿派見羣精. 水逐方圓器, 空隨小大甁. 二歧君莫惑, 黙驗性爲情.[44]
>
> **이理와 기氣를 읊어 우계牛溪 도형道兄에게 드리다**
> 원기는 어디에서 시작되는가? 무형에 유형이 존재하네. 본원을 궁구하면 근본이 합함을 알고, 갈래를 따르면 모든 정수를 보네. 물은 모나고 둥근 그릇을 따르고, 공기는 작고 큰 병을 따르네. 두 갈래라고 그대는 미혹하지 말고, 조용히 성이 정이 되는 것을 살펴야 하네.

위의 시는 성혼이 성정의 사이에는 원래 리와 기라는 두 사물이 있어 각각 스스로 나온다고 주장한 것에 대해, 이이가 성정의 사이에는 '기발리승氣發理乘'의 일도一途만 있을 뿐이고 다른 일은 없음을 강조한 것이다.[45] 이이는 이理와 기氣는 우주의 시원인 '무극이태극'에서부터 함께 있는 것으로, 기氣가 발하면 이理가 타는 것[氣發理乘]이지 이理와 기氣가 서로 발하는 것[理氣互發]이 아니라는 도학적 사유를 간명하게 제출하였다. 이는 그가 '궁원지본합窮源知本合'에 주를 달아 "이理와 기氣는 본래 합해있는 것이지 처음으로 합한 때가 있는 것이 아니다. 이理와 기氣를 둘로 나누려 하는 사람은 모두 도를 모르는 자이다."[46]라고 하고, '연파견군정沿派見羣精'에 주를 달아 "리와 기는 원래 하나이지만 나누어져서 음양과 오행의 정수가 된다."[47]

---

42 李珥, 『栗谷全書』 권13, 271면, 「精言妙選序」. "乃以明道韻語終焉, 卑不流於矯僞."
43 李珥, 『栗谷全書』 권10, 213면, 「理氣詠呈牛溪道兄·附問書」. "玆蒙寄札, 兼被明道韻語, 見明語精, 毫髮不爽."
44 李珥, 『栗谷全書』 권10, 213면, 「理氣詠呈牛溪道兄·附問書」.
45 李珥, 『栗谷全書』 권10, 209면, 「理氣詠呈牛溪道兄」. "渾之所謂性情之間, 元有理氣兩物, 各自出來云者. … 只曰, 性情之間, 有氣發理乘一途而已, 此外非有他事也."
46 李珥, 『栗谷全書』 권10, 209면, 「理氣詠呈牛溪道兄」. "理氣本合也, 非有始合之時, 欲以理氣二之者, 皆非知道者也."

라고 한 말을 통해 확인된다. 이이가 『지자집』에 수록하려 했던 명도운어는 위와 같이 도의 이치를 논리적으로 정치하게 펼친 시일 것으로 생각된다.

『지자집』에 실린 명도운어와 관련해 주목되는 것은 『원자집』의 저본인 『선시보주』의 끝에 실려 있는 시이다. 『선시보주』 권14에는 송대의 시 29수가 수록되어 있는데, 그 가운데 왕안석의 시 2수를 제외한 27수가 모두 주희의 시이다. 특히 27수 가운데 20수는 주희의 「재거감흥시이십수齋居感興詩二十首」를 그대로 수록하였다. 주희는 이 시의 「자서」에서 진자앙陳子昂의 「감우시感遇詩」는 사지詞旨가 유수幽邃하고 음절이 호탕하여 당세의 시인들이 미칠 수 없으나, 리에 정밀하지 못해 스스로 선불仙佛의 사이에 빠진 것을 염려해 일용에 절실한 문제를 쉽게 알 수 있는 말로 엮어 스스로 경계한다[48]고 하였다. 또한 유리가 편찬한 『선시보주』에는 '『문선』의 시와 위응물의 시를 익히 보고 『논어』와 『맹자』를 읽어 그 본원을 탐색한다.'라고 한 말을 인용해, 주희의 시는 도연명과 위응물의 사이를 출입하고 의리가 정미한 곳에 이르면 육경과 사서를 본받았다[49]고 하였다. 이로 보아 이이가 『지자집』에 수록하려 했던 시는 『선시보주』에 실린 주희의 시 27수일 가능성이 있는 것으로 추정된다.

2) 시의 말류의 다양한 갈래

(1) 한미청적 : 마음이 자득하여 심기가 화평함

시의 풍격 용어로서 한미청적閒美淸適은 흔히 한적閒適으로 줄여 사용되고 있다. 이현보가 「어부가」를 평하여 사어가 한적하고 의미가 심원하여, 음영하는 가운데 사람으로 하여금 세속적인 공명에서 벗어나 표표히 속세 밖에서 노니는 생각이 들게 한다[50]라고 말한 것이

---

47 李珥, 『栗谷全書』 권10, 209면, 「理氣詠呈牛溪道兄」. "理氣原一, 而分爲二五之精."
48 劉履 편, 『風雅翼』 권10, 213면, 「齋居感興詩二十首・幷序」. "一讀陳子昂感遇詩, 愛其詞旨幽邃, 音節豪宕, 非當世詞人所及. … 然亦恨其不精於理, 而自訐於仙佛之間, 以爲高也. … 然皆切於日用之實, 故言近而易知, 旣以自警."
49 劉履 찬, 『風雅翼』 권10, 213면, 「齋居感興詩二十首・幷序」. "選詩及韋蘇州詩, 固當熟觀, 更須讀語孟, 以探其本. 今觀先生所爲詩, 大槪出入陶韋之間, 至義理精微處, 則皆本於六經四書者."
50 李賢輔, 『聾巖集』 권2, 「漁父歌序」. "余觀其詞語閒適, 意味深遠, 吟詠之餘, 使人有脫略功名, 飄飄遐擧塵外之意."(이민홍(1992), 201면, 재인용)

그 예이다. 또한 임염任廉은 이색의 시에서 한적한 풍격을 지닌 것으로 「즉사卽事」 등을 제시하고, 이들 작품은 사물을 묘사한 것이 정교하여 의사를 무한하게 한다[51]고 하였다. 이이는 「형자집서」에서 한미청적한 시의 풍격에 대해 다음과 같이 말하였다.

> [자료 9]: 이『형자집』에 뽑아놓은 것은 한미청적한 시를 위주로 하였다. 조용히 자득하여 흥에 맡긴 것에서 나왔으니 사색해서 이를 수 있는 것이 아니다. 이『형자집』을 읽으면 심기가 화평하여 마치 작은 수래를 타고 마음대로 꽃길과 풀 길을 걷는 것과 같으니 세리勢利의 분화함은 아득히 보일 것이다.[52]

[자료 9]에서 이이는 한미청적한 시는 조용히 자득하여 흥에 맡긴 것으로 사색해서 이를 수 있는 것이 아니라고 하였다. 그가 말한 '자득'은 『맹자』에 나오는 말이다. 맹자는 "군자가 깊이 나아가기를 도로써 하는 것은 자득하고자 하는 것이다."[53]고 하였다. 이이는 마음속에 욕심이 개입하지 않아야 호연히 자득하여 어디를 가도 즐거울 수 있다[54]고 하고, 맹자가 말한 자득은 심성의 존양이 깊이 나아간 후에 얻게 되는 것[55]이라고 하였다. 이로 보아 인용글에서 말한 자득은 희노애락이 발하기 이전의 함양 과정인 계구는 물론, 희노애락이 발한 이후의 성찰 과정인 신독을 거쳐, 사물의 본질을 꿰뚫어 보아 어떤 유혹에도 흔들리지 않는 허정한 마음의 상태를 의미한다.[56] 이러한 자득의 정신 경계는 반드시 마음을 가라앉혀 깊이 생각하여 여유 있게 즐기는 사이에서 얻게 되는 것이지, 급박하게 구하거나 사사로운 것에 얽매여 얻을 수 있는 것이 아니다. 한미청적한 시는 위와 같이 끊임없는 수양을 통하여 도달한

---

51 任廉,『賜暇詩苑』, 378~379면. "牧老詩閑適, 如晨興詩曰, … 狀物精巧, 有無限意思."
52 李珥,『栗谷全書·拾遺』권4, 534면. "此集所選, 主於閒美淸適. 從容自得, 出於寓興, 非思索可到. 讀此集則心平氣和, 如乘小車, 隨意行于花蹊草徑, 而勢利芬華, 視之邈矣."
53 朱熹,『孟子集註』, 396면, 「離婁下」. "君子, 深造之以道, 自得之也."
54 李珥,『栗谷全書』권13, 279면, 「松崖記」. "天理本無內外之間, 彼有內有外, 必有人欲間之也. 苟無人欲之間, 則浩然自得, 焉往而不樂哉."
55 李珥,『栗谷全書』권13, 312면, 「擊蒙編跋」. "且所謂存養者, 存其心養其性也. … 孟子之所謂自得者, 在於深造之後."
56 李珥,『栗谷全書』권19, 426면, 「聖學輯要」. "戒懼者, 所以涵養於喜怒哀樂未發之前, 愼獨者, 所以省察於喜怒哀樂已發之後."

자득의 정신경계를 사색의 과정 없이 흥에 맡긴 것이다.

[자료 9]에서 이이는 한미청적한 시를 읽으면 마음이 평안하고 기가 화평하게 된다[57]고 하였다. 사람이 양심을 해치는 것은 이목구비와 사지의 욕심 때문이다. 이 육체의 욕심으로 인해 하늘에서 받은 본연지선은 점차 사라지게 된다. 따라서 자득의 실제에 깊이 나아가 세상의 이욕을 멀리하고 본연지선을 확충하면, 마음은 평안하고 기는 조화로워져 하늘의 도를 즐길 수 있게 된다. 이와 달리 말과 행동이 도리에 어긋나고 희노애락이 중도를 잃게 되면, 마음은 날로 풀어지고 기는 날로 방탕해져 본연지선은 끝내 사라지게 된다. 학자들이 자득한 마음을 펼친 한미청적한 시를 읽으면 마치 작은 수레를 타고 자유롭게 꽃밭을 지나듯, 마음이 평안하고 기가 조화롭게 되어 세상의 이익이나 화려함에서 아득히 멀어진다.

> [자료 10] : 나는 초계苕溪에 터를 잡고 날마다 물고기를 낚으며 자적하면서 스스로 초계 어은漁隱이라고 일컬었다. 시내를 마주해 있는 몇 칸의 집 또한 그것으로 명명하였다. 승려 요종了宗이 그림을 잘 그려 붓을 휘날리는 것이 소쇄하였는데 나를 위해 「초계어은도苕溪漁隱圖」를 그렸다. 경치를 보고 회포를 펼치다가 때로 시구를 얻으면 모두 왼쪽에 적어놓았다. 이미 오래 지나 더욱 많아져 이루다 기록할 수 없다. 그중 하나둘을 들면, "시냇가에는 버들가지가 들쭉날쭉하고, 물 위로는 배가 오가네. 사람 가까이에 있는 물새들은 전혀 두려움 없고, 한 쌍이 거울 속의 하늘로 날아내려오네." "낚싯줄과 대를 말아 올려 노를 저어 돌아오니, 짧은 쑥대 비껴치고 낚시터에서 잠자네. 해가 솟은 봄 잠에 부르는 이 없는데, 버들꽃이 요란하게 꿈속에서 날리네."라고 하였다.[58]

[자료 10]은 송의 호자胡仔가 절강성에 있는 초계苕溪에 집을 짓고, 초계 어은漁隱으로 자처하며 유유자적하는 가운데 일어난 감흥을 묘사한 시를 평한 내용이다. 호자는 당시 승려였던

---

57 李珥, 『栗谷全書 · 拾遺』 권4, 534면. "讀此集, 則心平氣和."
58 魏慶之 편, 『詩人玉屑』 권10, 219면, 「閒適 · 苕溪漁隱詩」. "余卜居苕溪, 日以漁釣自適, 因自稱苕溪漁隱. 臨流有屋數椽, 亦以此命名. 僧了宗善墨戲, 落筆瀟灑, 爲余作苕溪漁隱圖. 覽景攄懷, 時有鄙句, 皆題之左方, 旣久益多, 不能盡錄. 聊擧其一二云, 溪邊短短長長柳, 波上來來去去舡. 鷗鳥近人渾不畏, 一雙飛下鏡中天. 秋雲漠漠烟蒼蒼, 蓮花初白蓮葉黃. 釣船盡日來往處, 南村北村秔稻香. 卷起綸竿撤櫂歸, 短篷斜掩宿漁磯. 日高春睡無人喚, 撩亂楊花繞夢飛."

요종了宗이 자신의 은거 생활을 그린 「초계어은도苕溪漁隱圖」에 주변 경물을 보고 일어난 회포를 시로 펼쳤다. 그는 사람을 두려워하지 않고 본능적으로 물고기를 잡으려 물속에 들어가는 새들을 응시하거나, 낚시터 주변에 비껴친 쑥대 지붕 아래에서 버들꽃이 요란하게 날리는 한낮에 낮잠을 즐기며 오묘한 물화의 세계에 동참하였다. 그렇기에 그는 세속의 욕심을 잠재워 어떤 충동에도 흔들리지 않는 자득한 마음으로, 생활 주변에 펼쳐진 사물의 참모습을 사색의 과정 없이 있는 그대로 묘사하였다.

> **下終南山過斛斯山人宿置酒**
> 暮從碧山下, 山月隨人歸. 却顧所來徑, 蒼蒼橫翠微. 相携及田家, 童稚開荊扉. 綠竹入幽徑, 靑蘿拂行衣. 懽言得所憩, 美酒聊共揮. 長歌吟松風, 曲盡河星稀. 我醉君復樂, 陶然共忘機.[59]
>
> **종남산을 내려와 곡사산인을 만나 잠을 자며 술을 마시다**
> 저물녘 종남산을 내려가니, 산 위의 달빛이 나를 따라 내려온다. 머리 돌려 오던 길을 돌아보니, 짙푸른 산안개가 산허리를 푸르게 둘렀네. 서로 손잡고 전가田家에 이르니, 아이들이 사립문을 열어주네. 푸른 대숲을 따라 그윽한 길을 들어가니, 푸른 넝쿨이 행인의 옷을 때린다. 쉴 곳을 얻어 기뻐하고, 맛난 술을 함께 들어 마시네. 송풍곡松風曲을 길게 노래하니, 노래 끝나자 은하수는 성기네. 나는 취했고 그대 또한 즐거워, 술에 취해 함께 기심을 잊네.

위의 시는 『형자집』에 수록된 이백의 「하종남산과곡사산인숙치주下終南山過斛斯山人宿置酒」로, 이백이 처음 장안에 들어가 종남산에 은거해 있을 때 곡사산인斛斯山人을 방문하고 지은 것이다. 왕부지는 이 시를 평하여 청광淸曠한 가운데 영기英氣가 없다[60]고 하였다. 이 시는 산속의 고요한 경색에서 시작해 세상의 이익을 멀리한 망기忘機에 이르는 모습을 단계별로 묘사하여, 시간의 흐름에 따라 진행된 산인山人과의 돈독한 정의를 여과 없이 보여주었다. 1~4구에서는 산에서 내려오며 바라본 산 주변의 저녁 풍경을, 5~8구에서는 곡사산인의 전가田家에 이르러 투숙하는 과정을, 마지막 6구는 술과 노래를 즐겨 올연히 망기에 이른 즐거움을 펼쳤다. 시인은 달빛과 함께 종남산을 내려오며 야색夜色이 창창蒼蒼한 산안개를

---

59 李珥 편, 『精言妙選』 권2, 55면.
60 郁賢皓 편, 『李白選集』, 83면. "淸曠中無英氣"

돌아보았고, 푸른 대숲을 따라 그윽한 길을 걷다가 푸른 넝쿨에 옷이 걸리곤 하였다. 이어 흠뻑 취해 밤하늘의 은하수가 성긴 것을 바라보며, 처음 장안에 들어와 맛보았던 세속적 욕망이 씻은 듯 사라졌다. 그렇기에 마지막 구에서 인욕에 의해 발동된 기심機心을 잊었다고 말한 것이다. 이 시는 곡사산인과의 만남에서 일어난 감흥을 사색의 과정 없이 곧장 펼쳐, 독자들에게 도연히 세속적 기심에서 벗어나 이백과 같이 맑고 텅 빈 마음을 지니게 한다.

> **晨詣超師院讀禪經**
> 汲井漱寒齒, 淸心拂塵服. 閑持貝葉書, 步出東齋讀. 眞源了無取, 妄跡世所逐. 遺言冀可冥, 繕性何由熟. 道人庭宇靜, 苔色連深竹. 日出霧露餘, 靑松如膏沐. 澹然離言說, 悟悅心自足.[61]
>
> **새벽에 초사원에 나아가 불경을 읽다**
> 우물물 길어 시린 이 닦고, 마음 맑아지도록 옷 먼지 터네. 한가로이 불경을 가지고, 걸어가 동재東齋에서 읽는다. 참된 근원은 전혀 얻지 못하고, 허망한 자취는 세상일만 따르네. 오묘한 말씀 마음에 얻을 것을 바라니, 본성을 닦으려면 무엇을 쫓아야 이룰까? 도인의 정원은 고요한데, 이끼 빛깔이 대숲을 둘렀네. 해 올라 안개 이슬 마르고, 푸른 소나무는 목욕하고 빗질한 듯. 담박한 모습은 말로 하기 어렵고, 오묘한 즐거움에 마음은 절로 흡족하네.

위의 시는 『형자집』에 수록된 유종원의 「신예초사원독선경晨詣超師院讀禪經」으로, 유종원이 맑은 새벽에 초사원超師院에 이르러 불경을 읽으면서 느낀 감흥을 묘사한 것이다. 범온范溫은 이 시를 평하여 그 본말이 되는 생각과 시어가 완곡히 그 오묘함을 다하여 조금도 여한이 없다[62]고 하였다. 이 시는 청명한 아침에 사원을 찾아 주변의 맑은 모습을 보며, 선적인 관조를 통해 깨달음의 세계로 몰입하는 과정을 눈앞에 생생하게 펼쳤다. 먼저 1~4구에서 세수하고 먼지 털어 불경을 읽는 지극한 정성을 말하고, 5~8구에서 속세를 향한 마음을 털고 진리를 찾아가는 과정을 그렸다. 그리고 9~12구에서 사원 주변의 맑고 깨끗한 경색을 묘사한 다음, 마지막 2구에서 마음에 깨달음을 얻은 희열을 노래하였다. 특히 이 시는 깨달음을 향해 가는 요소요소에 맑고 깨끗한 이미지를 주는 경물, 예컨대 '차가운 우물물', '고요한

---

61 李珥 편, 『精言妙選』 권1, 58면.
62 高步瀛, 『唐宋詩擧要』, 112면. "其本末立意遺詞, 可謂曲盡其妙, 毫髮無遺恨者也."

정원', '이끼 빛', '대나무 숲', '맑은 햇살', '푸른 소나무' 등을 적절하게 제시하여, 쉼 없는 수양 과정을 통해 도달한 주체의 한가롭고 맑은 정신을 상징적으로 담았다. 바로 이들 자연물을 통해 구도求道에서 오도悟道에 이르는 본말의 과정을 장면마다 전해 주고 있어, 독자들이 문자를 따라 읽어 가는 가운데 초연히 속세를 떠나 언어의 밖에서 노닐고 있는 시인의 자족한 마음과 오묘하게 만나도록 하고 있다.

> **積雨輞川莊上**
> 積雨空林烟火遲, 蒸藜炊黍餉東菑. 漠漠水田飛白鷺, 陰陰夏木囀黃鸝. 山中習靜觀朝槿, 松下淸齋折露葵. 野老與人爭席罷, 海鷗何事更相疑.[63]
>
> **새벽에 초사원에 나아가 불경을 읽다**
> 장맛비로 텅 빈 숲에 연기는 더딘데, 명아주 삶고 기장 익혀 동쪽 밭으로 내가네. 드넓은 벼 논에는 백로가 날고, 무성한 여름 나무에는 꾀꼬리 울어대네. 산속에서 고요히 앉아 아침 무궁화를 보고, 소나무 아래에서 소식素食 거리로 이슬 맺힌 아욱을 따네. 시골 노인은 사람들과 자리다툼 그쳤으니, 갈매기는 무슨 일로 다시 의심하는가?

위의 시는 『형자집』에 수록된 왕유의 「적우망천장상積雨輞川莊上」으로, 왕유가 망천장에 은거해 있을 때 한적했던 생활 장면을 한 폭의 그림처럼 생생히 펼친 것이다. 이 작품은 담아澹雅, 유적幽寂한 모습을 묘사하여 산림의 신수神髓를 얻은 것[64]으로 알려져 있다. 수련에서는 '적우積雨'에서 시작해 '연화煙火'로 이어지는 풍광을 통하여, 여름날 농촌에서 들밥을 내어가는 광경을 핍진하게 연출하였다. 특히 함련에서는 논물에 백로가 날고 여름 나무에 꾀꼬리가 우는 농촌 풍경을 '막막漠漠'과 '음음陰陰'이란 시어로써 생동감을 한층 더했다. 경련에서는 산속에 은거하는 모습을 '습정習靜', '청재淸齋'로 묘사하여, 마음속은 이미 세속적 기심이 사라져 청정 경계에 이르렀음을 드러냈다. 미련에서는 갈매기를 등장시켜 속세와 아득히 멀어진 마음을 상징적으로 담았다. '자리를 다툰다[爭席]'는 것은 스스로 과시하지도

63　李玾 편, 『精言玅選』 권1, 64면.
64　趙殿成, 『王右丞集箋注』 권10, 188면. "吳江周篆之, 則謂冠冕壯麗, 無如嘉州早朝, 澹雅幽寂, 莫過右丞積雨." "澹齋翁以二詩得廊廟山林之神髓."

않고 형적에 구속받지도 않는 모습을 표현한 것이다. 갈매기는 단지 물가에서 물고기를 찾아다닐 뿐이지만, 이를 잡으려 한다면 곧장 날아가 다시는 가까이하지 않는다. 사람의 마음속에 기심이 자리했다고 의심해서이다. 그는 이미 야로野老가 되어 세상을 향한 기심이 사라졌기에 갈매기들에게 이를 의심하지 말라고 하였다. 위와 같이 이 시는 망천장에 은거하며 조용자득한 마음과 절제된 衣食 생활 속에서 갈매기를 비롯한 주변 경물과 하나가 된 모습을 보여주고 있어, 독자 또한 세속의 속박에서 벗어나 우주의 오묘한 물화의 세계에 동참하게 한다.

(2) 청신쇄락 : 가슴이 쇄락하여 뼛속이 시원함

시의 풍격 용어로서 청신쇄락이 사용된 예는 이이의 말에서 찾을 수 있다. 그는 「부이일수신사復以一首申謝」에서 "한번 휘둘러 쇄락하니 붓끝에 구름이 일고, 운자는 청신하여 나에게 시를 재촉하네"[65]라고 하였다. 또한 그는 "연하煙霞를 모은 것이 얼마인가, 금낭錦囊에 이제는 청신을 담겠지"[66]라고 하고, "주돈이는 인품이 매우 높아 흉중이 쇄락한 것이 광풍제월과 같다"[67]고 하였다. 이색은 "이숭인의 시는 시어가 쇄락하여 먼지 한 점도 없고, 그 추구함이 오직 사무사에 있어 사람에게 성정지정을 감발시켜 사악함이 없는 데로 돌아가게 한다"[68]고 하였다. 이이는 「이자집서」에서 청신쇄락한 시의 풍격에 대해 다음과 같이 말하였다.

[자료 11] : 이 『이자집』에 뽑아놓은 것은 청신쇄락한 시를 위주로 하였다. 매미가 바람과 이슬에서 허물을 벗어버린 것이 연화식煙火食을 하는 입에서 나오지 않은 듯하다. 이 『이자집』을 읽으면 흉중의 훈혈葷血을 한번 씻어 혼魂과 뼈가 맑고 시원해져 인간의 썩은 냄새가 마음속에 쌓이지 않게 된다.[69]

65　李珥, 『栗谷全書』 권1. 45면. "一揮灑落雲生筆, 四韻淸新僕命騷."
66　李珥, 『栗谷全書』 권1, 16면, 「送李可謙遊頭流山」. "收拾煙霞知幾許, 錦囊從且貯淸新."
67　李珥, 『栗谷全書』 권26, 73면, 「聖學輯要」. "周茂叔, 人品甚高, 胸中灑落, 如光風霽月."
68　李穡, 『牧隱文藁』 권13, 109면, 「書陶隱詩藁後」. "陶隱詩語, 旣灑落無一點塵, 而其趣惟在於此, 足以感人情性之正, 而歸於無邪矣."
69　李珥, 『栗谷全書·拾遺』 권4, 534면. "此集所選, 主於淸新灑落. 蟬蛻風露, 似不出於煙火食之口. 讀此集則可以一洗腸胃葷血, 而魂瑩骨爽, 人間臭腐, 不足以累吾靈臺矣."

[자료 11]에서 이이가 청신쇄락한 시의 창작 배경으로 강조한 것은 맑고[淸] 새롭고[新] 깨끗한[灑落] 마음이다. 그는 「부이일수신사復以一首申謝」에서 "한번 휘둘러 쇄락하니 붓끝에 구름이 일고, 운자는 청신하여 나에게 시를 재촉하네."[70]라고 하였다. 주희 또한 시를 읽는 사이에 가슴속이 쇄락한 것이 마치 광풍제월의 기상과 같다[71]고 하였다. 학자들은 항상 선한 마음을 유지하여 다른 일에 휩싸이지 않고 만나는 일마다 마음속에 녹아들게 한 후에 조금씩 나아가면, 문자와 언어로는 이루다 표현할 수 없을 정도로 마음속이 맑고 깨끗해진다. 주돈이는 인품이 매우 높아 가슴속이 쇄락한 것이 광풍제월과 같았다[72]고 한다. 이러한 정신 경계는 견식이 분명하고 함양이 완숙했을 때 얻어지는 공효로서, 진실하게 공용을 쌓아 가는 것에서 온 것이지 하루아침에 억지로 힘을 써서 이룬 것이 아니다. 청신쇄락한 시는 매미가 바람과 이슬에서 허물을 벗듯이 연화식의 입에서는 나올 수 없을 정도로 가슴이 쇄락한 경계를 펼친 것이다.

[자료 11]에서 이이는 청신쇄락한 시를 읽으면 장과 위의 썩은 피를 씻어 정신이 밝아지고 뼈가 시원하게 된다고 하였다. 주희 또한 시를 통해 마음을 깨끗하게 하려면 먼저 고금의 체제와 아속雅俗의 실상을 잘 살펴 읽어야만, 장과 위의 사이에 끼어 있는 썩은 피와 기름을 모두 씻어낼 수 있다[73]고 하였다. 장과 위의 썩은 피는 인욕에서 비롯된 세속의 먼지를 가리킨다. 사람들은 거울을 보고 얼굴에 더러운 것이 있으면 반드시 씻고, 옷을 털 때 옷깃과 소매에 때가 있어도 반드시 닦는다. 문제는 마음속에 더러운 세속의 먼지가 쌓여 있는데도 이를 세탁하거나 떨치지 못하는 것이다. 학자들은 용맹하게 칼로 나무를 베듯 마음을 깨끗이 씻어내 다시는 마음속에 묶은 때가 쌓이지 않도록 해야 한다. 이때 깨끗한 마음을 노래한 청신쇄락한 시를 읽으면 마음속의 먼지가 말끔하게 씻겨 정신이 밝아지고 뼛속이 시원하게 된다.

70　李珥,『栗谷全書』권1. 45면. "一揮灑落雲生筆, 四韻淸新僕命騷."
71　朱熹,『朱熹集』권42, 1588면,「答石子重」. "和篇拜賜甚寵, 足見比來胸中灑落, 如光風霽月氣象."
72　李珥,『栗谷全書』권26, 73면,「聖學輯要」. "周茂叔, 人品甚高, 胸中灑落, 如光風霽月."
73　朱熹,『朱熹集』권42, 1588면,「答鞏仲至」. "來喩所云漱六藝之芳潤以求眞澹, 此誠極至之論. 然恐亦須先識得古今體制, 雅俗鄕背, 仍更洗滌得盡腸胃間夙生葷血脂膏, 然後此語方有所措."

[자료 12] : 두보의 「제도임악록사題道林岳麓寺」 시에 이르길, "송공宋公이 방축되어 올라 마주한 후인데, 물색이 남아있어 늙은 사람과 함께 하네."라고 하였다. 송공은 송지문問이다. 이 말은 구법이 청신하기 때문에 걸출하다. 그 후에 당부唐扶가 제시하여 다시 이르길, "두 절의 물색을 모두 모아들였으니 벽 사이에 적은 두보의 시는 참으로 은혜가 적네."라고 하였다.[74]

[자료 13] : 쌍계雙溪 풍희지馮熙之가 「송유황률送劉篁嵂」 절구에서 이르길, "한가롭게 산굴을 나서는 외로운 구름처럼 왔다가, 끌어내리기 어려운 밝고 높은 달처럼 떠났네. 만약 길고 긴 대나무가 된다면, 길이 선생과 함께 황율산篁嵂山에 살겠네."라고 하니, 사의가 쇄락한 것이 송별하는 작품에서 미칠 수 있는 것이 적다.[75]

[자료 12]는 두보가 장사현長沙縣 악록산岳麓山에 있는 두 사찰에 제한 시를 평한 것이다. 두보는 대력 4년 봄에 담주潭州로 가는 길에 이곳에 올라 사찰 주변의 물색을 바라보고, 송지문이 흠주欽州로 방축되어 길을 가는 도중 이곳에 남긴 시를 음미하였다. 이때 두보는 송지문의 시가 주변의 절경을 적절하게 묘사하지 못한 것으로 생각하고, 겹겹이 둘러친 높은 봉우리에서 상수湘水를 마주한 물색을 "송공방축등임후宋公放逐登臨後, 물색분유여노부物色分留與老夫."라고 다시 읊었다. 뒤에 이곳에 온 당부唐扶가 새로 펼친 두보의 시를 보고 구법이 청신하여 더 이상 보탤 것이 없다고 하였다. [자료 13]은 풍희지馮熙之가 유황률劉篁嵂과 이별하면서 지은 절구를 평한 것이다. 그가 주변의 경물을 묘사한 '고운孤雲', '수한岫閑', '고월高月', '수죽脩竹', '황률篁嵂' 등의 시어는 물론, 이들 경물과 함께하면서 형성된 유황률의 의경 또한 쇄락하다고 하였다. 그는 인용 시에서 한가롭게 산 굴을 나가는 외로운 구름처럼 왔다가, 밝고 높게 떠있는 달처럼 홀연히 떠나는 유황률의 쇄락한 정신 경계를 읽은 것이다.

---

74 魏慶之 편, 『詩人玉屑』 권10, 221면, 「變態·唐扶詩」. "子美題道林岳麓寺詩云, 宋公放逐登臨後, 物色分留與老夫. 宋公, 之問也. 此語句法清新, 故爲傑出. 其後唐扶題詩, 復云, 兩祠物色採拾盡, 壁間杜甫眞少恩."
75 魏慶之 편, 『詩人玉屑』 권19, 434면, 「中興諸賢·馮雙溪」. "雙溪馮熙之, 有送劉篁嵂絕句云, 來似孤雲出岫閑, 去如高月耿難攀. 若爲化作脩脩竹, 長伴先生篁嵂山. 辭意灑落, 送別之作, 少能及之."

> **遊洞庭**
> 洞○庭○西○望○楚○江○分, 水○盡○南○天○不○見○雲. 日○落○長○沙○秋○色○遠, 不○知○何○處○弔○湘○君.⁷⁶
>
> **동정호를 유람하며**
> 동정호 서쪽으로 바라보니 초강楚江이 갈리고, 물은 남쪽 하늘을 다하고 구름은 보이지 않네. 해 걸린 장사長沙에는 가을빛 아득하니, 어디에서 상군湘君을 조문해야 할까?

위의 시는 『이자집』에 수록된 이백의 「배족숙형부시랑엽급중서사인지유동정陪族叔刑部侍郎曄及中書舍人至遊洞庭」 5수 중 1수로, 이백이 형부시랑을 지낸 이엽李曄과 중서사인을 지낸 가지賈至와 함께 동정호를 유람하면서 지은 것이다. 이 시는 『이자집』에서 유일하게 전편에 권[○]이 찍혀 있을 정도로([그림 2] 참고) 청신쇄락한 풍격을 잘 보여주고 있다. 유운폐俞雲陛는 이 시를 평하여 경물을 묘사한 것이 모두 공령空靈한 필치이고, 상군湘君을 조문한 것도 유막幽邈한 의사로서 정신이 상외象外에서 노닌다⁷⁷고 하였다. 이백은 먼저 1~2구에서 굉활宏闊한 동정호의 장관을 삼켜 토해냈고, 다음 3~4구에서 상군湘君을 조문하는 감개한 마음을 깊이 펼쳤다. 그러나 2구에서 '불견不見'을 사용하고 4구에서 '부지不知'라고 했으나, 독자들이 중복된 것을 전혀 인식하지 못할 정도로 '불不'자에 묘미가 있다. 상군은 순舜에게 출가한 요堯의 두 딸로, 순이 창오蒼梧에서 죽자 상수湘水에 몸을 던져 신이 된 인물이다. 이백은 상군이 순을 따라 죽지 못한 것을 축신逐臣인 자신의 처지와 같은 것으로 생각하고 이들을 조문하려 했으나, 장사長沙의 가을 저녁노을 아래 아득히 이들을 찾을 방도가 없다고 하였다. 그는 조정에서 폄척되어 이곳까지 이르게 된 감회를 상군조차 조문할 수 없다는 말로 대신하여, 언외에 담긴 시인의 유막한 의사를 음미하는 독자의 가슴을 맑게 씻어준다.

---

76 李珥 편, 『精言妙選』 권3, 장19a.
77 郁賢皓, 『李白選集』, 428면. "此詩寫景皆空靈之筆, 弔湘君亦幽邈之思, 可謂神行象外矣., 有吞吐湖山之氣. 落句感慨之情深矣."

> **憶住一師**
> 無事經年別遠公, 帝城鍾曉憶西峯. 爐ˇ烟ˇ銷ˇ盡ˇ寒ˇ燈ˇ晦ˇ, 童ˇ子ˇ開ˇ門ˇ雪ˇ滿ˇ松ˇ.[78]
>
> **주일 선사를 생각하며**
> 일없이 혜원慧遠 스님과 이별한 지 한 해가 지나, 서울의 새벽 종소리에 서봉西峰을 생각하네. 화로 연기 모두 없어지고 찬 등불은 희미한데, 동자童子가 문을 열면 눈이 소나무에 가득 하겠지.

위의 시는 『이자집』에 수록된 이상은의 「억주일사憶住一師」로, 이상은이 중국 정토종의 창시자인 혜원慧遠 선사를 생각하며 지은 시이다. 향천香泉은 이 시를 평하여 선사가 거처한 경계가 이렇듯 청절淸絶했기에, 그를 더욱 생각하고 그리워하는 마음이 언외에 표묘縹緲하다[79]고 하였다. 이상은은 1~2구에서 선사와 이별한 지 1년 만에 도성의 종소리를 들으며 그를 그리워하는 심정을 묘사하였다. '무사無事'와 '제성帝城'이란 말에서 시간의 흐름도 모르고 지낼 정도로 속세에 속박되어 살아가는 모습을 또렷이 보여준다. 방점[ˇ]이 찍혀 있는 3~4구에서는 도시 생활과는 전혀 다른 서봉西峰의 적막한 세계를 티끌 한 점 없이 연출하였다. 이 시는 1구에서 '별원공別遠公'이라고 말한 것 외에는 한 마디도 선사를 언급하지 않았지만, 독자들이 '노연爐烟', '한등寒燈', '동자童子', '설송雪松' 등 도처에 스며있는 선사의 청절한 자취를 맛보게 한다.

> **寄全椒山中道士**
> 今ˇ朝ˇ郡ˇ齋ˇ冷ˇ, 忽ˇ念ˇ山ˇ中ˇ客ˇ. 澗ˇ底ˇ束ˇ荊ˇ薪ˇ, 歸ˇ來ˇ煮ˇ白ˇ石ˇ. 欲ˇ持ˇ一ˇ瓢ˇ酒ˇ, 遠ˇ慰ˇ風ˇ雨ˇ夕ˇ. 落○葉○滿○空○山○, 何○處○尋○行○跡○.[80]
>
> **전초산에 있는 도사에게 주다**
> 오늘 아침 군재郡齋가 서늘해져, 문득 산속의 도인이 생각나네. 개울 아래에서 땔나무를 묶고, 돌아와 흰 돌을 굽고 있겠지. 한 표주박의 술을 가지고, 멀리 비바람 치는 저녁을 위로하려니. 낙엽이 빈 산에 가득한데, 어느 곳에서 그의 자취를 찾을까?

---

78 李珥 편, 『精言妙選』 권3, 장21a.
79 劉學鍇 외, 『李商隱詩歌集解』, 1938면. "只寫住師所處之境淸絶如此, 而其人益可想矣. 所憶之情, 言外縹緲."
80 李珥 편, 『精言妙選』 권3, 장5a~장6b.

위의 시는 『이자집』에 수록된 위응물의 「기전초산중도사寄全椒山中道士」로, 위응물이 저주자사滁州刺史로 있을 때 전초산全椒山에 있는 도사에게 보낸 시이다. 장겸의張謙宜는 이 시를 평하여 연화기煙火氣도 없고 또한 운무광雲霧光도 없이, 한 조각 공명空明한 하늘 속에 만상이 갖추어져 있다[81]고 하였다. 위응물은 1~4구에서 군재郡齋에서 서늘한 아침을 맞아 불현듯 산속의 도사를 생각하고, 산골 물에서 나무를 묶어 백석白石을 다리는 도사의 담박한 생활을 떠올렸다. 이어 그는 5~8구에서 표주박에 술을 담아 그를 찾아가고 싶지만, 낙엽이 텅 빈 산에 가득해 어디에서도 그를 찾을 수 없을 것이라고

[그림 2] 『정언묘선』 권3

하였다. 방점[●]이 찍혀 있는 1~6구와 권[○]이 찍혀 있는 "낙엽만공산落葉滿空山, 하처심행적何處尋行跡."에서 속세를 떠난 도사의 모습과 그의 탈속적 삶을 동경하는 위응물의 마음을 여실하게 읽을 수 있다. 이 시 또한 위응물이 몸은 비록 '군재郡齋'라는 속박된 현실에 머물러 있으나 마음만은 도사와 함께 진외의 공명한 세계에서 노닐고 있음을 보여준 작품이다.

自道林寺過法崇禪師故居
荒●村●帶●晚●照●, 落●葉●亂●紛●紛●. 古●道●無●行●客●, 空○山○獨○見○君○. 野●橋●經●雨●斷●, 澗●水●向●田●分●. 不●爲●憐●同●病●, 何●人●到●白●雲●.[82]

도림사에서 법숭선사의 옛집을 지나다
거친 마을은 석양빛에 둘러있고, 낙엽은 어지럽게 흩날리네. 옛 길에는 지나는 손이 없건만, 차가운 산에서 홀로 그대를 보았지. 들녘의 다리는 내린 비로 끊어지고, 시내 물은 밭을 향해 갈렸네. 동병상련이 아닐진대, 그 누가 흰 구름 가에 이를까?

81　陶敏 외, 『韋應物集校注』, 175면. "無煙火氣, 亦無雲霧光, 一片空明, 中涵萬象."
82　李珥 편, 『精言妙選』 권3, 장9b~장10a.

위의 시는 『이자집』에 수록된 유장경의 「자도림사과법숭선사고거自道林寺過法崇禪師故居」
으로, 유장경이 낙향하여 상주常州 의흥義興에서 벽간별서碧澗別墅를 경영할 때 시어侍御를
지낸 황보증皇甫曾의 방문을 받고 지은 것이다. 시 전체에 모두 방점[❙]이 찍혀 있는 것에서
청신쇄락의 풍격에 잘 어울리는 작품임을 알 수 있다. 교억僑億은 유장경의 5언시가 모두
의경이 좋은 것은 애써 기력氣力을 사용하지 않았기 때문인데, 이 시는 용의用意를 보이지
않고 있어 더욱 뛰어나다[83]고 하였다. 유장경은 먼저 1~4구에서 '황촌荒村', '낙엽落葉', '고로古
路', '한산寒山' 등의 시어를 사용하여 집 주변 늦가을의 쓸쓸하고 처량한 정취를 한껏 돋우었
다. 이어 그는 5~6구에서 들판의 다리가 비를 만나 끊어지고 물이 밭을 향해 갈라져 있는
형상으로 세속과 단절된 유벽幽僻한 분위기를 핍진하게 담았다. 그리고 그는 마지막 7~8구
에서 자신과 동병상련인 사람만이 흰 구름 머물러 있는 처소를 찾을 것이라고 하여, 시어가
자신의 마음을 깊이 알고 있음을 내비쳤다. 위와 같이 이 시는 속세와 멀리 떨어져 강호에서
은거하면서 형성된 시인의 쇄락한 의경과 집 주변의 차고 텅 빈 분위기를 자아내는 경물이
묘하게 조화를 이루고 있어, 독자들이 시인의 청빈한 생활 장면을 음미하는 가운데 뼛속까지
시원해지는 기분이 들게 한다.

(3) 용의정심 : 논의가 오묘하여 의사가 깊어짐

이이는 「정자집서」에서 용의정심한 시의 풍격에 대해 다음과 같이 말하였다.

[자료 14] : 이 『정자집』에 뽑아놓은 것은 용의정심한 시를 위주로 하였다. 구어가 단련되고 격도
가 엄정하며 간혹 오묘한 논의에 나아간 것이 있으니, 보통의 감정으로는 미칠 수 있는 것이 아니다.
이 『정자집』을 읽으면 은미한 것을 탐구할 수 있어 의사가 스스로 천근하지 않게 된다.[84]

---

[83] 儲仲君, 『劉長卿詩編年箋注』, 398면. "文房五言皆意境好, 不費氣力, 此尤以不見用意爲長."
[84] 李珥, 『栗谷全書·拾遺』 권4, 534면. "此集所選, 主於用意精深, 句語鍛鍊, 格度嚴整, 間有造妙之論, 非常情所可
企及者. 讀此集, 則可以探微見隱, 而意思自不淺近矣."

[자료 14]에서 이이는 용의정심한 시는 구어가 단련되고 격도가 엄정하며, 간혹 오묘함에 나아간 논의가 있어 상정으로는 미칠 수 있는 것이 아니라고 하였다. 그의 도학적 사유체계에 있어서 용의정심은 자못 중대한 의미를 지니고 있다. 그는 "성性은 마음의 이理이고 정情은 마음의 움직임이며, 정이 움직인 후에 정으로 인하여 헤아리고 비교하는 것이 의意이다."[85]라고 하였다. 성리학적 사유로 보면 성은 천리天理 그 자체이므로 선하지 않은 것이 없지만, 정은 선할 수도 있고 악할 수도 있다. 그러나 정 그 자체로는 선과 악을 통제할 수 없다. 이 정의 선악 여부를 판단하여 선한 방향으로 이끌어가는 것이 바로 의意이다. 이이는 의意가 정情을 인하여 헤아리고 재는 것이 이理를 따르면 선한 정情이 곧장 이어져 악념惡念이 생기지 않지만, 헤아리고 재는 것이 마땅함을 잃으면 악념이 곁에서 생기게 된다[86]고 하였다. 이로 보아 용의정심한 시는 사물에 의해 촉발된 희노애락의 정이 옳은지 그른지를 계산하고, 이를 그대로 유지할 것인가 아니면 버릴 것인가를 정밀하고 심오하게 살핀 것임을 알 수 있다.

[자료 14]에서 이이는 용의정심한 시를 읽으면 작은 것[微]을 찾고 숨은 것[隱]을 볼 수 있어 의사가 저절로 천근하지 않게 된다고 하였다. 그의 도학적 사유에 있어서 '작은 것[微]'과 '숨은 것[隱]'은 바로 도심을 의미한다. 주희는 인심은 형기의 사사로움에서 생기고 도심은 성명의 바름에서 근원하는 것으로, 인심은 위태하여 불안하고 도심은 미묘하여 보기 어렵다[87]고 하였다. 도심은 마음이 곧장 성명의 바름에서 근원한 인의예지가 발한 것이다. 이 도심은 선하지 않은 것이 없으나 은미하여 보기 어려운 것이 문제이다. 이이는 기가 용사한 것을 알아 정밀하게 살펴 정리正理를 쫓으면 인심이 도심道心에게서 명을 듣게 되지만, 정밀하게 살피지 못하고 오직 따라가기만 하면 정이 이기고 욕이 성하여 인심은 더욱 위태롭고 도심은 더욱 은미하게 된다[88]고 하였다. 따라서 학자들이 위와 같이 오묘한 논의를 갖춘

---

85 李珥, 『栗谷全書』 권14, 299면, 「雜記」. "性是心之理也, 情是心之動也, 情動後緣情計較者爲意."
86 李珥, 『栗谷全書』 권31, 232면, 「語錄上」. "意緣是情而商量者, 商量循理, 則善情直遂, 惡念無自而生, 商量失宜, 則惡念傍生矣."
87 朱熹, 『中庸集註』, 235~236면, 「中庸章句序」. "以爲人心道心之異者, 則以其或生於形氣之私, 或原於性命之正, 而所以爲知覺者不同, 是以或危殆而不安, 或微妙而難見耳."
88 李珥, 『栗谷全書』 권9, 195면, 「答成浩原」. "知其氣之用事, 精察而趨乎正理, 則人心聽命於道心也. 其發直出於

용의정심한 시를 읽으면, 도심이 정밀하게 펼쳐진 작자의 은미한 마음을 엿보아 독자의 의사 또한 천근하지 않게 된다.

> [자료 15] : 「증동유贈同遊」 시에 "일어나라 부르니[喚起] 창이 완전히 밝았고, 돌아가라 재촉하나 [催歸] 해는 아직 지지 않았네. 무심한 꽃 속의 새들, 다시 함께 마음을 다하여 울어다오."라고 하였다. 황산곡이 말하길, "내가 어렸을 때 매번 이 시를 읊었으나 그 뜻을 전혀 이해하지 못하였다. 협천峽川에 귀양 갈 때가 나의 나이 58세였는데, 당시 늦은 봄에 이 시를 기억하고 나서야 알게 되었다. 환기喚起와 최귀催歸는 두 새의 이름이지만 허설虛設한 것 같은 까닭에 알지 못했을 뿐이다. 옛사람은 짧은 시도 용의정심한 것이 이와 같았는데 하물며 긴 작품에 있어서야? 최귀는 자규子規이다. 환기는 소리가 낙위絡緯와 같은데 원전청량圓轉淸亮하여 봄 새벽에만 울기 때문에 또한 춘환春喚이라고도 한다.[89]

[자료 15]는 황정견이 한유가 지은 「증동유贈同遊」라는 시가 용의정심한 작품임을 논증한 것이다. 황정견은 인용된 한유의 시를 어려서부터 읽었지만 그 의미를 전혀 이해하지 못하였다. 이 시는 먼저 1~2구에서 말한 '환기喚起'와 '최귀催歸'가 모두 새의 이름이라는 사실을 알아야만, 이들 용어가 허설한 것이 아니고 모두 주어로 사용된 것임을 알 수 있다. 한유는 위의 시에서 너무 늦게 '불러 깨우고[喚起]', 너무 일찍 '돌아가라 재촉하는[催歸]' 글자의 뜻을 그대로 드러내, 봄 경치와 함께하려는 자신의 은미한 뜻을 이 두 용어 속에 완곡하게 담았다. 이어 한유는 3~4구에서 무심하게 꽃 속에서 우는 새들에게 오랫동안 자신과 함께 마음을 다해 봄 경치를 한껏 맛보자고 하였다. 황정견은 이 3~4구를 읽고 나서야 비로소 시의 제목에서 말한 '동유자同遊者'가 사람이 아니라 환기와 최귀라는 두 마리의 새인 것을 알 수 있었다.

正理, 而氣不用事則道心也, 七情之善一邊也. 不能精察而惟其所向, 則情勝慾熾, 而人心愈危, 道心愈微矣."

89 魏慶之 편, 『詩人玉屑』 권1, 130면, 「命意・用意精深」. "贈同遊詩, 喚起窗全曙, 催歸日未西. 無心花裏鳥, 更與盡情啼. 山谷曰, 吾兒時每哦此詩, 而不了解其意. 自謫峽川, 吾年五十八矣, 時春晚, 憶此詩, 方悟之. 喚起, 催歸, 二鳥名, 若虛設, 故人不覺耳. 古人於小詩用意精深如此, 況其大者乎. 催歸, 子規鳥也. 喚起, 聲如絡緯, 圓轉淸亮, 偏於春曉鳴, 亦謂之春喚."

이이는 위와 같이 단련된 구어와 엄정한 격도를 갖춘 용의정심한 시를 『정자집』에 모아놓고, 이들 작품을 도학적 사유로써 재해석하여 상정常情으로는 미칠 수 없는 오묘한 논의를 갖추고 있다고 하였다.

> 佳人
> 絶代有佳人, 幽居在空谷. 自云良家子, 零落依草木. 關中昔喪亂, 兄弟遭殺戮. 官高何足論, 不得收骨肉. 世情惡衰歇, 萬事隨轉燭. 夫婿輕薄兒, 新人美如玉. 合昏尙知時, 鴛鴦不獨宿. 但見新人笑, 那聞舊人哭. 在山泉水淸, 出山泉水濁. 侍婢賣珠迴, 牽蘿補茅屋. 摘花不揷髮, 采柏動盈掬. 天寒翠袖薄, 日暮倚修竹.[90]
>
> 가인
> 절대 가인이 있어, 빈 골짜기에 숨어 사네. 스스로 말하길 양갓집 자식으로, 영락해 수풀에서 지낸답니다. 지난번 관중關中에서 난리가 있을 때, 형제들은 죽임을 당했어요. 관직이 높은들 무슨 소용 있나요. 골육조차 거두지 못했지요. 세상 인정이란 몰락한 거 싫어하고, 세상만사가 바람 따라 촛불 흔들리듯 하지요. 남편은 경박한 사람이었고, 새 여자는 옥같이 아름다웠지요. 합혼화合婚花도 때를 알고, 원앙도 혼자 자지 않건만. 다만 새 여자의 웃음만 보고 있으니, 옛사람의 울음 어떻게 듣겠어요. 산에 있으면 샘물이 맑으나, 산을 나가면 샘물은 탁해진다네. 시종은 구슬 팔아 돌아오고, 덩굴을 당겨 띠 집을 수리하네. 꽃 꺾어 머리에 꽂지 않고, 측백잎 따 걸핏하면 두 손 가득하네. 날 추워져 푸른 옷 얇은데, 저물녘에 긴 대나무에 기대어 있네.

위의 시는 『정자집』에 수록된 두보의 「가인佳人」으로, 두보가 건원乾元 2년(759)에 진주秦州에 있을 때 지은 시이다. 이 시는 크게 여섯 단락으로 구분할 수 있다. 먼저 첫째 단락인 '절대유가인絶代有佳人' 이하 네 구는 여인이 불행을 만나 공산空山에 숨어 살며 초목에 몸을 의탁한 것을 말했고, 둘째 단락인 '관중석상란關中昔喪亂' 이하 네 구는 여인의 친정이 변고를 만난 것을 서술하였다. 이어 셋째 단락인 '세정오쇠헐世情惡衰歇' 이하 네 구는 세상일은 수시로 변하고 인심은 헤아리기 어려운데 여인의 남편은 경박하여 부인의 집안이 몰락하자 부인을 초야로 쫓아내고 여인을 새로 들인 것을 말하였다. 다음으로 넷째 단락인 '합혼상지시合昏尙知時' 이하 네 구는 합혼화合婚花와 원앙새 같은 외물을 빗대어 남편이 여인을 쫓아내고 새 여인을 들인 무정함을 묘사하였다. 그리고 다섯째 단락인 '재산천수청在山泉水淸' 이하

---

90 李珥 편, 『精言妙選』, 124면.

네 구는 샘물이 산에 있는 것으로 여인의 정결함을 비유하고, 구슬을 팔고 초가를 엮는 모습을 통해 안빈낙도하는 연인의 삶을 묘사하였다. 마지막으로 여섯째 단락인 '적화불삽발摘花不插髮' 이하 네 구는 여인이 비록 버림을 받았으나 스스로 정절을 지키는 모습을 소나무와 대나무로 견주었다. 구조오仇兆鰲는 이 시가 안록산의 난이 일어난 후에 여인이 실제로 존재하였기 때문에 자신의 감정을 형용한 것이 곡진하다[91]고 하였다. 위와 같이 이 시는 비록 여인이 난리 중에 형제가 모두 화를 당하고 남편에게 버림을 만났으나, 이를 원망하지 않고 합혼화, 원앙새, 소나무, 대나무 등과 같은 외물을 통해 자신이 정결한 의사[意]를 보여주었다. 따라서 독자들이 은연중에 언외에 드러나 있는 여인의 정결한 의사를 읽게 되어 독자의 의사 또한 의사가 천근하지 않게 된다.

隋宮
紫泉宮殿鎖煙霞, 欲取蕪城作帝家. 玉璽不緣歸日角. 錦帆應是到天涯. 於今腐草無螢火, 終古垂楊有暮鴉. 地下若逢陳後主, 豈宜重問後庭花.[92]

수나라 궁궐
자천紫泉 궁전은 안개와 노을에 잠겨 있고, 무성蕪城을 취하여 궁궐로 만들려 했네. 옥새가 일각日角으로 돌아가지 않았다면, 비단 돛은 응당 하늘 끝에 닿았으리. 지금 썩은 풀에는 반딧불이 없고, 예전 버드나무엔 저녁 까마귀만 깃드네. 지하에서 진陳 후주後主와 만나면, 어찌 후정화後庭花를 다시 물을 수 있을까?

위의 시는 『정자집』에 수록된 이상은의 「수궁隋宮」으로, 이상은이 수나라 양제의 일락逸樂과 사치로 망국에 이른 것을 풍자한 영사시이다. 먼저 이상은은 수련에서 이미 양제가 자천궁紫泉宮을 버리고 무성蕪城을 수도로 삼으려 한 것을 말하여 양제의 탐욕이 끝이 없음을 밝혔다. 이어 그는 함련에서 양제가 무성에서 유람할 때 저녁 나발 소리가 없었다면 황제가 탄 황금빛 돛이 하늘 끝에 이르렀을 것이라는 말로 황제의 황음무도한 생활을 풍자하였다. 다음으로 그는 경련에서 지금은 황제의 궁궐터에 반딧불도 없는 썩은 풀과 수양버들에 저녁

---

91 仇兆鰲 찬, 『杜詩詳註』, 555면, "按天寶亂後, 當是實有是人, 故形容曲盡其情."
92 李珥 편, 『精言妙選』, 113~114면.

까마귀만 깃들어 있는 황량한 풍경을 묘사하였다. 마지막으로 그는 미련에서 지하에서 진陳나라 후주後主와 만나면 어찌 '옥수후정화玉樹後庭花'를 다시 물을 것이라고 말하여, 강산이 바뀌어도 수 양제의 악한 본성은 변하지 않을 것이라고 탄식하였다. 이 시에 대해 오사도吳師道는 함련과 경련에서 '일각一角', '금범錦帆', '형화螢火', '수양垂楊' 등 실제의 모습을 교차시켜 서로 융화하여 저절로 어울리게 한 것은 용의가 깊은 곳이다[93]고 말하였다. 위와 같이 이상은은 함련과 경련에서 과거 수 양제 때의 화려함과 현재 수나라 궁궐의 쇠락함을 상징적으로 보여주는 경물을 용의주도하게 배치하는 방식으로 당나라의 경종敬宗이 정사를 살피지 않고 여색에 빠진 것을 풍자하였다. 위와 같이 이 시는 고실이나 문체에 구속되지 않고 풍자하는 대상의 성격에 초점을 맞추어 의사를 깊이 담고 있어, 독자들은 이 시에 담긴 작자의 은미한 마음을 엿보아 독자의 의사 또한 천근하지 않게 된다.

> **登柳州城樓寄漳汀封連四州刺史**
> 城上高樓接大荒, 海天愁思正茫茫. 驚風亂颭芙蓉水, 密雨斜侵薜荔牆. 嶺樹重遮千里目, 江流曲似九回腸, 共來百越文身地, 猶自音書滯一鄉.[94]
>
> **유주성柳州城 누각에 올라 장주漳州, 정주汀州, 봉주封州, 연주連州 네 고을의 자사에게 부치다**
> 성 위의 높은 누각은 광활한 황야와 접하고, 바다와 하늘처럼 수심 겨운 생각은 참으로 망망하네. 사나운 바람이 연꽃 핀 물에 미친 듯 불고, 거센 비가 줄사철나무 덮인 성벽에 비껴치네. 고개 위 나무들은 멀리 보려는 시선을 층층이 가로막고, 굽이치는 강물은 구곡간장九曲肝腸 같구나. 문신한 오랑캐 땅에 다 함께 왔건만, 아직도 소식은 한 고향에 막혀있네.

위의 시는 『정자집』에 수록된 유종원의 「등유주성루기장정봉연사주자사登柳州城樓寄漳汀封連四州刺史」로, 유종원이 원화元和 10년(815)에 유주자사柳州刺史로 부임하여 유주에 처음 이르렀을 때 성루에 올라 백월百越 지역인 장주漳州, 정주汀州, 봉주封州, 연주連州 자사로

93　劉學鍇 외, 『李商隱詩歌集解』, 1397면 "一角, 錦帆, 螢火, 垂楊是實事, 却以他字面交蹉對之, 融化自稱, 亦其用意深處, 眞佳句也."
94　李珥 편, 『精言玅選』, 123~124면.

부임한 친구에게 보낸 시이다. 먼저 유종원은 수련에서 성루의 원경을 묘사하여 멀리 바다처럼 광활하게 이어진 하늘을 바라보며 마음속에 수심이 끝없이 일어난다고 하고, 함련에서 성루의 근경을 묘사하여 연꽃 핀 물에는 사나운 바람이 미친 듯이 불고 줄사철나무로 덮인 성벽에는 거센 비가 비껴친다고 하였다. 이어 그는 경련에서 고개 위 나무들은 천 리 멀리 친구를 바라보는 시선을 겹겹이 가로막고, 강물은 마치 마음속의 구곡간장 같이 굽이쳐 흐른다고 하였다. 위와 같이 이 시의 전반 여섯 구는 성루에 올라 바라본 백월 지역의 경색을 '대황大荒', '경풍驚風', '밀우密雨', '영수嶺樹', '강류江流' 등으로 표현하고, 이렇듯 험한 경물에 의해 배가된 비통한 감정을 '수사정망망愁思正茫茫', '구회장九回腸' 등으로 표현하여, 네 명의 벗과의 교제를 가로막는 경물을 묘사하는 가운데 벗을 그리워하는 감정을 함께 말하였다. 마지막으로 그는 미련에서 백월 지역에 함께 내려온 네 명의 자사들은 각자 한 지역에 묶여있고, 교통이 불편하여 소식조차 알지 못한다고 하였다. 심덕잠沈德潛은 유종원이 비록 성루에 올라 온갖 감정이 일어나 교차 되어 사나운 바람과 세찬 비를 말했으나 의사[意]은 이것에 있지 않았다[95]고 하였다. 위와 같이 이 시는 유종원이 변방으로 귀양 온 신하로서 느끼는 슬픔에 더하여 함께 온 친구의 소식조차 알 수 없는 데 따른 고적孤寂한 마음[意]을 잘 보여주고 있다. 따라서 독자들은 이 시를 읽으면서 언외에 용의주도하게 담겨있는 버림받은 신하의 고적한 마음을 알아 독자의 의사 또한 천근하지 않게 된다.

(4) 정심의원 : 생각이 심원하여 원망이 없어짐

이이는 「인자집서」에서 정심의원한 시의 풍격에 대해 다음과 같이 말하였다.

> [자료 16] : 이 『인자집』에 뽑아놓은 것은 정심의원한 시를 위주로 하였다. 정치에 나아가고 일에 나아가 금회를 펼치되, 원망하지만 어긋나지 않고 슬퍼하지만 상심하지 않았다. 『인자집』을 읽으면 깊이 오래 생각하고 서글퍼 탄식을 일으키지 않을 수 없다.[96]

95　孫洙 편, 『唐詩三百首』 권4, 제203수. "從登城起有百端交集之感, 驚風密雨, 言在此而意不在此."(淸 沈德潛, 『唐詩別裁集』 卷15)

[자료 16]에서 이이는 정심의원한 시는 경치에 나아가고 일에 나아가 금회를 펼치되, 원망하지만 어긋나지 않고 슬퍼하지만 상심하지 않았다고 하였다. 그가 '정이 깊다[情深]'고 말한 것은 사물에 의해 촉발된 정이 깊음을 말한 것이고, '의가 멀다[意遠]'고 말한 것은 마음속에 일어난 정을 계산하고 헤아리는 것이 원대함을 의미한다. 사람의 마음속에 일어나는 희노애락의 정은 사물에 느낌을 받아 움직이는 것이다. 그 느낌에는 바른 것도 있고 악한 것도 있으며, 그 움직임에는 절도에 맞는 것도 있고 지나치거나 미치지 못하는 것도 있다. 사람이 슬퍼하거나 즐거워하는 것은 정에 따른 것이기는 하지만 리가 이미 이곳에 갖추어져 있다. 따라서 즐거움이 지나쳐 리에 어긋나고 사랑이 지나쳐 몸을 상하게 하면 이정탕심에 빠지게 되고, 원망하되 리에 어긋나지 않고 슬퍼하되 몸이 상하지 않아야만 성정의 바름을 회복할 수 있다. 정심의원한 시는 주변 경물을 바라보거나 일을 행하는 과정에서 일어난 감정을 곧장 토로하였지만, 이理에 어긋나거나 상심에는 이르지 않은 것이다.

[자료 16]에서 이이는 정심의원한 시를 읽으면 깊이 오래 생각하고 서글피 탄식을 일으키지 않을 수 없다고 하였다. 옛사람들의 시는 한 편의 시에 반드시 한 편의 의사를 가지고 있다. 주희는 『시경』의 「백주栢舟」에서 '조용히 생각할 뿐, 떨쳐 날 수 없네.'라고 하고, 「녹의綠衣」에서 '내가 옛사람을 생각하니, 실로 나의 마음을 얻었네.'라고 한 것은 '예의에 머문 것'이라고 말할 수 있다'[97]고 하였다. 위와 같이 『시경』에 수록된 시들은 비록 아들이 부모에게 인정을 받지 못하거나 신하가 임금에게 버림을 받아 일어난 감정을 펼쳤지만 모두 성정의 바름에서 벗어나지 않았다. 따라서 이렇듯 심원한 금회를 펼친 정심의원한 시를 읽으면 『시경』과 같이 예의에 머물러 있는 시인의 성정을 정밀하게 엿보아 원대하거나 음방한 감정이 사라지게 된다.

96　李珥, 『栗谷全書·拾遺』 권4, 534면. "此集所選, 主於情深意遠, 卽景卽事, 寫出襟懷, 怨而不悖, 哀而不傷. 讀此集, 則未嘗不穆爾長思, 悽然興歎."
97　黎靖德 편, 『朱子語類』 권80, 2070면, 「詩一·綱領」. "如栢舟之詩, 只說到靜言思之, 不能奮飛, 綠衣之詩, 說我思古人, 實獲我心, 此可謂止乎禮義."

[자료 17] : 「관저」는 주남 국풍이니 『시경』의 첫 편이다. '음淫'은 즐거움이 지나쳐 그 바름을 잃은 것이요, '상傷'은 슬픔이 지나쳐 조화를 해치는 것이다. 「관저」의 시는 후비의 덕이 마땅히 군자에게 짝할만하였기에, 구하여 얻지 못하면 자나 깨나 생각하며 몸을 뒤척거리는 근심이 없을 수 없었고, 구하여 얻으면 금슬琴瑟과 종고鍾鼓의 악기로 즐거워하는 것이 마땅했음을 말한 것이다. 그 근심이 비록 깊으나 조화를 해치지 않았고, 그 즐거움이 비록 성대하나 그 바름을 잃지 않았다. 그러므로 공자가 위와 같이 칭찬하여 배우는 사람들이 그 말을 음미해보고 그 음을 살펴서 성정의 바름을 알게 하고자 하였다.[98]

[자료 17]은 주희가 『시경』의 「관저」를 주석한 내용이다. 그는 「관저」 편의 언사를 음미해 마음을 기르면 시를 배우는 근본을 얻을 수 있다[99]고 하였다. 『논어』에서 공자는 「관저」를 평하여 "낙이불음樂而不淫, 애이불상哀而不傷."[100]이라고 하였다. '음淫'은 즐거움이 지나쳐 바름을 잃은 것이고, '상傷'은 슬픔이 지나쳐 조화를 해친 것이다. 「관저」에서 후비의 즐거움이 '금슬琴瑟'과 '종고鍾鼓'에 그쳤다고 말한 것은 음에 이르지 않은 것이지만, 이것이 오래 이어져 음일淫佚하게 되면 음한 것이 된다. 또한 「관저」에서 후비의 근심이 '전전반측'에 그쳤다고 말한 것은 상에 이르지 않은 것이지만, 근심해 목 놓아 울게 되면 상한 것이 된다. 사람들은 원망이 지나치면 원대하게 되고, 슬픔이 지나치면 음방하게 되는 것이 보통이다. 그러나 후비는 평소에 성정을 잘 기르고 닦았으므로 즐거워하는 감정이 바름을 잃지 않았고, 슬퍼하는 감정이 상심에는 이르지 않았던 것이다.

---

98   朱熹, 『論語集註』 권3, 99면, 「八佾註」. "關雎, 周南國風, 詩之首篇也. 淫者, 樂之過, 而失其正者也. 傷者, 哀之過, 而害於和者也. 關雎之詩, 言后妃之德, 宜配君子, 求之未得, 則不能無寤寐反側之憂, 求而得之, 則宜其有琴瑟鍾鼓之樂. 蓋其憂雖深, 而不害於和, 其樂雖盛, 而不失其正. 故夫子稱之如此, 欲學者玩其辭, 審其音, 而有以識其性情之正也."
99   朱熹, 『詩傳』, 27면. "學者, 姑卽其詞, 而玩其理, 以養心焉, 則亦可以得學詩之本矣."
100 朱熹, 『論語集註』 권3, 99면, 「八佾」.

> **初發揚子寄元大校書**
> 悽˙悽˙去˙親˙愛˙, 泛˙泛˙入˙煙˙霧˙. 歸棹洛陽人, 殘鐘廣陵樹. 今朝此爲別, 何處還相遇. 世事波上舟, 沿洄安得住[101]
>
> **비로소 양자진揚子津을 떠나며 교서랑 원대元大에게 부치다**
> 서글프게도 친애하는 이를 떠나, 덩실덩실 물안개 자욱한 곳으로 들어간다. 돌아가는 배는 낙양사람이 탔는데, 광릉廣陵의 나무 사이는 종소리가 남아 있네. 오늘 아침 여기서 이별하면, 어디에서 다시 만날까? 세상일은 물결 위의 배와 같아, 오르락내리락 어찌 편안히 머물 수 있으리?

위의 시는 『인자집』에 수록된 위응물의 「초발양자기원대교서初發揚子寄元大校書」로, 위응물이 양자강에서 친구 원결元結과 이별할 때 일어나 감정을 읊은 시이다. 이 시에서 위응물은 수련과 함련이 모두 대우로 구성하여 제목에서 '비로소 양자진을 떠나는[初發揚子]'라고 말한 정경을 구체적으로 묘사하였다. 또한 그는 경련과 미련에서 제목에서 밝힌 바와 같이 '교서랑 원대元大에게 부치면서[寄元大校書]' 일어난 감회를 설명하였다. 방점[●]이 찍혀 있는 수련에서 '처처거친애悽悽去親愛'는 친구를 남기고 떠나는 정情을 말한 것이고, '범범입연무泛泛入煙霧'

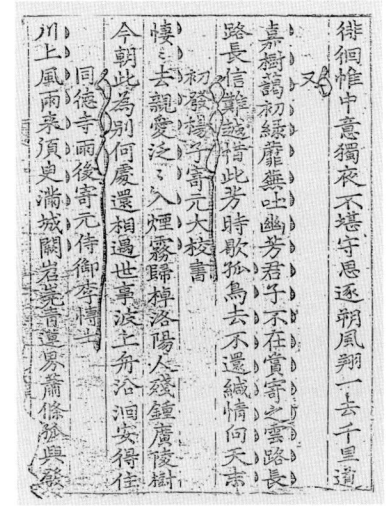

[그림 3] 『精言妙選』 권5

는 자신이 탄 배가 물안개 속에 떠가는 경景을 묘사한 것이다. ([그림 3] 참고) 이 두 구는 대우를 이루는 가운데 위응물이 원결과 이별할 때 느낀 깊은 감정과 심원한 의사가 잘 드러나 있다. 그리고 함련에서 '귀도낙양인歸棹洛陽人'은 낙양으로 돌아가는 장면을 말한 것이고, '잔종광릉수殘鐘廣陵樹'는 친구가 머무는 광릉을 묘사한 것으로, 이 두 구에는 낙양과 광교의 경景을 묘사 속에 이별을 아쉬워하는 정情이 녹아들어 있다. 위응물은 경련에서 오늘 아침에 친구와 이별하면 다시 만나기 어려울 것이라는 비통한 감정을 서술하고, 미련에서 세상일을 물결

---

101 李珥 편, 『精言妙選』 권5, 장10a.

위에 떠돌며 오고 가는 배에 빗대어 인생은 어디에도 안주할 수 없다고 탄식하였다. 심덕잠沈德潛은 이별의 감정을 묘사하는 데는 처완한 시 만한 같은 것이 없는데, 이 시는 함축한 것이 끝이 없으니 감정이 깊은 것[情深]은 더욱 드러나 있다[102]고 하였다. 위와 같이 이 시는 주변 경치에 나아가 친구와 이별하는 감정을 펼쳤지만 원망하거나 상심하는 의사를 드러내지 않고 있어, 독자들이 이 시를 읽으면 시인의 성정을 정밀하게 엿보아 원망하거나 상심하는 감정이 사라지게 된다.

南齋翫月憶山陰崔少府
高臥南齋時, 開帷月初吐. 清◗輝◗淡◗水◗木◗, 演◗漾◗在◗窓◗戶◗. 苒苒幾盈虛, 澄澄變今古. 美人清江畔, 是夜越吟苦. 千里其如何, 微風吹蘭杜.[103]

남재南齋에서 달을 완상하며 산음山陰의 최소부崔少府를 생각하다
남재에 편안히 누워 있을 때, 휘장 걷으니 달 막 떠오른다. 맑은 빛은 물가 나무에 그득하고, 넘실넘실 창문에 차 있네. 세월은 흘러 흘러 얼마나 차고 기울었나? 맑고 깨끗한 가운데 고금이 바뀌었지. 미인이 맑은 강가에서, 이 밤 괴롭게 고향 생각하겠지. 천 리 길은 그 얼마나 먼지? 미풍이 난초와 두약의 향기 불어오네.

위의 시는 『인자집』에 수록된 왕창령의 「남재완월억산음최소부南齋翫月憶山陰崔少府」로, 왕창령이 종제와 함께 남재南齋에서 달을 완상할 때 산음山陰[현 절강성 소흥시]에 있는 벗 최소부崔少府를 생각하며 지은 시이다. 그는 '고와남재시高臥南齋時' 이하 6구에서 달이 기울고 차는 것은 일정한데 고금의 변화는 무상하고 인사 또한 달과 같이 일정하지 않은 것에 대한 감정을 토로하였다. 방점[◗]이 찍혀 있는 "청휘담수목清輝淡水木, 연양재창호演漾在窓戶."에서 '청휘清輝'는 달빛을 의미하고, '연양演漾'은 요동하는 물결을 의미한다. 그는 이 두 구에서 물과 나무에 그득하고 창과 문에 가득한 달빛을 바라보고 있는 최소부의 맑고 깨끗한 정情을 함께 담아냈다. 이어 그는 '미인청강반美人清江畔' 이하 네 구에서 산음에 있는 최소부도 맑은 강가에서 고향의 친구를 생각하며 괴롭게 시를 읊을 것이라고 말하고, 멀고 먼 천

102　陶敏 외, 『韋應物集校注』 권2, 86~87면. "寫離情不可過于淒惋, 含蓄不盡, 愈見情深."
103　李珥 편, 『精言玅選』, 장11a.

리 땅 산음에서 난초와 두약으로 상징된 최소부의 덕음德音이 미풍 속에 불어온다고 하였다. 심덕잠은 고상한 사람이 달을 마주할 때는 매양 고금에 차고 비우는 달에 대한 감회를 갖는다[104]라고 하였다. 위와 같이 이 시는 우주의 시공간 속에 남재와 산음을 비추는 달빛을 매개로 하여 왕창령과 최소부가 서로를 그리워하는 심원한 정신 경개를 잘 보여주고 있다. 따라서 독자들이 이 시를 읽게 되면 두 사람이 보여준 광풍제월과 같은 정신 경개를 맛보아 스스로 이별의 감정이 지나쳐 원망하거나 상심하는 마음에서 벗어나 성정이 바르게 된다.

> **夢李白**
> 死●別●已●吞●聲●, 生●別●長●惻●惻●. 江●南●瘴●癘●地●, 逐●客●無●消●息●. 故人入我夢, 明我長相憶. 恐●非●平●生●魂●, 路●遠●不●可●測●. 魂●來●楓●林●靑●, 魂●返●關●山●黑●. 君今在羅網, 何以有羽翼. 落○月○滿○屋○梁○, 猶○疑○照○顔○色○. 水深波浪闊, 無使蛟龍得.[105]
>
> **꿈에서 이백을 만나다**
> 사별은 소리 삼켜 울면 그만이지만, 생이별은 길이길이 슬프네. 강남의 장려지瘴癘地로, 쫓겨난 객은 소식이 없네. 옛 친구 내 꿈속에 들어오니, 나의 오랜 그리움 알아서일까? 그대는 지금 그물에 갇혀 있는데, 어떻게 날개가 있으리? 아마 살아있는 혼은 아니런만, 길이 멀어 헤아릴 수 없네. 혼이 올 때는 단풍 숲이 푸르더니, 혼이 돌아가니 관산關山이 어둡네. 지는 달 들보에 가득하니, 아직도 얼굴을 비추고 있는 듯. 물은 깊고 파도는 드넓은데, 무사히 교룡에게 잡히지 않았으면.

위의 시는 『인자집』에 수록된 두보의 「몽이백夢李白」 2수 중 제1수로, 두보가 건원乾元 2년(759)에 진주秦州에 있을 때 이백을 꿈에서 보고 지은 시이다. 이 시는 세 단락으로 나누어진다. 첫째 단락은 비점이 찍혀 있는 '사별이탄성死別已吞聲' 이하 네 구로, 두보는 이곳에서 이백이 장지瘴地로 유배된 후 소식이 없어 생사를 알 수 없는 안타까운 감정을 묘사하였다. 둘째 단락은 '고인입아몽故人入我夢' 이하 네 구로, 두보는 이곳에서 꿈에 이백과 만났을 때 살아있는 모습이 아닌 듯하나 길이 멀어 알 수 없다고 하였다. 비점이 찍혀 있는 "공비평생혼恐非平生魂, 노원불가측路遠不可測."를 통해 이백의 생사를 걱정하는 두보의 정심의원한 마음

---

104 孫洙 편, 『唐詩三百首』 권1, 제21수. "高人對月時, 每有盈虛古今之感."
105 李珥 편, 『精言妙選』(연세대목판본), 장8a.

을 읽을 수 있다. 셋째 단락은 '魂來楓林靑.' 이하 여덟 구로, 두보는 이곳에서 꿈에서 깬 후에 바라본 황홀한 정경을 묘사하였다. 방점[●]이 찍혀 있는 "혼래풍림청魂來楓林靑, 환반관산흑魂返關山黑."에서 '풍림楓林'은 이백이 있는 곳이고 '관산關山'는 두보가 머문 곳으로, 이 두 구에는 이백이 두보를 찾아오면서 물이 깊고 파도가 넓어 빠져 죽을까 걱정하는 의사가 잘 나타나 있다. 또한 권[○]이 찍혀 있는 "낙월만옥량落月滿屋梁, 유의조안색猶疑照顏色."에는 '낙월落月', '옥량屋梁', '안색顏色' 등의 경景 속에 이백을 그리워하는 정情이 녹아있다. 두보는 마지막 "수심파랑활水深波浪闊, 무사교룡득無使蛟龍得."에서 이백의 혼이 강남으로 배를 타고 돌아갈 때 험한 물결과 교룡을 만나지 않기를 바라는 진실한 정情을 드러냈다. 육시옹陸時雍은 이 시를 평하여 귀신인 듯 사람인 듯 꿈인 듯 생시인 듯 온통 황홀하여 정해진 것이 없어 친근한 정情과 고통스러운 의意가 끝이 없다[106]고 하였다. 따라서 독자들이 이 시를 읽으면 이백의 안부를 진심으로 걱정하는 두보의 정심의원한 감정을 맛보는 가운데 스스로 성정의 바름을 얻게 된다.

(5) 격사청건 : 필력이 주경하여 기운이 용솟음

격사청건한 시는 글자 그대로 격조[格]와 사어[詞]가 맑고[淸] 굳센 것[健]이다. 이이는 「의자집서」에서 격사청건한 시의 풍격에 대해 다음과 같이 말하였다.

> [자료 18] : 이『의자집』에 뽑아놓은 것은 격사청건한 시를 위주로 하였다. 필력이 주경遒勁하고 급박한 의사가 없어 응원凝遠한 맛이 있다. 이『의자집』을 읽으면 기가 솟고 정신이 드날려 나약한 사람은 뜻을 세우고 비루한 사람은 아취를 일으킨다.[107]

[자료 18]에서 이이는 격사청건한 시는 필력이 주경遒勁하고 급박한 의사가 없어 응원凝遠

106　仇兆鰲 찬,『杜詩詳註』, 555면, "是鬼是人, 是夢是眞, 都覺恍惚無定, 親情苦意, 無不備極矣."
107　李珥,『栗谷全書 · 拾遺』권4, 534면. "此集所選, 主於格詞淸健. 筆力遒勁, 而無急迫之意, 有凝遠之未. 讀此集, 則氣聳神揚, 而懶夫可以有立志, 鄙夫興雅趣矣."

한 맛이 있다고 하였다. 시에서의 격과 의는 서로 떨어질 수 없는 관계에 있다. 의는 격에서 나온 것으로 의를 얻으려면 먼저 격을 얻어야 하고, 격은 의에서 나온 것으로 격을 높이려면 먼저 의를 얻어야 한다.[108] 따라서 시는 격과 의가 서로 팽팽한 긴장 관계를 유지해야만, 시의 필력이 주경하고 의가 급박하지 않게 되어 응원한 맛을 줄 수 있다. '응원'은 작품 속에 내재해 있는 작자의 성정이 엄정하여 천박하지 않은 것을 의미한다. 평소 존양성찰이 부족해 마음속이 어지러워 순일한 맛이 없게 되면, 말하고 행동하는 사이에서 발하는 것이 급박하여 심후한 기풍이 사라진다. 격사청건한 시는 위와 같이 지속적인 존양성찰을 통해 얻은 심후한 기풍이 의와 격의 절묘한 운용을 통해 작품이 고도로 규범화되고 정식화된 것이다.

[자료 18]에서 이이는 격사청건한 시는 기가 솟고 정신이 드날려 나약한 사람은 뜻을 세우고 비루한 사람은 아취를 일으킨다고 하였다. 성리학적 사유로 보면 사람의 성에는 본연의 선을 보존한 본연지성과 물욕에 의해 가리고 기에 의해 구속된 기질지성이 있다. 존양성찰은 끊임없는 수양을 통해 기질지성을 본연지성으로 바꾸는 것이다. 기질을 교정할 때 기질이 맑고 순수한 사람은 힘쓰지 않아도 선행을 잘하므로 이에 더할 것이 없다. 문제는 기는 맑은데 질이 잡된 사람이거나 질은 순수한데 기가 흐린 사람이다. 부지런히 밤낮으로 힘써 유약한 자는 씩씩하게 하고 나약한 자는 주관이 서게 하며, 사나운 자는 온화하게 다스리고 성급한 자는 너그럽게 다스려야 한다. 이때 응원한 맛을 주는 격사청건한 시를 읽으면 의지가 나약한 사람은 용감한 정감을 불러일으켜 장대한 뜻이 세워지게 되고, 마음이 비루한 사람은 굳센 정감을 불러일으켜 고상한 취미가 이루어지게 된다.

[자료 19] : "세 번 문을 지나가는 도중에 늙고 병들어 죽으며, 한 번 손가락을 튕기는 사이에 세월은 흐르네."라고 말한 것은 구법이 청건하니 천생대天生對이다. 육무관陸務觀의 시에 이르길, "이미 온전히 늙고 병들어 오직 죽지 않았을 뿐이고, 탐내고 성냄이 비록 다했으나 오히려 치행癡行이 남았네."라고 하였다. 감히 소동파에는 미치지 못하나 근세에 또한 이에 이를 수 있는 사람이 없다.[109]

---

108 魏慶之 편, 『詩人玉屑』 권1, 11면, 「詩法第二・白石詩說」. "意出於格, 先得格也. 格出於意, 先得意也."
109 魏慶之 편, 『詩人玉屑』 권3, 52면, 「句法・淸健句」. "三過門中老病死, 一彈指頃去来今, 句法淸健, 天生對也.

[자료 20] : 석만경石曼卿의 시에서 매우 좋은 곳으로 "인자는 비록 적이 없지만, 왕사는 본디 정벌이 있네. 사심이 없으면 단비가 내리고, 살생하지 않으면 평화가 오네."와 같은 장편이 있다. 옛날 만경이 이 시를 크게 쓴 것을 보았는데, 기상이 방엄方嚴·주경遒勁하여 매우 아낄 만하였다.[110]

[자료 19]는 『시인옥설』에서 소동파와 육무관 시의 구법이 청건하다는 것을 평한 것이다. '삼과문중三過門中'은 우임금이 8년 동안 홍수를 다스리면서 세 번 집 문을 지나갔으나 들어가지 않았다[111]고 말한 맹자의 말이고, '일탄지경一彈指頃'은 이십념二十念이 일순一瞬이고 이십순二十瞬이 일탄지一彈指[112]라고 말한 불교 용어이다. 소동파는 세상일에 바빴던 우임금의 고사와 인생은 일순보다 짧다는 불교 용어로 대우를 삼아 구법을 매우 청건하게 운용하였다. 육무관 또한 늙고 병들어 죽을 날만 기다리며 탐내거나 성내는 일이 없을 것 같았으나, 아직도 치행癡行이 남아있는 주체의 모습을 청건한 구법으로 엮었다. [자료 20]은 『시인옥설』에서 주희가 석만경石曼卿의 시에 나타난 기상이 방엄方嚴하고 주경遒勁했음을 회고한 것이다. 석망경은 '인자무적仁者無敵'과 '왕사유정王師有征'이라는 성인의 상반된 행동을 대응시켜, 성인은 도를 사심 없이 실천하고 무고한 사람을 살생하지 않았음을 엄하고 굳세게 형상화하였다. 이이가 『의자집』에 뽑아놓은 격사청건한 시들은 위와 같이 필력이 주경한 작품들로 이루어져 있어, 독자들이 이러한 시를 읽으면 기운이 솟아오르는 감정을 맛볼 수 있는 것으로 추정된다.

(6) 정공묘려 : 수식이 미려하여 정의가 짙어짐

정교묘려한 시는 글자 그대로 언어와 내용을 정교하게 만들고[精] 잘 다듬고[工] 오묘하게 하고[妙] 아름답게 만든[麗] 작품으로 구성되어 있다. 이이는 「예자집서」에서 용의정심한

陸務觀詩云, 老病已全惟欠死, 貪嗔雖盡尚餘癡, 不敢望東坡, 而近世亦無人能到此."
110 魏慶之 편, 『詩人玉屑』권17, 369면, 「石曼卿·晦庵論其詩」. "石曼卿詩極有好處, 如仁者雖無敵, 王師固有征. 無私乃time雨, 不殺是天聲. 長篇. 舊見曼卿大書此詩, 氣象方嚴遒勁, 極可寶愛, 眞顏筋柳骨."
111 朱熹, 『孟子集註』권5, 253면, 「滕文公上」. "禹八年於外, 三過其門而不入."
112 『漢語大詞典』4, 153면, 『翻譯名義集』「時分」. "二十念爲一瞬, 二十瞬名一彈指."

시의 풍격에 대해 다음과 같이 말하였다.

> [자료 21] : 이『예자집』에 뽑아놓은 것은 인위적인 수식이 가해진 것으로 시의 참모습을 잃은 것에 가깝기는 하지만, 시인의 성정이 음염한 것에는 이르지 않았다. 이『예자집』을 읽으면 정이 짙어지고 의가 빼어나게 되어, 수척한 사람은 살을 더하고 고고한 사람은 꽃을 피운다.[113]

[자료 21]에서 이이는 정공묘려한 시는 인위적인 수식이 가해진 것으로 시의 참모습을 잃은 것에 가깝기는 하지만, 시인의 성정이 음염한 것에는 이르지 않았다고 하였다. '음염'은 희노애락의 정이 발하되 절도에 맞지 않아 성정의 바름을 잃은 것이다. 공자가 멀리해야 한다고 말한 정성鄭聲[114]이 바로 이에 해당한다. 따라서 시를 논할 때에는 이치에 합당한 것인지 아닌지를 살피는 것이 매우 중요하다. 육조 시대의 시와 유몽득劉夢得・온비경溫飛卿의 시는 정기正氣에 해가 되었는데, 이 시들은 내용[理]은 높지 않으면서 언어가 남음이 있었기 때문이다.[115] 이와 달리 사령운의 시는 정공精工하여 한 글자도 아름답지 않은 것이 없었고,[116] 위응물의 시 또한 묘려하여 당대에 그에 필적할 시인이 없었다.[117] 이로 보아 정공묘려한 시는 사령운이나 위응물의 시와 같이 비록 아로새기거나 꾸민 흔적이 있지만 모두 이치에 맞아 음염에는 이르지 않은 것이다.

[자료 21]에서 이이는 정공묘려한 시를 읽으면 정이 짙어지고 의가 빼어나게 되어, 수척한 사람은 살을 더하고 고고한 사람은 꽃을 피운다고 하였다. 사람의 기질에는 강한 것과 유한 것이 있다. 이이는 강한 기질은 의롭고 곧고 결단력이 있지만 사납고 좁고 강량强梁한 흠이 있고, 유한 기질은 자애롭고 순응하고 겸손하지만 나약하고 결단력 없고 사녕邪佞한 흠이

---

113 李珥,『栗谷全書・拾遺』권4, 534면. "此集所選, 主於精工妙麗. 雖有雕繪之飾, 而不至於淫艷. 讀此集, 則情濃意秀, 瘦瘠者, 可以增肌, 枯槁者, 可以發華矣."
114 朱熹,『論語集註』권15, 584면,「衛靈公」. "放鄭聲, 鄭聲淫."
115 魏慶之 編,『詩人玉屑』권10, 222~223면,「綺麗・不可以綺麗害正氣」, "文章論當理與不當理耳. … 上自齊梁諸公, 下至劉夢得, 溫飛卿輩, 往往以綺麗風花, 累其正氣, 其過在於理不勝, 而詞有餘也."
116 魏慶之 編,『詩人玉屑』권2, 19면,「詩評・滄浪詩評」. "康樂之詩精工, … 無一字不佳."
117 魏慶之 編,『詩人玉屑』권15, 315면,「韋蘇州・清深妙麗」. "其詩清深妙麗, 雖唐詩人之盛, 亦少其比."

있다.[118]고 하였다. 존양성찰은 기질이 사납고 좁은 사람은 의롭고 곧고 결단력 있게 바꾸고, 나약하고 결단력 없는 사람은 자애롭고 겸손하게 바꾸는 것이다. 학자들이 미려하게 아로새긴 정공묘려한 시를 읽으면 자상하고 부드러운 정감을 불러일으켜 정을 짙게 하고 의를 빼어나게 하여, 마음이 마른 사람은 감정이 풍부해지고 생기를 잃은 사람은 마음속에 아름다운 꽃이 핀다.

[자료 22] : 조어가 공교한 것은 형공荊公, 산곡山谷, 동파東坡에 이르러 고금의 변화를 다하였다. 형공은 "강을 비추는 달은 하늘에서 굴러 대낮이 되고, 고개에 걸친 구름은 어둠을 갈라 황혼을 이루네."라고 하였다. … 동파는 「해당海棠」 시에서 말하길, "단지 밤이 깊어 꽃이 잠든 사이에 질까 두려워, 높이 은촛대를 밝혀 붉게 화장한 꽃을 비추네."라고 하였다. 황산곡이 말하길 "이 시를 '구중안句中眼'이라고 이르니, 학자가 이 묘함을 알지 못하면 시를 끝내 지을 수 없다."라고 하였다.[119]

[자료 23] : 왕안석이 항상 두보의 "걷힌 발 사이로 잠자던 백로가 일어나고, 둥근 약을 먹자 날던 꾀꼬리가 지저귀네."라는 구를 일컬으며, 용의가 고묘高妙하니 오언시의 모범이라고 하였다. 다른 날 공이 시를 지어 "푸른 산을 마주해 바람을 맞아 앉고, 꾀꼬리 우는데 책을 끼고 자네."를 얻고, 스스로 두보 시에 못지않다고 이르며 득의로 여겼다.[120]

[자료 22]는 왕안석과 소동파의 시 가운데 조어가 공교한 시구를 평한 글이다. 왕안석은 강을 비추는 새벽달과 고개에 걸친 황혼 무렵 구름의 모습을 보며, 낮과 밤이 교차 되는 시간의 흐름을 공교롭게 묘사하였다. 소동파는 깊은 밤에 잠든 사이에 붉게 화장한 해당화가

---

118 李珥, 『栗谷全書』 권21, 467면, 「聖學輯要」. "剛善, 爲義爲直爲斷, 爲嚴毅爲幹固. 惡, 爲猛爲隘, 爲强梁. 柔善, 爲慈爲順爲巽. 惡, 爲懦弱爲無斷爲邪佞."
119 魏慶之 편, 『詩人玉屑』 권6, 138면, 「造語・句中眼」. "造語之工, 至於荊公山谷東坡, 盡古今之變. 荊公, 江月轉空爲白晝, 嶺雲分暝作黃昏. … 東坡海棠詩曰, 只恐夜深花睡去, 高燒銀燭照紅粧. … 山谷曰, 此詩謂之句中眼, 學者不知此妙, 韻終不勝."
120 魏慶之 편, 『詩人玉屑』 권17, 375면, 「半山老人・用意高妙」. "荊公每稱老杜, 鉤簾宿鷺起, 丸藥流鶯囀之句, 以爲用意高妙, 五字之模楷. 他日, 公作詩, 得靑山捫風坐, 黃鳥挾書眠. 自謂不減杜詩, 以爲得意."

시들어 버릴까 두려워, 밤새도록 은촛대를 밝힌 애틋한 마음을 정교하게 묘사하였다. [자료 23]은 왕안석과 두보의 시 가운데 용의가 고묘高妙한 구를 평한 것이다. 두보는 아침 해가 오를 즈음에 주렴 사이를 통해 백로를 바라보고, 환약을 먹을 때 꾀꼬리의 울음을 들으며 떠오른 흥취를 고묘하게 묘사하였다. 왕안석은 푸른 산과 마주해 바람맞으며 앉아 있거나, 꾀꼬리 울음소리를 들으며 책을 품고 낮잠을 즐기는 자적한 의사를 고묘하게 펼쳤다. 이이가 『예자집』에 뽑아놓은 정공묘려한 시들은 위와 같이 수식이 미려한 작품들로 이루어져 있어, 독자들이 이러한 시를 읽으면 수척한 사람은 살을 더하고 고고한 사람은 꽃을 피우는 듯한 감정을 맛볼 수 있는 것으로 추정된다.

4. 맺음말

주희는 「답공중지答鞏仲至」에서 고금古今의 시가 세 번 변했다고 하였다. 서전書傳의 우하虞夏에서 위진魏晉까지를 1단계, 진송晉宋 사이의 안연지顏延之·사령운謝靈運에서 당唐나라 초기까지를 2단계, 심전기沈佺期·송지문宋之問 이후 율시律詩가 정착되면서 당시까지를 3단계로 보았다. 그는 당나라 초기 이전에는 시를 지은 것이 고하高下는 있으나 법法은 오히려 변하지 않았는데, 율시가 나오게 되면서 그 법이 크게 변하였고, 자신의 시대에는 더욱 교밀巧密하여 다시는 고인의 기풍이 없게 되었다고 하였다. 그는 이러한 시관에 기초해 역대의 시를 뽑아 선집을 만들려고 하였다. 먼저 경사經史 제서諸書에 실린 운어와 『문선』에 수록된 곽경순·도연명의 작품을 『시경』과 『초사』의 뒤에 붙여 시의 근본根本 준칙準則으로 삼고, 다음 2~3단계 중에서 옛것에 가까운 것을 각각 1편으로 만들어 시의 우익羽翼 여위輿衛로 삼고자 했다.[121] 그러나 그는 끝내 이를 완성하지 못했다.

주희 이후에 편찬된 시선집 중에서 위와 같은 주희의 선시 방향을 그대로 적용해 편찬한 것이 바로 유리의 『선시보주』이다. 이 책은 주희의 『시집전』의 체례體例를 기준으로 삼아

---

121 朱熹, 『朱熹集』 권64, 3337면.

시를 3단계로 나누었다. 먼저 『선시보주選詩補注』 8권 속에 『문선文選』의 시들을 모아 정리해 훈석訓釋하고, 『문선오신주文選五臣注』와 증원曾原의 『문선연의文選演義』를 저본으로 하여 각 시에 그의 생각을 더하였다. 다음 『선시보주選詩補遺』 2권 속에 여러 책에 실려 있는 옛 가요 42수를 선록選錄하여 『문선』의 결점을 보완하고, 마지막으로 『선시속편選詩續編』 4권은 당송 이래 제가의 시중에서 옛 시에 가까운 시 159수를 취하여 『문선』의 사음詞音으로 삼았다.[122] 이로 보면 『선시보주』 8권과 『선시보유』 2권은 앞서 주희가 말한 시의 근본根本 준칙準則에 속하고, 『선시속편』 4권은 시의 우익羽翼 여위興衛에 해당된다. 『선시보주』은 이렇듯 시의 내용이나 구성 체제에 있어 주희가 밝힌 3단계의 내용을 충실히 반영하였다.

『정언묘선』은 시의 구성 체계나 수록된 시의 내용에 있어 위와 같은 주희의 구상이나 『풍아익』의 내용과 비교해 훨씬 상세하다. 먼저 『정언묘선』은 한대漢代에서 송대宋代에 이르는 중국시를 7종의 풍격으로 나누어 시대, 형식, 작가별로 분속分屬하였다. 특히 7종의 풍격을 다시 시의 본류本流와 시의 말류末流의 다기多枝로 양분하여, 『원자집』에는 한대에서 송대까지의 작품 중에서 충담소산한 시를 수록하고, 이하 6편의 선집에는 당대와 송대의 작품 중에서 6종의 풍격에 해당하는 시를 개인의 문집과 시선집에서 뽑아 수록하였다. 각 선집에 수록된 내용 또한 훨씬 구체적이다. 『원자집』은 우유충후한 성정을 꾸밈없이 펼쳐 『시경』의 남은 뜻을 갖추고 있는 충담소산한 풍격의 시를 수록하고, 이후 『형자집』 이하 5편의 선집에는 한미청적에서 정공묘려에 이르기까지 철저히 존양성찰에 도움이 되는 작품을 그 효용에 따라 우열을 가려 수록하였다.

이이가 38세의 나이로 성리학적 사유 양식을 체계화한 시기에 이렇듯 정치한 심미 기준에 따라 독특한 방식으로 『정언묘선』을 편찬한 것은 결코 우연이 아니다. 그는 이 시기에 여러 학자들과의 논쟁을 통해 성리학을 체계화하는 과정을 거쳤고, 이 과정을 통하여 시는 어디까지나 인욕에 의해 더럽힌 마음을 닦아내어 본연의 성정을 회복하는 데 도움을 주어야 한다는 생각을 공고히 하였다. 이에 학자들이 시의 맥락을 바로 알아 도덕을 선창하여 몸속에 쌓여 있는 훈혈薰血을 씻어 낼 수 있도록, 성정의 바름을 꾸밈없이 펼친 시로부터 후대에 인위적

---

122 劉履 찬, 『風雅翼』, 1면, 「提要」.

조탁이 가미된 시에 이르기까지 가장 정精하여 법法이 될만한 시를 7종의 풍격으로 나누어 선록하였다. 위와 같이 이이의 『정언묘선』은 성리학적 수양론에 기초해 작자와 독자의 입장에서 시의 창작과 공효에 대한 심미의식을 체계적으로 구조화했다는 점에서, 조선 전기 사림문학의 특징을 이해하는 데 도움이 될 것으로 생각된다.

제8장

이황과 이이의
두보 시 수용 연구

1. 머리말

조선 중기에 활동한 성리학자 이황(1501~1570)은 문인들에게 『고문진보전집古文眞寶前集』에 수록된 중국 시를 강해講解하고 그 내용을 모아 『고문진보강해古文前集講解』라고 제목을 붙였다. 이 책에 수록된 내용 일부가 현재 화산본花山本 『퇴도선생언행통록退陶先生言行通錄』에 18항목에 걸쳐 실려 있다. 또한 이황의 문인인 김융金隆(1526~1596)의 『물암집勿巖集』에는 『고문전집강록古文前集講錄』이라는 이름으로 82항목의 강록講錄이 실려 있고, 이덕홍李德弘(1541~1596)의 『간재집艮齋集』에도 『고문전집질의古文前集質疑』라는 이름으로 76항목의 질의質疑가 수록되어 있다.[1] 『고문진보전집』 12권에 수록된 두보 시는 44수인데, 이중 이황과 문인들이 강해하거나 질의한 작품은 32수[2]이다.

---

1   정재철(2014), 149~151면.
2   두보 시 32수는 「遊龍門奉先寺」, 「夢李白」, 「夏日李公見訪」, 「石壕吏」, 「佳人」, 「上韋左相二十韻」, 「寄李白」, 「投贈哥舒開府」, 「贈韋左丞」, 「柟木爲風雨所拔歎」, 「哀江頭」, 「醉時歌」, 「徐卿二子歌」, 「戲題王宰畵山水歌」, 「茅屋爲秋風所破歌」, 「戲作花卿歌」, 「題李尊師松樹障子歌」, 「戲韋偃爲雙松圖歌」, 「劉少府畵山水障歌」, 「天育驃騎歌」, 「麗人行」, 「古栢行」, 「兵車行」, 「洗兵馬行」, 「入秦行」, 「高都護驄馬行」, 「驄馬行」, 「偪側行」, 「今夕行」, 「丹青引」, 「桃竹杖引」, 「韋諷錄事宅觀曹將軍畵」이다.

한편 이황과 비슷한 시기에 활동한 이이(1536~1584)는 중국 시를 8종의 풍격으로 구분하여 『정언묘선』을 편찬하였다. 전 장에서 살펴보았듯이 이 책은 현재 목판본 3종과 필사본 2종이 학계에 알려져 있다. 현재 가장 많은 작품이 수록된 것으로 알려진 동춘당본同春堂本에는 무명씨와 작가 미상인 경우를 제외하고도 한대漢代의 탁문군卓文君으로부터 송대宋代의 진여의陳與義에 이르는 140여 명의 작품 520수가 수록되어 있다. 특히 이곳에는 48수에 달하는 두보 시가 수록된 것으로 밝혀졌는데,[3] 현재 필자가 입수한 연세대 필사본에는 『원자집』부터 『인자집』까지 28수[4]에 달하는 두보 시가 수록되어 있다.

이황과 이이는 주희의 심성이기론心性理氣論의 이론을 계승하면서도 동일한 이론과 상이한 이론으로 발전시켜 각기 독특한 학설을 건립하고, 이후 주리주기논변主理主氣論辯, 인성물성동이논변人性物性同異論辯, 유리유기논변唯理唯氣論辯으로 그 발전과정을 거쳐 한국 유학의 본질로서의 특징을 형성하였다.[5] 위와 같이 두 학자가 『고문진보전집』을 강해한 내용을 모아 『고문전집강해』를 편찬하거나, 중국 역대의 시를 8종의 풍격으로 구분하여 『정언묘선』을 편찬한 것은 매우 이례적이다. 특히 위의 두 책에는 모두 두보 시를 비중 있게 다루고 있어 눈길을 끄는데, 이는 이황과 이이가 평소 두보 시에 대해 깊이 이해하고 있음을 증명하는 것이다. 따라서 본 장에서는 위와 같이 우리나라 성리학의 양대 산맥을 형성한 두 학자가 두보 시를 깊이 이해했던 사실에 주목하여, 두 사람이 체득한 고도의 철학적 사유를 기반으로 하여 형성된 심미의식에 대해 살펴보고, 『고문전집강해』와 『정언묘선』에 수록된 내용을 중심으로 두 사람이 두보 시를 수용한 양상과 그 의미에 대해 살펴보기로 한다.

---

3   김남형(1998), 176~179면.
4   연세대 필사본에 수록된 두보 시는 『元字集』에 「出塞」 1수, 『亨字集』에 「夜宴左氏莊」, 「西郊」, 「過南隣朱山人水亭」, 「早起」, 「上牛頭寺」 등 5수, 『利字集』에 「遊龍門奉先寺」, 「舟月對騷近寺」 등 2수, 『貞字集』에 「佳人」, 「古栢行」, 「春望」, 「春夜喜雨」, 「舟中夜雪」, 「月圓」, 「九日藍田崔氏莊」, 「明妃村」, 「絶句」 등 9수, 『仁字集』에 「玉華宮」, 「北征」, 「夢李白」, 「哀江頭」, 「春日憶李白」, 「遣懷」, 「移居公安別館」, 「村夜」, 「客夜」, 「野老」, 「歸雁」 등 11수이다.
5   양승무(2005), 250면.

2. 두보 시 수용의 사상적 기반

이황과 이이의 문학관을 가장 잘 보여주고 있는 글은 바로 이황의 「도산십이곡발」과 이이의 「정언묘선서」이다. 이곳에서는 이 두 글의 내용을 비교하여 이황과 이이가 두보 시를 수용한 사상적 기반에 대해 살펴보기로 한다.

〈표 1〉 이황의 「도산십이곡발」과 이이의 「정언묘선서」 비교

陶山十二曲跋	精言妙選序
右陶山十二曲者, 陶山老人之所作也. 老人之作此, 何爲也哉. ①吾東方歌曲, 大抵多淫哇不足言. 如②翰林別曲之類, 出於文人之口, 而矜豪放蕩, 兼以褻慢戲狎, 尤非君子所宜尙. 惟近世有李鼈六歌者, 世所盛傳, 猶爲彼善於此, 亦惜乎其有玩世不恭之意, 而少溫柔敦厚之實也. 老人素不解音律, 而猶知厭聞世俗之樂. 閒居養疾之餘, 凡有感於情性者, 每發於詩. 然今之詩, 異於古之詩, 可詠而不可歌也. 如欲歌之, 必綴以俚俗之語, 蓋國俗音節, 所不得不然也. 故嘗略倣李歌, 而作陶山六曲者二焉. 其一言志, 其二言學. 欲使兒輩朝夕習而歌之, 憑几而聽之, 亦令兒輩自歌而自舞蹈之, 庶幾可以③蕩滌鄙吝, 感發融通, 而歌者與聽者, 不能無交有益焉. 顧自以蹤跡頗乖, 若此等閒事, 或因以惹起鬧端, 未可知也, 又未信其可以入腔調諧音節與未也. 姑寫一件, 藏之篋笥, ④時取玩以自省. 又以待他日覽者之去取云爾. 嘉靖四十四年, 歲乙丑暮春旣望, 山老書.[6]	人聲之精者爲言, 詩之於言, 又其精者也. 詩本性情, 非矯僞而成. 聲音高下, 出於自然. ㊀三百篇, 曲盡人情, 旁通物理, 優柔忠厚, 要歸於正, 此詩之本源也. 世代漸降, 風氣漸澆, 其發爲詩者, 未能悉本於性情之正, 或假文飾, 務說人目者多矣. 余數年抱病, 居閒處獨, 殿屎之隙, 時搜古詩, 備得衆體. 患詩源久塞, 末流多岐, 學者睢盱, 眩亂莫尋其路, 乃㊁敢採其最精而可法者, 集爲八篇, 加以圈點, 名曰精言妙選. 以沖淡者爲首, 使知源流之所自, 以次漸降, 至於美麗, 則詩之絡脈, 殆近於失眞矣. 乃以明道韻語終焉, 俾不流於矯僞, 去取之間, 有意存焉. 詩雖非學者能事, 亦所以㊂吟詠性情, 宣暢淸和, 以滌胸中之滓穢, 則亦㊃存省之一助, 豈爲雕繪繡藻, 移情蕩心而設哉. 覽此集者, 其念在玆.[7]

이황은 ①에서 '동방의 가곡들은 대체로 음왜淫哇한 것이 많아 족히 말할 것이 못된다'고 하였다. 그가 말한 '음왜'에서의 '음淫'자는 '즐거움[樂]이 지나쳐 성정의 바름을 잃은 것'[8]을 의미한다. 그는 ②에서 「한림별곡」은 문인들의 입에서 나온 것으로 '긍호방탕矜豪放蕩'한데

---

6 李滉(1), 『退溪先生文集』 권43, 468면, 「陶山十二曲跋」.
7 李珥, 『栗谷先生全書』 권13, 271면, 「精言妙選序」.
8 朱熹, 『論語集註』 권3, 99면. 「八佾」 '樂而不淫'註. "淫者, 樂之過, 而失其正者也."

다가 '설만희압褻慢戲狎'하기까지 하여 군자가 숭상할 것이 못된다고 말하고, 이어 '세상에 널리 알려진 이별李鼈의 「육가六歌」는 「한림별곡」보다는 선하지만 '완세불공'의 뜻이 있고 '온유돈후'의 실제가 적다고 하였다. 위와 같이 그는 우리나라의 가곡들은 그 내용에 있어서 선함과 악함의 차이는 있으나 모두 성정의 바름을 보여주지 못한 것으로 보고, 사람들에게 성정의 바름을 지닌 문학의 모델을 제시하고자 '언지言志'와 '언학言學'을 내용으로 하는 「도산십이곡」을 새로 지었다.

이이는 ㊀에서 『시경』은 인정人情을 완곡히 다하고, 물리物理를 두루 통하며, 우유충후하여 성정의 바름으로 돌아갔으나, 이후에 지어진 시들은 성정의 바름에서 근본하지 못하거나 혹은 거짓으로 꾸며 사람들의 이목을 기쁘게 하는 데 힘쓴 것이 많다고 하였다. 따라서 그는 ㊁에서 『시경』 이후에 지어진 시들 중에서 가장 정교하여 법으로 삼을만한 작품을 8종의 풍격으로 구분하여 『정언묘선』을 편찬하였다. 전 장에서 살펴보았듯이 이이는 이 책의 앞부분에 『시경』의 원류를 이은 '충담沖淡'한 시를 수록하였고, 점차 내려와 거의 '실진失眞'에 가까운 '미려美麗'한 시를 수록하였으며, 마지막에 '명도운어'를 수록하여 '교위矯僞'에 흐리지 않도록 하였다. 그가 말한 '실진失眞'에서의 '진眞'자는 '음염淫艶'에서의 '음淫'자의 상대자로 사용된 것으로 성정의 바름을 담고 있는 내용을 의미한다.

이황은 ④에서 「도산십이곡」을 '수시로 꺼내 완상하며 자성自省한다'고 하였다. 이어 그는 ③에서 '자성自省'이란 '비루하고 인색한 마음을 깨끗이 씻어내고[蕩滌鄙吝], 느낀 감정을 밖으로 드러내 막힘없이 통하게 하는 것[感發融通]'이라고 하였다. 이이 또한 ㊃에서 『정언묘선』은 '마음을 존성存省하는 데 도움이 된다'고 하였다. '존성'은 성리학적 심성 수양의 핵심 내용인 존양성찰存養省察을 줄여 말한 것이다.⁹ 그는 ㊂에서 '존성'이란 '성정을 음영하고[吟詠性情] 맑고 조화로운 기운을 널리 펼치어[宣暢淸和] 가슴속의 더러운 찌꺼기를 씻어내는 것[滌胸中之滓穢]'이라고 하였다. 위와 같이 두 사람은 모두 문학은 사람들이 이를 음영하고 억양·반복하는 사이 마음속에 깊이 침투하여 마음을 변화시키는 데 효용이 있다고 이해하였다.

---

9   李珥, 『栗谷先生全書』 권19, 467면, 「聖學輯要」. "戒懼者, 所以涵養於喜怒哀樂之未發之前, 愼獨者, 所以省察於喜怒哀樂已發之後."

위의 두 글에서 유의해야 할 것은 이황이 지은「도산십이곡」과 이이가 편찬한『정언묘선』은 모두 사람들이 성정의 바름으로 돌아가게 하려는 목적에서 나온 것이나, 두 학자가 성정의 바름을 회복시키기 위해 제시한 작품이 크게 다르다는 점이다. 이황은「한림별곡」이나 이별의「육가」는 그 내용에 있어서 선악의 차이가 있다고 보면서도 모두 세속의 음악으로 단정하여 이를 모두 배제하고[厭聞], 직접 성정의 바름을 노래한「도산십이곡」을 지었다. 그러나 이이는 성정의 바름을 보여주는 '충담沖淡'한 풍격의 시에서부터 거의 '실진失眞'에 가까운 '미려美麗'한 시에 이르기까지, 가장 정교하여 법으로 삼을만한 시를 8종의 풍격으로 구분하여『정언묘선』을 편찬하였다.

〈표 2〉「도산십이곡발」과「정언묘선서」의 흐름도

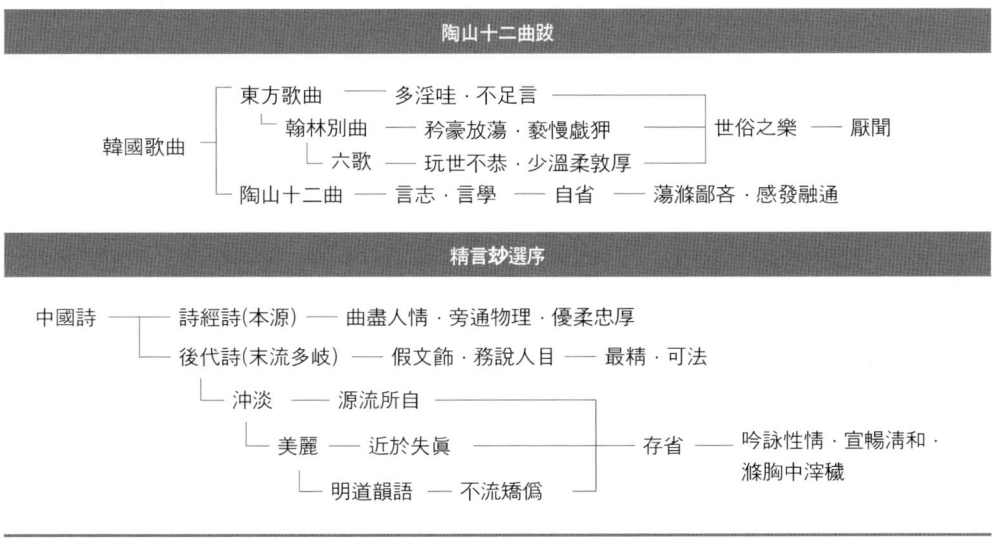

위와 같이 두 사람은 모두 문학이 사람의 마음을 바로잡게 하는 효용이 있다고 인정하면서도, 이황은 우리나라의 가곡들을 철저히 외면하였으나 이이는『시경』이후의 시를 긍정적으로 수용한 이유는 무엇일까? 이는 다음과 같이 두 사람 모두 시의 근본이라고 이해한 성정에 대한 철학적 인식의 차이에서 기인한다.

[자료 1] : 정情에 사단칠정의 구분이 있음은 성성에 본성本性[본연지성: 필자 주]과 기질氣質[기질지성: 필자 주]의 차이가 있는 것과 같다. 그렇다면 그 성성에서는 이미 이기理氣로 구분하여 말할 수 있는데, 정情에 이르러서만 홀로 이기理氣로 구분하여 말할 수 없겠는가?[10]

[자료 2] : 사단과 칠정은 바로 본연지성과 기질지성의 관계와 같다. 본연지성은 기질을 겸하지 아니하고 말한 것이요, 기질지성은 오히려 본연지성을 겸한다. 그러므로 사단은 칠정을 겸할 수 없고, 칠정은 사단을 겸한다.[11]

[자료 1]은 이황이 기대승(1527~1572)과 사단칠정에 대해 논변한 글이다. 그는 이 글에서 정情으로 구성된 사단과 칠정은 서로 구분해야 한다고 주장하고, 그 이유로 주희가 성성은 본연지성과 기질지성의 차이가 있다고 말한 것을 들었다. 이는 곧 그가 본연지성은 기氣와 연계되지 않은 이理만의 성성이고, 기질지성은 기氣와 연계된 성성으로 인식했음을 의미하는 것이다.[12] 그는 위와 같이 본연지성을 이理로 인식하고 기질지성을 기氣로 인식한 이기론의 구조를 사단과 칠정에 적용하여, 사단은 본연지성에서 온 것이고 칠정은 기질지성에서 온 것으로 보았다.

[자료 2]는 이이가 성혼(1535~1598)에게 답한 글이다. 그는 이 글에서 '사단과 칠정은 바로 본연지성과 기질지성의 관계와 같다.'고 하여, 정情으로 구성된 사단과 칠정을 성성의 이기론의 구조로 설명하였다. 그러나 그는 기질지성과 본연지성은 결코 두 개의 성성이 아닌 것으로 보고, 기질지성에 본연지성을 포함하여 하나의 성성으로 이해하였다.[13] 그는 위와 같이 기氣를 중시하는 이기론에 기초하여 기질지성이 본연지성을 포함하고 있다는 성론性論을 세우

---

10 李滉(1),『退溪先生文集』권16, 407면,「答奇明彦·論四端七情第一書」."情之有四端七情之分, 猶性之有本性氣質之異也. 然則其於性也, 旣可以理氣分言之,, 至於情, 獨不可以理氣分言之乎."
11 李珥,『栗谷先生全書』권9, 194면,「答成浩原」."四端七情, 正如本然之性氣質之性. 本然之性, 則不兼氣質而爲言也. 氣質之性, 則却兼本然之性, 故四端不能兼七情, 七情則兼四端."
12 양승무(2005), 265면.
13 李珥,『栗谷先生全書』권10, 210면,「聖學輯要」."氣質之性, 本然之性, 決非二性, 就氣質上, 單指其理曰, 本然之性, 合理氣而命之曰, 氣質之性耳."

고, 이를 사단과 칠정에 적용하여 사단은 칠정을 겸할 수 없지만 칠정은 사단을 겸하는 것으로 보았다.

위와 같이 이황과 이이의 성정론이 대립하게 된 것은 이理의 능동성 여부에 대한 인식의 차이 때문이다. 이황은 이理의 능동성을 인정하는 관점을 사단과 칠정에 적용하여, '사단은 이理가 발하여 기氣가 그것을 따른 것이고, 칠정은 기氣가 발하여 이理가 그것을 탄 것'[14]이라고 하여 이기호발설理氣互發說을 주장하였다. 또한 그는 위와 같이 이理의 능동성能動性을 인정하는 사단칠정론四端七情論을 인심도심설人心道心論으로 발전시켜, 사단은 도심道心으로 이理가 발한 것이고 칠정은 인심人心으로 기氣가 발한 것[15]이라고 하였다.

그러나 이이는 이理의 능동성을 부정하는 관점을 사단과 칠정에 적용하여, '칠정만 기氣가 발하여 이理가 탄 것이 아니라 사단 또한 기氣가 발하여 이理가 탄 것'[16]이라고 하여 기발이승설氣發理乘說을 주장하였다. 또한 그는 위와 같이 이理의 능동성을 부정하는 사단칠정론四端七情論을 인심도심론人心道心論으로 발전시켜, 도의道義를 위하여 발한 정情이 바로 도심道心이고 구체口體를 위하여 발한 정情이 바로 인심人心[17]이라고 하였다.

<표 1>에서 이황과 이이가 한국 가곡과 중국 시를 평가한 이면에는 理의 능동성 여부에 대한 두 사람의 인식의 차이가 자리하고 있다. 곧 이황이 '우리나라의 가곡은 음왜한 것이 많아 족히 말할 것이 못된다.'라고 말한 것은, 이들 작품이 기氣를 겸하고 있어 선악이 뒤섞여 있는 인심人心에서 나온 것으로 이해했기 때문이다. 따라서 그는 사람들이 마음을 바로잡기 위해서는 이理가 발하여 선善하지 않은 것이 없는 도심道心에서 나온 노래를 지어야 한다고 보고, 그에 따라 「도산십이곡」을 새로 지었다.

그러나 이이는 '충담'한 풍격의 시와 명도운어는 모두 성정의 바름으로 돌아간[要歸於正] 『시경』의 원류에서 흘러나온 것[源流之所自]이라고 하여 도심道心이 시로 발현된 것으로 보았

---

14 李滉(1), 『退溪先生文集』 권36, 310면, 「答李宏仲問目」. "四端, 理發而氣隨之, 七情, 氣發而理乘之."
15 李滉(1), 『退溪先生文集』 권36, 310면, 「答李宏仲問目」. "人心, 七情是也. 道心, 四端是也, 非有兩箇道理也."
16 李珥, 『栗谷先生全書』 권10, 199면, 「答安應休」. "所謂氣發而理乘之者, 可也. 非特七情爲然, 四端亦氣發而理乘之也."
17 李珥, 『栗谷先生全書』 권14, 284면, 「人心道心圖說」. "情之發也, 有爲道義而發者. … 有爲口體而發者."

으나, '미려'한 풍격의 시는 거의 '실진失眞'에 가까운 것[殆近於失眞]이라고 하여 인심人心이 시로 발현된 것으로 보았다. 따라서 그는 도심道心에서 나온 충담沖澹[충담소산沖澹蕭散]한 시와 명도운어는 사람들이 읽어도 문제가 없지만, 인심人心에서 나와 거의 '실진失眞'에 가까운 미려美麗[한미청적閒美清適, 청신쇄락清新灑落, 용의정심用意精深, 정심의원情深意遠, 격사청건格詞清健, 정공묘려精工妙麗]한 시는 가장 정교하여 마음을 바로잡는 데 도움을 주는 시를 가려서 읽어야 한다고 보고, 그에 따라 『정언묘선』을 편찬하였다.

<표 3> 이황과 이이의 성정론과 문학관의 흐름도

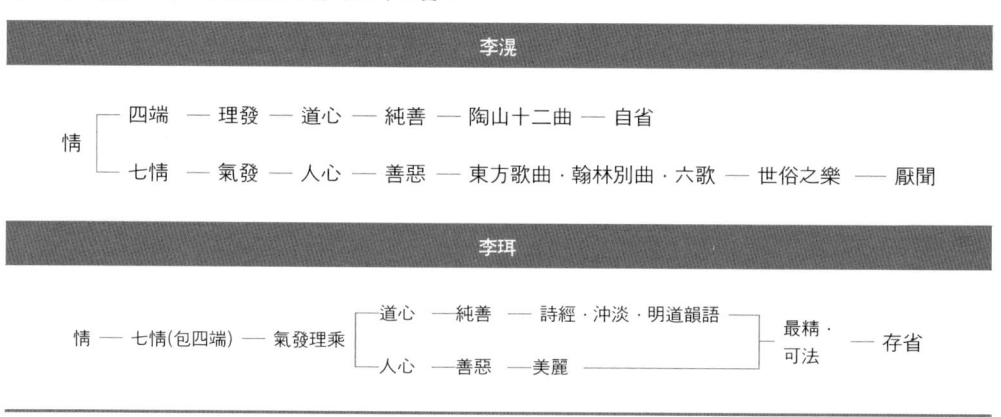

3. 이황과 이이의 두보 시 수용

1) 이황의 두보 시 강해 : 도심의 회복

앞서 살폈듯이 이리의 능동성을 인정한 이황은 기氣가 발한 인심에서 비롯된 인욕을 극복하고, 이리가 발한 도심을 북돋아 천명으로 받은 본연지성을 실현하는 것을 학문의 목표로 삼았다. 특히 그는 심학에 절실하지 못하다고 생각해 『시경』을 읽지 않는 것은 잘못으로 '『시경』과 『서경』을 배우지 않은 이학理學이 없다'[18]고 보고, 자신의 학문을 구축해 나가는 과정에서 『시경』을 심도 있게 탐구하였다. 그리고 그는 여러 사람의 훈석을 모아 구두를 분석하고 그 뜻을 풀이하여 『시석의詩釋義』를 편찬하였다.[19] 또한 그는 젊어서 두보 시를 배우고 만년에는 주희 시를 좋아하여 자신이 지은 시의 격조가 종종 한 사람에게서 나온 것 같았다.[20] 그러나 앞서 그가 한국의 가곡들은 모두 인심이 발현된 것으로 본 것에서 알 수 있듯이, 그는 이理의 능동성을 인정하는 성정론에 기초하여 『시경』 이후에 지어진 시들은 모두 인심에서 나온 것으로 보았다. 두보 시도 예외가 아니다. 그는 두보 시가 비록 『시경』을 추종하여 굴원과 송옥을 능가하며, 충애忠愛의 정성이 천성天性에서 나와 시절을 근심하고 인사人事를 감개感慨하는 내용으로 이루어져 있다[21]고 하였으나, 그렇다고 그의 시가 모두 도심이 발현된 것으로 보기는 어려웠다. 따라서 그는 문인들에게 『고문진보전집』에 수록된 두보 시 44수를 교수하면서 32수의 작품에 대해 이理의 능동성을 인정하는 그의 성정론에 기초하여 작품의 내면에 자리한 작자의 성정을 논하거나 시구의 내용을 마음공부와 관련하여 재해석함으로써, 문인들이 인욕을 극복하고 도심을 회복하도록 하였다.

[자료3] : [원문] **夫壻輕薄兒, 新人美如玉. 合昏尙知時, 鴛鴦不獨宿. 但見新人笑, 那聞舊人哭. 在山泉水淸, 出山泉水濁.** 위에서 이르길 '남편은 경박한 남자이고, 새 부인은 옥처럼 아름답네.'라 하고, 또한 이르길 '다만 새 부인의 웃음만 바라보니, 어찌 전 부인의 울음소리를 들을까?'라고 하여, '샘물의 맑음[泉淸]'과 '샘물의 흐림[泉濁]' 구에 연결하였으니, 이것은 남편의 정情이 만난 것을 인하여 변화해 일정함이 없음을 비유한 것으로, ㉮옛 부인을 만났을 때는 그의 덕德이 양선良善했으나 새 부인을 만나자 그의 마음이 음벽淫僻하게 된 것을 상탄傷歎한 것임을 알 수 있다. 중간에 합혼合昏과 원앙鴛鴦을 일컬어 외물도 또한 저와 같은데 사람이 부부에 있어서 경솔히 할 수 있는가라는 뜻을 두루 말하였다.[22]

---

18 李滉(1), 『退溪先生文集』 권36, 316면, 「答李宏仲」. "自古安有不學詩書底理學耶."
19 최석기(1996), 81면.
20 鄭惟一, 『文峯先生文集』 권5, 234면, 「閑中筆錄」. "少嘗學杜詩, 晚喜晦菴詩, 往往調格如出一手."
21 李滉(1), 『陶山全書(四)』, 「策問」. "追踪乎風雅, 凌駕乎屈宋, 忠愛之誠, 出於天賦, 憂時感事, 觸目皆然."
22 權斗經 編, 『退陶先生言行通錄』 권5, 『陶山全書(四)』, 「類編」. "上云, 夫壻輕薄兒, 新人美如玉, 又云, 但見新人笑, 那聞舊人哭, 而係之以泉淸泉濁之句, 可知是比夫婿之情, 因所遇而變化無常, 當舊人之時, 其德良善, 及新人之時, 其心淫僻, 所以傷歎也. 中間合昏鴛鴦之云, 乃泛言物亦如彼, 人於夫婦, 其可輕乎之意耳."

[자료 3]은 이황이 두보 시 「가인佳人」에서 "부서경박아夫壻輕薄兒, 신인미여옥新人美如玉. 합혼상지시合昏尙知時, 원앙부독숙鴛鴦不獨宿. 단견신인소但見新人笑, 나문구인곡那聞舊人哭. 재산천수청在山泉水淸, 출산천수탁出山泉水濁."을 강해한 내용이다. 이곳에서 가장 주목되는 부분은 '재산천수청在山泉水淸, 출산천수탁出山泉水濁.'을 해석한 것이다. 『고문진보전집』에는 이 두 구에 주를 달아 '정情이 익숙한 것을 따라 옮겨가는 것은 물이 만난 것을 인하여 맑거나 흐린 것과 같다.'[23]고 하였다. 이황 또한 이 두 구의 의미를 '이것은 남편의 정情이 만난 것을 인하여 변화해 일정함이 없음을 비유한 것'이라고 하였다. 그러나 그는 이에 더하여 ㉮에서 남편의 정情을 물에 비유한 것은, '전 부인을 만났을 때는 그의 덕德이 양선良善했으나 새 부인을 만나자 그의 마음이 음벽淫僻하게 된 것을 상탄傷歎한 것'이라고 하였다. 그가 말한 '덕德'은 주희가 『중용』에 나오는 '존덕성尊德性'을 주석하여 '덕성德性이라는 것은 내가 하늘에서 부여받은 정리正理이다'[24]라고 했을 때의 '덕德'과 같은 의미로 사용된 것이고, '음벽淫僻'에서의 '음淫'은 즐거움이 지나쳐 성정의 바름을 잃은 것을 의미한다.

앞서 살펴보았듯이 이황은 '사단이 발하는 것은 순리純理이기 때문에 선善하지 않은 것이 없으나, 칠정이 발하는 것은 기氣를 겸하고 있어 선악善惡이 뒤섞여 있다'[25]고 하였다. 위의 글에서 이황이 처음에는 남편의 덕德이 양선良善했다고 말한 것은, 남편이 전 부인과 함께 할 때는 마음이 사단에서 발하여 선하지 않은 것이 없었음을 의미한다. 그리고 그가 뒤에 남편의 정情이 새 부인을 만나자 음벽淫僻하게 되었다고 말한 것은, 남편이 새 부인과 함께 하면서 마음이 칠정에서 발하여 선악善惡이 뒤섞여 있었음을 의미한다. 따라서 그는 위의 시구를 강해하면서 남편이 새 부인을 만나면서 사단에서 발한 선한 마음[도심]이 칠정에서 발한 악한 마음[인심]으로 바뀌었음을 강조하였다. 이는 곧 그가 이理의 능동성을 인정하는 성정론에 기초하여 위의 시를 강해했음을 의미하는 것이다. 그는 위와 같이 이理의 능동성을 인정하는 관점으로 두보 시를 해석함으로써, 문인들이 지속적인 마음공부를 통해 칠정에서

---

23 劉剡 편, 『詳說古文眞寶大全前集』 권3, 「佳人」. "情因所習而遷移, 猶水因所遇而淸濁."
24 朱熹, 『中庸集註』 제27장, 352면. '故君子尊德性而道問學'註. "德性者, 吾所受於天之正理."
25 李滉(1), 『退溪先生文集』 권16, 404면, 「與奇明彦(己未)」. "四端之發, 純理, 故無不善, 七情之發, 兼氣, 故有善惡."

발한 인심에서 벗어나 사단에서 발한 도심을 회복하도록 하였다.

[자료 4] : [원문] **相如一才親滌器, 子雲識字終投閣**. ㉣사마상여는 그릇을 닦아 행실을 더럽혔고, 양웅은 누각에 몸을 던져 절의를 잃었으므로 모두 말할 것이 못된다. 이곳에서는 단지 불우하게 되면 뛰어난 선비도 가난과 천함에서 벗어나지 못함을 말한 것일 뿐이다.[26]

[자료 5] : [원문] **感應吉夢相追隨, 孔子釋氏親抱送**. 서경徐卿의 두 아들이 기이한 자질을 타고난 것이 마치 옛 신성神聖들이 꼭 않아 보낸 것 같다고 말한 것일 뿐이다. 그러나 ㉤석가를 공자와 함께 일컬었으니 두보 또한 부처를 성인으로 여겼다는 의혹에서 벗어날 수 없다.[27]

[자료 4]와 [자료 5]는 이덕홍이 두보 시 「취시가醉時歌」의 "상여일재친척기相如一才親滌器, 자운식자종투각子雲識字終投閣."과 「서경이자가徐卿二子歌」의 "감응길몽상추수感應吉夢相追隨, 공자석씨친포송孔子釋氏親抱送."에 대해 이황이 강해한 것이다. 『고문진보전집』에는 「취시가」의 두 구 아래에 주석을 달아 『한서』의 「사마상여전」과 「양웅전」에 나오는 내용을 인용해 놓았다. 두보는 이 시에서 자신이 불우하여 곤궁하게 된 것을, 문에 능한 사마상여나 양웅도 곤궁했을 때는 접시 닦는 일을 하거나 옥관에게 쫓겨 천록각天祿閣에서 몸을 던진 것이 비유하였다. 그러나 이황은 ㉣에서 사마상여는 탁문군과 함께 야반도주해 접시를 닦음으로써 행실을 더럽혔고, 한나라에서 교서관을 지낸 양웅은 왕망에게서 관직을 받음으로써 절의를 잃었다고 하였다. 이는 그가 작자의 행실과 작품이 서로 일치하는 것을 중시하여, 작자의 행동이 도리에 어긋나면 그 작품 또한 가치가 없다고 이해했음을 보여주는 것이다. 따라서 그는 행실을 더럽힌 사마상여와 절의를 잃은 양웅은 마음이 칠정에서 발하여 선하지 못한 것으로 보았다. 위와 같이 작가의 행실을 중시하는 그의 비평론은 두보라고 해서 예외가

---

26 李德弘, 『艮齋集』 권4, 206면, 『古文前集質疑』. "相如汚行於滌器, 子雲喪節於投閣, 皆不足道. 此但言當不遇, 則雖奇傑之士, 不免於窮賤耳."
27 李德弘, 『艮齋集』 권4, 206면, 『古文前集質疑』. "謂徐卿二子生有異質, 如得古聖神之抱持而送來耳. 然以釋氏幷稱於孔子, 則子美亦不免以佛爲聖之惑矣."

아니다. 그는 ㉱에서 두보가 부처와 공자를 함께 일컬은 것에 대해, '부처를 성인으로 여겼다는 비판에서 벗어날 수 없다.'고 비판하였다. 이는 그가 '두보가 비록 평생 나라를 근심하고 시절에 감회하는 마음이 자신도 모르는 사이에 노래하는 곳곳에 드러났다.'[28]고 평가하였지만, 불교를 이단으로 배척했던 성리학적 관점으로 볼 때 두보가 석가를 공자와 함께 성인으로 여긴 것까지 용인하기는 어려웠다.

[자료 6] : [원문] 十日畵一水, 五日畵一石, 能事不受相促迫, 王宰始肯留眞跡. 대체로 ㉲사람은 능히 일에 있어서 마음에서 얻어 손에서 응하고, 정신이 온전하고 지키는 것이 견고하여, 외물에 동요되지 않은 후에야 오묘함에 들어간다. 하물며 사람들에게 빨리 하도록 재촉함을 받음에 있어서야? 사람들에게 급박하게 재촉을 받으면 먼저 그 마음의 지킴을 잃게 되니, 어찌 능히 일이 오묘함에 나아가겠는가? 그렇기에 그렇게 말한 것이다. 위의 글에서 10일 만에 물 하나를 그리고, 5일 만에 돌 하나를 그린 것은 바로 급박한 재촉을 받지 않은 일이다.[29]

[자료 6]은 이황이 두보 시 「희제왕재화산수가戲題王宰畵山水歌」에서 "십일화일수十日畵一水, 오일화일석五日畵一石, 능사불수상촉박能事不受相促迫, 왕재시긍유진적王宰始肯留眞跡."을 강해한 내용이다. 두보는 왕재王宰가 그린 산수화를 평하면서 '왕재가 그림을 그릴 때 사람들에게 재촉을 받지 않았으므로, 10일 만에 물 한줄기를 그리고 5일 만에 돌 하나를 그려 진적眞跡을 남기게 되었다.'고 하였다. 그러나 이황은 두보가 '능히 일에 재촉을 받지 않았다[能事不受相促迫]'고 말한 것에 대해, ㉲에서 '사람은 능히 일에 있어서 마음에서 얻어 손으로 응하고, 정신이 온전하고 지키는 것이 견고하여, 외물에 동요되지 않은 후에야 오묘함에 들어간다'고 하였다. 이는 그가 「진성학십도차進聖學十圖箚」에서 '마음에서 얻는다[得於心]'의 의미를 맹자가 말한 자득의 의미로 해석하여, '참됨을 쌓은 것이 많고 힘을 쓴 것이

---

28 李德弘, 『艮齋集』 권4, 206면, 『古文前集質疑』, "杜公平生憂國感時之意, 不覺屢形於歌詠之間."
29 權斗經 편, 『退陶先生言行通錄』 권5, 『陶山全書(四)』, 「類編」, "蓋以人於能事, 得於心而應於手, 神全而守固, 不爲外物所動, 而後乃入於妙. 況受人之欲速而相催促乎. 受人之迫促, 則先失其心守, 何能事之妙造, 故云云. 上文十日一水, 五日一石, 卽其不受促迫之事也."

오래되어, 자연스럽게 마음[心]과 이理가 서로 함양되어 융회·관통하고, 익힌 것[習]과 하는 일[事]가 서로 익숙해져 점차 마음이 평탄하고 편안함을 보게 되어, 처음에는 마음과 일이 서로 달랐지만 결국 하나로 모이게 된다.'³⁰고 말한 것과 같은 의미를 지니고 있다. 따라서 그는 왕재의 산수화가 오묘한 경지를 보여주고 있는 것은 그의 마음이 사단에서 발한 순선純善한 정情과 천리天理가 서로 융회·관통함으로써, 평소에 익힌 그림 공력과 주변의 산수가 서로 익숙하게 만나 하나가 된 데에 따른 것으로 이해하였다. 위와 같이 그는 위의 시구를 이理의 능동성을 인정하는 관점에서 재해석하여, 문인들이 일을 실행하기에 앞서 마음과 이理가 서로 함양되어 융회·관통하는 과정을 거치도록 하였다.

2) 이이의 두보 시 정선 : 인심의 절제

앞서 살폈듯이 이理의 능동성을 부정한 이이는 정情이 직접 그 성명性命의 본연本然대로 이룬 도심을 보존하여 길러서 확충하고, 정情이 형기形氣에 가려 직접 성명性命의 본연本然대로 이루지 못한 인심의 지나침과 모자람을 살펴서 절제하는 것을 학문의 목표로 삼았다. 특히 그는 '공자가 『시경』에 수록된 풍아를 통해 사람들이 세도의 성쇠와 국운의 치란을 알아 마음을 감동시키고, 두보의 시구는 학질을 뗄 수 있으며, 위응물의 절구는 강 물결을 그치게 할 수 있을 정도로 귀신을 감동시킨다.'³¹라고 하여, 시가 마음공부에 효용이 있다는 사실을 간파하였다. 그의 성정론에 따르면 위와 같이 사람과 귀신을 감동시킬 수 있는 시는 대부분 도의道義를 위하여 발한 도심에서 나온 것이다. 그러나 그는 『시경』 이후에 지어진 시들은 구체口體를 위하여 발한 인심에서 나온 것이 적지 않다고 보았다. 이理의 능동성을 부정한 그의 성정론에 따르면, 인심과 도심은 하나의 정情에서 나왔으므로 처음에는 도심이

30　李滉(1),『退溪先生文集』권7, 197면,「進聖學十圖箚」."至於積眞之多, 用力之久, 自然心與理相涵, 而不覺其融會貫通, 習與事相熟, 而漸見其坦泰安履. 始者各專其一, 今乃克協于一. 此實孟子所論深造自得之境."
31　李珥,『栗谷先生全書·拾遺』권3,「人物世藁序」."聖人之述經也, 詩居其一, 而于以見世道之盛衰, 國運之治亂, 而正雅變雅正風變風之所以作也, 則詩之可以感乎人者, 可知也. 子美之句, 能去瘧疾, 蘇州之絶, 能止江派, 則詩之可以感乎鬼神者, 亦可知也."

었다가 사의私意가 섞이면 인심이 되기도 하고, 처음에는 인심이었다가 정리正理를 저버리지 않으면 도심으로 돌아갈 수 있다. 두보 시도 예외가 아니다. 따라서 그는 『정언묘선』를 편찬하면서 이理의 능동성을 부정하는 그의 성정론에 기초하여 두보 시 48수를 충담소산에서부터 정공묘려에 이르는 7종의 풍격으로 나누어 수록함으로써, 독자들로 하여금 구체口體에서 발한 인심을 절제하여 도심으로 돌아가는 데 도움이 되도록 하였다.

  [자료 7] : 아침에 동쪽의 군영에 나아가고 / 저물녘 하양교河陽橋에 올랐네 / ㉮지는 해가 큰 깃발을 비추는데 / 말은 울고 바람은 쓸쓸히 불어오네 / 넓은 벌판에 수많은 막사 들어서고 / 부대들은 각각 점호를 하네 / 하늘 가운데 밝은 달이 걸리고 / 군령은 엄하고 밤은 쓸쓸하고 고요하네 / ㉯슬픈 피리소리 몇 가닥이 들리니 / 장사들은 참담하여 사기가 위축되네 / 묻노니 대장군은 누구인가? / 아마도 표요교위嫖姚校尉 곽거병霍去病이 아닐까?
  朝進東門營 / 暮上河陽橋 / ㉮落日照大旂 / 馬鳴風蕭蕭 / 平沙列萬幕 / 部伍各見招 / 中天懸明月 / 令嚴夜寂廖 / ㉯悲笳數聲動 / 壯士慘不驕 / 借問大將誰 / 恐是霍嫖姚[32]

[자료 7]은 『원자집』에 유일하게 수록된 두보 시 「후출새오수後出塞五首」 중 제2수이다. 위의 시는 두보가 변방을 지키기 위해 새로 편성된 군대가 도성을 떠나 안록산의 부대가 주둔하고 있는 어양漁陽으로 가는 도중의 일을 묘사한 것이다. 이이는 『원자집』에 수록된 충담소산한 시는 꾸밈을 일삼지 않고 자연스러운 가운데 깊이 묘취가 있어 고조와 고의를 담고 있다[33]고 하였다. 이 시는 앞의 6구에서 아침에 도성 동문을 떠나 저물녘에 하양교河陽橋에 이르렀을 때의 막사 주변의 경물과 군대의 정숙한 진용을 묘사하고, 뒤의 6구에서 숙영지의 밤의 풍경과 삼엄한 군령을 서술하였다. ㉮"낙일조대기落日照大旂, 마명풍소소馬鳴風蕭蕭."는 『시경』의 「소아小雅·거공車攻」에 나오는 "소소마명蕭蕭馬鳴, 유유패정悠悠斾旌."을

---

32 李珥 편, 『精言妙選』, 「元字集·出塞」.
33 李珥, 『栗谷先生全書·拾遺』 권4, 533면, 「精言妙選總敍」. "此集所選, 主於沖澹蕭散. 不事繪飾, 自然之中, 深有妙趣. 古調古意, 知者鮮矣."

의방한 것으로, 주희는 이곳에 주를 달아 '소소蕭蕭와 유유悠悠는 모두 한가한 모양'³⁴이라고 하였다. 이 두 구는 낙조에 깃발이 붉게 물들고 말의 울음소리가 쓸쓸한 바람에 들려오는 군막의 분위기를 묘사한 것으로, 이이가 말한 고조에 해당한다. 또한 ㉯는 수 자리 떠난 장병들의 이별과 원망을 담은 것이다. 주희는 『시경』에 수록된 「위풍衛風·백혜伯兮」의 주에서 '군대의 일은 사람들을 죽음으로 몰아넣어 자식을 고아로 만들고 아내를 과부로 만드는 것으로, 치세의 시에는 윗사람이 백성을 연민하고 긍휼히 여기는 마음이 펼쳐져 있고, 난세의 시에는 실가室家가 원망하며 생각하는 고통이 기록되어 있다'³⁵고 하였다. ㉯는 한밤에 막사에 누워 구슬픈 피리 소리를 들으면서 고향에 두고 온 가족을 그리워하는 장병들의 마음이 핍진하게 묘사되어 있어, 정부征夫가 난세를 원망하는 『시경』의 고의古意를 잘 보여주고 있다. 이이는 위의 시는 성정의 바름을 보여주는 『시경』의 원류에서 흘러나온 것으로, 사람들이 이를 읽으면 담박함을 맛보고 희음希音을 즐겨서 『시경』에 남아있는 뜻³⁶을 느끼는 사이에 마음 속에 선한 감정이 저절로 일어나게 된다고 하였다.

[자료 8 : 이미 스님을 따라 절에서 노닐다가 / 다시 절의 경내에서 잠을 잤네 / ㉰<u>그늘 골짜기에 영묘한 소리가 일고 / 달빛 숲속에 맑은 나무 그림자 흩어져 있네</u> / 하늘을 찌르는 산봉우리는 별에 닿고 / 구름 속에 누우니 옷이 차가워지네 / ㉱<u>새벽 종소리에 잠에서 깨어나니 / 사람으로 하여금 깊이 성찰하게 하네</u>

已從招提遊 / 更宿招提境 / ㉰<u>陰˙壑˙生˙靈˙籟˙ / 月˙林˙散˙清˙影˙</u> / 天闕象緯逼 / 雲臥衣裳冷 / ㉱<u>欲覺聞晨鍾 / 令人發深省</u>³⁷

('˙' 표기는 목판본에 방점傍點이 찍혀 있는 곳임 : 필자 주)

---

34 朱熹, 『詩傳』 권10, 236면, 「小雅·車攻」, '蕭蕭馬鳴, 悠悠旆旌' 註. "蕭蕭悠悠, 皆閑暇之貌."
35 朱熹, 『詩傳』 권3, 103면, 「衛風·伯兮」註. "兵者毒民於死者也, 孤人之子, 寡人之妻. … 是以治世之詩, 則言其君上閔恤之情, 亂世之詩, 則錄其室家怨思之苦, 以爲人情不出乎此也."
36 李珥, 『栗谷先生全書·拾遺』 권4, 533면, 「精言妙選總敍」. "讀此集則味其淡泊, 樂其希音, 而三百之遺意, 端不外此矣."
37 李珥 編, 『精言妙選』, 「利字集·遊龍門奉先寺」.

[자료 8]은 『이자집』에 수록된 두보 시 「유용문봉선사遊龍門奉先寺」이다. 이 시는 개원 24년(763)에 두보가 하남성河南省 낙양시洛陽市 남쪽에 자리한 봉선사奉先寺에서 하룻밤을 묵고 나서 지은 것이다. 전 장에서 살펴보았듯이 이이는 『이자집』에 수록된 청신쇄락한 시는 매미가 바람과 이슬 속에서 허물을 벗고 나와 연화식을 한 입에서 나온 것이 아닌 듯하다고 하였다. 이 시는 두보가 산사에서 하루를 보내는 과정을 시간의 순서에 따라 여과 없이 펼쳤다. 두보는 3~4구에서 북쪽 골짜기가 만들어내는 바람 소리와 달빛 아래 흩어져 있는 나무 그림자를 묘사하였고, 이어 5~6구에서 하늘 높이 솟아 별을 찌르는 주변의 산과 구름이 감싸 차가워진 옷의 형상을 드러냈으며, 마지막으로 7~8구에서 잠결에 새벽 종소리를 들으며 내면을 깊이 성찰하는 장면을 연출하였다. 장연張綖은 이 시를 평하여 "외경은 텅 비고 마음은 맑아져 갑자기 놀라 깨닫는 것이 있다."[38]고 하였다. 목판본에는 이 시의 ㉯"음학생영뢰陰壑生靈籟, 월림산청영月林散淸影."과 ㉰"욕각문신종欲覺聞晨鍾, 령인발심성령人發深省."에 방점[◗]이 찍혀 있다. 이들 시구에 있는 '그늘 골짜기[陰壑]', '맑은 나무 그림자[淸影]', '새벽 종소리[晨鍾]' 등과 같은 시어들은 모두 허물을 벗은 매미처럼 연화식을 한 입에서는 나올 수 없을 정도로 맑고 새로워[淸新] 마음을 깨끗하게 해주는[灑落] 효과가 있다. 두보는 위와 같이 초연히 속세를 벗어나 산사에 하룻밤을 유숙하면서 마음을 깨끗하게 하는 청신한 외경들을 접하고, 새벽 종소리를 매개로 발동된 선적인 관조를 통해 세속적 욕망에서 헤어나지 못하는 내면을 깊이 성찰하였다. 이이는 위의 시는 비록 선악이 뒤섞여 있는 인심에서 나온 것이긴 하지만, 사람들이 이와 같은 시를 읽으면 장과 위의 썩은 피를 씻어 정신이 밝아지고 뼈가 시원하게 된다[39]고 하였다.

[자료 9] : 늙어가며 슬퍼지는 가을이기에 애써 마음을 다잡는데 / 흥에 겨운 오늘은 그대의 환대를 모두 누리네 / ㉱부끄럽게도 머리가 짧아 바람에 모자가 기우니 / 어여쁜 여인이 옆에서 관을 바로

---

38 仇兆鰲 찬, 『杜詩詳註』 권1, 1면, 「遊龍門奉先寺」. "三四, 狀風月之佳, 五六, 見高寒之極, 聞鐘發省, 乃境曠心淸, 倐然而有所警悟歟."
39 李珥, 『栗谷先生全書·拾遺』 권4, 533면, 「精言妙選總敍」. "讀此集, 則可以一洗腸胃葷血, 而魂瑩骨爽, 人間臭腐, 不足以累吾靈臺矣."

잡아주네 / 남수藍水는 멀리 천 갈래의 물을 쫓아 떨어지고 / 옥산玉山은 높이 두 봉우리와 나란히 차갑게 솟아있네 / ㉓내년의 이 모임에는 누가 건강할까 / 술에 취해 수유茱萸을 손에 쥐고 자세히 살펴보네

老去悲愁强自寬 / 興來今日盡君歡 / ㉒羞將短髮還吹帽 / 笑情傍人爲正冠 / 藍水遠從千澗落 / 玉山高並兩峯寒 / ㉓明年此會知誰健 / 醉把茱萸仔細看⁴⁰

[자료 9]는 『정자집』에 수록된 두보 시 「구일남전최씨장九日藍田崔氏莊」이다. 이 시는 두보가 건원 원년(758)에 화주사공華州司功에 제수되어 남전藍田에 이르러 지은 것이다. 전 장에서 살펴보았듯이 이이는 『정자집』에 수록된 용의정심한 시는 구어가 단련되고 격도가 엄정하며, 간혹 오묘함에 나아간 논의가 있어 보통 사람의 마음으로는 미칠 수 있는 것이 아니라고 하였다. 두보는 수련과 함련에서 최씨崔氏의 별장에서 술을 마시는 장면을 서술하고, 경련에서 별장 앞에 펼쳐진 장엄한 경관을 묘사한 후, 미련에서 중양절을 맞아 느껴지는 인생의 감회를 펼쳤다. 양만리는 이 시가 구구자자句句字字 모두 기이하여 당의 칠언율시 중에서 가장 뛰어나다⁴¹고 하였다. 두보는 수련에서 짧은 머리와 예쁜 얼굴을 두 구로 대비시켜 인생의 슬픔과 기쁜 감정을 재치 있게 변화시켰고, 함련은 바람에 모자를 떨어트린 맹가孟嘉의 고사를 두 구로 용사하였다. 이어 그는 경련에서 남수藍水와 옥산玉山의 장관을 웅혼한 필력으로 묘사하여 자연의 유장함을 부러워하였고, 미련에서 중양절에 수유茱萸를 몸에 두르던 고사를 통해 인생의 무상함을 토로하였다. ㉒는 진晉의 맹가孟嘉가 환온참군桓溫參軍이 되어 중양절에 용산龍山을 유력할 때, 바람에 모자가 떨어지자 환온桓溫이 손성孫盛에게 희롱하는 글을 짓도록 명한 것을 용사한 것이다. 두보는 한때 솔부참군率府參軍에 제수된 적이 있었으므로 맹가의 일을 용사한 것인데, 맹가는 모자를 떨어뜨렸으나 두보는 모자를 떨어트리지 않은 것으로 용의주도하게 바꾸어 표현하였다. 또한 ㉓는 중양절에 수유를 몸에 차고 국화주를 마시며 장수를 빌었던 고사를 용사한 것이다. 그는 이곳에서 술에 취해 장수를

---

40 李珥 편, 『精言妙選』, 「貞字集·九日藍田崔氏莊」.
41 仇兆鰲 찬, 『杜詩詳註』 권6, 490면, 「九日藍田崔氏莊」. "楊萬里曰: 唐七言律, 句句字字皆奇, 如杜九日詩, 絶少."

기원하는 수유를 자세히 바라보는 장면 속에 덧없는 인생의 무상감을 의미심장하게 담았다. 이이는 위의 시가 비록 인심에서 나와 '실진失眞'에 가까운 것이긴 하지만, 독자들이 위와 같이 단련된 시구와 엄정한 격도 속에 굴절된 오묘한 논의를 읽게 되면, 시구 속에 내포된 미세한 것을 찾고 숨어 있는 것을 볼 수 있어 의사가 저절로 천근하지 않게 된다[42]고 하였다.

4. 맺음말 - 문학사적 의미

주희는 두보 시에서 기주夔州 이전의 시는 아름답지만 기주 이후의 시는 스스로 규모를 벗어나 배울 것이 없다고 하거나, 두보 시는 초년에는 매우 세밀했으나 만년에는 횡역橫逆하여 마땅하지 못하다[43]고 하였다. 이황은 위와 같은 주희의 견해에 의문을 제기하고, 두보의 만년 시들은 횡사橫肆한 것은 지나치게 횡사한 것도 있지만, 간혹 정돈되고 평온한 것이 있다[44]고 하였다. 또한 이황은 『고문진보전집』권8에 수록된 두보 시 「취시가醉時歌」의 주석에서 최상崔祥과 완긍阮兢의 말을 인용한 소주蘇註를 비판하였다. 그는 소주는 천착하거나 두찬한 것이 많고, 그 문자가 비용卑冗하여 결코 소식의 문자와는 어울리지 않으며, 인용한 사람의 성명도 대부분 앞 시대에 없는 사람을 찬조한 것이라고 하였다.[45] 그가 말한 소주는 두보 시에 관한 사실을 날조해 소식의 이름을 빌려 간행한 『동파두시고사東坡杜詩故事』라는 책에서 유래한 것이다. 중국에서는 곽지달郭知達의 『구가집주두시九家集註杜詩』가 간행된 이후로 두시집에서는 일절 '위소주僞蘇註'를 수록하지 않고 있으나, 조선에서는 세종 25년

---

42 李珥, 『栗谷先生全書·拾遺』권4, 533면, 「精言妙選總敍」. "讀此集, 則可以探微見隱, 而意思自不淺近矣."
43 朱熹(2), 『朱子全書』권65, 「論詩」. "古詩, 須看西晉以前, 如樂府諸作, 皆佳. 杜甫, 夔州以前詩佳, 夔州以後, 自出規模, 不可學. … 杜詩, 初年, 甚精細, 晩年, 橫逆, 不可當."
44 李滉(1), 『退溪先生文集』권25, 94면, 「答鄭子中講目」. "朱子論詩, 取西晉以前, 論杜詩, 取夔州以前. 自今觀之, 江左諸人詩, 固不如西晉以前, 夔州以後詩, 亦太橫肆郞當, 大槩則然矣. 然如建安諸子詩, 好者極好, 而不好者亦多. 子美晩年詩, 橫者太橫, 亦間有整帖平穩者, 而朱子云然. 此等處吾輩見未到, 不可以臆斷, 且守見定言語, 俟吾義理熟眼目高, 然後徐議之耳."
45 金隆, 『勿巖集』권4, 535면, 「古文前集講錄」. "本註所引崔祥之言, 殊無理, 此乃杜詩蘇註之說. 余舊讀杜詩, 見所謂蘇註多穿鑿杜撰, 且其文字卑冗, 絶不類東坡文字, 而其引用之人姓名, 率多撰造前世所無者. 以是心竊疑其贗書."

(1444)에 간행된 『찬주분류두시』와 성종 2년(1471)에 간행된 『두시언해』에 그대로 수록되어 있다.[46] 그러나 이황이 위와 같이 '위소주'를 비판한 내용은 후대에 나온 주석서에 영향을 준 것으로 추정된다.[47]

전 장에서 살펴보았듯이 주희는 중국의 시가 세 번 변한 것으로 보고, 역대의 시를 뽑아 선집을 만들고자 하였으나 뜻을 이루지 못하였다. 위와 같은 주희의 시관을 이어받아 나온 것이 바로 유리가 편찬한 『풍아익』이다. 이 책은 조선에서 『선시보주』라는 이름으로 세종 24년(1442)에 갑인자로 간행되었다. 그런데 이이가 『선시보주』를 저본으로 삼아 편찬한 『정언묘선』은 위와 같은 주희의 구상이나 『풍아익』의 내용과 비교해 훨씬 상세하다. 『선시보주』에는 모두 37수[48]에 달하는 두보 시가 수록되어 있는데, 앞서 살폈듯이 이이는 이 시들이 『원자집』이 지향하는 충담소산한 풍격과는 그 격을 달리하는 것으로 보고 「후출새오수後出塞五首」 중 1수만 수록하였다. 이어서 그는 당시 간행된 두보 시 선집에서 27수를 새로 뽑아 『형자집亨字集』에서 『인자집仁字集』에 수록하였다. 이로 보아 이이가 편찬한 『정언묘선』은 그 저본으로 사용된 『풍아익』에 비해 두보 시에 대한 이해의 폭이 매우 깊었음을 알 수 있다.

이황과 이이는 비슷한 시기에 여러 학자와의 논쟁을 거쳐 주희의 성리학을 체계화하는 과정을 거쳤고, 이 과정을 통하여 문학은 어디까지나 인욕에 의해 더럽혀진 마음을 정화하여 성정의 바름을 회복하는 데 도움을 주어야 한다고 생각하였다. 그러나 두 학자가 한국 가곡과 중국 시를 평가한 이면에는 이理의 능동성 여부에 대한 두 학자의 인식의 차이가 자리하고 있다. 곧 이황은 한국의 가곡은 모두 기氣를 겸하고 있어 선악이 뒤섞여 있는 인심에서 나온 것으로 보았으나, 이이는 『시경』 이후에 나온 중국의 시들은 도심에서 나온 시와 인심에서 나온 시가 뒤섞여 있다고 보았다. 위와 같은 두 학자의 문학관의 차이는 이들이 두보 시를

46　이의강(2006), 81면.
47　그 한 예로 인조 8년(1640)에 李植(1584~1647)이 편찬한 『杜詩批解』에는 위의 내용이 빠져있는 것을 들 수 있다.
48　심경호(1998)(2). 77~78면. 이곳에 수록된 37수는 「前出塞九首」・「後出塞五首」・「潼關吏」・「石壕吏」・「新婚別」・「垂老別」・「無家別」・「夏日歎」・「夏夜歎」・「道興九首」・「述古三首」・「赤谷」・「寒硤」・「石龕」・「成都賦」이다.

수용한 내용에 그대로 반영되었다. 이황은 문인들에게 『고문진보전집』에 수록된 두보 시 44수를 강해하면서 이理의 능동성을 인정하는 그의 성정론에 기초하여 32수의 작품을 재해석함으로써 문인들이 인심에서 벗어나 도심을 회복하도록 하였다. 그러나 이이는 『정언묘선』을 편찬하면서 두보 시 48수를 이理의 능동성을 부정하는 그의 성정론에 기초하여 충담소산에서 정공묘려에 이르는 7종의 풍격으로 나누어 수록함으로써 독자들이 인심을 절제하는 데 도움이 되도록 하였다. 위와 같이 두 사람이 보여준 두보 시의 수용 양상은 조선 중기에 주희의 성리학을 체계화하여 독창적인 학설을 확립하고, 그에 따라 유례없이 독특한 문예미학을 구축했던 조선 중기 사림문학의 특징을 잘 보여주고 있다는 점에서 그 의미를 찾을 수 있다.

제3부

연암문학과 재도문학의 이완

제9장 『열하일기』 「옥갑야화」의 허생후지 연구
제10장 『면양잡록』 수록 윤가기 시 연구
제11장 연암의 장편시 「만조숙인」 연구
제12장 『연암집』 미수록 연암 시 연구
제13장 연암 문학에 대한 당시대인의 인식

제9장

『열하일기』「옥갑야화」의 허생후지 연구

1. 머리말

　단국대 연민문고에는 별도의 표지 없이 오사란烏絲欄에 '연암집초고보유(9)燕巖集草稿補遺(九)'라고 표제가 쓰여 있는 『연암집초고보유(9)』 1책이 소장되어 있다.[1] 이 책은 표지 우측에서부터 "시詩, 「여인서与人書」, 「상순사서上巡使書」, 「여인서与人書」, 「열녀이씨정려음기烈婦李氏旌閭陰記」, 「용전설用甄說」, 「잡록습유雜錄拾遺」, 「상순사서上巡使書」, 「서허생사후書許生事後」"가 쓰여 있다. 「서허생사후」 이후에도 3편의 책제册題가 기록되어 있지만, 내용은 실리지 않았다.[2]([그림 1] 참고) 이 책은 연암의 아들 박종채朴宗采[초명은 宗侃, 1780~1835]가 『연암집』을 편찬하기 위하여 『연암초고』에 연암이 직접 필사한 수고본을 시리즈로 묶어놓고, 이곳에 수록되지 않은 연암의 저작들을 여러 자료에서 채록하고 이를 연암의 수고본과 구별하고자 책명에 '집集'과 '보유補遺'를 추가한 것이다.

1　朴趾源, 『燕巖集草稿補遺(九)』 표지.
2　김윤조(2012)(2), 171면.

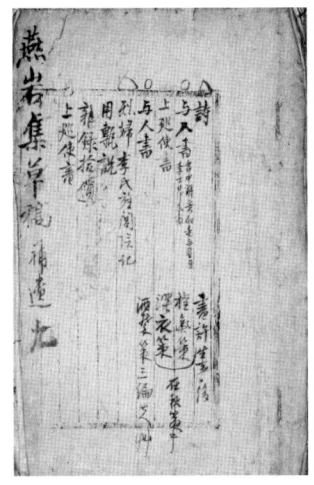

[그림 1] 『연암집초고보유 구』 표지   [그림 2] 옥류산장본 3책 장18b   [그림 3] 옥류산장본 3책 장9a

　『연암집초고보유(9)』에서 필자가 주목한 작품은 「서허생사후」이다.([그림 4] 참고) 이 작품은 『열하일기』에 수록된 허생후지許生後識이다. 이 글의 원문은 "여년이십시余年二十時 … 원필서지援筆書之 연암지燕巖誌."로 되어있다. 현전하는 『열하일기』 이본들은 초고본 계열, 『열하일기』 계열, 『연암집』 외집 계열, 『연암집』 별집 계열 등 네 가지 계열로 나누어진다.[3] 그런데 『연암집초고보유(9)』에 수록된 「서허생사후」는 『열하일기』 계열에 속하는 이본들에만 수록되어 있다. 필자가 확인한 바에 따르면, 「서허생사후」가 『열하일기』 계열에 수록된 필사본으로 옥류산장본, 다백운루본, 만송문고본, 일재본 등 4종이 있다. 또한 이 4종의 필사본에 수록된 「서허생사후」는 편명이 「진덕재야화」로 씌어 있는([그림 2] 참고)의 끝부분에 제목 없이 원문만 수록되어 있다.([그림 3] 참고)

3　김명호(1990), 233면.

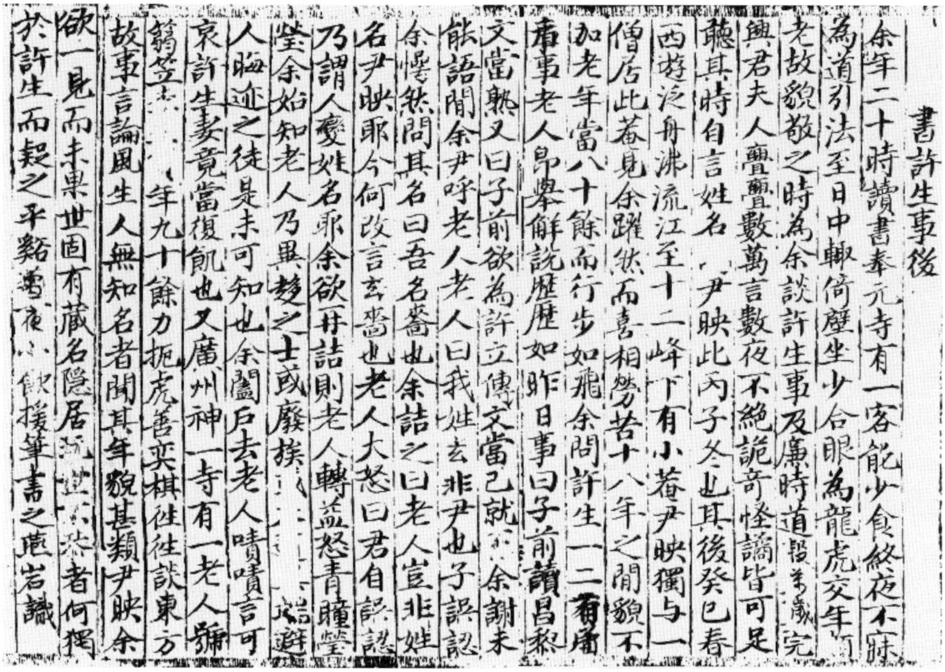

[그림 4] 『연암집초고보유(9)』 장28a~장29a

이와 달리 위의 4종의 『열하일기』 계열의 필사본을 제외한, 초고본 계열에서 『열하일기』 별집 계열에 이르기까지 현전하는 『열하일기』 이본들에는 『연암집초고보유(9)』에 수록된 「서허생사후」와는 다른 내용의 허생후지가 수록되어 있다. 이 후지의 원문은 "혹왈或曰 차왕 명유민야此皇明遺民也 … 승사시손지휘하야僧似是孫之麾下也."로 되어있다. 이 글이 초고본 계열에 수록된 필사본으로는 『잡록(하)』([그림 5] 참고), 『행계집』([그림 7] 참고), 『열하일기(정)』([그림 9] 참고) 등 3종이 있다. 또한 이 3종의 필사본에서 허생후지의 제목이 「옥갑야화」로 씌어 있는 책은 『행계집』 1종이고([그림 6] 참고), 나머지 『잡록(하)』([그림 8] 참고), 『열하일기(정)』([그림 10] 참고) 등 2종에는 모두 「옥갑야어」로 씌어 있다.

현전하는 『열하일기』 이본에서 해당 작품의 후지가 붙어있는 것은 앞서 말한 「옥갑야화」(또는 「진덕재야화」)를 비롯해 「야출고북구기夜出古北口記」(또는 「도고북구하기渡古北口河記」), 「만국진공기萬國進貢記」(「진공만거기進貢萬車記」), 「행재잡록行在雜錄」 등 4종이 있다. 그러나 이

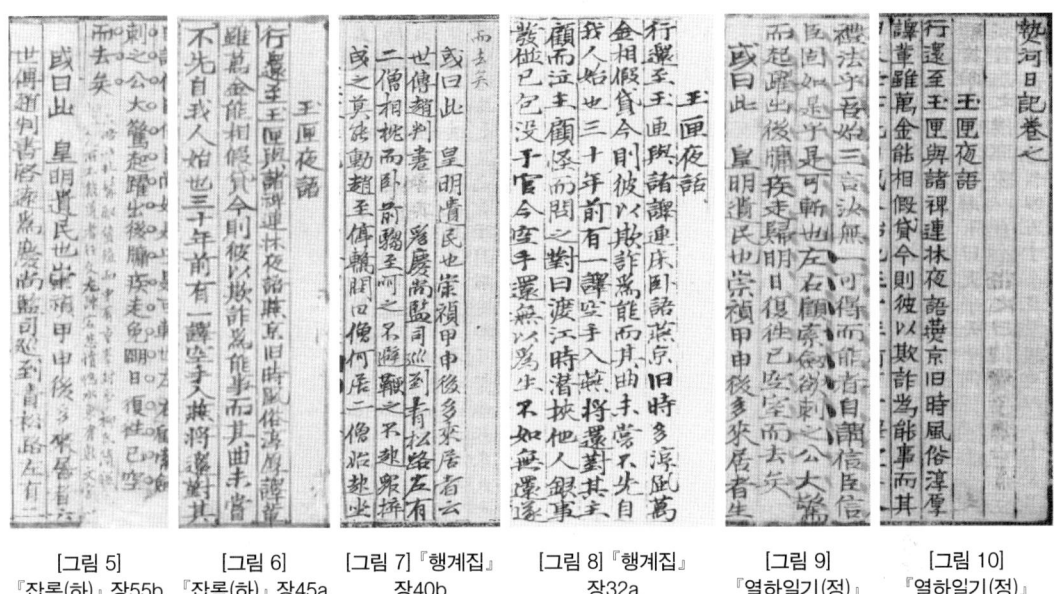

[그림 5]
『잡록(하)』 장55b

[그림 6]
『잡록(하)』 장45a

[그림 7] 『행계집』
장40b

[그림 8] 『행계집』
장32a

[그림 9]
『열하일기(정)』
장62a

[그림 10]
『열하일기(정)』
장52a

4종의 후지에서 내용이 서로 다른 연암의 후지 두 개가 편명을 달리해 붙어있는 것은 「옥갑야화」(또는 「진덕재야화」)가 유일하다. 필자는 위와 같이 초고본 계열과 『열하일기』 계열의 이본들에서 「허생전」이 수록된 편명과 후지가 서로 다르게 쓰여 있는 것에 대해 주목하였다. 이는 연암이 「허생전」에 대한 세간의 관심이 매우 크다는 것을 인식하고, 『열하일기』 계열에 수록된 허생후지를 새로운 내용으로 바꾸어 쓰고 편명을 「진덕재야화」에서 「옥갑야화」로 수정한 것으로 생각된다. 따라서 본 장에서는 초고본 계열과 『열하일기』 계열에 속하는 『열하일기』 이본에 수록된 「진덕재야화」와 「옥갑야화」의 선후 관계에 대해 알아보고, 연암이 편명과 허생후지를 교체한 이유와 교정 내용을 중심으로 허생후지 2종의 내용과 주제에 대해 밝혀보기로 한다.

2. 「진덕재야화」와 「옥갑야화」의 관계

앞서 말했듯이 초고본 계열과 『열하일기』 계열에 해당하는 필사본에는 「진덕재야화」와 「옥갑야화」라는 편명과 함께 내용이 서로 다른 허생후지가 수록되어 있다. 따라서 이 2종의 허생후지의 선후 관계를 파악하기 위해서는 이 두 작품이 실려 있는 「진덕재야화」와 「옥갑야화」의 선후 문제를 규명하는 작업이 선행되어야 한다. 이를 확인하기 위해 「진덕재야화」와 「옥갑야화」가 수록된 초고본 계열의 이본 3종과 『열하일기』 계열에 해당하는 옥류산장본의 선후 관계를 살펴보면 다음과 같다.

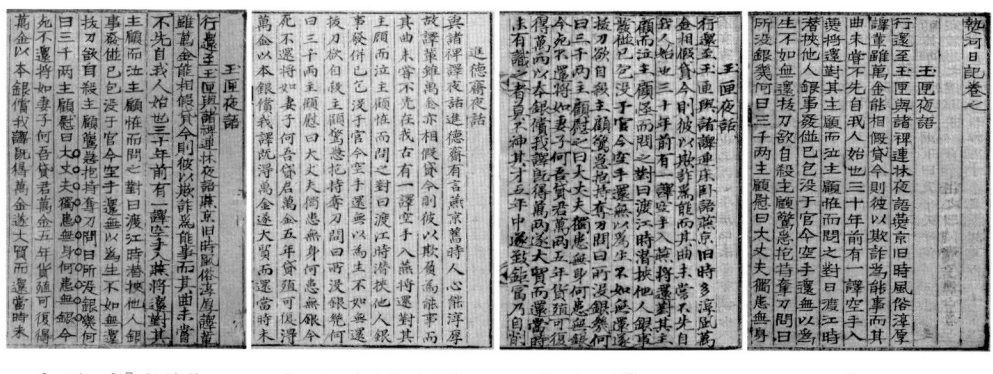

[그림 11] 『잡록(하)』 「옥갑야어」 장1a   [그림 12] 옥류산장본 「진덕재야화」 장1a   [그림 13] 『행계집』 「옥갑야화」 장1a   [그림 14] 『열하일기(정)』 「옥갑야어」 장1a

『잡록(하)』의 「옥갑야어」는 총 11장으로 이루어져 있다. 제1장 제1행에는 "옥갑야어玉匣夜語"라는 편명이 씌어 있고, 제2행에는 "행환지옥갑行還至玉匣"으로 시작되는 원문이 씌어 있다. 이 책에서 제1행부터 제4행까지 편명을 비롯한 총 4행은 종이를 붙여 다시 쓴 것이다. ([그림 11] 참고) 이로 인해 제2행부터 제4행에는 총 65자가 씌어 있는데, 이 과정에서 10행 20자로 된 판식에서 다섯 글자가 추가되었다. 또한 제10장 뒷면 4행부터 "或曰"로 시작되는 새로운 내용의 후지後識가 씌어 있는데, 이곳의 후지도 종이를 붙여 새로 쓴 것이다.

옥류산장본에는 제1장 제1행에 "진덕재야화進德齋夜話"라는 편명이 씌어 있고, 제2행에는 "여제비역與諸俾譯"으로 시작되는 원문이 씌어 있다. ([그림 12] 참고) 제10장 뒷면에는 제4행부터 "여년십이시余年十二時"로 시작되는 후지가 씌어 있다. 이로 보아 『잡록(하)』 「옥갑야어」의 최초 편명은 「진덕재야화」였던 것으로 추정된다.

『행계집』의 「옥갑야화」는 제1장 제1행에 "옥갑야화玉匣夜話"라는 편명이 씌어 있고, 제2행에는 "행환지옥갑行還至玉匣"으로 시작되는 원문이 씌어 있다. 제1장의 앞면과 뒷면은 모두 종이를 붙여 다시 쓴 것이다. ([그림 13] 참고) 또한 제9장 제7행부터 "혹왈或曰"로 시작되는 후지가 씌어 있는데, 이곳의 후지도 종이를 붙여 새로 쓴 것이다.

『열하일기(정)』의 「옥갑야어」는 제1장 제1행에 "열하일기권지熱河日記卷之"라는 표제명이 씌어 있고, 제2행에는 "반남박지원 저潘南朴趾源美齋 著"라는 작가명이 씌어 있다. 제3행에 "옥갑야어玉匣夜語"라는 작품명이 씌어 있고, 제4행에 "행환지行還至"로 시작되는 원문이 씌어 있다. 제4행부터 시작되는 원문은 1행당 20자에 맞추어 씌어 있다. ([그림 14] 참고) 이는 『잡록(하)』에서 수정하라고 지시한 사항을 그대로 반영한 것이다.

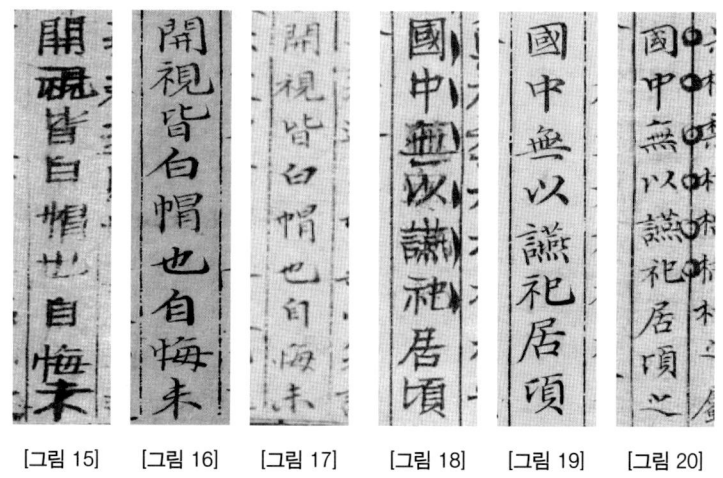

[그림 15] [그림 16] [그림 17] [그림 18] [그림 19] [그림 20]

[그림 15]는 『잡록(하)』 「옥갑야어」의 제4장 뒷면 제2행의 일부이다. 이곳에는 "개시開視"에서 "시視"자가 다른 글자 위에 씌어 있고, "회말悔末"에서 "말末"자가 "불不"자 위에 씌어 있다. [그림 16]은 옥류산장본 「진덕재야화」의 제3장 뒷면 제2행의 일부이다. 이곳에는 "개시開視"에서 "시視"자가 제대로 씌어 있고, "회말悔末"에서 "말末"자가 제대로 씌어 있다. 이는

『잡록(하)』에서 수정하라고 지시한 내용을 그대로 반영한 것이다. [그림 17]은 『행계집』 「옥갑야화」의 제3장 앞면 제8행의 일부이다. 이곳은 옥류산장본과 같다.

[그림 18]은 『잡록(하)』「옥갑야어」의 제5장 앞면 제7행의 일부이다. 이곳에는 "국중國中" 다음에 쓴 3자 위에 "무이연無以讖" 3자가 씌어 있다. [그림 19]는 옥류산장본 「진덕재야화」의 제5장 앞면 제7행의 일부이다. 이곳에는 "무이연無以讖" 3자가 제대로 씌어 있다. 이는 『잡록(하)』에서 수정하라고 지시한 내용을 그대로 반영한 것이다. [그림 20]은 『행계집』「옥갑야화」의 제4장 뒷면 제10행의 일부이다. 이곳은 옥류산장본과 같다.

위의 두 가지 사례로 보아 『잡록(하)』의 「옥갑야어」는 옥류산장본 「진덕재야화」와 『행계집』 「옥갑야화」의 선행본인 것으로 추정된다. 이를 토대로 「진덕재야화」와 「옥갑야어」의 선후 관계를 제시하면 다음과 같다.

〈표 1〉 「진덕재야화」와 「옥갑야어」의 선후 관계

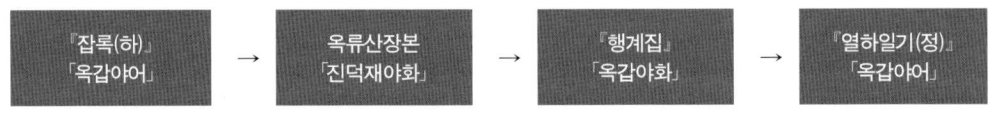

3. 「진덕재야화」 허생후지의 교체 이유

옥류산장본에 수록된 「진덕재야화」에는 「허생전」을 포함하여 모두 일곱 개의 일화로 구성되어 있다. 글의 내용은 역관들이 화폐를 사용하여 무역하는 내용으로 이어지다가 연암이 허생 이야기를 하는 것으로 끝을 맺고 있다. 그런데 「진덕재야화」에는 시작 부분이 "여제비역야화진덕재與諸裨譯夜話進德齋, 유언유언有言."이라고 쓰여 있으나, ([그림 12] 참고) 『잡록(하)』 「옥갑야어」에는 시작 부분이 "행환지옥갑行還至玉匣, 여제비연상와어與諸裨連床臥語."라고 쓰여 있다. ([그림 11] 참고) '진덕재'는 열하 태학에 있는 건물 이름이고,[4] '옥갑'은 그 위치를

---

4 위와 같이 장소가 진덕재에서 옥갑으로 바뀐 이유에 대해서는 알 수 없다. 그 이유의 하나로 연암은 진덕재는

정확하게 알 수 없다. 김혈조 교수는 옥갑을 석갑의 오자가 아닌가 의심하였다. 석갑은 석갑성石匣城을 말하는데, 석갑성은 고북구 만리장성과 밀운성 중간에 있다.[5] 이로 보면 연암이 편명을 '진덕재야화'에서 '옥갑야어'라고 고친 이면에는 이 작품이 태학에 머물 때 지은 것이 아니라 열하에서 북경으로 돌아오면서 옥갑이라는 곳에서 하루를 묵을 때 지은 것으로 만들려는 의도가 자리하고 있다.

연암이 「진덕재야화」를 「옥갑야화」로 바꾸면서 허생후지의 내용을 교체한 이유를 알아보기 위해 「진덕재야화」 허생후지의 원문을 제시하면 다음과 같다.

[1단락] : 내 나이 스무 살 때 서대문의 봉원사에서 글을 읽고 있었다. 그때 절에 한 손님이 있었는데, 음식을 아주 적게 먹고 밤새 잠도 안 자며 도인법導引法을 하였다. 그러다가 한낮이 되면 문득 벽에 기대고 앉아서 잠시 눈을 붙이고 龍虎交를 하였다. 나이가 자못 늙어 보였기 때문에 나는 엄숙하게 그를 공경하였다. ⓐ그 노인이 때때로 나에게 허생의 일과 염시도廉時道, 배시황裵是晃, 완흥군부인完興君夫人 등에 대한 이야기를 해주었다. 이어지는 수많은 말로 이야기는 몇 밤이 되어도 끊어지지 않았으며, ⓑ이상야릇하고 괴기스러우며 변화무쌍하여[詭奇怪譎] 참으로 들을 만하였다. 이때가 병자년(1756) 겨울이었다.

[2단락] : 그 후 계사년(1773) 봄에 나는 서도 평안도를 유람하였다. 성천 비류강에서 배를 띄우고 '십이봉' 아래에 이르렀다. 거기에 작은 암자가 하나 있었는데, 윤영尹暎이 홀로 중 하나와 함께 그 암자에 거처하고 있었다. 나를 보더니 뛸 듯이 반가워하고 서로 위로를 하며 안부를 물었다. 18년이라는 세월이 지났건만 그의 외모는 조금도 늙지 않았다. 나이가 이제 여든 살쯤 되었을 터인데 걸음걸이는 날 듯이 빨랐다. 내가 허생의 이야기에 한두 가지 모순되는 점이 있다고 묻자, 노인은 즉시 이야기를 끄집어내 해설을 하는데 마치 어제의 일처럼 또렷하게 기억하였다. 노인은 내게 "자네가 전에 한창려의 글을 읽었는데, 응당 글이 숙달되었을 터이지." 그리고 이어서 말했다. "자네가 전에

성인의 학문을 배우는 교육기관에서 역관과 허생이 장사를 통해 치부한 것에 이야기를 주제로 밤을 새워 이야기 하는 것은 적절하지 않다고 생각했을 가능성을 들 수 있다.

[5] 박지원 지음, 김혈조 옮김(2017), 274면.

허생을 위해서 전기를 짓겠다고 하더니, 응당 글이 완성되었겠지."하고 물었다. 나는 아직 손을 대지 못했다고 사과했다. 이야기를 주고받는 사이에 내가 그를 '윤씨 어르신'이라고 불렀더니, 노인은 말했다. "나는 성은 신가辛家이지, 윤씨가 아닐세. 자네가 뭔가를 착각하고 있구먼." 내가 뜻밖의 대답에 깜짝 놀라서 그의 이름을 물었다. "내 이름은 색嗇이라네." 내가 그에게 따져 물었다. "어르신의 성함이 어찌 윤영이 아니라고 하십니까? 무엇 때문에 이름을 신색이라고 바꾸어 말씀하시는 건가요?" 노인이 벌컥 화를 내며 말했다. "자네가 뭔가를 잘못 알아 놓고는 남에게 이름을 바꾸었다고 말하는 겐가?" 내가 재차 따지려고 했더니, 노인은 더욱 골을 내는데 푸른 눈동자가 형형하게 빛이 났다. 그제야 나는 노인이 기이한 뜻을 품은 선비라는 것을 깨달았다. ⓒ혹 망한 집안의 후손이거나, 유가가 아닌 좌도左道 이단의 몸으로 사람을 피하여 자신의 자취를 숨기려는 무리일 지 알 수 없는 노릇이다. 내가 암자의 문을 닫고 나오자, 노인이 안에서 '쯧쯧' 혀를 차면서 말했다. "애처롭구나. 허생의 아내는 필경 또다시 굶주리게 되었을 터이지."

　　[3단락] : 또 광주廣州의 신일사神一寺라는 절에 한 노인이 있었다. 별호를 삿갓[篛笠] 이 생원이라 일컫는데, 나이가 90이 넘었으나 힘은 범을 움켜잡을 만하고, 바둑과 장기를 잘 두었다. 때때로 우리나라 옛날이야기를 할 때면 마치 자개바람이 일 듯 거침이 없었다. 그의 이름을 아는 사람이 없다고 하는데, 나이나 외모를 들어보면 윤영이라는 노인과 매우 닮았다. 내가 그를 한번 찾아가 보고 싶었으나 아직 뜻을 이루지 못했다.

　　[4단락] : ⓓ세상에는 이름을 감추고 은거하여, 모든 세상사를 깔보고 공손치 아니하게 사는[玩世不恭] 사람도 진실로 있는 법이니, 어찌 홀로 허생에 대해서만 그런 인물이 정말 있을까 하고 의심을 할 것인가? 한양 평계平谿의 국화 아래에서 약간의 술을 마시고, 붓을 잡아 쓴다. 연암 기록하다.[6]

「진덕재야화」에 쓰여있는 허생후지는 내용상으로 네 개의 단락으로 나눌 수 있다. 1단락은 연암이 20세(1756)에 서대문의 봉원사에서 글을 읽을 때 도가 수련을 하는 윤영에게 허생을 비롯한 염시도廉時道, 배시황裵是晃, 완흥군부인完興君夫人의 이야기를 들었다는 내용이다. 2단락은 연암이 계사년(1773) 봄에 평안도를 유람할 때에 성천의 비류강가 '십이봉'에 있는

6　박지원 지음, 김혈조 옮김(2017), 298~301면.

암자에서 윤영을 다시 만났는데, 이때 윤영은 자신의 성명을 신색辛嗇이라고 바꾸어 말했다는 내용이다. 3단락은 연암은 광주廣州의 신일사神一寺라는 절에 별호를 삿갓[翁笠] 이생원이라고 하는 노인이 있다는 말을 듣고, 그가 윤영과 닮았다고 생각하고 한번 만나려 했으나 뜻을 이루지 못했다는 내용이다. 4단락은 허생이 윤영과 같이 은둔하여 '완세불공玩世不恭'하는 사람이라고 밝힌 내용이다.

위와 같이 네 단락으로 이루어진 글에서 연암이 당시 문제가 될 만한 내용이라고 생각한 것으로는 다음 세 가지를 들 수 있다.

첫째, ⓐ에서 연암은 20세에 윤영에게서 허생의 이야기를 염시도, 배시황, 완흥군부인 등과 함께 들었다는 것이다. 염시도는 허적許積(1610~1680)의 겸종으로, 의로운 인물이다. 그에 대한 일화가 『청구야담』과 『이향견문록』 등에 실려 있고, 국문소설로 「염시탁전」이 있다. 또한 배시황은 효종 때의 인물로, 장군 신류申瀏의 비장으로 조선과 청나라 연합군이 러시아 군대를 공격할 때 공을 세웠다. 그는 이때의 일을 기록하여 『북정일록』을 지었다. 이 글은 『성호사설』에도 인용되어 있고, 이규경의 『오주연문장전산고』 중 「나선변증설羅禪辨證說」에 인용되어 있다.[7] 국문소설로는 「배시황전」이 있다. 연암은 이 글을 『양매시화』에 「북정시말」이라는 제목으로 축약해 옮겨 놓기도 하였다.[8] 그리고 완흥군은 임란 때 공훈을 세우고 사후에 완흥군으로 봉해진 이유징李幼澄(1562~1593)을 가리키는 것으로 보인다. 그는 의주로 피난을 간 선조를 섬기기 위해 어머니와 이별하였는데, 그 어머니가 온갖 고생 끝에 의주로 걸어와서 모자가 상봉한 일이 있다.[9] 위와 같이 세 인물은 모두 의롭거나 나라에 공을 세운 자들이다. 그런데 연암은 허생의 일을 이 세 사람과 함께 언급함으로써 당시 사람들이 이 글을 읽게 되면 허생 또한 그들과 같이 의로운 삶을 보낸 것으로 이해할 수 있다고 생각한 듯하다.

둘째, ⓑ에서 연암이 윤영에게서 허생의 일을 듣고 "이상야릇하고 괴기스러우며 변화무

---

7 김명호(2012), 316면.
8 朴趾源, 『楊梅詩話』, 장2b~장15a.
9 박지원 지음, 김혈조 옮김(2017), 299면.

쌍하여[詭奇怪譎] 참으로 들을 만하였다."라고 말하거나, ⓓ에서 허생의 삶에 대해 "세상에는 이름을 감추고 은거하여, 모든 세상사를 깔보고 공손치 아니하게 사는[玩世不恭] 사람이다."라고 말한 것이다. 그가 말한 '궤기괴휼詭奇怪譎'과 '완세불공玩世不恭'은 당시 사람들이 연암의 글을 비판하면서 흔히 사용하던 용어이다. 그 예로 연암의 처형인 이재성이 쓴 연암 제문을 들 수 있다. 이재성은 이 글에서 당시 사람들이 연암을 비판하여 "궤기詭奇한 말인 우언을 사용하여 세상을 마음껏 농락했다고 여기고, 본심이 아닌 해소諧笑를 구사하여 세상을 조롱하여 불공하다고 하였지요.[10]"라고 말하였다. 실제 김겸로金魯謙(1781~1853)는 『열하일기』 중에서 「허생전」·「호질」·「상방기象房記」는 희롱으로 지은 작품을 면치 못하였고, 「황금대기黃金臺記」·「출고북구기出古北口記」는 작가의 체격이 있으나 문으로 해소恢諧를 하여 근엄謹嚴한 뜻이 부족하다고 지적하였다.[11] 따라서 연암은 이 글에서 허생의 이야기를 듣고 '궤기괴휼'하다고 말하거나 허생의 처세에 대해 '완세불공'하다고 말함으로써 당시 사람들이 이 글을 읽고 거듭 연암을 비판하는 자료가 될 수 있다고 생각한 듯하다.

셋째, ⓒ에서 연암에게 허생의 일을 말한 윤영의 출신에 대해 "혹 망한 집안의 후손이거나, 유가가 아닌 좌도左道 이단의 몸으로 사람을 피하여 자신의 자취를 숨기려는 무리일지 알 수 없는 노릇이다."라고 말한 것이다. 이는 곧 연암이 기이한 뜻을 품은 선비[異趣之士]로 망한 집안의 후손[廢族]이거나 유가가 아닌 좌도 이단으로 사람을 피해 자취를 감춘 사람의 이야기를 쓴 것을 의미한다. 연암은 42세(1778)에 세상을 피해 가족을 이끌고 연암협에 들어갔다. 당시 유언호俞彦鎬(1730~1796)가 연암에게 홍국영洪國榮(1748~1780)이 사람들의 말이 연암 주변에 미치면 눈초리가 험악해지니, 기필코 화를 면하지 못할 것이라고 말한 직후이다. 연암은 스스로 평소 이론이 곧이곧대로 바르기만 하여 날카로운 말이 너무 드러나서 화를 부른다고 생각하였다.[12] 결국 그는 2년 뒤인 1780년(44세)에 홍국영이 실각하자 서울로 돌아와 처남 이재성의 집에 머물렀고, 같은 해 5월에 서울을 떠나 8월에 열하에 들어갔다가

---

10 朴宗采 편, 『附錄』, 장1b. "寓言則詭, 捭闔牢籠. 諧笑非情, 押玩不恭."
11 金魯謙, 『性菴集』 권7, 「囈述」條. "大抵燕巖所著, 熱河日記最爲盛行, 膾炙人口, 而其中許生傳·虎叱·象房記, 人皆稱之, 未免弄作, 黃金帶記·出古北口記, 有作者體格, 然以文恢諧, 少謹嚴之意."(김윤조(1997), 68면, 재인용)
12 김윤조(1997), 55~56면.

10월에 돌아와 『열하일기』를 지었다. 따라서 연암은 ⓒ와 같은 내용은 홍국영과 같이 당시 연암의 행동을 주시하던 사람들이 이 글을 읽고 연암이 폐족이나 좌도 이단의 무리와 어울렸다고 공격하는 구실이 될 수 있다고 생각한 듯하다.

4. 「옥갑야어」 허생후지의 내용과 주제

『열하일기(정)』에 수록된 「옥갑야어」 허생후지는 내용상 세 개의 단락으로 이루어져 있다. 1단락은 혹자의 말을 통해 허생이 명나라의 유민일 것이라고 말하고, 이어 다시 혹자의 말을 통해 허생이 허씨가 아닐 수도 있다고 말한 내용으로 되어있다. 2단락은 조계원趙啓遠(1592~1670)이 경상 감사가 되어 산청 지방을 순회할 때 승려 2명이 그를 곤경에 처하게 하는 일화를 적어놓았다. 3단락은 송시열이 조계원을 괴롭힌 승려 2명은 명나라에서 산해관에서 군사를 거느렸던 손승종孫承宗 휘하의 총병관일 것이라고 말하는 내용으로 되어있다.

위와 같은 내용으로 이루어진 허생후지는 『잡록(하)』 「옥갑야어」에서 시작해 『행계집』의 「옥갑야어」를 거쳐 『열하일기(정)』의 「옥갑야어」에 이르기까지 두 차례 교정 과정을 통해 완성된 것이다. 따라서 우리는 위와 같이 진행된 허생후지의 교정 과정을 통해 연암이 이 글을 통해 보여주고자 했던 주제 의식을 파악할 수 있다. 이를 알아보기 위해 허생후지의 교정이 가장 많이 이루어진 『잡록(하)』와 『열하일기(정)』의 원문을 비교하면 다음과 같다.[13]

---

13 朴趾源, 『雜錄(下)』 「옥갑야어」의 원문(연민문고본, 『잡록(하)』, 장62a~장63b)과 『행계집』 「옥갑야화」의 원문(朴趾源, 『杏溪集』, 장40b~장41b)이 서로 다른 곳은 모두 13곳이다. 이를 유형별로 살펴보면 다음과 같다. 첫째, 표제 이름이 바뀐 것으로, 『잡록(하)』의 「옥갑야어」가 『행계집』에는 「옥갑야화」로 쓰여 있다. 둘째, 『잡록(하)』에는 원문이 그대로 쓰여 있으나, 『행계집』에는 원문이 지워져 있거나 삭제하라고 표기된 것으로, 『잡록(하)』에서 "趙判書啓遠"과 "汝以虛聲趣時"이 『행계집』에는 "趙判書□□"와 "汝以虛聲■■"로 되어 있다. 셋째, 『잡록(하)』에는 쓰여 있지 않고 『행계집』에만 쓰여 있는 것으로, 『행계집』의 "趙至停轎問曰", "二僧始起坐", "<u>汝身爲方伯</u>", "<u>汝今少坐</u>", "<u>趙公大恐</u>", "<u>不知所爲</u>", "<u>此似是明末總兵官也</u>", "<u>兵敗東出 爲僧以晦跡者</u>", "<u>孫老爺似是太學士孫承宗也</u>"에서 밑줄 친 '曰', '始', '汝', '今', '公', '不知所爲', '似是', '兵敗東出 爲僧以晦跡者', '孫老爺' 등이 『잡록(하)』에는 모두 쓰여 있지 않다. 넷째, 『잡록(하)』에서 삭제하도록 표기된 원문이 『행계집』에는 쓰여 있지 않은 것으로, 『잡록(하)』에서 "■■ 願小憩 ■■"이 『행계집』에는 밑줄 친 부분이 쓰여 있지 않다. 다섯째, 『잡록(하)』의 원문이 『행계집』에서 다른 글자로 수정되어 있는 것으로, 『잡록(하)』의 "至 <u>一</u> 嚴下", "<u>雨</u>

<표 2> 『잡록(하)』과 『열하일기(정)』 허생후지의 원문 비교

		원문
잡록(하)	옥갑야어	或曰 此皇明遺民也 崇禎甲申後多來居者ⓐ云 世傳趙判書啓遠爲慶尙監司 巡到靑松 路左有二僧相枕而臥 前騶呵之不避 鞭之不起 衆捽曳之 莫能動 趙㉮至停轎問 僧何居 二僧起坐 益偃蹇 睥睨良久曰 汝以虛聲趨ⓑ時 得方伯乃復爾耶 趙視僧 一赤面而圓 一黑面而長 語殊不凡 乃下轎欲與語 僧曰 屛徒衛 隨我來 ㉰行數里 喘息汗流不止 Ⓐ■■ 願小憩 Ⓑ■■ 僧罵曰 ⓒ汝常衆中大言 復讐雪恥 自當爲先鋒 今行數里 一步十喘 五步三憩 尙能馳遼薊之野乎 至一巖下 因樹爲屋 積薪而寢處其上 趙渴㉠求水 僧曰 此貴人ⓓ當饑 出黃精餠乃饋之 ⓔ松葉屑和澗水以進 趙嚬蹙不能飮 僧復㉱罵曰 遼野水遠 渴當飮馬溲 Ⓒ已而 兩僧相持痛哭曰 孫老爺孫老爺 問趙曰 吳三桂起兵滇中 江浙騷然 汝知之乎 曰 ⓕ未聞 兩僧歎曰 身爲方伯 天下有如此大事而不聞不知 ⓖ平居徒大言耳 趙問僧是何人 曰 不必問 世間亦應有知我者 ⓗ汝少坐 我當與吾師俱來 與汝有言 兩僧俱起入深山 ⓘ夜久不返 熊咆深谷中 趙大恐 衆明燎炬 尋監司而至 ⓙ趙狼狽而還 久之㉲常悒悒恨于中也 後趙問于尤庵宋先生 先生曰 ⓚ此明末總兵官也 稱汝者 自明其非僧 積薪者 臥薪之義也 Ⓒ趙曰 哭必呼孫老爺何㉳也 先生曰 似是太學士孫承宗也 Ⓓ孫承宗嘗視師山海關 兩僧似是孫之麾下士也.¹⁴
열하일기(정)	옥갑야어	或曰 此皇明遺民也 崇禎甲申後多來居者ⓐ生或者其人 則亦未必其姓許也 世傳趙判書啓遠爲慶尙監司 巡到靑松 路左有二僧相枕而臥 前騶呵之不避 鞭之不起 衆捽曳之 莫能動 趙㉮公至停轎問 僧何居 二僧起坐 益偃蹇 睥睨良久曰 汝以虛聲趨ⓑ勢 得方伯乃復爾耶 趙視僧 一赤面而圓 一黑面而長 語殊不凡 乃下轎欲與語 僧曰 屛徒衛 隨我來 ㉰趙行數里 喘息汗流不止 Ⓐ願小憩 Ⓑ僧罵曰 ⓒ汝平居 衆中常大言 身被堅執銳當先鋒 爲大明復讐雪恥 今行數里 一步十喘 五步三憩 尙能馳遼薊之野乎 至一巖下 因樹爲屋 積薪而寢處其上 趙渴㉠求水 僧曰 此貴人ⓓ又當饑 出黃精餠乃饋之 ⓔ屑松葉 和澗水以進 趙嚬蹙不能飮 僧復ⓕ大罵曰 遼野水遠 渴當飮馬溲 Ⓒ兩僧相持痛哭曰 孫老爺孫老爺 問趙曰 吳三桂起兵滇中 江浙騷然 汝知之乎 曰 ⓕ未之聞也 兩僧歎曰 身爲方伯 天下有如此大事而不聞不知 ⓖ徒大言得官耳 趙問僧是何人 曰 不必問 世間亦應有知我者 ⓗ汝且少坐待我 我當與吾師俱來 與汝有言 兩僧俱起入深山 ⓘ少焉日沒 僧久不返 趙待僧 至夜深 草動風鳴 有虎鬪聲 趙公大恐幾絶 已而 衆明燎炬 尋監司而至 ⓙ趙狼狽出谷中 久之㉲居常悒悒恨于中也 後趙問于尤庵宋先生 先生曰 ⓚ此似是明末總兵官也 常斥我以爾汝者何 先生曰 自明其非東國緇徒也 積薪者 臥薪之義也 Ⓒ哭必呼孫老爺何㉳ 先生曰 似是太學士孫承宗也 Ⓓ承宗嘗視師山海關 兩僧似是孫之麾下士也.¹⁵

<표 2>에서 보듯이 『잡록(하)』 「옥갑야어」의 원문과 『열하일기(정)』 「옥갑야어」의 원문이 서로 다른 곳은 모두 13곳이다. 이를 유형별로 살펴보면 다음과 같다. 첫째, 『잡록(하)』

僧歎曰", "趙問僧是何人", "我當與吾師俱來", "兩僧似是孫之麾下士也"에서 밑줄 친 '石', '二', '公', '吾', '高陽'이 『행계집』에는 '石', '二', '公', '吾', '高陽'으로 되어 있다.
14 朴趾源, 『雜錄(下)』, 장55b~장56b.
15 朴趾源, 『熱河日記(貞)』, 장62a~장63b.

에서 삭제하도록 표기된 원문이 『열하일기(정)』에는 쓰여 있지 않다. 이는 『잡록(하)』에서 Ⓐ'■■'와 Ⓐ'■■' 2곳이 『열하일기(정)』에는 쓰여 있지 않다. 둘째, 『잡록(하)』에는 쓰여 있으나 『열하일기(정)』에는 지워져 있다. 이는 모두 5곳으로 『잡록(하)』의 ㉠심甚, ㉡이이已而, ㉢조왈趙曰, ㉣야也, ㉤손孫 등이 『열하일기(정)』에는 모두 삭제되었다. 이곳은 연암이 글을 간략하게 축소하는 과정에서 삭제된 것으로 생각된다. 셋째, 『잡록(하)』에는 쓰여 있지 않으나 『열하일기(정)』에서 추가하였다. 이는 모두 4곳으로 『잡록(하)』에는 쓰여 있지 않은 ㉮공公, ㉯조趙, ㉰대大, ㉱거居 등이 『열하일기(정)』에는 추가되어 있다. 이는 연암이 글의 의미를 명확하게 하거나 강조하기 위해서 추가한 것으로 생각된다. 넷째, 『잡록(하)』의 원문이 『열하일기(정)』에서 다른 글자나 문장으로 수정되어 있다. 이는 모두 11곳으로 그 중 『잡록(하)』의 ⓑ시時, ⓓ"당기當饑", ⓔ"송엽설松葉屑", ⓕ"미문未聞", ⓖ"평거도대언이平居徒大言耳", ⓗ"여소좌汝少坐", ⓙ"조낭패이환趙狼狽而還." 등 7곳이 『열하일기(정)』에서 ⓑ세勢, ⓓ"우당기야又當饑也", ⓔ"설송엽설松葉屑", ⓕ"미지문야未之聞也", ⓖ"도대언득관이徒大言得官耳", ⓗ"여차소좌대아汝且少坐待我", ⓙ"조낭패이환趙狼狽而還"으로 수정되어 있다. 이곳은 대체로 연암이 글의 의미를 명확하게 하거나 강조하기 위해서 수정한 것으로 생각된다.

    그러나 위의 9곳을 제외한 4곳은 그 수정된 분량이나 내용에 있어서 연암이 「진덕재야화」에 쓴 허생후지를 다른 내용으로 교체하고자 한 의도를 잘 보여주고 있다. 먼저 연암은 『잡록(하)』의 ⓐ의 '운云'자를 『열하일기(정)』에서 '허생許生'을 의미하는 '생生'자로 바꾸고, 이어 "혹자기인或者其人 칙역미필기성허야則亦未必其姓許也"를 추가하여 허생의 허씨가 아닐 가능성을 언급하였다. 앞서 살폈듯이 연암이 허생후지를 교체한 이유 중의 하나는 당시 사람들이 허생이 국내의 실존 인물인 염시도, 배시황, 완흥군부인 등과 같이 의로운 행동을 하거나 나라에 공을 세운 인물로 이해할 수 있다고 우려했기 때문이었다. 그는 『행계집』에 수정해 쓴 허생후지의 첫 시작을 "혹왈或曰 차황명유민야此皇明遺民也 숭정갑신후다래거자운崇禎甲申後多來居者云"라고 씀으로써 위와 같은 우려를 불식시키려 하였다. 혹자의 말을 빌려 허생을 명나라가 청나라에 패하자 조선으로 건너와 살았던 명나라 유민으로 바꾸어 놓은 것이다. 연암은 『잡록(하)』에서 허균의 국적을 명나라로 바꾼 것에서 한 걸음 더 나아가, 『열하일기(정)』에서는 또다시 혹자의 말을 빌려 허생의 성씨까지도 다른 것일 수 있다고 시사함으로써 당시 사람들이 허생의 실체 문제로 자신을 공격하는 것을 차단하려 한 것으로 생각된다.

다음으로 연암은 『잡록(하)』의 ⓒ"여상중중대언汝常衆中大言 복수설치復讐雪恥 자당위선봉自當爲先鋒"를 『열하일기(정)』에서 ⓒ"여평거汝平居 중중상대언衆中常大言 신피견집예당선봉身被堅執銳當先鋒 위대명복수설치爲大明復讐雪恥"로 수정하였다. ⓒ는 명나라 유민으로 추정되는 승려 2명이 인조 대에 형조판서를 지낸 조계원의 태도를 비판하는 내용이다. 연암 후지는 조계원이 경상 감사로 있을 때 청송 지방을 순행할 때에 겪은 일화를 적은 것이다. 그는 효종 3년(1652)에 경상 감사로 부임하였다. 조계원은 「허생전」에 등장하는 이완李浣(1602~1674)에 못지않게 평소 북벌을 주장한 인물이다.[16] 『잡록(하)』의 ⓒ에는 조계원이 "평소에 여러 사람과 있을 때는 언제나 큰소리를 하면서 복수하고 치욕을 씻기 위해 선봉에 서겠다."고 말하는 내용으로 되어 있다. 그런데 연암은 이곳에 『열하일기(정)』에서 "명나라를 위해 갑옷을 입고 병장기를 감아 선봉에 서겠다."는 내용을 추가하였다. 그는 조계원의 북벌 의지가 명나라의 치욕을 갚기 위한 것과 함께 그가 북벌을 위해 출정할 때의 모습을 구체적으로 묘사하였다. 연암은 이곳에서 「허생전」에서 허생의 역할을 명나라의 총병관 출신으로 추정되는 승려로, 어영대장 이완의 역할을 경상 감사 조계원으로 대체하여, 그들이 주장하는 북벌 계획이 단지 구호에 불과하다는 것임을 밝힌 것으로 생각된다.

이어 연암은 『잡록(하)』의 ⓘ"야구불반夜久不返 웅포심곡중熊咆深谷中 조대공趙大恐"를 『열하일기(정)』에서 ⓘ"소언일몰少焉日沒 승구불반僧久不返 조대승趙待僧 지야심至夜深 초동풍명草動風鳴 유호투성有虎鬪聲 조공대공기절趙公大恐幾絶 이이已而"로 수정하였다. 이곳은 깊은 골짜기에서 혼자 밤을 지새우던 조계원이 두려워하는 장면을 묘사한 것이다. 이는 「허생전」에서 허생이 자신이 가르쳐준 세 가지 계책을 실천하기 어려워하는 이완을 향해 칼을 찌르려고 하자, 이완이 깜짝 놀라서 일어나 뒷문으로 뛰쳐나가 재빠르게 도망가는 장면[17]을 연상시키게 한다. 『잡록(하)』의 ⓒ에는 조계원이 밤이 깊도록 중이 돌아오지 않고 깊은

16　『인조실록』을 보면, 조계원은 인조 2년(1624)에 성균관 유생으로 인조가 청나라를 친정할 때에 거가를 호종할 것을 청하였고, 인조 19년(1641)에 청나라가 세자와 대군을 인질로 데려가자 崔惠吉 등과 함께 세자를 수행하였다.
17　朴趾源, 『熱河日記』(충남대본) 12, 장10a. "左右顧索劍欲刺之, 公大驚而起, 躍出後牖疾走歸."

골짜기에서 곰이 우는 소리를 듣고 두려워하는 장면이 묘사되어 있다. 그런데 이곳이 『열하일기(정)』의 ⓒ에서는 조계원이 밤이 깊어지자 풀이 흔들리고 바람 소리가 나며 범이 싸우는 소리를 듣고 공포에 떨며 기절할 지경에 이른 장면으로 바뀌어 있다. 연암은 이를 통해 당시 북벌을 주장했던 인사들이 구호는 요란하였으나 마음속으로는 두려움에 떨고 있는 모습을 희화한 것으로 생각된다.

마지막으로 연암은 『잡록(하)』의 ⓚ "차명말총병관야此明末總兵官也 칭여자稱汝者 자명기비승야自明其非僧也"가 『열하일기(정)』에서 ⓚ "차사시명말총병관야此似是明末總兵官也 상척아이이여자하常斥我以爾汝者何 선생왈先生曰 자명기비동국치도야自明其非東國緇徒也"로 수정하였다. 이곳은 조계원에게 호통을 쳤던 사람은 중으로 신분을 위장한 명나라 말기에 총병관이라는 사실을 밝힌 것이다. 연암은 이 글에 이어 송시열의 입을 통해 조계원을 크게 꾸짖은 두 중이 '손로야孫老爺'라고 외친 사람을 명나라 말에 태학사로 있다가 전사한 손승종孫承宗(1563~1639)의 휘하에 있던 사람이라고 하였다. 연암은 이를 통해 베일에 가려 있던 허생의 실체를 선명하게 드러냈다. 『잡록(하)』의 ⓚ에는 중의 신분이 총병관임을 밝히면서 그 증거로 조계원을 '니[汝]'라고 일컬은 것은 스스로 중이 아니라는 사실을 증명한 것이라고 하였다. 그런데 연암은 『열하일기(정)』에서 "계속 저에게 손가락질하고 얕보며 '니[爾]', '니[汝]'하고 불렀다."는 내용을 추가하였다. 연암은 이곳에서 효종 대에 북벌 계획의 핵심인물이었던 송시열의 입을 통해 명분만 앞세우다가 망한 나라의 장수들에게 조롱받는 북벌론자들의 허상을 지적한 것으로 생각된다.[18]

---

18 충남대본 「야출고북구기」 후지(朴趾源, 『熱河日記』(충남대본) 12, 장10a~장12a)는 『열하일기(정)』에서 ⓑ 時가 '勢'자로 바뀌고, ⓘ에서 '趙' 다음에 '公'자가 추가된 것을 제외한 나머지 원문이 모두 『열하일기(정)』의 원문과 같다.

5. 맺음말

앞서 살펴보았듯이 박종채가 『연암집』을 편찬하기 위해 필사한 『연암집초고보유(9)』에는 「서허생사후」가 수록되어 있다. 이 작품은 『열하일기』 초고본 계열에 해당하는 『잡록(하)』에 최초 원고에 씌어 있던 「진덕재야화」의 연암후지를 옮겨놓은 것이다. 『잡록(하)』의 「옥갑야어」는 총 11장으로 이루어져 있다. 제1장 제1행에는 "옥갑야어玉匣夜語"라는 편명이 씌어 있고, 제2행에는 "행환지옥갑行還至玉匣"으로 시작되는 원문이 씌어 있다. 이 책에서 제1장 앞면 제1행부터 제4행까지 편명을 비롯한 총 4행은 종이를 붙여 다시 쓴 것이다. 또한 제10장 뒷면 4행부터 "혹왈或曰"로 시작되는 새로운 내용의 후지가 씌어 있는데, 이곳의 후지도 종이를 붙여 새로 쓴 것이다. 위와 같이 연암은 『잡록(하)』에 「진덕재야화」의 뒤에 써 놓은 허생후지가 내용이나 주제에 있어서 적지 않은 문제를 지니고 있다고 생각하고, 제1장 제1행부터 제4행까지 총 4행과 제10장 뒷면 4행부터 마지막 행까지 종이를 붙이고 제목을 「옥갑야어」로 고치고 허생후지를 다른 내용으로 다시 써 놓았다.

옥류산장본 「진덕재야화」에 남아있는 최초의 허생후지는 내용상으로 네 개의 단락으로 나눌 수 있다. 1단락은 연암이 20세에 봉원사에서 윤영에게 허생을 비롯한 염시도, 배시황, 완흥군부인의 이야기를 들은 내용이다. 2단락은 연암이 1773년 봄에 평안도 성천의 비류강가 '십이봉'에 있는 암자에서 윤영을 다시 만났는데 윤영은 자신의 성명을 신색辛嗇이라고 말했다는 내용이다. 3단락은 연암이 경기도 광주의 신일사라는 절에 별호를 삿갓 이생원이 윤영과 닮았다고 생각하고 만나려 했으나 보지 못했다는 내용이다. 4단락은 허생이 윤영과 같이 은둔하여 '완세불공'하는 사람이라고 밝힌 내용이다.

위와 같은 「진덕재야화」의 허생후지에서 연암이 당시 문제가 될 만한 내용이라고 생각한 것으로는 다음 세 가지를 들 수 있다. 첫째, 연암은 윤영에게서 허생의 이야기를 의로운 행동을 하였거나 나라에 공을 세운 염시도, 배시황, 완흥군부인 등과 함께 언급함으로써 당시 사람들이 이 글을 읽게 되면 허생 또한 의로운 인물로 이해할 것이라고 우려하였다. 둘째, 연암은 윤영에게서 허생의 이야기를 듣고 '궤기괴휼'하다고 말하거나 허생의 처세에 대해 '완세불공'하다고 말함으로써 당시 사람들이 이 글을 읽고 거듭 연암을 비판하는 자료가 될 수 있다고 우려하였다. 셋째, 연암은 홍국영과 같이 당시 연암의 행동을 주시하던 사람들이 이 글을 읽고 연암이 폐족이나 좌도 이단의 무리와 어울렸다고 공격하는 구실이 될 수 있다고 우려하였다.

한편 연암이 『열하일기(정)』에 써놓은 허생후지는 내용상 세 개의 단락으로 이루어져 있다. 1단락은 혹자의 말을 통해 허생이 명나라의 유민일 것이라고 말하는 내용이다. 2단락은 조계원이 경상 감사가 되어 산청 지방을 순회할 때 승려 2명이 그를 곤경에 처하게 하는 내용이다. 3단락은 송시열이 조계원을 괴롭힌 승려 2명은 명나라 장수인 손승종 휘하의 총병관이라고 말하는 내용이다. 연암은 『잡록(하)』에 수록된 「옥갑야화」를 『열하일기(정)』에 옮겨 적고 교정하는 과정을 통해 이 글에서 보여주고자 했던 주제 의식을 잘 드러냈다.

먼저 연암은 『잡록(하)』의 ⓐ의 '운云'자를 『열하일기(정)』에서 '허생許生'을 의미하는 '생生'자로 바꾼 것에 더하여 허생의 허씨가 아닐 가능성을 추가함으로써 당시 사람들이 허생의 실체 문제로 자신을 공격하는 것을 차단하려 하였다. 다음으로 조계원의 북벌 의지가 명나라의 치욕을 갚기 위한 것과 함께 그가 북벌을 위해 출정할 때의 모습을 추가함으로써 그가 주장하는 북벌 계획이 단지 구호에 불과하다는 것임을 밝혔다. 이어 연암은 조계원이 밤이 깊어지자 공포에 떨며 기절할 지경에 이른 장면을 추가함으로써 북벌론자들이 마음속으로는 공포에 떨고 있는 모습을 드러냈다. 마지막으로 연암은 승려들이 조계원에게 손가락질을 하고 얕보며 '니[爾]', '니[汝]'하고 부르는 장면을 희화적으로 묘사함으로써 명분만 앞세우다가 망한 나라의 장수들에게 조롱받는 북벌론자들의 허상을 지적하였다.

옥류산장본에 수록된 「진덕재야화」에는 「허생전」을 포함하여 모두 일곱 개의 일화로 구성되어 있다. 글의 내용은 역관들의 화폐를 사용하여 무역하는 내용으로 이어지다가 연암이 허생 이야기를 하는 것으로 끝을 맺고 있다. 당시 연암은 이곳에 수록된 「허생전」이 그 내용이나 주제에 있어서 세간에 이목을 끌고 있다는 사실을 잘 알고 있었다. 특히 그가 「허생전」 뒤에 붙여놓은 허생후지는 등장인물의 성격이나 사용된 용어로 보아 그의 글이 순정하지 못했다고 비판하던 세력들에게 그를 공격하는 빌미가 될 수 있었다. 한 예로 유한준俞漢雋(1732~1811)을 들 수 있다. 전 장에서 살펴보았듯이 유한준은 젊은 시절에 연암이 자신의 문장을 비판한 것에 유감을 품고, 연암이 안의현감으로 재임할 때에 『열하일기』에 대해

'오랑캐의 연호를 쓴 원고[虜號之稿]'라고 소문을 퍼트리거나, 연암이 1802년에 부친의 묘를 포천으로 이장할 때에 선조가 독서하던 움막 터라고 주장하며 묘를 파내는 산변山變을 일으켰다.

연암이 「진덕재야화」에 수록된 허생후지를 다른 내용으로 교체한 것은 위와 같은 우려를 막기 위한 것이다. 그러나 그는 『잡록(하)』에 종이를 붙여 허생후지를 다시 쓰면서 그 내용을 자신이 「허생전」을 통해 보여주고자 했던 북벌론의 허구성을 보다 강화하는 방향으로 수정하였다. 본 장에서는 위와 같이 현전하는 『열하일기』에서 유일하게 2종으로 존재하는 허생후지를 대상으로 하여, 연암이 「진덕재야화」에 수록된 허생후지를 교체한 이유와 함께 「옥갑야어」에 수록된 허생후지의 교정 과정에서 보여준 「허생전」의 주제 의식을 규명했다는 점에서 『열하일기』 이본이나 「허생전」을 연구에 도움을 줄 수 있을 것으로 생각된다.

제10장

『면양잡록』 수록 윤가기 시 연구

1. 머리말

단국대 연민문고에는 연암燕巖 박지원朴趾源(1737~1805)이 면천군수沔川郡守로 재임하던 1797년 7월에서 1800년 8월 사이에 작성한 『면양잡록沔陽雜錄』 6책(2,3,4,6,7,8)[1]이 결본 형태로 소장되어 있다. '면양잡록'이란 연암이 '면천군수로 근무할 때 작성한 잡다한 기록'이라는 뜻인데, 이 책에는 잡록이라는 이름에 걸맞게 수록된 글의 종류와 내용이 다양하다. 그중 제8책에는 「환아정기換鵝亭記」(송시열宋時烈), 「환아정중신기換鵝亭重新記」(이경석李景奭), 「소쇄정기瀟灑亭記」(이면제李勉齊) 등 기문記文 3편, 정여창鄭汝昌(1450~1504)과 관련된 「일두사실一蠹事實」과 「행장行狀」 2편, 「설학재정공신도비명雪壑齋鄭公神道碑銘」(정존겸鄭存謙), 「신도비명神道碑銘」(정경세鄭經世), 「증왕고중직대부행통예원인의공묘갈명曾王考中直大夫行通禮院引儀公墓碣銘」(우여무禹汝楙) 등 묘문墓文 3편, 기타 「산성실적山城實蹟」, 「거창현무신토역일기居昌縣戊申討逆日記」, 「박열부전朴烈婦傳」 등 3편이 수록되어 있다.[2] 이 책에서 특히 주목되

---

1 朴趾源, 『沔陽雜錄』 6책(缺秩).
2 김문식(2010), 23~26면.

는 것은 『면양잡록』 제8책의 끝에 『단구관집丹邱館集』이라는 제목으로 붙어있는 시선집이다. 이곳에는 「관루월야官樓月夜」, 「촉석루矗石樓」, 「만하루월야挽河樓月夜」, 「범주한산도泛舟閑山島」, 「제승당制勝堂」, 「월야회주月夜回舟」, 「세병관관악洗兵館觀樂」, 「야숙산청주졸이차원부경夜宿山淸主倅以差員赴京」, 「안의공작관安義孔雀館」, 「함양별주졸과귀咸陽別主倅瓜歸」[3] 등 근체시 10수가 수록되어 있는데([그림 1] 참고), 이중 「월야회주」와 「세병관관악」 등 2수는 7언 절구이고 나머지 8수는 모두 7언 율시이다.

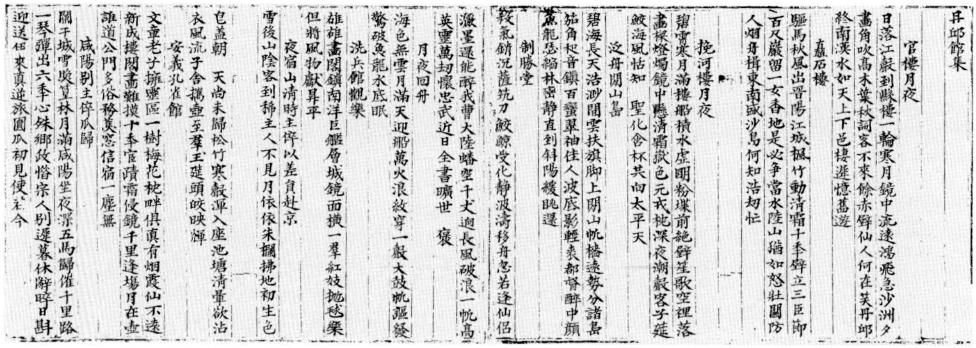
丹邱館集
官樓月夜
日落江聲到縣樓一輪寒月鏡中流遠鴻飛急沙洲夕
畫角吹高木葉秋詞客不來餘赤壁仙人何在笑丹邱
終南漢水如天上下邑樓遲憶舊遊
矗石樓
驅馬秋風出晉陽江城楓竹動淸霜十季壁立三臣節
百尺巖留一女香地是必爭當水陸山猶如怒壯關防
人烟舟楫東南盛沙鳥何知浩刼忙
挽河樓月夜
碧霄寒月滿樓船積水虛明粉堞前絶壁笙歌空裡落
畫樑燈燭鏡中懸淸霜獄色元戎枕深夜潮聲客子筵
鮫海風恬知 聖化含杯共向太平天
泛舟閑山島
碧海長天浩渺間雲扶旗脚上閑山帆檣遠勢分諸島
笳角秋音鎭百蠻翠袖佳人波底影輕裘都督醉中顔
魚龍恐縮林密靜直到斜陽棧眺還
制勝堂
殺氣銷沉蘆巟刀鮫鯨變化靜波濤移舟忽若逢仙侶
灑墨還能醉我曹大陸蟠空千丈迥長風破浪一帆高
英靈萬刼懷忠武近日全書曠世褒
月夜回舟
海色無雲月滿天迎船萬火浪紋穿一聲大鼓帆驅發
驚破魚龍水底眠
洗兵館觀樂
雄雄畫閣鎭南洋巨艦層城鏡面橫一羣紅妓抛毬樂
但將風物獻昇平
夜宿山淸時主倅以差員赴京
雪後山陰客到稀主人不見月依依朱欄拂地初生色
包蓋朝 天尚未歸松竹寒聲渾入座池塘淸暈欲沾
衣風流子舍攜壺至羣玉蹉頭皎映輝
安義孔雀館
文章老子擁麾區一樹梅花枕畔俱眞有烟霞仙不遠
新成樓閣畫難摸十季官蹟霜侵鏡千里逢場月在壺
誰道公門多俗務箕窓信宿一塵無
咸陽別主倅瓜歸
關于城雪喚篁林月滿咸陽坐夜深五馬歸催千里路
一琴彈出六季心姝鄉攸惱宗人別遲暮休辭晬日斟
迎送伍來眞逆旅圖瓜初見使之今

[그림 1] 『면양잡록(8) · 단구관집』

위와 같이 『단구관집』에 수록된 시 10수는 최근 김영진 교수에 의해 윤가기尹可基(1745~1801)의 작품인 것으로 밝혀졌다.[4] 윤가기는 호가 증약曾若으로 연암그룹의 핵심 멤버들과 시를 주고받으며 친밀하게 교류하였다. 그는 특히 이덕무李德懋(1741~1793)와 많은 시를 주고받았는데, 이덕무는 윤가기에게 화답한 시에서 "백 편의 시가 모두 아름다운 운을 얻었다."[5]라고 하거나, 윤가기가 한산도를 유력하며 지은 시권詩卷에 제하여 "백 편의 시가 구름

---

3 朴趾源, 『沔陽雜錄(八)』, 장35a~장36b.

4 필자는 대동한문학회 제10차 하계학술대회(안동대학교 박물관, 2012. 8. 10)에서는 연민문고 소장 『燕巖集草稿補遺(九)』에 수록된 연암 시와 함께 『단구관집』에 수록된 시 10수를 공개하였는데, 토론 과정에서 김영진 교수에 의해 이 시들이 尹可基의 작품일 것이라는 의견이 제시되었다.

5 李德懋, 『青莊館全書』 권2, 『嬰處詩稿2』, 32면, 「和寄曾若」. "百篇詩得琤琮韻."

파도 속에서 일어나는 듯하네."⁶라고 하여, 윤가기 시 백 편이 수록된 두 책의 존재를 밝혔다. 또한 이덕무는 윤가기에게 보낸 편지에서 '『삼소자三疏子』한 책을 책상 위에 두고 득의한 시를 평한다.'⁷고 하여, 윤가기가 시를 모아 책명을 『삼소자』라고 쓴 사실을 말하기도 하였다. 그리고 박제가朴齊家(1750~1805)의 문집에는 윤가기가 영남지역을 유력하며 지은 『영남시권嶺南詩卷』에 차운한 시가 수록되어 있다.⁸ 그러나 불행하게도 윤가기는 1801년(순조 1) 9월 6일에 동남성문의 흉서 사건의 주모자로 체포되어 사형에 처해졌고,⁹ 그로 인해 그의 시는 문집으로 간행되지 못하고 대부분 망실하였다. 『단구관집』에 수록된 윤가기의 시 10수는 연암이 특정한 목적으로 그의 시를 정선해 놓은 것으로, 본 장에서는 이곳에 수록된 작품의 내용과 그 의미를 살펴봄으로써 지금까지 베일에 가려져 있던 윤가기 문학의 특징을 규명해 보기로 한다.

2. 윤가기 시 10수의 내용

본 장에서는 『단구관집』에 수록된 윤가기 시 10수의 내용을 순서별로 살펴보기로 한다.

---

6 李德懋, 『青莊館全書』 권11, 『嬰處詩稿3』, 196면, 「題尹曾若遊閑山島詩卷」. "雲濤疑漲百篇中."
7 李德懋, 『青莊館全書』 권16, 『嬰處詩稿8』, 240면, 「題尹曾若遊閑山島詩卷」. "三疏子一册, 謹支几上, 當竢日朗雲豁神澹氣靜之辰, 騁吾平生之眼, 評人得意之詩."
8 朴齊家, 『貞蕤閣初集』, 469면, 「次題疎軒嶺南詩卷」.
9 1801년 8월에 동대문과 남대문 성문에서 흉서가 발견되었는데, 조사 결과 전 단성현감 윤가기의 家客인 任時發이 成歡의 店舍에서 당시 떠도는 말들을 거리낌 없이 말한 내용을 투서한 것으로 밝혀졌다. 윤가기는 1796년에 이조 참의 尹行恁의 추천으로 단성현감의 자리를 얻었는데, 파직 되었다가 얼마 안 되어 다시 복직되었다. 그러나 순조의 척신 세력에 의해 전라감사로 좌천된 윤행임이 1801년 5월 14일에 강진현 신지도에 유배되자, 윤가기가 윤행임의 잔당으로 몰려 벼슬길이 막히게 된 것에 불만을 품고 가객 임시발과 함께 세상을 개탄하는 말을 발설하였다고 한다. 이 사건으로 윤가기는 9월 6일 犯上不道로써 사형을 당했고, 윤행임은 9월 10일 투서 사건의 배후자로 지목되어 사형을 당했다. (『순조실록』 순조 1년(1801) 9월 6일조)

> **官樓月夜**
> 日落江聲到縣樓, 一輪寒月鏡中流. 遠鴻飛急沙洲夕, 畵角吹高木葉秋. 詞客不來餘赤碧, 仙人何在笑丹邱. 終南漢水如天上, 下邑棲遲憶舊遊.
>
> **관루의 달밤**
> 해 떨어지자 강물 소리 들으며 관루官樓에 이르니, 둥근 달빛이 차갑게 거울 속에 흐르네. 먼 하늘의 기러기는 저물녘 모래톱 위를 급히 날고, 뿔피리 소리가 가을 낙엽을 타고 높이 오르네. 가객은 오지 않아 적벽赤壁이 쓸쓸하고, 선인은 어디에서 단구丹邱를 향해 웃음 짓는가? 서울의 한강 물이 은하수처럼 흐르는데, 아래 고을에 머물며 지난날의 놀이를 추억하네.

위의 시는 윤가기가 단성현丹城縣의 관루에서 지은 것이다. 서울대 규장각에는 1797년 1월 1일에 윤가기가 세운 비석의 탁본이 남아있는데,[10] 이로 보아 그가 단성현감으로 부임한 해는 그의 나이 51세가 되는 1796년인 것으로 추정된다. 당시 단성현의 신안진新安津 동쪽에는 병풍처럼 걸려 있는 붉은 바위와 푸른 벼랑이 2리 정도 이어져 있었는데, 바위 위에는 송시열宋時烈(1607~1689)이 쓴 '적벽赤壁'이라는 두 글자가 남아있었다.[11] 또한 김일손金馹孫(1464~1498)은 신안역新安驛 십 리 지점에서 배로 나루를 건너 걸어서 단성현의 객관에 투숙하였는데, 당시 그는 단성현을 단구성丹丘城이라고 부르며 선경으로 여기기도 하였다.[12] 이 시 5구에서 말한 '적벽'은 소식이 유배지에서 장강을 유람하며『적벽부』를 남긴 황주黃州의 적벽을 가리키고, 6구에서 말한 '단구丹邱'는 도가의 무리가 거문고로 태을太乙을 노래하며 유력했던 변수汳水의 단구丹丘를 의미한다.[13] 윤가기는 5, 6구에서 늦은 가을 저녁에 관루에 올라 남강 가에 우뚝 서있는 붉은 바위를 바라보며, 적벽에서 객과 함께 가을 달을 노래한 소식과 단구에서 태을을 노래한 신선을 떠올렸다. 이어 그는 7, 8구에서 서울과 단성의 하늘을 가로질러 흐르는 은하수로 시선을 돌려, 고향의 친구들과 함께 한강에서 배를 타고 바라보던 시절을 추억하는 것으로 마무리하였다. 위와 같이 이 시에는 달빛에 반짝거리며 관루

---

10 正祖 찬,「御製養老務農頒行小學五倫行實鄕飮儀式鄕約條例」, '嘉慶二年正月初一日通訓大夫行丹城縣監臣尹可基百拜謹書', 9면.
11 『丹城邑誌』,『山川條』. "在新安津東, 丹壁翠崖, 如懸如屛, 延可二里許, 尤庵宋時烈所書赤壁二字."
12 金馹孫,『濯纓先生文集』권5,『頭流紀行錄』, 257면. "新安驛十里, 舟渡津而步, 投館, 丹城, 余喚丹丘城而仙之."
13 酈道元,『水經注 · 汳水』. "於是好道之儔, 自遠方集, 或絃琴以歌太一, 或覃思以歷丹丘."

앞을 가로질러 흐르는 남강물의 늦가을의 풍광 속에, 단성에 부임한 후 한 해를 마감하며 느낀 지방관의 고독감과 향수가 녹아들어 있다.

> **矗石樓**
> 驅馬秋風出晉陽, 江城楓竹動淸霜. 千年壁立三臣節, 百尺巖留一女香. 地是必爭當水陸, 山猶如怒壯關防. 人烟舟楫東南盛, 沙鳥何知浩劫忙.
>
> **촉석루**
> 가을바람 맞으며 말을 몰아 진주성을 나서니, 강가 성곽의 단풍과 대나무엔 맑은 서리 일렁이네. 천 년의 벽에는 세 신하의 절의가 우뚝 솟아있고. 백 척의 바위에는 한 여인의 향기가 남아있네. 수륙이 만나는 땅이라 반드시 쟁취해야 하고, 방어 관문이 웅장한 산은 여전히 성난 듯하네. 인가와 배가 들어차 동남방은 번성하니, 물새가 어찌 큰 재난에 다급했던 일을 알리오?

위의 시는 윤가기가 진주에 있는 촉석루에서 지은 것이다. 그는 2구에서 강가 성곽 주변에서 맑은 서리를 맞고 일렁이는 대나무의 형상을 세 장군과 논개의 충의에 비의하였다. 3구에서 말한 천년의 벽처럼 우뚝한 세 신하의 절의는 1593년 6월 29일 진주성이 왜군에게 함락되자 남강에 투신한 경상우도 병마절도사 최경회崔慶會와 그를 따르던 의병장 김천일金千鎰과 고종후高從厚를 가리키고, 4구에서 말한 백 척의 바위에 남긴 여인의 향기는 같은 해 7월 7일에 촉석루에서 열린 축하연에서 기녀로 가장하여 왜장 게야무라 후미스케毛谷村文助를 껴안고 남강에 뛰어든 논개를 가리킨다. 그는 5, 6구에서 '수륙이 마주한 땅'과 '관문이 웅장한 산'을 바라보며, 임진왜란 때 전략적 요충지인 진주성을 놓고 치열하게 벌어졌던 육지전을 떠올렸다. 이어 그는 마지막 7, 8구에서 동남방에 자리하여 인가와 배가 가득 차 있는 진주성 일대에는, 전쟁의 흔적은 간데없고 물새들만 유유히 하늘을 난다고 하였다. 위와 같이 윤가기는 이 시에서 바다와 육지가 접해 있는 천연의 요새에 우뚝 서있는 촉석루를 바라보고, 세 장군과 논개의 충절로 표상되는 진주성 전투를 떠올리며 태평성대가 이어지기를 희구하였다.

> **挽河樓月夜**
> 碧霄寒月滿樓船, 積水虛明粉堞前. 絶壁笙歌空裡落, 畫樑燈燭鏡中懸. 淸霜嶽色元戎枕, 深夜潮聲客子筵. 鮫海風恬知聖化, 含杯共向太平天.
>
> **만하루의 달밤**
> 푸른 하늘의 차가운 달빛이 누선에 가득하고, 겹겹의 투명한 바닷물이 석회 바른 성가퀴 앞에서 넘실대네. 절벽 위의 생황 노래가 공중에서 떨어지고, 단청 들보에 걸린 등촉이 바다물에 매달려 있네. 맑은 서리 내린 산빛 속에 원융元戎께서 자리하고, 깊은 밤 파도 소리에 손님 잔치 열었네. 바다 교룡은 성인의 교화 입어 풍랑이 잠잠하니, 술잔을 들이키며 태평 시절을 우러르네.

위의 시는 전라우수영이 관장하던 격포진格浦鎭의 만하루挽河樓에서 지은 것이다. 만하루는 변산반도 서쪽, 지금의 전라북도 부안군 채석강에 자리했던 격포진의 오른쪽 닭이봉 밑에 서 있었다. 강세황姜世晃(1373~1791)이 지은 「유격포기遊格浦記」에 따르면, 만하루 앞에 길게 이어진 제방의 왼쪽에는 조수가 가득 밀려왔고, 오른쪽에는 넓은 산비탈까지 반짝이는 바다 물결이 찰랑거렸다. 또한 산비탈 너머에는 노송들이 뿔뿔이 서 있는 수많은 산이 둘러쳤고, 오른쪽 산허리엔 늙은 회나무 몇 그루가 울창하게 모여 있는 곳에 전각이 솟아있었다.[14] 윤가기는 1, 2구에서 누선樓船 가까이에 바닷물을 막아 제방 위에 쌓아 놓은 회색 성가퀴까지 겹겹의 투명한 바닷물이 들이친다고 말하고, 이어 3, 4구에서 수만 권의 책을 쌓아 놓은 절벽 위에서 생황 소리가 떨어지고 단청 들보의 등촉이 바닷물에 매달려 있다고 하였다. 그리고 그는 5, 6구에서 닭이봉의 허리에 자리한 원융元戎의 전각을 바라보며, 깊은 밤에 만하루에서 파도 소리 들으며 술자리를 열었다고 하였다. 이어 그는 마지막 7, 8구에서 바다 교룡조차 성인의 교화를 받아 풍랑이 잠잠하다고 말하고, 술잔을 들이키며 태평성대가 이어지기를 희구하는 것으로 끝을 맺었다. 위와 같이 윤가기는 이 시에서 차가운 달빛 가득한 만하루에서 근경에서 원경으로 이어지는 천연의 요새지를 바라보며, '절벽絶壁', '원융元戎', '교해鮫海' 등과 같이 힘 있는 어휘를 구사하여 천하가 안정되기를 바라는 사대부의 호연한 기상을 유감없이 표출하였다.

---

14   姜世晃, 『豹菴稿』권4, 371면, 「遊格浦記」. "樓在鎭將廨宇之前, 昨所行長堤直其前, 堤左潮水正漲, 堤右廣陂潋灎, 陂外羣山圍繞, 疎松離立, 右望山腰, 老槐數株, 蔚若屯雲, 殿角歸甍, 是爲行宮."

泛舟閑山島
碧海長天浩渺間, 雲扶旗脚上閑山. 帆檣遠勢分諸島, 笳角和音鎭百蠻. 翠袖佳人波底影, 輕裘都督醉中顔. 魚龍瑟縮林巒靜, 直到斜陽緩眺還.

한산도에서 배 띄우다
푸른 바다와 긴 하늘이 아득히 펼쳐진 가운데, 구름 속에 깃대를 받들고 한산도에 올랐네. 돛대 멀리 사물의 형세가 여러 섬으로 나뉘고, 신호용 피리의 화음은 모든 오랑캐를 누르네. 가인의 푸른 소매가 물결 아래 어른거리고, 가벼운 갖옷 입은 도독의 얼굴엔 취기가 감도네. 어룡은 몸을 바짝 웅크리고 산들도 고요한데, 내리깔리는 석양을 느긋이 바라보며 돌아오네.

諸勝堂
殺氣銷沈薩筑刀, 鮫鯨受化靜波濤. 移舟忽若逢仙侶, 灑墨還能醉我曹. 大陸蟠空千丈逈, 長風破浪一帆高. 英靈萬劫懷忠武, 近日全書曠世褒.

제승당
살벌한 기운은 살마주薩摩州와 축주筑州의 칼을 녹이고, 교룡과 고래는 교화 입어 파도가 고요하네. 배를 옮겨 타니 마치 신선을 만난듯하고, 먹을 뿌려 시 지으니 한층 우리를 취하게 하네. 대륙은 천길 멀리 하늘에 서려 있고, 장풍에 높은 돛단배가 파도를 일으키네. 영령께서 만세토록 충무를 생각하시니, 근일에 『전서』를 간행하여 광세曠世토록 기리네.

月夜回舟
海色無雲月滿天, 迎船萬火浪紋穿. 一聲大鼓帆謳發, 驚破魚龍水底眠.

달밤에 배로 돌아오다
바다 빛깔 구름 없고 달빛은 하늘에 가득한데, 배를 맞이하는 횃불이 물살을 뚫고 반짝이네. 큰 북소리에 뱃노래 울려 퍼지자, 물속에서 잠자는 어룡이 깜짝 놀라네.

洗兵館觀樂
碓碓畵閣鎭南洋, 巨艦層城鏡面橫. 一群紅妓抛毬樂, 但將風物獻昇平.

세병관에서 관악하다
위풍당당한 단청 누각이 남쪽 바다를 누르고, 큰 배와 겹겹의 성이 바다를 가로질렀네. 한 무리의 기녀들이 포구악抛毬樂을 부르니, 삼가 풍물을 받들어 승평을 축원하네.

위의 시 4수는 삼도수군 통제영이 자리했던 통영에서 배를 타고 한산도에 가서, 삼도수군 통제사 이순신의 집무실로 사용되던 제승당諸勝堂에서 참배하고, 밤에 배를 타고 돌아와 통제영 본영의 중심 건물인 세병관洗兵館에서 관악觀樂하는 여정을 시간순으로 읊은 것이다. 이 시의 창작 시기와 관련하여 「제승당」 8구에서 "근일에 『전서』를 간행하여 광세曠世토록 기리네."라고 말한 것이 주목된다. 그가 말한 『전서』는 정조의 명으로 간행한 『충무공이순신전서』를 가리킨다. 정조는 1792년 8월 19일에 "이순신의 유사遺事를 근래에 내각으로 하여금 『전서』로 편찬하게 하고, 인쇄가 끝나기를 기다려 1본을 본 영전에 보관하고 인하여 치제致祭를 행하라."[15]라고 명하였다. 그에 따라 원임原任 직각直閣 윤행임尹行恁이 저자의 시문과 관계 기록을 수집, 편차하여 1795년 9월 14일에 14권 8책으로 인행하였다. 정조는 이 책을 내전內殿 서고西庫와 오대사고五大史庫, 홍문관, 성균관을 비롯하여 이순신을 제향하는 사당 10여 곳에 각 1건씩 배포하도록 명하였고, 같은 해 11월 30일에 한 본이 통영의 충렬사忠烈祠에 보관되었다. 또한 정조는 같은 해 12월 25일에 통제사 이득제李得濟에게 명하여 충무공 이순신의 영령에 고하는 제례를 치르도록 하였다.[16]

윤가기는 1794년 3월 19일에 희정당熙政堂에 나아가 망배례望拜禮의 반열에 참석하여 치른 응제에서 초삼하草三下를 맞았는데, 구전정사口傳政事에 의해 5월 10일에 이조 참의 윤행임尹行恁(1762~1801)의 추천을 받아 예빈시禮賓寺 주부主簿에 임명되었다.[17] 예빈시는 조선시대에 빈객의 연향燕享과 종실 및 재신宰臣들의 음식물 공급 등을 관장하기 위해 설치된 관서이다. 위의 시에서 보듯이 윤가기는 『충무공이순신전서』를 간행한 1795년 9월 14일과 가까운 날[近日]에 한산도의 제승당과 통영의 세병관을 방문하였는데, 당시 그는 예빈시 주부로 재임하고 있었다. 그는 위의 시에서 삼도수군통제사인 조독都督과 함께 제승당을 참배하거나 세병관에서 관악觀樂한 것으로 보아, 그가 통제영과 한산도를 방문한 것은 특정한 공무에 따른 것으로 추정된다. 당시 그가 수행한 공무는 정조의 명에 의해 윤행임이 9월 14일에 간행한 『충무공이순신전서』 1본을 통영의 충렬사에 봉정하는 일과 관련된 것일 가능성이 있다.[18] 그는 통제영을 다녀온 이듬해에 윤행임의 추천을 받아 단성현감에 부임하고,[19] 윤가

15　『정조실록』 정조 16년(1792) 8월 19일 조.
16　正祖, 『弘齋全書』 권23, 「統營忠烈祠致祭文」, 375면. "萬曆癸酉紀元後二百二十二年十一月丁丑, 忠武全書印頒, 以一本藏于統營忠烈祠, 時維十二月壬寅, 命統制使李得濟."
17　『정조실록』 정조 18년(1794) 5월 10일 조.

기와 윤행임이 1801년 9월 6일에 일어난 동남성문 투서 사건에 연루되어 죽임을 당하였는데,[20] 위와 같은 두 사람의 관계로 보아 위의 추론은 가능성이 있는 것으로 판단된다.

위의 시는 다음과 같이 세 가지의 공통된 특징을 보여주고 있다. 하나는 왜구의 무력 침입에 대한 강한 자신감이다. 이러한 윤가기의 자신감은 「범주한산도」의 3, 4구에서 여러 섬으로 나뉘어 오랑캐를 누르고 있는 수전의 요충지인 한산도의 형세를 말하거나, 「세병관관악」 1, 2구에서 왜구가 침범했던 남쪽 바다를 향해 거대한 함정과 겹겹의 성으로 둘러친 세병관의 위풍당당한 형상을 묘사하는 것으로 표출되었다. 다음으로 문치를 통해 왜구를 교화시키고자 하는 대일본관이다. 이는 그가 「제승당」 1, 2구에서 교화를 통해 왜구의 본거지인 살마주薩摩州와 축주筑州의 살벌한 칼을 녹이고 교룡과 고래가 교화되어 파도가 일어나지 않는다고 말한 것에서 확인할 수 있다. 마지막으로 임진란의 영웅인 이순신에 대한 경외심이다. 이러한 그의 경외심은 「제승당」 7, 8구에서 만세까지 충무를 생각하는 이순신의 영령을 추모하고 광세토록 기리고자 『충무공전서』를 간행했다고 말한 것에서 드러난다. 위와 같이 윤가기는 위의 시 4수에서 특정한 공무를 띠고 이순신이 왜구에게 대승했던 통제영과 한산도를 방문하는 과정에서 촉발된 호연한 기상을 율시와 절구의 절제된 형식 속에 장쾌하고 엄중한 시어로 힘 있게 묘사하였다.

---

18 이덕무의 문집인 『雅亭遺稿』에는 윤가기가 한산도에서 놀고 온 시권에 시 2수가 수록되어 있는데, 그는 이 시에서 윤가기가 당시 지은 시가 백편이라고 하였다. (李德懋, 『靑莊館全書』 권11, 『雅亭遺稿』 권3, 196면, 「題尹曾若遊閑山島詩卷」. "詩情跳蕩海爭雄, 椽筆樓舡破浪風. 雜種生心緣大陸, 妖氛極目歇長空. 陳劉戰伐須臾蜃, 薩筑人烟一片鴻. 幻境晴窓渾水想, 雲濤疑漲百篇中.") 이 이덕무의 시 2수는 1777년 6월 13일에 이덕무가 윤가기, 유득공, 윤재선 등과 함께 지은 시와 1778년 3월 17일에 연암과 윤가기 등이 연경으로 가는 이덕무를 전별하며 지은 시의 사이에 수록되어 있다. 이로 보아 윤가기가 한산도를 유람하면서 남긴 백 편의 시는 1778년을 전후로 한 시기에 지은 것으로 추정된다.
19 『순조실록』 순조 1년(1801) 9월 6일 조.
20 학계에서는 윤행임이 이 사건에 연루되어 제거된 것은 경주 김씨와 벽파세력을 중심으로 한 집권 세력의 권력기반 강화 과정에서 나온 것으로 보고 있다. (변주승(2001), 106면)

> **夜宿山淸時主倅以差員赴京**
> 雪後山陰客到稀, 主人不見月依依. 朱欄拂地初生色, 皂蓋朝天尙未歸. 松竹寒聲渾入座, 池塘淸暈欲沾衣. 風流子舍攜壺至, 羣玉筵頭皎映輝.
>
> **밤에 산청에서 잤는데 원님은 차원으로 서울에 가다**
> 눈 온 뒤라 산청에는 객이 오는 일 적은데, 원님은 보이지 않고 달빛만 희끗하네. 정청 붉은 난간에는 땅에서 솟은 빛이 비로소 일어나고, 원님 수레는 임금께 알현 가서 아직 돌아오지 않았네. 송죽의 찬바람 소리가 온통 자리에 들어오고, 연못의 맑은 달안개에 옷이 젖으려 하네. 풍류객이 객사로 술병 들고 찾아오니, 여러 손의 자리 끝에 달빛이 반짝이네.

위의 시는 윤가기가 산청현의 객사에서 지은 것이다. 이 시는 내용으로 보아 윤가기가 단성현감으로 부임한 해인 1796년 겨울에 지은 것으로 추정된다. 당시 윤가기가 인적이 드문 눈 내린 겨울에 산청현감을 찾아간 이유는 알 수 없다. 다만 그가 현감이 차사원으로 뽑혀 서울에 간 것도 모르고 찾아간 것으로 보아 화급한 공무는 아닌 것으로 추정된다. 윤가기는 3, 4구에서 '붉은 정청의 난간[朱欄]'과 '검은 수레지붕[皂蓋]'를 대비시켜, 달빛 아래 서있는 관사를 보고 느낀 반가움과 서울로 올라간 현감을 만나지 못한 데 따른 아쉬움을 표현하였다. 이어 5, 6구에서 관사 주변의 맑고 깨끗한 야경을 '겨울바람에 우는 송죽[松竹寒聲]'과 '맑은 달안개가 자욱한 연못[池塘淸暈]'으로 묘사하고, 마지막 7, 8구에서 술병 들고 객사로 찾아온 산청의 풍류객들과 겨울밤에 반짝이는 달빛 아래에서 술을 마시는 소회를 묘사하였다. 위와 같이 윤가기는 이 시에는 지방관의 바쁜 일정 속에서 우연히 찾아온 술자리를 통해 얻게 된 쇄락한 정신 경계가 차가운 겨울밤의 자연물 형상 속에 오묘하게 스며들어 있다.

> **安義孔雀館**
> 文章老子擁靈區, 一樹梅花枕畔俱. 眞有煙霞仙不遠, 新成樓閣畵難摸. 十年宦蹟霜侵鏡, 千里逢場月在壺. 誰道公門多俗務, 焦窓信宿一塵無.
>
> **안의현 공작관**
> 글쟁이 노인이 영험한 지역을 차지하고, 한 그루의 매화가 베개 머리와 함께 하네. 주변에 펼쳐진 구름과 노을은 신선이 멀지 않고, 새로 지은 누각은 그림으로 그려내기 어렵네. 십 년의 벼슬살이에 흰머리가 늘어나고, 천 리에서 만난 현장에는 달빛이 술병에 깃들었네. 관청에는 세속 일이 많다고 누가 말했나? 초창焦窓에서 이틀 밤을 지새우니 먼지 한 점 없네.

위의 시는 윤가기가 안의현의 관사인 공작관에 제시한 것이다. 윤가기는 4구에서 '새로 지은 누각[新成樓閣]'이라 하고, 5구에서 '십년의 벼슬살이[十年宦蹟]'라고 하였다. 연암은 안의 현감으로 지낸 지 4년 만에 관아를 지어 집으로 삼았는데,[21] 이때는 연암이 1786년에 유언호俞彦鎬의 천거로 선공감 감역에 제수된 지 10년이 되는 해이기도 하다. 연암은 정당政堂에서 서북으로 수십 보 떨어져 폐허가 된 관사를 허물고 새로 지었는데, 담 밖에 높이가 10자쯤 되는 오동나무가 있는 것으로 인해 관사 이름을 '백척오동각百尺梧桐閣'이라고 하였다.[22] 그리고 그는 이 백척오동각의 남헌南軒을 '공작관'이라고 이름을 붙였는데, 이는 중국에 다녀온 방문객이 전당錢唐 사람 조설범趙雪帆이 쓴 '공작관'이란 세 글자의 편액을 건 데에서 연유한 것이다.[23] 윤가기는 1~4구에서 '영험한 지역[靈區]', '매화梅花', '구름과 노을[煙霞]' 등의 시어를 통하여 연암이 비록 관사라는 속박된 현실에 머물러 있으나, 마음만은 세속적 욕심에서 벗어나 영험한 신선의 세계에 노닐고 있음을 말하였다. 이와 같은 연암의 초연한 삶은 5~8구에서 '흰머리가 늘어나고[霜侵鏡]' '세속 일이 많은[多俗務]' 벼슬살이에서 벗어나, '달빛이 술병에 깃들고[月在壺]' '먼지 한 점 없는[一點無]' 청정무구의 선계를 추구하는 것으로 이어졌다. 위와 같이 윤가기는 이 시에서 연암이 안의현감을 지낼 때 관사 주변에 펼쳐진 선경을 바라보며, 세속적 이욕에서 벗어나 신선처럼 살아가던 연암의 탈속적 삶을 생생하게 묘사하였다.

咸陽別主倅瓜歸
闌干城雪照篁林, 月滿咸陽坐夜深. 五馬歸催千里路, 一琴彈出六年心. 殊鄕政慘宗人別, 遲暮休辭晬日斟. 迎送伊來眞逆旅, 圓瓜初見使若今.

함양에서 임기를 마치고 돌아가는 원님과 이별하다
비낀 성의 눈이 대나무 숲에 비치고, 달빛이 가득한 함양 관사에 밤늦도록 앉아 있네. 오마는 천 리 길을 재촉하는데, 거문고로 6년의 정치를 연주했네. 타향에서 종친과의 이별이 참으로 참담하니, 저물 무렵의

---

21 朴趾源(5), 『燕巖集』 권1, 「孔雀舘記」, 21면. "今幸蒙恩, 得宰名區, 水竹四載, 以官爲家."
22 朴趾源(5), 『燕巖集』 권1, 「百尺梧桐閣記」, 21면. "由正堂西北數十擧武, 得廢館十有二楹, 而軒無欄, 階無甃. … 墻外有一樹梧桐, 高可百尺."
23 朴趾源(5), 『燕巖集』 권1, 「孔雀舘記」, 21면. "百尺梧桐閣之南軒曰梧桐閣. … 客之遊中州者, 得孔雀館三字而還, 錢唐人趙雪帆所書也."

> 전별 술잔을 사양하지 마시게. 맞이하고 보내는 일은 참로 나그네와 같으니, 부임해서 처음 볼 때도 지금 같은 시절이었네.

위의 시는 함양군수의 임기를 마치고 귀경하는 윤광석尹光碩(1747~1799)을 전별하며 지은 것이다. 윤광석은 1791년 2월 27일 함양군수로 부임하여,[24] 6년이 지난 1796년 겨울에 임기 마치고 귀경하였다. 위의 시 4구에서 '6년 동안 하나같이 거문고를 탔다'고 말한 것은 바로 이를 가리킨다. 이어 그는 5구에서 '타향에서 宗人과의 이별이 참담하다.'고 말하여, 두 사람이 종친 관계임을 밝혔다. 파평坡平 윤씨尹氏 문정공파文正公派 족보를 보면, 윤가기는 22대 윤창세尹昌世의 장남인 윤수尹燧의 6대손으로 쓰여 있고, 윤광석은 윤창세의 3남인 윤전尹烇의 5대손으로 쓰여 있다.[25] 또한, 그는 3구에서 '오마가 천 리 길을 재촉한다.'고 하여 천 리 길을 나서는 원님의 조급한 마음을 묘사하고, 6구에서 '저물 무렵의 첫돌 술잔을 사양하지 말라.'고 하여 떠나보내는 이의 아쉬운 마음을 드러냈다. 이어 그는 마지막 7, 8구에서 자신이 단성현감으로 부임해서 처음 만난 때를 회상하며, 객지에서 만나 객지에서 떠나보내는 회한을 토로하였다. 위와 같이 이 시에는 차가운 겨울밤에 대나무로 둘러친 함양관사에서 펼쳐진 전별 장면 속에, 영남 고을의 원님을 맡아 속마음을 터놓고 지내던 종친을 떠나보내며 발동한 석별의 감정이 여과 없이 드러나 있다.

3. 윤가기 시의 배경과 의미

1) 윤가기 시의 학문적 배경

앞서 말했듯이 윤가기는 51세인 1801년에 逆으로 형장에서 생을 마감하였고, 이로 인해

---

24 『일성록』 정조 15년(1791) 2월 27일 조.
25 尹弼重 편, 『坡平尹氏魯宗派譜』, 232면.

그의 생애를 확인할 수 있는 기록을 찾기가 쉽지 않다. 이곳에서는 그의 본관인 파평 윤씨 족보와 실록의 기록, 이덕무와 박제가 등의 문집에 나오는 윤가기 관련 내용을 중심으로 그의 행적을 재구해기로 한다. 그는 파평 윤씨 문정공파 29대로 1745년에 태어났다. 족보에는 그의 증조부인 윤졸尹拙이 적성현감積城縣監을 지낸 이후 조부 윤동영尹東泳과 부친 윤광빈尹光賓은 모두 포의로 생을 마친 것으로 되어 있다. 그는 28세가 되는 해인 1773년에 진사에 올랐고,[26] 33세인 1778년 12월 24일에 전옥서典獄署 참봉參奉으로 처음 출사하였다. 이후 그는 1786년 1월 22일에 사옹원司饔院 주부主簿로 체직되었고, 같은 해 5월 22일부터 지석誌石 감조관監造官을 겸임하다가 지석誌石 번조관燔造官으로 승서陞敍하였다. 이후 그는 일시 관직에서 물러나 있었던 것으로 보이는데, 앞서 살폈듯이 정조가 내린 응제에서 입상한 것을 계기로 1794년 5월 10일에 윤행임의 추천을 받아 예빈시 주부에 임명되었다.[27]

윤가기는 1796년에 윤행임의 추천으로 단성현감의 자리를 얻었는데, 파직되어 돌아왔다가 얼마 안 되어 다시 복직하였다.[28] 이후 그는 1799년 봄에 금산군수金山郡守로 부임하였으나, 같은 해 관사官事로 인하여 의금부의 조사를 기다리기도 하였다.[29] 이규상은 윤가기가 박제가, 유득공과 함께 시문과 글씨에 능해 정조 조정의 내각(규장각) 검서관으로 뽑혔다[30]고 하였는데, 그가 규장각의 검서관으로 재임한 시기는 알 수 없다. 윤가기는 1801년에 윤행임의 추천으로 장악원掌樂院 주부主簿를 맡았는데, 같은 해 5월에 그를 추천한 윤행임이 영부사 이병모李秉模, 영의정 심환지沈煥之 등이 주청하여 강진의 신지도薪智島로 정배定配되자, 심환지는 윤행임이 관직을 남용하여 서얼인 윤가기를 장악원 주부로 제수하였다는 이유를 들어 그를 관직에서 쫓아냈다. 심환지는 같은 해 8월에 일어난 동남성문 투서 사건의 주동자로 윤가기를 지목하고, 결국 그는 같은 해 9월 6일에 56세를 일기로 생을 마감하였다.[31] 그의

---

26 尹弼重 편, 『坡平尹氏魯宗派譜』, 232면.
27 『일성록』 정조 2년(1778) 12월 24일 조~정조 18년(1994) 5월 10일 조.
28 『순조실록』 순조 2년(1801) 6월 9일 조.
29 朴齊家, 『貞蕤閣文集』 권3, 645면, 「亡女尹氏婦墓誌銘」. "今春汝舅遷金山郡, 將迎太夫人, 以汝病頷不果, 吾以永平近, 欲復帶去, 而汝舅又以官事, 待勘金吾未決也."
30 李圭象, 『幷世才彦錄』 3, 「文苑錄」, 273면. "有尹可基, … 有李德無, … 有朴齊家, … 俱以詩文與筆, 選當宁朝內閣檢書官."

동생 윤필기도 투서 사건에 연루되어 경흥부慶興府로 정배되었다가, 3년이 지난 1804년 겨울에 유배지에서 병사하였다. 윤가기의 신원伸寃은 그의 사후 50여 년이 지난 1850년(철종 1) 9월 25일에야 이루어졌다.

윤가기는 박제가, 유득공 등과 사돈 관계를 맺을 정도로 연암그룹의 핵심 인물과 깊은 유대감을 형성했다. 그의 큰딸은 1788년 유득공의 큰아들 유본학柳本學(1770~1842)과 혼인하였는데, 유본학은 1796년 검서관에 오른 이후 상의원尙衣院 주부主簿, 연천 현감, 이인 찰방 등을 역임하였다. 『영재집泠齋集』에는 유득공이 윤가기에게 보낸 시 4수가 수록되어 있다.[32] 또한 윤가기의 큰아들 윤후진尹厚鎭(1775~1838)이 1790년에 박제가의 큰딸과 혼인하였다. 윤후진은 1791년 남궁시에 합격하였으나 관직에 오르지 못하였고, 그의 아내는 혼인한 지 10년째인 1799년 5월 6일에 세상을 떠났다. 박제가는 윤가기와 사돈이라는 이유로 1901년 9월에 동남성문의 투서 사건에 연루되어 종성에 유배되었다가 1805년에 풀려나기도 하였다. 그리고 유득공과 사돈을 맺은 남홍래南鴻來는 윤가기의 종조부인 윤동계尹東啓의 큰딸과 혼인하였고, 이덕무, 유득공과 친밀한 홍희영洪希永의 아들인 홍병선洪秉善은 부친 윤광빈의 사위가 되었다.[33]

윤가기의 문예 활동에 많은 영향을 끼친 인물로 그의 고모부인 서상수徐常修(1735~1793)가 있다. 서상수는 연암이 「필세설筆洗說」에서 "문장에 능하고 소해小楷를 잘 쓰며, 소미小米의 발묵법潑墨法도 잘하고 음률에도 매우 박통하다."[34]고 말할 정도로, 연암그룹에 의해 서화고

---

31 趙斗淳, 『心庵遺稿』 권24, 「贈領議政行吏曹判書碩齋尹公行恁神道碑銘並序」, 483면. "公長銓也, 庶流尹可基爲樂院主簿, 至是煥之, 謂濫投汰之. 時適捕掛書人任時發, 鞫之, 辭連可基, 委官曰: 此某之客也, 失官怨國, 必其所指使, 遂致之死."
32 柳得恭, 『泠齋集』 권2, 24면, 「與金逸如尹曾若桃花洞咏蝶二首」. 『泠齋集』 권3, 51면, 「東還後送曾若游嶺南二首」.
33 尹弼重 편, 『坡平尹氏魯宗派譜』 권1, 232면.

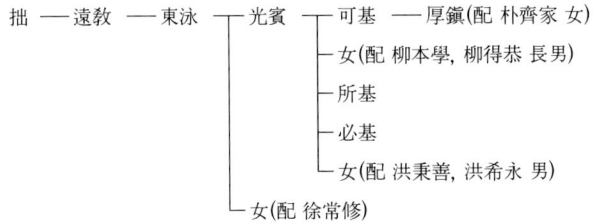

동서화고동古董에 대한 식견을 인정받은 인물이다. 그의 서루書樓인 관재觀齋는 백탑[현 탑골 공원]의 북쪽에 자리하고 있었는데, 연암그룹의 문인들이 자주 모여 시회를 열던 장소이기도 하다. 『아정유고雅亭遺稿』에는 이덕무가 1767년 가을 윤달 그믐날에 서상수의 관재에서 차를 마시면서 윤가기, 유득공 등과 함께 지은 시[35]와, 1767년 가을에 윤가기, 서상수, 유득공, 변일휴邊一休, 이진李璡 등과 몽답정夢踏亭에서 활 쏘는 것을 함께 관람하고 지은 시[36]가 수록되어 있다. 또한, 이 책에는 윤가기의 처소인 삼소헌三疎軒으로 이덕무, 서상수, 변일휴, 유득공 등이 방문하여 함께 지은 시[37]가 수록되어 있다.

윤가기와 사돈 관계는 아니지만 연암그룹에서 그와 가장 긴밀하게 교유한 문인이 바로 이덕무이다. 『아정유고』에는 이덕무가 1762년 9월 말부터 1778년 12월까지 16여년에 걸쳐 윤가기 시에 화운하거나 그와 함께 지은 시 20여 편이 수록되어 있고, 같은 책에는 이덕무가 윤가기에게 보낸 편지 20여 통이 수록되어 있다. 또한 『아정유고』에 수록된 「관재일기觀齋日記」에는 1764년 9월 12일에 윤가기가 이덕무에게 보낸 편지 전문이 실려 있고, 『청장관전서』에 수록된 「이목구심서耳目口心書」에는 1766년 원일元日에 윤가기가 이덕무에게 역관 이언진李彦瑱이 일본에 갔을 때 지은 잡체 40수가 수록된 시축 하나와 일기 3편을 보내준 기록이 실려 있다. 이덕무는 평소 자신이 가장 존경하는 인물로 원중거元重擧(1791~1826)를 들었다. 그는 1870년에 윤가기에게 보낸 편지에서 윤가기가 동자 시절에 원중거를 선생으로 모신 사실을 밝혀[38] 관심을 끈다.

원중거는 연암그룹에서 정주학에 정통하였던 인물로 널리 알려졌다. 이덕무는 『청비록淸脾錄』에서 원중거가 만년에 지은 시에서 '오상五常을 차 마시고 밥 먹듯이 익혀 정밀하고 익숙하며, 제자諸子를 찌꺼기와 겨자로 여겨 키로 까불고 절구로 찧는다.'라고 말한 것을

---

34 朴趾源(5), 『燕巖集』 권3, 23면, 「筆洗說」. "汝五性聰慧, 能文章, 工小楷, 兼小米潑墨之法, 旁通律呂."
35 李德懋, 『青莊館全書』 권9, 『雅亭遺稿』 권1, 153면, 「觀齋茗飮與尹曾若柳惠甫共賦」.
36 李德懋, 『青莊館全書』 권9, 『雅亭遺稿』 권1, 153면, 「夢踏亭李進玉瑍·徐汝五常修·邊子欽日休·尹曾若可基·柳惠甫得恭觀射矣」.
37 李德懋, 『青莊館全書』 권9, 『雅亭遺稿』 권1, 155면, 「汝五·曾若·惠甫共賦」.
38 李德懋, 『青莊館全書』 권16, 『雅亭遺稿』 권8, 240면, 「尹曾若可基」. "玄川元丈, … 卽吾兄童子時函丈, 似應觀感者深, 故不覺稱道之妮妮也."

예로 들어 그의 정주학이 정절精切하다39고 하였다. 그는 이 책의 다른 글에서도 "원중거는 천성이 독실하고 정주의 학설을 즐겨 이야기하였으므로, 일본인들이 더욱 소중하게 여겨 그를 반드시 '노선생'이라고 일컬었다."40고 하였다. 성대중成大中(1724~1776)이 기록한 글을 보면, 원중거는 1763년 통신사행에 부사서기로 일본에 들어갔는데, 당시 일본에는 소규소라이狄生徂徠가 왕사정王士禎과 이반룡李攀龍의 학문을 창도하고 정주학을 비방하여 해동부자海東夫子라고 일컬어지고 있었다. 원중거는 일본의 유자들에게 조리 있게 정주의 학설을 강명하였는데, 그곳의 유학자들이 처음에는 의아하게 생각하다가 차츰 정주학에 대해 올바르게 깨닫고 이해하게 되었다41고 한다.

원중거는 일본 사행에서 돌아온 뒤, 남항南巷[지금의 남대문 근체에 은거하여 학생들을 가르쳤는데, 그의 문 앞에는 언제나 배우려는 학생들로 가득 차 있었다. 그러나 그는 이곳이 오히려 한적하지 않다고 여겨, 가족을 모두 데리고 지평砥平[현 양평군 지제면]의 물천勿川으로 들어갔다.42 원중거가 일본 사행에서 돌아온 1763년은 윤가기가 19세가 되던 해로, 윤가기가 원중거에게 수학한 시기는 구체적으로 확인하기 어렵다. 다만 이덕무가 1762년 9월에 윤가기에게 보낸 시에서 당시 윤가기는 남성南城[현 남대문]에 거처하고 자신은 서곽西郭[지금의 서대문]에서 거주했다43고 말한 것으로 보아, 원중거가 1763년에 남항南巷에서 학생들을 가르칠 때 남대문에 거주했던 윤가기도 그의 강학에 참여했을 것으로 추정된다. 위와 같이 윤가기가 정주학에 조예가 깊은 원중거의 문하에서 수학한 사실은, 그의 학문 배경을 이해하는 데 매우 중요한 단서가 된다. 다음 이덕무가 1762년 9월에 윤가기에게 보낸 시를 통해 당시

---

39 李德懋, 『青莊館全書』 권35, 『清脾錄』 4, 57면, 「玄川翁咏朱子」. "玄川翁晩年, 讀朱子大全集. 有詩曰: 茶飯五常精且熟, 糠粃諸子簸還春, 可謂精切矣."
40 李德懋, 『青莊館全書』 권35, 『清脾錄』 4, 67면, 「蜻蛉國詩選」. "玄川翁, 雅篤厚喜談程朱之學, 彼中益重之, 必稱老先生."
41 柳得恭, 『古芸堂筆記』 권4, 「倭語倭字」. "玄川翁, 素篤志積學. 癸未通信, 以副使書記入日本, 彼中有物雙栢者, 字茂卿, 號徂徠, 又稱護園, 陸奥州人. 得王元美・李于鱗之文於長崎商舶, 讀而悅之, 以爲眞儒, 遂唱王李之學, 詆毁程朱, 無所不至, 六十六州之士, 靡然從之, 至稱爲海東夫子, 眞可笑也. 玄川翁, 對彼儒, 諄諄然講明程朱之說, 彼儒始疑, 而稍稍開悟."(오수경(2013), 237면. 재인용)
42 成大中, 『靑城集』 권8, 510면, 「金先達時和詩軸後」. "玄川元公子才, 返自海槎, 卜居南巷, 敎授生徒, 戶屨常滿. … 然公猶以爲不深, 盡室入砥平之勿川."
43 李德懋, 『青莊館全書』 권2, 『嬰處詩稿』 권2, 「和曾若傚濂洛體以報」, 32면. "吾家西郭子南城."

윤가기가 지향했던 학문의 내용을 읽을 수 있다.

耿介空林一少年	텅 빈 숲에 밝고 굳센 한 소년이,
前脩欲學志渾然	선현들을 배우고자 뜻이 혼연하다.
乾坤要作奇男子	천지 사이에 기이한 남자가 되려면,
須讀嘉言善行篇	반드시 「가언편嘉言篇」과 「선행편善行篇」을 읽어야지.

數帙殘經慰索居	몇 질의 낡은 경서로 삭막한 생활을 위로하니,
笑君襟袍太迂疎	너무도 우활한 그대의 생각이 우스워라.
縱然莫學浮華習	그러나 부디 부화한 습속을 배워,
讀了人間非聖書	성인의 책이 아닌 속서俗書를 읽지 말아야지.

如梭日月不停機	세월은 베틀을 멈추지 않는 북과 같아,
終古人嗟易失時	예로부터 사람들은 때를 잃기 쉽다고 탄식했지.
若使丁年無所得	만약 젊은 나이에 얻은 것이 없다면,
居然瓠落老翁爲	한순간에 쓸모없는 늙은이가 되겠지.

湛然心月絶纖塵	깨끗해진 마음의 달에 조금의 티끌도 없어야,
長得虛明面面眞	길이 마음이 밝아져 사물의 진면목을 얻네.
利欲那堪侵蝕旣	어찌해야 마음을 갉아먹은 이욕을 막고,
時時提掇玉精神	때때로 옥 같은 정신을 끌어모을 수 있을까?

吾家西郭子南城	우리 집은 서쪽 성 그대는 남쪽 성,
西郭南城共月明	서쪽 성 남쪽 성에 모두 달이 밝네.
見月良宵無伴侶	좋은 밤에 달을 보아도 벗이 없으니,
子情應復若吾情	그대의 마음도 응당 나의 마음 같으리.

閑愁不許到心頭	부질없는 근심이 마음에 이르는 것을 막고,
活潑天機靜處求	활발한 천기를 고요한 곳에서 구해야 하네.
好是長空新月展	즐거워라. 긴 하늘에 새달이 떠오르면,
凄風冷雨一時收[44]	쓸쓸한 바람과 차가운 비가 일시에 걷히리.

    칠언절구 6수로 이루어진 시로, 제목은 '염락체濂洛體를 모방하여 윤가기에게 화운하여 알리다.'이다. '염락체'는 송대에 염계濂溪와 낙양洛陽 지방에 살던 주돈이, 소옹, 정이 등의 성리학자가 구사한 문체를 말한다. 1수와 2수에서는 학문의 단계를 말하였다. 1수에서 이덕무가 윤가기에게 가장 먼저 읽기를 권한 책이 바로『소학』이다. 주지하듯이 이 책은 유교의 도덕적이고 실천적인 배움의 내용을 강조하는 수신서로, 조선시대에 충효사상을 중심으로 한 유교 윤리관을 널리 일으키는 데 크게 기여하였다. 그는 이어 2수에서 윤가기가 세상 사람들은 俗書를 읽어 부화한 습속을 따라가고 있으나, 윤가기는 매우 우활하다고 여겨질 정도로 삭막한 집에서 경서에 침잠하고 있다고 하였다. 그리고 그는 3수에서 해와 달이 서로 바뀌는 것은 마치 베틀 위의 북처럼 쉼 없이 지나가는 것과 같다고 하여, 윤가기가 젊은 시절에 촌음을 아껴 학문에 매진하기를 희망하였다.
    이덕무는 4수에서 마음을 달에 비유하여 성리학적 심성수양에 힘쓸 것을 권하였다. 그가 3, 4구에서 '마음의 이욕의 막아 정신을 옥 같이 맑게 한다.'고 말한 것은, 바로 심학心學의 요체인 '인욕을 막고 천리天理를 보존하는 것[遏人欲存天理]'[45]을 의미한다. 그는 이어 5수에서 윤가기와 자신이 거처하는 남대문과 서대문 위에 뜬 둥근 달을 서로 같은 마음으로 바라볼 것이라고 하였다. 이는 곧 4수에서 마음으로 비유한 달을 실제 하늘에 뜬 달로 비약하여, 두 사람이 성리학적 심성수양을 함께 하고 있다는 학문적 동질감을 표현한 것이다. 그는 마지막 6수에서 '바람과 비가 걷히고 새달이 떠오른다.'라고 말하여, 성리학자의 이상적 정신 경계로 일컬어졌던 '비 온 뒤의 맑은 바람과 비 갠 하늘에 뜬 달[光風霽月]'과 같은 청정무구

---

44 李德懋,『青莊館全書』권2,『嬰處詩稿』권2,「和曾若倣濂洛體以報」, 32면.
45 李德弘,『艮齋先生集』권3, 169면,『心經質疑』. "大抵心學雖多端, 總要而言之, 不過遏人欲存天理兩事而已."

의 정신 경계를 운어로 형상화하였다. 이는 곧 그가 윤가기에게 세속적 근심을 떨치고 천리에 따라 유행하는 사물의 본성에 이르러, 그 결과물로 청정무구의 정신경계를 얻기를 희구한 것이다.

윤가기는 21세가 되는 해인 1765년에 북한산에 들어가 2년간 『주역』을 비롯한 성리서를 연구하였는데, 당시 이덕무는 윤가기에게 여러 통의 편지를 보내 그의 면학을 권려하였다. 그는 한 통의 편지에서 사람의 일용생활은 모두 오륜에서 비롯된 것으로 모두 당연지리當然之理를 따르는 것이라고 하고, 이는 노장老莊이나 사서史書가 아닌 『대학』이나 『소학』과 같은 성리서를 읽어 마음을 열고 지혜에 나아가는 데에 있다[46]고 하였다. 또한, 그는 다른 편지에서 절간마다 등불 아래에서 불경 읽는 소리가 들리는데, 윤가기만 복건을 쓰고 마음이 가는 데로 하락河洛을 탐구하고 단상彖象을 외며 지은 시가 한 아름이 된다[47]고 하였다. 이어 그는 산하나 대지에 있는 크고 작은 물건이나 좋고 나쁜 일을 막론하고 『주역』의 이리·수數·상象이 아닌 것이 없다고 하고, 오직 초시강방初試講榜의 한가운데 윤가기가 『주역』을 순통純通하였다고 크게 쓰여 있기 바란다[48]고 하였다. 그는 이렇듯 윤가기가 평생 학문을 절차탁마하는 것을 지켜보며, 한밤중에 일어나 마음을 깊이 경계하거나 성찰하기도 하였다.[49]

위와 같이 윤가기가 젊은 시절에 속서를 멀리하고 성인지학에 침잠할 수 있었던 것은 학구적인 가정환경에 힘입은 바가 크다. 정조의 『경사강의經史講義』에는 1791년에 관학 유생들이 한나라 선제 때의 인물에 대한 정조의 물음에 답한 글이 수록되어 있는데, 이곳에는 생원 윤광창尹光昌, 유학 윤필기尹必基, 유학 윤후진尹厚鎭 등이 함께 답한 내용이 실려 있다.[50] 생원 윤광창은 윤동계尹東啓의 셋째 아들이자 윤가기의 종숙부로, 1786년 8월 17일에 검서관

---

46 李德懋, 『青莊館全書』 권16, 『雅亭遺稿』 권8, 240면, 「尹曾若可基」. "人生日用, 莫不由於五倫, 此豈異常難行之道哉. 只在乎隨其當然之理而已. 惟讀書可以進, 書豈老莊班馬之謂哉. 要不出大學, 小學其它聖賢之書, 皆可以開心進智."

47 李德懋, 『青莊館全書』 권16, 『雅亭遺稿』 권8, 240면, 「尹曾若可基」. "院院燈搖, 寺寺磬鳴, 蕭然一幅巾, 隨意閱案頭古周易, 心玩河洛, 口念象象, 境圓搖筆, 詩紙盈拱, 曾若眞名士哉."

48 李德懋, 『青莊館全書』 권16, 『雅亭遺稿』 권8, 240면, 「尹曾若可基」. "夫易不出理數象, 究此三者, 能事畢矣. 山河大地, 物無洪纖, 事無淑慝, 無非易也. 惟曾若, 愼勿只期初試講榜中大書, 尹某周易純通, 爲甘心也."

49 李德懋, 『青莊館全書』 권2, 『嬰處詩稿』 권2, 37면, 「和尹曾若」. "惟君一世磋磨切, 伊我中宵警省深."

50 正祖, 『弘齋全書』 권112, 『經史講義』 49, 281면, 『綱目』 3, 「漢宣帝」.

에 보임되어 치른 시험에서 논論에서 삼중三中으로 뽑히기도 하였다.[51] 또한 유학 윤필기는 윤가기의 친동생이며, 유학 윤후진은 윤가기의 장남이다. 이렇듯 윤가기의 집안은 비록 서얼이라는 신분적 한계에도 불구하고, 3대가 함께 경사 강의에 참여해 정조의 물음에 답할 정도로 학문에 대한 열정이 남달랐다. 앞서 살폈듯이 윤가기가 한산도와 통영을 방문하여 지은 시에서 문치로 왜구를 교화시키고 예악 정치로 태평 시절을 희구하는 사대부의 이상을 노래한 배경에는, 이와 같이 학구적인 가정 환경하에 치열한 학문 과정을 통해 터득한 성인지학을 현실정치에 실천하려는 강한 의지가 자리하고 있다.

2) 윤가기 시의 시사적 의미

윤가기는 26세가 되던 해인 1770년 12월 1일에 부친 윤광빈이 이봉환李鳳煥(1710~1770)과 친한 사실이 정석오鄭晳吾의 공초供招에서 밝혀져 남포현藍浦縣으로 정배定配되는 일이 일어났다.[52] 경인옥庚寅獄이라고 불린 이 사건은 같은 해 11월 10일에 전 이조낭관 최익남崔益南이 세손으로 하여금 사도세자의 묘사墓祠에 참배하게 할 것을 청하였다가, 영조의 노여움을 사서 고문으로 장사杖死한 일을 가리킨다. 이봉환은 영의정 홍봉한洪鳳漢의 천거를 받아 양지현감陽智縣監에 보임되었으나, 최익남에게 상소를 올리도록 권유했다는 죄목으로 고문을 받던 중 옥사하였다. 주지하듯이 학계에서 이봉환은 당시 '초림팔재사椒林八才士'라고 불리던 서얼 출신의 시인들이 구사했던 '초림체椒林體'를 창시한 인물로 주목을 받아왔다. 이규상李奎象은 『병세재언록幷世才彦錄』에서 산초[椒]는 맛이 매운데, 이 매운 것[烈]을 나타내는 우리말 '얼얼하다'가 서얼庶孼의 얼孼자와 음이 같아서 서얼들의 시체를 '초림체'라고 불렀다[53]고 하였다. 이 시체는 이봉환이 창시하고 이진李瑨(1736~?)의 아버지 이명계李命啓(1714~?)가 옆에서 거들었는데, 이진 등에 이르러서 모두 동조하여 큰 조류를 이루게 되었다.[54]

---

51 『일성록』 정조 10년(1786) 8월 17일 조.
52 『영조실록』 영조 46년(1770) 12월 1일 조.
53 李奎象, 『幷世才彦錄』 3, 「文苑錄」, 269면. "椒之味烈, 烈字意諺言與孼音同, 蓋命啓門閥是孼也."
54 李奎象, 『幷世才彦錄』 3, 「文苑錄」, 269면. "蓋李鳳煥創是體, 瑨父命啓羽翼之, 至瑨輩, 無不推派助瀾."

윤가기는 부친 윤광빈이 '초림체'를 창시한 이봉환의 친분을 이유로 유배를 당했을 뿐만 아니라, 이봉환의 아들인 이명오李明五(1750~1836)와도 교분이 두터웠다. 이봉환과 아들 이명오, 손자 이만용李晩用(1792~1863)은 삼대에 걸쳐 문단의 거장들도 그들이 온다는 얘기를 들으면, 신발을 들고 거꾸로 신고 나가 극진히 환영할 정도[55]로 널리 알려졌다. 『아정유고』에는 1764년 여름에 이덕무가 윤가기와 이명오 등과 함께 읊은 시가 수록되어 있다. 또한, 윤가기는 이봉환을 옆에서 거들어 '초림팔재사'로 불린 이명오의 아들 이진과도 가까운 관계를 유지하였다. 『아정유고』에는 이덕무가 1967년 가을에 윤가기, 이진, 서상수, 유득공 등과 함께 몽답정夢踏亭에서 활쏘기를 관람하고 나서 지은 시가 있다. 위와 같이 윤광빈, 이봉환, 이명계를 중심으로 한 서얼 출신들의 신분적 유착관계는 다음 세대인 윤가기, 이명오, 이진에게 그대로 이어졌다. 따라서 이들은 문풍의 형성에도 적지 않은 영향을 끼쳤는데, 이는 이규상이 윤가기, 박제가, 이덕무의 시는 모두 이진의 시법을 본받았다[56]고 말할 것을 통해 확인할 수 있다. 따라서 본 장에서는 18세기의 후반기에 서얼문학을 주도했던 이진, 이덕무, 이명오, 윤가기 시의 상호 영향 관계를 살펴보기로 한다.

[자료 1] : 모(이덕무: 필자 주)는 지취[趣]를 위주로 해서 神靈스럽게 하려는 것이고, 진옥(이진: 필자주)은 기운[氣]을 위주로 해서 이미 변환變幻한 것입니다. 모는 모두 평이한 것을 하고 싶지 않고 모두 기이한 것도 능하지 못합니다. 그러므로 4분은 평이하고 6분은 기이하여, 때로는 평탄한 길을 걷기도 하고 때로는 깊은 산에 들어가기도 합니다. 진옥은 발분하여 비린鄙吝한 싹을 뽑아버리고 고민하여 진구塵垢의 주머니를 씻어버리며, 형곽산衡霍山과 아미산峨眉山을 개미집이나 탄환같이 여기어, 더욱 과격함에 나아가고 더욱 기특함을 탐하기를 그치지 않아, 근거 없이 추측하여 뚫고 나아가 이르지 못할 곳이 없으니, 그 마음 또한 슬픕니다.[57]

---

55 鄭元容,「泊翁詩集序」. "近代雨念, 泊翁, 東樊三世, 以詞章聲詩, 大噪於世. 藝苑巨匠聞其至, 倒屣迎歡."(이현일 (2011), 91면. 재인용)
56 李奎象,『幷世才彦錄』3,「文苑錄」, 272면. "有尹可基, … 有李德無, … 有朴齊家, … 俱來李瑱法."
57 李德懋,『青莊館全書』권16,『雅亭遺稿』권8,「尹曾若可基」, 240면. "某主趣而欲靈, 進玉主氣而已幻. 某全平不欲也, 全奇不能也. 故四分平六分奇, 時行坦途, 時入深山. 進玉憤而拔鄙吝萌, 悶而滌塵垢囊, 以衡霍峨眉, 爲蟻封彈丸, 愈矯激而愈探奇之不已, 懸度鑿通, 無所不至, 其心亦悲矣."

[자료 1]은 이덕무가 윤가기에게 준 편지에서 자신과 이명오 시의 차이를 밝힌 것이다. 그는 인용 글의 앞에서 이진의 시는 문묵文墨의 지름길을 흔쾌히 벗어나 기기괴괴奇奇怪怪하고 호탕하게 멋대로 내달려[淋漓縱橫], 손으로는 바닷속 교인鮫人의 집을 더듬고 혀로는 신기루를 솟구치게 하였다[58]고 말하였다. 바로 기괴奇怪만을 추구하는 이진의 시를 비판한 것이다. 이어 그는 인용 글에서 자신의 시와 이진 시의 차이를 취취趣趣와 기기氣의 차이로 구별하였다. 그가 말한 취취趣趣는 시에 내재한 의취意趣를 가리키고, 기기氣는 시에 나타난 어세語勢를 의미한다. 당시 사람들은 검서관을 지낸 유득공, 이덕무, 박제가의 시가 너무 정교하고 너무 깨끗한 것을 보고, 이를 '검서체檢書體'라고 불렀다. 이에 대해 유득공은 자신이 구사한 '검서체'는 송송원명唐宋元明의 시에 대하여 뜻을 두지 않은 것이 없었고, 백가를 종횡으로 내달려 그 정수만을 취한 데서 얻은 것[59]이라고 하였다. 이로 보아 이덕무가 말한 취취趣趣는 당송원명의 시를 강명하고 제자백가의 정수를 취하여 얻게 된 의취意趣가 시에 드러난 것이다.

한편 이규상은 이진의 시는 신고辛苦하고 각삭刻削하기를 힘써 말과 소리가 모두 초쇄焦殺하고 뒤틀려 어긋나지만[拗乖], 음미해보면 매우 공교한 바가 있다[60]고 하였다. 이로 보아 이덕무가 이진의 시의 특징으로 말한 기기氣는 힘써 신고辛苦함과 각삭刻削함을 구하여 말과 소리가 모두 초쇄焦殺하고 뒤틀려 어긋나게 지은 데 따른 어세語勢를 가리킨다. 위와 같이 이덕무의 시는 이진을 본받았다고 말한 이규상의 언급과는 달리, 이진이 추구했던 '초림체'와는 확연히 다른 '검서체'를 창출한 것이다.

[자료 2] : 이명오李明五를 방문하여 그의 시 30여 수를 보았다. 간혹 뜻을 새롭게 한 것이 있었는데, "거룻배는 어디서 왔는지, 게 잡는 등불이 별처럼 반짝이네."라는 것이 가장 경구警句이다. 그러나 이 사람의 시는 그 재주를 이기지 못하여 오로지 신기新奇한 것만을 힘쓴다. 내가 말하길, "그대의

---

58 李德懋, 『青莊館全書』 권16, 『雅亭遺稿』 권8, 「尹曾若可基」, 240면. "有一進玉生出來, 快脫文墨蹊逕, 奇奇怪怪, 淋漓縱橫, 手探鮫舘, 舌湧蜃樓."
59 柳得恭, 『古芸堂筆記』 권4, 「檢書體」. "余與懋官次修, 結髮稱詩於曹溪白塔之西, 唐宋元明, 無適無莫意在, 縱橫百家, 撥其精華而已."
60 李奎象, 『幷世才彥錄』 3, 「文苑錄」, 271~272면. "詩務辛苦刻削, 語響皆焦殺拗乖, 연미지, 심유공치."

시는 갈수록 더욱 영이靈異해지니 장차 무슨 물건이 될 것인가?"고 물었더니, 대답하길, "나를 위해 좋은 방도를 지시해 달라."고 하였다. 내가 말하길, "무릇 시에는 사事와 경景이 적당하게 갖추어져야 문文과 질質이 잘 어울린다고 말할 수 있다. 경景 가운데 사事를 띠거나, 사事 가운데 경景을 띤 것이 있고, 각각 경景과 사事를 말한 것이 있으며, 또한 처지에 따라서는 오로지 경景만을 말하거나 오로지 사事만을 말한 것이 있다. 만약 모든 시가 오로지 사事만 말하면 진부하고 용렬함[陳冗]에 떨어지고, 오로지 경景만을 말하면 부화하고 경박함[浮輕]으로 돌아가는데, 그대의 시는 경景만을 말한 것이 많은 듯하다."라고 하였더니. 명오도 그렇다고 대답하였다.[61]

[자료 3] : 또한, 증약曾若(윤가기: 필자 주)의 시를 보면 대체로 혼융渾融과 원숙圓熟을 주건으로 한다. 내가 말하길, "문장이란 반드시 하나의 문호에만 오로지 말고 처지에 따르고 마음에 따라야 한다. 때로는 지나치게 곱게 하기도[險媚] 하고 때로는 지나치게 괴이하게 하기도[險怪] 하며, 때로는 신기新奇하게 하기도 하고 때로는 평이平易하게 하기도 하며, 혹은 넓게 짓기도 하고 혹은 섬세하게 짓기도 하며, 혹은 부화浮華하게 짓기도 하고 혹은 침착沈着하게 짓기도 하되, 다만 옛사람의 뜻을 잃지 않으면서 그 변화의 신축伸縮이 자신의 수중에 있어야 한다. 만일 옛사람의 뜻을 잃게 되면 잡설雜說이지 좋은 문장이 아니다."라고 하였다.[62]

[자료 2]와 [자료 3]은 이덕무가 1764년 10월 7일에 쓴 일기에서 이명오와 윤가기가 서로 다른 풍격을 시를 구사한 사실을 말한 것이다. 이 글을 쓸 당시 이덕무의 나이는 24세였고, 이명오는 15세, 윤가기는 20세였다. [자료 2]는 이명오의 시 30여 수를 보고 평한 것이다. 이덕무는 그의 시 가운데 '어두운 밤바다 게잡이 거룻배에서 반짝이는 등불을 하늘 위에

---

61 李德懋, 『青莊館全書』 권6, 『嬰處雜稿』 2, 「觀讀日記」, 107면. "訪明五, 觀其詩三十餘首. 間有新意, 漁舠何處自, 蟹火一星如, 最警句. 而此君詩不勝其才, 專務新奇. 余曰: 君詩去益靈異, 將成何物, 答曰: 爲我指示好道. 余曰: 凡詩事景俱適, 可稱文質彬彬. 有景中帶事者, 事中帶景者, 有各道景與事者, 又隨其卽地, 有專言景專言事者. 若每篇專言事, 則落於陳冗, 專言景, 則歸於浮輕, 君詩恐言景多矣, 答曰: 唯."
62 李德懋, 『青莊館全書』 권6, 『嬰處雜稿』 2, 「觀讀日記」, 107면. "又見曾若其詩, 蓋以渾融圓熟爲主意. 余曰: 文章不必專主一門, 隨地從心. 有時以險媚, 有時以險怪, 有時以新奇, 有時以平易. 或洪或纖, 或浮或沉, 但不失古人之旨, 而其變化伸縮, 在吾手中也. 失古人之旨則雜說也, 而非好文章也."

뜬 별처럼 표현한 것'이 매우 참신하다고 하였다. 그러나 그는 이명오의 시가 지나치게 신기神奇함을 추구한다고 비판하고, 그 이유로 사事와 경景이 조화를 이루지 못하고 경景만을 위주로 한 것을 들었다. 그가 말한 사事는 특정한 사건에 대한 감정이나 사상을 드러내는 것이고, 경景은 주변에 펼쳐진 경물의 형상을 순간적으로 포착하는 것을 의미한다. 그는 사事만을 추구하면 진부하고 용렬한 데[陳冗] 빠지고, 경景만을 추구하면 부화하고 경박한 데[浮輕] 돌아간다고 하였다. 이는 그가 타고난 재기로 주변 경물의 미세한 움직임을 예리하게 포착하는 영이함을 보여주고 있지만, 경물의 형상을 통해 발동한 감정이나 사상을 시에 비중 있게 담아내지 못했음을 지적한 것이다.

이명오가 41세가 되는 해인 1790년에 홍취영洪就榮(1759~?)이 이명오의 문집에 쓴 글을 보면, 이명오는 괴이한 시를 지어 위로는 삼광三光과 아래로 구천九泉에 이르기까지 신이 다니는 길을 찾고 귀신의 간담을 부수어, 다른 사람이 말하지 않은 것을 말하는 것으로 공교로움을 삼았다[63]고 하였다. 이는 이덕무가 26년 전에 지적한 바와 같이 이명오는 신기한 풍격의 시로 일가를 이루었음을 보여주는 것이다.

[자료 3]은 윤가기가 혼융渾融과 원숙圓熟을 주견으로 삼아 시를 지었음을 밝힌 것이다. 혼융은 상반된 두 개의 측면이 하나로 융합하여 고유의 개성이 사라진 것을 의미한다. 이덕무는 위의 글에서 시는 지나치게 곱거나[險媚] 지나치게 괴곽한 것[險怪]이 있어야 하고, 때로는 신기한 것도 있고 평이한 것도 있어야 하며, 혹은 넓게 짓기도 하며 혹은 섬세하게 짓기도 하고, 혹은 부화하게 짓기도 하며 혹은 침착하게 짓기도 해야 한다고 하였다. 이는 곧 윤가기의 시가 하나의 작품 속에 다양한 풍격이 뒤섞여 고유의 개성을 보여주고 있지 못하는 것을 지적한 것이다. 한편 윤가기가 주견으로 삼은 원숙의 사전적 의미는 사물에 이치에 숙달되어 막힘이 없는 것을 말한다. 이규보는 원숙한 풍격은 경사·백가와 성현의 말을 힘써 읽어 마음에서 깊이 이해하고 입으로 익숙하게 익혀, 시를 지을 때 참조하고 헤아려 여기저기서 가져다가 자뢰해 사용하는 것에서 나온다[64]고 하였다. 이로 보아 이덕무는 윤가기에게 다양

---

63 洪就榮,「泊翁集序」. "余友書娛生, 所謂今詩之怪者也. 其爲詩, 取材新, 造語奇, 用意奧, 攻字苦. 薄三光而窮九天, 搜神逵而破鬼膽, 要以不經人道爲工."(이현일(2011), 101면. 재인용-)

한 전고를 끌어와 시를 지을 때는 옛사람의 뜻을 잃지 않으면서도, 전고의 의미를 신축성 있게 변화시켜 고유의 개성이 드러나도록 하였음을 알 수 있다.

中虛無滯礙	속은 텅 비어 막힌 것이 없는 데,
外發易沖漠	밖으로 발산하니 소리가 매우 그윽하다. (1연)
能成假形鳴	능히 형체를 빌려 소리를 낼 수 있고,
長爲知音托	오래도록 지음에게 의탁할 수 있네. (2연)
潯琶空白悲	심양강의 비파소리에 공연히 백낙천이 슬퍼하,
蘇嘯但阮愕	소문산의 휘파람에 다만 완적만 놀라네. (3연)
纖欲裊殘燭	가는 소리는 꺼져가는 촛불 속에 하늘거리고,
放能塞高閣	힘찬 소리가 높이 솟은 누각을 가득 채우네. (4연)
和風助展惠	유하혜의 화한 기풍을 갖게 하고,
邪心遏莊蹻[65]	장갹의 사특한 마음을 막아주네. (5연)

위의 시는 『아정유고』에 수록된 윤가기의 작품으로, 윤가기가 1768년 12월 30일에 연암과 이덕무 등 8명과 함께 서상수의 관재에 모여 '퉁소'를 소재로 지은 96구에서 뽑은 것이다. 윤가기는 먼저 1연에서 퉁소의 형상과 소리에 대해 개괄하였고, 2연에서 지음을 만나면 모든 사물의 소리를 구사할 수 있는 퉁소의 음악적 기능을 밝혔으며, 4연에서는 저음과 고음

---

64 李奎報, 『東國李相國集』 권26, 557면, 「答全履之論文書」. "古之詩人, 雖造意特新者, 其語未不圓熟者, 蓋力讀經史百家古聖賢之說, 未嘗不熏鍊於心, 熟習於口, 及賦詠之際, 參會商酌, 左抽右取, 以相資用."

65 李德懋, 『靑莊館全書』 권9, 『雅亭遺稿』1, 155면, 「庚申夜, 與朴美仲趾源・徐汝五・尹曾若・柳連玉璉・惠甫・朴在先齊家・李汝剛應鼎, 賦洞簫聯句」.

을 자유자재로 구사할 수 있는 퉁소의 음률상의 특징을 말하였다. 또한 그는 3연에서 백거이가 심양강에서 들은 비파소리에 슬퍼하거나 완적이 소문산의 휘파람 소리에 완적만이 놀란 고사를 들어, 퉁소의 음악성이 비파소리나 휘파람 소리보다 뛰어나다고 하였다. 이어 그는 마지막 5연에서 퉁소 소리를 들으면 장걸의 사특한 마음을 막고, 유하혜의 和한 기풍을 기르는 데 도움이 된다고 하여 퉁소의 음악적 효용을 말하였다. 위와 같이 그는 이 시에서 평이하고 침착한 언어로 퉁소의 형상과 소리, 음악적 기능과 음률에 대해 말하거나, 사람들이 익히 알고 있는 인물과 고사를 끌어와 퉁소의 음악성과 효용성이 뛰어남을 강조하였다. 따라서 이 시는 이덕무가 윤가기 시의 특징이라고 말한 원숙한 풍격을 잘 보여주고 있다.

嶺頭春雲歸來些　　고갯마루의 봄 구름은 어디로 돌아갔는고?
天上文星奈若何　　천상의 문성文星을 어찌할 것인가?(1연)

燒香痴坐胸無滯　　향 사르고 어리석게 앉아있으니 가슴엔 막힌 것이 없고,
縱酒悲歌跡混塵[66]　술 마시고 슬프게 노래하니 진세의 흔적이 뒤섞이네. (2연)

위의 시는 『병세재언록幷世才彦錄』에 수록된 윤가기의 작품으로, 이규상이 이진의 시법을 본받은 윤가기의 시를 예로 제시한 것이다. 1연은 어떤 사람의 죽음을 애도해 지은 만시의 일부이다. 윤가기는 망자를 고개마루에 걸려 있는 봄 구름과 하늘 위에 뜬 문성文星으로 비유하였다. 망자의 죽음을 가리켜 희망을 상징하는 봄 구름이 돌아가고 문장력을 의미하는 문성이 사라지는 것으로 묘사한 것이 참신하다. 윤가기는 2연에서 향 사르고 고요히 앉으면 세속의 썩은 피를 깨끗이 씻겨 마음이 편안하지만, 술 마시고 슬피 노래하면 일순간에 속세의 먼지가 마음을 더럽힌다고 하였다. 탈속의 맑은 정신과 속세를 향한 욕구가 하루에도 몇 번씩 교차되는 마음을 묘사한 것이 참신하다. 윤가기가 위의 시에서 구사한 참신성은 모두 망자의 죽음이나 마음의 갈등과 같이 사事를 형상화함으로써 획득된 것이다. 이 점에서 이덕

66　李奎象, 『幷世才彦錄』 3, 272면, 「文苑錄」.

무가 같은 책에서 꾀꼬리의 맑은소리와 능소화의 흰색과 같이 물물의 형상을 참신하게 표현한 것[67]과 대비된다. 이는 그의 시가 외물外物보다는 인사人事의 형상화에 초점이 맞추어져 있음을 의미하는 것으로, 이를 통해 그의 문학은 언제나 인간의 현실 문제에서 떠나지 않았음을 확인할 수 있다.

이규상은 '초림체'를 창출한 이봉환의 시는 기미氣味가 초쇄焦殺하고 풍운風韻이 번촉繁促하여 교묘한 생각이 창끝처럼 날카로워 수단은 비록 높고 강하지만, 각삭刻削, 첨예尖銳한 데로 교묘하게 흘러, 입을 급히 굴려 읽으면 산초 가루가 혀를 얼얼하게 하고, 눈을 가리면 시큼한 바람이 눈동자를 쏘는 듯하여, 결단코 중화中和를 도사陶寫한 것이 아니라고 하였다.[68] 그가 말한 중화中和에서의 중中은 흐노애락喜怒哀樂의 감정이 발하기 이전의 상태를 말하고, 화和는 희노애락의 감정이 발하되 모두 중정中正한 것[69]을 의미한다. 또한 도사陶寫의 사전적 의미는 '마음을 즐겁게 하여 근심과 번민을 풀어 없애는 것'이다. 이로 보아 시에서 '중화中和를 도사陶寫한다.'는 것은 끊임없는 수양과정을 통해 마음에서 일어나는 욕구를 억제하여 회복한 성정지정性情之正을 시로 표출하는 것을 의미한다. 시는 인욕에 의해 더럽혀진 마음을 정화시켜 성정지정을 회복하는 데 도움을 주어야 한다고 강조하는 재도문학의 관점에서 보면, 이봉환과 이명오 부자, 이명계와 이진 부자가 추구한 '초림체'는 배척되어야 마땅하다. 이는 소재를 널리 고사에서 취하되 글자를 매우 정교하게 단련하고, 고사의 사용을 온당하게 함으로써 한결같이 고아하고 깨끗하게 제작하여 동인東人의 습속에서 벗어난 것[70]으로 평가받는 '검서체'도 예외가 아니다.

앞서 살폈듯이 윤가기는 「촉석루」에서 세 장군과 논개의 충절로 표상되는 진주성 전투를 떠올리며 태평성대를 희구하고, 「만하루월야」에서 천하가 안정되기를 바라는 사대부의 이상을 노래하며, 「범주한산도」를 시작으로 통제영과 한산도를 방문하여 지은 시 4수를

67　李奎象, 『幷世才彦錄』3, 272면, 「文苑錄」. "樹深何處坐黃鸝, 不露其身只送聲. 日午衣鞍都綠影, 柰花如粉向人明."
68　李奎象, 『幷世才彦錄』3, 269면, 「文苑錄」. "氣味焦殺, 風韻繁促, 巧思銳鋒, 手段則高強, 而巧流於刻銳, 轉爲急口, 則椒粒辣舌, 遮眼則酸風射眸, 決未中和之陶寫."
69　朱熹, 『中庸集註』, 251면. "喜怒哀樂之未發, 謂之中, 發而皆中正, 謂之和."
70　尹定鉉, 『梣溪先生遺稿』권4, 107면, 「對山詩藁序」. "君之言曰: 檢書體非別開門戶. … 各盡才力之所至而詣其極, 然取材博而鍊字必精, 隸事必穩, 要其一出於雅潔, 不染東人結習."

통해 이순신이 왜구에게 대승했던 현장을 답사하면서 촉발된 호연한 기상을 펼쳤는데, 이는 그가 성인지학을 익히고 실천하는 과정을 통해 축적된 호연지기가 이 세상을 성인의 시대로 만들려는 경세의지로 표출된 것이다. 또한 그는 「관루월야」에서 단성에 부임해 한 해를 마감하며 느끼는 지방관의 고독감을 평담하게 노래하고, 「안의공작관」에서 연암이 안의현감을 지내면서 세속적 이욕에서 벗어나 신선처럼 살아가던 탈속적 삶을 생생하게 묘사하였는데, 이는 그가 자신의 무한한 욕구를 절제하여 자신에게 알맞은 몫에 만족함으로써 천지의 기와 내아의 기가 하나가 된 중화의 성정이 시로 발현된 것이다. 윤가기는 대를 이어 '초림체'를 구사한 이명오와 이진, '검서체'를 창출한 이덕무와 박제가 등과 긴밀하게 교류하였음에도 불구하고, 위와 같이 그의 시에는 평생 성인의 학문을 익히고 마음공부를 통하여 획득한 중화의 성정이 표출되어 있다는 점에서 문학적 의미를 찾을 수 있다.

4. 맺음말 - 『면양잡록』 수록 이유

연암이 안의현감으로 재임하면서 편집한 소집小集들은 정조에 의해 불시에 있을지도 모를 문집을 올려보내라는 명에 대비해서 만든 자선집自選集이다. 따라서 이 소집들은 일종의 득의작得意作이자 순정작醇正作들을 뽑아 놓은 것이다.[71] 그는 소집을 만들면서 대부분 그가 새로 지은 정자나 누각 이름으로 제목을 삼았는데, 당시 그가 남긴 소집은 『백척오동각집百尺梧桐閣集』, 『공작관집孔雀館集』, 『하풍죽노당집荷風竹露堂集』, 『연상각집煙湘閣集』 등이 있다. 앞서 살폈듯이 연암이 윤가기의 시를 모아 만든 소집의 이름을 『단구관집』이라고 붙인 것은, 이 책의 첫수로 실린 「관루월야」 6구에서 단성현의 관사를 단구관丹丘館이라고 일컬은 데 따른 것이다. 또한 연암의 아들 박종채朴宗采(1780~1835)는 『연암집』을 편집하면서 연암시 42수를 문편文編의 뒤에 『영대정잡영』이라는 편명編名으로 붙여놓으면서 구고舊稿에 『영대잡영映帶雜咏』이 있다[72]고 하였고, 유만주俞晩柱(1755~1788)는 『흠영欽英』 1777년 5월

---

71 김영진(2010), 54면.

22일 조에 『중향성수창衆香城酬唱』이라는 제목으로 연암의 고체시 4수를 수록하였다.[73] 연암은 평소 시인으로 자처하지도 않았고, 다른 사람과 창수한 것도 매우 드물었으며, 평상시에 사람들과 응대해 지은 작품들도 또한 상자에 남겨 두지 않았기 때문에,[74] 현재 남아있는 작품 수가 매우 적다.[75] 이렇듯 평소 시인보다는 문인으로 자처한 연암이 자신의 시가 아닌 윤가기의 시를 선별하여 소집을 만들고, 그 이름을 『단구관집』이라고 붙여놓은 것은 매우 이례적이다.

주지하듯이 정조는 1792년 12월에 남공철을 시켜 안의현감으로 재임하고 있던 연암에게 편지를 보내 분량이나 내용에 있어 『열하일기』에 버금가는 순정한 글을 지어 올리라고 명하였다. 『면양잡록』 제3책은 표지에 '농서응제農書應製'라고 기록되어 있고, 본문의 제목 아래에 '면천군수沔川郡守 신박지원臣朴趾源 편집編輯'이라고 기록되어 있다. 따라서 이 책은 정조의 명에 의해 작성한 『과농소초課農小抄』의 초고로 추정된다. 또한, 『면양잡록』 제7책에는 『칠사고七事考』가 해서로 기록되어 있다. '칠사'라는 제목은 수령칠사守令七事에서 따온 것으로, 이 책은 연암이 정조에게 올리기 위해 작성한 목심서이다. 그리고 제8책에는 정유재란(1597) 때 안음현감으로 있던 곽준郭䞭이 함양군수 조종도趙宗道와 힘을 합쳐 호남의 길목인 황석산성黃石山城을 사수한 사실을 기록한 「산성실적山城實蹟」, 1728년에 이웅보李熊輔·정희량鄭希亮 등이 일으킨 무신난戊申亂을 진압한 사실을 기록한 「거창현무신토역일기居昌縣戊申討逆日記」 등이 수록되어 있다.[76] 위와 같이 『면양잡록』에 수록된 글들은 연암이 언제 있을지 모를 정조의 명에 대비해, 자신을 포함해 여러 작가의 득의작과 순정작을 모아 놓거나 지방 관리들의 모범적인 사적을 순정한 문체로 다시 작성한 것이다. 연암이 제8책에 문이 아닌 시로써 유일하게 윤가기 시 10수를 수록한 것은, 그의 시가 정조에게 올려도 무방할

---

72 朴趾源(5), 『燕巖集』 권4, 222면. "舊有映帶雜咏, 編題今仍之. 男宗侃謹書."
73 兪晚柱, 『欽英』, 352~353면. 이곳에 수록된 연암의 고체시는 「贈左蘇山人」, 「挽趙淑人」, 「搜山海圖歌」, 「叢石亭觀日出」 등 4수이다.
74 朴趾源(5), 『燕巖集』 권4, 224면. "詩古今軆共四十二首. 府君雅不以詩自命, 與人唱酬絶罕, 尋常應副之作, 亦未曾留之巾箱, 故篇目甚尠."
75 현재까지 확인된 연암의 시는 모두 53수로, 박영철본 『연암집』에는 그중 42수가 수록되어 있다.
76 김문식(2012), 171~174면.

정도로 순정한 내용을 담고 있다고 보았기 때문이다.

> [자료 4] : 문사文詞의 체격體格은 실로 세도世道의 오르고 내림과 관계된다. 그런데 근래 신진들의 문체文體를 보니 매우 섬미纖靡하고 부박浮薄한 것이 오로지 명청明淸 사이의 괴이한 투만 숭상한다. 사율詞律에 이르러서는 일절 평담平淡하고 혼후渾厚한 것이 없이 모두 송원宋元 이래 전사塡詞의 모양으로 성조聲調가 촉박하니, 결코 치세治世의 음이 아니다. 무리를 초월하여 기이함을 창출하고자 한다면, 방법이 없는 것이 무슨 걱정이기에 어찌 반드시 그렇게만 하는가?[77]

[자료 4]는 정조가 「일득록日得錄」에서 당시에 유행하던 문체文體와 시체詩體에 대해 비판한 것이다. 정조는 같은 책에서 시를 세도와 관련하여 전영雋永·충융沖瀜한 시는 치세의 중화中和의 음이고, 용용舂容·전아典雅한 시는 관면冠冕과 패옥珮玉의 재질이며, 쇄쇄瑣碎·첨사尖斜한 시는 난세의 번촉煩促한 소리이고, 유험幽險·긱기奇巧한 시는 고신孤臣과 얼자孼子의 문체라고 하였다.[78] 위의 글에서 정조는 먼저 당시 신진학자의 문체가 명청明淸의 괴기한 투를 본받아 매우 섬세하고 부박하다고 지적하고, 이어 송원宋元 이래 전사塡詞의 모양을 본떠 성조가 촉박하여 평담平淡하거나 혼후渾厚한 치세의 소리가 아니라고 지적하였다. 전사塡詞는 사詞의 격식에 따라서 가사를 지어 넣는 것으로, 정조는 이를 난세의 번촉煩促한 소리로 간주하였다. 특히 정조는 근일에 백관들이 지은 문서를 보면 모두 부경浮輕·요솔潦率한 데 특히 내각 관리들의 글이 더욱 심해 빈축을 산다[79]고 말하거나, 이덕무와 유득공이 구사한 문체는 전적으로 패관소품에서 나온 것[80]이라고 비판하였다. 이는 정조가 당시 이봉

---

77 正祖, 『弘齋全書』 권162, 『日得錄』 2, 「文學」 2, 164면. "文詞體格, 實關世道汙隆. 而近見新進人文體, 甚纖靡浮薄, 專尙明淸間恠套. 至於詞律, 一無平淡渾厚, 皆是宋元以來塡詞樣子, 聲調促迫, 大非治世之音. 苟欲超羣刱奇, 何患無術, 而豈必乃爾耶."

78 正祖, 『弘齋全書』 권163, 『日得錄』 3, 「文學」 3, 188면. "詩者, 關世道, 係治忽. 雋永沖瀜者, 治世中和之音也, 舂容典雅者, 冠冕珮玉之資也. 瑣碎尖斜者, 亂世煩促之聲也, 幽險奇巧者, 孤臣孼子之文也."

79 正祖, 『弘齋全書』 권163, 『日得錄』 3, 「文學」 3, 188면. "近日百司文書之入眼者, 類皆浮輕潦率, 而閣吏爲尤甚, 見之不覺嚬蹙."

80 正祖, 『弘齋全書』 권165, 『日得錄』 5, 「文學」 5, 229면. "李德懋·朴齊家輩文體, 全出於稗官小品."

환이 창시한 '초림체'와 이덕무 등이 창시한 '검서체'를 서얼 출신 관료의 시로 단정하고, 이들에게 치세의 중화의 음을 지닌 시를 짓도록 했음을 의미한다. 연암이 『면양잡록』에 서얼인 윤가기의 시를 수록한 이유는 바로 여기에 있다. 곧 그는 당시 많은 서얼의 시 중에서 윤가기의 시만이 성정지정을 노래한 치세의 중화의 음을 보여주고 있다고 판단하고, 순정한 시를 올리라는 정조의 명에 대비해 윤가기의 시 10수를 『면양잡록』에 선록해 놓은 것이다.

제11장

연암의 장편시 「만조숙인」 연구

1. 머리말

연암 박지원(1737~1805)이 1774년(영조 50)에 지은 「이몽직애사李夢直哀辭」는 그해 2월에 연암의 자형인 서중수徐重修(1734~1812)의 고종 4촌 동생 이한주李漢柱(1749~1774)가 남산에서 활을 쏘고 내려오는 길에 잘못 날아든 화살에 횡사했다는 소식을 듣고 쓴 것이다.[1] 연암은 이 글의 뒤에 덧붙인 「제애사후題哀辭後」에서 다음과 같이 당시의 심경을 토로하였다.

[자료 1] : 나는 내 친구 이희천李士春[李羲天, 士春은 그의 자. 필자 주]이 죽은 뒤부터는 사람들과 다시 교제하고 싶지 않아 경하慶賀이거나 조위弔慰이거나 모두 폐해 버렸다. 평생의 절친한 친구인 유사경兪士京[兪彦鎬, 士京은 그의 자. 필자 주], 황윤지黃允之[黃昇源, 允之는 그의 자. 필자 주] 같은 이들이 기이하고 험한 일을 만나 섬에서 거의 죽게 되었어도, 또한 한 글자 안부를 물은 적이 없었다. 비록 왕래하는 일이 있다 해도, 가까운 이웃에 물과 불을 얻거나 시복緦服 이내의 집안 친척을 조문하는 것에 지나지 않았다.[2]

---

1 김윤조(1990)(2), 257~269면.

[자료 1]에서 말한 이사춘李士春은 연암의 친구인 이희천李羲天(1738~1771)을 가리킨다. 그는 연암이 그의 부친 이윤영李胤永에게 주역을 배운 것을 계기로 줄곧 연암과 친밀한 관계를 유지하였다.[3] 그런데 그는 1771년(영조 47) 5월 26일에 영조의 명에 의해 청파교青坡橋에서 효시되고, 처자는 흑산도에서 평생 관노비가 되는 참변을 당하였다. 주린朱璘이 편찬한 『명기집략明紀輯略』에 조선 태조의 세계世系를 왜곡·모독한 내용이 있는 줄 모르고 책 장사로부터 구입한 것이 그 이유이다.[4] 연암은 절친했던 친구의 예기치 못한 죽음을 보고, 그와의 사귐이 망상과 악연이 합쳐져서 만들어진 원업冤業[5]이라고 생각하였다. 그는 이후 수년간 가까운 이웃에 물과 불을 빌리거나 시복緦服 이내의 친척을 조문하는 것 이외에는 경하慶賀이거나 조위弔慰이거나 모두 폐하였다. 심지어 그는 가장 가까운 친구였던 유언호俞彦鎬·황승원黃昇源 같은 이들이 횡액을 당하여 섬에 유배 간 때에도 편지 한 통 보내지 않을 정도였다.[6]

유만주俞晚柱(1755~1788)가 지은 『흠영欽英』 1777년 5월 22일 조에는 『중향성수창衆香城酬唱』이라는 제목으로 「증좌소산인贈左蘇山人」, 「만조숙인挽趙淑人」, 「수산해도가搜山海圖歌」, 「총석정관일출叢石亭觀日出」 등 연암의 고체시 4수가 수록되어 있다.[7] 그중 주목되는 것은 「만조숙인」이다. 조숙인은 연암의 친구였던 홍낙임洪樂任(1741~1801)의 처 임천 조씨[父 趙明健, 1741~1771]이다.[8] 홍낙임은 영의정을 지낸 홍봉한洪鳳漢(1713~1778)의 셋째 아들이다. 홍봉

---

2 朴趾源(5), 『燕巖集』 권3, 85면, 「李夢直哀辭」. "余自吾友李士春之死, 不欲與人更交, 並廢慶賀吊慰. 平生親友之如兪士京黃允之輩, 遭罹奇險, 幾死海島, 而亦未嘗以一字相問. 雖има過從, 不過比鄰水火之所資, 一門緦服之內而已."
3 이희천의 문집인 『石樓遺稿』에는 1758년 겨울에 연암과 함께 大隱巖에서 시를 짓거나(李羲天, 『石樓遺稿』 권2, 「和白麓詩序」), 연암에게 편지를 보내 자신의 고문관을 펼친 글이 실려 있다(李羲天, 『石樓遺稿』 권2, 「與朴美仲趾源書」).
4 『영조실록』, 47년 5월 26일 조. 이 사건은 영조 47년(1771) 5월 26일에 4월 21일에 연암의 族祖(조부 朴弼均의 8촌 동생)인 朴弼淳(1714~1772)이 청나라 朱璘이 1696년에 편찬한 綱鑑會纂이란 책에 '조선 태조의 世系와 관련된 망극한 誣言'이 있다는 상소를 올린 것에서 발단이 되었다. 위의 상소를 읽고 격노한 영조는 서적의 수입을 금지하고 책주름[册儈]들과 위의 책을 구입한 자들을 잡아 처형하도록 명하였다.
5 朴趾源(5), 『燕巖集』 권3, 85면, 「李夢直哀辭」. "蓋想生妄想, 緣皆惡緣也. 想而緣, 緣而交, 交而親, 親而情, 情而乃冤業也."
6 영조 48년(1772) 俞彦鎬는 노론 清流로 지목되어 흑산도에 유배되었다가 그해 10월 탕척되었으며, 그 이듬해에는 黃昇源이 사간원 정언으로서 李光佐 등 소론계 대신의 관직을 복구하라는 영조의 特旨에 항의한 참판 趙榮順을 두둔했다가 흑산도로 유배되어 몇 달 만에 풀려났다. (신호열·김명호 옮김(2007), 351면)
7 俞晚柱, 『欽英』, 352~353면.

한은 노론의 핵심 인물로 1743년에 그의 딸 혜경궁이 세자빈으로 간택된 이후, 30여 년에 걸쳐 왕실의 외척으로 권력을 좌지우지하였다. 그러나 그는 또 다른 외척인 김귀주金龜柱(1740~1786) 일파가 사주한 탄핵 사건을 계기로 1771년 3월에 정계에서 물러나 번동樊洞에서 칩거하다가 1778년 12월에 생을 마쳤다. 홍낙임은 홍봉한과 함께 번동에서 칩거하던 1771년 10월 16일에 부인상을 당하였고, 「만조숙인」은 바로 이때 연암이 그의 청에 의해 지은 것이다. 앞서 연암이 이희천의 참변을 겪고 세상과의 인연을 끊었다고 말했는데, 불과 5개월 만에 당시 정치권의 핵심인물인 홍낙임의 부인을 애도한 시를 지은 이유는 무엇일까?

「만조숙인」은 당대는 물론 연암 사후에도 사람들에게 널리 알려져 있었다. 이 시는『흠영』이외에도 윤광심尹光心(1751~181/)이 역대의 시문을 모아 편찬한『병세집幷世集』에「총석정관일출」과 함께 수록되어 있고,[9] 장지연이 편찬한 대동시선에도 연암이 지은 12수의 근체시와 함께 고체시로 유일하게 수록되어 있다.[10] 그런데 주목되는 것은 이 시가 현재 승계문고본『연암집』57권의『잡저』마지막 부분에 원문이 수록되어 있을 뿐, 박영철이 1932년에 활자로 간행한『연암집』을 포함해 현전하는 모든 이본에는 빠져있다는 것이다.[11] 이는 연암의 아들인 박종채朴宗采[초명은 宗侃, 1780~1835]가『연암집』을 간행할 목적으로 여러 곳에 흩어져 있던 연암 시 50수를 모아『연암집초고보유 구燕巖集草稿補遺 九』에 수록하면서 유독 이 시만 제외한 것에서 연유한다.[12] 위와 같이 「만조숙인」이 사람들에게 널리 읽혔음에도 불구하고, 박종채가『연암집초고보유(9)』에 연암 시를 수록하면서 이 시를 제외한 이유는 무엇일까? 본 장을 통하여 그 태생 과정에서부터 삭제 이유에 이르기까지 베일에 가려져 있는 「만조숙인」의 실체를 밝혀보기로 한다.

---

8 김영진(2010), 53면.
9 김윤조(1992)(1), 345~364면 참조.
10 張志淵 편,『大東詩選』,『張志淵全書』6, 41~42면.
11 김윤조(1992)(1), 320면.
12 정재철(2012), 151면.

2. 「만조숙인」의 내용과 주제

「만조숙인」은 장편의 고체시로 모두 5언 70구로 이루어져 있다. 유만주는 『흠영』에서 이 시는 백거이 시를 모방한 것으로 만시의 변체[13]라고 하였다. 백거이가 남긴 다양한 만시 중에 그의 친구인 설태薛台의 부인이 죽은 것을 애도하여 지은 「위설태도망爲薛台悼亡」이 있다.[14] 유만주는 이 시를 자기 부인의 죽음을 애도해 지은 도망시悼亡詩의 변체로 이해하였고, 이 시를 모방하여 지은 「만조숙인」 또한 만시의 변체로 본 것이다. 타인의 부탁으로 짓는 만시는 망자와의 정분에 있어 명銘이나 행장行狀과 같은 공안公案과는 다르다. 망자와 평소 교분이 있는 경우에는 망자의 생전 모습을 밝히는 것이 마땅하지만, 교분이 없는 경우에는 만시에서 쓰이는 의례적인 언사를 말하면 되므로 상대의 요청을 박절하게 거절할 필요는 없다.[15] 연암이 친구 부인의 죽음을 애도하여 지은 시에서 의례적인 언사로는 짓기 어려운 장편의 고체시를 남긴 것은 매우 이례적이다. 특히 장편으로 이루어진 만시는 평소에 축적한 학문이 풍부하고 시문을 연마한 것이 정교하지 않으면, 힘 있는 필력과 아름다운 문채를 구사하여 망자의 생전의 모습을 그림처럼 생생하게 묘사하기가 쉽지 않다[16]는 점에서 더욱 그렇다.

「만조숙인」은 그 내용으로 보아 도입 → 전개1 → 전개2 → 결말로 이어지는 네 개의 의미 구조로 이루어져 있는데, 이를 토대로 이 시의 내용과 주제를 살펴보면 다음과 같다.

---

13 俞晚柱, 『欽英』, 355면. "倣白詩而挽之變體也."
14 白居易의 『白氏長慶集』(『문연각사고전서』 1080)에는 「哭李三」, 「哭王質夫」, 「哭諸故人因寄元九」, 「爲薛台悼亡」, 「哭從弟」, 「哭皇甫七郎中湜」, 「哭崔常侍晦叔」, 「哭劉尚書夢得二首」 등의 만시가 수록되어 있다. 「爲薛台悼亡」은 칠언절구로 해 저물 때 늙고 병든 몸으로 황천으로 떠나간 부인을 그리워하다가, 차가운 달빛 아래 어린아이 손을 끌고 텅 빈 방을 들어가는 친구의 쓸쓸한 모습을 묘사하였다. (半死梧桐老病身, 重泉一念一傷神. 手携稚子夜歸院, 月冷房空不見人.)
15 郭鍾錫, 『俛宇先生文集』 권53, 323면, 「答金振玉」, "輓詞以情厚薄者, 非若銘狀之公案, 有情者自當有言, 何可强人以伸其情耶. 循例相與之地, 循例有言, 豈至甚妨, 彼之有請, 不必冷忍."
16 鄭宗魯, 『立齋先生文集』 권20, 347면, 「答鄭希仁」, "海翁輓詞, 七言百韻, 摸寫得此老平生如畫, 筆力文彩, 汪洋焯燁, 非足下蓄積之富·琢鍊之精, 亦安能若此乎."

[1단락] : 부인은 머리에 쓰는 다리[首髢]를 중히 여겨, 천금을 들여 높이 가체를 틀었네[高髻]. 한 길 길이의 가체가 육진을 뛰어넘는 듯, 삼단 같은 머리가 성대하게 출렁이네. 빗질하다 머리털이 놀라지 않도록, 한 가닥이라도 틀어질까 걱정하네. 동백기름 발라 윤기가 흐르고, 혀로 핥고 손으로 쓰다듬네. 버릇없는 아이 잠재우듯 편안히 모시고, 제사 모시듯 공손히 받드네. 어떤 강심장을 지닌 여자가, 손 위아래 동서들에게 빌려줄까?

婦人重首髢, 千金爲高髻. 一丈出六鎭, 霏霏綠雲細. 下梳不驚髮, 或恐一髮戾. 葳蕤冬栢膏, 舌舐復掌篲. 如安驕兒眠, 奉持若承祭. 有誰剛腸女, 能借似與娣.

[1단락]은 조선의 여성에게 있어서 머리에 장식하는 다리[首髢]가 얼마나 중요한가를 보여주는 내용으로 되어있다. 1, 2구에서 부인이 가체를 중히 여겨, 천금을 들여 높이 가체를 틀었다고 말하였다. 가체는 [그림 1][17]에서 보듯이 머리숱이 적은 여성들이 숱이 많아 보이기 위해 덧 땋은 머리를 말한다. 이것은 '다리[月子]' 또는 '다래'라고 불렀는데, 다른 사람의 머리카락을 이용할 때는 '가체加髢' 혹은 '딴머리'라고 하였다. [그림 2][18]에서 보듯이 당시에는 다리를 땋아 얹은 높은 머리[高髻]가 유행하면서 사람들은 적지 않은 비용을 지불했고, 혼인에 사용할 다리를 마련하고자 가산을 탕진하는 일까지 생길 정도였다.[19] 3, 4구에서 삼단같이 성대하게 출렁이는 한 장 길이의 가체가 육진六鎭을 뛰어넘는다고 하였다. 낙하생落下生 이학규李學逵는 다리 중 가장 광택이 나고 길게 드리운 것은 함경도 육진 땅에서 많이 나는데, 이를 '육진체六鎭髢'라고 하여 값이 보통 등급의 배가 된다고 하였다.[20]

5~12구에서는 부인들이 가체를 매우 귀한 물건으로 대우하는 장면을 다채롭게 표현하였다. 당시 부인들이 가체의 머리털이 한 가닥이라도 틀어지지 않게 정성 들여 빗질하고, 동백기름을 발라 반지르르 윤기가 나게 하거나 혀로 핥고 손으로 쓰다듬는 일은 흔히 볼 수 있는

---

17 국립중앙박물관(2002), 161면.
18 국립중앙박물관(2002), 161면.
19 김문식(2008), 38~39면. 1756년(영조 32)에는 부인들이 다리 자랑하기를 좋아하여 數百金을 소비하는 폐해를 막고자 다리를 사용하는 것을 금지하고 족두리로 대신하기도 하였다. 영조의 다리 금지령은 1763년에 족두리를 보석으로 장식하면 다리 비용과 맞먹는다는 이유로 철회되었다.
20 김명호(2013), 51면.

[그림 1] 신윤복의 「溪邊佳話」
다리꼭지를 넣어 땋는 모습(간송미술관)

[그림 2] 신윤복의 「端午風情」
가체를 머리에 틀어 올린 모습(간송미술관)

장면이었다. 또한 부인들이 가체를 버릇 없는 아이 잠재우거나 제사 모시듯이 공손히 받들고, 가까운 손 위아래 동서들에게도 빌려주지 않는 모습은 낯설지 않은 풍경이었다. 위와 같이 이 단락에서는 가체를 쓴 여성의 형상과 가체에 대한 여성들의 애정을 통하여 아름다워지려는 인간의 욕망을 가체를 통해 충족시키려는 당시 여성의 심리를 묘사하였다.

[2단락] : 의義를 중히 여기는 한 여자가 있어, 용감하게 남편 친구를 구제하였네. 남편 친구가 부친상을 당하여, 단袒을 하고 괄발括髮을 한 채 파리와 모기를 쫓네. 남편의 탄식을 몰래 듣고는, 가엽게 여겨 자주 소매를 훔쳤네. 창졸간에 돈 마련하기 어려워, 다리를 잡히고 백냥을 빌렸네. 남몰래 반함飯含 물건을 갖추고서, 남들이 누설할까 걱정했네. 당시에 일이 엄하고 급하여, 누구의 은혜인지 몰랐네. 오랜 후에 자연히 알게 되어, 코끝이 시리고 두 줄기 눈물이 흘렸네. 참으로 의협심 있는 장부도 어렵거늘, 하물며 유약한 여자가 돈을 냄에야! 부인의 의義가 손상될까 두려워, 입으로는 감격을 말하지 못했네. 오매불망 마음으로 간직하고, 은밀히 나의 아내와 약속했네.

女有重義者, 勇敢夫友濟. 夫友有父喪, 袒括驅蠅蚋. 暗聞夫歎息, 惻然頻掩袂. 倉卒難爲財, 典髢百金貰. 潛辦飯含具, 猶恐他人泄. 當時事嚴急, 不知誰所惠. 久久自然知, 鼻酸忽雙涕. 實難丈夫俠, 況出女子弱. 恐傷婦人義, 口不言感激. 寤寐藏中心, 密語吾妻約.

[2단락]은 조숙인이 부친상을 당한 연암을 애통해하는 남편의 모습을 보고, 소중히 관리해 오던 가체를 전당 잡혀 반함飯含에 필요한 물품을 제공하는 내용으로 되어있다. 조숙인은 연암의 부친상 소식을 듣고 소중히 간직하던 가체를 전당 잡혀 백냥을 빌려 반함에 필요한 물건을 마련해 주었다. 반함은 망자의 입에 쌀과 구슬 등을 넣는 것으로, 효자가 죽은 이 섬기기를 산 사람과 같이하여 차마 그 어버이의 입을 비워 둘 수 없기에 행하는 것이다.[21] 연암의 부친 박사유朴師愈(1703~1767)는 청요직을 두루 역임한 박필균朴弼均(1685~1760)의 슬하에서 부모를 극진히 모시다가 65세에 쓸쓸히 생을 마쳤다. 묘지나 행장에 별달리 쓸 행적이 없을 정도로 무명 속에 살아온 부친[22]에 대한 연암의 효성은 남달랐다. 그는 부친이 삼월 초이틀에 병환이 몹시 위중한 것을 보고, 칼로 왼손 중지를 베어 흘린 피를 약에 넣어 110일간 생명을 연장하기도 하였다.[23] 연암은 홍대용의 아들에게 부친의 유지에 따라 반함을 하지 말자고 주장하였고, 자신의 초상에도 반함을 하지 말 것을 유언으로 남겼다.[24] 두 사람이 반함을 하지 않은 것에는 유자로서의 바른 삶을 살지 못했다는 반성의 의미가 담겨있다.[25] 그런데 연암은 조숙인이 가체를 전당 잡혀 부친의 반함 물건을 마련해 주었다는 소식을 뒤늦게 듣고, 코끝이 시리고 두 줄기에 눈물이 흐를 정도로 감격하였다. 그에게 있어서 부친의 입에 넣어진 구슬은 부친께서 평생 가난 속에 살면서도 유자로서의 바른 삶을 잃지 않았음

---

21 江永 찬, 『禮書綱目‧喪禮義』 권32, 장13b, 「凶禮十六‧補」. "所以有飯含, 何緣生食. 今死不欲虛其口, 故含." 조숙인이 가체를 전당 잡혀 얻은 돈이 백 냥[百金]이라고 말한 것으로 보아, 연암의 부친상에 사용된 반함 물건은 구슬인 것으로 판단된다. 연암은 「廣文者傳」에서 당시 돈놀이하는 자들이 대체로 머리장식, 옥비취, 의복, 가재도구 및 가옥‧田庄‧노복 등의 문서를 저당잡고서 본값의 십 분의 삼이나 십 분의 오를 쳐서 돈을 내주었다고 하였다. (朴趾源(5), 『燕巖集』 권8, 121면, 「廣文者傳」. "時殖錢者, 大較典當首飾璣翠衣件器什宮室田僮奴之簿書, 參伍本幣以得當.")

22 朴宗采, 『過庭錄』 권4, 장14a. "吾先考, 孝養兩親, 若孺子之戀, 膝下五十年, 未嘗出門涉世, 乃居憂後數歲, 而亦復下世, 故世無知吾先考者也. 每欲爲誌狀之文, 而常行之外, 無可稱述."

23 朴宗采, 『過庭錄』 권1, 장6b.

24 朴宗采, 『過庭錄』 권1, 장20a. "湛軒平日持論, 以喪禮飯含爲不必行, 且囑先君檢其終事. 及是時告其孤子蓮, 蓮亦聞遺旨, 遂贈之而不含, 從其志也."

25 장자가 『莊子』「外物篇」에서 "푸르고 푸른 보리가, 언덕에 나왔네. 살아서 남에게 베풀지 못했거늘 죽어서 어찌 반함을 했나?"라고 유자가 선행 없이 살다가 죽어서는 반함을 하는 것은 남의 무덤을 몰래 파헤쳐 시체의 입안에 있는 구슬을 빼내는 것과 같다고 비판하였다. 『過庭錄』에는 홍대용이 죽었을 때 연암이 "죽어서 입에 구슬을 물지 않았으니, 도굴꾼 같은 타락한 선비를 공연히 딱하게 여겼도다. (口中不含珠, 空悲詠麥儒)"라고 말한 誄辭가 있다. (朴宗采, 『過庭錄』, 장20a)

을 뜻하는 징표로 인식된 것이다.

　　[3단락] : 나는 한그루의 뽕나무를 심어, 춘삼월에 뽕잎을 따려 하오. 그대는 손수 누에를 키워, 한 필의 비단을 만드시게. 정성 다해 비단을 짜고, 곱디고운 마음으로 베를 짜서, 가을볕에 쪼여, 흰 눈처럼 깨끗하게 하시게. 또 남은 실로, 한 해는 녹색으로 물들이고, 한 해는 분홍색으로 물들이고, 한 해는 푸른색으로 물들이고, 한 해는 황색으로 물을 들여, 빛나는 오색실을 만드시게. 우리 은혜로운 부인의 얼굴을 수놓아서, 난초 향기 나는 초상을 옛 옥을 축으로 걸어 놓고, 그대는 분향하는 비구니 되고, 나는 불경 외는 중이 되어, 쌍쌍이 부처에게 절하듯이, 아침마다 저녁마다 그리 합시다. 아내가 말하길 "남편 친구의 부인에게, 그러는 것이 예禮에 있는가요? 저는 오색의 실로, 부인의 장수를 빌겠어요. 한 해는 '부富'자를 수놓고, 한 해는 '귀貴'자를 수놓고, 나머지 여러 글자는, 모두 '다남자多男子'라고 수놓아, 길월吉月 양일良日을 택하여, 가슴에 품고 가서 조씨에게 바치렵니다."

　　吾當種一桑, 三春採其葉. 勸君手飼蠶, 斷成一疋帛. 精誠爲經緯, 纖纖心機織. 曬以秋陽輝, 皎皎如雪白. 又以餘絲線, 一年染一綠. 一年染一紅, 一年染一碧. 一年染一黃, 燦燦成五色. 繡我恩夫人, 薰蘭軸古玉. 君爲焚香尼, 我爲念經釋. 雙雙如拜佛, 朝朝及夕夕. 妻曰夫友婦, 於禮有之否. 吾將五色線, 以祝夫人壽. 一年繡富字, 一年繡貴字. 其餘無數字, 盡是多男子. 吉月良辰日, 懷去獻趙氏.

[3단락]은 앞의 단락에서 보여준 조숙인의 호의에 대한 보답으로 연암과 그의 부인이 그녀의 덕을 기리고 장수를 비는 내용을 세 단계로 나누어 묘사하였다. 첫 단계는 뽕나무 한 그루를 담장에 심어 뽕잎을 따고, 부인은 손수 누에를 키워 한 필의 비단을 짜서 가을볕에 쪼여 흰 눈처럼 깨끗하게 하는 것이다. 다음 단계는 1년에 한 번씩 비단 실을 오색실로 물들여 조숙인의 얼굴을 수놓아 옛 옥[古玉]을 축軸으로 하여 걸어 놓고, 연암과 그의 부인이 부처에게 분향하고 염불하며 아침저녁으로 조숙인의 장수를 비는 것이다. '[그림 3] 덕온공주의 오색 견사絹紗'[26]에서 보듯이 덕온공주의 돌상에 총 40가닥의 '오색 견사絹紗'를 올려놓은 것에서

26　단국대 석주선기념박물관(2000), 107면.

보듯이, 연암이 오색실을 만든다고 말한 것은 조숙인의 장수를 기원하기 위한 것이다. 또한 '[그림 4] 벽옥璧玉 속백과 束帛'[27]에서 제후가 천자를 조회할 때 속백束帛에다 벽옥碧玉을 추가하여[束帛加璧] 천자의 덕을 옥에 비겨 존경을 표한 것[28]에서 보듯이, 연암이 직접 짠 비단[束帛의 의미]에 오색실로 수놓은 초상을 옛 옥[벽옥의 의미]을 축으로 걸어 놓는다고 말한 것은 조숙인의 덕을 옥에 비겨 그녀에 대한 존경심을 드러낸 것이다.[29] 마지막 단계에서 연암의 아내는 연암에게 친구의 부인에게 그렇게 하는 것이 예에 있는가라고 반문하고, 장수의 의미를 담고 있는 '부富', '귀貴', '다남자多男子' 등의 글자를 한 해에 하나씩 수를 놓아 조숙인에게 바치겠다고 하였다. 연암의 보은이 세속의 예를 뛰어넘는 것에 대해 우려하고, 장수의 의미를 지닌 글자를 수놓아 바치는 것으로 조숙인의 호의에 대신하려 한 것이다.

[그림 3] 덕온공주의 오색 絹紗
돌잔치 상에 놓았던 실

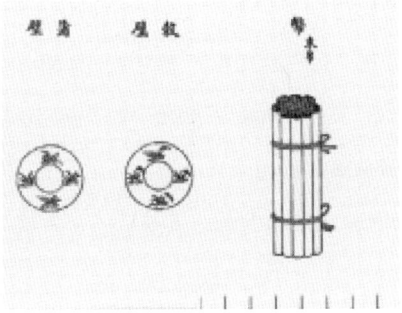

[그림 4] 璧玉과 束帛
고대 제후가 천자에게 올린 예물

[4단락] : 가련하게도 담장 아래의 뽕나무에, 긴 가지가 겨우 담을 넘었는데, 뽕잎을 따나 광주리에 차지 않고, 나의 마음이 갑자기 비통해지네. 나의 친구는 빈 집을 지키고, 금슬은 저녁이 되어도 울리지 않네. 누에가 늙고 고치는 누렇게 변하더니, 흰 나방 되어 하늘로 날아올랐네.

---

27 鄭玄 찬, 『禮記注疏』 권78, 장34b~39a, 「禮器圖一」.
28 鄭玄 찬, 『禮記注疏』 권24, 장20a, 「禮器」. "束帛加璧, 尊德也."
29 이는 연암이 名論 에서 선왕이 "束帛에다 璧玉을 추가하여 군자의 고상한 덕을 배양하였다."(先王爲之束帛加璧, 以養其高尙.)고 말한 것을 통해 확인된다. (朴趾源(5), 『燕巖集』 권2, 66면, 「名論」)

可憐墻下桑, 長條纔出墻. 採葉不盈筐, 我心忽悲傷. 我友守空堂, 琴瑟夕不張. 蠶老繭欲黃, 白蛾空自翔.[30]

[4단락]은 조숙인의 은혜에 보답하기 위해 직접 친 누에고치로 실을 켜서 비단을 짜기 직전, 그녀의 비보를 접하고서 비통한 심경으로 명복을 비는 내용으로 되어있다. 3, 4구에서 "채엽불영광採葉不盈筐, 아심홀비상我心忽悲傷."이라고 한 것은 『시경』의 "채채권이采采卷耳, 불영경광不盈頃筐. 차아회인嗟我懷人, 치피주항寘彼周行."을 점화하여, 조숙인의 죽음으로 인한 슬픔에 기울인 광주리에도 뽕잎을 채우지 못할 정도였음을 말한 것이다. 5, 6구에서 "아우수공당我友守空堂, 금슬석불장琴瑟夕不張."이라고 한 것은 백거이가 「위설태도망」 4구에서 '월냉방공불견인月冷房空不見人'라고 말한 것과 같이 부인의 죽음으로 부부의 즐거움이 끊겼음을 슬퍼한 것이다. 연암은 마지막 두 구에서 "자신이 키운 누에가 누런 고치가 되고, 흰 나방이 되어 허공을 스스로 비상한다.[蠶老繭欲黃, 白蛾空自翔]"고 하였다. 누에가 고치를 뚫고 나와 흰 나방이 되어 하늘을 날듯이, 망자의 고귀한 영혼이 현실에 모든 속박에서 벗어나 저승에서 자유롭게 날아다니기를 기원한 것이다. 위와 같이 이 단락에서는 고도의 예술성을 지닌 다양한 시적 언어를 통하여 보은이 미처 실현되기도 전에 망자가 되어버린 조숙인에 대한 슬픔을 형상화하였다.

이 시에서 가체에 대한 여성들의 애정을 묘사한 도입 부분[1단락]과 조숙인의 죽음에 대한 슬픔을 형상화한 결말 부분[4단락]은 고도의 수사적 표현과 문학적 상징을 통해 구현된 연암 문학의 특징을 잘 보여주고 있다. 이와 달리 전개 부분에서는 힘 있는 필력으로 연암의 부친상을 돕는 조숙인의 생전의 모습을 생생하게 묘사하거나[2단락], 조숙인의 호의에 대한 연암과 그의 부인의 보은을 자세하게 설명하는 가운데[3단락], 시를 통해 세상 사람들에게 말하고자 했던 주제 사상을 효과적으로 담아냈다.

이 시의 주제는 3단락에서 보여준 조숙인의 의로운 행위이다. 연암은 그와 같은 조숙인의 행위는 의협심 있는 장부도 하기 어려운 것이라고 하였다. 그가 말한 의협심 있는 장부의

---

30   俞晚柱, 『欽英』, 353~354면.

예를 개성 사람인 최순성崔舜星(1719~1789)의 묘갈명에서 찾을 수 있다. 이 글에서 최순성이 개성 사람들에게 보여준 의로운 행위는 협객俠客의 그것과는 다르다. 협객은 남의 어려움을 급히 돕는데 천 냥도 아끼지 않지만, 단지 한 번의 은혜만을 베푸는 것에 그칠 뿐이다. 그러나 최순성은 상대가 가업을 일으킬 때까지 적선積善을 지속하였고, 결국 온 고장 사람들이 선善을 향해 나아가게 하였다.[31] 연암이 누에를 쳐서 짠 비단을 옛 옥에 말아 그녀의 장수를 기원한 것은, 그녀의 행위가 위와 같이 협객의 수준을 뛰어넘는 의를 실천한 것으로 이해했기 때문이다.

연암은 1778년(정조 2)에 황해도 금천金川의 연암협에 은둔할 때에 홍대용에게 편지를 보낸 일이 있다. 그는 이 편지에서 자신이 젊은 시절에 벗으로 사귄 사람 중에서, 명성을 추구하고 권세에 붙좇는 자들은 눈에 보이는 것이 명성[名]과 이익[利]와 권세[勢]였을 뿐이라고 하였다. 결국 그는 명성·이익·권세를 쫓는 세 가지 벗을 버리고 나서야, 의로운 일을 보고 충고해 주는 사람이라면 비록 나무하는 아이라도 자신의 좋은 벗이 될 수 있다[32]는 것을 깨달았다고 한다. 연암이 「만조숙인」을 통해 조숙인의 의로운 행위를 주제화한 것은 젊은 시절에 지은 여러 전에서 서민들의 진솔한 삶을 통해 명성·이익·권세를 쫓는 양반계급을 통렬하게 비판한 것과 맥을 같이하는 것이다. 거지 출신의 한 비천한 인물이 일약 '신의信義의 화신'으로 명망을 얻게 되는 경위를 그린 「광문자전廣文者傳」의 예[33]에서 보듯이, 연암은 이 시를 통하여 남성 우위의 조선 사회에서 '하찮은' 존재로만 인식되었던 여성의 의로운 행위야말로 결코 '하찮지 않은' 가치가 있음을 드러내려 한 것이다. 특히 연암은 당시 정치세력의 핵심인물인 홍낙임의 부인을 애도하여 지은 시에서 그녀의 의로운 행위를 주제화했다는 점에서, 이 시는 같은 주제의식을 담고 있는 『방경각외전』에 수록된 작품들 못지않은 현실적 의미를 확보하고 있다.

---

31 朴趾源(5), 『燕巖集』 권2, 53면, 「癡庵崔翁墓碣銘」. "世固有急人之難而不惜千金者. 然義不足以勝其爲惠, 則是特州里之俠, 而難繼乎一鄕之歸善也."
32 朴趾源(5), 『燕巖集』 권2, 77면, 「答洪德保書[第三]」. "弟之平生交遊, 不爲不廣, 挈德量地, 皆許以友. 然其所與者, 不無馳名涉勢之嫌, 則目不見友, 所見者, 唯名利勢也. …吾旣去此三友, 始乃明目, 求見所謂友者, 蓋無一人焉, 欲盡其道, 友固難矣, 亦豈眞果無一人耶. … 見義忠告, 則雖釆薪之僮, 亦吾之勝友."
33 김명호(2001), 172면.

3. 연암의 정치의리와 홍낙임

연암이 젊어서부터 문장으로 명성이 널리 알려지게 되면서, 당시의 정치세력 간에 그를 자파로 끌어들이기 위한 노력이 이어졌다. 연암은 매번 과거가 있을 때마다 시험을 주관하는 자가 반드시 자기 세력으로 만들려고 하였으나, 그는 그 의도를 간파하고 응시하지 않거나 응시는 하되 시권試卷을 제출하지 않았다.[34] 이는 연암이 「만조숙인」을 짓기 1년 전인 1770년에 감시監試에 응시하여 초·종장에서 모두 장원을 차지하고서 회시에 응하지 않은 내용을 통해 자세히 알 수 있다.

[자료 2] : 경인년(1770년, 연암 34세)에 감시에 응시하여 초·종장에서 모두 장원을 차지하였다. 방이 나던 날 저녁에 왕의 특별한 부름이 있어 왕의 거처에 입시했는데, 도승지로 하여금 시권을 읽어 아뢰게 하고 왕은 친히 서안書案을 두드려 절조節操하며 크게 장려하였다. 선군은 회시에 응시하지 않으려 하였으나 친우들이 억지로 권하는 자가 많아, 결국 마지못해 과장에 들어갔다가 시권을 제출하지 않고 나왔다. 식견이 있는 사람들은 이를 듣고 나아감에 구차하지 않으니 옛사람의 풍모가 있다고 생각하였다. 유안옹遺安翁[李輔天: 연암의 장인, 필자 주]은 이때 고향 집에 있었는데, 그의 아들[李在誠: 연암의 처남, 필자 주]에게 "아무개가 회시에 응시한 것은 나로서는 매우 기쁘지 않다."고 말하였다. 그는 연암이 시권을 제출하지 않았다는 소식을 듣게 되자 몹시 기뻐하였다. 대개 선군이 양장兩場에서 장원한 것은 모두 우연히 얻은 것이나, 왕이 지나치게 융숭하게 대우하였기에 명성이 더욱 떨쳤으므로, ①당시의 논의[時議]는 반드시 회시에 그를 끌어들여 자기들의 공으로 삼으려 하였다. 선군은 혹시라도 ②말하기를 꺼리는 기밀을 건드리는 것[涉機]을 경계하여, 위와 같이 용감하게 결단하였다 한다.[35]

---

34   朴宗采, 『過庭錄』 권1, 장5b. "每有科試, 主試者必欲援引, 先君微知其意, 或不赴, 或赴而不呈券."
35   朴宗采, 『過庭錄』 권1, 장8b~장9a. "庚寅赴監試, 俱魁初終場. 出榜之夕, 有特旨, 入侍臥內, 使知申讀奏試券, 上親叩書案而節之, 盛加獎諭焉. 先君欲不赴會圍, 親友多强勸者, 逢黽勉入場屋, 不呈券而出. 有識者聞之, 蓋以爲進取不苟, 有古人風. 遺安翁時在鄕廬, 語其子曰: 某之會圍, 吾不甚喜也. 及聞其不呈券, 甚欣然也. 蓋先君兩場之魁, 蓋偶然之得, 而其偏被隆渥, 名聲益壯, 時議必欲於會圍援引之以爲功, 先君戒其或涉機也, 勇決如此云爾."

[자료 2]에서 보듯이 영조는 감시의 결과가 발표되던 날 저녁에 연암을 거처로 불러 도승지에게 그의 시권을 읽게 하고, 책상을 두드려 절조節操하면서 그를 크게 장려하였다. 연암은 친우들의 권유로 회시에 응하기는 했으나 결국 시권을 내지 않았다. 그의 장인 이보천李輔天(1714~1777)은 연암이 회시에 나아가는 것을 달갑지 않게 여겼는데, 그가 회시에서 시권을 내지 않았다는 소식을 듣고 매우 기뻐하였다. ①의 '당시의 논의[時議]'는 그를 회시에 끌어들이는 것이었는데, 이는 연암의 회시 응시를 자신들의 공으로 삼으려는 의도에서 나온 것이다. 1775년(영조 51)에 정조가 대리청정을 맡기 이전까지의 정국 주도 세력은 흔히 '부홍파扶洪派'라고 통칭 되는 홍봉한 계열과 그와 연대하고 있던 척신 세력들이었다. 부홍파는 홍봉한 계열 외에 평산신씨平山申氏 신만申晚·신회申晦 계열, 연일정씨延日鄭氏 정우량鄭羽良·성휘량鄭翬良 계열의 척신 연합을 지칭하는 것이다. 이들과 대립하고 있던 '공홍파攻洪派' 세력은 척신 주도의 정치풍토를 비판하던 노론 청명당 계열과 후발 척신으로 대두한 김귀주 계열이 연대한 모습을 보이고 있었다.[36] 이로 보아 인용 글 ①의 '당시의 논의[時議]'는 부홍파가 주도한 것으로 생각된다.

1770년 3월에 부홍파와 공홍파가 정국의 주도권을 놓고 정면으로 부딪치는 사건이 일어났다. 이는 공홍파 심의지沈儀之의 사주를 받은 청주 유생 한유韓鍮가 올린 상소문에서 시작되었다. 그는 이 글에서 홍봉한의 부자·형제가 권세를 휘두르며 권력을 농단한다고 비판하고, 어린이들 사이에서 망국동亡國洞의 망정승亡政丞이란 동요가 불리고 있을 정도라고 하였다.[37] 당시 영조의 두 외척인 홍봉한과 김귀주 사이에는 남북의 칭호가 있었는데, 남쪽에는 김귀주가 이현泥峴[지금의 충무로 2가]에 살았고 북쪽에는 홍봉한이 안국동安國洞에 살았다.[38] '망국동의 망정승'은 안국동에 살던 홍봉한을 가리킨다. 이 사건에 이어 8개월이 지난 11월에는 최익남崔益男이 한유의 상소와는 상반되는 내용의 상소문을 올리는 일이 일어났다. 그는 이 글에서 세손이 사도세자에게 정과 예가 부족하다는 점과 영의정 김정인金致仁이

---

36 김성윤(1997), 277~278면.
37 『영조실록』, 46년 3월 22일 조.
38 『순조실록』, 6년 6월 25일 조.

당파를 짓고 있다는 점을 성토하였다. 이 사건에 연루된 자 중에 홍봉한의 압객狎客이 있다는 사실이 밝혀졌으나, 그가 심문 도중에 죽은 관계로 사건은 전모가 밝혀지지 못하고 마무리되었다.[39] 연암이 회시에서 시권을 내지 않은 것은 위와 같이 두 외척 세력 간에 치열하게 전개된 권력 투쟁에서 희생양이 되는 것을 꺼렸기 때문으로 추정된다.

연암은 1767년에 부친상을 치른 후 그가 태어난 서소문 밖 반송방盤松坊 야동冶洞을 떠나 삼청동 백련봉白蓮峰 아래에 있던 무신 이장오李章吾의 별장으로 이사하였다. 당시 눈 내리는 아침과 비 오는 저녁이면 말을 탄 사람들이 술과 안주를 가지고 몰려들어 거의 빈자리가 없을 정도였다. 연암은 처음에는 그들의 방문을 문장으로 벗 삼는 즐거움 정도로 여겼는데, 뒤에 그들이 명론名論으로 자기를 끌어들이려 한다는 것을 알게 되면서 이들을 멀리하려는 마음을 갖게 되었다.[40] 삼청동은 지리상으로 이현보다는 안국동이 가까운 것으로 보아, 당시 연암을 찾아온 사람들은 주로 부홍파일 것으로 추정된다. 이들이 말하는 명론[명분론]은 노소분당老少分黨에서 신임사화辛壬士禍에 이르기까지 노론과 소론 간에 펼쳐졌던 정치의리를 가리킨다. 당시 제기된 명분론의 핵심은 영조를 지지한 노론 4대신을 음모로 죽인 소론의 책임을 물어야 한다고 주장한 신임의리辛壬義理[41]이다.

연암을 비롯한 그의 집안은 신임의리에 관한 한 매우 준엄한 입장이었다. 연암의 고조부 박세교朴世橋(1661~1663)의 7남 중에서 장남 박태두朴泰斗의 후손과 연암의 증조부인 6남 박태길朴泰吉의 후손은 신임의리를 확고하게 지켰다. 이들은 조금이라도 탕평책에 찬성하는 사람을 보면 이익을 좇는 비열한 인간으로 간주하였다.[42] 이와 같은 연암의 정치의리는 당시

---

39 이성무(2007), 194면.
40 朴宗采, 『過庭錄』 권1, 장8b. "僦屋于三淸之白蓮峰下, 卽李大將章吾別墅也. 時賓客日盛, 每雪朝雨夕, 連騎携樽, 殆無虛席, 先君直以爲文字友朋之樂而已. 頃之, 乃知當時朝紳, 互相有欲以名論引重者, 先君大以爲不悅, 自是有超然遠引之志."
41 신축년(1721, 경종1)과 그 이듬해인 임인년에 왕위 계승을 둘러싸고 소론 측에서 음모를 꾸며 영조를 옹호한 노론의 4대신(김창집, 이이명, 이건명, 조태제) 이하 노론 일파를 극형에 처한 사건을 말한다. 몇 년 후 영조가 등극하자 정국은 소론에서 노론 주도로 바뀌게 되었다.
42 朴宗采, 『過庭錄』 권1, 장8b. "又曰: 吾曾祖七兄弟家, 言議各自歧異, 而獨吾家與宗家, 素守最嚴, 見人之言論, 蹤跡一涉蕩平, 則以龍斷鄙夫視之." 연암은 소론을 주장하는 삼종형 朴左源과 朴右源 형제, 李良會 등이 그를 찾아왔을 때, 이들과 노소분당에서 신임사화에 이르기까지 당론을 놓고 사흘 밤낮을 논쟁을 벌였는데, 그는 스스로 노론의 주장을 조금도 굽히지 않았다. (朴宗采, 『過庭錄』 권4, 장29b~장30a) 연암이 만년에 이르기까지

영조의 탕평책에 적극 호응하여 권력을 장악한 외척세력의 그것과는 정면으로 반대되는 것이다. 영조는 신임의리를 둘러싸고 펼친 노론과 소론의 권력 투쟁을 탕평책을 써서 완화하고자 했으나, 노론 강경파는 탕평책의 문제점을 지적하면서 소론 측의 책임을 계속 추궁하였다. 당시 조정의 정치를 주도하던 부홍파가 인용 글 ②의 '말하기를 꺼리는 기밀을 건드리는 것[涉機]'이란 바로 영조의 탕평책에 동조하는 세력에 맞서 신임의리를 강력하게 실천하는 것으로 생각된다.

젊어서부터 문장으로 명성을 날린 연암은 당시 정치를 주도하던 외척 세력에게 언제나 주목의 대상이었다. 그러나 박종채가 연암은 이현에 살았던 경주 김씨와는 평소 좋은 사이가 아니었다고 말한 것[43]에서 보듯이, 연암이 1771년에 「민조숙인」을 지을 때까지 지속해 관계를 맺은 정치세력은 안국동에 모여 살던 홍봉한가였다. 그는 1765년 가을에 절친한 친구였던 유언호俞彦鎬·신광온申光薀과 함께 금강산을 유람하면서 「총석정관일출」을 지었는데, 판서 홍상한洪象漢(1701~1769)이 아들을 통해 이 시를 보고 그의 필력을 높이 평가하면서 중국 붓 2백 개를 보내주었다. 홍상한은 홍봉한과 사촌 사이이다. 또한 연암은 1767년에 먼 일가인 박상한朴相漢(1742~1767)의 장례에 참석한 일이 있는데, 이때 조우한 홍낙임·어용빈魚用賓(1737~1781) 등과 함께 대화를 나누기도 하였다.[44] 어용빈은 당대 낙론洛論 계열의 학자로 명망이 높았던 어유봉魚有鳳(1672~1744)의 손자이다. 어유봉의 큰사위는 홍봉한의 사촌 형인 홍상한이고, 작은사위는 연암의 장인인 이보천이다.[45] 어유봉을 매개로 연암가와 홍봉한가가 긴밀하게 연계되어 있음을 보여준다.

홍봉한은 슬하에 혜경궁홍씨를 비롯해 모두 8남매를 두었다.[46] 그중 셋째 아들인 홍낙임

노론의 입장을 견지하고 있음을 밝힌 내용은 김명호(2001), 113~116면 참고할 것.

43 朴宗采, 『過庭錄』 권3, 장17b. "時則泥金用事, 先君素與諸金不愜."
44 尹光心, 『幷世集(文)』 권1, 64면. "士章歿, 旣殮, 余始哭于其室. …其友咸原魚景國, 豊山洪叔道, 名在弔簿." 박상한은 연암 집안과 冶川 朴紹 이후 갈라졌는데, 박상한은 그의 9대손이고 연암은 그의 8대손이 된다. 「士章哀辭」의 내용에 대해서는 김윤조(1990)(2), 345~364면) 참고할 것.
45 洪直弼, 『梅山先生文集』 권37, 250면. "杞園魚先生墓誌銘". "先生諱有鳳, 舜瑞其字也, 學者稱杞園先生. … 二女適判書洪象漢, 士人李輔天, 大憲二男用霖判官, 用賓參奉 … 二女適府使朴趾源."
46 洪鉉輔의 슬하에는 鳳漢, 麟漢, 駿漢, 龍漢 등 4형제가 있다. 洪鳳漢의 슬하에는 樂仁, 惠慶宮, 樂信, 樂任, 樂倫, 樂佐, 樂備, 次女(사위: 李復一) 등이 있고, 洪麟漢의 슬하에는 樂遠, 樂述, 樂進, 樂遜, 樂遂 등이 있고, 洪駿漢의

은 성격이 담박하고 소탈하여 글 짓는 선비들이 그와 함께 노니는 것을 좋아해 문지방에는 항상 신발이 가득하였고,⁴⁷ 좋은 날을 택하여 시회가 있을 때는 조용히 강평하고 질탕하게 웃으면서 좌중을 주도하였다.⁴⁸ 위와 같이 홍봉한가의 핵심 인물인 홍낙임이 연암의 부친상에 부인 조숙인의 가체를 전당 잡혀 반함 물품을 제공한 것은, 벽파의 중심인물이었던 김귀주가 척신의 재력을 활용하여 이들에게 상장례喪葬禮의 비용을 아끼지 않고 후원하는 등의 방식으로 청론 선비들의 환심을 샀던 예⁴⁹에서 보듯이, 당시 외척세력이 혼인 관계와 경제적 지원을 통해 촉망받던 선비들을 자파로 끌어들이던 상황과 무관하지 않은 것으로 생각된다.

「만조숙인」이 지어진 해인 1771년 2월 5일에 영조가 홍봉한을 삭출削黜하고 홍상한의 아들 홍낙성을 삭직하는 사건이 일어났다. 그 죄목은 홍봉한이 은언군恩彦君과 은신군恩信君에게 초헌軺軒과 교자轎子를 빌려주어 왕손이 분수에 어긋나는 생활을 하게 하였다는 것이다. 이 사건은 김귀주를 중심으로 한 벽파 세력이 영조와 왕세손으로부터 홍봉한을 이간시키려고 만들어 낸 것이다. 영조는 2월 9일에 홍봉한을 청주목淸州牧에 부처付處하도록 했다가, 3월 2일에는 삭출하라는 명을 거두어들였다.⁵⁰ 이 사건 이후 홍낙임은 부친 홍봉한을 따라 안국동에서 번동樊洞의 별장으로 거처를 옮겼고, 같은 해 10월 16일에 부인 임천 조씨의 상을 당하였다. 멸문의 위기에서 찾아온 부인의 죽음으로 인해 홍낙임은 견디기 어려운 충격을 받았을 것이다. 그의 뇌리에는 일전에 부인의 가체를 전당 잡혀 연암의 부친상을 도운 일이 떠올랐고, 문장으로 명성을 날리고 있던 연암의 붓을 빌려 부인을 떠나보내는 도망시悼亡詩를 대신하고자 하였다.

연암이 부친상을 당했을 때는 특별한 수입 없이 형님 내외와 처자식이 함께 생활하고 있던 시기였다. 그는 1768년에 백탑白塔[현 원각사지] 부근에 살 때 양식이 떨어져 굶거나 남에

슬하에는 樂宣, 樂寬 등이 있고, 洪龍漢의 슬하에는 樂受, 樂有 등이 있다. (洪錫熹 편(1962), 『豊山洪氏族譜』 권2)
47 洪龍漢, 『長洲集』 권27, 장25a, 「三姪叔道婦趙氏哀辭」. "叔道泊疎, 好文酒士, 多樂與之遊, 戶常盈屨."
48 李澤遂, 『奮齋集』 권2, 장91a, 「淑人趙氏哀辭」. "叔道有文字之會, 余未嘗不在焉. 每於良辰暇日, 講評從容, 諧笑跌宕."
49 최성환(2011), 380면. 당시 김귀주는 자파의 핵심 인물인 심환지의 병구완을 위해 산삼을 보냈고, 상례에 필요한 물품을 성대하게 갖추도록 아낌없이 내주기도 하였다.
50 『영조실록』, 47년 3월 16일 조.

게 돈을 빌리는 일이 잦았으며, 한때 비단가게에 윤회매輪回梅 11송이를 만들어 팔아 20닢을 받기도 하였다.[51] 위와 같이 그는 경제적으로 어려웠던 시기에 홍낙임과 그의 부인이 보여준 호의를 외면하기 어려웠을 것이다. 그렇기에 그는 이희천의 죽음 이후 세상 사람들과의 교제를 끊은 지 5개월 만에 정계의 핵심 인물이었던 홍낙임의 부인을 애도하는 장편의 만시를 지은 것으로 생각된다.

4.「만조숙인」의 미수록 이유

앞서 살폈듯이 연암은 자신이 지은 장편 고체시인 「증좌소산인」, 「만조숙인」, 「수산해도가」, 「총석정관일출」 등 4수를 묶어놓고 『중향성창수』라는 제목을 붙였다. 이 시들은 흠영 1777년 5월 22일 조에 수록된 것으로 보아, 적어도 연암이 41세(정조 1) 이전에 지은 것으로 추정된다. 박종채는 『연암집』을 편찬하면서 일반적으로 시와 문을 문체별로 재편하는 방식을 취하지 않고, 연암 작품을 소집별로 나누고 다시 그 안에서 문체 순으로 배열하였다. 그는 연암이 안의현감 시절 자선自選한 『연상각집煙湘閣集』을 맨 앞에 두고, 다음부터는 연암이 만들었던 소집을 그대로 가져오거나 원 소집의 이름을 그대로 쓰면서 작품을 더 추가하여 소집을 만들기도 하였다.[52]

박영철이 1932년에 간행한 『연암집』에는 『영대정잡영映帶亭雜詠』이라는 제목으로 연암 시 42수가 수록되어 있다. 그는 이곳의 끝에 붙인 「추기追記」에서 부친의 평소 의견을 따라 연암 시를 문편文編의 끝에 붙여놓고, 옛 원고인 『영대잡영映帶雜詠』의 제목을 그대로 따랐다[53]고 하였다. 이로 보아 연암은 자신의 시를 소집으로 자편自編하여 『중향성창수』, 『영대잡영』 등을 만들었으며, 박종채는 이들 소집을 포함해 여러 곳에 흩어져 있던 연암 시를

---

51 김수영(2007), 266면.
52 김영진(2010), 45면.
53 朴趾源(5), 『燕巖集』 권4, 93면. "謹追平日雅意, 附之文編之末, 而舊有映帶雜咏, 編題今仍之."

한곳에 모아 놓고『영대정잡영』이라고 제목을 붙인 것으로 추정된다.

[그림 5]는 영남대본『연암집·영대정잡영』의 마지막 장이다.[54] 영남대본에는『중향성수창』에 수록된 4수에서「만조숙인」을 제외한「증좌소산인」,「수산해도가」,「총석정관일출」 3수만 수록되어 있다. [그림 5]의 상단(○ 부분)에는「조숙인만장趙淑人輓章」은「사약행司鑰行」,「해인창수시海印唱酬詩」 2수,「도망시悼亡詩」 20수와 함께 '초고를 잃어버렸다[失艸]'라고 쓰여 있다. 또한 이곳의 끝에는 "「제선옥소영題仙玉小影」과「몽답정夢踏亭」은 '초고草稿 제칠第七'과 '제구第九'를 함께 살펴보라."라고 쓰여 있다. '초고草稿 제칠

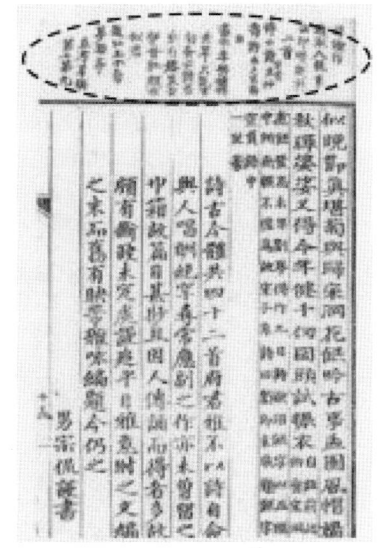

[그림 5] 영남대본『연암집』 권11 장15b

第七'은 실학박물관에 소장된『연암초고(7)燕巖草稿(七)』을 가리킨다. 이곳에는 표지 우측 상단에『백련관잡록白蓮館雜錄』,「사훈士訓」,『연상각소치烟湘閣小赤』,『중향성창수衆香城酬唱』,「잡초雜艸」라고 쓰여 있는데, 현재는 표지 포함 낱장 4장 속에『백련관잡록』의 목록과 그 첫 장「옥쇄론玉璽論」부분과 잡초 가운데 2-3칙이 표지 정도만 남아 있다.[55] '제구第九'는 연민문고에 소장된『연암집초고보유(9)燕巖集草稿補遺(九)』를 가리킨다. 이 책은 박종채가 연암집을 편찬하기 위해 연암의 작품을 채록해 놓은 것이다.

[그림 6]은『연암집초고보유(9)』의 첫 장이다.[56] 이곳의 상단(○ 부분)에는 "「총석정관일출」,「담원팔영」은『열하일기』중에 있는 것을 등출謄出하라."라고 쓰여 있다. 박종채는『연암초고(7)』·『중향성수창』에서「증좌소산인」과「수산해도가」 2수만 이곳에 써 놓고,「총석정관일출」은『연암집』을 편찬할 때에『열하일기』에서 옮겨놓도록 하였다. 이로 보아 그는

54　朴趾源(4),『燕巖集』권11, 장15b.
55　김영진(2010), 51면.
56　朴趾源,『燕巖集草稿補遺(九)』, 장1a.

『연암집』에 「만조숙인」을 제외할 목적으로 『중향성수창』에 있는 4수의 고체시를 의도적으로 분리하여, 『연암집』에서 『중향성수창』의 존재를 언급하지 않은 것으로 추정된다.[57]

홍봉한의 여섯 아들 중 특히 주목되는 인물은 3남 홍낙임이다. 장남 홍낙인洪樂仁이 1777년 49세의 이른 나이로 죽자 홍낙임이 집안의 촉망을 받게 되었다.[58] 홍낙임은 1776년에 정조의 즉위를 저해한 명목으로 사사賜死된 정후겸鄭厚謙·심상운沈翔雲 등과 결탁했다는 이유로 1778년 2월에 정조의 추국을 받았다. 이후 그는 30여 년간 홍봉한의 별장이 있던 번동에 병거屛居하면서 문단을 주도하였다.[59] 그는 한때 나이가 상하 10년 차이 나는 사촌끼리 팔종회八從會라고 불리는 시사詩社를 조직하고, 시회에

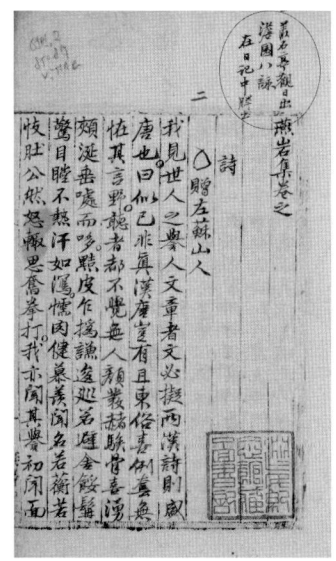

[그림 6] 『연암집초고보유(9)』 장1a

서 지은 시를 모아 팔종회첩八從會帖이라는 이름으로 시첩을 간행하기도 하였다.[60] 그는 1795년에 혜경궁홍씨의 환갑을 계기로 정조와의 관계가 회복되기도 하였으나, 1800년 정조의 서거를 계기로 득세한 정치세력에 의해 신유사옥에 연루되어 1801년 5월에 제주도에서 사사되었다. 정조가 서거한 후에 집권 세력은 정순왕후와 공홍파의 지도자인 심환지沈煥之·김간주金觀柱가 핵심이었으며, 정일환鄭日煥·김로충金魯忠·권유權裕 등이 중심인물이었다.[61] 정순왕후의 수렴청정을 계기로 정권을 잡은 경주 김씨들은 오랫동안 정계에 등장하

57　『燕巖草稿(七)』의 우측 표지 상단에 '衆香城酬唱'라고 쓰여 있는 것으로 보아, 연암의 친필 원고들을 모아놓은 『燕巖草稿 七』에는 만조숙인 을 포함한 4편의 고체시가 모두 수록되어 있을 것으로 추정된다. 이는 연암이 『衆香城酬唱』에 수록된 「만조숙인」을 직접 삭제하지 않았음을 보여주는 사례이다.
58　김영진(1997), 26면.
59　洪奭榮, 『小洲集』 권53, 「再從兄三鹿隱先生墓誌銘」. "我從叔父遲稼先生, 屛居樊川之上, 主盟文苑, 凡三十年."
60　李澤遂, 『奮齋集』 권1, 장8b~9a, 「八從會帖序」. "每良辰暇日, 設佳肴, 會芳園, 或酬答景物, 篇章錯落, 或暢舒襟懷, 杯酒殷勤, 以翕以湛, 和氣可菊. … 遂敍列其名而題之曰 八從會帖. 蓋群從之多不止於八, 而長少各以十年差, 則並不與焉者, 亦因其遊而成其會也."
61　박광용(1994), 219면.

지 못했던 원인을 풍산 홍씨 가문으로 돌리고, 그 제거 대상으로 홍낙임을 지목하여 심환지·정일환 등과 함께 그를 구살構殺하였다.

정순왕후의 수렴청정을 계기로 권력을 장악한 공홍파는 1805년 1월에 정순왕후의 죽음으로 위기가 찾아왔다. 1806년 4월에 김관주의 사주를 받은 김달순이 사도세자 문제를 거론하다가 사사賜死되는 사건이 발생하였다. 이를 계기로 김관주·심환지·김일주·정일환 등 공홍파의 핵심 인사들이 권력에서 밀려나고, 순조의 장인인 김조순을 중심으로 한 안동 김씨 세력이 정권을 장악하였다. 홍낙임은 1807년에 동생의 죄에 용서를 비는 혜경궁홍씨의 간청으로 관작이 회복되었고, 1814년에는 혜경궁홍씨의 팔순을 기념하여 치제致祭가 허락되었다. 박종채는 『연암집초고보유(9)』의 뒤에 붙인 「추기」에서 이 책을 1813년부터 쓰기 시작하여 1816년 초가을에 완성하였다고 말하였다. 따라서 그가 『연암집초고보유(9)』에 「만조숙인」을 수록하지 않은 시기는 연암이 서거한 1805년 10월에서 『과정록』을 쓰기 시작한 1813년 사이일 것으로 추정된다. 이때는 이미 홍낙임을 구살한 경주 김씨 세력이 권력에서 물러난 이후이다. 그런데 왜 박종채는 『연암집초고보유(9)』에 「만조숙인」을 수록하지 않은 것일까?

1776년에 정조가 왕위에 오른 후에도 연암 일가와 홍봉한 일가는 정치적으로 긴밀한 관계를 유지하였다. 연암은 1777년에 정조의 신임을 얻은 홍국영이 판서 홍낙성洪樂性을 사도세자의 수당讐黨으로 모함하면서 연암을 그 일파로 몰아 화를 끼치려 하자 가족을 이끌고 연암골로 이주하였다.[62] 홍낙성은 홍상한의 아들로 홍낙임과는 사촌 간이다. 또한 연암이 노년에 음직을 맡게 되자 공홍파의 중심인물인 심환지와 정일환 등이 찾아와 뜻을 같이하자고 권한 일이 있는데, 연암은 이들의 청을 우스갯소리로 얼버무리며 거절하기도 하였다.[63] 그리고 순조 즉위 이후 권력을 잡은 경주 김씨 세력은 홍낙임과의 관계를 문제 삼아 연암 일가를 공격하기도 하였다.[64]

---

62 金澤榮, 『韶護堂文集定本』 권9, 338면, 「朴燕巖先生傳」. "有故人白永叔者, 夜見先生言曰: 子友洪公樂性, 以先世子讐黨, 爲人所目, 洪危則子亦難安, 盍隱焉. 先生舊嘗以家貧, 營居于金川燕岩峽."
63 朴宗采, 『過庭錄』 권4, 장33b. "如沈鄭諸人, 俱少時交來, 致意欲使與聞世事, 而先君輒以笑語漫漶, 若未曉者, 不復來."
64 그 예로 순조 즉위년인 1801년에 三司의 관원들이 合啓하여 정조대에 영의정을 지냈던 朴宗岳(1735~1795)이 홍낙임의 무리와 몰래 聲氣를 통하여 밤낮으로 주무했다는 죄목으로 탄핵하기도 한 것을 들 수 있다. (『순조실록』,

1806년에 벽파가 권력에서 밀려난 이후에도 정계에서 홍낙임과 관련된 사안은 여전히 뜨거운 감자였다. 순조가 1807년 1월 27에 전 좌의정 이시수李時秀를 불러 홍낙임의 관작을 회복시키려고 하자, 이시수를 비롯한 삼사의 관리들과 승지들이 강력히 반대하였다.[65] 또한 순조가 1814년 6월 14일에 홍낙임의 치제를 허락했는데, 이에 반대해 제문을 지어 올리지 않은 옥당의 문신들을 모두 파직하였다.[66] 박종채가 『연암집초고보유(9)』에 「만조숙인」을 수록하지 않은 것은 경주 김씨가 실세한 이후에도 정치적 희생양인 홍낙임의 처리를 놓고 정치권에서 민감하게 반응했던 상황을 고려한 것으로 추정된다. 박영철본 『연암집』에 수록된 「사장애사士章哀辭」에서 연암과 홍낙임이 관련된 부분이 모두 삭제된 채 '결백육자缺百六字'라고 표기된 것[67]도 위와 같은 맥락으로 이해된다.

　　한편 박종채가 『연암집초고보유(9)』에 「만조숙인」을 수록하지 않은 것은 위와 같이 홍낙임이 역으로 사사되었다는 정치적 이유만은 아닌 듯하다. 앞서 살폈듯이 「만조숙인」은 망자에 대한 의례적인 애도의 수준을 뛰어넘는 내용과 주제를 담고 있다. 이 시에서 조숙인은 가채를 전당 잡혀 남편 친구인 연암의 부친상에 쓸 반함의 물건을 제공하였다고 말하고, 연암은 조숙인의 장수를 위해 직접 누에를 쳐서 짠 비단을 오색실로 그녀의 얼굴을 수놓았다고 말하였다. 조숙인과 연암의 위와 같은 행위는 당시의 윤리로 보아 매우 이례적이다. 또한 연암은 이 시에서 조숙인의 의로운 행위에 대해 의협심 있는 장부도 하기 어려운 일이라고 평가하였는데, 이는 당시 남성 중심 사회의 통념을 뛰어넘는 발상이다.

　　특히 위의 시에서 연암은 부인에게 조씨의 장수를 위해 아침저녁으로 부처에게 분향하고 염불하며 절하자고 청하였는데, 이는 연암의 비판 세력들이 그의 호불적 태도를 비판할 수 있는 호재가 될 만한 것이다. 이와 유사한 선례로 유한준兪漢雋(1732~1811)의 경우가 있다. 그는 젊은 시절에 연암이 자신의 문장을 비판한 것에 유감을 품고, 연암이 안의현감으로 재임할 때 『열하일기』에 대해 '오랑캐의 연호를 쓴 원고[虜號之稿]'라고 소문을 퍼트리거나,

---

　　　1년 1월 13일조). 박종악은 연암의 9촌 조카뻘이다.
65　『순조실록』, 7년 1월 27일 조.
66　『순조실록』, 14년 6월 14일 조.
67　朴趾源(5), 『燕巖集』 권4, 140면, 「士章哀辭」.

1802년에 부친의 묘를 포천으로 이장할 때 선조가 독서 하던 움막 터라고 주장하며 묘를 파내는 산변山變을 일으켰다.[68]

위와 같이 세간에서 연암의 글에 대한 시비가 끊이지 않는 시기에, 박종채는 사회적 통념을 뛰어넘는 내용과 주제를 담고 있는 것으로 인해 초래될 수 있는 집안의 우환을 고려하지 않을 수 없었을 것이다. 그가 『연암집초고보유(9)』에 「만조숙인」을 수록하지 않은 것은 위와 같이 아버지의 글이 순정하지 못하다는 세간의 의혹을 불식시키려는 고육책에서 나온 것으로 생각된다.

5. 맺음말

조선 후기는 만시에 대한 폐단이 극에 달했던 때였다. 심지어 친소를 살피지 않고 평소 사이가 좋지 않은 자에게까지 만시를 부탁하여, 망자에게 누가 되는 말로 서로 원수가 되는 일까지 벌어지기도 하였다.[69] 「만조숙인」은 그 내용과 주제에 있어서 당시 의례적이고 상투적인 언사로 포장된 만시와는 격이 다르다. 연암의 문장력이 지닌 정치적 영향력에 주목했던 홍낙임의 인적 네트워크에 연암이 부친상을 당한 소식이 감지되었고, 그의 부인 조씨는 기꺼이 자신이 가장 아끼는 수체를 전당 잡혀 망자의 반함에 필요한 물건을 마련하였다. 현재 조씨의 죽음을 애도한 작품으로 홍낙임의 숙부인 홍용한洪龍漢과 외사촌인 이택수李澤遂가 지은 2편의 애사와 홍낙임의 맏형인 홍낙인洪樂仁이 지은 1편의 제문이 전하고 있는데,[70] 이 글에서 부인 조씨는 가난한 살림에도 남을 구휼하는 것을 어려워하지 않았다[71]고 하거나, 홍낙임이 친구들과 모임을 할 때면 조씨는 항상 술과 안주를 마련해 기쁨을 안겨주었다[72]고

---

68 김명호(2001), 96면.
69 丁若鏞,『喪禮外編』(『與猶堂全書(三)』) 권2, 35면. "挽詞之作不由經禮, 而近世不揆親疎, 廣請力求, 乃有素不相善者, 陰爲亡者玼累之毀, 託於詩句, 轉成仇隙, 貽笑一世, 挽詩之弊極矣."
70 洪樂仁,『安窩遺稿』(국립중앙도서관) 권5,「祭三嫂淑人林川趙氏文」. 洪龍漢,『長洲集』권27,「三姪叔道婦趙氏哀辭」. 李澤遂,『奮齋集』권2,「淑人趙氏哀辭」.
71 洪龍漢,『長洲集』권27, 장25a,「三姪叔道婦趙氏哀辭」. "雖貧, 恤人之窮, 無難也."

한 것으로 보아, 연암의 부친상에 대한 조숙인의 파격적인 부조 행위가 단지 가식이나 허례가 아니었음을 알 수 있다. 그렇기에 연암은 이희천의 횡사로 인해 일체의 세속적 교유를 끊고 있음에도 불구하고, 만시가 지닌 상투적 표현에서 벗어나 생동감 넘치는 장편의 시적 언어를 구사하여 조숙인의 의로운 행위를 형상화한 것이다. 위와 같이 이 시는 당시 연암의 정신을 옥죄고 있던 봉건 윤리와 정치 권력의 틈새를 뚫고 꽃피운 연암 문학의 탄생 과정을 선명하게 보여주고 있다.

연암가와 풍산 홍씨가의 교류는 연암의 사후에도 명문 함종咸從 어씨가를 매개로 대를 이어 지속하였다. 연암의 처남인 이재성의 아들로 이정리李正履·이정관李正觀 형제가 있는데, 이들은 연암의 손자인 박규수외 홍낙성의 손자인 홍석주·홍길주 형제와 질친한 사이였다. 홍상한은 이보천과 마찬가지로 어유봉의 문인이자 사위였으므로, 이정리 형제는 어유봉의 외증손이 되고 홍석주 형제는 어유봉의 외현손이 된다. 연암의 처남 이재성은 홍석주 형제의 부친인 홍인모의 절친한 벗으로서 홍석주 형제의 문장을 지도했다.[73] 앞서 살폈듯이 순조 대에 홍씨 일가에서는 혜경궁홍씨를 중심으로 정치적으로 희생양이 된 홍낙임의 명예를 회복시키기 위한 노력이 이어졌다.[74] 연암은 아들 박종채에서 손자 박규수에 이르기까지 3대에 걸쳐 홍씨 일가와 긴밀하게 교유하였고, 박종채는 위와 같이 홍씨 일가에서 홍낙임의 명예 회복을 위해 힘쓰던 과정을 익히 알고 있었을 것이다. 그런데도 그가 연암집을 편찬하기 위해 작성한 『연암집초고보유(9)』에 연암 시의 걸작으로 꼽히는 「만조숙인」을 수록하지 않은 것은, 이 시의 내용과 주제가 당시는 물론 후대에 정계와 문단을 뒤흔들만한 파괴력을 지니고 있음을 간파했기 때문이다. 위와 같이 이 시는 연암 사후에 후손들이 연암집을 편집하는 과정에서 그의 작품 전편이 삭제되게 된 사정을 잘 보여주고 있다는 점에서, 본 연구는 연암 작품의 재편 과정을 이해하는 데 어느 정도 도움이 될 수 있을 것으로 기대된다.

---

72 李澤逵, 『奮齋集』 권2, 장91a, 「淑人趙氏哀辭」. "輒見香醪美肴, 出自簾櫳之間, 以助嘉賓永夕之歡者, 叔人之賜與爲多焉."
73 김명호(1997), 74면.
74 1814년 6월 14일에 혜경궁홍씨가 병중에 헛소리로 "나의 동생을 용서해 주기를 원한다."는 말을 한 것을 이유로 홍낙임의 復官을 허락하고, 이에 반대하는 여론이 일자 승지 홍석주에게 "승정원에서 쟁집하지 말라는 뜻을 말하라."고 명하기도 하였다. (『순조실록』, 순조 14년 6월 14일 조)

제12장

『연암집』 미수록 연암 시 연구

1. 머리말

다음 자료는 연암의 아들 박종채朴宗采[초명은 종간宗侃, 1780~1835]가 연암 시에 대해 언급한 것이다.

[자료 1] : 아버지가 남긴 시는 매우 적어 고체시와 근체시를 모두 합해 50수이다. 고체시는 전적으로 한유를 배웠으나 그 기이함과 험준함은 한유보다 더하며, 정경情境이 핍진하고 필력은 무궁하다. 율시와 절구 같은 근체시에 이르러서는 항상 성률의 사이에 구속되어 가슴속에서 하고 싶은 말을 그대로 쏟아낼 수 없음을 못마땅하게 여겼으므로 종종 한두 구절 짓다가 그만두신 것이 있다.[1]

[자료 2] : 시는 고체시와 금체시를 모두 합하여 42수이다. 아버지는 평소 시인으로 자처하지도 않았고, 다른 사람과 창수한 것도 매우 드물었으며, 평상시에 사람들과 응대해 지은 작품들도 또한

---

1 朴宗采, 『過庭錄』권4, 장33b. "先君詩稿甚寡, 古今體共五十首. 古體則專學昌黎, 而奇嶮過之, 情境逼造, 而筆力不窮. 至於律絶諸體, 常病其拘束於聲律之間, 不可直寫胸中所欲言, 故往往一二句而止者, 有之."

상자에 남겨 두지 않았기 때문에 작품 수가 매우 적다. 게다가 사람들이 전송하는 것을 통하여 얻은 것이 많으므로 완전하지 못하거나 확정하지 못한 곳이 더러 있다. 삼가 평소의 뜻을 좇아 문편文編의 끝에 붙이고, 구고舊稿에 『영대잡영映帶雜咏』이 있으므로 편제編題는 지금 그것을 그대로 따른다. 아들 종간宗侃이 삼가 쓰다.[2]

[자료 1]은 박종채가 연암의 언행과 가르침을 기록한 『과정록』에 실려 있는 내용이다. 그는 이곳에서 연암시는 고체시와 금체시를 모두 합하여 50수가 있다고 하였다. 그는 이 책의 뒤에 붙인 「추기追記」 형식의 글에서 이 책을 1813년부터 쓰기 시작하여 1816년 초가을에 완성하였다고 말한 것으로 보이, 그가 『과정록』을 완성한 1816년까지는 적어도 고체시와 금체시를 합하여 50수에 이르는 연암 시가 존재하고 있었을 것으로 생각된다.

[자료 2]는 박영철이 1932년에 간행한 『연암집·영대정잡영』의 마지막 부분에 실려 있는 내용이다. 위의 글에서 박종채는 『연암집』을 편집하면서 연암의 시를 문편文編의 끝에 『영대정잡영』이라는 편명編名으로 수록하였다고 하고, 이어 연암 시는 고체시와 금체시를 모두 합하여 42수가 있다고 하였다. 그런데 이곳에서 그가 밝힌 연암 시 42수는 앞서 [자료 1]에서 자신이 밝힌 50수와는 8수의 차이가 있어 주목된다. 박종채는 『과정록』의 끝에 붙인 「추기追記」 형식의 글에서 1829년 가을에 효명세자孝明世子의 명을 받고 간행되지 못한 채 고본稿本의 형태로 남아있는 『문고』 16권, 『열하일기』 24권, 『과농소초』 15권 등 총 55권의 책을 올렸다고 하였다.[3] 이로 보아 적어도 1829년 이전에 박종채에 의해 편집이 완료된 『연암집』에는 42수의 연암 시가 수록되어 있었던 것으로 생각된다.

우리는 위의 두 자료를 통해 박종채가 『과정록』을 완성한 1816년부터 효명세자에게 『연암집』을 올린 1829년까지의 13년 사이에, 박종채가 『연암집』을 편집하면서 자신이 직접 그 존재를 확인한 50수에서 8수가 제외된 42수만 수록하였음을 확인하였다. [자료 2]에서

---

2   朴趾源(5), 『燕巖集』 권4, 장11a. "詩古今體共四十二首. 府君雅不以詩自命, 與人唱酬絶罕, 尋常應副之作, 亦未曾留之巾箱, 故篇目甚尠. 且因人傳誦而得者多, 故頗有斷缺未定處. 謹追平日雅意附之文編之末, 而舊有映帶雜咏, 編題今仍之. 男宗侃謹書."
3   김영진(2010), 44면.

보듯이 연암은 평소 시인으로 자처하지도 않았고, 남과 창수한 시도 극히 드물어 남아있는 작품이 매우 적었다. 그런데 이와 같은 사실을 잘 알고 있던 박종채가 자신이 직접 확인한 50수의 연암 시 중에서 8수를 제외하고 42수만 『연암집』에 수록한 이유는 무엇일까? 본 장에서는 위와 같이 박종채에 의해 삭제되어 현재 박영철본에 수록되어 있지 않은 연암 시 8수의 내용을 살펴보고, 이들 작품이 현전하는 『연암집』에 모두 삭제된 이유에 대해 밝혀보기로 한다.

2. 연암 시 50수와 42수의 관계

영남대 도서관[4](이하 영남대본)과 국립중앙도서관 승계문고[5](이하 승계문고본)에 소장된 필사본 『연암집』 속에는 연암 시의 작품명과 작품 수를 확인하는 데 중요한 단서를 보여주는 내용이 실려 있다. 다음 자료는 이 두 필사본의 원문 일부를 제시한 것이다.

[그림 1]은 영남대본 『연암집·영대정잡영』의 마지막 장에 있는 것이다. 이곳에는 박영철본에 수록된 연암시 42수가 그대로 실려 있다. 그런데 [그림 1]의 상단에는 「사약행司鑰行」, 「조숙인만장趙淑人輓章」, 「해인사창수海印唱酬詩」 2수, 「도망시悼亡詩」 20수, 「수시壽詩」, 「서시이생종목書示李甥鍾穆」, 「제선옥소영題仙玉小影」, 「몽답정夢踏亭」 등 28수의 제목이 쓰여 있어 주목된다. 영남대본의 본문에 원문으로 제시된 42수와 [그림 1]의 상단에 제목으로 제시된 28수를 합하면 연암 시는 모두 70수에 달한다. 그런데 이곳에도 「도망시」 20수와 「서시이생종목」 1수(7, 8구만 쓰여 있음) 등 21수는 '초고를 잃어버렸다[失艸]'라고 쓰여 있고, 「수시」 1수는 '큰집인 박제상朴齊尙의 집에 있다[在都正宅 齊尙]'고 쓰여 있다. 이들 22수를 제외하면 박영철본에는 빠져 있으나 [그림1]의 상단을 기록할 당시까지 존재하고 있었던

---

4   朴趾源(4), 『燕巖集』 8책(缺秩). 이 책은 최근 김영진 교수를 통해 입수하였다. 이 자리를 빌려 감사의 마음을 전한다.
5   朴趾源(2), 『燕巖集』.

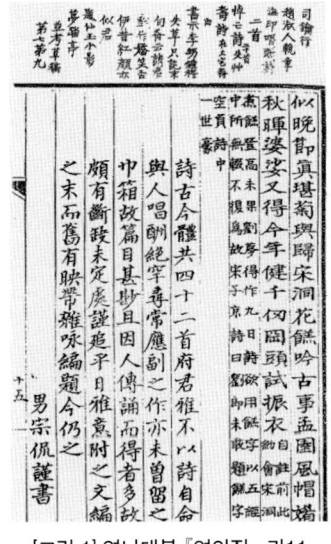

[그림 1] 영남대본 『연암집』 권11 장15b

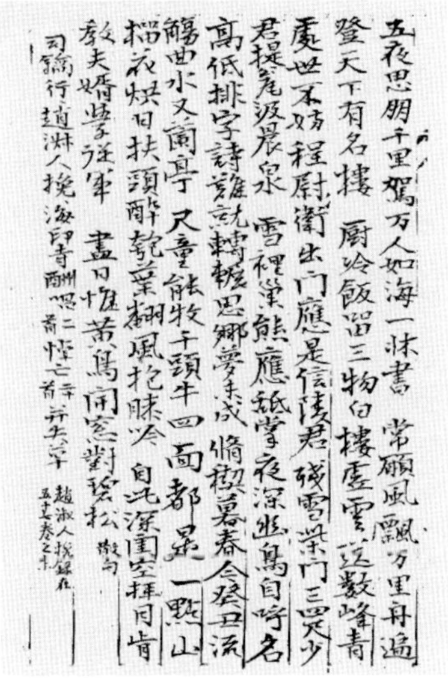

[그림 2] 승계문고본 『연암집』 권11 장15 뒷면

연암시는 「사약행」 1수, 「조숙인만장」 1수, 「해인창수시」 2수, 「제선옥소영」 1수, 「몽답정」 1수 등 모두 6수가 된다.

[그림 2]는 승계문고본의 마지막장 뒷면에 본문과는 다른 서체로 쓰여 있는 것이다. 이곳에는 산구散句 7언 22구와 5언 2구가 연구聯句 형식으로 쓰여 있고, 마지막 행에는 「사약행」, 「조숙인만」, 「해인창수시」 2수, 「도망시」 20수는 모두 '실초失抄'라고 쓰여 있다. 그리고 이 행의 끝에는 「조숙인만」은 57권 끝에 기록했다고 쓰여 있다. 승계문고본 57권에 수록된 『잡저』의 마지막 부분에 「조숙인만」이 수록되어 있는데, 이 시는 바로 앞에 수록된 「계산수계서稽山修禊序」와 함께 다른 필사본과 간행본에는 실려 있지 않은 작품이다.[6] 위와 같이 승계문고본에는 [그림 1] 영남대본의 상단에서 그 존재를 밝힌 「수시」, 「서시이생종목」, 「제선옥소영」, 「몽답정」 등에 대해서는 일절 언급이 없다.

---

6 김윤조(1992), 320면.

[그림 1]에서 영남대본의 상단에는 『연암집』에 수록되지 않은 시의 제목을 적은 후에 "초고草稿 제칠第七과 제구第九를 함께 살펴보라."는 내용이 쓰여 있다. 이곳에서 말한 '초고草稿 제칠第七'은 실학박물관에 소장된 『연암초고(7)燕巖草稿(七)』을 가리키고, '제구第九'는 연민문고에 소장된 『연암초고보유(9)燕巖集草稿補遺(九)』[7]를 가리킨다. 실학박물관에는 『연암초고(7)』이란 책명으로 표지 포함 낱장 4장의 필사본이 소장되어 있다. 이 책에는 표지 우측 상단에 『백련관잡록白蓮館雜錄』, 『사훈士訓』, 『연상각소치烟湘閣小赤』, 『중향성수창衆香城酬唱』, 『잡초雜艸』라고 쓰여 있는데, 현재는 『백련관잡록』의 목록과 그 첫 장 「옥쇄론玉璽論」 부분과 『잡초』 가운데 2-3칙 정도만 남아있다.[8] 유만주俞晩柱(1755~1788)가 지은 『흠영欽英』의 1777년 5월 22일 조에는 『중향성수창』이라는 제목으로 「증좌소산인贈左蘇山人」, 「만조숙인挽趙淑人」, 「수산해도가搜山海圖歌」, 「총석정관일출叢石亭觀日出」 등 연암의 고체시 4수가 수록되어 있다.[9] [그림 1]에서 말한 '초고草稿 제칠第七'의 「조숙인만장」은 『흠영』에 수록된 「만조숙인」과 같은 작품으로, 박영철본에는 『흠영』에 수록된 『중향성수창』 4수에서 「만조숙인」을 제외한 3수가 수록되어 있다.

연민문고에 소장되어 있는 『연암집초고보유(9)』와 박영철본 『영대정잡영』에 수록된 연암 시를 순서대로 작품명과 작품수를 제시하면 다음과 같다.

〈표 1〉 『연암집초고보유(9)』와 박영철본 『영대정잡영』 수록 연암시

연암초고보유(9)			영대정잡영			창작 시기
수록 순서	작품명	작품수	수록 순서	작품명	작품수	
1	叢石亭觀日出(未收錄) 在日記中謄出	1	1	叢石亭觀日出	1	1765년(29세)
2	贈左蘇山人	1	2	贈左蘇山人	1	
3	海印寺	1	6	海印寺	1	

---

7 朴趾源, 『燕巖集草稿補遺(九)』
8 김영진(2010), 51면.
9 俞晩柱, 『欽英』, 352~353면.

4	司鑰行	1				
5	笠聯句	1	7	笠聯句	1	1770년(34세)
6	搜山海圖歌	1	5	搜山海圖歌	1	
7	一鷺 一作道中乍晴	1	3	一鷺 一作道中乍晴	1	
8	曉行	1	10	曉行	1	
9	田家	1	4	田家	1	
10	極寒,	1	11	極寒	1	
11	澹園八咏(未收錄)	8	8	澹園八詠 事見避暑錄	8	1773년(37세)
12	弼雲臺与伯修克卿景晦懋官作 弼雲臺賞花 歸路 過趙園 拈誠齋韻	1	16	弼雲臺賞花	1	
13	元朝對鏡 二十時作 當在卷上	1	9	元朝對鏡	1	1756년(20세)
14	漁翁	1				
15	勞軍橋	1	15	勞軍橋	1	
16	齋居 齋陵令	1	30	齋居 齊陵令	1	1791년(55세)
17	海印寺唱酬詩 安義時 乙卯作	2				1795년(59세)
18	九日登孟園小集	1	32	九日登孟園 次杜韻	1	1803년(67세)
19	滯雨通遠堡(2수)	2	20	滯雨通遠堡	1	1780년(44세)
			22	留宿潼關	1	
20	遼野曉行	1	21	遼野曉行	1	
21	散句					
21	山行 山耕	1	13	山行 一作山耕	1	
22	山中至日書示李生	1	12	山中至日書示李生	1	1778년(42세)
23	吟得一絶	1	23	缺 吟得一絶	1	1780년(44세)
24	又一首在避暑錄中(未收錄)	1	24	缺 馬上口號 說見避暑錄	1	1780년(44세)
25	次洪太和秘省雅集韻,	1	29	次洪太和秘省雅集韻	1	1791년(55세)
26	小酌	1	31	小酌	1	1796년(60세)
27	江居 洗心亭	1	17	江居	1	
28	燕巖憶先兄	1	28	燕岩憶先兄	1	1787년(51세)
29	悼亡(未收錄) 失卅					
30	書示李甥(7,8句收錄) 失卅					

31	移居 鐵蹄隅	1	14	移居	1	
32	壽詩(未收錄) 在都正宅齊尙	1				1785년(49세)
33	渡鴨綠江回望龍灣城	1	18	渡鴨綠江回望龍灣城	1	1780년(44세)
34	露宿九連城	1	19	露宿九連城	1	1780년(44세)
35	彌雲臺看杏花	1	25	彌雲臺看杏花	1	
36	題仙玉小影	1				
37	絶句五首　無題似送人入燕 或燕行時雜咏也	5	26	絶句四首　○無題 似送人入燕 或燕行時雜咏	4	1780년(44세)
38	江居(卽事)漫吟	1	27	江居謾吟	1	
39	夢踏亭 與澹然亭諸人酬唱	1				
계		50			42	

　〈표 1〉은『연암집초고보유(9)』는 박종채가 한 곳에 모여 있지도 않고 완정한 형태로 전하지도 않는 연암시를 어떻게 채록하였는가를 잘 보여주고 있다. 아래 [그림 6]의 장1a 상단에서 보듯이 박종채는 「총석정관일출」과 「담원팔영」의 원문을 수록하지 않고 『열하일기』의 원본에서 베껴 옮기도록[등출謄出] 하였다. 또한 그는 박영철본에 「마상구호馬上口號」라고 제목이 붙어있는 시를 원문 없이 "또 1수는 「피서록」 속에 있다.[又一首在避暑錄中]"고 하였다. 그리고 그는 「도망」 20수와 「서시이생」 (7, 8구만 수록) 1수를 '실초失艸'라고 하였고, 「수시」 1수를 원문 없이 제목만 적어놓고 "도정댁都正宅 박제상朴齊尙의 집에 있다.[在都正宅齊尙]"고 주석을 달았다. 이어 그는 연암이 한두 구절 짓다가 그만둔 작품들을 한곳에 모아 「산구散句」라고 제목을 붙였는데, 이곳에는 본문에 칠언시 16구, 두주에 오언시 2구와 칠언시 12구 등 총 30구가 연구聯句 형태로 수록되어 있다. 이것은 박종채가 [자료 2]에서 밝혔듯이 사람들에 의해 전송되던 시를 채록한 것으로 중간에 빠지거나 확정하지 못한 작품에 속한다.
　〈표 1〉에서 보듯이『연암집초고보유(9)』에는 박종채가 [자료 1]에서 언급한 연암시 50수가 제목과 함께 제시되어 있는데, 이것은 [그림 1]에서 영남대본에서 초고가 유실되었다고 말한 「도망」 20수와 「서시이생」 1수 등 21수를 제외한 것이다. 그러나 박영철본에는 모두

42수의 연암 시가 수록되어 있는데, 이것은 [자료 2]의 승계문고본에서 박종채가 밝힌 42수와 정확히 일치한다. 또한 이 연암 시 42수는 연민문고에 소장된 계서본[10] 등의 『연암집』 필사본에 수록된 것과 같다. 이로 보아 [자료 1]에서 말한 연암시 50수는 박종채가 『연암집』을 편집하기 위하여 연암의 저작에서 시를 채록해 놓은 『연암집초고보유(9)』 속에 수록된 시를 가리키고, [자료 2]에서 말한 연암시 42수는 박종채가 『연암초고보유(9)』에서 제시한 「사약행」 1수, 「어옹」 1수, 「해인사창수시」 2수, 「절구 5수」 중 1수, 「수시」 1수, 「제선옥소영」 1수, 「몽답정」 1수 등 8수를 고의로 제외하고 편집한 『연암집·영대정잡영』 속에 수록된 시를 가리키는 것으로 생각된다.

3. 연암 시 50수의 채록 양상

연민문고에는 『연암초고(3)삼燕巖草稿(三)』[11]·『연암초고(4)燕巖草稿(四)』[12]·『연암초고(6)燕巖草稿(六)』[13]·『연암초고(8)燕巖草稿(八)』[14] 등 4종의 『연암초고』가 소장되어 있다. 이 책들은 모두 연암이 직접 필사한 수고본手稿本을 시리즈 형식으로 묶고 나서 『연암초고○』라고 표제를 달아놓은 것이다. 한 예로 [그림 3]의 『연암초고(3)』을 들 수 있는데, 이 책의 표제는 『금면장거집錦沔藏弄集』으로 우측에 '연암초고 삼燕岩草稿 三'이라고 쓰여 있다. 이 책은 연암이 면천군수로 재직하면서 공주판관 김기응과 주고받은 편지 모음집으로, 연암이 동일한 내용의 글을 각각 세 가지 서체로 써놓은 3부를 한 책으로 묶은 것이다.[15] 그런데 [그림 1]과 같이 영남대본 『연암집·영대정잡영』 권11 장15b의 상단에 쓰여있는 '초고草稿 제구第九'는 곧 연민문고 『연암집초고보유(9)』를 말하는 것인데, 이 『연암집초고보유(9)』

---

10 朴趾源(3), 『燕巖集』.
11 朴趾源, 『燕巖草稿 三: 錦沔藏弄集』.
12 朴趾源, 『燕巖草稿 四』.
13 朴趾源, 『燕巖草稿 六』.
14 朴趾源, 『燕巖草稿 八』
15 김윤조(2012)(1), 179면.

는 책의 형태나 내용에 있어서『연암초고(3)』과는 차이가 있다. 아래 [그림 5]에서 보듯이
『연암집초고보유(9)』는 책의 표제를『○○집○○보유 구○○集○○補遺 九』라고 하여 '집
集'과 '보유補遺'가 추가되어 있고, 이 책의 1장a의 1행에는『연암초고○』에는 존재하지 않는
'연암집권지燕巖集卷之'라는 글자가 쓰여 있다. 이로 보아 박종채는『연암집』을 편찬하기
위하여 연암의 연암이 직접 필사한 수고본을 시리즈로 묶어놓은『연암초고○』에 수록되지
않은 연암의 저작들을 여러 자료에서 채록하고, 이를 연암의 수고본과 구별하고자 책명에
'집集'과 '보유補遺'를 추가한 것으로 생각된다.

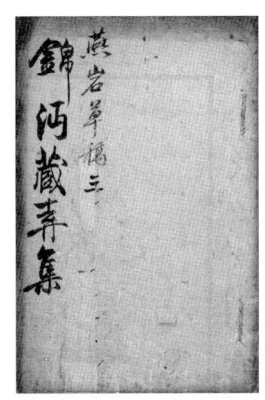
[그림 3]『연암초고 (3)』
표지

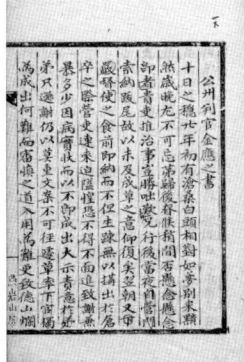
[그림 4]『연암초고 (3)』
장1a

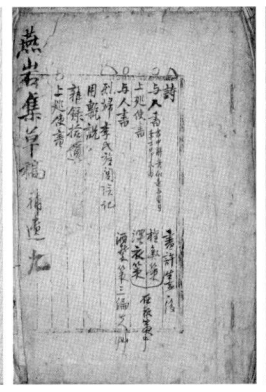
[그림 5]『연암집초고보유
(9)』표지

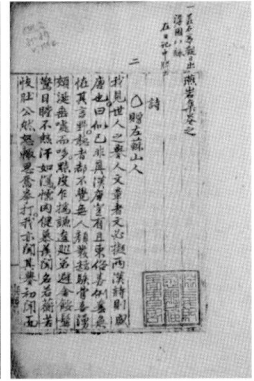
[그림 6]『연암집초고보유
(9)』표지 장1a

  연민문고에 소장되어 있는『유상곡수정집流觴曲水亭集 건곤乾坤』에는 산문, 시, 잡록 등
다양한 장르의 글이 수록되었으며, 연암의 작품도 있지만 대부분 다른 사람의 작품을 베껴
놓은 것으로 구성되어 있다.[16] 다음『유상곡수정집 곤』에 수록된 두 형태의 내용을 통해
박종채가 박영철본『연암집』에는 수록되어 있지 않은「제선옥소영題仙玉小影」1수를『연암
집초고보유 구』에 채록한 양상을 살필 수 있다.

---

16 김혈조(2012), 144면.

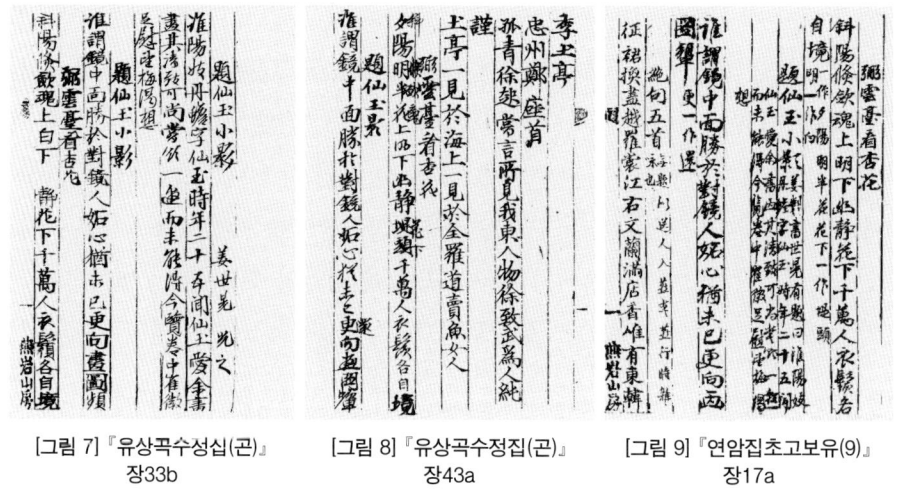

[그림 7]『유상곡수성십(곤)』 장33b   [그림 8]『유상곡수정집(곤)』 장43a   [그림 9]『연암집초고보유(9)』 장17a

　　[그림 7]의『유상곡수정집 곤』장33b와 [그림 8]의『유상곡수정집 곤』장43a에는 연암시「필운대간행화弼雲臺看杏花」와「제선옥소영題仙玉小影」이 수록되어 있다. [그림 7]에는 강세황姜世晃(1712~1791)이 지은「제선옥소영」을 저자명과 함께 수록하고 나서 연암 자신이 지은「제선옥소영」을 써놓았다. 그러나 [그림 8]에는 연암이 강세황의 작품은 제외하고 자신이 지은「제선옥소영」의 원문만 수록한 다음에 '갱更'자의 오른쪽 행간에 '환還'자를 써놓았다. 이로 보아 연암은 강세황이 소품문의 형태로 지은「제선옥소영」을 읽고 떠오른 시상을 강세황의 글과 같은 제목으로 시로 지었고, 뒤에 자신이 지은 시를 다시 적으면서 원문 일부를 수정한 것(更 → 還)으로 생각된다. 그러나 [그림 9]에서 보듯이 박종채는 이 시를『연암집초고보유 구』에 채록하면서「제선옥소영」의 제목 아래에 "강판서세황유제왈姜判書世晃有題曰"이라고 쓰고 나서『유상곡수정집(곤)』장43a에 있는 강세황의「제선옥소영」원문을 쌍주 형식으로 붙여놓았고, 이어『유상곡수정집(곤)』의 장33b에 있는 연암의 시「제선옥소영」원문을 쓴 후에 '갱작일환更一作還'이라고 주석을 붙여놓았다. 우리는 이를 통하여 박종채가「제선옥소영」을 채록하면서『유상곡수정집(곤)』의 장33b와 장43a의 내용을 그대로 옮기지 않고, 연암이『유상곡수정집(곤)』에 두 형태로 적은 내용을 새로운 형태로 각색하여『연암집초고보유(9)』에 수록했음을 알 수 있다.

연민문고에 소장되어 있는 『면양잡록沔陽雜錄』은 연암이 면천군수로 활동하면서 작성한 글을 모은 것으로, 연암이 글을 작성하기 위해 자료를 수집하고, 초고를 작성하며, 이를 수정하는 과정을 파악할 수 있는 중요한 자료이다.[17] 다음 『면양잡록(4)』에 수록된 내용을 통해 박종채가 박영철본 『연암집』에는 수록되어 있지 않은 「해인사창수시海印寺唱酬詩」 2수를 『연암집초고보유(9)』에 어떻게 채록했는가를 알 수 있다.

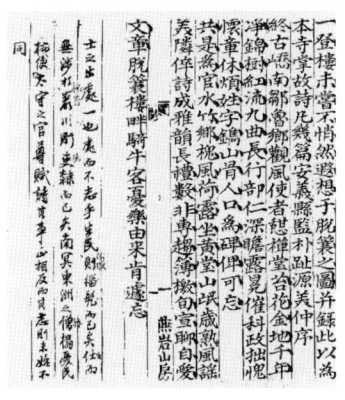
[그림 10] 『면양잡록(4)』 장2ab

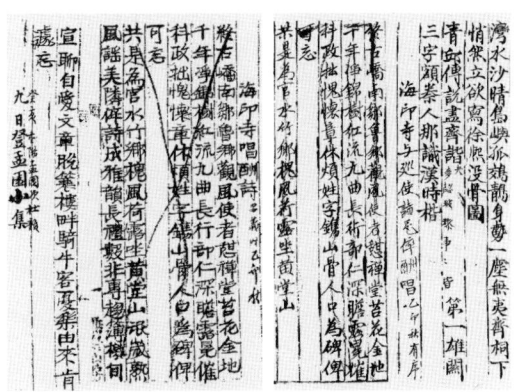
[그림 11] 『연암집초고보유(9)』 장12ab·16b·17a

[그림 10]에서 보듯이 『면양잡록(4)』 장2ab에는 연암이 1795년에 안의현감으로 재임하면서 지은 「해인사창수시서海印寺唱酬詩序」와 함께 연암시 2수가 수록되어 있다. 연암이 자편한 소집인 『연상각집煙湘閣集』과 『백척오동각집百尺梧桐閣集』에도 「해인사창수시서」가 수록되어 있으나, 연암의 시가 함께 붙어있는 것으로는 [그림 10]이 유일하다. [그림 11]에서 『연암집초고보유 구』 장12ab, 장16b, 장17a에는 [그림 10]의 시가 「해인사창수시」와 「해인사여순사제형쉬창수海印寺與巡使諸兄倅酬唱」라는 제목으로 연암 시 2수가 수록되어 있다. 제목 아래에는 각각 '안의시을묘추安義時乙卯秋'와 '을묘추유서乙卯秋有序'라는 주를 붙여놓았고, 특히 [그림 10]에서 『연암집초고보유(9)』 장17a에는 제2수 중에서 "공시위관수죽향共是

---

17 김문식(2012), 174면.

爲官水竹鄕, 괴풍하로좌황당槐風荷露坐黃堂. 산산"까지 15자만 써놓았다. 이로 보아 박종채는 [그림 10]에서『면양잡록(4)』와 같이 서序와 함께 수록된「해인사창수시」를『연암집초고보유 구』에 옮겨놓았는데, 후에 다른 자료 속에 수록된 동일 작품을 옮겨 쓰다가 이미 채록해 놓은「해인사창수시」와 같은 작품이라는 사실을 알고 중도에 쓰기를 그만둔 것으로 생각된다.

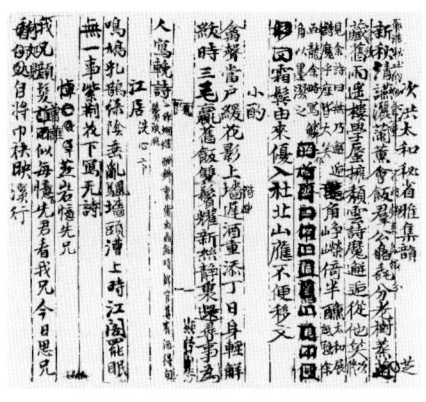 

[그림 12]『연암집초고보유 구』장15ab   [그림 13] 영남대본 권11 장15a

[그림 12]에서 보듯이『연암집초고보유(9)』장15ab에는「소작小酌」이 수록되어 있다. 이 시는 원문 끝에 "일작호접감향이一作蝴蝶酣鄕裏, 제어효반시鯷魚殽飯時. 해관존유주解官尊有酒, 득구빈성사得句鬢成絲."라고 주석이 붙어있고, 원문 2구 '화영상장지花影上墻遲'에서 '장墻'자의 오른쪽 행간에 '계階'자가 쓰여 있다. 이 시는 [그림 13]에서 영남대본『연암집』권11 장15a에 수록되어 있는데, 이곳에는 시의 제목 아래에 "시병진춘時丙辰春, 해안의재귀解安義宰歸, 소손생재수일小孫生纔數日, 우유인청만又有人請輓."이라는 주석이 달려있다. 또한 [그림 12]에서 원문의 끝에 써놓은 주석이 이곳에서는 원문의 상단에 쓰여 있고, [그림 12]에서 '장墻'자의 오른쪽 행간에 쓰여 있는 '계階'자는 원문에 쓰여 있다. 이로 보아 연암이 지은 「소작」이란 제목의 시는 [그림 12]의 형태로 수록된 자료Ⓐ와 [그림 13]과 같이 제목 밑에 시의 저작 시기와 저작 배경이 주석으로 달린 자료Ⓑ 등 두 종이 있었는데, 박종채는 이 시를 [그림 12]에 채록하면서 자료Ⓐ의 내용만 옮겨놓은 것을 알 수 있다. 그러나 그는 후에『연암

집』을 편집하면서 [그림 12]의 내용만으로는 시의 의미를 이해하는 데 충분하지 않다고 생각하고, 두주의 형식으로 자료Ⓑ의 내용을 덧붙인 것으로 생각된다.

4. 『연암집』 미수록 8수의 내용

이 장에서는 『연암집초고보유(9)』 속에 수록된 작품 가운데 박영철본에 수록되지 않은 8수의 내용을 살펴보기로 한다.

> **漁翁**
> 荳殼船橫秋水長, 漁翁拳髮坐西陽, 拂竿更向深蘆去, 疑渠魯望陸先生.[18]
>
> **고기잡이 노인**
> 거룻배는 길게 뻗은 가을 강을 가로지르고, 어옹이 머리를 흩날리며 저녁햇살에 앉아있네. 대낚시 휘저으며 다시 깊은 갈대 속으로 떠나니, 그 사람 노망 육구몽 선생이 아닌가?

위의 시는 세속의 영욕에서 벗어나 고기잡이로 세월을 보내는 한 노인의 초연한 삶을 읊은 것이다. 4구에서 말한 노망魯望 육선생陸先生은 육구몽陸龜蒙을 가리킨다. 육구몽은 당나라 때 소주蘇州의 명문가 출신으로 육경에 능통하고 『춘추』에 조예가 깊었으나 과거에는 오르지 못하였다. 그는 한 때 종유從遊했던 호주자사湖州刺史 장박張搏의 부름을 받아 요주饒州를 지나갔는데, 자사刺史 채경蔡京이 관속官屬을 거느리고 그를 만나러 온 것을 보고, 그 자리에서 옷을 털고 일어나 송강松江 포리甫里로 돌아가 학문을 논찬論撰하며 생을 마쳤다.[19] 고기잡이 생활은 그의 여가생활이자 일상생활이기도 하였는데, 이와 같은 그의 탈속적

18　朴趾源, 『燕巖集草稿補遺(九)』 장11b.
19　宋祁 撰, 「列傳·隱逸」, 『唐書』 권196. "陸龜蒙, 字魯望, 元方七世孫也. 父賓虞以文歷侍御史. 龜蒙少高放, 通六經大義, 尤明春秋. 舉進士, 一不中. 往從湖州刺史張搏游, 搏歷湖蘇二州, 辟以自佐, 嘗至饒州, 三日無所詣, 刺史蔡京, 率官屬就見之, 龜蒙不樂, 拂衣去, 居松江甫里, 多所論撰."

삶으로 인해 당시 사람들은 그를 강호산인江湖散人 또는 천수자天隨子 포리선생甫里先生으로 부르기도 하였다. 연암은 작은 배로 가을 물을 가로 지르다가 바람에 머리를 흩날리며 저녁 햇살에 앉아 있고, 다시 대낚시를 휘저으며 깊은 갈대 속으로 들어가는 어부의 모습을 보며 육구몽을 떠올렸다. 연암은 초연히 속세를 떠나 어부로 살아간 육구몽의 탈속적 삶을 동경하고, 자신 또한 속박된 현실에서 벗어나 자연과 함께하려는 마음을 표출한 것이다.

> **海印寺唱酬詩** 安義時 乙卯作
> 終古嶠南鄒魯鄕, 觀風使者憩禪堂. 苔花金地千年淨, 錦樹紅流九曲長. 行部仁深瞻露冕, 催科政拙愧懷章. 休煩姓字鎸山骨, 人口爲碑俾可忘.(一首)
> 共是烏官水竹鄕, 槐風荷露坐黃堂. 山氓歲熟風謠美, 隣倅詩成雅韻長. 禮數非專趨簿檄, 旬宣聊自愛文章. 脫簪樓畔騎牛客, 憂樂由來肯遽忘.(二首)[20]
>
> **해인사에서 창수하다** 안의현감 시절 을묘(1795)에 짓다.
> 예로부터 영남 땅은 공맹의 고향인데, 민풍을 살피는 관리들 절에서 쉬고 있네. 이끼 핀 절간은 천 년 동안 고요하고, 단풍 사이로 붉은 물살이 아홉 굽이 흐르네. 순찰하는 감사는 인이 깊어 백성들이 우러러보는데, 세금이나 독촉하는 졸렬한 정치를 하면서 벼슬하는 내가 부끄럽네. 번거롭게 산의 바위에 이름을 새기지 말라. 사람의 입이 비석 되어 구비 전승되면 영원히 전해지게 되리라.(1수)
> 모두 경치 좋은 고을의 관리가 되어, 바람 부는 느티나무와 이슬 내린 연꽃을 향해 정당에 앉아 있네. 백성들은 풍년 들어 노랫소리 아름답고, 원님들은 시 지어 맑은 가락 늘어놓네. 예의 절차 무시하고 문서 살피기에 바쁜데, 백성 교화에는 오로지 문장을 소중히 여기네. 누에 올라 도롱이 벗거나 소 타고 온 손님들. 민생의 근심과 즐거움을 어찌 갑자기 잊을 수 있으리?(2수)

위의 시는 연암이 안의현감으로 재임하던 1795년 9월 20일에 지은 것이다. 당시 경상도 감사였던 이태영李泰永이 관하를 순시하다가 해인사에 묶게 되자 연암은 선산부사 이채李采, 거창현령 김유金鍒 등과 함께 그를 마중하였는데, 이들은 모두 이태영과 한 동네 친구였다. 연암은 제1수 5, 6구에서 감사 이태영은 인이 깊어 백성들이 우러러보는데, 자신은 세금 독촉 졸렬한 정치를 하면서 벼슬하는 것이 부끄럽다고 하였다. 이어 그는 7, 8구에서 번거롭게 산의 바위에 자신의 이름을 새기지 말라고 하고, 사람의 입이 비석 되어 구비전승되면 영원히 전해지게 될 것이라고 하였다. 그가 말한 '사람의 입이 비석된다[人口爲碑]'는 말은

---

20   朴趾源, 『燕巖集草稿補遺(九)』 장12a~장12b.

후한 때에 형주자사荊州刺史를 지낸 곽하郭賀의 고사를 차용한 것이다. 형주荊州의 주민들이 곽하의 공덕을 칭송하여 "곽자사의 덕은 어질고 명철하며, 조정은 중정中正하여 위아래가 평안하네[厥德仁明郭喬卿, 中正朝廷上下平]."라는 내용의 노래를 불렀는데, 현종顯宗이 남양南陽 지역을 순수하면서 노래를 듣고 곽하에게 삼공三公이 입는 옷을 하사하였다.[21] 연암은 이 시의 붙인 서문에서 비록 단풍과 국화가 어울려 비치고 산수가 절경을 자랑하지만, 이와 같은 모임이 민생문제에는 조금도 보탬이 되지 않는다[22]고 하였다. 선정으로 주민들의 칭송을 받은 곽하의 고사를 빗대어, 민생문제를 외면한 관료들의 모임은 주민들에 의해 지탄받을 것이라는 비판적 시각을 표출한 것이다.

제2수에서 주목되는 것은 7, 8구이다. 7구에서 누각에 올라 도롱이 벗는 사람은 동주東洲 성제원成悌元을 가리키고, 소를 타고 온 손님은 남명南冥 조식曺植을 가리킨다. 조식이 보은 땅을 지나다가 고을 원을 지내고 있던 성제원에게 '벼슬을 오래하는 관리[耐久官]'라고 놀린 일이 있는데, 그때 성제원은 벼슬을 버리고 팔월 보름에 남명과 해인사에서 만나기로 약속하였다. 약속한 날이 이르자 남명은 소를 타고 오다가 큰비를 만났는데, 성제원은 이미 누에 올라 도롱이를 벗고 있었다. 이들은 처사이거나 관직을 떠난 처지였으나 밤새 이야기한 것이 민생문제를 떠나지 않았다. 연암은 안의현감을 지내면서 세 번이나 해인사를 찾아가 감사를 맞이한 것을 예로 들어 자신 또한 '내구관耐久官'과 다를 바 없다고 말하고, 누각에 오를 때마다 성동주의 도롱이를 상상한다[23]고 하였다. 연암이 위의 시 8구에서 관직에서 물러나더라도 민생의 근심과 즐거움을 잊지 않겠다고 말한 것은 바로 이를 의미한다.

---

21 郭茂倩 輯, 「雜歌謠辭 · 郭喬卿歌」, 『樂府詩集』 권84. "厥德仁明郭喬卿, 中正朝廷上下平. 頭註: 後漢書曰: 郭賀 字喬卿, 建武中為尚書令, 在職六年, 拜荊州刺史. 到官, 有殊政, 百姓歌之. 顯宗巡狩, 到南陽, 特見嗟賞, 賜以三公 之服."

22 朴趾源, 「海印寺唱酬詩序」, 『沔陽雜錄(四)』 장2ab. "雖楓菊交映, 流峙競奇, 亦何補於生民之休戚哉."

23 朴趾源, 「海印寺唱酬詩序」, 『沔陽雜錄(四)』 장2ab. "昔曹南冥之還山也, 歷訪成大谷于報恩, 時成東洲以邑倅在 座, 與南冥初面也. 南冥戲之曰: 兄可謂耐久官也. 東洲指大谷笑謝曰: 正緊此老所挽, 雖然, 今年八月十五日, 當待 月海印寺, 兄能至否. 南冥曰: 諾. 至期, 南冥騎牛赴約, 道大雨, 僅渡前溪入寺門, 東洲已在樓上, 方脫簑. 噫! 南冥 處士也, 東洲時已去官, 而盡夜相語, 不離於生民休戚. 寺僧至今相傳爲山中故事. 趾源歲迎輶軒, 入此寺已三更, 使亦可謂耐久官矣."

> **題仙玉小影** 姜判書世晃有題曰: 淮陽妓丹蟾, 字仙玉, 時年二十五. 聞仙玉愛余書畵, 其淸致可尙. 嘗欲一邀, 而未能得. 今覽卷中崔徽, 足慰望梅渴想.
> 誰謂鏡中面, 勝於對鏡人. 妬心猶未已, 更向畵圖顰. 更一作還[24]
>
> **선옥의 작은 초상에 제하다** 판서 강세황姜世晃이 화제畵題에 붙여 말하길, "회양淮陽 기생 란섬丹蟾은 자가 선옥仙玉으로 당시 나이가 스물다섯이다. 선옥이 나의 서화를 흠모한다고 들었는데, 그녀의 청아한 운치를 가상히 여겨 한번 부르려 했으나 기회를 얻지 못했다. 지금 책 속에 있는 최휘崔徽[당나라 기녀, 필자 주]를 보니 매실[선옥을 가리킴, 필자 주] 상상하며 갈증을 풀 만하다."라고 하였다.
> 누가 말했나, 거울 속 얼굴이, 거울 보고 있는 이보다 더 낫다고? 질투하는 마음이 가시지 않아, 그림 향해 다시금 찡그려 보네. '갱更'은 '환還'으로 된 곳도 있다.

　　위의 시는 강세황姜世晃이 그린 선옥仙玉의 초상화를 보고 지은 것이다. 제목 아래에는 강세황이 초상화를 그린 후에 화제畵題를 붙인 내용을 옮겨 놓았다. 강세황은 이 글에서 강원도 회양淮陽의 기녀로 자가 선옥인 단섬丹蟾이 평소 자신의 그림을 흠모한다는 소리를 듣고, 그녀를 가상히 여겨 한 번 만나려 했으나 기회를 얻지 못하였다고 하였다. 그러던 차에 그는 선옥의 작은 초상을 그리고 나서, 그 아래에 그림 속 선옥을 당나라의 유명한 최휘崔徽에 견주면서 그녀에 대한 그리움을 대신한다고 하였다. 그가 말한 최휘는 당나라 하중河中 출신의 가기歌妓로 공사公事로 하중을 지나가던 배경중裵敬中과 인연을 맺었다. 그러나 배경중이 다시 장안으로 돌아가게 되자, 최휘는 화가에게 자신의 초상을 그리게 하여 "하루아침에 그림 속의 사람만도 못하게 되었으니, 그대를 위해 죽을 것이다."라고 써서 그에게 보내고는 결국 미치광이가 되어 죽은 것으로 알려져 있다.[25] 강세황은 최휘로 비견된 선옥의 작은 초상화를 보며 '매실을 상상하며 갈증을 풀만하다[望梅渴想]'라고 하였다. 곧 그는 자신이 그린 선옥의 초상을 최휘의 얼굴로 상상하면서 그녀에 대한 갈증을 대신하려 한 것이다.

　　연암은 위의 시에서 자신이 그린 선옥의 초상화를 보는 것으로 그녀에 대한 그리움을

24　朴趾源, 『燕巖集草稿補遺(九)』 장17a.
25　元稹, 「崔徽歌」, 『全唐詩』 권423. "崔徽河中府娼也. 裵敬中以興元幕使蒲州, 與徽相從, 累月, 敬中便還. 崔以不得從爲恨, 因而成疾. 有丘夏善寫人形, 徽托寫眞, 寄敬中曰: 崔徽一旦不及畫中人, 且爲郎死. 發狂卒."

대신하려 했던 강세황을 못마땅해하는 선옥의 심사를 묘사하였다. 1구에서 '거울 속 얼굴'은 선옥의 그림 속의 얼굴을 가리키고, 2구에서 '거울을 보고 있는 이'는 그림 속의 얼굴을 바라보는 선옥을 가리킨다. 선옥은 1, 2구에서 누가 그림 속 자신의 얼굴이 실제 자신의 얼굴보다 낫다고 말했냐라고 지적하였다. 선옥은 강세황이 그림 속 자신의 얼굴을 최휘의 얼굴에 빗대어 자신을 직접 만나고 싶은 갈증에 대신한 것에 대해 불만을 표출한 것이다. 이어 선옥은 3, 4구에서 여전히 질투하는 마음이 가시지 않기에, 그림 속의 자신을 보며 얼굴을 찡그린다고 하였다. 자신을 직접 만나지 않고 그림으로 대신하려 했던 강세황의 행동을 야속하게 여기고 있는 선옥의 속마음을 생동감 있게 표출한 것이다.

> **絕句五首**(제5수: 필자 주) 無題. 似送人入燕, 或燕行時雜咏也.
> 靑邱傳說盡齊諧, 夬 麥認玻瓈事事皆. 第一雄關三字額, 秦人那識漢時楷.[26]
>
> **절구 5수** 제목 없음. 연경에 들어가는 사람을 송별한 때이거나 연경에 가면서 지은 잡영雜咏인 듯하다.
> 청구의 전설은 모두 『제해기齊諧記』의 말이니, 결夬 보리를 수정이라고 생각하는 것처럼 모든 일이 그렇지. 제일 관의 편액에 쓴 석자 글씨, 진나라 사람이 어찌 한나라 해서를 알리오?

위의 시는 「절구오수絕句五首」의 다섯 번째 작품이다. 이 시의 제목에서 보듯이 『연암집초고보유 9』에는 다섯 수가 모두 수록되어 있는데, 박종채는 위의 제5수를 삭제하고 시의 제목을 「절구사수絕句四首」로 고쳐놓았다. 이 시의 제목 아래에는 '무제無題'라고 쓰여 있고, 이어 "연경에 들어가는 사람을 송별한 때이거나 연경에 가면서 지은 잡영인 듯하다."는 주석이 붙어있다. 『열하일기』에 기록된 연암의 연행 일정으로 볼 때, 이 시는 연암이 1780년 7월 23일 산해관에 도착해서 지은 것으로 추정된다. 1구에 나오는 '제해齊諧'는 한나라 성무정成武丁이 지은 『제해기齊諧記』를 가리키고, '청구靑邱'는 산해관이 속해 있는 제나라 지역을 가리킨다. 2구에서는 '결夬'이라고 쓰고 작은 글씨로 '보리를 수정이라고 생각하는 것처럼 모든 일이 그렇지[麥認玻瓈事事皆]'라고 하였다. 이 작은 글씨로 쓰여 있는 7자는 『제해기』에

---

26 朴趾源, 『燕巖集草稿補遺(九)』 장17b.

나오는 내용을 말한 것이거나, 『제해기』의 내용은 모두 허탄한 말이라는 것을 비유한 것으로 추정된다.

3구에서 말한 '제일웅관第一雄關'은 셋째 관 높은 다락에 써놓은 '천하제일관天下第一關'을 가리키고, '삼자액三字額'은 둘째 관 4층 홍예 이마에 써놓은 '산해관山海關'을 가리킨다. 연암은 당시의 일을 기록한 글에서 "첫째 관은 옹성甕城이어서 다락이 없고, 옹성의 남·북·동을 뚫어서 문을 내고 쇠로 만든 문 위의 홍예虹蜺 이마에는 '위진화이威振華夷'라고 새겨놓았다. 둘째 관에는 4층의 적루敵樓로 되었는데 홍예 이마에 '산해관山海關'이라고 새겨놓았고, 셋째 관은 삼첨三簷 높은 다락에다 '천하제일관天下第一關'이라는 현판을 붙여놓았다."27라고 하였다. 4구에서 연암은 그 지역에서 내려오는 전설에는 해서로 쓰여 있는 이 석 자를 이사가 쓴 것이라고 하지만, 진나라 사람인 이사가 한나라 서체인 해서를 알았을 턱이 없다고 지적하였다. 그는 이를 근거로 1구에서 제나라 지역에 유포된 전설들은 모두 허탄한 내용을 담고 있는 『제해기』에서 비롯된 것이라고 비판한 것으로 판단된다.

위의 시를 이해하는 데 도움을 주는 자료로 李海應이 동지사 서장관으로 연경을 다녀와서 지은 『계산지정薊山紀程』이 있다. 그는 1803년 12월 17일에 산해관에 도착하여 「산해관」이라는 제목의 시를 남겼는데, 그는 이 시에서 "관문의 편액은 이사의 글씨라고 하니, 『제해기』는 모두 허망한 말이네.[扁門李斯筆, 齊諧談海棗.]"라고 하였다. 앞서 연암과 같이 '산해관'이라는 글자를 이사가 썼다는 주장은 『제해기』의 허망한 말[海棗]이라고 비판한 것이다. 그는 이 시의 서문에서 "제1문 바깥 편액에 '산해관'이라고 쓰여 있다. 세상에서 이사의 글씨라고 하지만, 연암 박지원의 시에 '산해관 관문에 쓴 세 개의 큰 글자, 진나라 때에 어찌 한나라 때의 해서가 있었겠는가?'라고 한 것이 분명한 증거이다."28라고 하였다. 연암이 지은 위의 시와는 글자의 출입이 있긴 하지만, 이를 통해 연암이 1780년에 지은 위의 시가 1803년에도 사람들에게 널리 읽혔음을 알 수 있다.

27　朴趾源(5),「山海關記」,『熱河日記·馹迅隨筆』,『燕巖集』권12, 176면. "初關爲甕城而無樓, 甕城穿南北東爲門, 鐵關扉, 虹楣, 刻威鎭華夷. 第二關, 爲四層敵樓, 虹楣, 刻山海關. 第三關, 爲三簷樓, 立扁曰天下第一關."
28　李海應,『薊山紀程·渡灣』,『燕行錄選集』권2, 계해년 12월 17일조. "第一門外扁曰: 山海關, 世稱李斯筆, 而燕岩朴趾源詩曰: 山海關門三大字, 秦時豈有漢時楷. 似是明證也."

> **夢踏亭** 與澹然亭諸人酬唱
> 畫閣深深俯小塘, 園林濃綠艸茵香. 山含淑氣當危檻, 鶯囀斜陽度禁墻. 近郭名區幽勝最, 如年晴日笑談長. 杯行不盡題詩罷, 醉倚槐風滿院凉.[29]
>
> **몽답정** 澹然亭 여러 사람과 함께 수창하다.
> 깊고 깊은 단청 누각이 작은 못을 굽어보고, 짙푸른 동산 숲에 풀 잔디 향기롭네. 맑은 기운 머금은 산은 위태로운 난간과 마주하고, 석양빛에 지저귀는 꾀꼬리가 궁궐 담장을 넘어가네. 성곽 근처에서 가장 이름난 명승지이기에, 기나긴 대낮 내내 웃음꽃 이어지네. 끊임없이 오고 가는 술잔 속에 시 짓기를 끝내고, 흠뻑 취해 느티나무에 기대니 온 집에 서늘한 기운 가득하네.

몽답정夢踏亭은 영조 때 김성응金聖應이 지은 것으로 창덕궁 북쪽의 북영北營에 자리한 작은 정자를 가리킨다. 현재 이곳에는 '몽답정夢踏亭'이라고 석각으로 새겨진 돌이 남아 있는데, 영조가 대보단大報壇에 올라 이것을 보고 몽답정이라는 이름을 지어 현판을 걸게 하였다고 한다. 제목 아래에는 "담연정澹然亭 여러 사람과 함께 수창하다."라는 주석이 달려 있다. 이곳에서 말한 담연정은 선조의 부친 덕흥대원군의 사손嗣孫으로 돈녕부 도정都正을 세습했던 이풍李灃이 지은 정자를 가리킨다. 주석의 내용으로 연암 그와 뜻을 같이하는 여러 문인과 함께 담연정에서 시사詩社를 열었던 것으로 추정된다. 위의 시는 화창한 봄을 맞아 담연정 시사에 참여했던 문인들과 명승지인 몽답정을 찾아가 함께 수창한 작품으로 추정된다.

몽답정은 당시 주변에 냇물이 흐르고 연못이 있어 경치가 빼어났던 곳으로 알려져 있다. 연암은 위의 시 전반부에서 성곽 근처의 대표적인 명승지로 알려진 몽답정 주변의 풍광을 리얼하게 묘사하였다. 그는 이곳에서 창경궁의 북쪽에 자리하여 작은 연못을 굽어보고 있는 몽답정 주변의 짙푸른 동산 숲에는 풀 향기에 진동하고, 맑은 기운 머금은 산과 마주해 위태롭게 서있는 난간 주변에는 석양빛에 꾀꼬리가 궁궐 담장을 넘어간다고 하였다. 이어 그는 후반부에서 성곽 근처에서 가장 이름난 명승지를 찾아온 상춘객의 웃음꽃이 이어진다고 말하고, 자신은 늦도록 술에 흠뻑 취해 나무에 기대어 있다고 하였다. 명승지에 찾아온 봄의 풍광을 온몸으로 만끽하는 가운데 세속의 속박에서 벗어나 자연과 함께하려는 심경을 표출

---

29 朴趾源, 『燕巖集草稿補遺(九)』 장18ab.

한 것이다.

이 밖에 박종채가 [자료 1]에서 언급한 50수의 연암시 가운데 박영철본에 수록되어 있지 않은 작품으로 「사약행司鑰行」과 「수시壽詩」 2수가 있다. 「사약행」은 모두 7언 54구로 이루어진 장편 고체시이다.[30] 이 시는 양가良家의 자식으로 태어났으나 궁궐의 창고지기를 맡아 호한豪悍한 생활을 일삼다가, 급기야 도박 현장에서 붙잡혀 10년간의 형기를 마치고 거지로 전락하게 된 과정을 회고한 것이다. 이 시는 내용상 1구의 '성북면자년칠십城北丙者年七十'부터 18구의 '강개인하수행읍慷慨因下數行泣'까지 1단락, 19구의 '자언소시양가자自言少時良家子'부터 40구의 '구사십생초안옥九死十生超犴獄'까지 2단락, 41구의 '찬신십년시귀가竄身十年始歸家'부터 54구의 '막요긴긴관문끽莫要緊緊關門喫'까지 3단락으로 나눌 수 있다. 1단락에서는 절간에 빌붙어 한겨울을 나던 주인공이 대웅전의 따듯한 방에서 과거를 회상하는 장면을 묘사하였고, 2단락에서는 궁궐 창고지기의 호기로운 삶과 수진궁壽進宮에서 도박을 벌이다 대장군 장붕익張鵬翼에게 잡혀 옥살이 하게 된 과정을 묘사하였으며, 3단락에서는 10년의 옥살이를 마치고 귀가했으나 누구도 자신을 반기지 않는다는 내용을 묘사하였다. 이 시는 위와 같이 모두 54구로 이루어진 장편으로 파란만장한 생을 보낸 거지의 눈을 통하여 세상의 정태情態와 인간의 비락悲樂을 거침없이 쏟아낸[31] 수작이다.

「수시」 1수는 임금의 사위로 금성도위錦城都尉에 오른 박명원朴明源(1725~1790)의 회갑을 맞아 수서壽序와 함께 지은 것이다. 박영철본에는 연암이 족형 도위공 박명원의 환갑에 축사하는 서문이 실려 있는데, 연암은 이 글에서 영조가 1785년 10월 21일에 전교하여 회갑을 맞이한 금성도위 박명원에게 의복과 음식을 보냈다[32]고 하였다. 박명원은 14세에 영조의 셋째 딸인 화평옹주和平翁主와 결혼하여 금성위에 봉해졌고, 세 차례에 걸쳐 사은사로 중국

---

30 朴趾源, 『司鑰行』, 『燕巖集草稿補遺(九)』 장5a~장6a.
31 다음과 같은 구를 예로 들 수 있다. "太僕과 마부가 백금을 바치면, 소매에 가득 채워 기생집으로 달려갔네. 폭음과 쌍욕이 아니면 남자가 아닌 듯, 사람 목숨 끊기는 협객 같았지. 협객은 한 번 도박에 십 량 아니면 백 냥이요, 법관이나 관리들은 눈 흘기며 근심했지."(太僕圉人進白金, 滿袖直走娼家宿. 痛飮不罵非男兒, 殺人亡命方大俠, 大俠一擲睹十百, 豸冠府吏愁側目.)
32 朴趾源(5), 「族兄都尉公周甲壽序」, 『燕巖集』 권4, 15면. "上之九年乙巳十月二十一日朝. 傳曰: 錦城都尉, 卽先朝儀賓, 而最承先王鍾愛之恩. 予亦致意敬禮. 今日乃其回甲也. 戶曹輸送衣食之物, 史官存問以來."

을 다녀왔다. 앞서 살폈듯이 『연암집초고보유(9)』에는 「수시」라는 제목 아래 "재도정댁在都正宅 제상齊尙"이라는 주석이 달려 있다. '都正'은 종친부·돈녕부·훈련원의 정3품 당상관 관직을 가리키고, '제상齊尙'은 반남潘南 박씨朴氏 증판서임종파贈判書林宗派 22대 종손인 박제상朴齊尙을 가리킨다. 증판서임종파의 세계世系는 박세교朴世橋(15대) → 박태두朴泰斗(16대) → 박필하朴弼夏(17대) → 박사익朴師益(18대) → 박대원朴大源(19대) → 박상로朴相魯(20대) → 박종수朴宗壽(21대) → 박제상朴齊尙(22대)으로 이어지고 있다.[33] 박종채는 『연암집초고보유 9』에서 「수시」 1수의 소재를 밝혀놓고, 후에 『연암집』을 편집하면서 증판서임종파의 종가인 도정댁 박제상의 집에 보관되어 있던 이 시를 등출謄出하려 했으나, 무슨 이유에서인지 이를 실행하지 못한 것으로 판단된다.

<표 1>에서 보듯이 박종채가 1816년 이전에 완성한 것으로 추정되는 『연암집초고보유 구』에 수록된 연암 시 50수에는 「조숙인만」이 포함되어 있지 않다. 단지 [자료 3]과 [자료 4]에서 영남대본과 승계문고본에 각각 「조숙인만장」과 「만조숙인」이라는 제목으로 제시되어 있을 뿐이다. 이 시는 앞서 살핀 『흠영』의 내용으로 보아 연암이 「증좌소산인」, 「만조숙인」, 「수산해도가」, 「총석정관일출」 등 장편 고체시 4수를 묶어 만든 『중향성수창』에 수록되어 있었던 것으로 판단된다. 이 시는 모두 70구로 이루어진 장편 고체시로 조숙인趙淑人의 부덕婦德과 그의 죽음에 대한 애통이 담담한 어조로 펼쳐져 있다.[34] 학계에서는 이 작품을 홍봉한의 삼남이자 연암의 친구였던 홍낙임(1741~1801)의 처 임천 조씨父明健(1741~1771)로 추정하고 있다.[35] 홍낙임은 1769년(영조 45) 정시문과에 장원으로 급제하여 홍문관에 등용되고 승지에 올랐으나, 1801년에 신유박해 때 체포되어 제주도로 유배되었다가 그해 5월 사사되었다. 박종채가 『연암집』을 편집하기 위해 이 시를 채록할 때에는 이미 홍낙임이 '역'으로 죽임을 당한 후인 까닭에, 이 시를 의도적으로 배제하여 『연암집초고보유 구』에 수록하지

---

33 朴鴻緖 편, 『潘南朴氏世譜』 권3, 1~31면. 박명원은 박필하(17대) → 朴師正(18대)의 넷째 아들이고, 연암은 박세교(15대) → 朴泰吉(16대) → 朴弼均(17대) → 朴師愈(18대)의 둘째 아들이다.
34 兪晩柱, 『欽英』 1책, 353~354면.
35 김영진(2010), 53면. 김영진 교수는 같은 글 주석 36에서 李澤逵의 『奮齋集』(규장각 소장, 필사본 1책)에 실린 『淑人趙氏哀辭』도 동일인을 대상으로 한 작품이라고 하였다.

않은 것으로 생각된다.

5. 맺음말

앞서 살폈듯이 박종채는 연암이 직접 남긴 수고본을 모아 『연암집』을 편집하면서 『연암집초고보유(9)』에 수록된 연암 시 50수 중에서 8수를 제외하였다. 또한 그는 『연암초고(7)·중향성수창』에 수록된 「조숙인만」 1수는 연암 시 50수에 포함하지 않았다. 영남대본, 승계문고본, 계서본 등 현진하는 『연암집』에는 박영철본에 수록된 42수가 그대로 실려 있다. 박종채는 『연암집』을 편찬하기 위하여 연암 저작물들에 산재해 있던 연암 시 50수를 『연암집초고보유(9)』에 채록해 놓고, 정작 『연암집』을 편찬할 때는 이중에서 8수를 제외한 이유가 궁금하다. 이뿐 만이 아니다. 그는 「체우통원보滯雨通遠堡」 2수[36]에서 제2수를 분리해 「유숙동관留宿潼關」이라고 제목을 달고, 마지막 2구인 "아정소군니점액我政唉君泥點額, 군환향아소심마君還向我笑甚麽."를 삭제한 후에 '缺'자를 써놓았다. 시의 일부를 고의로 삭제했음을 보여준다. 또한 그는 「절구오수絶句五首」[37]에서 제5수를 삭제하고 시의 제목을 「절구사수絶句四首」로 고쳐놓기도 하였다. 위와 같이 그가 『연암집』을 편집하면서 연암시 일부 내용을 덜어내거나[刪] 작품 전체를 삭제한[削] 이유는 무엇인가?

우리는 이에 대한 해답을 박종채가 『과정록』을 완성하고 붙여놓은 「추기追記」의 내용을 통해 그 실마리를 찾을 수 있다.

[자료 3] : (효명세자는 『연암집』을 읽으면서: 필자 주) 매 권마다 종종 종이를 접어둔 곳이 많은데, 대개 Ⓐ옛일을 근거로 삼아 나라를 다스리는 방책을 강구한 종류에서 본인 생각과 부합되는 것이 있으면 이런 식으로 표시를 해두었다. 그러나 Ⓑ장난삼아 우연히 지은 글로서 세상 사람들이 떠받들

---

36 朴趾源, 『燕巖集草稿補遺(九)』, 장11b 및 장12a.
37 朴趾源, 『燕巖集草稿補遺(九)』 장16ab.

고 있는 것에는 일체 표시가 없었다. 아아! 슬기로운 안목을 지니신 세자께서 아버지의 글을 인정하셨음을 이를 통해 뚜렷이 알 수 있다. 세자에게서 세상에 드문 이런 깊은 인정을 받았다는 사실을 아버지께서 아신다면 저승에서 감격하실 것이다.[38]

[자료 3]에서 보듯이 박종채는 1829년에 자신이 편집한 『연암집』을 효명세자에게 바쳤다가 이듬해 효명세자가 승하하고 나서 돌려받았다. 위의 글은 효명세자가 이 책을 읽으면서 '자신의 생각과 부합되는 곳'에 종이를 접어둔 것을 보고 감격해 쓴 것이다. 박종채는 위의 글에서 연암 저작의 내용을 두 가지로 구분하였다. 하나는 Ⓐ'옛일을 근거로 삼아 나라를 다스리는 방책을 강구한 종류[根據故實・講究經濟之類]'이고, 다른 하나는 Ⓑ'장난삼아 우연히 지은 글로서 세상 사람들이 떠받들고 있는 것[遊戲偶然之作, 世俗人所稱道之者]'이다. 효명세자는 Ⓐ에 해당하는 내용 중에서 본인 생각과 부합하는 곳에 종이를 접어놓았으나, 이와 반대로 효명세자는 Ⓑ에 해당하는 내용에는 어떤 표시도 남기지 않았다. 박종채는 이곳에 일일이 붉은 붓으로 표시를 해놓았는데, 이를 통해 그가 당시 연암의 문체에 대한 세간의 평가에 대해 얼마나 민감해했는가를 알 수 있다. 이러한 사실은 그가 위의 글에 이어 서능보徐能輔가 순조의 명을 받아 평안도 일대를 둘러보고 올린 글을 순조가 기록해두라고 명하면서, "이것은 박연암의 문장처럼 기술하는 것이 가장 좋다. 『열하일기』와 『과농소초』에는 좋은 의견이 가장 많다."[39]고 말한 내용을 그대로 적어놓은 것을 통해 거듭 확인할 수 있다.

학계에 따르면 후인들에 의해 연암 저작의 내용이 손질된 경우는 크게 세 가지이다. 하나는 양반으로서의 체모에 크게 구애되지 않는 연암 자신의 소탈한 언동을 솔직히 드러낸 부분이고, 다음은 서양 문물이나 오랑캐인 청에 대해 편견 없이 기술하여 당시 조선의 반서학・반청 풍조에 저촉될 우려가 있는 내용이며, 마지막으로 문체 면에서 과도하게 해학적이거나 자잘한 표현들, 백화체, 조선식 속어투, 패관소설적인 표현들이 바로 그것이다.[40] 우리는 앞의

38　朴宗采, 『過庭錄』 권4, 장33b. "每卷往往多反摺書葉處, 蓋於根據故實・講究經濟之類, 有所默契于睿衷者, 則用是以表識之. 而凡遊戲偶然之作, 世俗人所稱道之者. 一未之及焉. 嗚呼! 睿鑑之所嘗詡可者, 於此焉可以歷歷仰認, 而曠世知照之深, 使先臣有知, 亦將感激於泉下矣."

39　朴宗采, 『過庭錄』 권4, 장33b. "此宜有紀述如朴燕巖文字, 最好. 熱河記・課農書中, 最多好議論也."

논의를 통해 연암이 『사약행』에서 하층민의 저속한 언어를 거침없이 쏟아 내거나, 「제선옥소영」에서 사랑을 질투하는 여심을 생동적으로 묘사한 것에서 보듯이, 박종채가 『연암집』을 편집하면서 제외한 8수에는 사대부로서의 체모에 어울리지 않는 표현들이 포함된 것을 확인하였다. 이로 보아 박종채는 『연암집』을 편집하면서 Ⓑʼ장난삼아 우연히 지은 글로서 세상 사람들이 떠받들고 있는 것ʼ이라고 생각되는 8수의 연암 시를 의도적으로 삭제한 것으로 생각된다.

　박종채는 정조가 1792년 12월에 남공철을 시켜 연암에게 편지를 보내 분량이나 내용에 있어 『열하일기』에 버금가는 순정한 글을 지어 올리라고 명한 사실을 익히 알고 있었을 것이다. 따라서 그가 『연암집』의 편집하면서 연암 시 8수를 제외한 것은 위와 같이 아버지의 글이 순정하지 못하다는 세간의 의혹을 불식하기 위한 고심에서 나온 것으로 판단된다. 우리는 이를 통해 박종채에 의해 『과정록』이 완성된 1816년부터 박종채가 효명세자에게 『연암집』을 올린 1829년까지의 13년 사이에 연암 저작들이 박종채에 의해 대폭적인 수정이 가해졌음을 알 수 있다. 따라서 본 연구는 연암 저작의 이본들에 나타난 개작 양상을 개작 양상을 고찰하여 각 이본의 선후 관계와 계통을 규명하는 데 도움이 될 수 있을 것으로 기대된다. 또한 현재 박영철본에 수록된 연암 시 42수에는 근체시의 형식을 의식하고 있으면서도 근체시의 규율들을 과감하게 일탈하고 나오거나, 대담한 파격을 보여주는 작품을 적지 않게 남아 있다.[41] 본 연구를 통해 새롭게 밝혀진 연암 시 8수는 연암이 파격과 일탈을 일삼았던 작품의 특징을 온전히 보여주고 있다는 점에서, 연암 시의 특징을 규명하여 그의 시가 연암 문학에서 차지하는 위상을 새롭게 정립하는 데 도움을 줄 수 있을 것으로 생각된다.

40　김명호(1990), 44~47면.
41　이종문(2007), 293면.

제13장

연암 문학에 대한 당시대인의 인식

1. 머리말

　연민淵民 이가원李家源(1917~2000) 선생은 자신이 수집한 고서와 유물을 1986년 12월 8일부터 2000년 10월 31일까지 14년 동안 총 130회에 걸쳐 단국대에 기증하였다. 현재 단국대 연민문고에 소장된 연암저작 필사본은 연암이 가장 초창기에 필사한 『행계잡록杏溪雜錄』을 비롯해 모두 35종에 달하는 『열하일기』와 『연암집』 이본들로 구성되어 있다. 이 이본에는 그 존재가 처음 밝혀진 『부록附錄』이 포함되어 있다.[1] 이 책은 1책 28장으로 이루어져 있다. 1~6장까지 제문祭文이고, 7~20장까지 만장挽章이며, 21~28장까지는 만장이란 표시는 없으나 내용은 만장으로 되어있다. 「제문」은 이재성李在誠([그림 1] 참고)을 시작으로 이종목李鍾穆, 이현겸李賢謙이 지은 3편과 최진관崔鎭觀, 최진성崔鎭咸, 한장호韓錫祜, 양현교梁顯敎, 양학조梁學祖의 합작 한 1편 등 4편이 있고, 「만장」은 모두 34명(미상 1명 포함)이 지은 34제 131수가 있다.[2]

1　朴宗采 편, 『附錄』, 장1a~장28b.
2　「만장」을 지은 작자 34명(미상 1명 포함)의 작품 수는 다음과 같다. 金在淳 5언고시 1수, 李正儒 7언율시 1수,

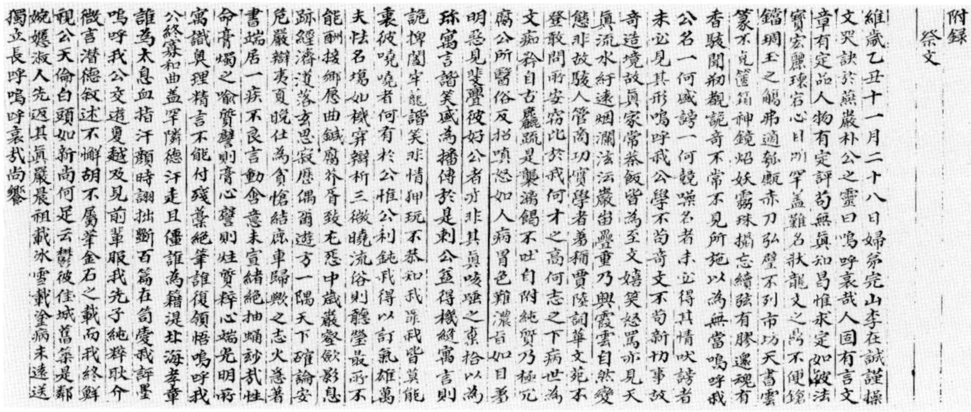

[그림 1] 『부록』 장1a~장3a 이재성의 「제박연암문」

위와 같이 『부록』에 수록된 「제문」과 「만장」을 지은 인물들은 박지원의 친구, 인척, 제자(벗의 자제 포함)로 구분할 수 있다. 제자는 서울 제자와 금천 연암협에서 양성한 개성 출신 제자들로 양분할 수 있다. 먼저 벗으로는 김재순金在淳, 이정유李正儒, 유언진兪彦鎭, 홍인모洪仁謨, 이조원李肇源, 황승원黃昇源, 이희문李羲文, 이병모李秉模, 김기응金箕應, 이소李素가 여기 해당한다. 인척으로는 이재성(처남), 이종목(사위), 유화柳訸 등이 해당한다. 이로재李魯在, 이우재李愚在, 신재식申在植 등은 절친했던 벗의 아들들이다. 이외에는 모두 제자에 해당하는데, 본서 만장 후반부의 최진관부터가 바로 개성 출신 제자들이다.[3]

위와 같이 연암의 죽음을 애도해 지은 「제문」 4편과 「만장」 34편의 작자 가운데, 연암 문학의 성격을 가장 잘 이해하고 있던 사람으로 처남 이재성이 있다.[4] 그는 반평생에 걸쳐

兪彦鎭 5언고시 1수, 洪仁謨 7언율시 1수, 李肇源 7언율시 1수, 黃昇源 7언율시 1수, 李羲文 5언고시 1수, 李秉模 7언절구 1수, 金箕應 5언고시 1수, 李素 7언절구 5수, 任履周 5언고시 1수, 柳得恭 7언절구 5수, 李喜經 5언고시 1수, 李正器 7언율시 4수, 李鍾穆 7언절구 5수, 李魯在 5언고시 1수, 李愚在 7언율시 2수, 李冕九 7언율시 2수, 徐能輔 5언고시, 柳訸 7언절구 5수, 申在植 5언고시 1수, 尹慶集 5언고시 1수, 李正行 7언율시 2수, 崔鎭觀 7언절구 6수, 梁尙晦 7언율시 1수, 崔景弼 7언절구 1수, 李賢謙 5언고시 1수, 梁顯教 7언절구 3수, 韓錫祜 7언절구 40수, 李行綽 7언율시 1수, 李用謙 7언절구 3수, 朴民壽 7언배율 1수, 梁景勳 7언절구 1수, 작자미상 5언율시 4수.

3 김영진(2012), 249면.
4 연암은 16세(1752)에 遺安齋 李輔天(1714~1777)의 첫째 딸과 혼인하였는데, 본가가 협소하고 비좁아 장인

연암과 한집에 살면서 형제의 교분을 함께 하였는데, 당시에 그가 연암 작품을 비평한 글은 연암의 마음을 가장 잘 이해했다는 평가를 받았다. 이에 대해 박종채는 『과정록』에서 이재성은 문학을 평론하는 데는 남다른 견식을 가지고 있어 옛사람이 고심한 곳을 잘 알았고, 연암은 매번 작품이 완성될 때마다 반드시 그에게 보여주며 논평을 부탁했다고 하였다. 이재성 또한 연암의 문장은 필력이 웅건하며 힘이 있고, 식견과 운치가 정밀하고도 찬찬한 것이 근래에 보기 어렵다고 하였다.[5]

이 장에서는 연암 문학에 대한 당시대인의 인식에 대해 알아보기 위하여, 먼저 위와 같이 당시 연암 문학을 잘 이해했던 이재성이 지은 장편의 「제박연암문」을 분석해보기로 한다.[6] 이어 연암그룹의 일원으로 박지원과 활발하게 교류했던 유득공이 지은 「열하일기서」를 분석하고, 마지막으로 박종채가 『과정록』에 연암문학의 특징으로 언급한 내용을 살펴보고자 한다.

2. 당시대인의 연암문학 인식

1) 이재성의 「제박연암문」 : 천진天眞의 발현

연암은 69세가 되는 해인 1805년 10월 20일에 가회방嘉會坊 재동齋洞에 있는 집에서 세상을

이천보의 집에 거처할 때가 많았다. 이어 그는 36세(1772)에 가족을 石馬(현 성남시 분당구)에 있는 이천보의 고향집으로 보내고 典醫監洞(현 서울 中部 堅平坊)에 혼자 거처하였다. 또한 그는 44세(1780)에 연암협에서 서울로 돌아와 이재성의 집인 平溪(장소 미상)에 머물렀다. 한때 그는 이재성과 함께 朴明源의 별장인 三浦의 洗心亭에 우거하다가, 52세(1788)에 善山 원으로 출수한 朴綏源(1738~1811, 박지원의 삼종제)의 桂山洞 집으로 이사하였다.

5 朴宗采, 『過庭錄』 권4, 장5a~장6b. "其於論文, 有隻眼, 能知古人古心處, 每一篇出, 必曰: 爲我評騭之. 芝溪公尙曰: 燕巖筆力雖強, 識致精到, 近代諸作家, 所未有也. 半生一室, 有偲怡塤篪之樂, 論文知心, 一人而已."
6 이재성이 지은 글은 현재 필사본 『연암집』에 연암의 작품으로 잘못 실려 있는 「淸香堂李先生墓誌銘」과 「竹閣李先生墓誌銘」이 남아 있고, 『열하일기』에 연경에 가는 연암을 전송한 오언절구 4수가 실려 있다. 그밖에 「황교문답」에 그가 붙인 評語 등이 있고, 「騷壇赤幟引」은 그가 편찬한 科文 모음집인 『騷壇赤幟』에 연암이 붙인 서문이며, 연암이 그에게 보낸 편지 4통이 『연암집』에 수록되어 있다. (김윤조(1997), 15면)

떠났다. 당시 그는 아무리 피곤한 때라도 이재성과 이희경을 자주 불러 조촐한 술상을 차려놓고 이들이 담화하는 것을 듣곤 하였다.[7] 이재성이 지은 「제박연암문」에는 위와 같이 연암이 16세에 이재성의 누이와 혼인하면서부터 69세에 임종하기까지, 50여 년에 걸쳐 가까이에서 지켜본 연암의 문학과 인격이 정치하게 평가되어 있다. 이 때문에 박종채는 『과정록』속에 연암의 묘지와 행장을 대체한다는 의미로 이 글의 전문을 수록하기도 하였다.[8]

「제박연암문」은 2자 1구, 3자 2구, 4자 140구, 5자 8구, 6자 1구 등 모두 152구로 이루어진 운문 형식으로 되어있다.[9] 또한 이 작품은 그 내용으로 보아 도입[1구~26구] → 전개(1)[27구~82구] → 전개(2)[83구~120구] → 결말[121구~152구]로 이어지는 네 단락의 의미구조를 지니고 있다. 각 단락의 중심 내용은 문학과 인격의 평가 조선 → 연암 분학의 실체와 당대인의 평가 → 연암의 시기별 행적과 인격 → 이재성과 연암의 관계 등으로 되어있다. 이 장에서는 연암 문학의 평가와 관련이 있는 도입과 전개(1)의 내용을 중심으로 연암 문학에 대한 저자의 인식에 대해 살펴보기로 한다.

(1)	嗚呼哀哉!	오호! 슬프도다!
(2)	人固有言.	사람들은 단호하게 말합니다.
(3)	文章有定品,	문장은 정해진 품격이 있고,
(4)	人物有定評.	인물은 정해진 평판이 있다고.
(5)	苟無眞知,	진실로 참된 지각知覺이 없이,
(6)	曷惟求定?	어찌 정해지기를 구하겠습니까?
(7)	如彼法寶,	마치 저 법보法寶가,
(8)	宏麗瓌宕.	굉장히 아름답고 진귀하지만,
(9)	心目所罕,	눈으로 본 것이 드문 바라서,

7　朴宗采, 『過庭錄』 권3, 장18b. "雖在添谷瓦之中, 猶頻頻邀芝溪公及李聖緯, 使設小酌, 相對談話而聽之."
8　朴宗采, 『過庭錄』 권3, 장19a~장19b 참조.
9　徐師曾, 『文體明辯』, 165면. 제문에는 散文, 韻文, 騈儷文이 있고, 운문은 散文, 四言, 六言, 雜言, 騷體, 儷體로 나누어진다.

(10) 蓋難名狀.	대략의 형상도 말하기 어려운 것과 같지요.
(11) 龍文之鼎,	용을 아로새긴 솥[鼎]은
(12) 不便鎗鐺.	막 쓰는 솥으로는 불편하고,
(13) 瑂玉之觴,	옥을 아로새긴 술잔[觴]은,
(14) 不適瓠康瓦.	박 술잔으로는 적당하지 않지요.
(15) 赤刀弘璧,	적도赤刀며 황벽弘璧은,
(16) 不列市坊.	시장 점포에 진열되지 않고,
(17) 天書雲篆.	천서天書와 운전雲篆은,
(18) 不充篋箱.	글상자 속에 담기지 않는답니다.
(19) 神鏡炤妖,	신묘한 거울은 요망한 것을 비추고,
(20) 靈珠攝忘.	신령한 구슬은 잊힌 일을 끌어줍니다.
(21) 續弦有膠,	현弦을 잇는 데는 아교풀이 있고,
(22) 還魂有香.	혼魂을 부르는 데는 향이 있지요.
(23) 駭聞刱覩,	놀라운 소문과 처음 보는 일은,
(24) 詭奇不常.	궤기詭奇하여 범상하지 않지요.
(25) 不見所施,	시행하는 바를 보지도 않으면,
(26) 以爲無當.[10]	가당치도 않다고 여기게 됩니다.

   이재성은 인용 시에서 문장의 품격과 인물의 평판을 바르게 정하기 위해서는 '참된 지각[眞知]'을 갖추고 있어야 한다고 주장하였다. 이 '참된 지각'이 없이 문장과 인격을 평가하는 것은 마치 법보法寶가 아름답더라도 목전目前에서 보지 않으면 대략의 형상도 말하지 못하는 것과 같다고 한다. 모든 기물은 각기 고유의 쓰임을 가지고 있다. 예컨대 용을 아로새긴 정鼎은 막 그릇으로 쓰기에 불편하고, 옥을 아로새긴 술잔은 박 그릇처럼 쓰기에 적합하지 않다. 또한 보기寶器인 적도赤刀와 홍벽弘璧은 시장 점포에 진열되어서는 안 되고, 도가서道家

---

10 朴宗采 편, 『附錄』, 장1a. 인용문의 번역은 김윤조(1997), 197~206면의 내용을 참고하였다. 이하 같음.

書인 천서天書와 운전雲篆은 글상자 속에 담겨있어서는 안 된다.

인용 시에서 이재성이 말한 '참된 지각'은 요망한 것을 환히 비추는 신묘한 거울이나 망각된 일을 상기시켜주는 신령한 구슬과 같은 것이다. 문학과 인격을 평가할 때 이것을 사용하는 것은 마치 현弦을 만들 때 아교풀을 사용하고, 혼백을 부를 때에 향을 쓰는 것과 같이 없어서는 안 되는 것이다. 사람들은 '놀라운 소문[駭聞]'을 듣거나 '처음 보는 일[刱覩]'을 겪으면, 일반적으로 그것이 궤기詭奇하고 비범非凡하다고 생각한다. 그러나 그 궤기함과 비범함이 시행되는 것을 눈으로 직접 보지 않으면, 보통은 그것이 가당치 않은 것으로 생각하게 된다. 위와 같이 이재성은 인용문에서 사람들이 궤기하고 비범하다고 알려진 연암 문장의 실체를 '참된 지각'으로 직접 확인하지 않고, 무조건 가당치도 않다고 비빙만 하는 모습을 지적하였다.

(27) 嗚呼我公!　　　아하! 우리 박공이시여!
(28) 名一何盛,　　　이름은 하나같이 어찌 그리도 성대하시며,
(29) 謗一何競?　　　비방은 하나같이 어찌 그리도 분분한지요.
(30) 噪名者,　　　　공의 이름을 떠들어대던 자,
(31) 未必得其情,　　그 실상을 안 것은 아니었고,
(32) 吠謗者,　　　　비방을 퍼부어대던 자,
(33) 未必見其形.　　그 형적을 제대로 본 것은 아니었습니다.
(34) 嗚呼我公!　　　아하! 우리 박공이시여!
(35) 學不苟奇,　　　학문은 구차히 기이하지 않으셨고,
(36) 文不苟新.　　　문장은 구차히 새롭지 않으셨습니다.
(37) 切事故奇,　　　사실에 절실히 들어맞아서 기이하고,
(38) 造境故新.　　　실제의 지경에 나아가서 새로웠습니다.
(39) 家常茶飯,　　　집안과 일상의 다반사들이
(40) 皆爲至文.　　　모두 지극한 문장으로 되었고,
(41) 嬉笑怒罵,　　　기뻐서 웃고 성내어 꾸짖는 것이
(42) 亦見天眞.　　　또한 타고난 본성[天眞]을 드러내었습니다.

(43) 流水紆遠,	구불구불 멀리 흐르는 물은,
(44) 烟瀾泫沄.	물안개며 물결 넘실넘실 볼만 하고,
(45) 巖岨疊重,	첩첩이 겹친 바위며 동굴은,
(46) 乃興霞雲.	노을이며 구름을 일으킵니다.
(47) 自然變態,	이러한 자연의 변화하는 자태는,
(48) 非故駭人.	고의가 아닌지라 놀라게 된답니다.
(49) 管商功實,	관중管仲과 상앙商鞅 같은 사람의 공적을,
(50) 學者羞稱.	학자는 일컫기 부끄러워하고,
(51) 賈陸詞華,	가의賈誼와 육지陸贄의 아름다운 문장은,
(52) 文苑不登.	문원文苑에 오르지를 못하였습니다.
(53) 敢問所安,	편안히 여기시는 바를 감히 여쭙노니,
(54) 竊比於我.	당신을 그들에 비기려 하셨지요.
(55) 何才之高,	어쩌면 그리도 높은 재주로,
(56) 何志之下.[11]	어쩌면 그토록 뜻을 낮추셨나요.

 이재성은 인용 시에서 당시 사람들이 연암 문장을 극찬하기도 하고 비방하기도 하였는데, 이것은 모두 연암 문학의 실상과 형적을 제대로 보지 못했기 때문이라고 생각하였다. 그는 연암의 학문과 문학의 특징이 기이함[奇]과 새로움[新]에 있다고 보고, 기이함은 사실에 절실히 들어맞은 데서 나온 것이고 새로움은 실제의 지경에 나아간 데에 따른 것이라고 하였다. 또한 그는 이 새로움과 기이함은 연암이 일상에서 다반사로 일어나는 감정들, 곧 기쁘면 웃고[嬉笑] 성나면 꾸짖은[怒罵] 것이 모두 그의 '타고난 본성[天眞]'을 따라 문장으로 드러난 것이라고 하였다. 그가 말한 '기뻐하다[喜]'와 '성내다[怒]'는 감정[情]을 의미하고, '웃다[笑]'와 '꾸짖다[罵]'는 감정이 겉으로 드러난 모습을 가리킨다.

 연암은 위와 같이 평소 마음에서 일어난 기쁨과 분노의 감정을 물 흐르듯이 자연스럽게

---

11 朴宗采 편, 『附錄』, 장1a~장2b.

문장으로 표출하였는데, 그것은 마치 구불구불 멀리 흐르는 물이 물안개며 물결 넘실넘실 불만 하고, 첩첩이 겹친 바위와 동굴이 노을이며 구름을 일으키는 것과 같았다. 또한 연암은 평소 자신의 학문을 패도를 추구한 관중管仲과 상앙商鞅에 비의하고, 자신의 문학을 문원전文苑傳에 오르지 못한 가의賈誼와 육지陸贄에 견주기도 하였다. 위와 같이 이재성은 인용문에서 연암의 학문과 문학의 지향점이 세상의 이목을 의식하지 않고 사물에 의해 촉발된 감정을 여과 없이 드러내는 기이함과 새로움의 추구에 있음을 강조하였다.

(57) 病世爲文, 쇠미한 세상의 글 쓴다는 이들,
(58) 痴矜自古. 스스로 예스럽디 멍청히게 뽐내지요.
(59) 麤疎是襲, 거칠고 거친 습속 그대로 인습하여,
(60) 漓餕不吐. 찌꺼기 술, 쉰밥을 뱉어버리지 않고,
(61) 自附純質, 순수한 자질이라 갖다 붙여서,
(62) 乃極冗腐. 지극히 쓸 짝 없고 케케묵었지요.
(63) 公所醫俗, 공이 습속을 바로잡으신 바가,
(64) 反招嗔怒. 도리어 노여움을 불러 들였지요.
(65) 如人病胃, 위장병 앓는 사람,
(66) 色難濃旨. 기름진 음식 어려워하듯.
(67) 如目羞明, 안질을 앓는 사람,
(68) 惡見斐亹. 찬란한 문채를 싫어하는 듯.
(69) 彼好公者, 저 공을 좋아한다는 이들도
(70) 亦非其眞. 그 참모습은 아니지요.
(71) 咳唾之棄, 기침이나 침처럼 내뱉은 것만을
(72) 拾以爲珍. 주어서 진기한 보배로 여기고,
(73) 寓言諧笑, 우언寓言과 해소諧笑만을
(74) 盛爲播傳. 야단스레 전파하였지요.
(75) 於是刺公, 이에 공을 헐뜯는 사람들,

(76) 益得機縫.	더더욱 빌미를 얻었지요.
(77) 寓言則詭,	궤기詭奇한 말인 우언寓言을 사용하여
(78) 捭闔牢籠.	세상을 마음껏 농락했다 여기고,
(79) 諧笑非情,	본심이 아닌 해소諧笑를 구사하여
(80) 狎玩不恭.	세상을 조롱하여 불공하다 하였지요.
(81) 知我罪我,	알아준다는 사람이나 비난한 사람이나
(82) 皆莫能衷.[12]	참모습을 모르기는 일반이었지요.

 이재성은 인용 시에서 사람들의 글 쓰는 태도와 함께 연암 문학에 대한 그릇된 인식을 비판하였다. 당시 사람들은 힘써 옛것을 모방하여 스스로 예스럽다고 뽐냈고, 거칠고 거친 습속을 그대로 인습하기를 마치 찌꺼기 술과 쉰밥을 갖다 붙이듯이 하였다. 연암은 위와 같이 잘못된 습속을 바로잡으려 하다가 도리어 사람들의 노여움을 자초하게 되었다. 당시 사람들은 연암 문장을 멀리하기를 마치 위장병 앓는 사람이 기름진 음식을 꺼려하거나, 안질을 앓는 사람이 찬란한 문채를 싫어하듯 하였다. 또한 연암 문장을 좋아하던 사람들도 연암이 기침이나 침처럼 내뱉은 말을 진기한 보배로 여겼고, 우언寓言과 해소諧笑만 야단스럽게 전파하였다. 그로 인해 연암 문장을 비판하는 자들은 우언을 가리켜 궤변詭辯으로 세상을 마음껏 농락한 것이라고 비난하고, 해소를 가리켜 비정非情한 말로 세상을 조롱한 것이라고 공격하였다. 따라서 이재성은 인용문의 마지막 두 구에서 연암을 아는 사람이나 비방하는 사람이나 연암의 참마음을 모르기는 일반이라고 말한 것이다.

 이재성은 인용 시에서 연암 문학의 실체를 파악하기 위한 핵심 키워드로 우언寓言과 해소諧笑를 제시하였다. 이 두 개의 키워드는 당시 연암 문학의 존재 이유가 되는 동시에 연암 문학의 폐기이유가 되기도 하였다. 그러나 이재성이 지적했듯이 연암 문학을 잘 알고 있던 지인조차 연암이 구사한 우언寓言과 해소諧笑의 의미를 제대로 이해하지 못하였다. 그 예로 『연암집 부록』에 수록된 「제문祭文」과 「만장挽章」을 들 수 있다. 개성에 살면서 연암에게

12　朴宗采 편, 『附錄』, 장2b~장3a.

수년간 문장을 익힌 최진관崔眞觀 등 4인은 「제문祭文」에서 "풍류는 질탕하고, 해학諧謔으로 문장을 이루었지."¹³라고 하여, 연암 문학의 특징이 해학에 있는 것으로 이해하였다. 또한 문인 이노재李魯在가 「만장挽章」에서 "헤궤諧詭한 글로 세상을 조롱하고, 담소로 무리를 놀라게 했네."¹⁴라고 말하거나, 문인 신재식申在植은 「만장挽章」에서 "붓을 내달리니 우언寓言이 많고, 배해俳諧는 거의 반이 넘었네."¹⁵라고 말하기도 하였다.

연암 문학의 특징을 가장 잘 이해했던 이재성은 연암이 구사한 우언寓言과 해소諧笑는 궤변이나 비정非情한 것이 아니라 새로움과 기이함을 추구하는 과정에서 나온 것으로 생각하였다. 그가 연암 사후에 장편의 「제박연암문」을 지은 데에는 위와 같이 연암 문학의 키워드인 우언과 해소에 대한 당대인의 인식을 바로 잡으려는 목적이 자리하고 있다.

2) 유득공의 「열하일기서」: 이용후생의 담론

연암이 구사한 우언의 문학적 의미를 이해하는 데 도움이 되는 글로 작자 미상의 「열하일기서」가 있다. 이 글은 이가원 교수에 의해 학계에 처음 소개되었는데,¹⁶ 김명호 교수는 유득공의 문집에 동일한 글이 실려 있는 것으로 보아¹⁷ 유득공이 지은 것이 분명하다고 하였다.¹⁸ 사실 이 글은 앞장에서 살핀 이재성의 「제박연암문」과 내용상으로 긴밀하게 연계된 것으로 생각된다. 이 글은 그 내용으로 보아 도입 → 전개 → 결말로 이어지는 세 단락의 의미구조로 이루어져 있다. 각 단락의 중심 내용은 『주역』과 『춘추』에서의 우언寓言과 외전外傳의 의미 → 『장자』에서의 우언과 외전의 의미 → 『열하일기』에서의 우언과 외전의 의미 등으로 되어 있다. 이 장에서는 이 글을 중심으로 연암이 구사한 우언의 실체에 대해 밝혀보기로 한다.

---

13 朴宗采 편, 『附錄』, 장6a. "風流跌宕, 諧謔成章."
14 朴宗采 편, 『附錄』, 장16b. "諧詭翫一世, 談笑驚羣兒."
15 朴宗采 편, 『附錄』, 장18b. "奮筆多寓言. 俳諧已强半."
16 이가원(1968), 167면.
17 유득공, 『泠齋書種』(修綆室 소장본) 제1책, 『泠齋集』 권8, 「熱河日記序」. (김명호(2022), 714면. 재인용)
18 김명호(2022), 467면.

[1단락] : 글을 써서 교훈을 남기되 신명神明의 경지를 통하고 사물의 법칙을 궁리한 것으로는 『역경』과 『춘추』보다 더 나은 것이 없다. 『역경』은 미묘하고 『춘추』는 드러났다. 미묘란 주로 이치를 논한 것[論理]인데 흘러서 우언寓言이 되었고, 드러냄이란 주로 사건을 기록하는 것[記事]인데 변해서 외전外傳이 되었다. 글을 짓는 사람은 이 두 방법이 있으니, 시험 삼아 이것을 논한다. 『역경』의 육십사괘에서 용, 말, 사슴, 돼지, 소, 양, 범, 여우, 쥐, 꿩, 독수리, 거북, 붕어 등의 동물을 언급하였는데, 그런 동물이 있었다고 말할 수 있는가? 아마 없었을 것이다. 인간에게 있어서 웃는 자, 우는 자, 부르짖는 자, 노래하는 자, 눈먼 자, 발 저는 자, 엉덩이에 살이 없는 자, 척추의 근육이 벌어진 자 등을 언급하였는데, 그런 인간이 있었다고 말할 수 있는가? 아마 없었을 것이다. 그러나 시초를 뽑아서 괘를 벌이면, 그 상象이 곧 나타나고 길흉吉凶과 회린悔吝이 북소리처럼 울리는 것은 어째서인가? 미묘한 곳으로부터 드러내는 곳으로 들어갔기 때문이니, 우언을 쓰는 이가 이것을 따랐다. 『춘추』에서 2백 42년 사이에 제사와 수렵과 조회와 회합과 정벌과 침입은 실로 그런 일이 있었다. 그러나 좌구명左丘明 · 공양고公羊高 · 곡량적穀梁赤 · 추덕부鄒德溥 · 협씨夾氏 등의 전傳이 제각기 다르고, 이를 쫓아 논하는 자들이 남이 공격하면 나는 고수하여 지금에 이르기까지 그치지 않는 것은 어째서인가? 이는 드러난 곳에서부터 미묘한 곳으로 들어갔기 때문이니, 외전을 쓰는 이가 이것을 따랐다.[19]

유득공은 1단락에서 글을 써서 교훈을 남긴[立言設敎] 저서로 『역경』과 『춘추』를 들었다. 이 두 책은 모두 신명의 경지를 통하고 사물의 자연법칙을 꿰뚫고 있는데, 그 구현 방식에 있어서 『역경』은 미묘한 방법으로 이치를 논하고[論理] 『춘추』는 드러난 방법으로 사건을 기록한 것[記事]이 다르다. 『역경』에는 용과 말이나 웃는 사람과 눈먼 사람 등과 같이 실제로는 존재하지 않는 물건이 등장하고, 그 길흉吉凶과 회린悔吝이 육십사괘의 괘상卦象을 통해 드러나 있다. 이것은 『역경』이 사물의 진리를 펼치면서 미묘한 곳으로부터 드러내는 방식을

---

19 이가원 역(1973), 33~34면. "立言設敎, 通神明之故, 窮事物之則者, 莫尙乎易春秋. 易微而春秋顯. 微主談理, 流以爲寓言, 顯主記事, 變以爲外傳. 著書家, 有此二途, 嘗試言之. 易之(六)十四卦所言物, 龍馬鹿豕牛羊虎狐鼠雉隼龜鮒, 將謂有其物耶? 無之矣. 其在于人, 笑者, 泣者, 呼者, 歌者, 眇者, 跛者, 臀無膚者, 列其夤者, 將謂有其人耶? 無之矣. 然而揲蓍有卦, 其象立見, 吉凶悔吝, 應若桴鼓者, 何也? 由微而之顯故也, 爲寓言之文者, 因之. 春秋二百四十二年之間, 郊禘, 蒐狩, 朝聘, 會盟, 侵伐, 圍入, 悉有其事矣. 然而左公穀鄒夾之傳各異, 從而說者, 彼攻我守, 至今未已者, 何也? 由顯而入微故也, 爲外傳之文者, 因之."

지향한 것으로, 후대에 나온 우언寓言은 바로 이러한 방법을 차용하였다고 한다. 이와 달리 『춘추』는 2백 42년 사이에 온갖 제사와 수렵과 조회 등과 같은 일들을 기록하였는데, 후에 좌구명左丘明이나 공양고公羊高 등이 전傳을 지어 제각기 다른 해석으로 상대를 공격하였다. 이것은 『춘추』가 이미 드러난 곳에서부터 미묘한 곳으로 들어가는 방식을 지향한 것으로, 후대에 나온 외전外傳이 바로 이러한 방법을 차용하였다고 한다. 위와 같이 유득공은 1단락에서 후대에 글쓰기의 한 방법으로 등장한 우언寓言과 외전外傳이 『역경』과 『춘추』의 방법을 차용해 지은 것임을 밝혔다.

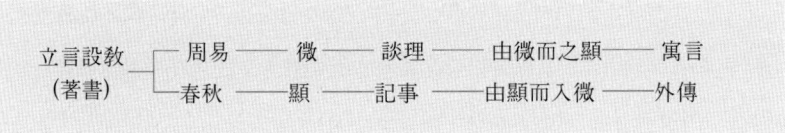

[2단락] : 이런 까닭에 "장주가 저서에 능하다."고 말하는 것이다. 장주의 저서 중에 제왕과 성현, 당세의 임금과 정승, 처사處士와 변객辯客은 더러는 정사正史에 보충할 만하고, 장匠·석石이나 윤輪·편扁은 반드시 그 사람이 있었지만, 부묵자副墨子니 낙송손洛誦孫이니 하는 자는 어떤 인물인가? 망량罔兩이니 하백河伯은 또한 과연 말할 수 있는가? 외전外傳이라고 여기면 진짜와 가짜가 서로 섞인 것이고, 우언寓言이라고 여기면 미묘함과 드러냄이 잇따라 변한 것이니, 사람들이 그 실마리를 헤아리지 못하므로 조궤弔詭라고 부른 것이다. 그러나 그의 말을 끝내 폐기할 수 없는 것은 이치에 대한 담론을 잘 하였기 때문이니, 그를 저서가著書家의 으뜸이라고 말할만하다.[20]

유득공은 2단락에서 『역경』과 『춘추』의 전통을 이어 우언과 외전의 글쓰기 방법을 사용한 책으로 『장자』를 들었다. 『장자』에 등장하는 제왕과 성현, 당세의 임금과 재상, 처사와

---

20   이가원 역(1973), 33~34면. "是故曰: 蒙莊善著書. 莊書中, 帝王賢聖, 當世君相, 處士辯客, 或可補正史, 匠石輪扁, 必有其人, 至若副墨之子, 洛誦之孫, 此是何人? 罔兩河伯, 亦果能言歟? 以爲外傳也, 則眞假相混, 以爲寓言也, 則微顯迭變, 人莫測其端倪, 號爲弔詭. 而其說終不可廢者, 善於談理故也, 可謂著書家之雄也."

변객辯客은 모두 정사正史에 보충할 만하다. 그러나 이 책에서 언급한 장匠·석石이나 윤輪·편扁은 실재하는 인물이지만, 부묵자副墨子와 낙송손洛誦孫 같은 인물이나 망량罔兩과 하백河伯 같은 물귀신은 가상으로 지어낸 것이다. 따라서 이 책은 외전外傳으로 말하면 참과 거짓이 서로 섞여 있는 것[眞假相混]이 되고, 우언寓言으로 말하면 미묘함과 드러냄이 누차 변한 것[微顯迭變]이 되어, 그 어느 측면으로도 글을 써서 교훈을 남겼다는 단서를 찾기 어렵다. 장자가 자신의 글을 조궤弔詭[詭辯]라고 일컬은 것[21]도 바로 이를 의미한다. 그런데도 사람들이 『장자』를 저서의 으뜸[雄]이라고 말하는 것은 이 책이 이치에 대한 담론이 매우 뛰어났기 때문이다. 3단락의 내용으로 보아 장자가 말한 '조궤弔詭'는 이재성이 「제박연암문」에서 '우어즉궤寓言則詭'라고 말한 '궤詭'와 같은 의미로 사용된 것이다. 위와 같이 유득공은 2단락에서 『장자』의 우언이 조궤弔詭에 불과하다는 사실을 말하여, 이어지는 3단락에서 『열하일기』의 우언이 『장자』의 우언과는 다르다는 것을 주장하였다.

[3단락] : 지금 연암씨燕巖氏의 『열하일기』는 내가 어떠한 글인지 알지 못하겠다. 요동 들녘을 건너서 투관渝關으로 들어가 황금대黃金臺의 터에 서성이고, 밀운성密雲城으로부터 고북구古北口를 나서 난수灤水 가와 백단白檀의 북녘을 마음껏 구경하였는데, 진실로 그런 땅이 있다. 또 그 나라의 석학碩學·운사韻士와 교제하였는데, 진실로 그런 인물이 있다. 사이四夷가 이상한 모양과 기괴한 옷에 칼을 물고 불도 마시며, 황교黃敎·반선班禪의 난쟁이가 비록 괴이한 듯하나 반드시 망량이나 하백은 아닐 것이요, 진귀한 새나 기이한 짐승, 아름다운 꽃이나 이상한 나무가 또한 정태情態를 곡진히 묘사하지 않음이 없으나, 어찌 일찍이 그 등마루의 길이가 천 리라느니 그 나이가 8천 세라느니 하는 따위를 말했겠는가? 비로소 장주의 외전外傳에는 참됨도 있고 거짓됨도 있는 반면, 연암씨의 외전外傳에는 참됨은 있으나 거짓됨이 없음을 알았다. 그리하여 우언을 겸해서 이치를 논함에 돌아가게 되었으니, 이를 패자霸者에 비교하면 진문공晉文公은 허황하고 제환공齊桓公은 올바르다는 말과 같다. 또한 그 이치를 논한 것이 어찌 헛된 이야기를 황홀하게 늘어놓은 것에 그쳤을 뿐이겠는가? 풍속이나 노래가 치란治亂에 관계되고, 성곽이나 건물, 경목耕牧이나 도야陶冶 등 일체 이용후생利用厚

---

21 郭慶藩, 『莊子集釋』, 102~103면 "丘也與女, 皆夢也, 予謂女夢, 亦夢也. 是其言也, 其名謂弔詭."

生의 도가 모두 그 가운데에 있으니, 이는 글을 써서 교훈을 남기려는 논지에 어긋나지 않는 것이다.[22]

유득공은 [3단락]에서 『열하일기』와 『장자』의 차이점을 구체적으로 열거하였다. 연암이 열하 일대를 답사하면서 언급한 투관渝關, 황금대黃金臺, 밀운성密雲城, 고북구古北口, 난수灤水, 백단白檀 등은 모두 실재하는 지역이고, 그가 중국에서 교제한 석학碩學과 운사韻士는 모두 실존하는 인물이다. 또한 그가 본 이상한 모양과 기괴한 옷에 칼을 물고 불을 마시는 사람들이나 그가 만난 황교黃敎·반선班禪의 난쟁이는 망량이나 하백과 같은 허구의 인물이 아니며, 그가 정태情態를 곡진히 묘사한 진귀한 새나 기이한 짐승, 아름다운 꽃이나 이상한 나무는 등마루의 길이가 천 리이고 나이가 8천 세인 가상의 존재가 아니다. 이렇듯 『장자』의 외전에는 참된 것도 있고 거짓된 것도 있지만[有眞有假], 『열하일기』의 외전에는 참된 것은 있으나 거짓된 것은 없다[有眞無假]. 또한 『장자』의 우언은 헛된 이야기를 황홀하게 늘어놓은 것[空談恍惚]에 불과하지만, 『열하일기』의 우언은 풍속이나 노래가 치란治亂에 관계되고, 성곽이나 건물, 경목耕牧이나 도야陶冶 등 이용후생利用厚生의 도를 담론한 것이다. 위와 같이 유득공은 3단락에서 『장자』와 『열하일기』의 외전과 우언의 실체를 비교하는 과정을 통하여, 『열하일기』가 글을 써서 교훈을 남긴 『역경』과 『춘추』의 전통을 이은 저서의 조건을 모두 갖추고 있다는 사실을 강조하였다.

---

22 이가원 역(1973), 34면. "今夫燕巖氏之熱河日記, 吾未知其爲何書也. 涉遼野, 入渝關, 徜徉乎金臺之墟, 由密雲, 出古北口, 縱觀乎灤水之陽, 白檀之北, 則眞有其地矣, 又交際其國之碩學韻士, 則眞有其人矣, 四夷, 殊形詭服, 吞刀吞火, 黃禪短人, 雖若可怪, 而未必罔兩河伯也, 珍禽奇獸, 佳花異樹, 亦無不曲寫情態, 而何嘗言, 其背千里, 其壽八千歲耶? 始知莊生之爲外傳, 有眞有假, 燕巖氏之爲外傳, 有眞而無假. 其所以兼乎寓言, 而歸乎談理, 則同比之覇者, 晉譎而齊正也. 又其所謂談理者, 豈空談恍惚而已耶? 風謠習尙, 有關治忽, 城郭宮室, 耕牧陶冶, 一切利用厚生之道, 皆左其中, 是不悖於立言設敎之旨矣."

```
莊子 ┬ 外傳 ── 眞假相混 ┐         熱河日記 ┬ 外傳 ── 有眞無假 ┐
     └ 寓言 ── 微顯迭變 ┴ 弔詭              └ 寓言 ── 治忽·利用厚生 ┴ 立言設教
```

    앞서 살폈듯이 이재성은 「제박연암문」에서 당시 사람들이 연암이 구사한 우언을 『장자』의 궤변이라고 비판한 것은 연암 문학의 참모습을 이해하지 못한 것으로 보았다. 그에 따르면 연암이 구사한 우언은 새로움과 기이함을 추구하는 문학관을 실천하는 과정에서 나온 것으로, 일상에서 다반사로 일어나는 감정이 타고난 본성에 따라 여과 없이 글로 표출된 것이다. 그러나 일반적으로 우언寓言의 의미를 '허구적인 이야기를 빌어 간접적으로 상대방을 설득하는 것'이라고 풀이하고, 이재성이 연암 문학의 특징으로 말한 천진天眞의 의미를 '일상의 감정을 타고난 본성에 따라 여과 없이 표출하는 것'이라고 정의할 때, 우언寓言과 천진天眞은 그 문학적 표현 방식에 있어서 차이를 보여주고 있는 것이 사실이다. 「열하일기서」는 이 문제에 대한 해결책으로 『열하일기』의 우언을 『장자』의 우언과 서로 분리하는 방식을 취하였다. 곧 『장자』의 우언은 헛된 이야기를 황홀하게 늘어놓은[空談恍惚] 궤변에 불과한 것이지만, 『열하일기』의 우언은 치란治亂과 이용후생利用厚生의 도리를 담론한 실용적인 글이라는 것이다. 물론 『열하일기』에 수록된 「호질」에서 의인화된 범과 가공적인 인물 북곽北郭 선생이 대화하는 내용에서 보듯이, 『열하일기』의 우언이 모두 사실적인 이야기로 구성되어 있다고 보기 어렵다.[23] 다만 유득공은 당시 사람들이 연암이 『장자』의 우언을 사용하여 만물을 농락하였다는 혐의에서 벗어나기 위하여, 『열하일기』의 우언이 허구적인 이야기로 포장된 『장자』의 우언과는 달리 실용적인 이용후생의 도를 담론한 사실을 강조한 것으로 생각된다.

---

23 이와 관련하여 이강엽 교수는 『열하일기』에서 우언의 적용 양상을 '양식'과 '기법'으로 나누어 살펴보았는데, 「호질」 같은 대목을 놓고 보면 확실히 양식으로서의 우언이지만, 「야출고북구기」 같은 대목을 놓고 보자면 오히려 기법 쪽에 훨씬 더 가깝고, 「상기」 같은 경우는 특정 단락 등이 하나의 독립된 우화처럼 작동하지만 궁극적으로는 그 역시 전체 의론을 펼치는 한 부분에 불과하여 기법 수준으로 이해됨직하다고 하였다. (이강엽 (2003), 275면)

3) 박종채의 『과정록』: 사물 정태情態의 묘사

 연암과 동시대인으로 이재성과 유득공 못지않게 연암 문학의 특징을 잘 알았던 사람으로 『과정록』을 지은 박종채를 들 수 있다. 그는 당시 사람들이 연암 문학의 핵심을 알지 못한 채 연암 문장을 전기傳奇나 해소諧笑의 작품으로 알거나, 스스로 애호하여 잘 읽었다는 사람들도 그 대의를 깊이 탐구하지 못한 것으로 보고, 이재성이 지은 「제박연암문」에서 69~82구를 『과정록』 속에 인용해 놓았다.[24] 또한 그는 이 책 속에 『열하일기』 25편을 그 내용과 주제에 따라 4유형으로 구분하고, 각 유형별로 수록된 작품의 의미를 밝혔다. 특히 그는 연암이 「도강록」부터 「환연도중록」에 이르는 7편의 기행문 속에 해소諧笑가 다수 섞여 있는 이유에 대해 다음과 같이 말하였다.

> [자료 1]: 기행紀行으로는 「도강록」부터 「환연도중록」까지 여러 편에서 모두 지나는 길에서 본 산천·성곽·주거舟車·기용器用·시사市肆·여염閭閻·농전農田·도요陶窯·언어·복식을 기록하되, 잡다하고 자잘하거나 비루하고 속된 것을 가리지 않고 반드시 모두 빠짐없이 수록하려 하였다. 대개 풍습이 이미 다르고 보고 듣는 일이 따라 생겨남에 정태情態를 곡진하게 묘사하려고 해소諧笑를 섞는 것은 부득불 그렇게 한 것이다. 예를 들자면 서씨 집에서 완상한 것, 참외 파는 늙은이, '기상새설欺霜賽雪'이라고 편액을 써준 것, 상가喪家에서 북치고 피리 부는 일 등을 기록한 것이 이런 경우이다. 그러나 그들의 제도와 법률을 볼 만하여 취할 수 있는 것이 간간이 많이 있다.[25]

 박종채는 [자료 1]에서 『열하일기』의 「도강록」부터 「환연도중록」에 이르는 7편은 연암이 열하 지역을 지나는 길에서 본 산천·성곽·주거舟車·기용器用·시사市肆·여염閭閻·

---

24 朴宗采, 『過庭錄』 권1. 장3b. "讀者, 不知要領, 往往認之以傳奇諧笑之作, 雖自以爲愛好善讀者, 亦未必究其大致, 芝溪公, 祭先君文所謂. … 者是也. 嗚呼. 此豈眞知先君者哉. 不肖, 竊爲之痛心焉."
25 朴宗采, 『過庭錄』 권1. 장17a~장17b. "紀行, 自渡江至還燕錄諸編, 皆記道路之所經, 閱山川·城郭·舟車·器用·市肆·閭閻·農田·陶窯·言語·服飾, 不擇猥瑣俚俗, 必欲盡錄無遺. 蓋風謠旣殊, 見聞隨生, 曲寫情態, 襍以諧笑, 有不得不然, 如記徐家觀玩, 賣薊老漢, 欺霜書扁, 喪家鼓吹等類是也. 然其制度法律之可觀, 而可取者, 間多有之."

농전農田·도요陶窯·언어·복식을 기록한 것이라고 하였다. 연암은 이 글 속에 청나라의 제도와 법률 중에서 볼 만하여 취할 만한 것을 제시하기 위하여, 잡다하고 자잘하거나 비루하고 속된 것을 가리지 않고 빠짐없이 기록하였다. 특히 연암은 당시 보고 들으면서 수시로 생겨나는 사물의 정태情態를 곡진하게 묘사한 장면에 다수의 해소諧笑를 구사하였는데, 이것은 그가 직접 체험한 내용을 사실적으로 재현하는 과정에서 불가피하게 사용된 것이다. 박종채는 연암이 구사한 해소의 예로 서씨 집에서 완상한 것, 참외 파는 늙은이, '기상새설欺霜賽雪'이라고 편액을 써준 것, 상가喪家에서 북치고 피리 부는 일 등을 제시하였는데, 그중 참외 파는 늙은이의 내용을 살펴보면 다음과 같다.

[자료 2] : 날이 저물어 먼 곳에 자욱이 번지는 연기를 바라보고 말을 채찍질하여 역참으로 달리는데 참외 밭에서 한 늙은이가 나와 말 앞에 엎드려서 서너 댓 칸 되는 초가집을 가리키면서, "이 늙은 게 혼자 길가에서 참외를 팔아서 오늘내일 지내는데, 아까 당신네 조선 사람 40~50명이 이곳을 지나다가 잠시 쉬면서 처음엔 값을 내고 참외를 사 자시더니, ①떠날 때 참외를 한 개씩 손에 쥐고 소리를 지르면서 달아나버렸습니다." 한다. 나는, "그럼, 왜 그 우두머리 어른에게 하소연하지 않았는고." 하니, 늙은이는 눈물을 흘리면서, "그렇지 않아도 그리하였더니 ②그 어른이 귀먹고 벙어리인 척하시는데 나 혼자 어찌 그 40~50명 힘센 장정을 당하오리까? 이제 쫓아가니까 ③한 사람이 가는 길을 막으며 참외로 냅다 저의 면상을 갈기니, 눈에선 별안간 번갯불이 일고 아직도 참외 물이 마르지 않았습니다." 하고, 결국은 청심환을 달라고 조르기에 없다고 했더니, 그는 ④창대의 허리를 꼭 껴안고 참외를 팔아달라고 떼를 쓰고는 참외 다섯 개를 앞에 갖다 놓는다. 나는 마침 목이 마르던 참이라 한 개를 벗겨서 먹어본즉, 향기와 단맛이 비상하므로 장복더러 남은 네 개를 마저 사가지고 가서 밤에 먹기로 하고, 그들에게도 각기 두 개씩을 먹였다. 모두 아홉 개인데, 늙은이가 80문文을 달라고 떼를 쓴다. 장복이 50문을 주니 골을 내며 받지 않는다. 창대와 둘이 주머니를 털어 세어본즉 모두 71문이라, 주기로 하고, 나는 먼저 말에 오르고 장복을 시켜 주게 하였더니, 장복이 주머니를 털어 뵈자 그제야 가만있다. 그는 ⑤애초에 눈물을 흘려서 가련한 빛을 보인 다음에, 억지로 참외 아홉 개를 팔고서 1백문에 가까운 비싼 값을 내라고 떼를 쓰니 심히 통탄할 만한 일이며, 그보다도 우리나라 하정배들이 길에서 못되게 구는 것이 더욱 한스러운 노릇이다. 어두워서야 참에 이르렀다. 참외

를 내어 청여淸如·계함 들에게 주어 저녁 뒤 입가심으로 먹게 하고, 길에서 하인들이 참외를 빼앗았다는 이야기를 한즉, 여러 마두들은, "도무지 그런 일이 없었습니다. 그 외딴집 오이 파는 늙은 것이 본시 간교하기 짝이 없어, 서방님이 홀로 떨어져 오시니까 ⑥거짓말을 꾸며 가지고 짐짓 가엾은 꼴 상을 지어서 청심환을 얻으려던 것이죠."한다. 나는 그제야 비로소 속은 것을 깨닫고, 그 참외 사던 일을 생각하니 분하기 짝이 없다. 대체 그 갑작스러운 눈물은 어디서 솟았을까. 시대時大의 말이, "⑦그놈은 바로 한인漢人일 겝니다. 만인滿人은 실로 그다지 요약한 짓은 아니 합니다."한다.[26]

[자료 2]는 연암이 1780년 7월 13일 십리하十里河를 건너 소흑산小黑山으로 가는 도중에 한 노파가 연암에게 거짓말을 꾸며 참외를 비싼 값에 판 일화를 적은 것이다. 위의 글에서 ①"사신 일행이 참외를 한 개씩 손에 쥐고 소리를 지르면서 달아나거나", ②"우두머리 어른이 귀먹고 벙어리인 척하고," ③"한 사람이 길을 막으며 참외로 냅다 저의 면상을 갈기는" 표현들은 양반이나 사신 일행이 지녀야 할 체통에 어울리지 않는다. 또한 ④"창대의 허리를 꼭 잡고 참외를 팔아달라고 떼를 쓰고", ⑤"애초에 눈물을 흘려서 가련한 빛을 보이며", ⑥"거짓말을 꾸며 가지고 짐짓 가엾은 꼴 상을 지어서 청심환을 얻는" 표현들은 예의에서 벗어나 과도하게 해학적인 것으로 이해될 수 있는 내용이다. 마지막으로 ⑦"그놈은 바로 한인漢人일 겝니다. 만인滿人은 실로 그다지 요약한 짓은 아니 합니다."라고 말한 것은 당시 한인漢人을 얕잡아 보는 청인淸人들의 우월감이 표출된 것으로 순정한 내용으로 보기 어렵다. 그러나 박종채는 ①~⑦이 그 내용으로 보아 연암이 해소諧笑를 구사하여 세상을 조롱했다는 비방을 받을 만한 표현이긴 하지만, 연암이 당시에 보고 들은 농촌 사람들의 정태를 곡진하게 묘사하려면 반드시 위의 표현들이 포함되어야 한다고 생각하였다. 또한 그는 독자들이 위와 같이 해소가 섞여 있는 장면들을 흥미롭게 읽어가면서 중국의 제도와 법률의 장단점을 보다 정확하게 이해할 수 있을 것으로 생각하였다.

[자료 3] : 신민둔新民屯의 시가나 점포가 요동보다 못지 않게 번화하다. 한 전당포에 들어가니

---

26 한국고전번역원(2017), 「盛京雜識」 7월 13일조.

… 점포 주인이 유금색乳金色으로 이룡螭龍 두 마리를 곱게 그린 붉은 종이 두 장을 꺼내며 주련柱聯을 써 달라 한다. 내가 곧, "쌍 목욕 원앙새는 나는 비단이요鴛鴦對浴能飛繡, 갓 피는 연꽃 송이 말 없는 신선일세菡萏初開不語仙."라고 쓰니, 보던 이들이 모두 필법이 아름답다고 칭찬이다. 주인은, "영감은 잠깐만 지체하셔요. 제가 다시 좋은 종이를 가져오겠습니다."하고 일어나더니, 조금 뒤에 왼손에 종이를 들고 오른손엔 진한 먹 한 종지를 받쳐 들고 오더니, 칼로 백로지白鷺紙 한 장을 끊어서 석 자 길이로 만들어 문 위에 붙일 만한 좋은 액자를 써 달라 한다. 내가 길을 오며 보니, 점포 문설주에 '기상새설欺霜賽雪'이란 네 글자가 써 붙어있는 것이 가끔 눈에 띄었다. 나는 마음속으로 생각하기를, "①장사치들이 자기네들의 애초에 지닌 심지心地가 깨끗하기는 가을 서릿발 같고, 게다가 또 희디흰 눈빛보다도 더 밝음을 스스로 나타내기 위함이 아닐까?" 또 문득 생각하기를, '며칠 전에 난니보爛泥堡를 지날 때 어떤 점포 문설주에 붙인 이 넉 자의 필법이 심히 기묘하기에, 내 한참 말을 멈추고 감상해 본즉, ②'상설霜雪'이란 두 글자는 틀림없이 미해악체米海嶽體거니 하였더니, 이제 그 체대로 한번 써봄직도 하구나.'하고, 먼저 붓끝을 먹물에 담가 붓을 낮추었다 높였다 하니 먹빛은 붉은 기운이 돌 듯, 짙고 연함이 골고루 퍼진 다음 종이를 펴고 왼쪽에서 오른편으로 쓰기 시작하여 '雪' 자가 이룩되었다. 이는 비록 미불米芾의 것에야 비길 수 없겠지만 어찌 동기창董其昌만이야 못하랴 싶게 잘된 셈이다. 구경하는 사람들의 수가 점점 늘어난다. 그들은 일제히, "글씨가 퍽이나 잘 되었습니다."하고 감탄한다. 다음 '새賽' 자를 쓰니 더러는, "잘 되었다."하고, 칭찬하는 이도 있으나 다만 주인의 기색이 적이 달라지고 아까 '설雪' 자 쓸 때처럼 절규하지 않는다. 나는 속으로, '정말 '새賽' 자야 늘 써본 적도 없어서 손에 익지 못하여 위 '색' 자는 너무 빽빽하게 썼고 아래 '패貝' 자는 지나치게 길어서, 그 마음에 들지 않을뿐더러 붓끝에서 짙은 먹물이 '새賽' 자의 왼편에 잘못 떨어져서 점차 번져 마치 얼룩진 표범처럼 되었으니, 이게 아마 그자가 언짢게 생각하는 것이리라.'하고, 짐짓 단숨에 잇달아서 '상霜'·'기欺'의 두 자를 쓰고 붓을 던지고 한번 쭈욱 읽어본즉, 큼직한 '기상새설欺霜賽雪' 네 글자가 틀림없다. 그런데 주인은, "이는 우리와는 아무런 상관없어요."하며, 머리를 가로저을 뿐이다. 나는, "그저 두고 보시오."하고, 몸을 일으켜 나오면서, ③'이런 궁벽한 곳의 장사치가 제 어찌 전날 심양 사람들만 할까. 저딴 놈이 글이 잘되고 못된 것을 어찌 안단 말이야.'하고, 혼자 속으로 투덜거렸다.[27]

[자료 3]은 연암이 1780년 7월 13일에 신민둔新民屯에 있는 전당포에서 겪은 일을 기록한 것이다. 당시 연암은 점포 주인에게 "쌍 목욕 원앙새는 나는 비단이요,[鴛鴦對浴能飛繡] 갓 피는 연꽃 송이 말 없는 신선일세.[菡萏初開不語仙]"라는 내용의 주련을 써주었다. 이를 본 주인이 다시 연암에게 문 위에 붙일 액자를 부탁하자, 연암은 예전에 길을 가다가 본 '기상새설欺霜賽雪' 네 글자를 썼다. 그런데 주인은 이 문구가 자기와는 상관없다고 하면서 받기를 거절하였다고 한다. '기상새설'은 "국수 면발이 서릿발처럼 가늘고 눈보다 희다는 것을 자랑한다."[28]는 의미로, 연암은 국수 간판에나 어울리는 말을 전당포 주인에게 액자로 쓴 것이다. 인용문에서 연암은 시종일관 전당포 주인을 비롯한 주변 사람들에게 자신의 무지를 드러낸 장면들을 곡진하게 묘사하였다. 특히 그는 '기상새설'의 의미를 곡해하여 ①"장사치들이 자기네들의 애초에 지닌 심지心地가 깨끗하기는 가을 서릿발 같고, 게다가 또 희디흰 눈빛보다도 더 밝음을 스스로 나타내기 위함이 아닐까?"라고 생각하거나, ②"'상설霜雪'이란 두 글자는 틀림없이 미불米芾의 글씨거니 하였더니, 이제 그 체대로 한번 써봄직도 하구나."라고 자랑하였다. 이에 더하여 그는 ③"이런 궁벽한 곳의 장사치가 제 어찌 전날 심양 사람들만 할까? 저딴 놈이 글이 잘되고 못된 것을 어찌 안단 말이야."라고 하여 주인을 무시하는 지경이 이르렀다. 박종채는 ①~③이 모두 저자의 무지가 드러나는 언동을 사실적으로 묘사하기 위하여, 학자로서의 체모에 구애받지 않고 해소諧笑를 구사한 것으로 이해하였다. 또한 그는 독자들이 위와 같이 해소諧笑가 섞여 있는 장면을 상상하면서 조선과 달랐던 청나라 사람들의 언어 습관에 대해 더 쉽게 이해할 수 있을 것으로 생각하였다.

앞서 살폈듯이 이재성은 「제박연암문」에서 당시 사람들은 연암이 구사한 해소諧笑를 비정非情한 것이라고 여기고, 해소로 세상을 조롱하여 불공한 것이라고 공격한다고 하였다. 그 예로 당시 연암 문장에 대해 비판적인 입장을 견지했던 김노겸金魯謙(1781~1853)을 들 수 있다. 그는 『열하일기』 중에서 「허생전」·「호질」·「상방기象房記」는 희롱으로 지은 작품을 면치 못하였고, 「황금대기黃金臺記」·「출고북구기出古北口記」는 작가의 체격이 있으나

---

27 한국고전번역원(2017), 「盛京雜識」 7월 13일조.
28 한국고전번역원(2017), 「盛京雜識」 7월 14일조.

문으로 해소恢諧를 하여 근엄謹嚴한 뜻이 부족하다고 지적하였다.[29] 위와 같이 당시 사람들은 연암이 구사한 해소를 '압완불공狎玩不恭'하다고 공격한 것은, 이황이 「도산십이곡발陶山十二曲跋」에서 "이별李鼈의 「육가六歌」는 「한림별곡翰林別曲」보다는 선善하지만 '와세불공玩世不恭'의 뜻이 있고 '온유돈후溫柔敦厚'의 실제가 적다."[30]고 말한 것과 같은 의미를 지니고 있다.

이황의 사단칠정론에 따르면 '비정非情'에서의 '정情'은 칠정七情을 가리킨다. 이황은 "사단이 발하는 것은 순리純理이기 때문에 선善하지 않은 것이 없으나, 칠정이 발發하는 것은 기氣를 겸하고 있어 선악善惡이 뒤섞여 있다."[31]고 하였다. 이로 보아 당시 사람들이 연암의 해소諧笑를 가리켜 비정非情하다고 말한 것은 연암이 언어로 표출한 희노애락의 감정이 바르지 못했음을 지적한 것이다. 이재성은 위와 같이 당시 사람들이 성정지정性情之正을 지향하는 재도문학론에 기초하여, 연암이 구사한 해소를 비정非情하다고 비판한 것으로 이해하였다. 이에 그는 연암이 해소가 섞인 순정하지 못한 문체를 구사했다는 혐의에서 벗어나기 위하여, 연암이 사물의 정태를 곡진하게 묘사하기 위해 부득이 해소를 섞어 썼다는 점을 강조한 것으로 생각된다.

3. 맺음말 - 문학사적 의미

이재성은 「제박연암문」에서 위와 같이 천진天眞을 지향했던 연암 문학을 바르게 읽는 키워드로 '우언'과 '해소'를 들었다. 사실 연암이 그의 작품 속에 기뻐하고 성내는 감정을 거침없이 표출한 것은 그의 타고난 성격에서 비롯된 것이다. 그가 악을 미워하는 성격은 천부적이어서 사람들이 서로 쫓아 구차히 아첨하고 서로서로 거짓 꾸미는 행태를 억지로

29　金魯謙, 『性菴集』 권7, 「囈述」條. "大抵燕巖所著, 熱河日記最爲盛行, 膾炙人口, 而其中許生傳・虎叱・象房記, 人皆稱之, 未免弄作, 黃金帶記・出古北口記, 有作者體格, 然以文恢諧, 少謹嚴之意."(김윤조(1997), 68면, 재인용)
30　李滉(2), 『退溪先生文集』 권43, 3664면, 「陶山十二曲跋」. "惟近世有李鼈六歌者, 世所盛傳, 猶爲彼善於此, 亦惜乎其有玩世不恭之意, 而少溫柔敦厚之實也."
31　李滉(2), 『退溪先生文集』 권16, 1414면, 「與奇明彦(己未)」. "四端之發, 純理, 故無不善, 七情之發, 兼氣, 故有善惡."

용납하지 못하고 향원鄕愿이나 비부鄙夫로 단정하였다.³² 또한 그는 중년 이래 세상의 벼슬길에 마음이 없어서 점점 골계滑稽로 이름을 숨기려는 뜻이 있었고, 말세의 습속이 돌이킬 수 없게 되어 더불어 말할 자가 없게 되자, 매번 사람을 대할 때마다 우언과 소담笑談으로 미봉하여 국면을 타개하고자 하였다.³³ 그리고 그는 중년 이래 세상의 구속을 벗어나 은거하고 멀리 노닐어, 왕왕 우언과 해소로 된 유희의 작품으로서 도가와 불가의 두 부류에 출입한 것이 없지 않았다.³⁴

위의 내용으로 보아 연암이 중년 이후에 구사한 우언과 해소는 당시 사람들에게 속마음을 말하지 못하고 우언과 해소로 미봉해 왔던 일들이 당시에 읽은 도가와 불가의 문체에 편승해 문장으로 표출된 것이라고 힐 수 있다. 그러나 당시 사람들은 그것을 알지 못하고 연암이 궤변인 우언을 지어 세상을 마음껏 농락한다고 비판하거나, 비정非情한 말인 해소를 써서 세상을 조롱한다고 공격하였다. 이에 대응해「열하일기서」를 지은 유득공은『장자』의 우언은 헛된 이야기를 황홀하게 늘어놓은 궤변에 불과하지만,『열하일기』의 우언은 치란과 이용후생의 도리를 담론한 것임을 강조하였다. 또한 이재성은『과정록』에서 당시 사람들이 재도문학에 기초해 연암이 구사한 해소를 비정非情하다고 비판한 것으로 보고, 연암은 사물의 정태를 곡진하게 묘사하기 위하여 기행문에 해소를 섞어 놓았다고 주장하였다. 이글에서는 위와 같이 이재성이 지은「제박연암문」을 중심으로 연암 문학에 대한 당시대인의 인식의 일단을 밝혔다는 점에서 연암 문학의 특징을 이해하는데 기여할 수 있을 것으로 생각된다.

박종채는『과정록』에서 연암이 이재성의 문장을 말하면서 침용沈容·전칙典則한『예기』를 익혔으므로 봉영鋒穎이 드러나지 않아 자신의 문장과는 성격이 맞지 않는다고 말한 사실을 밝혔다.³⁵『예기』제31편『중용』에는 "희노애락喜怒哀樂이 아직 발하지 않은 것을 중中이라고 이르고, 발하여 모두 절節에 중中한 것을 화和라고 이른다."³⁶라고 하였는데, 주희는

32　朴宗采,『過庭錄』권3, 장21a. "皆先君疾惡之性, 近於天得, 凡於人之雷同苟悅回互矯飾之態, 不能黽勉容假, 一以鄕愿鄙夫斷之."
33　朴宗采,『過庭錄』권1, 장18a. "先君嘗歎息言, 吾中年以來, 灰心世路, 漸有滑稽逃名之意, 以末俗滔滔, 無可與語, 每對人, 輒以寓言笑談爲彌縫打乖之法, 而心界常鬱鬱, 無可自樂."
34　朴宗采,『過庭錄』권4, 장3b. "中年以後, 脫略世網, 隱居遠遊, 往往寓言諧笑遊戲之作, 出入莊佛二家者有之."
35　朴宗采,『過庭錄』권4, 장5a. "先君嘗言, 芝溪之文, 沈容典則, 不露鋒穎, 少時多讀戴記所致, 若與吾文, 性不相契合."

이곳을 주석하여 '중中'은 본성[性]이 치우친 것[偏倚]이 없는 것이고 '화和'는 감정[情]이 어그러진 것[乖戾]이 없는 것이라고 하였다.37 앞서 연암이 이재성의 문장을 평하여 침용沈容·전칙典則한 풍격을 지니고 있다고 말한 것은, 그의 문학이 사물에 감응해 발한 희노애락의 감정이 바름에서 벗어나지 않고 있음을 지적한 것이다. 이와 달리 연암이 자신의 글의 특징으로 말한 봉영鋒穎은 날카로운 칼끝처럼 말솜씨가 날카로운 것을 의미한다. 앞서 살폈듯이 이재성은 연암이 "기뻐서 웃고 성내어 꾸짖는 것이 타고난 본성[天眞]을 드러냈다."고 하였다. 이로 보아 연암이 말한 봉영鋒穎은 글을 지을 때 타고난 본성에 따라 기쁘면 웃고 성나면 꾸짖는 모습이 여과 없이 표출된 것이라 할 수 있다.

　공자는 『시경』의 「관저」시를 평하여 "즐거워하되 음란하지 않고, 슬퍼하되 상심하지 않았다.[樂而不淫, 哀而不傷]"고 하였는데, 주희는 '음淫'자의 의미를 '즐거움[樂]이 지나쳐 바름을 잃은 것'이라고 풀이하였다.38 이와 같은 주희의 해석에 따르면, 연암이 기쁘고 성난 감정을 여과 없이 '웃거나[笑]' '꾸짖는[罵]' 모습으로 표현한 것은 성정의 바름을 잃은 것이 된다. 당시 연암을 비방했던 사람들은 이와 같은 성정의 바름[性情之正]을 추구하는 재도문학에 기초하여, 연암이 궤변詭辯인 우언寓言과 비정非情한 해소諧笑를 써서 세상을 농락하거나 조롱하였다고 비판하였다. 이와 달리 연암은 성정의 바름만을 강조하는 재도문학은 사람의 감정이 왜곡될 수 있다고 보고, 타고난 본성[天眞]에 따라 사물에 의해 촉발된 감정을 여과 없이 표출하였다. 그렇기에 이재성은 연암의 문장이 성정性情의 바름을 얻었다고 말하지 않고, 천진天眞을 드러냈다고 말한 것이다. 이로 보아 그가 「제박연암문」에서 연암 문학의 특징으로 제시한 '천진天眞'은 '성정지정性情之正'으로 대표되는 재도문학과 차별화된 상징적인 의미를 지닌 것으로 생각된다.

36　朱熹, 『大學·中庸集註』, 251면. "喜怒哀樂之未發, 謂之中, 發而皆中節, 謂之和."
37　朱熹, 『大學·中庸集註』, 252면. "喜怒哀樂, 情也, 其未發則性也, 無所偏倚故, 謂之中, 發皆中節, 情之情也, 無所乖戾故, 謂之和."
38　朱熹, 『論語集註』 권3, 99면, 「八佾」. '樂而不淫, 哀而不傷'註. "淫者, 樂之過, 而失其正者也."

제4부

창강문학과 재도문학의 분리

제14장 김택영의 반주자적 경학론과 역사비전
제15장 김택영과 조긍섭의 문학관 비교 연구
제16장 김택영의 『연암집』 편찬과 연암 산문비평
제17장 김택영의 중국 산문비평과 사상적 지향

제14장

김택영의
반주자적 경학론과 역사비전

1. 머리말

　창강滄江 김택영金澤榮(1850~1927)의 자는 우림于霖이고 호는 창강滄江 또는 소호당韶濩堂이다. 그는 개성 출신으로 그의 선대는 주로 상업에 종사하였다. 그는 어려서부터 과업을 익혀 경향초시에 다섯 차례 올랐다. 그러나 그는 19세부터 고문에 뜻을 두어 이에 전념하였고, 23세에 명의 고문가인 귀유광歸有光의 글을 읽고 크게 깨달았다. 그는 24세가 되는 해에 이건창李建昌이 그를 경사의 문인들에게 소개하였는데, 이로부터 그의 문명이 전국에 널리 알려졌다. 이어 그는 42세에 성균관 진사시험에 급제하고, 52세에 김홍집金弘集의 추천으로 편사국주사編史局主事에 임명되었다. 이후 그는 주로 편사編史 또는 편찬사업에 관여하였다.

　김택영은 1905년에 을사조약이 체결되기 직전 중국으로 건너가 상해 부근 남통南通에 우거하였다. 중국 근대의 정치가이자 실업가였던 장건은 김택영에게 자신이 경영하던 한묵림서국에서 일하도록 주선하였고, 그는 이곳에서 서적의 교정을 맡아 우리나라의 각종 문집을 간행하는 한편, 『한국역대소사韓國歷代小史』・『한사경韓史綮』 등의 사서를 출간하였다. 그는 자신이 중국에서 마음을 터놓고 교류한 인물로 유월俞樾(1821~1906), 장건張謇(1853~1926), 엄복嚴復(1854~1921), 정소감鄭蘇堪(1860~1938), 도기屠寄(1856~1921), 사원병沙元炳

(1864~1927), 양계초梁啓超(1873~1929) 등을 꼽았는데,[1] 이들은 대부분 당시 신문화 운동에 주도적으로 참여했던 지식인으로 알려져 있다.[2]

이 장에서는 김택영이 1913년 10월에 중국에서 간행한 『고본대학장구古本大學章句』와 같은 해 12월에 편찬한 『한사경韓史綮』을 주목하고자 한다. 앞의 책은 동한東漢의 고문경학古文經學에 기초해 주자학과 양명학의 핵심 화두인 『대학』의 격물설格物說을 비판한 것이고, 뒤의 책은 복고적 역사인식에 의거해 태조부터 순종까지의 조선 왕조 519년의 역사를 비판적으로 재단한 것이다. 이 두 책에는 김택영이 한국의 병합과 중국의 혁명이라는 동아시아의 역사적 전환기를 겪으면서 사유하고 행동하며 체계화한 문화비전의 특징이 온전히 담겨있을 것으로 기대된다.

2. 『고본대학장구』의 사상적 함의

김택영은 어려서부터 과업을 익히다가 19세에 고문에 뜻을 두었고, 23세에 평양과 금강산을 유람한 뒤에 귀유광歸有光의 문장을 읽고 나서 홀연히 글의 이치를 깨달았다.[3] 또한 그는 생래적으로 문장을 전공하였고 경학에는 소원하였다. 평소 경전에 대해서 한두 가지 생각이 있었으나 국내에서는 논의가 협애狹隘하여 글로 드러내지 못하다가, 중국으로 와서 학자들의 풍기가 관대하고 활발하여 공맹 이외의 학설은 기탄없이 논박하는 것을 보고, 그동안

---

[1] 金澤榮, 『韶護堂集・借樹亭雜收』 권4, 500면, 「與曺仲謹書」. "自余操觚以來, 所與爲文字知己者, … 於中州有兪曲園・張嗇菴・嚴幾道・鄭蘇堪・屠敬山・沙健菴・梁任公及晉琦君若干人而已."

[2] 兪樾은 중국 남쪽 지역을 대표하는 경학가로 85세에 김택영의 시문집에 서문을 썼고, 張謇은 중국 근대의 정치가이자 실업가로 김택영에게 자신이 경영하던 翰墨林印書局에서 일을 하도록 주선하였고, 嚴復은 개혁사상가로 자본주의 철학서를 번역한 인물로 김택영과 시문을 주고받았고, 屠寄는 중국의 근대 사학가로 김택영의 문집인 『滄江稿』의 간행 경비를 부담하였고, 沙元炳은 1913년 강소성 의장을 지낸 인물로 김택영을 연회에 자주 초대하였고, 梁啓超는 국내에도 널리 알려진 신문화 운동의 주도자로 김택영이 편찬한 『麗韓九家文抄』에 발문을 지었다.

[3] 李箕紹, 『滄江先生實紀』, 692면, 「遺事」. "成童習科業有聲драза, 十九歲始慨然爲慕古文, 文思日進, 二十三歲出遊箕子古都及楓岳, 其冬讀歸震川文, 忽大感悟, 胸膈間如有開解聲."

마음속에 간직했던 생각들을 글로 옮겼다.[4] 특히 그는 중국에서 주자학파와 양명학파가 서로를 비난하면서 3백 년이 지나도록 정리되지 않은 것이 바로 『대학』의 격물설格物說에 대한 견해의 차이라고 생각하고,[5] 1912년에 「격물해格物解」·「후격물해後格物解」·「고본대학해략古本大學解略」 등 3편을 지어 격물설에 대한 독자적인 견해를 밝혔다.[6] 그는 이듬해 청대의 학자 운경惲敬의 『양호집陽湖集』에 수록된 「격물설格物說」과 이광지李光地가 지은 「대학해大學解」의 내용이 자신이 지은 「격물해格物解」와 같은 것임을 확인하고, 위의 3편의 내용을 중심으로 『예기』에 실린 『대학』의 원본에 주석을 붙여 『고본대학장구』라는 이름으로 간행하였다.[7]

주희는 『대학장구』에서 "격물格物은 사물의 이치를 궁구하여 그 지극한 곳에 이르고자 하는 것이요, 치지致知는 나의 지知를 미루어서 아는 바를 다하고자 하는 것이다."[8]라고 하였다. 따라서 그는 『대학』경1장에 나오는 '치지재격물致知在格物'은 나의 지知를 다하고자 한다면 사물에 나아가 그 이치를 궁구하는 데 있음을 말하는 것[9]으로 해석하여, 객관 사물에 내재한 이치를 탐구하는 격물 과정을 거쳐야 궁극적으로 우주 만물의 이치를 알 수 있다고 보았다. 그는 이를 근거로 『대학』경1장의 '선치기지先致其知'와 '치지재격물致知在格物'은 모두 독립된 의미를 지니고 있다고 보고, 『예기』에 실린 『대학』의 원본에서 "기소후자박其所厚者薄,

---

4 金澤榮, 『韶護堂文集定本』 권1, 237면, 「與曺仲謹書」. "僕生來專攻文字, 疏於經學. 然平日於經傳, 間有一二思究, 而以本邦論議之狹隘, 不能形之於筆, 及至中國, 目見學士之風氣, 寬大活潑, 自得成功. 自孔孟以外, 種種彈駁, 以爲之常, 於是胸臆之間, 隱然與之俱化, 前日之所不能筆者, 始乃稍稍敢肆焉."

5 金澤榮, 『韶護堂文集定本』 권7, 305면, 「格物解」. "尊朱晦菴者, 譏王陽明, 尊王陽明者, 譏朱晦菴, 三百年間, 迄未歸定者, 在於大學格物之說之各異."

6 김택영이 경전의 내용을 해석한 작품은 1912년에 중국 南通君의 翰墨林書局에서 간행한 『滄江稿』에 「斯謀斯猷惟我后之德解」(1885), 「春王正月解」·「初獻六羽解」(이상 1886), 「孔子刪詩辨」·「鄭衛淫風辨」(이상 1886), 「吾與點解」(1911), 「格物解」·「後格物解」·「古本大學解略」·「孔子專制辨」·「洪範稽疑辨」(이상 1912) 등 11편이 수록되어 있고, 1922년에 같은 곳에서 간행한 『韶護堂文集定本』에 「疑說」(1915), 「大學本末厚薄節解」·「氣本善說」(1916), 「孟子勸王道辨」(1918) 등 4편이 수록되어 있다.

7 金澤榮, 『韶護堂集』 권2, 18면, 「古本大學私箋跋」. "時癸丑吾少友周君曾錦晉琦, 見余所作大學格物說,(註: 余嘗於南通翰墨林書局, 閱陽湖集, 見其中格物說, 與余頗相近, 至是周君出示李光地大學解亦然.) 謂余曰: 何子之獲我心哉. 可爲古本大學作一說. 余屢辭然後, 始敢筆之, 名曰古本大學章句, 晉琦爲之刊之."

8 朱熹, 『大學集註章句』, 20면, 「經一章」註. "格物窮至事物之理, 欲其極處無不到也, 致知推極吾之知識, 欲其所知無不盡也."

9 朱熹, 『大學集註章句』, 36~37면, 「傳五章」註. "所謂致知在格物者, 言欲致吾之知, 在即物而窮其理也."

이기소박자후而其所薄者厚, 미지유야未之有也."의 다음에 나오는 "차위지본此爲知本, 차위지지지야此謂知之至也."를 격물치지장의 마지막 구절로 파악하여 이곳에 보망장補亡章을 추가하고, 이를 "무정자부득진기사無情者不得盡其辭, 대외민지大畏民志, 차위지본此謂知本."의 다음에 옮겨 놓았다.

김택영은 위와 같이 정이와 주희가 『예기』 원문의 차서가 바르지 않다고 의심하여 그 순서를 멋대로 바꾸었다고 비판하고, 옛 선현의 글은 그 지취가 심원한 것이 후세에 정제整齊되고 천로淺露한 것과는 다르므로, 후세 사람들이 고인의 정신과 심술이 깃들어 있는 것을 전도하거나 파손하여 뜻이 온전히 전달되지 않게 하는 것은 옳지 않다[10]고 하였다. 또한 그는 주희가 결실된 것으로 보고 새로 보충한 격물치지장格物致知章은 증자가 처음부터 입전立傳하지 않았고, 격물의 의미는 경經 속에 이미 상세하고 각각의 전傳 속에도 고르게 드러나 있다[11]고 하였다.

[자료1] : 원문 : ①大學之道, 在明明德, 在親民, 在止於至善. ②知止而后有定, 定而后能靜, 靜而后能安, 安而后能慮, 慮而后能得. ③物有本末, 事有終始, 知所先後, 則近道矣. ④古之欲明明德於天下者, 先治其國, 欲治其國者, 先齊其家, 欲齊其家者, 先脩其身, 欲脩其身者, 先正其心, 欲正其心者, 先誠其意, 欲誠其意者, 先致其知, 致知在格物.

[자료2] : 원문③의 주석: 물물이라는 것은 곧 아래 문장 격물格物에서의 물물이다. 물물과 사사의 본本과 시始는 곧 아래 문장 성의誠意·정심正心·수신修身으로, 의意와 심心과 신身은 물물이 되고 성誠과 정正과 수修는 사사가 된다. 물물과 사사의 말末과 종終은 곧 아래 문장 제齊家·치국治國·평천하平天下로, 가家와 국國과 천하天下는 물물이 되고 제齊와 치治와 평平은 사사가 된다. 선후先後라는

---

10 金澤榮, 『古本大學章句』, 3면. "程子朱子嫌其次序之不整, 變易以行之世者, 於今六七百年矣. 然竊嘗妄謂古先之文, 旨趣深遠, 不如後世之整齊淺露, 且生於後世, 使古人精神心術之所寓焉, 顚倒破缺而不能全於義, 豈盡所安哉."(崔惠珠(1996)의 부록에 제시된 『古本大學章句』를 저본으로 사용하였음.)
11 金澤榮, 『古本大學章句』, 3면. "此下諸傳之首, 無格物致知一傳, 故朱子疑其缺亡而補之. 然其實則曾子初不立傳, 以其格物之義, 已詳於經中, 而亦於所格諸物之傳之中, 略均見義."

것은 본本이 되고 시始가 되는 것을 알아 그것을 먼저 행하고, 말末이 되고 종終이 되는 것을 알아 그것을 뒤에 행하는 것을 이른다. 아래 문장에서 성의誠意 등의 물물과 사사를 말하고자 했기 때문에 이곳에서 먼저 그것을 제기한 것이다. ○ 주자의 『대학장구』를 살펴보니 이 1절을 삼강三綱의 미결사尾結詞로 여긴 것은 매우 지혜롭지 못하다. 아래 문장 격물格物에서의 물물 자가 곧 이곳의 물물 자이고, '선치기국先治其國' 등에서의 선先 자가 곧 이곳의 선先 자이며, '수신위본修身爲本' 등에서의 본本 자가 곧 이곳의 본本 자이어야 문리가 일관되게 통하여 분명하고 또렷하게 되니, 이 1절이 어찌 아래 문장에 붙지 않고 위의 문장에 붙을 수 있겠는가? 대체로 주자는 이 1절을 아래 문장에 붙이지 않았기 때문에 격물格物의 뜻이 멀리 평범하게 널려 있는 천하의 만물에 귀착되고 성의誠意 이하 절근切近한 실제에 귀착되지 않아, 마침내 왕수인王守仁으로 하여금 교왕矯枉 과직過直하여 멋대로 사물을 제거하는 잘못에 빠지게 하였다. 지금 고쳐 바로잡지 않을 수 없다.[12]

[자료 1]은 김택영이 『고본대학장구』에서 격물치지와 관련된 원문을 제시한 것이고, [자료 2]는 [자료 1]의 원문③의 주석을 번역한 것이다. 그는 [자료 2]에서 원문③을 원문①과 원문②에 붙여 해석하는 것과 원문④에 붙여 해석하는 것에 따라 원문④의 뜻이 크게 달라진다고 하였다. 주희는 『대학장구』에서 원문③을 원문①과 원문②의 미결사尾結詞로 이해하여, 명덕明德은 본本이 되고 신민新民은 말末이 되며, 지지知止는 시始가 되고 능득能得은 종終이 되며, 본시本始는 먼저 하는 것이고 말종末終은 뒤에 하는 것[13]이라고 하였다. 이와 달리 김택영은 원문③은 원문④에서 성의誠意 등의 사물事物을 말하기 위하여 앞에서 제기한 것이라고 하였다. 곧 그는 원문③ '물유본말物有本末'에서의 물물 자는 원문④ '치지재격물致知在格

---

12 金澤榮, 『古本大學章句』 2~3면. "物者, 卽下文格物之物也. 物事之本始, 卽下文誠意正心修身, 意心身爲物, 而誠正修爲事也. 物事之末終, 卽下文齊家治國平天下, 家國天下爲物, 而齊治平爲事也. 先後者, 知其爲本爲始而先行之, 知其爲末爲終而後行之之謂也. 下文將言誠意等物事, 故於此先提起之. ○ 按朱子大學章句, 以此一節爲三綱尾結之詞, 殊不可曉. 下文格物之物字, 卽此之物字, 先治其國等之先字, 卽此之先字, 修身爲本等之本字, 卽此之本字, 文理通爲一貫, 昭昭歷歷, 卽此一節安可不屬于下文, 而屬之于上文乎. 大抵朱子不以此一節屬于下文, 故其格物之意, 遠着之于汎汎蕩蕩天下之萬物, 而不着之于誠意以下切近之際, 遂使陽明王氏矯枉過直, 而橫入於除去事物之失焉. 今不得不更正."
13 朱熹, 『大學集註章句』, 16면, 「經一章」註. "明德爲本, 新民爲末, 知止爲始, 能得爲終, 本始所先, 末終所後, 此結上文兩節之意."

物'에서의 물물 자와 같은 뜻으로 사용된 글자이고, 원문③ '지소선후知所先後'에서의 선先 자는 원문④ '선치기국先治其國'에서의 선先 자와 같은 뜻으로 사용된 글자이며, 원문③ '물유본말物有本末'에서의 본本 자는 원문④ '수신위본修身爲本'에서의 본本 자와 같은 뜻으로 사용된 글자로 보아야만 문맥이 일관되게 통한다고 하였다. 따라서 그는 원문④의 성의誠意, 정심正心, 수신修身에서의 의意와 심心과 신身은 물물을 가리키고 성誠과 정正과 수修는 사사를 가리키며, 제가齊家, 치국治國, 평천하平天下에서의 가家와 국國과 천하天下는 물물을 가리키고, 제齊와 치治와 평平은 사사를 가리키는 것이라고 하였다. 위와 같이 그는 한유가 「원도原道」에서 성의誠意와 정심正心만 말하고 격물格物에 대해서는 언급하지 않은 것을 예로 들어, 격물格物은 성의誠意, 정심正心, 수신修身 등의 사물事物의 이理에 이르는 것을 말할 뿐이지 별도의 전문적인 한 자리[補亡章]가 있는 것은 아닌 것으로 이해하였다.[14]

김택영은 원문②의 주석에서 주희가 원문③이 원문④와 긴밀히 관계되어 있다는 것을 알지 못했으므로, 원문④ '치지재격물致知在格物'에서의 물물이 성의誠意 등과 같은 절근切近한 사물을 가리키는 것이 아니라 보편적으로 존재하는 천하 만물을 가리키는 것으로 잘못 이해하게 되었고, 왕수인王守仁이 이와 같은 주희 격물설의 잘못을 바로잡으려다가 멋대로 사물을 없애는 잘못을 범하게 했다고 하였다. 왕수인은 주희가 격물을 해석하여 천하의 모든 사물을 궁구한다고 했으나 천하의 모든 사물을 궁구하는 것은 불가능하다[15]고 지적하고, 주희의 격물설은 학자들이 천하 사물의 이치를 한번 나누어 궁구하고 한번 합하여 궁구하는 사이에 '심心'과 '이理'가 양분되는 폐단을 열어 놓았다[16]고 비판하였다. 따라서 그는 격물格物에서의 격格을 正의 뜻으로 보고, 격물格物의 의미를 "마음의 바르지 못함을 제거하여 그 본체의 바름을 온전히 하는 것"[17]이라고 해석하여, 내 마음의 본체를 온전하게 실현할 것을 강조하였다. 또한 그는 물물에 대한 의미의 해석에서도 "뜻하고 있는 바의 일을 물물이라고

---

14 金澤榮, 『韶護堂文集定本』 권8, 320면, 「雜言三」. "原道只言及誠意正心, 而不及於格物者, 以格物卽格誠意正心修身等之物理, 而非於誠意正心修身等之外, 別爲專門一位也. 此韓子特明處, 非疎也."
15 王守仁, 『王文成全書』 권3, 장49b~장50a, 『傳習錄 下』. "先有解格物, 謂格天下之物, 天下之物如何各得."
16 王守仁, 『王文成全書』 권2, 장5b, 『傳習錄 中』. "是其一分一合之間, 而未免已啓學者心理爲二之弊."
17 王守仁, 『王文成全書』 권1, 장10b, 『傳習錄 上』. "去其心之不正, 以全其本體之正."

이른다."[18]고 말하여, 객관대상으로서의 물의 존재를 인정하지 않고, 물물을 주체의 의식과 관계되는 의념意念의 대상으로 간주하였다.[19] 이에 대해 김택영은 왕수인이 격물格物을 정심正心의 뜻으로 해석하여 격格 자를 정正 자로 본 것은 용인할 수 있으나, 물물 자를 심心 자로 본 것은 무단견강武斷牽强한 설[20]이라고 하였다.

김택영이 1912년에 지은 「격물해」를 보고 당시 남통에 거주하던 주희의 많은 후손이 그를 원망하지 않았으나, 국내에서는 그를 비방하는 소리가 그치지 않았다.[21] 한 예로 왕성순王性淳이 김택영의 격물설은 청대의 학자 운경惲敬의 학설에 뇌동한 것이라고 비판하였는데, 이에 대해 자신의 격물설은 40년을 주야로 생각한 끝에 얻은 것으로 기존 학설과의 동이同異보다는 성인의 본지와 부합하는가의 여부가 중요하다[22]고 하였다. 또한 조긍섭은 김택영의 경설經說들은 힘들여 사색하지 않고 얻은 것으로 잘 통하는 곳이 있기도 하지만 막혀 통하지 않는 곳도 있다[23]고 지적하고, 「독창강김씨고본대학장구讀滄江金氏古本大學章句」를 지어 김택영의 주석이 지닌 문제점들을 조목조목 비판하였다. 특히 그는 김택영이 원문③을 주석한 내용은 주자가 미처 펼치지 못한 뜻을 발한 것이기는 하지만, 원문③은 원문①과 원문②의 문장을 매듭지음과 동시에 원문④의 문장을 제기한 것으로 보아야만 그 뜻이 비로소 갖추어지게 된다[24]고 하였다.

위와 같은 조긍섭의 비판에 대해 김택영은 『고본대학장구』라는 명칭이 주희의 『대학장

---

18 王守仁, 『王文成全書』 권26, 장9b, 「大學問」. "意所在之事謂之物."
19 안유경(2008), 35~36면.
20 金澤榮, 『韶濩堂文集定本』 권8, 「雜言三」, 318면. "王陽明解格物爲正心, 正字容或有說, 物字安可謂之心, 此明是武斷牽强之說也."
21 金澤榮, 「答黃瑗季方書」(순천대박물관). "南通亦多朱子之後孫, 而聞吾格物之說, 頗詆朱子, 而亦無幾微之怨色. 吾邦則不然, 斯文亂賊之義, 至今未絶, 亦見其狹窄而孤陋也."(곽미선(2010), 149면. 재인용)
22 金澤榮, 『韶濩堂集』 권6, 13면, 「答王敬菴原初書」. "僕之格致之說, 蓋晝思夜繹四十年始得者, 而未免於惲陽湖, 則南通圖書館目錄所載經說數百家之中, 安知不又有十陽湖耶. … 雖然僕惟當憂其說之合於聖人本旨之與否也. 何可計他人之有無其說, 有若好勝者耶."
23 曺兢燮, 『深齋集』 권6, 87면, 「與金滄江」. "妄意執事才高識明, 凡於經說, 蓋有不勞思索而得者, 故通透處儘不易及, 而窒礙處亦時有之."
24 曺兢燮, 『深齋集』 권14, 236면, 「讀滄江金氏古本大學章句」. "此說甚善, 能發朱子所未發之義, 然必以此一節爲起下文而不結上文, 亦恐未當. 蓋上二節如此建設, 不應無結而遽及他語也. 若以爲結上起下之辭, 則其義始備."

구』와 대적한다는 혐의를 받을 수 있다고 보고, 중국의 학자 달계담達繼聃와 상의하여 이름을 『고본대학사전古本大學私箋』으로 고쳤다. 또한 그는 조긍섭과의 강론을 통해 인용문에서 제시한 격물설만 그대로 남겨놓고, '명덕明德' 1구에서 '치지至知' 1절까지의 주와 기타 소소한 부분들을 수정하여 1918년에 다시 간행하였다.[25]

김택영은 옛 성현들이 기록한 경전의 오류를 주나라 말기에 공자가 바로 잡았고, 진대에 분서를 거치면서 발생한 경전의 오류를 한대에 유향劉向과 유흠劉歆이 힘을 다해 바로잡았다[26]고 하여, 동한의 유향과 유흠 부자에 의해 체계화된 고문경학이 공학孔學의 정통을 이은 것으로 생각하였다. 이와 같은 그의 경학사상은 강유위康有爲가 1891년 5월에 출간한 『신학위경고新學僞經考』에서 "처음에 위경僞經을 지어 성인의 제작을 어지럽게 한 것은 유흠에게서 시작되었고, 위경僞經을 퍼뜨려서 공자의 정통을 찬탈한 것은 정현鄭玄에게서 이루어졌다."[27]고 주장하여, 학계에 거대한 파장이 일어난 것과는 상반된 것이다.

강유위의 경설이 지닌 시대적 의미를 한마디로 말하자면 동한의 고문경학이 득세한 뒤 청대까지 이어져 온 고문경학을 골간으로 한 정신세계는 물론 통치 시스템을 지배하던 유가 경전을 송두리째 부정하는 데에 있었다.[28] 강유위는 한대부터 청대까지 지속된 고문경학의 정통성을 부정할 목적으로 금문경학을 표방했다면, 김택영은 조선 사상계에서 독보적 지위를 차지했던 송대의 성리학을 비판하기 위하여 동한의 고문경학을 앞세운 것이다.

강유위는 "공자의 가르침은 사람을 멀리하지 않는 것으로 도를 삼았으므로 떠날 수 없다."[29] 라고 말한 것에서 보듯이, 그는 고문경학을 부정했다고 해서 공맹으로 이어진 경학 전부를 부정한 것은 아니었다. 당시 중국에서는 여러 종교에 종사하는 사람들이 공자의 도는 전제專

---

25 金澤榮, 『韶護堂集』 권2, 18면, 「古本大學私箋跋」. "余嫌其章句之稱, 與朱子大學改本爲敵, 與經儒達君繼聃相商, 改名爲私箋. 近以示故邦經儒曹君仲謹, 與之講論, 則格物說以外, 皆不能相入. 然往復之際, 所以感動磨礱者, 爲不少, 遂改明德一句及至知一節之注, 其外亦有小小修潤及增删者."
26 金澤榮, 『韶護堂文集定本』 권1, 326면, 「與河叔亨論三國史書」. "竊念文籍之訛惧, 卽一天地間必有之事. 衰周之籍之惧, 孔子正之, 故曰予自衛反魯然後樂定, 雅頌各得其所. 秦火之厄, 其籍再惧, 漢儒相與盡力修補, 而劉向氏父子, 尤以校讐家著."
27 康有爲, 『新學僞經考』, 3면. "始作僞, 亂聖制者, 自劉歆, 布行僞經, 簒孔統者, 成於鄭玄."
28 董士偉(1994), 55면. (이강범(2007), 489면. 재인용)
29 康有爲, 『新學僞經考』, 「重刻僞經考後序」, 378면. "孔子之教不遠人以爲道, 故不可離."

制이지 공화共和가 아니므로 공자만 높이지 말고 다른 종교와 동등하게 대해야 한다거나, 공자의 도는 철학이지 종교가 아니므로 궐리闕里의 사당을 없애야 한다는 의견이 세차게 일어났다.[30] 강유위는 1912년에 설립된 공교회孔敎會의 회장을 맡아 공교孔敎를 국교화하자는 건의서를 정부에 제출하여 국교가 망하면 나라가 존립할 수 없다고 주장하는 한편, 금문경학이 가지고 있는 해석기능으로 먼저 종교의 문제를 끌어들여 유학과 기타 종교를 비교하였다. 그 예로 유학의 '仁'은 우주 사이의 정감을 충만하게 하는 것으로, 기독교의 박애정신과 유사한 것이라고 말한 것을 들 수 있다.[31] 김택영 또한 1912년에 지은 글에서 당시 공화정을 논하는 사람들이 공자의 정치는 전제專制이지 공화共和가 아니라고 주장한 것에 대해 다음과 같이 논박하였다.

[자료 3] : 대체로 공자가 전제專制를 했다고 말하는 것은 『춘추』에서 난신亂臣과 적자賊子를 다스렸기 때문이다. 임금은 항상 높고 신민은 항상 낮아 상하의 사이에 모두 제 자리를 얻는 것은 명분名分이지 '전제專制이다.'라고 말할 수 없으니, 춘추의 대법이 이것이다. 임금이면서 지나치게 높고 신민이면서 지나치게 낮아 상하의 사이에 인정이 서로 통하지 않는 것은 전제專制이지 '명분名分이다.'라고 말할 수 없으니, 진나라 이하 난정亂政이 이것이다. 지금 말하는 자들이 춘추의 대법을 진나라의 난정亂政으로 인식하는 것이 옳겠는가? 명분이라는 것은 천지를 다하고 만세에 이르도록 하루도 폐할 수 없는 것이다. 하루라도 폐하면 하나의 命이 어떻게 나올 수 있으며 하나의 일이 어떻게 이루어지겠는가? 그러므로 지금 공화의 나라는 비록 군신의 이름은 없지만 군신의 분수는 남지 않은 것이 없으니, 이른바 명분이 없는 가운데 명분이 깃들어 있는 것이다. 지금 말하는 자들이 이 가려진 것을 잊고 저 드러난 것에 놀라 마침내 공자 보기를 공화의 원수로 여김에야? 춘추의 대법은 곧 지금의 입헌이고, 요순의 읍양은 곧 지금의 공화이다. 공자의 마음은 다만 순연히 천리일 뿐이다. 그러므로 평일에 항상 요순을 성대히 일컫고 탕무에 대해서는 오히려 만족하지 못하였다. 공자가 요순의 지위

---

30 金澤榮, 『韶濩堂文集定本』 권5, 「泗陽書室記」, 286면. "故見今中國以民而主天下之議論者, 大抵多雜敎之人. 或以爲孔子之道專制而非共和, 或以爲待孔子宜與他敎等而不可獨尊, 或以爲孔子之道哲學而非宗敎, 或以爲闕里之祠可毁."
31 李軍(2007), 113면.

를 얻었다면 반드시 공화의 명분을 행하여 천하를 읍양했을 것이다. 불행하게도 그 지위를 얻지 못하였으므로 부득이 입헌의 명분을 사용하여 눈앞의 대란을 구했으니 시중時中의 도이다. 이것을 모르고 전제專制라고 말하면 옳겠는가?[32]

[자료 3]에서 김택영은 공자가 『춘추』를 지어 난신亂臣과 적자賊子를 다스린 것은 상하의 명분을 바로 잡은 춘추의 대법이고, 사람들이 말하는 전제專制는 진나라부터 진행된 난정亂政을 말하는 것이라고 하였다. 그는 지금 중국에서 시행하고 있는 공화 정치는 군신의 이름[名]은 없으나 군신의 분수[分]는 남았으므로, 이것은 곧 명분이 없는 가운데 명분이 내포된 것이라고 하였다. 그는 한 걸음 더 나아가 춘추의 대법은 지금의 입헌立憲과 같고 요순의 읍양은 지금의 공화共和와 같다고 하였다. 곧 공자가 요순의 지위를 얻었다면 반드시 공화의 명분을 행하여 천하를 읍양했을 것이나, 불행하게도 그 지위를 얻지 못하였기 때문에 부득이 입헌의 명분을 사용하여 눈앞의 대란을 구했다는 것이다. 당시 중국에서는 진독수陳獨秀·호적胡適·노신魯迅 등이 주도한 신문화 운동에 의해 공교의 국교화가 좌절되고, 군주제에서 공화제로 옮겨가는 사상적·정치적 변화가 급속히 진행되고 있었다. 그러나 김택영은 당시 유자들이 현실을 도외시한 채 경전이나 읽으면서 고적枯寂을 일삼는 것을 비판하고, 그들에게 공자의 권도와 제갈량의 권도로써 세차게 일어나고 있는 신문화 운동에 당당히 맞설 것을 권하였다.[33]

강유위가 공교의 국교화를 주장했다고 해서 공화제를 반대한 것은 아니다. 그는 서방의

---

32 金澤榮, 『韶濩堂文集定本』 권7, 316면, 「孔子專制辨」. "夫謂孔子爲專制者, 爲春秋之治亂臣賊子耶. 君有常尊, 臣民有常卑, 上下之間, 皆得其所者名分也, 不得曰專制, 春秋之大法是已. 君而過尊, 臣民而過卑, 上下之間, 情不相通者專制也, 不得曰名分, 嬴秦以下亂政是已. 今說者乃欲以春秋之大法, 認爲嬴秦之亂政可乎. 名分者, 窮天地亘萬世而不可一日廢者也. 一日而廢, 則一令何可出, 一事何可成乎. 故今共和之國, 雖無君臣之名, 而君臣之分, 未嘗不存, 所謂寓名分於無名分之中者也. 今說者忘此之隱, 驚彼之顯, 而遂以共和之仇視孔子乎. 夫春秋之大法, 卽今之立憲也, 堯舜之揖讓, 卽今之共和也. 孔子之心, 只是純然天理而已. 故平日常盛稱堯舜, 而於湯武尙不滿也. 使孔子而得堯舜之位, 則必能行共和之名分而讓天下矣. 不幸而不得其位, 故不得已而用立憲之名分, 以救目前之大亂, 時中之道也. 此之不知而謂之專制可乎."
33 金澤榮, 『韶濩堂文集定本』 권7, 310면, 「儒道無用於競爭之世論」. "上之不能知孔子之權, 次之不肯爲武侯之權, 徒硜硜然曰吾所守者經, 偏於向裏, 近於枯寂."

진화론 학설을 받아들여 이것으로써 중국전통의 순환적 역사관을 개조하여 진화론적 역사관을 완성한 주요 인물 중의 한 사람이다. 그는 역사의 발전은 반드시 '거난세拒亂世'→'승평세升平世'→'태평세太平世'의 단계를 거쳐 진행된다고 보고, 당시의 중국은 기껏해야 입헌군주의 '승평세' 단계로 민주시대인 '태평세'와는 거리가 있다고 보았다. 따라서 그는 '군주 전제, 입헌, 민주의 삼법三法은 반드시 하나하나 순서대로 행해져야 하며, 만약 그렇지 않으면 반드시 크게 혼란이 올 것'이라고 말하여, 자신은 결코 민주정치를 반대하는 수구 인물이 아님을 강조하였다.[34] 곧 그는 봉건 문화의 분위기 속에서 공자를 내걸고 유학의 테두리 안에서 논리를 풀어나감으로써, 교묘하게 기존 질서와의 정면충돌을 피하면서 자신이 추진한 유신변법維新變法에 대한 정치적 압력을 가볍게 할 수 있었다.[35]

김택영은 중국에서는 주희의 후손들이 왕수인을 매도하거나 왕수인의 후손들이 주희를 매도해도 성내지 않을 정도로 학문이 개방되어 있었으나, 국내에서는 나라가 망했는데도 여전히 편협한 학문 풍토에서 벗어나지 못하였다[36]고 하였다. 위와 같이 그는 망국의 원인 중의 하나가 주자학 일변도의 편협한 학문 풍토에 있다고 보고, 『고본대학장구』를 지어 500년 이상 지속된 조선의 학술적 근거를 제공해오던 주자학의 입각점인 격물설을 근본적으로 부정하였다. 또한 그는 1916년에 강유위가 공교운동을 중단하고 빈 산에 은둔하면서 공교가 망하고 공자의 사당이 훼손될 지경에 처한 것을 비난하거나,[37] 1923년 4월 국내에서 공교운동을 펼치며 배산서당培山書堂을 만든 이병헌李炳憲에 의해 개설된 '배산유회상해출장소培山儒會上海出張所'의 회원으로 참여하기도 하였다.[38] 이로 본다면 김택영은 '공자를 높이고 고도를 회복한다[尊孔復古]'는 사상적 지향점을 실천하기 위하여, 1913년에 간행한 『고본대학장구』에서 유흠 부자에 의해 완성된 『예기』의 「대학」 원문을 근거로 주희의 격물설

---

34 李軍,「康有爲與孔敎會的保守主義思想述評」,『退溪學』16, 107면.
35 이강범(2007), 489면.
36 金澤榮,『合刊韶濩堂文集補遺』권2, 437면,「答曺深齋牘」. "噫. 今韓社已屋, 而尙有如此狹隘之俗耶. 以中州觀之, 東家之朱子裔, 罵王陽明, 西家之王裔不敢怒, 王之罵朱, 朱亦如之, 而吾邦獨否何也."
37 金澤榮,『韶濩堂文集定本』권5, 286면,「泗陽書室記」. "使康南海氏處於今日, 飮水讀書於空山之中, 而不動一手一足, 至其孔敎已亡孔祠已毀而後, 始乃洋洋作千萬言, 徒以空言洩其感痛, 其何益之有哉."
38 崔惠珠,『滄江 金澤榮의 韓國史論』, 124면.

을 비판함으로써, 주자학에 의해 성립된 국내 학문과 도통의 진실성은 물론 이를 근간으로 형성된 통치 질서의 합법성까지 흔들어 놓으려 했던 것으로 판단된다.

3. 『한사경』의 역사비전과 귀결점

김택영은 17세에 성균 초시에 합격한 이후 42세가 되는 1891년이 되어서야 성균 진사에 올랐다. 문장가로 활동했던 그가 사재史才를 인정받게 된 계기는 1884년에 개성을 중심으로 활동했던 인물들의 전기를 수록한 『숭양기구전崧陽耆舊傳』을 간행하면서이다. 그는 1896년에 학부대신 신기선申箕善이 지은 『유학경위儒學經緯』의 서문을 썼다는 이유로 사임하였다가, 1899년에 복직되어 학부 이름으로 『동국역대사략東國歷代史略』과 『대한역대사략大韓歷代史略』을 편찬하였다. 앞의 책은 「단군조선기檀君朝鮮紀」부터 「고려기高麗紀」까지 6권(권1~권6)으로 구성되어 있고, 뒤의 책은 「본조기本朝紀」 2권(권7~권8)으로 구성되어 있다.[39] 이후 그는 1903년에 단군에서 고려까지의 역사를 기록한 『동사집략東史輯略』 11권을 간행하고, 이듬해 『역사집략歷史輯略』으로 이름을 고쳐 다시 간행하였다.[40] 또한 그는 1907년 봄에 개성 사람 전석윤全錫潤에게서 영국인 헐버트Hulbert(1863~1949)가 지은 『대동기년大東紀年』 1책을 얻어 읽고, 한 해가 끝날 때까지 이 책의 오류를 바로잡기도 하였다.[41]

김택영은 『대동기년』·『국조인물고國朝人物考』·『매천야록梅泉野錄』 등을 참고하여 1913년 12월에 『한사경』을 완성하였다. 이 책은 사람 몸에 살과 뼈가 붙어있는 곳[肯綮]과 같이 조선 역사의 핵심을 밝힌 것[42]인데, 그는 이 책을 1918년에 『연려실기술燃藜室記述』·『당

---

[39] 이 두 책은 중학교 교과서로 편찬된 역사서 중에서 질과 양면에서 學部史書의 종합본이자 대표작으로 평가되고 있다. (박걸순(1992), 94면)
[40] 이 책은 당시까지 한국사연구를 집대성한 것으로 평가되는 반면, 식민사학을 본격적으로 수용한 것으로 비판되고도 있다. (박걸순(1992), 100면)
[41] 金澤榮, 『韶濩堂集』 권6, 10면, 「與黃梅泉雲卿」. "丁未春, 有同郡全錫潤者, 自上海來訪, 而裝中齎有大東紀年一書, 余鬱鬱之中, 見輒驚喜. 自念往者身爲史官者三年, 而所纂者不過乎數十年邸報, 未免虛糜俸祿, 則吾可不有事於此書乎. 遂請而得之, 隳括歲餘乃畢."

의통략黨議通略』·『산남징신록山南徵信錄』·『기년인물고紀年人物考』 등에 수록된 내용을 보충하여 한묵림서국에서 간행하였다.[43] 그가 이 책을 편찬한 이유는 두 가지이다. 첫째, 조선왕조 500년간 제대로 된 史書의 부재를 들 수 있다. 그는 제대로 된 사서가 부재한 이유로 ①조선의 풍기가 협애한 것, ②연산군의 사옥史獄으로 사필史筆이 꺾인 것, ③영조의 역사 은폐로 사료史料로 규장각의 『일성록日省錄』만 남은 것, ④개인의 기록물은 '술이부작述而不作'하거나 '이이불아俚而不雅'하여 사료로서의 가치가 적은 것을 들었다. 둘째, 조선 중기 이후로 4당이 분립하여 각각의 의론이 어지럽게 뒤섞여 있어 어느 한쪽만을 편들기 어려워서이다. 조선의 사대부들은 공정하다고 자임하더라도 당인으로서의 오랜 습관에 물들어 당색黨色에서 벗어나기 어려웠으나, 그는 어느 당파에도 속하지 않아 장단과 선악을 가리는 시비지심是非之心을 보전하였다[44]고 생각하였다.

[자료 4] : 원문① 九年. 加上 太祖大王諡號曰正義光德. 時奉朝賀宋時烈箚言. 太祖之開國垂統, 至今三百年, 鞏固維持者, 實基於威化回軍, 大義昭如日月也. 請以此意追上尊號, 故有是擧.[45]

[자료 5] : 원문② 癸亥九年. 春三月, 奉朝賀宋時烈請追上太祖尊號曰, 我太祖之開國垂統, 至今三百年, 鞏固維持者, 實基於威化回軍, 大義昭如日月也. 今於尊號諡號, 蓋無此意, 臣實歉之. 王

---

42 金澤榮, 『韶濩堂文集定本』 권3, 256면, 「韓史縈跋」. "尋得秘書丞安君鍾和所輯國朝人物考, 載歸以修其書, 未幾又得黃上舍玹所作梅泉野錄, 時則韓之運訖矣. 皇皇哀迫, 尤以從事於其間, 書旣成, 名曰韓史縈. 以爲是數卷者, 不足以爲史, 而乃若其要則猶人身之有肯綮云."

43 金澤榮, 『韶濩堂文集定本』 권6, 297면, 「韓史縈跋」. "不肖旣述此史, 一日更自思念此史之所資以述者, 不過乎大東紀年, 國朝人物考, 梅泉野錄三書. 嗚呼. 此何等事也, 而若是草草爲哉. 遂乃更求燃藜記述, 黨議通客, 山南徵信錄, 及其他小小諸記採之, 而仍再採于紀年人物考, 以補缺正誤."

44 金澤榮, 『韶濩堂文集定本』 권3, 256면, 「韓史縈序」. "韓則不然, 風氣之狹隘, 爲歷代所未有, 動觸忌諱, 手足莫措. 自燕山朝, 史獄之慘, 史筆摧挫, 而至于英祖則幷以閉蠹. 自後但有所謂奎章閣日省錄者, 止載其朝報, 而遂爲無史之國矣. 至其草茅之間, 或有一二記錄, 而率皆述而不作, 俚而不雅, 則是將使五百年間君臣上下, 一切汗隆得失之跡, 歸于烟霧之晦冥, 灰燼之蕩殘而已. 如此而袖手安坐, 不思少補其萬一, 嗚呼不亦不仁之甚哉. 此其不能讓者一也. 韓自中世以來, 四黨分立, 各持其論, 聖於東者狂於西, 忠於南者逆於北, 紛紜錯亂, 莫執其一. 雖其間或不無自命公正者, 而積習之擩染, 終未易脫之盡矣. 獨余也幸賴皇天之靈, 而不墮在於四黨之中, 得以保全是非之本心, 則其所以長長短短, 善善惡惡, 豈至於盡謬哉. 此其不能讓者又一也."

45 學部 編, 『韓國歷代史略』 권8, 344~345면, 「肅宗」.

下其議. 李朝參議朴世采駁之日, 太祖回軍, 假借大義以濟其化家爲國之業, 未必出於尊周之誠, 今日臣子雖不敢指斥, 亦不必表章. 右議政金錫冑亦言其不可. 然王卒是時烈言, 命有司待秋擧行.[46]

[자료 6]『한사경』원문②의 논평 : 태조가 나라를 얻은 것을 탕왕과 무왕에 견주어보면 같지 않은 것이 있다. 나라를 얻은 행적으로 그 마음을 구해보면 위화도 회군의 일이 어찌 유독 존주尊周의 뜻에서 나온 것이겠는가? 또한 태조는 고려왕이 명을 정벌한 것을 간하면서 그 형세상의 불가한 것 네 가지만 말하고, 순리에 어긋난 것에 대해서는 한마디도 언급하지 않았다. 지금 송시열이 이에 회군의 일을 '존주대의尊明大義'로 부회하여 아첨하는 것 같음이 있는 것은 어째서인가? 혹자는 말하길 "군자의 도는 항상 충후한 것에서 나오거늘 하물며 국조國祖를 현양함에 있음에야?"라고 한다. 대체로 충후한 것과 아첨하는 것은 서로 거리가 매우 멀므로 혼동할 수 없다. 혹자는 또 말하길 "송시열은 명나라가 망한 것을 상심하여 격한 마음에 이렇게 했다."고 한다. 이것은 더욱 옳지 않다. 경서에서 말하길 "친애하는 것에 편향된다."고 하였는데, 편향되는 것을 군자가 어찌 할 수 있는 것인가?[47]

[자료 4]의 원문①은 김택영이 1899년에 학부에서 편찬한『한국역대사략』에서 송시열의 건의에 따라 숙종 9년(1683)에 태조의 시호를 '정의광덕正義光德'으로 추존한 내용을 기록한 것이고, [자료 5]의 원문②는『한사경』에서 원문①과 같은 내용을 수록한 것이다. 원문①에서는 송시열이 올린 차문箚文의 내용을 인용해 태조가 위화도에서 회군한 것을 춘추대의에 견주어 말한 것을 수록하였으나, 원문②에서는 송시열의 차문에 이어 박세채朴世采와 김석주金錫冑가 위화도 회군은 춘추대의를 빌린 것으로 존주尊周의 성심이 아님을 들어 반대한 것을 함께 기록하였다. 김택영은 [자료 6]의『한사경』원문②를 논평하면서 태조가 위화도 회군의 명분으로 제시한 사불가론四不可論은 형세 상의 문제일 뿐, 자신의 행위가 순리에

---

46 金澤榮,『韓史綮』권4, 195~196면,「肅宗紀」.
47 金澤榮,『韓史綮』권4, 196면,「肅宗紀」. "論曰; 太祖之得國, 方之湯武, 有不同焉. 以其得國之跡而求其心, 則威化回軍之事, 豈能獨出於尊周之義哉. 且太祖之諫高麗王伐明也, 以其形勢之四不可爲言, 而未嘗一言及於犯順. 今宋時烈乃以回軍之事, 傅會於尊明大義, 有若諂諛何哉. 或曰; 君子之道, 恒出於忠厚, 況施之於國祖者乎. 夫忠厚之與諂諛, 相去甚遠, 不可以混也. 或又曰, 時烈傷明室之亡, 激而爲此. 此尤不然. 經曰; 於其所親愛而辟焉, 辟豈君子之所可爲哉."

어긋난 것에 대해서는 한마디도 밝히지 않았다고 하였다. 그는 송시열이 위화도 회군을 '존주대의尊明大義'로 부회한 것은 충후한 마음이 아니라 아첨에서 나온 것이고, 친애하는 것에 대해 편향된 시각을 드러낸 것이라고 하여, 사관으로 재직할 때에는 언급하기 어려웠던 위화도 회군 문제를 거침없이 거론하면서 송시열을 비판하였다.

헐버트가 지은 『대동기년』에는 야사野史와 패승稗乘이 모두 당파에 물든 사담私談으로 직필한 것이 없다는 이유를 들어 주요 내용을 빼거나 생략하고 연차年次에 따라 경개만 기록해 놓은 것[48]에서 보듯이, 구한말을 전후한 시기에 조선의 역사를 편찬하면서 붕당정치의 시비를 가리는 일은 누구도 쉽게 접근하기 어려운 문제였다. 김택영은 1910년 봄에 심의겸沈義謙과 김효원金孝元 이하 십 수가지 안건의 아래에 '모시모비某是某非'라고 몇 마디를 적은 편지를 황현에게 보내 이를 질정할 것을 요청하였다.[49] 황현은 같은 해에 김택영에게 보낸 편지에서 조선의 역사는 당론이 있게 되면서 인품을 논정論定하기가 어렵게 되었다고 말하고, 그 예로 '신임일안辛壬一案'[50]과 『현구기문玄駒記聞』[51]을 들었다. 또한 그는 시파時派와 벽파僻派는 이전투구식으로 명의名義를 버리고 권세를 다투며 서로 충역忠逆이라고 여겨, 문학에 능하고 장고掌故에 뛰어난 이건창과 김윤식도 단안斷案을 내린 것이 없다[52]고 하였다.

김택영은 '신임일안辛壬一案'에 대해 논하면서 장희빈이 폐사한 것은 노론파에서 연유하였는데 노론파가 경종 초에 세제世弟를 책봉한 것은 너무 급했다고 비판하고, 이를 반대한

---

48 헐버트 편, 『大東紀年』, 2면, 「凡例」. "國朝黨論, 便成痼弊獘 自中葉以來, 野史稗乘, 其書雖多, 然盡染黨私, 一無直筆, 且其言與事, 寧爲士友間是非私談, 不關朝著上吁咈至治, 故幷爲闕略, 隨其年次, 只錄其梗槩."
49 金澤榮, 『韶濩堂集』 권6, 10면, 「與黃梅泉雲卿」. "只將沈金以下十數大案, 各下某是某非數句語以送之, 如何如何."
50 辛壬士禍를 가리킴. 辛丑年(경종1, 1721)과 壬寅年(경종2, 1722)에 景宗이 즉위하자 老論四大臣인 金昌集 · 李健命 · 李頤命 · 趙泰采 등의 청으로 延礽君(영조)를 世弟로 정하자, 少論派 趙泰耉 · 李麟佐 등이 이를 반대하였다. 이후 노론 4대신이 연잉군으로 하여금 대리청정을 실시하게 하자, 少論派 金一鏡이 노론 4대신을 四凶으로 공격하고 睦虎龍이 4대신을 逆謀로 무고하여 4대신 이하 노론 일파가 극형을 당하였음.
51 朴宗謙이 영조의 壬午禍變 사건을 기록한 책. 壬午禍變은 壬午年(영조38, 1762)에 思悼世子를 영조가 뒤주에 가두어 죽인 사건을 가리킴. 1762년 5월 羅景彦 · 金漢耉 · 洪啓禧 등이 세자의 비행 10가지를 적어 상소하자, 영조는 세자를 불러 관서지방을 알리지 않고 순행한 일 등을 들어 세자를 뒤주에 가두어 굶어 죽게 하였음.
52 黃玹, 『梅泉續集』 권1, 537면, 「與金滄江」. "向自有黨論以來, 人品最難論定. 然至老少則尙可辨, 最是辛壬一案, 卒不可辨. 辛壬尙可, 至玄駒記聞, 係是當日禁諱, 至百年未解, 故至今無公行可據之文. 其末流所謂時僻一派, 殆泥中鬪獸, 闊置名義, 而只爭權鬪勢, 互爲忠逆, 京師人之號姍文學, 且深於掌故者, 皆朦朧說夢, 終無斷案."

소론파 조태구趙泰耇·이이좌李麟佐 등은 당시의 어진 대부로 경종에게 충심을 다했으며 세제世弟인 영조를 배반한 것도 아니라고 하였다. 이어 그는 김일경金一鏡이 영조에게 흉수兇手를 드러낼 때 경종이 이를 방치하고 죄를 묻지 않았다면, 사람들은 경종이 동생을 죽인 것으로 여겨 김일경을 영조의 역적으로 지목하지 않았을 것이며, 뒤에 조태구와 이인좌에게도 역명逆名이 더해지지 않았을 것이라고 하였다.[53] 또한 그는 『현구기문玄駒記聞』에 대해 논하면서 천륜을 들어 사도세자가 칭병稱兵한 것이 사실이라면 영조는 그를 조용한 곳에 두어 상심喪心한 병을 치료하게 하거나 별관에 가두어 수명을 마치도록 했어야 한다고 지적하고, 당시 사도세자의 과실은 그 과반은 질병에서 연유한 것인데도 영조가 의약으로 치료하지 않고 소인에게 혹하여 그를 죽이는 대악大惡에 빠졌다[54]고 하였다. 위와 같이 김택영은 『한사경』에서 숙종 대에 송시열을 시작으로 영조 대에 국가의 골육이 되고, 정조 이후에 왕실과 혼인을 맺어 200년간 국가의 운명을 장악했던 노론파를 집중적으로 비판하였다.[55]

『한사경』이 국내에 유통되자 유림단체를 중심으로 성토 운동이 거세게 일어났다. 먼저 태극교본부太極敎本部에서는 1923년 5월과 6월에 「통고문通告文」과 「토사적김택영문討史賊金澤榮文」을 발표하고, 8월에 이왕李王에게 김택영을 징치懲治해달라는 「상소문」을 올렸는데, 이에 대해 이왕직당관李王職堂官 민영기閔泳綺는 "사가의 붓은 어느 쪽으로 돌든 관계없고, 지금의 전하는 아무런 권한도 없으므로 징치를 바라는 상소는 의외의 일이다."[56]라고 답변하였다. 또한 전라도 곡성의 유림단체 모임인 오강사강회소梧岡祠講會所에서 1923년 8월과

---

[53] 金澤榮, 『韓史綮』 권2, 216면, 「景宗紀」. "論曰; 景宗之初, 老黨諸人之冊立世弟, 何其太急無漸哉. 張禧嬪之廢死, 由於老黨, 則老黨者隱然一景宗之讎也. … 夫以當時之事觀之, 趙李諸人, 固皆一時之賢大夫也. 雖其盡忠於景宗, 而亦必不負世弟, 負世弟者, 獨金一鏡一人耳. … 如使一鏡逞兇手於英祖, 而景宗置而不問, 則人將以爲景宗殺弟, 而不目一鏡英祖之逆賊, 況可以逆名加之於趙李輩哉."

[54] 金澤榮, 『韓史綮』 권2, 229면, 「景宗紀」. "論曰; 父子天倫之首也. 英祖之殺世子, 是誠何心. 使世子眞有稱兵之事, 置之靜處, 以治其喪心之疾可也. 不然則囚之別館, 以盡其天年亦可也. 況於初無稱兵之事者乎. 英祖是時年不過六十八歲, 非昏耄不省人事之時, 而惑於小人以自陷於萬世之大惡何也. 抑世子非純然無過者, 而其過半由於疾病. 悲夫. 英祖疏於醫藥, 不能去其疾, 而又從以戕之也."

[55] 金澤榮, 『韓史綮』 권2, 201면, 「肅宗紀」. "蓋自英祖時老黨爲國家之骨肉, 自正祖以後, 王室之婚姻, 只及於老黨, 老黨之前後執國命者二百年, 而時烈卽其黨之領袖也."

[56] 『東亞日報』 1923년 8월 7일자 「李王 전하께 상소 - 김택영을 懲治해 주십시오」라는 제목의 기사. (崔惠珠(1996), 167면, 재인용)

10월에 중국 한묵림서국으로 편지를 보냈는데, 이에 대해 한묵림서국에서는 이성계가 위화도에서 회군한 사건은 근세에 중국의 혁명당의 일과 같은 것으로 대의라고 볼 수 없고, 元을 외면하고 명明을 존애尊愛하는 것은 나의 부모를 뒤로 하고 남의 부모를 먼저 하는 것과 같다[57]고 답하였다. 이어 유림총부儒林總部에서는 1923년 9월에 총 12회에 걸쳐『한사경』에 대한 반론을 연재하였고, 이듬해 1월에 연재한 내용을 모아『한사경변韓史綮辨』을 간행하였다.[58] 그러나 당시 왕실과 국내 언론의 냉정한 태도[59]에서 알 수 있듯이, 관변 유림단체들에 의해 주도된『한사경』의 성토 운동은 일반인들에게 별다른 관심을 끌지 못하였다.

한편 김택영이『한사경』에서 조선왕조의 정통성을 전면적으로 부정한 것은 유림 중심의 독립지사들에 의해 국내외를 무대로 전개된 이조 왕정을 복고하려는[復辟] 운동의 이념적 기반에 심대한 타격을 주는 것이기도 하였다. 일본군의 대토벌 작전의 전개로 연해주에서 활동하던 의병대장 유인석柳麟錫은 1912년 중국의 중화민국 수립으로 복벽 운동이 흔들리자 공화제를 비판하였고,[60] 조선민족대동단은 1919년 11월에 의친왕義親王 이강李堈을 상해로 탈출시켜 이조의 복벽을 도모하려다 안동역에서 검거되었다. 또한 한말 의병장 출신인 전덕원全德元은 1923년 봄에 복벽 운동에 반대하던 대한통의부大韓統義府를 이탈해 의군부義軍府를 조직하고 대한통의부와 유혈 충돌까지 벌였다.[61] 조선총독부는 1924년 3월에 태극교본부와 유림총부에게『한사경』속에 왕실을 무범誣犯한 내용을 성토한 것에 대한 포상으로 각각 1백 원의 특사금을 하사하였다.[62] 이로 보아 조선총독부가 관변 유림단체를 동원해

57　梧岡祠講會所 편,『略辨韓史』, 9면,「附許鍾等答書」. "威化回軍, 大類近世革命黨之事, 而謂之曰大義何歟. 若曰尊愛明室, 則不猶於後我父母, 而先人之父母乎."
58　『韓史綮』에 대한 국내 유림들의 대처 내용에 대해서는 崔惠珠(1996), 158~206면, '제4장 김택영과 유림 사이의 포폄논쟁' 참고할 것.
59　『東亞日報』는 1923년 7월 2일자에서 "태극교에서는 크게 분개하여『韓史綮』을 몰수해서 태워버리고 김택영은 잡아서 엄벌을 과하라고 하는 논의가 시작되었는데 어떠한 결과를 볼까 의문이다."고 하였고,『朝鮮日報』는 1923년 9월 5일자에서 '김택영이『韓史綮』을 저술한 것을 환영해야 하지만 논의가 분분한 만큼 同社로서는 정통한 역사서의 출현을 기대한다.'는 입장을 나타내었음. (崔惠珠(1996), 163~166면)
60　박현모(2007), 68면.
61　박현모(2007), 67면.
62　『순조실록』,「大正十三年」, 3월 3일 조. "三月三日, 特賜金各一百圓于儒林總部及太極敎本部, 以韓史綮辨耶. 前參書官金澤榮在中國滬上, 作韓史綮, 而多有誣犯王室句語, 儒林不勝憤慨, 設會作辨."

『한사경』의 성토 운동을 벌인 이면에는 복벽을 기치로 독립운동을 펼쳤던 유림출신 지사들의 예봉을 꺾고자 하는 식민지 문화정책이 자리하였던 것으로 생각된다.

[자료 7] : 오직 고려 일대一代의 일이 백대百代보다 빛남이 있는 것은 네 가지이다. 고려 태조는 영웅의 재능과 인의의 자질로 천인天人의 추대를 받아 정도로 나라를 얻고 삼대三代를 아울렀다. 이것이 그 첫째이다. 전시田柴의 법규는 규모가 주周의 정전井田과 당唐의 조용조租庸調인데 그것으로 녹봉을 정하고 아울러 병력을 두터이 하여 강한 적을 격파하니 걸핏하면 십 수만의 무리였다. 이것이 그 둘째이다. 용인用人에는 오직 재능과 덕을 취하고 그 지벌地閥을 묻지 않아 서리胥吏에서 시작하여 경재卿宰의 지위까지 이른 사람이 종종 있었으니 서한西漢의 관대한 정치가 이보다 낫지 못했다. 이것이 그 셋째이다. 동방東邦의 문풍은 신라 말엽에서 시작하여 겨우 이어지다가 고려가 이를 이어 왕성하게 하여 뛰어난 문인들이 앞뒤로 삼같이 얽힌 듯하니, 중국은 송의 시대였으나 삼당三唐의 성율聲律을 지켰으며 말기에 이르러는 한유와 구양수의 문장과 정이와 주희의 학문이 또한 나왔다. 이것이 그 넷째이다. 대체로 동방東邦 역대를 합하여 말하면 신라·고구려·백제는 질質이 문文보다 뛰어나 용맹이 많으니 해가 처음 오른 것과 같고, 조선은 문文이 질質보다 뛰어나 허위가 많으니 해가 지는 것과 같으며, 고려에 이르러서는 저 네 가지 아름다움을 갖추어 문文과 질質이 함께 뛰어났으니 해가 막 한가운데에 있는 것이 이것이다. 어찌 그리 위대한가?[63]

[자료 7]은 김택영이 1924년에 간행한 『신고려사』의 서문이다. 그는 이 글에서 고려의 문명이 백 대보다 빛나는 이유로 네 가지를 들었다. 곧 그는 고려가 흥한 원인으로 ①왕건이 천심과 인심을 얻어 정도로써 삼국을 통일해 중국 삼대三代의 덕을 아울렀고, ②주周의 정전

---

[63] 金澤榮, 『韶濩堂集續』 권2, 450면, 「新高麗史序」. "惟高麗一代之事, 有可以光耀於百代者四焉. 高麗太祖以英雄之才義之資, 爲天人之所付戴, 以正得國, 幷于三代. 此其一也. 田柴之科, 規模于周之井田唐之租庸調, 以之制祿, 而兼以厚其兵力, 摧破勁敵, 動1數萬衆. 此其二也. 用人惟取才德, 而不問其地閥, 由胥吏而致位卿宰者, 往往有也, 西漢寬大之政, 不能勝之. 此其三也. 東邦之文風, 始於新羅末世而僅僅焉, 高麗承而王之, 鴻工鉅匠, 前後如麻, 在中國之宋世, 而能操三唐之聲律, 而比其季則韓歐之文, 程朱之學, 亦出焉. 此其四也. 夫合東邦歷代而言之, 新羅·高句麗·百濟質勝文而多勇, 其猶日之初昇乎, 韓文勝質而多僞, 其猶日之高春乎, 至於高麗, 具彼四美, 文與質俱勝, 則日之方中是也. 何其偉矣."

법井田法과 당唐의 조용조租庸調에 비견되는 전시법田柴法으로 녹봉을 정하고 병력을 증강하였으며, ③용인 정책이 재능과 덕을 중시하고 문벌을 따지지 않아 서리 출신이 경재卿宰의 지위에 올랐고, ④신라 말기에서 시작된 문풍이 고려에서 흥성하여 문인이 줄이어 나오고 말기에 당송고문과 정주학이 함께 흥기한 것을 들었다. 이와 달리 그는 『한사경』에서 조선이 망한 원인으로 ①이성계는 나라를 얻은 것이 탕왕이나 무왕과 다르며 위화도 회군은 존주尊周의 뜻이 아니고,[64] ②태종이 양반에게 호포戶布를 면제하면서 국가가 무병無兵·무식無食하게 되어 난리를 만나면 곧장 붕괴하였으며,[65] ③태종이 시행한 서얼금고법庶孼禁錮法의 폐단이 날로 심해져 서얼은 자식도 못되고 신하도 못 되는 이적의 법이 되었고,[66] ④숙종이 사문난적을 금지한 이래 학자들이 자득하는 공이 멀어져 주자학만 존숭하고 타가의 설이 사라지게 된 것[67]을 들었다. 위와 같이 그가 두 왕조의 역사를 상반되게 평가한 것은 삼국시대를 문文보다 질質이 우세했던 초기의 문명으로, 조선시대를 질質보다 문文이 우세했던 말기의 문명으로, 고려시대를 문文과 질質이 조화를 이룬 중기의 문명으로 파악한 데 따른 것이다.

중국의 대표적인 계몽운동가인 양계초는 1899년에 쓴 「입헌법의立憲法議」에서 맹자가 말한 일치일난一治一亂의 역사관은 전제군주의 정치를 말한 것이고 입헌국에서는 난세가 반복될 리가 없다고 보고, 입헌정치가 민란의 싹을 영구히 끊는 정체政體가 될 것이라고 하였다.[68] 그는 이와 같은 진보적 역사관에 기초해 1902년에 「신사학新史學」을 발표하여 유교로부터 역사학을 독립시키는 민족사학으로서 '신사학'의 이론을 모색하고, 이에 대한 실증적 사례로 1904년 9월에 쓴 『조선망국사략朝鮮亡國史略』을 시작으로 1911년 3월에 쓴 「조선귀족지장래朝鮮貴族之將來」에 이르기까지 10여종에 이르는 글을 발표하였다. 특히

---

64 金澤榮, 『韓史綮』 권4, 196면, 「肅宗紀」. "論曰; 太祖之得國, 方之湯武, 有不同焉. 以其得國之跡而求其心, 則威化回軍之事, 豈能獨出於尊周之義哉."

65 金澤榮, 『韓史綮』 권2, 24면, 「定宗紀」. "太宗之除戶布, 卽其一揆也. … 太宗之不能謹守, 遂使數千里之國, 至於無兵無食, 而遇亂輒崩."

66 金澤榮, 『韓史綮』 권2, 25면, 「太宗紀」. "太宗設是禁以來, 只有妾子者, 捨不爲嗣, 而取他人子以爲嗣. 於是其弊日深, 一爲妾子, 則其賤無比, 在家不得爲人子, 在國不得爲人臣, 斯豈非夷狄之法哉."

67 金澤榮, 『韓史綮』 권4, 205면, 「肅宗紀」. "自肅宗斯文亂賊之禁以來, 學者自得之功遠矣. … 聞朱子性理之說, 則盡廢他家, 而不知朱子亦或有非, 他家亦或有是."

68 조병한(2007), 345면.

1910년 10월에 쓴 「조선멸망지원인朝鮮滅亡之原因」에서 망국의 최대 원인을 宮廷이라고 단언하고, 무능한 국왕과 조정의 실정이 정치적 혼란을 초래하여 망국으로 이어졌다고 하였다. 또한 조선의 지배계층인 양반에 대해서도 붕당을 만들어 당쟁을 벌이고 이를 통해 사욕을 도모했다[69]고 신랄하게 비판하였다. 이와 같은 그의 조선에 대한 인식은 이웃 나라의 멸망을 바라보며 중국의 타산지석으로 삼고자 했던 진보적 역사관에서 나온 것으로, 김택영이 맹자가 말한 일치일난의 역사관에 기초하여 문명의 중심에 자리한 고려 왕조로 회귀하고자 했던 복고적 역사관과는 그 궤를 달리하고 있다.

김택영은 1909년에 장지연張志淵과 안종화安種和의 도움을 받아 귀국하여 합방 이전의 역사서를 편찬하려 했으나, 당국자의 무성의로 뜻을 이루지 못하고 다시 중국으로 돌아간 일이 있었다.[70] 한때 그가 소론파인 이건창과 친밀했기 때문에 『한사경』에서 소론을 편들었다는 비판이 일었는데, 그는 이건창과는 시사時事와 당의黨議에 대해서는 논한 적이 없고 오직 도道를 잣대로 평가하여 어느 한쪽에 치우치지 않았다[71]고 하였다. 또한 김윤식은 김택영이 문호에 얽매인 것이 없어 공평한 마음과 밝은 안목으로 조선의 역사를 재단할 수 있을 것[72]이라고 하여, 망국의 역사를 재단할 적임자로 그를 꼽기도 하였다. 이로 본다면 김택영이 1913년에 편찬한 『한사경』은 구한말의 사관 출신으로서 망국의 역사를 후대에 전해야 한다는 사명감에 조선의 역사가 제대로 평가되기를 바라는 국내외 지식인들의 여망이 더해져 세상에 나온 것으로 판단된다. 그는 이 책을 편찬하면서 문文과 질質이 조화를 이루어 양한과 삼대의 정치를 완성한 고려로 회귀하려는 복고적 역사인식에 입각하여, 건국에서 망국에 이르기까지 조선 역대 왕들의 실정과 붕당정치의 폐해를 집중적으로 비판함으로써, 위화도

---

69 최형욱(2009)(1), 346~347면.
70 張志淵, 『張志淵全書』 권10, 321면, 「答金滄江澤榮」. "志淵白滄江先生足下, 往歲與安涵齋, 謀要先生歸國, 實爲編修國史以備合邦前有史之證矣. 不幸當路者, 皆汲汲於身計, 無意於此事者, 致使先生抱志未遂, 翻然再渡."
71 金澤榮, 『韶護堂文集定本』 권3, 256면, 「韓史縈序-附答李耕齋保卿牘」. "寧齋公在時, 僕所與揚抸者, 惟文章一事, 而未嘗一言及於時事與黨議, 此左右之所目見者也, 而京中諸公乃或謂僕親密寧齋, 右祖少論, 此眞可笑. 抑僕所謂獨往獨來於天壤間者也, 東西南北, 惟道是從, 何嘗倚著於一偏哉."
72 金允植, 『雲養集』 권11, 93면, 「答金生澤榮書」. "但自有色目以來, 各守門戶, 是非不公. 雖有其才, 不敢當秉筆之任. 下旣無門戶之累, 心公眼明, 宜攷究古典, 蒐羅遺事, 裁剪潤色, 述而不作, 一洗前人之舛陋."

회군에서 시작된 조선 왕조의 정통성은 물론 이를 근간으로 500년 동안 유지된 통치 질서의 합법성까지 흔들어 놓으려 하였다.

4. 맺음말 - 사상사적 의미

왕통王通이 "공자와 소통하여 망극의 은혜를 받았다."고 말했듯이, 김택영이 평생에 걸쳐 익힌 학문은 모두 중국의 신성神聖에게서 자뢰資賴한 것이다.[73] 따라서 그는 중국이 당면한 문제들을 해결할 수 있는 유일한 길은 양한과 삼대의 정치를 회복하는 것이고, 이러한 실사實事는 한문을 통해 구현할 수 있다고 생각하였다. 일본은 서양의 법을 본받은 이래로 모든 옛 정치를 혁파하였으나, 문자에서는 특별히 한문 일과一課를 보존하여 글쓰기에 재능 있는 인재들을 선발해 그 일[實事]을 전담시켰다[74]는 것이다. 그가 말한 실사實事는 곧 성인의 도덕道德을 가리킨다. 그는 중국과 서양의 차이를 설명하면서 서양은 기력技力을 숭상해 부유해졌고 중국은 도덕道德을 숭상해 가난해졌다고 하였다. 가난하게 되면 박실樸實하여 비루해지고, 부유하게 되면 화사華奢하여 우아해지는 것은 당연한 이치이다. 그러나 자신의 비루함을 부끄럽게 여기고 저들의 우아함을 사모하여 숨을 헐떡이며 기운이 다하도록 쫓아가면, 이것은 살찐 사람을 사모해 억지로 살을 찌우려는 것과 다를 것이 없다. 그는 비루함을 잊고 박실함을 견지하면서 오래 목숨을 부지하고 있으면, 결국 서양의 기력자技力者들이 결국 도덕에게 허리를 굽히게 될 것[75]이라고 확신하였다.

73　金澤榮, 『滄江稿』 권14, 200면, 「年略一」. "吾人生平區區之學殖, 皆資於中國之神聖, 文中子所云; 通於夫子, 受罔極之恩者也."
74　金澤榮, 『滄江稿』 권5, 23~24면, 「與鐘茂才八銘書」. "彼日本之人知其如此, 自仿西法以來, 凡百舊政悉行革廢, 而獨於文字, 特存漢文一課, 極選國中之天才特別長於著作者, 專掌其事. … 然則爲中國計者, 惟當力復兩漢三代之政治, 以實事用文字而已."
75　金澤榮, 『韶護堂集續』 권2, 448면, 「樸實說小序」. "今之世, 中國與西洋對立, 西洋崇技力而富, 富則奢華而近乎雅矣. 中國崇道德而貧, 貧則樸實而近乎陋矣. 乃或有人以己之近陋爲恥, 而慕彼之近雅, 力求其似, 喘喘焉竭其氣以趣之, 是與慕肥而强脖者, 相去不能寸, 曷若忘其陋而堅持其樸實, 以爲大命之可久者, 以俟夫技力者之終折入於道德哉."

앞서 살폈듯이 그가 1913년에 『고본대학장구』를 간행하여 동한의 고문경학을 통해 송대의 성리학을 비판하거나, 같은 해에 『한사경』을 편찬하여 조선 왕조의 정통성을 부정하고 양한과 삼대의 정치를 구현한 고려 왕조로 회귀하려 한 것은, 위와 같이 성인의 도덕으로 서양의 기력에 맞서고자 했던 복고적 문화비전을 실천하는 과정에서 나온 것이다.

김택영은 1927년 4월 말경에 아편을 먹고 자살한 것으로 알려져 있다. 그가 아편을 먹고 자살하게 된 가장 직접적인 원인은 그의 경제를 보장했던 장건의 타계 이후 불경기에 처한 한묵림서국의 재정 상황으로 본사 회계가 그의 생활비 지급을 단절했기 때문이다.[76] 그는 망국민으로 22년간 중국에 살면서 조선 조선총독부의 검열로 국내에서는 출판하기 어려웠던 문집과 사서들을 간행하여 국내에 보급하였고, 이 책들은 한문을 통해 지적 삶을 영위하던 국내 지식층의 문화적 갈증을 해소하는 동시에, 한문을 읽을 수 있는 일본 지식인들에게 조선의 역사와 문화를 알게 하는 길을 열어주었다.[77] 그가 중국에서 22년간 위와 같이 문화 사업을 지속할 수 있었던 것은 한국과 중국에서 그가 지은 글과 그가 간행한 책을 읽는 한문학 독자층이 여전히 존재하였기에 가능하였다. 따라서 한묵림서국으로부터 경제적 지원이 끊긴 것은 시문과 서적을 통해 교류했던 두 나라 지식인들과 그와의 관계가 단절된 것을 의미한다. 또한 이것은 한국과 중국에서 동시에 진행된 신문체 운동으로 문체의 중심이 문언문에서 백화문과 국한혼용문으로 바뀌었음을 의미하는 것이기도 하다.

김택영은 구한말을 전후로 한문을 수단으로 문학 활동을 한 한말사대가의 마지막 주자였다는 점에서, 그가 보여준 위와 같은 복고적 문화비전과 생의 비극적 마감은 수천 년간 양국 문학의 중심에 자리하고 있던 한문학의 역사적 소임이 마침표를 찍었음을 상징적으로 보여주는 것이다. 그러나 그가 『고본대학장구』와 『한사경』을 지으면서 기존의 권위적 통념으로부터 발상의 대전환을 보여준 것은 한 세기가 지난 시점에서 한국한문학을 연구하는 우리에게 시사하는 바가 적지 않다.

76 　김동훈(2001), 102면.
77 　崔致勳, 「書滄江實紀後」, 『滄江先生實紀』, 724~724면. "吾聞稿之散在故邦者, 盡爲彼之押收, 君其爲通于彼當局者, 使之立此押收, 彼必轉輸其國, 亦有能讀者, 是猶借人翻而用武也."

제15장

김택영과 조긍섭의 문학관 비교 연구

1. 문제의 제기

전 장에서 살펴보았듯이 창강 김택영은 주로 문장가로 일관한 생을 보냈는데, 이는 그가 조긍섭에게 자신이 문자만을 전공했을 뿐 경학에는 소홀했다[1]고 말한 것을 통해 확인할 수 있다. 그는 위와 같은 문장가의 안목에 기초해 우리나라 고문의 정종正宗으로 후인에게 모범이 될 만한 아홉 명의 작품들을 선정하여 우인友人 왕성순王性淳에게 주었는데, 왕성순은 이들의 작품에 김택영의 작품을 더하여 1916년에 『여한십가문초』를 출간하였다. 이 책이 나오자 조긍섭은 선정된 문인과 작품의 타당성 여부에 대해 이의를 제기하였고, 이후 이 문제에 대해 양인 간에 여러 차례에 걸쳐 논쟁이 이어졌다.

[자료 1] : 우리나라 문장은 삼국과 고려 때는 오직 육조의 문장을 숭상해서 변려문에 뛰어났고, 고려 중기에는 김문열공이 특히 걸출해서 그가 찬한 『삼국사기』는 풍후豐厚하고 박고樸古해서 넉넉히 서한의 기풍이 있다. 고려 말기에는 이익재李益齋가 비로소 한유와 구양수의 고문을 창도하였는

1　金澤榮, 『韶濩堂文集定本』 권1, 237면, 「與曹仲謹序」. "僕生來, 專攻文字, 疏於經學."

데, 기사記事에 더욱 뛰어나서 국사를 거듭 수찬하였으니, 조선에서 수찬한 『고려사』는 실제 모두 이익재의 붓에서 나온 것이다. 이목은李牧隱은 이익재의 문생으로 정주程朱의 학문을 처음 창도하였는데, 그 문장에는 주소註疏와 어록語錄의 구기口氣가 많이 섞여 있다. 이로부터 우리 조선 200여 년 동안 권양촌權陽村·김점필金佔畢·최간이崔簡易·신상촌申象村·이월사李月沙 제가가 있었는데, 모두 목은에게서 병이 들었다. 김농암金農巖이 "우리 조선의 문장은 부솔浮率해서 심절深切하지 못하고, 비속卑俗해서 아려雅麗하지 못하고, 용미冗靡해서 간정簡整하지 못하다."라고 한 것은 바로 이것을 가리킨다. 장계곡張谿谷과 이택당李澤堂 두 분은 지난날의 비루함을 한 차례 씻어냈지만 비루함을 모두 제거하지 못하였고, 김농암金農巖에 이르러서야 다 제거하게 되었다. 그러나 또 섬약纖弱함에 점점 병들었는데, 박연암朴燕巖이 농암의 전아함을 이어서 창대하게 하고 웅장하게 변화시켰다. 그 뒤로 홍연천洪淵泉 이후로는 갈수록 더욱 청아해지기는 했지만, 원기元氣는 그에 따라 점점 엷어졌으니, 이 때문에 내가 고려와 조선 9대가의 문장을 선별한 것이다.[2]

[자료 1]은 김택영의 문집인 『소호당문집정본韶濩堂文集定本』의 「잡언雜」에 실려 있는 내용이다. 위의 글에서 김택영은 한국산문의 맥이 김부식金富軾에서 시작되어 이제현李齊賢 → 장유張維 → 이식李植 → 김창협金昌協 → 박지원朴趾源 → 홍석주洪奭周 등으로 이어진 것으로 보았다. 그는 특히 육조의 변려체와 정주의 주소註疏·어록체語錄體를 철저하게 배격하였다. 그 예로 그는 김창협의 말을 빌려 이 변려체와 주소·어록체로 인해 한국 산문이 부솔浮率·비속卑俗·용미冗靡하게 되었다고 하고 비판하였다. 위와 같이 김택영이 한국 산문의 전개 과정에 대해 평가한 것은 앞서 살폈듯이 평생 고문으로 일관한 문장가의 문학관에 따른 것이다.

---

2   金澤榮, 『韶濩堂文集定本』 권8, 321면, 「雜言四」. "吾邦之文, 三國高麗專學六朝文, 長於騈儷, 而高麗中世, 金文烈公特爲傑出, 其所撰三國史, 豐厚横古, 綽有西漢之風. 其末世, 李益齋始唱韓歐古文, 尤長於記事, 再修國史, 韓朝所作高麗史, 實皆益齋之筆也. 李牧隱以益齋門生, 始唱程朱之學, 而其文多雜註疏語錄之氣, 自是至吾韓二百餘年之間, 有權陽村·金佔畢·崔簡易·申象村·李月沙諸家, 而皆受病於牧隱. 金農巖所云我東之文, 膚率而不能切深, 俚俗而不能雅麗, 冗靡而不能簡整者, 卽指此也. 張谿谷·李澤堂二公, 一洗前陋而陋未盡祛, 至農岩則祛盡矣. 然又稍病乎弱, 朴燕岩承農岩之雅而昌大雄變之, 自後洪淵泉以下去益愈淸, 而元氣亦隨而稍薄, 此余之選麗韓九家者也."

조긍섭曺兢燮(1873~1933)의 자는 중근仲謹이고 자호는 심재深齋이다. 그는 1873년 창녕昌寧 광덕산光德山 아래에 있는 마을에서 태어났다. 어려서부터 부친 조병의曺炳義에게 학문을 익혔고, 17세에는 영천靈川에서 강학하고 있던 곽종석郭鍾錫을 찾아가 태극·성리 등을 질정하였다. 그 후 그는 이종기李鍾起와 신필정申弼貞에게 수학하였고, 26세에는 신필정과 함께 도산서원 및 이황 묘소를 참배하였다. 이어 그는 선재先齋에 일실一室을 열어 경자서經子書를 연구하였다. 42세에는 가족과 함께 대구 비슬북협毖瑟北峽 정산鼎山에 서당을 지어 제자들을 가르쳤다. 을미년에는 일본 총독에게 보내는 글을 지은 사실이 일본 헌병에게 발각되어 옥에 갇혔다가 17일 만에 방면되었다. 56세에 거처를 정산 서쪽 씽계雙溪로 옮겨 귀계서당龜溪書堂을 지어 경설을 강론하였다.

조긍섭은 성리학자로 알려져 있다. 그는 의리와 경설이 모두 주자의 학설을 준거로 하여 그 분변이 분명하였고, 문장을 지을 때 경훈經訓을 근본으로 하여 이명理明사창·辭暢하였다[3]는 평을 받았다. 그는 김택영에게 보낸 편지에서 대개 세상에 남의 글을 보는 이들은 대부분 나의 입장에서 남을 보고 남의 입장에서 남을 볼 줄 모르며, 글로써 글을 보고 이理로써 글을 볼 줄 몰라 치우침에 가리고 어느 한 방법에 막힌 지 오래되었다[4]고 지적하였다. 그는 위와 같은 도학가의 관점에서 [자료 1]과 같이 김택영이 선정한 여한구가에 대해 다음과 같이 비판하였다.

[자료 2] : 저도 일찍이 함부로 이르기를, 문장가들이 문장을 논함에 항상 자기의 뜻에 가까운 것으로 논하여 능히 공정하게 듣고 아울러 보는 이가 드문데, 오직 김농암이 일찍이 우리나라의 문장을 논하면서 목은을 고려와 조선의 대가로 삼았고, 간이를 계곡의 앞줄에 두어야 한다고 여겼습니다. 지금의 입장으로 보면, 농암이 목은과 간이 두 작가에 대하여 크게 서로 용납하지 못할 듯한 데도 그 말이 이와 같은 것은 능히 공정하게 듣고 아울러 보았기 때문입니다. 집사께서는 문장에

---

3   曺兢燮, 『深齋集』, 722면, 「墓表」. "義理經說, 必準於朱子, 至諸家, 同異雖微, 辨若白黑然, 爲文章, 本之經訓, 理明辭暢."
4   曺兢燮, 『深齋集』, 89면, 「與金滄江」. "蓋世之觀人之文者, 多以我觀人而不知以人觀人, 以文觀文而不知以理觀文, 則其蔽於偏而滯於方也久矣."

대하여 달콤한 것을 좋아하고 쓴 것을 싫어하며, 신준神雋함을 숭상하고 추졸麤拙함을 비천하게 여겼기 때문에 두 작가를 선발하는 반열에 두지 않았습니다. 그러나 반드시 그 등급을 논하자면, 근대의 여러 공을 목은과 간이의 여러 대작에 견주는 것이, 어찌 쟁적箏笛을 큰 종과 비교하면 기쁘게 할 수 있으나 놀라게 할 수 없는 것과 유사하지 않겠습니까?[5]

[자료 2]는 조긍섭의 문집인 『심재집深齋集』에 나오는 글로, 그가 김택영에게 보낸 편지의 내용이다. 위의 글에서 조긍섭은 김택영이 여한구가를 선정한 기준 자체에 문제가 있다고 말하였다. 곧 그는 김택영이 문장가의 관점에서 자신의 기호에 맞는 문인만을 선정함으로써 공청公聽·공관公觀을 잃었다는 것이다. 그 결과 김택영은 감甘하고 신준神雋한 문장을 숭상하고 고苦하고, 추졸麤拙한 문장을 낮게 평가하였다고 비판하였다. 조긍섭은 위의 글에서 김택영이 선정한 여한구가는 위와 같은 그의 관점이 그대로 반영된 것으로 이해하였다. 그는 특히 문장가인 김창협이 이색과 최립의 문장을 높이 평가했음에도 불구하고, 김택영이 이 두 사람의 문장을 정주학 계열로 함께 언급한 것에 대해 비판하였다.

위와 같이 [자료 1]과 [자료 2]에서 두 사람이 보여준 한국 역대 산문에 대한 평가에서 이색과 최립, 박지원의 문장에 대해 상반되게 평가하고 있는 점이 주목된다. 한국한문학의 종장기에 해당하는 시기에 두 사람이 고려와 조선을 대표하는 세 문인에 대한 상반된 평가는 문장가와 도학가의 문학관의 차이를 보여주는 것이다. 따라서 이 장에서는 이 두 사람이 보여준 문학관의 차이를 규명하고, 이를 통해 한국 산문의 전개 과정을 알아보기로 한다.

---

5 曺兢燮, 『深齋集』, 88면, 「與金滄江」. "妄謂文章家之論文, 常以己意所近, 而鮮能公聽並觀. 惟金農巖嘗論吾東之文, 以牧隱爲二代之大家, 簡易爲谿谷之前行. 自今觀之, 農巖之於二家, 似大不相入, 而其言如此者, 以其能公聽並觀也. 執事之於文, 喜甘而惡苦, 尙神雋而卑麤拙, 故二家不在選列. 然必論其等, 則以近代數公, 比之於牧隱·簡易諸大作, 豈不類箏笛之與洪鍾, 可悅而不可驚耶."

2. 문文과 도道의 관계

1) 김택영 : 문은 도와 동등한 관계

　조선 시대에 활동한 문인이 견지한 문학관을 이해하기 위해서는 먼저 그가 문과 도의 관계를 어떻게 생각하고 있는가를 확인하는 것이 필요하다. 이는 문과 도에서 어느 쪽을 중시하는가에 따라 문학관이 확연히 구분되기 때문이다. 중국 문학에서 문장가와 도학가의 구분 또한 문과 도에 대한 인식의 차이에서 비롯되었다. 문장가는 "도는 반드시 문에 의지하여 드러난다[道必藉文而顯]"라고 하여 문이 중요성을 강조하였으나, 도학가는 "문은 반드시 도를 인하여 이루어진다[文須因道而成]"라고 하여 문은 단지 도를 하는 수단에 불과한 것으로 이해하였다. 위와 같이 문과 도에 대한 상반된 인식의 차이는 도학가는 수도修道를 종신의 학문으로 생각하여 도를 중시하였으나, 문장가는 도가 드러나기 위해서는 문이라는 그릇이 긴요하다고 인식하여 문에 치중하는 이론을 전개한 데 따른 것이다.[6]

　앞서 살폈듯이 김택영과 조긍섭이 한국 산문의 전개 과정에 대해 언급하면서 이색 이하 성리학자들의 문장에 대해 상반된 평가를 하였는데, 이는 바로 위와 같이 문과 도에 대한 두 사람의 관점의 차이에서 비롯된 것이다. 먼저 김택영은 조선시대에 문풍이 일어나지 못한 원인으로 성리학자들의 탓으로 돌렸다. 그는 근세에 주희를 흠모하는 자들이 그 실질을 살피지 못하고, 주희가 한때 문장가들이 부화浮華함을 숭상하여 도를 잃은 것에 대해 비판한 것을 들어, 문장을 마치 더러운 물건으로 대해야 할 것으로 인식하여 일체 말살하였다고 말하였다. 그러나 그는 문을 버리고는 도에 접근할 수 없으므로 문장이 밝은 곳에서 드러나지 못하고 어두운 곳에서 그 경개만 구했다고 지적하였다.[7] 김택영은 위와 같은 문장가의 관점에서 다음과 같이 문의 가치를 적극적으로 옹호하였다.

6 　郭紹虞(1985), 164~165면, 「中國文學批評史上文與道的問題」.
7 　金澤榮, 『韶濩堂文集定本』 권8, 297면, 「雜言」. "吾故邦近世之慕朱子者. 不能深察其實. 但見朱子一時譏文章家 尙浮華遺夫道者. 而遂以文章爲汚穢物之可避者. 一切抹摋而唾罵之. 然又不能捨文而爲道. 故於是乎所謂文章 者. 不敢昌言於公衆著明之際. 以貶其地位. 而只以潛習於孤索闇黯之中. 以求其梗槩"

[자료 3] : 문장 한 가지 일은 도를 기준으로 보자면 작은 기예가 됨을 면하지 못할 것이다. 그러나 이 작은 것을 좋아할 수 없다면 큰 것을 어찌 좋아할 수 있을 것이며, 작은 것을 알 수 없다면 큰 것을 어찌 알 수 있겠는가. 『논어』 「옹야」에 말하기를, "문에서 널리 배우고 예로써 요약한다."라고 하였고, 「헌문」에 또 말하기를, "아래로 배워서 위로 통한다."라고 하였으니, 문은 시서·육예의 종류가 모두 그것이고, 아래로 배우는 것은 장차 배우지 않는 바가 없는 것이다. 만약 아직 일사一辭와 일예一藝의 말단에 통하지 못했으면서 갑자기 고대高大하고 미묘한 부분에 대해 의론을 한다면, 이 어찌 사다리를 버리고 누각에 오르려는 것과 다르겠는가.[8]

[자료 3]에서 보듯이 김택영은 문의 궁극적인 목표가 도를 체득하는 것이라고 한다면 문은 작은 재주에 지나지 않는다는 것을 인정하였다. 그러나 그는 이 도를 체득할 때 적절한 어휘를 사용하여 도를 표현해야 이 도가 온전히 전달될 수 있다고 하였다. 그렇기에 그는 문이 단지 도를 구현하기 위한 도구 이상의 가치, 곧 문 자체가 지닌 효용적 측면을 중시하였다. 그는 문은 인정을 드러내는 것이기 때문에 문을 통해서만 만 가지 흐름을 통하게 하고 백 가지 근심을 씻어주며, 굽은 것을 펴주고 빈 것을 채우며, 먼 것을 가깝게 해주고 없는 것을 있게 해준다고 하였다.[9] 또한 그는 천지가 아무리 커도 사람에 의해서 그 큰 것이 드러나고, 옛 성현도 전적이 없었다면 후세에 전할 수 없었으며, 손자와 오기의 병법 등과 같이 각 분야를 대표하는 학문도 당시 학자들의 문에 의해서 드러날 수 있었다고 하였다.[10] 그는 위와 같이 문의 효용성을 중시하는 관점에 기초하여 문과 도의 관계에 대해 다음과 같이 말하였다.

---

8 金澤榮, 『韶濩堂文集定本』 권4, 275면, 「方山書寮記」. "夫文章一事, 自道而觀之, 要未免爲小技耳. 然卽此小者不能好, 大者何能好, 小者不能知, 大者何能知. 傳曰; 博學於文, 約之以禮. 又曰; 下學而上達. 文則詩書六藝之類皆其物, 而下學者將無所不學也. 若猶不通於一辭一藝之末, 而遽議於高大微眇之門, 是何異舍梯而欲登樓哉."

9 金澤榮, 『韶濩堂集·借樹亭雜收』 권2, 485면, 「嘉善大夫侍從院卿李公墓碣銘」. "所以形此情者文也. 文之爲道, 發揮萬類, 滌盪百憂, 詘可使伸, 虛可使盈, 遠可使近, 沒可使存."

10 金澤榮, 『韶濩堂文集定本』 권4, 269면, 「馬伯閑五十壽序」. "天地至大矣, 然不能自大而待乎人. 萬物多名矣, 然不能自名而待乎人. 故雖以羲軒堯舜禹湯文武周孔諸聖人之聖也, 不有典籍則其傳也或難矣. 下至孫吳之兵, 養叔之射, 師曠之樂, 唐擧之相, 扁鵲之醫, 僚之丸, 秋之奕, 伯倫之酒之流, 亦莫不待一時文人學士以傳."

[자료 4] : 천하 고금에 문장을 말한 것이 공자보다 상세함이 없었으니, "문왕이 이미 돌아가셨으니 문이 여기에 있지 않은가?"라고 한 것은 도는 문이 아니면 드러나지 않으므로 문과 도가 하나임을 말한 것이고, "말을 문으로 꾸미지 않으면 행해지는 것이 멀지 않다."라고 한 것은 문이 순아醇雅하지 않으면 사람의 마음을 감동시켜 후세에 귀중하게 여기는 대상이 될 수 없음을 말한 것이고, "말은 뜻을 전달할 따름이다."라고 한 것은 문이 마음속에 하고 싶은 말을 잘 전달해낼 수 있으면 더는 다른 것을 구할 필요가 없음을 말한 것이고, "외교문서를 작성할 때 비심神諶이 초고를 만들고, 세숙世叔이 토론하고, 행인行人 자우子羽가 수식하고, 동리東里의 자산子產이 윤색했다."라고 한 것은 문이 공을 들이지 않으면 정밀할 수 없음을 말한 것이다. … 공자가 말한 문장의 처음과 끝으로 미루어 보건대, 문장을 짓되 정밀하지 못하고 뜻을 전달하지 못하고 순아醇雅하지 않는 데 이르면, 이것은 '아는 것이 분명하지 않음'을 의미한다. 아는 것이 이미 분명하지 않으면 문장이 도에 있어서 처음에 털끝 같던 차이가 끝내는 천 리로 어긋나, 사람을 오인하여 귀신이라 하고 소를 지칭하여 낙타라고 하는 폐단을 장차 이루 다 말할 수 없게 됨이 있을 것이다. 이와 같은즉 문장도 하나의 도이니, 오히려 침 뱉고 욕하면서 널리 배우고 자세히 물어[博學審問] 사물에 나아가 지혜를 이루는[格物致知] 방법의 한 가지 단서가 아니라고 말할 수 있겠는가?[11]

[자료 4]에서 김택영은 공자의 말을 인용하여 문과 도의 관계에 대해 말하였다. 그는 먼저 문왕의 도가 후세까지 소멸하지 않고 전해진 것은 문 때문이라고 하여 문의 효용성을 강조하였다. 이어 그는 문이 사람의 마음을 감동시켜 후세에 전할 수 있도록 하려면 순아醇雅한 글로 가슴에서 말하고자 하는 것을 밝게 드러내야 하고, 창작 과정에서 끊임없이 교정을 통해 정밀하게 다듬어야 한다고 하였다. 그리고 그는 문이 순아·달의達意·정밀하지 못한 것은 지식이 명확하지 않기 때문으로, 이와 같은 상태에서 문을 지으면 결과적으로 독자에게

---

11   金澤榮, 『韶濩堂文集定本』 권6, 297면, 「書深齋文稿後」. "天下古今之言文章者, 莫詳於孔子. 其曰: 文王旣沒, 文不在玆乎者, 所以言道非文莫形, 而文與道一也. 其曰: 言之不文, 行之不遠者, 所以言文不醇雅, 則不能感動人心, 而爲後世之所貴重也. 其曰: 辭達而已者, 所以言文能暢達胸中之所欲言, 則不必更求他也. 其曰: 爲命神諶草創之, 世叔討論之, 行人子羽修飾之, 東里子產潤色之者, 所以言文不用工則不能精也. … 夫以孔子所言文章之源委推之, 文而至於不精不達不醇雅, 則是謂知之不明矣. 知旣不明, 則其於道也差之毫釐, 繆以千里, 認人爲鬼, 指牛爲駝之弊, 將有不可勝言者矣. 若是則文章一道, 尙可唾之罵之, 而謂非博學審問, 所以格物致知之方之一端也哉."

잘못 전달될 수밖에 없다고 하였다. 따라서 그는 문을 익히는 것 또한 도를 체득하기 위하여 널리 배우고 자세히 물어[博學審問] 사물에 나아가 지혜를 이루는[格物致知] 방법의 한 가지 단서라고 말하였다. 이는 그가 문 또한 하나의 도라는 것을 강조함으로써 문을 도와 동등한 관계로 인식했음을 보여주는 것이다. 앞서 살펴보았듯이 김택영은 제가문평을 통해 이색으로부터 시작된 성리학자들의 문장을 주소·어록체라고 하여 혹평하였다. 이는 그가 도본문말道本文末을 주장하며 문과 도를 비연속적인 관계로 인식하는 성리학적 문학론에서 벗어나려 한 데 따른 것이다.

2) 조긍섭 : 문은 도를 밝히는 수단

조긍섭은 이언적과 이황 같은 선정先正들이 이학으로 사람들을 인도하면서 유자들이 문사에 힘쓰지 않게 되었고, 그 사이 한두 명의 뛰어난 사람이 나와 문에 뜻을 두었더라도 전수할 스승도 없었거니와 이학에 침잠하여 문을 오로지 힘쓸 수 없었다[12]고 하여, 조선시대는 성리학이 일세를 풍미했다는 사실을 강조하였다. 따라서 그는 조선의 학자들이 문학을 비루한 것으로 생각하여 독서에 힘쓰지 않은 채 실천궁행만 일삼았고, 심한 경우 마음속은 볼 것이 없으면서 겉으로는 군자로 행세하는 폐단이 이르게 되었다[13]고 하였다.

그러나 조긍섭이 위와 같이 당시 학자들의 폐단을 언급했다고 해서 그가 김택영과 같이 문과 도를 연속적인 관계로 인식했다고 보는 것은 무리이다. 그는 선비가 선비로서 이름을 얻는 것은 행行과 문文일 뿐으로 행으로 서고 문으로 꾸며 본말의 도를 분명히 갖추어야 한다[14]고 말하여, 도본문말의 관점에서 도의 중요성을 강조했기 때문이다. 특히 그는 선비가 갖추어야 할 바른 태도는 말기末技에 지나지 않는 문사를 멀리하고, 효·충·의·신 등과

---

12 曺兢燮, 『深齋集』, 264면, 「蒼樊集序」. "然吾南自晦陶諸先正以理學牖人, 文詞一道爲儒者所不講, 間有一二儁才有意爲之而無所師法, 又不能不爲理學所浸淫, 率不得專治以有成."
13 曺兢燮, 『深齋集』, 146면, 「答李景翼」. "然竊見近來一種學者, 有厭鄙文學, 不務讀書, 而專主於踐行者, 往往有矯情矜能徇私好勝之病, 甚者內極無狀而外爲君子之貌飾."
14 曺兢燮, 『深齋集』, 554면, 「雲溪集序」. "竊謂士之所以得名爲士者, 行與文而已, 行以立之, 文以華之, 本末之道具矣."

같은 실천적 행위에 힘쓰는 것[15]이라고 강조하였다. 그가 앞서 당시 학자들이 행태를 비판한 것은 위와 같은 도학가의 문학관을 견지하는 가운데 문을 지나치게 경시한 데 따른 극단적인 폐해를 지적한 데 따른 것이다. 이와 같은 그의 문학관은 그가 김택영과 달리 도와 문의 일치를 통한 도의 구현을 강조한 글을 통해 확인할 수 있다.

[자료 5] : 도道와 문文의 이름이 병립함으로부터 천하의 학술이 갈라져서 둘이 되었다. 도를 하기를 주장하는 사람이 말하기를, "사명辭命은 성인이 급하지 않게 여긴 것이다. 도에 힘쓰지 않고 문만 일삼는 것은 '허사'이다."라고 한다. 그러나 증자가 도의 귀한 것을 말씀하기를 "사기를 낼 때 비루하고 이치에 어긋난 것을 멀리해야 한다[出辭氣, 斯遠鄙倍.]."라고 하시니, 문은 사기의 정채精彩이다. 비루하고 이치에 어긋난 것을 멀리할 수 없으면서 말하기를, "나는 오직 도만 한다."고 하면, 이것이 도가 될 수 있겠는가? 문을 하기를 주장하는 사람이 말하기를, "육경은 천하의 지극한 문이다. 문을 알지 못하고 도를 도모하는 것은 '거짓'이다."라고 한다. 그러나 공자가 일찍이 선배를 따르고자 하여 말씀하시기를, "선진이 예악에 있어서 야인이다[先進, 於禮樂, 野人也.]."라고 하시니, 문은 예악의 정화精華이다. 공자가 따르려 했던 '야인'을 비루하게 여기고 문이 그 질을 멸하기에 이르게 되면 이것이 문이 될 수 있겠는가? 문은 도를 밝히려는 것이다. 옛날의 성현은 도가 충만하고 문이 지극하여 문과 도가 합일하였다. 그러나 사람들이 그 도를 보고도 그 문을 보지 못하고, 후세의 선비들은 도를 구하기를 잘하지 못하여 각기 어느 한쪽으로 편중된 것으로 학문을 하였다. 혹은 문이 드세어 그 도를 가리기도 하고 혹은 도가 부족한 채 그 문을 이루기도 하는데, 심한 경우 그럴듯함을 얻고 진실에 어두우며 명분은 맞는데 실상은 아니어서 백 대의 후에 그 문을 살피고 그 도를 재어보면 능히 어긋나지 않을 수 없다. 그러므로 내가 일찍이 말하기를, "도를 하는 것도 어렵고 문을 하는 것도 쉽지 않다."고 하였으니, 문이 쉽지 않은 것은 문이 어려운 것이 아니라 도가 어려운 것이다.[16]

---

15 曺兢燮, 『深齋集』, 332면, 「芝峰李公遺稿跋」. "夫孝也忠也義也信也, 人道之所本也, 今四者備矣, 可不謂君子哉. 若其文辭之末者, 有亦可無亦可, 非所以輕重也."
16 曺兢燮, 『深齋集』, 264면, 「堯泉先生文集序」. "自道與文之名之並立, 而天下之學術, 歧而爲二. 主爲道者曰: 辭命, 聖人之所不急也, 道之不力而文是事, 虛也. 然而曾子語道之所貴曰: 出辭氣, 斯遠鄙倍, 文者, 辭氣之精者也. 鄙倍之不能遠而曰: 吾惟爲道, 是可以爲道乎. 主爲文者曰: 六經, 天下之至文也, 文之不知而道之謀, 僞也. 然而, 孔子嘗欲從先進曰: 先進, 於禮樂野人也. 文者, 禮樂之華者也, 野人之以爲陋, 而至於文滅其質, 是可以爲文乎.

[자료 5]에서 조긍섭은 세상에서 도만 중시하는 자들은 사명辭命을 급한 것으로 여기지 않았다는 공자의 말을 인용하여 문을 헛된 것[虛]이라고 주장한 것에 대해 비판하고, 기氣의 정수精粹인 문을 버리면 도 또한 비패鄙倍한 것에서 면하기 어렵다고 하였다. 또한 그는 세상에서 문만 중시하는 자들은 문을 제대로 알지 못한 채 도만을 도모하는 것은 거짓된 것[僞]라고 강변하는 것에 대해 비판하고, 문만 힘쓰게 되면 도의 본질이 사라지게 된다고 하였다. 따라서 그는 문과 도의 관계를 "문으로써 도를 밝힌다[文以明道]."라고 정의하고, 문은 도를 밝히는 것이므로 결코 도와 분리되어 존재하는 것이 아니라고 주장하였다. 그는 위와 같이 도와 문의 온전한 결합을 통해 도를 구현할 것을 주장하였는데, 위와 같이 도문일치가 구현된 문장의 예로 김헌기金憲基의 문장을 제시하였다.

> [자료 6]: 대개 일찍이 보건대, 선생의 학문이 처음에는 문을 통하여 도에 들어간 까닭으로 도의 산수散殊에 정밀하게 모으고 살펴서 안으로 쌓아 모은 것이 있고, 그리고는 도가 충만하고 문이 생겨난 까닭으로 도의 본원에 관통하고 움직여서 밖으로 드러나 펼친 것이 있다. 이것이 능히 도가 문과 하나가 되어 세속의 헛된 것[虛]과 거짓된 것[僞]을 끊어 사람들이 그 도를 보고도 그 문을 보지 못하게 하여 성현의 진전眞傳을 이은 것이라고 할 수 있을 것이다.[17]

[자료 6]에서 조긍섭은 김헌기가 처음에는 '문을 통하여 도에 들어간[因文而入道]' 까닭에 흩어진 도를 정밀하게 모으고 살펴 안으로 쌓은 것이 있었고, 이를 바탕으로 '도가 충만하고 문이 생겨나게[道充而文生]' 됨으로써 도의 본원에 관통하고 움직여 밖으로 발산할 수 있었다고 하였다. 그가 위의 글에서 말한 '문을 통하여 도에 들어갔다[因文而入道]'고 말한 것은 앞서 도학가가 "문은 반드시 도를 인하여 이루어진다.[文須因道而成]"라고 한 것과 같은 의미로,

---

夫文所以明道也, 古之聖賢, 道充而文至, 文與道爲一. 然人見其道, 而不見其文, 後世之士, 不善於求道, 而各以一偏爲學. 或文勝而揜其道, 或道不足以濟其文, 甚者得似而昧眞, 名是而實否. 由百世之下, 考其文而等其道, 莫之能違. 故余嘗以爲爲道難, 爲文不易, 文之不易者, 非文之難而道之難也."

17 曹兢燮,『深齋集』, 264면,「堯泉先生文集序」. "蓋嘗觀先生之學, 始ında因文而入道, 故於道之散殊者, 有以精綜密察而積聚之於內. 旣則道充而文生, 故於道之本原者, 有以融會運轉而發宣之於外. 此其所以能合道與文爲一, 而絶世俗之虛僞, 使人見其道不見其文, 而爲紹聖賢之眞傳者歟."

문은 단지 도를 하는 수단에 불과하다고 이해한 것이다. 그는 이 때문에 김헌기의 문장은 도가 문과 하나가 된 이상적 경지에 도달하게 되어 앞서 말한 헛된 것[虛]과 거짓된 것[僞]의 폐해를 극복함으로써 성현의 진전眞傳을 잇게 되었다고 하였다. 앞서 말했듯이 조긍섭은 이색으로부터 시작된 성리학자들의 문장을 적극적으로 옹호하였다. 이는 그가 도본문말道本文末을 주장하며 문과 도를 비연속적인 관계로 인식하는 성리학적 문학론을 지향한 데 따른 것이다.

3. 문에서의 기氣와 리理

1) 김택영 : 기성한 수사의 지향

한문학 문학비평에 있어서 기氣와 이理의 문제는 앞서 논의한 문과 도의 관계와 밀접하게 관련되어 있다. 문학 용어상 기氣를 창작 근거로서의 개성적인 자질이 문에 드러난 것이라고 한다면, 이理는 문에서 말하고자 하는 이치, 곧 문의 내용이라고 할 수 있기 때문이다. 도보다는 문에 관심을 보여주었던 문장가들은 문의 수사를 중시하였고, 이러한 문에서의 수사는 기氣의 우열에 의해 결정된다고 생각하였다. 이에 반해 문보다는 도를 중시하였던 도학가들은 문의 수사보다는 내용을 중시하고 문의 내용이 곧 이理라고 생각하였다. 따라서 문장가들이 문에서 이理보다는 기氣에 관심을 보이고 도학가들이 문에서 기氣보다는 이理에 치중한 것은 당연하다.[18]

앞서 살펴보았이 김택영과 조긍섭이 박지원과 최립의 문장에 대해서 상반되게 평가하였는데, 그 원인은 문에서의 기氣와 이理에서 어느 쪽을 중시했는가에서 비롯된 것이다. 곧 김택영은 문장가의 입장에서 문이 지닌 내용보다는 문의 수사에 관심을 보였으나, 조긍섭은 도학가의 입장에서 화려한 문사보다는 질박한 내용을 중시하였다. 김택영이 문의 수사를

---

18   郭紹虞(1985), 164~165면,「中國文學批評史上文與道的問題」

중시한 것은 여러 글을 통해 확인할 수 있다. 그는 문에 나타난 기氣의 모습을 고탕鼓盪·약취躍驟·취미臭味·신운神韻 등으로 표현하고,[19] 이와 같은 미감은 문이 출입出入·종횡縱橫·장단長短·고하高下의 오묘함이 각자 제자리를 지키는 데에서 연유한다[20]고 하였다. 다음 글에서 그가 말한 문에서의 기의 역할에 대해 알 수 있다.

> [자료 7] : 예로부터 문장에 가장 능한 것으로 이름난 사람은 곧 그 기氣가 가장 성대한 사람이었습니다. 그러나 기에는 바르고 어긋나고 맑고 탁한 것이 있습니다. 그러므로 법法과 묘妙를 잘 운용하면 그 기가 바르고 맑아[正淸] 앞에서 말한 것이 되지만, 잘 운용하지 못하면 그 기가 어긋나고 탁하여[戾濁] 군삽窘澁하고 옹종擁腫하고 구극勾棘하여 일체의 광혹狂惑한 유가 되니, 이것은 깊이 생각하고 급히 변별하지 않을 수 없는 것입니다.[21]

[자료 7]에서 김택영은 문장으로 이름난 사람은 기氣가 가장 성대한 사람으로 보고, 기氣가 성대한 문장을 짓기 위해서는 법法과 묘妙를 준수해야 한다고 하였다. 법法은 문을 구성하는 기본 틀로 장편章篇 사이에서의 기승전합起承轉合을 말하고, 묘妙는 기승전합이 순서를 지키는 가운데 변화를 주면서 얻는 문의 맛을 의미한다.[22] 김택영은 문에서 법法과 묘妙의 준수하면 문에 나타난 기가 정청正淸하게 된다고 하였다. 그는 위와 같이 기가 정청한 문장은 마치 우레가 치는 듯하고 산악이 우뚝 솟는 듯하며, 물살이 세차게 달리는 듯하고 술이 무르익은 듯하며, 고가가 잘 삶아진 듯하고 기이한 꽃이 막 피어오른 것 같은 맛을 느낄 수 있다[23]고

---

19 金澤榮, 『韶護堂文集定本』 권1, 236면, 「答人論古文書」. "氣者鼓之盪之, 躍之驟之, 臭之味之, 神之韵之之名也."
20 金澤榮, 『韶護堂文集定本』 권1, 236면, 「答人論古文書」. "彼出入縱橫長短高下之類之妙, 旣皆得其必當之位."
21 金澤榮, 『韶護堂文集定本』 권1, 236면, 「答人論古文書」. "凡自古以來, 以最能文名者, 卽其氣之最盛者也. 然氣有正有戾, 有淸有濁, 故善用法妙, 則其氣正淸而爲前之所云. 反之則其氣戾濁而爲窘澁擁腫勾棘一切狂惑之類, 此其不可不深思而急辨之者也."
22 金澤榮, 『韶護堂文集定本』 권1, 236면, 「答人論古文書」. "法者, 於章篇之間, 起之承之, 轉之合之之名也. 妙者, 就起承轉合之中, 爲或出或入, 或縱或橫, 或起或伏, 或呑或吐, 或直或曲, 或豐或羸, 或長或短, 或高或下, 千萬變化之名也."
23 金澤榮, 『韶護堂文集定本』 권1, 236면, 「答人論古文書」. "如雷之動, 如岳之聳, 如浪之奔, 如酒之醲, 如牛肉之在烹, 如異花之初放."

하였다. 그러나 그는 위와 반대로 법法과 묘妙를 준수하지 않으면 문에 나타난 기가 여탁戾濁하게 된다고 하였다. 그는 위와 같이 기가 여탁한 문장은 군삽窘澀하고 옹종擁腫하며 구극勾棘하여 일체의 광혹狂惑한 글이 된다고 하였다.

[자료 기에서 김택영이 말한 기氣가 성한 문장은 기승전합이 순서를 지키는 가운데 반복하고 출입하는 것이 변화를 일으켜 문세를 격하게 만드는 데서 얻는 것이다. 특히 그는 기성한 문장을 짓는 방법의 하나로 수사적인 측면에 많은 관심을 보여주었다. 그 예로 그는 시에 못지않게 문에서의 성향聲響을 중시하여 박지원의 문장이 성향이 가장 장대하다고 말하였다.[24] 또한 그는 언焉·재哉·호乎·야也·지之·이而·고故 등과 같은 어조사는 속되기는 하지만 지극히 오묘한 신리神理는 바로 여기에 있다[25]고 하여, 문의 기세를 높이기 위해서는 어조사를 잘 활용해야 한다고 말하기도 하였다.

앞서 살폈듯이 김택영은 제가문평에서 박지원의 문장을 조선 시대에 제일대가로 평가하고, 최립의 문장을 혹평하였다. 그가 위와 같이 두 문인의 문장을 상반되게 평가한 것은 기성한 문장을 중시하는 그의 문학관에 따른 것이다. 그는 박지원이 청나라 중기에 살았지만 선진의 문장을 짓고자 하면 선진의 문장을 되었고, 사마천의 문장을 짓고자 하면 사마천의 문장을 되었으며, 한유와 소식의 문장을 짓고자 하면 한유와 소식의 문장이 될 정도로 중체를 갖추고 있다[26]고 말하였다. 이와 달리 그는 최립에 문장에 대해서는 이색 등 성리학자들의 문장과 동일시하면서 부솔膚率·이속俚俗·용미冗靡하다고 혹평하였다. 잘 알려져 있듯이 최립은 성리학자보다는 의고파 문인으로 널리 알려져 있다. 그러나 김택영이 최립의 문장을 성리학자의 문장과 같다고 본 것은 조선 시대에 도학가와 의고파가 지향했던 문체가 서로 유사했기 때문이다. 이는 김택영이 청대에 공자진龔自珍·증국번曾國藩 등이 주도한 동성파

---

24 金澤榮, 『韶濩堂文集定本』 권8, 318면, 「雜言三」. "詩固是聲響, 而文亦有聲響, 如古之莊周·太史公, 後之昌黎·東坡, 皆聲之最壯者, 在吾東則朴燕岩其庶幾者乎."
25 金澤榮, 『韶濩堂文集定本』 권8, 320면, 「雜言四」. "焉哉乎也之而故則等語助字, 雖似乎俚, 而至妙之神理, 實在於是."
26 金澤榮, 『韶濩堂文集定本』 권3, 257면, 「重編燕岩集序」. "夫何朴燕岩先生者, 其生也在淸之中世, 而其文欲爲先秦則斯爲先秦, 欲爲遷則斯爲遷, 欲爲愈與軾則斯爲愈與軾, 壯雄閎鉅, 優遊閒暇, 傑然睥睨于千載之上, 而爲東邦諸家之所未有也."

桐城派의 고문을 의고문과 동일시한 것²⁷과 같은 의미이다. 그는 다음과 같이 의고문과 고문의 문체적 특징에 대해 말한 글에서 확인할 수 있다.

[자료 8] : 대체로 변생(卞榮晩: 필자 주)은 제자서의 위체僞體의 언론에 미혹되었다. 그러므로 문에 있어서 평순平馴·조달條達한 것을 보고는 촌스럽다[野]고 생각하고, 신미神味·담탕淡宕한 것을 보고는 음란하다[淫]고 생각하고, 장웅壯雄·치빙馳騁한 것을 보고는 미쳤다[狂]고 생각하고, 고고枯槁·소삽蕭颯한 것을 보고는 예스럽다[古]고 생각하고, 옹종擁腫·구극勾棘한 문장을 보고는 법이 있다[法]고 생각하였다.²⁸

[자료 8]에서 김택영은 의고체를 중시했던 변영만의 고문관을 비판하면서 고문의 문체는 평순平馴·조달條達·장웅壯雄·치빙馳騁한 것이 특징이고, 의고문의 문체는 고고枯槁·소삽蕭颯·옹종擁腫·구극勾棘한 것이 특징이라고 생각하였다. 앞서 살펴보았듯이 김택영은 고문에 뜻을 둔 이후 귀유광의 글의 읽고 고문을 크게 깨달았다고 하였다. 일찍이 증국번은 귀유광의 문장이 신미新味하여 경학의 심후深厚함에 이르지 못하였다고 비판하였는데, 김택영은 위와 같은 증국번의 말을 인정하면서도 명대에 왕세정王世貞과 이반룡李攀龍이 구사한 진한秦漢의 위체僞體가 귀유광에 의해 문장이 다시 정궤正軌로 돌아갈 수 있게 되었다²⁹고 하였다. 이로 보아 김택영이 최립의 문장을 이색의 문장과 동일시하여 혹평한 것은 기氣가 성대한 문체를 추구했던 그의 문학관에 따른 것으로 생각된다.

---

27 金澤榮, 『韶濩堂集·借樹亭雜收』 권4, 498면, 「答河叔亨牘」. "滿淸之季, 龔定菴·曾滌生輩唱諸子僞體之文, 如王李之蹈襲先秦盡, 去韓歐諸公之法度機軸, 而入于苦澁拙, 自命爲正雅."

28 金澤榮, 『韶濩堂集·借樹亭雜收』 권4, 498면, 「答河叔亨牘」. "蓋卞生惑醉於諸子僞體文之言論, 故其於文, 見平馴條達者, 則認之爲野, 見神味淡宕者, 則認之爲淫, 見壯雄馳騁者, 則認之爲狂. 見枯槁蕭颯者, 則認之爲古, 見擁腫勾棘者, 則認之爲法."

29 金澤榮, 『韶濩堂文集定本』 권8, 318면, 「雜言三」. "曾滌生病歸太僕之文之神乎味乎, 以爲未臻於經學之深厚. 此固是也, 然當太僕之世, 王李諸人, 以秦漢僞體虎嘯天下, 故太僕反之以正軌."

2) 조긍섭 : 평담한 내용의 중시

조긍섭은 문이란 윤리를 갖춘 사물로 윤리가 있는 문을 짓는 사람은 행동 또한 윤리가 있어야 한다[30]고 하여 문에서의 이理를 윤리로 이해하였다. 조긍섭은 위와 같은 도학가의 문학관에 기초해 김택영의 문장은 사리辭理는 이건창에게 떨어지지만 기氣는 뛰어나고, 시 역시 신운神韻이 황현보다 뛰어나지만 의意는 황현에게 미치지 못한다[31]고 말하였다. 이는 바로 조긍섭이 김택영의 문장에 대해 기氣를 중시하고 이理를 소홀히 한 것을 비판한 것이다. 위와 같이 문에서의 이理를 중시하는 그의 문학관은 다음 글을 통해 확인할 수 있다.

> [자료9] : 비록 그렇지만 옛날 문이라고 일컫는 것을 내가 또한 한두 개를 맛보았습니다. 화華와 실實이 함께 온전한 것이 있고, 실實이 화華를 이긴 것과 화華가 실實을 이긴 것이 있으니, 사辭와 이理가 결정하는 것입니다. 집사의 시문은 풍신風神과 변화變化를 위주로 하여 그 오묘한 조예와 독보적으로 나아간 경지는 진실로 옛사람을 덮을 만하지만, 지론의 사이에는 왕왕 빈 시렁[虛架]에 의지하여 정리正理에 출입하지 않은 것이 있으니, 칠원漆園[장자: 필자 주]과 미산眉山[소식: 필자 주]의 남은 문체에서 깨닫고는 숙속菽粟과 포백布帛은 경화鏡花와 수월水月에 미치지 못한다고 이르는 것이 아닙니까? 경화와 수월은 화華가 실實보다 지나친 것이고, 포백과 숙속은 실實은 여유가 있으나 화華가 부족한 것입니다. 화華와 실實이 함께 온전한 것은 해와 별[日星]입니다. 저 육경의 문장은 해와 별입니다. 해와 별이 될 수 없다면 어찌 포백·숙속 같은 글을 짓지 않고, 반드시 경화·수월 같은 글을 숭상하겠니까?[32]

---

30 曺兢燮, 『深齋集』, 178면, 「答李達三」. "蓋文者有倫理之物, 故能爲有倫理之文者, 其於行亦必有倫理者也."

31 曺兢燮, 『深齋集』, 87면, 「與金滄江」. "然妄謂執事之文, 辭理微遜於寧齋, 而氣則勝之, 執事之詩, 神韵遠過於梅泉, 而意或不逮."

32 曺兢燮, 『深齋集』, 86면, 「與金滄江」. "雖然古之所謂文者, 兢亦嘗其一二矣. 有華實俱全者, 有實勝華者·華勝實者, 辭與理之決也. 執事之詩文, 以風神變化爲主, 其妙詣獨造之境, 固足以掩古人矣, 而於持論之間, 往往有憑虛架, 無出入於正理者, 得非有悟於漆園眉山之餘體, 而謂菽粟布帛, 不及於鏡花水月也. 夫鏡花水月, 華過於實者也, 布帛菽粟, 實有餘而華不足者也. 欲求華實之俱全者, 其日星乎. 夫六經之文, 日星也, 不能日星, 豈有布帛菽粟乎, 而必鏡花水月之爲尙."

[자료 9]에서 조긍섭은 문을 사辭와 이리로 구분하고, 김택영이 수사修辭만 중시하여 지론持論이 정리正理에서 어긋났음을 비판하였다. 그는 문에서의 사辭와 이리의 관계를 나무에서의 화華와 실實의 관계로 비유하고, 화華 실實이 모두 온전한 문을 해와 달[日星]에 비유하였다. 그가 생각하는 가장 이상적인 문장은 해와 달 같이 화실華實이 겸비한 육경이다. 그러나 이 육경에 미치지 못한 경우에는 경화鏡花이나 수월水月과 같이 화華가 실實보다 지나친 것보다는, 포백布帛이나 숙속菽粟과 같이 실實은 여유가 있지만 화華가 부족한 것이 낫다고 하였다. 이는 문에서의 수사보다는 내용을 중시한 문학관에서 비롯된 것으로, 앞서 도와 문의 관계를 설명하면서 도문합일이 가장 이상적이긴 하지만 이에 미치지 못한 경우에는 문보다는 도를 중시해야 한다고 말한 것과 같은 의미이다.

위와 같이 조긍섭은 문에서의 이리를 중시한 것에 기초해 은벽隱僻한 문자나 괴이怪異한 말을 구사하는 기성氣盛한 문체보다는 윤리가 담긴 평담平淡한 문체를 선호하였다. 따라서 그는 문이 도와 가까우면 가까울수록 더욱 평담하게 되고, 문이 기교奇巧에 가까우면 가까울수록 도와 멀어지게 된다[33]고 하였다. 이렇듯 문에서 이리를 담고 있는 평담한 문체를 추구했던 조긍섭은 작문을 용병用兵에 견주어 설명하기도 하였다. 그는 변영만에게 답한 글에서 용병은 정도正道를 위주로 하면서 간혹 기도奇道를 사용하듯이, 작문에 있어서도 간담簡淡한 문체를 위주로 하면서 간혹 기괴奇怪한 문체를 구사해야 한다고 하였다. 그러나 변영만은 전국시대에 공명을 추구했던 종횡가 같이 재기才氣가 남다르기는 하지만, 간담한 문체를 경시하고 기괴한 문체를 추구함으로써 정도를 잃게 되었다[34]고 비판하였다.

앞서 살폈듯이 조긍섭은 박지원의 문장을 낮게 보고 최립의 문장을 높이 평가하였는데, 이는 위와 같이 윤리를 담은 평담한 문체를 중시했던 문학관에서 비롯된 것이다. 그는 박지원의 문장이 평정平正한 것은 적고 궤휼詭譎한 것이 많아 문장가의 이단에 속한다고 보고, 그

---

33 曺兢燮, 『深齋集』, 491면, 「雜誌」. "文愈近道則愈平淡, 其愈奇巧者, 愈與道遠."
34 曺兢燮, 『深齋集』, 491면, 「答卞穀明」. "然竊以爲爲文如用兵, 兵固不厭其奇也, 而必以正爲主, 主乎正而間出以奇, 乃爲用兵之善者. 若專以奇爲主, 而欲赫赫然驚動人耳目, 斯以戰國功名之士爲之, 而非王者之師. 王者之師, 無赫赫之名, 取其所當取者而已. 文之爲道, 何以異此. 足下之文, 固不專以奇爲主, 然以才氣之絶人, 欲驚動一世之耳目, 則不能不多主於奇. 古今文之傳者, 爲體固不一, 而其至者, 要必歸於簡淡, 夫文如足下, 誠不必以簡淡爲尙."

이유로 원인은 전아典雅하지 못한 선원문자禪院文字를 구사하고 해학諧謔한 문장을 지은 것[35]을 들었다. 또한 조긍섭은 고문가의 문체보다는 의고파의 문체를 선호하여 최립의 문장을 적극적으로 옹호하였는데, 이는 그가 다음과 같이 명대에 전후칠자가 주도한 의고문에 대해 깊이 관심을 보여준 데 따른 것이다.

[자료 10] : 문자의 묘함은 평담平淡한 가운데 기수奇腴함이 있는 것에 그치거늘, 이 몇 사람이 오로지 기수함만을 숭상하다가 마침내 험고險苦한 구덩이에 빠졌던 것을 통달한 사람의 입장에서 보면 진실로 심력을 쓸데없이 쓰고 수사의 정성에는 관심이 없음을 보겠습니다. 그러나 가래나무가 썩었다고 재목을 버릴 수 없고, 벽옥璧玉에 하자가 있다고 아름다운 옥[瑜]을 덮을 수 없으니, 진천震川[귀유광: 필자 주]이 원미元美[왕세정: 필자 주]를 망녕되고 용렬하다고 배척하였고, 집사께서 간이簡易를 거칠고 비루하다고 단죄한 것과 같은 것은 능히 장석匠石의 도량과 변화卞和의 식견이 될 수 있을지 모르겠습니다.[36]

[자료 10]에서 조긍섭은 최립이 추구했던 의고문은 오직 기유奇腴함만 일삼아 험고險苦함에 빠지기는 하였으나, 고문가와 같이 수사만 힘쓰는 폐단에는 이르지 않았다고 하였다. 따라서 그는 명대에 고문가인 귀유광이 의고파인 왕세정을 비판한 것이 잘못이듯이, 김택영이 최립의 문장을 혹평한 것도 문제가 있다고 지적하였다. 그는 특히 의고파인 이몽양의 문장이 환박渾樸·질직質直한 기를 갖추어 화미華靡·초루勦累한 폐단이 없다고 하여, 최립의 문장이 이반룡·왕세정의 문장보다는 이몽양의 문에 가까운 것[37]으로 이해하였다. 앞서

35　曺兢燮, 『深齋集』, 92면, 「答金滄江」. "但謂此老之文, 平正少而譎詭多, 終屬文家之異端, 故不欲廣取多傳, 以誤學者門逕. 承示以蘇氏爲喩固然, 然蘇之禪悟諸譎, 十不過二三, 且爲禪院文字而作禪語, 方望溪猶病其不雅, 而燕則於尋常題目, 輒用此爲家計."

36　曺兢燮, 『深齋集』, 89면, 「與金滄江」. "夫文字之妙, 止於平中有奇, 淡中有腴, 而此數子之專尙奇腴, 卒之墮於險苦之坑者, 自通人觀之, 誠見其枉用心力而無與於修辭之誠, 然梓朽不可棄材, 璧瑕不能掩瑜, 則如震川之斥元美爲妄庸, 執事之斷簡易以麤陋, 未知能爲匠石之量卞和之識也耶."

37　曺兢燮, 『深齋集』, 91면, 「與金滄江」. "簡易之文, 近於空同, 偶據鄙見言之爾. 妄字之題, 空同固不敢辭, 然其文與滄弇不同, 蓋滄弇高處僅可窺柳洲之藩, 而卑處純是六朝劣品, 空同則猶有渾樸質直之氣, 少華靡勦累之習."

살펴보았듯이 조긍섭 박지원의 문장을 낮게 보고 최립의 문장을 높이 평가하였다. 이는 그가 수사에 치중하는 화려한 문체보다는 내용을 중시하는 평담한 문체를 중시하는 성리학적 문학관에 기초해, 질박하고 간결한 문체를 구사한 최립의 문장이 궤휼하고 해학적인 문체를 구사한 박지원의 문장보다 낫다고 이해한 데 따른 것으로 생각된다.

4. 맺음말 - 산문사적 의미

김택영과 조긍섭은 한문학 말기에 활동했던 문인들이다. 이 기간은 정치 사회적으로 대변혁기였을 뿐만 아니라 문학 또한 한문 문학이 국문 문학으로 대체되던 시기이다. 따라서 이 시기 한문학자들은 당대까지 지속한 한문학 유산을 정리하는 작업을 진행하였는데, 이 장에서 주목한 『여한십가문초』역시 이러한 노력의 하나하고 할 수 있다.

김택영은 문장가의 관점에서 여한구가를 선정하였는데, 이에 대해 조긍섭은 도학가의 관점에서 여한구가의 선정 기준과 방법을 비판하였다. 곧 김택영은 한국산문의 전개 과정을 김부식 → 이제현 → 장유 → 이식 → 김창협 → 박지원 → 홍석주 등으로 설정하면서 이색과 최립의 문장을 혹평하였으나, 조긍섭은 이색과 최립의 문장을 중시하고 박지원의 문장을 혹평하였다. 이 장에서는 위와 같이 한국 역대 산문 작가들에 대한 두 문인의 상반된 평가가 조선 시대 문장가와 도학가의 문학관의 차이에서 기인한 것으로 보고, 그 차이의 본질에 대해 두 사람의 문학관을 중심으로 살펴보았다.

먼저 문과 도의 관계에 대해 김택영은 문을 경시했던 성리학자들을 비판하면서 문의 효용적 측면을 강조하여 문을 도에서 분리하여 도와 동등한 지위를 부여하였다. 그러나 조긍섭은 도와 문의 합일을 통한 도의 구현을 강조하여 문보다는 실천적 행위인 도를 중시하였다. 또한 문에서의 기氣와 이理의 관계에 대해서도 김택영은 문의 우열이 기에 의해 결정되는 것으로 보고 문의 기세를 중시하였으나, 조긍섭은 문이란 윤리를 담은 것이라고 하여 화려한 문사보다는 내용을 갖춘 평담한 문을 중시하였다.

한편 김택영은 위와 같이 도보다는 문을 중시하는 문학관에 기초해 정주학을 표방한 이색이하 성리학자들의 문장을 주소·어록체라고 하여 비판하였다. 이와 달리 조긍섭은 문보다는 도를 중시하는 문학관에 기초해 이색을 고려와 조선의 제일대가로 평가하였다. 또한 김택영은 박지원의 문장이 중체를 구비하였고 따라서 그를 조선의 제일대가라고 평가하고, 최립의 문장은 고고枯槁·소삽蕭颯한 의고체를 구사하였다고 비판하였다. 그러나 조긍섭은 박지원의 문장은 선어禪語를 빈번하고 해학이 섞여 있다고 비판하고, 최립의 문장은 환박渾樸·질직質直한 문체를 구사하여 정아正雅하다고 옹호하였다.

위와 같이 김택영과 조긍섭이 한국 역대 산문의 전개 과정을 놓고 벌인 논쟁에서 주목되는 것은, 이들의 논쟁이 문장가와 도학가로 대표되는 조선시대 문학관의 두 흐름을 대변하고 있는 점이다. 곧 이 두 사람은 한국 산문의 전개 양상에 대해 상반된 견해를 보여주었는데, 이는 바로 문장가와 도학가의 문에 대한 관점의 차이에서 기인한 것이라 할 수 있다. 따라서 이 장에서는 먼저 김택영과 조긍섭의 문집에 수록된 내용을 중심으로 제가문평의 양상을 살펴보고, 이어 두 사람이 보여준 제가문평의 이면에 자리한 문장가와 도학가의 문학관의 차이에 대해 살펴보았다. 위와 같이 한국한문학이 종말을 고하던 일제강점기에 두 문인이 한국 역대 산문가의 작품을 놓고 벌인 논쟁은 한국 산문의 전개 과정을 이해하는 데 도움이 될 것으로 생각된다.

제16장

김택영의 『연암집』 편찬과 연암 산문비평

1. 머리말

　연암 박지원은 조선 후기의 대표적인 학자이자 문인이다. 앞서 연암문학에서 살펴보았듯이 그는 안의현감으로 재임하면서 정조에 의해 불시에 있을지도 모를 문집을 올려보내라는 명에 대비해, 일종의 득의작得意作이자 순정작醇正作들을 뽑아 다양한 이름의 소집小集들을 만들어 놓았다. 이어 그의 사후 아들 박종채는 소집들과 여타의 작품을 망라하여 1차 편집한 『연암집』을 만들었는데, 이 책은 문집 16권, 『열하일기』 24권, 『과농소초』 15권의 총 55권으로 이루어져 있다. 1차 편집본을 필사한 책으로는 계서본溪西本(단국대 연민문고 소장)과 한씨문고본韓氏文庫本(연세대 소장) 등이 있다. 계서본은 55권 21책 중 문고 2권 1책이 빠져 있고, 한씨문고본은 문고 16권 6책만 온전히 남아있다. 1차 편집본 이후 '고반당비장考槃堂秘藏'과 '엄화계수일罨畫溪蒐逸'의 2권을 추가하고 박규수의 교정을 거친 2차 편집본이 만들어졌는데, 이 계열의 필사본으로는 자연경실본自然經室本(숭실대 소장), 영남대본(영남대 소장) 등이 있다.[1]

1　정길수(2012), 134면.

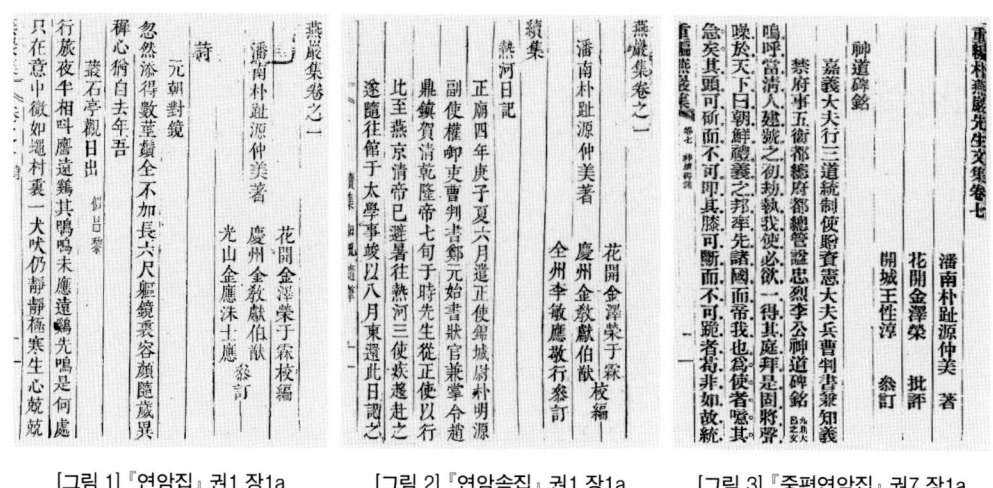

[그림 1] 『연암집』 권1 장1a
(국립도서관)

[그림 2] 『연암속집』 권1 장1a
(국립도서관)

[그림 3] 『중편연암집』 권7 장1a
(단국대 연민문고)

　　박지원의 문집은 그의 사후에도 바로 간행되지 못하고 시문고, 『과농소초』, 『열하일기』 등 3종이 따로 전사傳寫되어 유통하였는데, 특히 그의 시문고는 소집 형태로 두서없이 뒤섞여 있었다. 위와 같이 필사본으로만 전해오던 연암 작품이 활자로 간행된 것은 1900년에 이르러 창강 김택영에 의해서이다. 그는 개성에서 태어나 42세인 1891년에 진사가 되고, 1894년에 편사국주사, 1895년에 중추원서기관을 지내다가 이듬해 낙향했다. 그는 1899년 봄에 서울에 머물면서 시·문고가 모두 실린 일본一本을 빌려 김응수金應洙와 함께 교정하고, 이듬해 3종의 연암 저작에서 선록한 시 33수와 문 117수를 유형별로 배열하여 『연암집』 6권 2책을 전사자全史字로 간행하였다.[2] ([그림 1] 참조) 이어 그는 다음 해인 1901년에 『열하일기』 24권 중에서 가장 긴요하고 전아하다고 생각되는 8권에서 일부 내용을 뽑고,[3] 다시 『연암집』에 수록되지 않은 작품 11수를 정선하여 유형별로 배열하여 『연암속집』 3권 1책을 전사자로

2　　金澤榮 編, 『燕巖集』 跋, 장2a~장3a, 「燕巖集跋」. "朴燕巖先生歿後, 有詩文藁若干卷, 課農小抄若干卷, 熱河日記若干卷, 合三種, 或傳寫, 行人間, 而詩文藁頗散亂無統. 去年春, 余從人借全部一本, 與光山金士應氏同校之. 旁取于小抄日記二書, 從類排續, 總得詩古今體三十三首, 文雜體一百一十七首, 分爲六卷, 然後又以小抄全書別附之."

3　　金澤榮 編, 『燕巖續集』 권1, 장1b, 「熱河日記後識」. "今故就其中, 擇其尤要雅者八卷, 畧更去取, 合爲二卷, 名曰續集."

간행하였다.[4] ([그림 2] 참조)

　김택영은 1903년에 다시 홍문관 찬집소纂集所에 보직되어 『문헌비고』 속찬위원續撰委員으로 있으면서 통정대부에 올랐다. 이어 그는 1905년 학부 편집위원이 되었으나, 이 해에 을사조약에 체결되자 9월에 사직하고 중국 남통南通(현 강소성 남통시)으로 이주하였다. 그의 중국행은 1883년 서울에 머물러 있던 중국의 실업가 장건張謇과의 만남을 인연으로 그의 도움을 받아 성사되었는데, 장건은 중국으로 건너온 김택영에게 자신이 남통에 설립한 한묵림서국翰墨林書局에서 교정보는 일을 맡아보게 하였다. 이후 그는 망국민으로 22년간 중국 남통에 살면서 조선 조선총독부의 검열에 의해 국내에서는 출판하기 어려웠던 문집과 사서들을 간행하여 국내에 보급하였다. 이 과정에서 그는 1916년 국내에서 간행한 『연암집』과 『연암속집』을 합편하여 『중편박연암선생문집』(이하 『중편연암집』으로 약칭함)[5] 6권 3책을 신활자로 간행하였다. 그는 이 책에 연암 작품을 수록하면서 제목의 아래에 평어評語를 붙이고,[6] 작품 원문의 오른쪽에 권점圈點을 찍어놓았다. ([그림 3] 참조) 이 장에서는 그가 우리나라와 중국에서 간행한 3종의 『연암집』을 대상으로 편찬 방향과 비평 양상에 대해 살펴보고, 이어 이 책의 산문사적 의미에 대해 알아보기로 한다.

4　金澤榮 編, 『燕巖續集』 권3, 장1a, 「原集補遺後識」. "余之爲此集也, 分原別二集, 畧第高下, 總得百十七首, 然其實文之可入二集者, 不止此而已, 特力有未及耳. 故今於是役, 更就原藁精選, 各以其類補入焉."
5　金澤榮 編, 『重編朴燕巖先生集』. 이밖에 이 책은 국립중앙도서관과 국회도서관에 완질인 7권 3책, 고려대학교 중앙도서관에 결본인 4~5권, 경상대학교 도서관에 결본인 6~7권이 소장되어 있다.
6　그 예로 『燕巖集』 권2, 장2b, 「代慶尙監司自劾疏」의 제목 아래에는 "措詞難處, 極婉極切."라는 평어가 붙어있으나, 『중편연암집』, 권2, 장2b, 「代慶尙監司自劾疏」의 제목 아래에 "措詞難處, 極婉極切, 可知先生深於陸宜公奏議. 又曰, 世旦知先生之文之大, 而不知先生之文之纖則不可."라는 평어가 붙어있다.

2. 『연암집』의 교정과 편집

1) 순정한 작품의 선록

김택영이 1916년에 간행한 『중편연암집』이 국내에 유통되면서 이 책은 산삭이 너무 심하여 저자의 면모를 살피기 어렵다는 비판이 일어났다. 이에 박영철朴榮喆이 연암 후손가에 전해오던 가장본을 17권 6책으로 정리하여 1932년에 서울에서 연활자로 간행하였다. 이 책에는 연암 시문고는 물론 『열하일기』, 『과농소초』에 수록된 연암 작품이 망라되어 있는데, 이를 김택영이 간행한 3종의 『연암집』에 수록된 작품과 비교하면 다음과 같다.

〈표 1〉 박영철본과 김택영본 3종 『연암집』의 수록 작품 수

박영철본			김택영본		
			연암집	연암속집	중편연암집
권수	서명	작품 수	작품 수	작품 수	작품 수
권1	연상각선본1	27	16	4	14
권2	연상각선본2	35	14	2	10
권3	공작관문고	52	18	8	17
권4	영대정잡영	42	33	0	25
권5	영대정승묵	51	29	0	17
권6	서사	1	0	1	1
권7	종북소선	30	8	4	7
권8	방경각외전	10	0	0	0
권9	고반당비장	10	0	0	0
권10	엄화계수일	15	0	0	0
권11~15	열하일기	28	8(절록)	9(절록)	9(절록)
권16~17	과농소초	20	24(절록)	0	24(절록)
계		321	150	28	124
			178		

〈표 1〉에서 보듯이 박영철본 『연암집』에는 9종의 소집을 포함해 『열하일기』와 『과농소초』에 모두 321편의 연암 작품이 수록되어 있다. 이를 다시 소집별로 구분하면 『연상각선본煙湘閣選本』(1)(2) 62편, 『공작관문고孔雀館文稿』 52편, 『영대정잡영映帶亭雜咏』 42편, 『영대정잉묵映帶亭賸墨』 51편, 『서사書事』 1편, 『종북소선鐘北小選』 30편, 『방경각외전放璚閣外傳』 10편, 『고반당비장考槃堂秘藏』 10편, 『엄화계수일罨畵溪蒐逸』 15편, 『열하일기』 28편, 『과농소초』 20편으로 나누어진다. 김택영본 『연암집』에는 『서사』, 『방경각외전』, 『고반당비장』, 『엄화계수일』 등 4종의 소집을 제외한 5종의 소집에서 118편, 『열하일기』에서 절록節錄한 8편, 『과농소초』에서 절록한 24편 등 모두 150편이 수록되어 있다. 또한 김택영본 『연암속집』에는 『연상각선본1·2』 6편, 『공작관문고』 8편, 『서사』 1편, 『종북소선』 4편, 『열하일기』에서 절록한 9편 등 모두 28편이 수록되어 있다. 그리고 김택영본 『중편연암집』에는 『방경각외전』, 『고반당비장』, 『엄화계수일』 등 3종의 소집을 제외한 6종의 소집에서 74편, 『열하일기』에서 절록한 9편, 『과농소초』에서 절록한 24편 등 모두 124편이 수록되어 있다.

김택영은 연암이 평소 작문의 어려움을 잘 알았으므로 많은 작품을 짓지 않았는데, 후인들이 연암이 폐기한 작품을 편입시켜 많다고 자랑한 것은 그의 뜻을 손상하는 것으로 생각하였다. 따라서 그는 연암의 본의에 부합한다고 생각되는 작품을 선별하여 위와 같이 3종의 『연암집』을 간행하였다.[7] 이와 관련하여 그는 『연암속집』을 편찬하고 쓴 후지後識에서 「우상전虞裳傳」・「김선생전金神仙傳」・「양반전兩班傳」 등은 연암이 스스로 만년에 약관의 나이에 문장을 익히려 지은 것으로 가인家人에게 훼기毀棄하라고 말한 사실[8]을 적어놓았다. 또한 그는 같은 책에 쓴 「열하일기후지熱河日記後識」에서 『열하일기』 24권 중에서 앞의 7권은 왕래하는 여정을 서술한 것으로 온전히 패체稗體를 구사하여 취할 것이 없다[9]고 말하였다. 이곳에

---

7 金澤榮 編, 『重編燕巖集』 권1, 장1b, 「重編燕巖集原序」. "顧先生明知文之難也, 故平日著作, 如持千斤之弩而不輕發之, 不以貪多務得爲功. 而乃後之人, 或妄相以先生所棄者而猥入之, 欲以誇밁, 則是大傷先生之意也, 豈非過哉. 是以余於先生之文是以余於先生之文, 旣刪減爲原續二集, 後又合二集爲一, 而再刪爲七卷, 以見其文之愈少愈貴者, 爲合於先生之本意也."
8 金澤榮 編, 『燕巖續集』 권3, 장1a~장1b, 「原集補遺後識」. "其外如李虞裳金神仙兩班等諸外傳, 則先生晚年, 自以其弱歲, 隸習綴屬之作, 命家人毀棄者也. 故今不取之."
9 金澤榮 編, 『燕巖續集』 권1, 장1b, 「熱河日記後識」. "首七卷敍程路往返, 純用稗體不足取."

서 그가 말한 패체는 패관소설에 사용된 문체를 의미한다. 그는 1923년에 지은 글에서 당시 중국의 문체가 보관報館[신문]의 패문稗文이 유행하여 한유와 구양수의 정맥正脈이 광막한 공간으로 떠나버려 언제 돌아올지 모른다[10]고 하여, 중국에서 고문이 쇠퇴한 원인으로 패관소설의 문체를 들었다. 위와 같이 그는 『방경각외전』에 수록된 10편의 전傳과 『열하일기』 전반부 8권의 내용이 패관소설의 문체를 띠고 있다고 보고, 이들 저작을 3종의 『연암집』에 수록하지 않았다. 그가 이와 같은 편찬 방향에 따라 간행한 3종의 『연암집』에 수록된 작품을 문체별(장르별)로 살펴보면 다음과 같다.

〈표 2〉 김택영본 3종 『연암집』의 문체별 작품 수

번호	문체	『연암집』 작품 수	『연암속집』 작품 수	『중편연암집』 작품 수
1	시詩	33		25
2	표表	1		1
3	소疏		2	2
4	의議	2		2
5	서書	7	2	3
6	서序	7	8	10
7	제사題辭	1		
8	기記	21	3	17
9	발跋	1		1
10	논論	4		4
11	설說	1		1
12	농설農說(과농소초안설課農小抄按說)	21		21
13	제문祭文	3		3
14	애사哀詞	2		2

10　金澤榮, 『韶濩堂文集定本』 권8, 459a, 「雜言十」. "又久則流爲報舘之稗文, 韓蘇正脉, 遂如大風吹物, 一往于廣漠之空際, 而不知其何時復返也."

15	묘갈명墓碣銘	8	1	6
16	묘지명墓誌銘	4	1	5
17	신도비명神道碑銘	1		1
18	행장行狀		1	1
19	전傳			1
20	서사書事		1	1
21	탑명塔銘	1		
22	사장事狀	1		
23	척독尺牘	29		17
24	잡저雜著	2		
25	문답問答		1	
26	열하일기		8(절록)	
계		150(20체)	28(9체)	124(20체)
		176(25체)		

　〈표 2〉에서 보듯이 김택영이 편찬한 『연암집』에는 150편이 20유형으로 나뉘어 수록되어 있고, 『연암속집』에는 28편이 9유형으로 나뉘어 수록되어 있다. 그가 이 두 문집에서 제시한 문체는 『연암집』 20유형과 『연암속집』에서 새로 추가한 소疏, 행장行狀, 서사書事, 문답問答, 『열하일기』 등 5유형을 합하여 모두 25유형이다. 이 두 책에서 문체와 관련하여 주요 특징을 살펴보면 다음과 같다. 첫째, 『열하일기』의 「산장잡기」에 수록된 「환희기」의 원문 앞에 연암이 써놓은 글을 절록하고, 이를 『연암집』에 「환희기제사幻戲記題辭」라고 이름을 붙여 수록하였다. 둘째, 『열하일기』의 「옥갑야화」에 수록된 「허생전」과 「관내정사」에 수록된 「호질」 앞에 연암이 써놓은 글을 절록하고, 이 두 편을 『연암집』에 「허생전」과 「서호질문후書虎叱文後」라고 이름을 붙여 수록하였다. 셋째, 『과농소초』 각 편의 끝에 '신박지원왈臣朴趾源曰'로 시작되는 21편의 글을 절록하고, 이를 『연암집』에 '안설按說'이라고 이름을 붙여 수록하였다. 넷째, 『연상각선본』(2)의 「답임형오론원도서答任亨五論原道書」 아래에 '임생문왈任生問曰'로 시작되는 글을 절록하고, 이를 『연암속집』에 「임생문답任生問答」이라고 이름을 붙여 수록하였다. 다섯째, 『열하일기』 24편 중 뒤에 수록된 17권에서 더욱 긴요하고 전아하

다고 생각되는 8권의 일부 내용을 절록하고, 이를 『연암속집』에 각각의 편명을 붙여 수록하였다.[11]

한편 김택영이 간행한 『중편연암집』에는 20유형 124편의 작품이 수록되어 있는데, 이는 앞서 간행한 두 책에서 5유형 54편의 작품이 축소된 것이다. 이 책에는 제사題辭, 탑명塔銘, 사장事狀, 잡저雜著, 문답問答, 일기日記 등 6유형이 제외되어 있고, 전傳이 새로 추가되어 있다. 이 책에서 문체와 관련하여 주요 특징을 살펴보면 다음과 같다. 첫째, 『연암집』에서 제사題辭에 수록한 「환희기제사幻戲記題辭」를 『중편연암집』에서는 「환희기서幻戲記序」라고 이름으로 서序에 수록하였다. 둘째, 『연암집』에서 탑명塔銘과 사장事狀에 수록된 「주공탑명麈公塔銘」과 「김유인사장金孺人事狀」, 『연암속집』에서 문답에 수록한 「임생문답任生問答」 등 3편을 『중편연암집』에서는 모두 수록하지 않았다. 셋째, 『연암집』에서 잡저雜著에 수록한 「허생전」을 『중편연암집』에서는 전傳에 수록하고, 「호질」은 「호질발虎叱跋」이라고 이름을 고쳐 발跋에 수록하였다. 넷째, 『연암속집』에서 『열하일기』에 수록한 8편을 『중편연암집』에서는 모두 수록하지 않았다.

위와 같은 내용을 종합해 볼 때, 그는 『연암집』과 『연암속집』을 합하여 『중편연암집』을 간행하면서 산문 문체에 대한 인식이 한층 강화된 것으로 생각된다.[12] 다만 그가 『연암집』과 『중편연암집』에서 농설農說에 수록된 21편은 산문 문체로 보기 어려운 연암의 '안설按說'을 수록한 것이 눈길을 끈다. 이에 대해 그는 연암이 남공철에게 보낸 편지를 수록하고 쓴 후지後識에서 위의 글들은 정조가 연암에게 순정醇正한 문장을 지어 『열하일기』를 대속代贖하라는 명에 의해 지은 것[13]이라고 하였다. 이로 보아 이 글들이 순정한 문장의 전형으로 보고, 이를 별도의 유형에 수록한 것으로 생각된다.

---

11 金澤榮 編, 『燕巖續集』 권1, 장1b, 「熱河日記後識」. "其外十七卷幾盡可傳, 而力詘不可爲, 故今故就其中, 擇其尤要雅者八卷, 署更去取."

12 김택영이 『연암집』과 『연암속집』에서 제시한 雜著, 問答, 日記 등은 姚鼐가 『古文辭類纂』에서 論辨類, 序跋類 등 모두 13종으로 분류한 산문 문체에 속하지 않는 유형이다.

13 金澤榮 編, 『燕巖續集』 권6, 장21b~장22a, 「答南直閣公轍書後識」. "汝寄書趾源, 以告予意. 若速著一部醇正之文, 以贖日記之罪, 則惟南行文任, 予豈惜之. 否則當有重罪. 於是南以書通, 而先生有是答. 後因綸音, 進農書以贖焉."

2) 원문의 교정과 산삭

앞서 살폈듯이 김택영은 3종의 『연암집』을 편찬하면서 패관소설의 문체로 생각되는 저작을 수록하지 않았다. 이뿐만이 아니다. 그는 3종의 『연암집』에 수록한 작품들도 자신의 고문관에 기초해 잘못된 글자를 교정하거나 순정하지 못한 내용을 삭제하였다. 이는 그가 삼종형 박명원朴明源(1725~1790)의 묘지명을 수록하면서 일부 글자와 문장을 교정한 것을 통해 알 수 있다.

〈표 3〉 박영철본과 김택영본의 「충희공묘지명(忠僖公墓誌銘)」 원문 비교

박영철본	김택영본	
	燕巖集	重編燕巖集
早承殊遇于莊獻世子, ①常默審艱虞, ②公暨貴主, 外內協贊, 竭誠調護, 而事在宮闈, 莫有知者. 主旣早世, 公之耿耿孤忠, ③[ ]獨記在聖衷, 而不忍詳宣, 屢致意④于侑主之文, 於是⑤[ ]知公有翊輔大功. 有微問⑥公者, 公默然良久曰: 感泣天恩. 及公備陳⑦舊園四害, ⑧上叶天心, 下洽輿情. 爰奉吉兆, 永鞏邦基, 則公之爲先世子未卒之忠, 庶幾畢願于斯役矣. 方是時, 聖上視爲恩人, 國中信若蓍龜. ⑨而公之疾病浸㞃, 幾絶粒食⑩將數歲. 然猶能相地董工. 每一聞命, ⑪必迅往遄返, 罔恤顧仆, 其憂勤王事, 至死方休者, 蓋亦天性所然也.[14]	早承殊遇于莊獻世子, ①常默審艱虞, ②公暨貴主, 外內協贊, 竭誠調護, 而事在宮闈, 莫有知者. 主旣早世, 公之耿耿孤忠, ③[ ]獨記在聖衷, 而不忍詳宣, 屢致意④于侑主之文, 於是⑤人始知公有翊輔大功. 有微問⑥[ ]者, 公默然良久曰: 感泣天恩. 及公備陳⑦舊園四害, ⑧上叶天心, 下洽輿情. 爰奉吉兆, 永鞏邦基, 則公之爲先世子未卒之忠, 庶幾畢願于斯役矣. 方是時, 聖上視爲恩人, 國中信若蓍龜. ⑨而公之疾病浸劇, 幾絶粒食⑩將數歲. 然猶能相地董工. 每一聞命, ⑪必迅往遄返, 罔恤顧仆, 其憂勤王事, 至死方休者, 蓋亦天性所然也.[15]	早承殊遇于莊獻世子, ①世子之在艱虞, ②與貴主, 外內協贊, 竭誠調護, 而事在宮闈, 莫有知者. 主旣早世, 公之耿耿孤忠, ③上獨記在[ ]衷, 而不忍詳宣, 屢致意④於侑主之文, 於是⑤人始知公有翊輔大功. 有微問⑥公者, 公默然良久曰: 感泣天恩. 及公備陳⑦永祐園四害, ⑧請奉吉兆, 上視爲恩人, 委以其事. 方是時, ⑨公以疾病, 幾絶粒食⑩者數歲. 然猶能相地董工. 每一聞命, ⑪[ ]迅往遄返, 罔恤顧仆, 其憂勤王事, 至死方休者, 蓋亦天性所然也.[16]

---

14 朴趾源(1), 『燕巖集』권3, 『孔雀館文稿』, 장56b~장57a, 「三從兄綏祿大夫錦城尉兼贈五衛都總府都總管諡忠僖公墓誌銘」.
15 金澤榮 編, 『燕巖集』권5, 장6b~장7a, 「三從兄綏祿大夫錦城尉兼贈五衛都總府都總管諡忠僖公墓誌銘」.
16 金澤榮 編, 『重編燕巖集』권6, 장26b, 「三從兄綏祿大夫錦城尉兼贈五衛都總府都總管諡忠僖公墓誌銘」.

박명원은 영조의 3녀인 화평옹주和平翁主에게 장가들어 금성위錦城尉에 봉해진 인물이다. 박지원은 1780년에 진하절사進賀使節 정사正使로 북경에 간 그를 수행해 북경과 열하 지역을 여행하고 돌아왔을 정도로, 평소 주인공과 각별한 관계가 있었다. <표 3>의 내용은 영조의 부마였던 박명원이 그의 처형 장헌세자와 영조를 성심을 다해 모신 사실을 서술한 것이다. 김택영은 『연암집』과 『중편연암집』에 이를 수록하면서 모두 12회에 걸쳐 교정하였는데, 특히 그 내용이 2016년에 중국에서 간행한 『중편연암집』에 집중되어 있어 눈길을 끈다. 그가 1900년에 국내에서 간행한 『연암집』에는 ⑤에서 '인人' 자를 추가하고, ⑥에서 '공公' 자를 삭제하거나, ⑨에서 '극欰' 자를 '극劇' 자로 고치는 등 모두 3회에 걸쳐 일부 글자를 수정한 것에 불과하다.

　　위와 달리 『중편연암집』에는 모두 9회에 걸쳐 교정이 진행되었다. 첫째, ②에서 '공기公曁'를 '여輿' 자로, ④에서 '우于' 자를 '어於' 자로, ⑦에서 '구원舊園'을 '영우원永祐園'으로, ⑩에서 '장將' 자를 '자者' 자로 바꾸고, ⑨에서 '침극浸劇'을 삭제하였다. 둘째, ①에서 박명원이 장헌세자에게 닥친 곤란과 우환을 '항상 말없이 살폈다[常默審]'는 내용에서 '상묵심常默審'을 '세자지재世子之在'로 바꾸었다. 셋째, ③에서 영조에 대한 호칭을 '성聖'에서 '상上'으로 고치고, ⑪에서 박명원이 "왕명에 반드시 신속히 왕래했다."[每一聞命, 必迅往遄返]고 한 문장에서 '필必' 자를 삭제하였다. 넷째, ⑧에서 '박명원이 임금의 뜻과 여론에 따라 장헌세자의 장지 이전을 주관하여 임금과 사람들의 신뢰를 얻게 되었다.'는 내용으로 이루어진 50자의 문장을 13자로 대폭 수정하여, "좋은 묘자리를 청하여 임금이 은인으로 여겨 그 일을 맡겼다."[請奉吉兆, 上視爲恩人, 委以其事.]라고 하였다. 이로 보아 그는 조선 왕실의 존엄과 관련된 내용에 대폭으로 수정을 가한 것으로 생각된다.

　　위와 같은 <표 3>의 내용 외에 김택영은 박지원이 「거창현오신사기居昌縣五愼祠記」에서 영조가 즉위 12년에 거창현에서 신씨愼氏 성을 가진 5명의 아전을 기려 세운 오신사五愼祠에 윤음을 선포해 이들이 선왕 때에 반란을 격퇴한 충의를 기린 내용을 모두 삭제하였다.[17]

17　박지원(1), 『燕巖集』 권1, 장24b, 「居昌縣五愼祠記」. "洪惟我聖上御極之十有二年, 曆紀重回, 宸感倍激, 追先朝戡亂之烈, 茂當日禦侮之績, 誕宣寶綸, 渙諭方域, 風輝日曧, 動蕩燀爀, 無遠不邇, 無微不顯, 旌陛褒錄之典, 至及於

위와 같이 그가 조선 왕실의 통치 행위를 폄하시킬 목적으로 원문을 고치거나 삭제한 데에는 조선 왕조에 대한 그의 역사인식이 자리하고 있다. 전 장에서 살펴보았듯이 그는 1913년에 조선의 역사를 기록한 『한사경韓史綮』을 편찬하고, 1918년에 이 책의 일부 내용을 수정하여 간행하였다. 그는 이 책에서 문文과 질質이 조화를 이루어 양한兩漢과 삼대三代의 정치를 완성한 고려로 회귀하려는 복고적 역사인식에 입각하여, 건국에서 망국에 이르기까지 조선 역대 왕들의 실정과 붕당정치의 폐해를 집중적으로 비판함으로써, 위화도 회군에서 시작된 조선 왕조의 정통성은 물론 이를 근간으로 500년 동안 유지된 통치 질서의 합법성까지 흔들어 놓았다. <표 3>의 내용에서 보듯이 김택영이 영조의 통치 행위를 대폭 축소해 놓은 것은 위와 같이 조선 왕조의 정통성을 부정하는 역사인식이 반영된 결과이다. 이뿐만이 아니다. 그는 다음과 같이 『중편연암집』을 편찬하면서 순정하지 못하다고 생각하는 문장을 모두 삭제하였다.

〈표 4〉 김택영본 『연암집』의 원문 삭제 내용

작품명	朴榮喆本	金澤榮本		
		燕巖集	燕巖續集	重編燕巖集
答洪德保書	①古人所謂, 動輒得謗, 名亦隨之, 殆亦虛語. 纔得寸名, 已招尺謗, 好名者, 老當自知.[18]	삭제		삭제
	②念兄於友朋一事, 知有血性, 而至於九峯諸人, 天涯地角, 間關寄書, 可謂千古奇事. 廓此生此世, 不可復逢, 則無異夢境, 實鮮眞趣, 庶幾一見於方域之中, 無相閼諱, 亦不難千里命駕, 未知吾兄亦未之有見耶. 抑斷此念於胷中否也.[19]	삭제		삭제
安義縣廟壇神宇記	③其社稷山川城隍馬祖國殤廝燎望壇壝之靈, 果皆勿勿焉歆之而不吐歟.[20]	좌동[21]		삭제
族孫贈弘文正字朴君墓誌銘	④雖以公之早貴, 視其擁笏垂紳, 周旋乎廊廟之間, 有足自驗其家風也. 然而世或不識我家品性之如此, 而與人少款曲, 則頗疑其簡傲, 酬事多疎略, 則反歸之矯亢, 擧謂潘南之朴無挾而自驕也.[22]		삭제	삭제

下邑匹庶之家, 猗歟盛哉."

〈표 4〉에서 보듯이 ①과 ②는 1778년 연암이 가족을 이끌고 황해도 금천金川의 연암협燕巖峽에 거주할 때에 홍대용에게 보낸 편지의 한 부분이다. 연암은 ①에서 당시 자신이 한 치의 명성만 얻어도 벌써 한 자의 비방이 따른다고 말하고, 한유가 「진학해」에서 "걸핏하면 곧 비방을 당하지만, 명성 또한 따라온다[動而得謗, 名亦隨之]."라고 한 것은 '헛된 말[虛語]'이라고 말하였다. 이어 그는 ②에서 중국 강남 지역의 학자 구봉九峯 등이 홍대용과 편지를 주고받는 것을 '천고의 기이한 일[千古奇事]'로 보고, 이를 가리켜 '꿈속과 다를 것이 없어 실로 진정한 정취는 드물다[無異夢境, 實鮮眞趣].'고 하였다. 『연암집』과 『중편연암집』에는 ①과 ②가 모두 삭제되어 있다. ③은 연암이 안의현감으로 재임하면서 여제厲祭를 지내는 제단[厲壇]에 신을 모시는 집[神宇]를 세우고 나서 지은 기문記文의 일부이다. 연암은 이 글에서 국가의 제사 의식을 엄중하게 행하여 사직, 산천 등에 깃든 신령들이 모두 '흠향하여 제사 음식을 내뱉지 않도록 해야 한다[勿勿焉歆之而不吐].'고 말하였다. ③은 『연암집』에는 수록되어 있으나 『중편연암집』에는 삭제되어 있다. ④는 연암이 홍문관정자弘文館正字로 추증된 박수수朴綏壽를 위해 쓴 묘지명의 일부이다. 연암은 ④에서 당시 세상에서 반남 박씨들이 '오만하다고 의심을 받거나[疑其簡傲]', '도리어 뻣뻣하다고 탓하고[反歸之矯亢]', '배경도 없으면서 제멋대로 교만하다고[無挾而自驕]'고 말했는데, 이것은 『연암집』과 『중편연암집』에 모두 삭제되어 있다.
　학계에 따르면 김택영이 3종의 『연암집』을 간행하기 이전에 연암 저작을 필사하는 과정에서 사람들에 의해 연암 저작의 내용이 손질된 경우는 크게 세 가지이다. 첫째, 양반으로서의 체모에 크게 구애되지 않는 연암 자신의 소탈한 언동을 솔직히 드러낸 부분들이다. 둘째, 서양 문물이나 오랑캐인 청에 대해 편견 없이 기술함으로써 당시 조선의 반서학·반청 풍조에 저촉될 우려가 있는 내용이다. 셋째, 문체면에서 과도하게 해학적이거나 자잘한 표현들, 백화체, 조선식 속어투, 패관소설적인 표현들이다.[23]

18　朴趾源(1), 『燕巖集』 권3, 장34b, 「答洪德保書」第二.
19　朴趾源(1), 『燕巖集』 권3, 장35a, 「答洪德保書」第二.
20　朴趾源(1), 『燕巖集』 권1, 장16b, 「安義縣厲壇神宇記」.
21　金澤榮 편, 『燕巖集』 권3, 장26a, 「安義縣厲壇神宇記」.
22　朴趾源(1), 『燕巖集』 권2, 장44a, 「族孫贈弘文正字朴君墓誌銘」.
23　김명호(1990), 44~47면.

〈표 4〉에서 보듯이 김택영은 ①에서 한유가 한말에 대해 '허어虛語'라고 말하거나 ②에서 홍덕보가 중국 문인들과 편지를 왕래한 것에 대해 "무이몽경無異夢境, 실선진취實鮮眞趣."라고 표현한 것은 패관소설적인 문체에 가깝다고 보고, 이를 삭제한 것으로 생각된다. 또한 그는 ③에서 사직과 산천 등과 같은 신의 행위에 대해 "물물언흠지이불토勿勿焉歆之而不吐."라고 묘사한 것은 과도하게 해학적인 표현으로 보고, 이를 삭제한 것으로 생각된다. 그리고 그는 ④에서 연암이 박남 박씨의 언행에 대한 세인의 평가를 언급하면서 '의기간오疑其簡傲', '반귀지교항反歸之矯亢', '무협이자교無挾而自驕' 등으로 묘사한 것은 양반으로서의 체면을 손상하는 패관소설적인 문체에 가깝다고 보고, 이를 삭제한 것으로 생각된다.

3. 연암 산문의 비평 양상

1) 풍격론 : 중체의 구사

김택영은 『중편연암집』을 편찬하고 쓴 서문에서 연암은 청나라 중기에 살면서 선진과 사마천은 물론 한유와 소식의 고문을 자유롭게 구사하였고, 풍격 또한 장웅壯雄·굉거閎鉅하고 우유優遊·한가閑暇하여 높이 천년의 위에서 내려 보고 있어, 우리나라의 문장가에서는 찾을 수 없다[24]고 하였다. 위와 같이 그는 연암이 선진, 양한, 당송으로 이어지는 중국 역대 고문을 자유롭게 구사했을 뿐만 아니라, 연암 작품에 나타난 풍격 또한 역대 고문의 풍격을 아우르고 있다고 생각하였다. 이는 그가 이 책을 편찬하면서 연암의 문장을 선진, 양한, 당송의 고문가와 작품에 견주어 말하거나, 그의 작품에 나타난 풍격을 1자, 2자 4자로 이루어진 용어로 제시한 것을 통해 확인할 수 있다. 이를 구체적으로 알아보기 위해 『중편연암집』

---

[24] 金澤榮 編, 『重編燕巖集』 권1, 장1a, 「重編燕巖集原序」. "夫何朴燕岩先生者, 其生也在淸之中世, 而其文欲爲先秦則斯爲先秦, 欲爲遷則斯爲遷, 欲爲愈與軾則斯爲愈與軾, 壯雄閎鉅, 優遊閑暇, 傑然睥睨于千載之上, 而爲東邦諸家之所未有也."

에서 연암 작품의 풍격을 언급한 내용을 제시하면 다음과 같다.

〈표 5〉『연암집』의 풍격 비평 내용

문체	작품명	비평 내용
詩	叢石亭觀日出	以下古詩皆①沈著奇健, 逼(1)昌黎
表	進課農小抄表	出課農小抄○①樸
疏	代慶尙監司自劾疏	措詞難處, ①極婉極切, 可知先生深於(2)陸宣公奏議. 又曰, 世且知先生之文之大, 而不知先生之文之②纖則不可.
疏	擬請疏通庶孼疏	②明確
議	限民名田議	出課農小抄○②鋸麗雄厚, 千古大議論大文章○論兵以下數轉, 如江河千里一曲, 濤聲震天.
書	答洪德保書	似(1)漢魏間文
書	答南直公閤轍書	此爲免罪而作, 故强爲③姸麗卑近之文, 以中人主之好尙.
書	答任亨五論原道書	此篇論道, 多有③精鬪, 隱然駁王氏致良知之說, 而文又④瑰偉, 追(2)先秦. 眞知實踐節, 似(3)楞嚴經.
序	柳氏圖書譜序	③奇. 秦皇一節不道及二世而亡, 卽(4)太史公含蓄法.
序	會友錄序	⑤俊茂
序	贈白永叔入麒麟峽序	⑥悲壯. 高阜句以下, 皆述永叔之事, 與篇末壯其志句相應.
序	自笑集序	⑦瀾永
序	綠鸚鵡經序	此篇雜用(5)道(6)釋家文體, 雖⑧奇奇怪怪, 不由正軌, 而亦可知大筆之無所不可, 大家之無所不有.
序	幻戲記序	出熱河日記○篇末用古語加厲之, 便成④奇文.
序	黃敎問答序	出熱河日記○⑤辯
序	洪範羽翼序	旨義旣⑥新, 而文亦⑨古健, 相稱其云塾師, 豈榮木公也. 抑欲避世謗, 而假借塾師也.
序	海印寺唱酬詩序	文極⑩佳永, 而中含箴規, 亦可見先生不屈勢威之氣槩.
記	貂裘記	⑪旣典旣雅, ⑫亦沈亦鬱, 韓代記尤庵事者何限, 而皆無及此者. 此爲先生二十八歲作.
記	素玩亭記	⑦妙
記	以存堂記	劉伯倫一轉, 文⑧活旨⑨新, 而篇末說禮處, 運筆亦⑩奇, 絶無訓詰之氣.
記	髮僧菴記	刻名求傳, 不如得奇文以傳, 故極論刻名之事, 以爲千里之烟波,

		以終匯于請記一節, 詞采⑬飛舞, 音節⑭嗢薑, 直是(7)蘇長公文字, 滑稽之餘技也.
	蟬橘堂記	此爲李德懋作○純是(8)楞嚴經.
	一夜九渡河記	出熱河日記○主意在耳, 無河聲, 故先將河聲, 極敍極論. 又曰: 一敍一論, 將斷將續, 繼橫錯落, 如游龍之不可捉, 而中間倒敍河出處, 尤⑪奇.
	象記	出熱河日記○此篇以氣之用事, 參差萬變, 難悉理解, 假象而極論之, 遂成一雄辯之⑫奇文,
	安義縣社稷壇神宇記	文極⑮豐茂, 而中間敍祈穀處, 大類(9)南海神廟碑.
	安義縣縣司祀郭侯記	⑯典茂
	咸陽郡學士樓記	⑬韻
	安義縣厲壇神宇記	此篇不惟文之⑰沉健, 而說禮⑱精透, 能發前儒之所未發. 篇中着而况二字者五, 亦(3)西漢以上多用, 故字之餘法.
	居昌縣五愼祠記	此文一洩吏胥千古之寃氣, 其④沉着痛快, 如伸鐵鉤索, 如騁千里馬, 殆欲軼⑽昌黎而過之.
	孔雀館記	先生文雜用駢儷者, 至此爲數處, 亦一宏肆不拘之義趣, 而色光論處, ⑤要眇玲瓏, 似⑾莊似⑿佛, 盡是文章之⑭妙.
	咸陽郡興學齋記	翻案旣⑮奇, 而其下結撰, 亦極⑲佳妙.
跋	虎叱跋	出熱河日記○⑥典雅老豪. 天命論處, 轉旋, 大有手段.
論	玉璽論	此篇始以道寶二字作兩層, 因而一敍一論, 一唱一歎, 首尾總爲六層, 大類⒀鄒陽獄中書之奇品.
	名論	字字⑳典重, 根柢六經, 遠似(4)西京, 近似⒁曾子固. 初列萬物·五倫·賞善·懲惡四條, 而歸趣終結於善惡.
	伯夷論上	㉑磊磊落落, 千變萬化, 忽正忽倒, 忽呑忽吐, ⒂太史以後, 曾有此韻調否.
說	車制說	出熱河日記○⑯騁
	課農小抄按說	出課農小抄○觀此諸說, 可知先生精邃於經濟, 而亦可知其兼長於經世之文. 又曰此文至醇至暢, 洵一農經也, 而於㉒醇暢之中, 亦未嘗無㉓豪俊氣味.
祭文	祭榮木堂李公文	以下祭文三篇, 皆⑦夷雅淸切○此爲先生十九歲作, 卽文錄之始也.
哀辭	李夢直哀辭	議論㉔透正, 詞尤絶⑰奇. 又曰: 哀壯士之戰死者, 實哀夢直之虛死於非命也. 何等力量, 何等含蓄.
	兪景集哀辭	序與辭俱皆⑧滲淡委曲, 愈深愈⑱奇.
墓碣銘	孝子贈司憲府持平尹君墓	銘甚⑲佳

	碣銘	
	梁護軍墓碣銘	合(16)太史(17)昌黎而成之
	雲峯縣監崔君墓碣銘	銘特㉕古勁
	李處士墓碣銘	上半似(18)昌黎, 下半似(19)左氏.
	孝子贈司憲府持平芮君墓碣銘	此文不過敍平常之孝行, 而篇首能大起波瀾, 而立千古㉖極新極正之論, 而銘亦㉗古雅可讀.
墓誌銘	伯嫂恭人李氏墓誌銘	將枯題爲⑳腴文, ⑨淋漓頓挫, 是何手段.
	三從兄綏祿大夫錦城尉兼贈五衛都總府都總管諡忠僖公墓誌銘	一篇⑩典重眞摯, 而至賜車以下二節, 忽露㉑奇調, 以動盪之.
	族孫贈弘文正字朴君墓誌銘	敍事如㉒畫, 銘又有㉓古色.
傳	許生傳	出熱河日記○似稗而㉔正, 似平而㉕峻, 似今而㉖古, 彼不得⑳太史之氣, 而欲爲太史之文者, 讀此, 宜自失矣.
尺牘	與稚圭	此是效(21)左氏之文.
	與仲觀	此亦效(22)左氏文.
	答某	似(23)莊子.

 <표 5>에서 보듯이 김택영이 연암 작품의 풍격을 언급한 작품은 『중편연암집』에 수록된 124편 중 모두 52편이다. 그 내용은 연암 작품을 작가(작품)나 시대를 비교한 것과 연암 작품의 풍격을 밝힌 것으로 구분된다. 전자는 모두 27회에 달하는데, 그중 작가(작품)에 비교한 것으로는 한유(5회), 사마천(4회), 불경佛經(4회), 장자(3회), 좌씨(3회), 육지陸贄, 소식蘇軾, 추양鄒陽, 증공曾鞏(이상 1회) 등 9명의 작가(작품) 23회가 있고, 시대에 비교한 것으로는 한위漢魏(3회), 선진先秦(1회) 등 4회가 있다. 후자는 모두 63회에 달하는데, 그중 1자로 평한 것으로는 기奇(9회), 묘妙(2회), 신新(2회), 고古(2회), 박樸, 섬纖, 변辯, 활活, 운韻, 빙騁, 가佳, 유腴, 화畵, 정正, 준峻(이상 1회) 등 모두 15자 26회가 있고, 2자로 평한 것으로는 완절婉切, 명확明確, 정벽精闢, 괴위瑰偉 등 모두 27회가 있으며, 4자로 평한 것으로는 침저기건沈著奇健, 거려웅후鋸麗雄厚, 연려비근姸麗卑近 등 모두 10회가 있다.

 <표 5>에서 김택영은 연암 작품의 풍격과 관련된 평어를 달면서 박樸(「진과농소초표進課農小抄表」), 명확明確(「의청소통서얼소擬請疏通庶孼疏」), 침저기건沈著奇健(「총석정관일출叢石亭觀日出」)

등과 같이 주로 풍격 용어만 제시하였다. 그러나 그는 간혹 해당 풍격 용어에 대한 설명을 추가하고, 해당 원문에 권圈[○]과 방점傍點[◐]을 찍어놓았는데, 이를 구체적으로 알아보기 위해 그가 「증백영숙입기린협서贈白永叔入麒麟峽序」에 붙인 평어와 방점傍點[◐]을 제시하면 다음과 같다.

〈표 6〉「증백영숙입기린협서(贈白永叔入麒麟峽序)」의 평어와 비점 내용

평어	悲壯. 高阜句以下, 皆述永叔之事, 與篇末壯其志句相應.
원문	1단락: 永叔將家子. 其先有以忠死國者, 至今士大夫悲之. 永叔工篆隷, 嫻掌故, 年少善騎射, 中武擧. 雖爵祿拘於時命, 其忠君死國之志, 有足以繼其祖烈, 而不媿其士大夫也. 嗟呼. 永叔胡爲乎盡室穢貊之鄕.
	2단락: 永叔嘗爲我, 相居於金川之燕巖峽, 山深路阻, 終日行不逢一人. 相與立馬於蘆葦之中, ①以◐鞭◐區◐其◐高◐阜◐曰: 彼◐可◐籬◐而◐桑◐也◐, 火◐葦◐而◐田◐, 歲◐可◐粟◐千◐石◐. 試◐敲◐鐵◐因◐風◐縱◐火◐, 雉◐格◐格◐驚◐飛◐, 小◐麕◐逸◐於◐前◐. 奮◐臂◐追◐之◐, 隔◐溪◐而◐還◐. 仍相視而笑曰: 人生不百年, 安能鬱鬱木石居食粟雉兎者爲哉.
	3단락: 今永叔將居麒麟也, ②負○犢○而○入○, 長○而○耕○之○, 食無鹽豉, 沈櫨梨而爲醬. 其險阻僻遠, 於燕巖豈可比而同之哉.
	4단락: 顧余徊徨歧路間, 未能決去就, 况敢止永叔之去乎. 吾壯其志, 而不悲其窮.[25]

('◐' 표기는 목판본에 방점傍點이 찍혀 있는 곳이고, '○' 표기는 목판본에 권圈이 찍혀 있는 곳임)

〈표 6〉에서 보듯이 박지원이 쓴 「증백영숙입기린협서」는 백동수白東修(1743~1816)가 가족을 데리고 기린협[현재 강원도 인제군 기린면]으로 이주하고자 떠날 때 쓴 것이다. 백동수는 평안도 병마절도사를 지낸 백시구白時耈(1649~1722)[26]의 서자인 백상화白尙華의 손자이다. 그는 전서와 예서를 잘 쓰고 전장典章과 제도를 잘 알았고, 젊은 나이에 말을 잘 타고 활을 잘 쏘아 무과에 급제하였다. 박지원은 이 글에서 백동수가 나라에 크게 쓰일 능력을 지녔으나, 서얼이라는 한계로 인해 오랜 낙백落魄 생활 끝에 강원도 산골짜기로 이주하게 된 것에 대해 비통한 심경을 토로하였다. 이 글은 의미상 네 개의 단락으로 나누어진다. 먼저 1단락에

---

25 金澤榮 편, 『重編燕巖集』 권3, 장8b~장9a, 「贈白永叔入麒麟峽序」.
26 白時耈는 노론 대신 金昌集의 죄를 실토하라는 것을 거부했다가 고문을 당한 끝에 죽었으며 사후에 가산을 몰수당했다.(金鍾秀, 『夢梧集』 권6, 562면, 「平安道兵馬節度使贈戶曹判書謚忠壯白公神道碑銘」)

서 백동수가 선조의 공렬을 이을 수 있는 국가의 동량이 될 인물임을 말하고, 2단락에서 연암이 1771년(영조 47)에 과거를 폐한 뒤 은거할 장소를 찾아 백동수와 함께 황해도 금천군의 연암협을 답사했던 일을 서술하였다. 이어 3단락에서 백동수가 이주하게 될 기린협에서의 생활이 험조險阻하고 벽원僻遠함이 자신이 거처하고 있는 연암협과는 비교할 수 없을 것이라고 말하고, 4단락에서 출처의 갈림길에서 거취를 정하지 못하는 자신을 돌아보며 백동수의 장한 뜻을 기렸다.

　김택영은 이 작품의 풍격을 비장悲壯으로 제시하였는데, 이는 이 글의 끝에 나오는 "오장기지吾壯其志, 이불비기궁而不悲其窮."과 관련이 있는 것으로 생각된다. 박지원은 이곳에서 산골짜기로 이주를 결심한 백영숙의 뜻을 기리고[壯其志], 기린협에서의 그의 곤궁한 처지를 슬퍼하지 않는다[不悲其窮]고 말하였다. 먼저 그는 ②가 연암이 밝힌 '불비기궁不悲其窮'에서의 궁窮에 해당한다고 보고 이곳에 권圈[ㅇ]을 찍어놓았다. 이는 그가 백동수가 자란 후에 밭을 갈게 하려고 송아지를 짊어지고 기린협으로 들어간 것이 그의 곤궁함을 상징적으로 보여준다고 생각한 데 따른 것이다. 그러나 박지원은 이 글의 중점이 비悲보다는 장壯에 놓여 있는 것으로 생각하였다. 이는 그가 평어에서 '고부高阜' 구 이하는 모두 백동수의 일을 펼친 것으로, 이글의 끝인 '장기지壯其志' 구와 서로 조응한다고 말한 것을 통해 확인할 수 있다. 그가 말한 '고부高阜' 구는 ①에 해당하는데, 이곳은 백동수가 연암협에서 한 행동들이 구체적으로 묘사한 내용으로 되어있다. 당시 그는 높은 언덕에서 채찍을 들어 올려 울을 쳐 뽕나무를 심고 밭을 일굴 장소를 구획하였고, 부시를 쳐서 불을 놓자 놀라 날아가는 꿩과 달아나는 노루 새끼를 보고 팔을 걷고 쫓아가다가 시내에 가로막혀 돌아왔다. 그는 박지원이 위와 같이 백동수가 연암협에서 보여준 거침없는 언행을 가리켜 '장기지壯其志'라고 말한 것으로 보고, 이곳에 傍點[◀]을 찍어놓은 것으로 생각된다.

2) 장법론 : 문세의 변화

　김택영은 『중편연암집』을 편찬하고 쓴 서문에서 연암 문장의 특징을 양자강과 황하의 물에 견주어 설명하였다. 그는 이글에서 연암의 문장이 강하의 물이 천 리를 거침없이 내달리다가 큰 산과 큰 섬을 만나게 되면 거슬러 꺾이고 격렬히 뛰어올라 천지를 진동하는 것 같이 거침이 없다고 하였다. 이어 그는 연암 문장에서 문세가 자연스럽게 형성된 것이 바로 이理라고 말하고, 연암의 문장은 이理에서 기氣를 구하여 강하와 같이 의도함이 없이 자연스럽게 된 것이라고 하였다.[27] 위와 같이 연암의 문장에서 기氣가 성대하게 된 것은 문장이 기승전합 起承轉合의 순서를 지키는 가운데 되짚어 엎거나[反覆] 나오고 들어가[出入] 그 변화를 지극히 하고, 오르내리거나[墜抗] 길고 짧게 하여[長短] 그 형세를 격동시켰기 때문이다.[28] 위와 같이 연암이 글을 지으면서 활용한 장법론을 알아보기 위해 『중편연암집』에서 연암 작품의 풍격을 언급한 내용을 제시하면 다음과 같다.

〈표 7〉 『중편연암집』의 편장법 비평 내용

문체	작품명	비평 내용
議	限民名田議	出課農小抄○鋸麗雄厚, 千古大議論大文章○論兵以下數轉, 如江河千里一曲, 濤聲震天.
序	幻戲記序	出熱河日記○篇末用古語加厲之, 便成①奇文.
記	獨樂齋記	中雜四六, 猶昌黎送李愿序, 而文極馳騁動蕩, 至飮酒一節, 尤有㉠變化.
	髮僧菴記	刻名求傳, 不如得奇文以傳, 故極論刻名之事, 以爲千里之烟波, 以終匯于請記一節, 詞采飛舞, 音節嘵轟, 直是蘇長公文字, 滑稽之餘技也.
	一夜九渡河記	出熱河日記○主意在耳, 無711聲, 故先將河聲, 極叙極論. 又曰: 一叙一論, 將斷將續, 繼橫錯落, 如游龍之不可捉, 而中間倒叙河出處, 尤②奇.
	象記	出熱河日記○此篇以氣之用事, ㉡參差萬變, 難悉理解, 假象而極論之, 遂成一雄辯之③奇文.
	夜出古北口記	出熱河日記○結有風起雲飛之勢.
	孔雀館記	先生文雜用騈儷者, 至此爲數處, 亦一宏肆不拘之義趣, 而色光論處, 要眇玲瓏, 似莊似佛, 說盡文章之Ⓐ妙.
	咸陽郡興學齋記	翻案旣④奇, 而其下結撰, 亦極佳Ⓑ妙.

---

27 金澤榮 編, 『重編燕巖集』 권1, 장1a, 「重編燕巖集原序」. "今夫江河之水千里奔流, 一遇大山大嶼, 則逆折激盪, 震動天地, 此豈有意者耶. 勢自然也. 自然者理也. … 求氣於理而爲此江河之無意者, 燕岩先生也, 如斯而已矣."
28 金澤榮, 『韶濩堂文集定本』 권8, 장11a, 「雜言五」. "求文之氣, 須於起承轉合, 得其序, 反覆出入, 極其變, 墜抗長短, 激其勢, 如此其庶幾矣."

W 跋	虎叱跋	出熱河日記○典雅老豪. 天命論處, 轉旋, 大有手段.
	虎叱	篇首始引他獸以罵虎, 忽復引人而讚虎, 自此以下, 愈出愈⑤奇, 雖其說狂悖不可爲訓, 而文則⑥奇矣.
論	玉璽論	此篇始以道寶二字作兩層, 因而一叙一論, 一唱一歎, 首尾總爲六層, 大類鄒陽獄中書之⑦奇品.
	伯夷論上	磊磊落落, ⓒ千變萬化, 忽正忽倒, 忽吞忽吐, 太史以後, 曾有此韻調否.
	伯夷論下	前篇極錯落, 而此篇極整齊, 有規矩矱, 可見此筆之無所不能.
墓碣銘	孝子贈司憲府持平芮君墓碣銘	此文不過敘平常之孝行, 而篇首能大起波瀾, 而立千古極新極正之論, 而銘亦古雅可讀.
墓誌銘	洪德保墓誌銘	首尾綴中國史, 而中揷已痛一句, 而暗寫己與德保之俱不得於本國者, 而筆勢之風韻ⓔ變化極矣.
	三從兄綏祿大夫錦城尉…諡忠僖公墓誌銘	一篇典重眞摯, 而至賜車以下二節, 忽露⑧奇調, 以動盪之.

<표 7>에서 보듯이 김택영이 연암 문장의 편장법을 말하면서 가장 많이 사용한 평어는 기奇(7회), 묘妙(2회), 변화變化(4회) 등이다. 그 외의 평어 또한 "강하천리일곡江河千里一曲, 도성진천濤聲震天."(「한민명전의限民名田議」)와 같이 연암 문장에서의 기묘奇妙함과 변화變化된 모습을 사물로 형상한 것으로 이루어져 있다. 그는 고문을 설명하는 글에서 문장의 구성 요소로 체體, 법法, 묘妙, 기氣를 들었다. 체體는 전아典雅, 웅혼雄渾, 간엄簡嚴, 화이和夷, 유기幽奇 등과 같은 풍격을 의미하고, 법法은 기起, 승承, 전轉, 합合으로 이어지는 편장篇章의 구성 방법을 말한다. 묘妙는 기승전합起承轉合을 구성하면서 출입出入, 종횡縱橫, 기복起伏, 탐토呑吐, 직곡直曲, 풍영豐嬴, 장단長短, 고하高下 등을 통해 편장篇章의 변화變化를 도모하는 것이고, 기氣는 위와 같은 편장篇章의 운용이 모두 자기 자리를 얻어 문장이 자연스럽게 고탕鼓盪하고, 약취躍驟하며, 취미臭味하고, 신운神韵하게 되는 것을 의미한다.[29] <표 7>에서 보듯이 그가 연암의

---

[29] 金澤榮, 『韶濩堂文集定本』 권1, 장13b~장14a, 「答人論古文書」. "曰體曰法曰妙曰氣, 古人未嘗言之於文, 而後世文人言之以明古人之文. 體者, 或典雅或雄渾, 或簡嚴或和夷, 或幽奇之類之名也. 法者, 章篇之間, 起之承之, 轉之合之之名也. 妙者, 就起承轉合之中, 爲或出或入, 或縱或橫, 或起或伏, 或呑或吐, 或直或曲, 或豐或嬴, 或長或短, 或高或下, 千萬變化之名也. 氣者, 鼓之盪之, 躍之驟之, 臭之味之, 神之韵之之名也."

문장을 평하면서 자주 사용한 기奇, 묘妙, 변화變化는 이와 같은 그의 장법론章法論에 따른 것이다. 그는 연암의 문장이 기승전합起承轉合의 법法을 지키는 가운데 출입出入, 종횡縱橫, 장단長短, 고하高下의 운용을 통해 변화를 구함으로써 강하의 물과 같이 기氣가 성대하게 된 것으로 보았다. 따라서 그는 연암 문장을 비평하면서 주로 기승전합起承轉合으로 구성된 문장에서 자연스럽게 변화를 꾀하여 기세가 성대하게 된 부분을 적시하는 방식으로 진행하였다. 그 예로 그는 "편말篇末에 고어古語를 사용해 더욱 힘쓰게 하여 기문奇文을 이루었다."(「환희기서幻戲記序」)이라고 하거나, "음주飮酒 일절一節은 더욱 변화變化가 있다."(「독락재기獨樂齋記」)라고 말한 것을 들 수 있다. 이를 구체적으로 알아보기 위해 그가 「이존당기以存堂記」에 붙인 평어와 원문에 붙여놓은 방점傍點을 제시하면 다음과 같다.

〈표 8〉「이존당기(以存堂記)」의 평어와 비점 내용

평어	劉伯倫一轉, 文活旨新, 而篇末說禮處, 運筆亦奇, 絶無訓詁之氣.
원문	1단락: 進士張仲擧, 魁傑人也. 身長八尺餘, 落落有氣岸, 不拘小節, 性嗜酒自豪, 乘醉多口語失, 以故鄕里厭苦之, 目之以狂生, 謗議溢於朋曺間. 有欲以危法中之者, 仲擧亦自悔焉曰: 我其不容於世乎. 思所以避謗遠害之道, 掃一室, 閉戶下簾而居, 大書以存而顔其堂. 易曰: 龍蛇之蟄, 以存身, 蓋取諸斯也. 一朝謝其所從飮酒徒曰: 子姑去, 吾將以存吾身. 2단락: 余聞而大笑曰: 仲擧存身之術止此, 則難乎免矣. 雖以曾子之篤敬, 終身所以服而誦之者何如也. 常若莫保其朝夕, 至死之日, 啓示手足, 始能自幸其全歸, 而況於衆人乎. 一室之推而州里可知也, 州里之推而四海可知也. 夫四海如彼其大也, 自衆人而處之, 殆無容足之地. 一日之中, 自驗其視聽言動, 罔非僥生而倖免爾. 今仲擧懼物之害己也. ①蟄❰于❰密❰室❰, 欲❰以❰自❰存❰, 而❰不❰知❰自❰害❰者❰存❰乎❰其❰身❰, 則❰雖❰息❰跡❰閉❰影❰, 自❰同❰拘❰繫❰, 適❰足❰以❰滋❰人❰惑❰而❰集❰衆❰怒❰也❰. 其於存身之術, 亦疎乎. 3단락: 嗟乎. 古之人, 憂忌畏讒者何限. 類藏於田野, 藏於巖穴, 藏於漁釣, 藏於屠販, 而②巧○於○隱○者○, 多○藏○於○酒○, 如○劉○伯○倫○之○倫○, 可○謂○巧○矣. 然○至○荷○鍤○而○自○隨○, 則○亦○可○謂○拙○於○圖○存○矣. 何○則. 彼○田○野○巖○穴○漁○釣○屠○販○, 皆○待○外○而○藏○者○也, 至○於○酒○昏○冥○沈○酣○, 自○迷○其○性○命○, 遺○形○骸○而○罔○覺○, 顚○溝○壑○而○不○衂○, 又○何○有○乎○烏○鳶○螻○蟻○也○哉○. 是○飮○酒○欲○其○存○身○, 而○荷○鍤○適○以○累○之○也. 今○仲○擧○之○過○在○酒○, 而○猶○不○能○忘○其○身○, 思○所○以○存○之○, 則○謝○客○而○深○居○, 深○居○不○足○以○自○存○, 則○又○妄○自○標○其○號○而○昭○揭○之○, 是○何○異○乎○伯○倫○之○荷○鍤○也○哉○. 4단락: 仲擧悚然爲間曰: 如子之言也, 提吾八尺之軀, 將安所投乎. 余復之曰: 吾能納子之軀於耳孔目竅. 而雖天地之大, 四海之廣, 將無以加其寬博, 子其願藏於此乎. 夫人物之交, 事理之會, 有道存焉, 其名曰禮. 子能克子之身, 如摧大敵, Ⓐ節文於斯, 儀則於斯, Ⓑ非其倫也, 不留於耳, 身之藏

> 也, 恢恢乎有餘地矣. 目之於身亦然, 非其倫也, 不接於目, 身不碍乎睊眦矣. 至於口也亦然, 非其倫也, 不設於口, 身不入乎齲齰矣. 心之於耳目有大焉, 非其倫也, 不動於中, 則ⓒ吾身之全體大用, 固不離乎方寸之間, 而將無往而不存矣. 仲擧揚手曰: 是子③欲○使○我○藏○身○於○身○, 以○不○存○存○也○, 敢不書諸壁以存省焉.[30]

* '◖' 표기는 목판본에 방점傍點이 찍혀 있는 곳이고, '○' 표기는 목판본에 권권圈이 찍혀 있는 곳임.

    <표 8>에서 보듯이 박지원이 쓴「이존당기」는 장중거張仲擧의 방 이름인 이존당以存堂에 쓴 것이다. 이 글은 의미상 네 단락으로 나누어진다. 1단락에서는 장중거가 자신에 대한 비방과 해를 피하려고 술친구를 끊고 몸을 보존하게 된 내력을 설명하였다. 이어 2단락에서는 장중거가 밀실에 칩거하여 자신을 보존하려 한 것은 자신을 해치는 것이 외부에 있는 것이 아니고 자신의 몸속에 있음을 알지 못한 데 따른 행동임을 밝혔다. 김택영은 박지원이 장중거의 잘못된 행동을 지적한 ①에 방점傍點[◖]을 찍어놓았다. 3단락에서는 유령劉伶을 예로 들어 숨는 데 교묘한 자는 술에 몸을 숨기는 것이라고 하고, 장중거가 숨기에 좋은 수단이 되는 술을 떠나 숨으려고 한 것은 어리석은 행동이라고 하였다. 마지막 4단락에서 몸을 보존하는 대안으로 예禮가 있음을 밝히고, 예禮가 아니면 보고 듣고 말하고 마음 쓰지 않게 되면 몸이 어디에 있든지 보존치 못할 것이 없다고 하였다. 김택영은 이 글을 평하면서 "유령劉伶에서 한번 전절轉折하여 문장이 생기 있고[活] 논지가 새로우며[新], 글의 끝에서 예禮를 논한 곳은 운필이 기묘하여 결코 훈고의 기미가 없다."고 말하여, 특히 3단락과 4단락에서 문장이 크게 전절轉折하여 변화한 양상에 주목하였다.
    박지원은 3단락에서 세상을 피해 숨어 사는 것에서 가장 교묘한 것은 술에 몸을 맡기는 것이라고 말하고, 그 이유로 술은 자기도 모르게 본성을 미혹시켜 그 형체를 잊어버린 것도 알지 못한다는 점을 들었다. 이는 장중거가 술을 피해 몸을 보존하려 한 것을 역설적으로 표현하여 문장의 전환을 꾀한 것이다. 이와 같은 그의 참신한 발상은 이에서 그치지 않는다. 그는 교묘하게 술에 몸을 숨은 유령의 행동을 인정하면서도, 삽을 짊어지고 뒤를 따라다니게 한 것을 비판하였다. 곧 그는 유령이 술로 몸을 보존하면서 자기 시체가 구렁텅이에 내버려

---

30 金澤榮 편, 『重編燕巖集』 권3, 장8b~장9a, 「贈白永叔入麒麟峽序」.

지는 것을 걱정하는 것은 모순된 행동임을 지적한 것이다. 이는 긍정에 대한 부정으로 이어지는 일종의 반전을 통해 문장의 전환을 꾀한 것으로 생각된다. 이어 그는 장중거가 술을 멀리하면서 집안 깊이 숨어 살려고 하거나 유령이 술에 몸을 맡기면서 삽을 짊어지게 한 것은, 모두 자신의 몸을 잊지 못하고 몸 보존할 것만을 생각한 것과 같다고 말하여, 장중거의 행위를 유령의 그것과 차이가 없음을 강조하였다. 박지원은 위와 같이 박지원이 3단락에서 (1)술에 대한 일반적 통념을 뛰어넘는 역설 →(2)유령의 행위에 대한 긍정에서 부정으로 이어지는 반전 →(3)장중거와 유령의 행위를 동일시하는 과정을 통하여 진정한 의미의 은둔은 자신의 몸을 잊는 것임을 밝힌 것으로 보고, 문장에 생기가 넘치고[活] 논지가 새롭다[新]는 평과 함께 ②에 권圈[○]을 찍어놓았다.

박지원은 4단락에서 이 글의 주제인 '몸을 보존하는 방법'에 대해 밝히면서, 그 결론으로 ③에서 '내 몸 안에 몸을 숨기고, 몸을 보존하지 않음으로써 보존하게 하는 것[藏身於身, 以不存存.]'이라고 하였다. 이어 그는 그것을 실현하려면 예禮을 바르게 행해야 한다고 하였다. 김택영은 이와 같은 내용으로 되어있는 4단락을 평하여 "예禮를 설명한 곳은 운필運筆이 기묘하여 훈고訓詁의 기미氣味가 전혀 없다."고 하였다. Ⓐ에서 "절문어사節文於斯, 의칙어사儀則於斯."라고 말한 것은 주희가 『논어집주』에서 "예자禮者, 천리지절문天理之節文, 인사지의칙야人事之儀則也."31라고 주석한 것을 고문으로 변용한 것이다. 또한 Ⓑ에서 "비기륜야非其倫也, 불류어이不留於耳.", "비기륜야非其倫也, 불접어목不接於目.", "비기륜야非其倫也, 불설어구不設於口.", "비기륜야非其倫也, 불동어중不動於中."라고 말한 것은 공자가 『논어』에서 '극기복례克己復禮'의 조건으로 제시한 "비례물청非禮勿聽, 비례물시非禮勿視, 비례물언非禮勿言, 비례물동非禮勿動."32을 각각 8자의 문장으로 대체한 것이다. 그리고 Ⓒ에서 "오신지전체대용吾身之全體大用, 고불리호방촌지간固不離乎方寸之間, 이장무왕이불존의而將無往而不存矣."라고 말한 것은 주희가 『대학』의 격물장格物章에서 "오심지전체대용吾心之全體大用, 무불명의

31　朱熹, 『論語集註』 권1, 31면, 「學而」. "有子曰: 禮之用, 和爲貴, 先王之道, 斯爲美. 小大由之."註.
32　朱熹, 『論語集註』 권12, 403~404면, 「顏淵」. "顏淵問仁, 子曰: 克己復禮爲仁. 一日克己復禮, 天下歸仁焉. 爲仁由己, 而由人乎哉. 顏淵曰: "請問其目." 子曰: "非禮勿視, 非禮勿聽, 非禮勿言, 非禮勿動." 顏淵曰: "回雖不敏, 請事斯語矣."

無不明矣."³³라고 보전補傳한 것을 차용하여, 내 마음의 전체全體와 대용大用을 내 몸의 전체와 대용으로 바꾸어놓은 것이다.

전 장에서 살펴보았듯이 김택영은 우리나라에서 고문이 쇠퇴한 이유로 주희가 사용한 주소와 어록의 문체를 들고, 그 예로 이색이 처음 정주학을 창도하여 주소註疏와 어록語錄의 기운이 많은 문장을 지으면서부터 문장이 부솔膚率·이속俚俗·용미冗縻하게 된 것으로 이해하였다. 그는 이와 같은 인식에 따라 연암이 4단락에서 사물장四勿章의 내용을 환상적으로 변화시키고[幻脫] 신령스럽고 기교 있게[霧巧] 하여 묘하게도 선불교의 요지要旨를 얻음으로써,³⁴ 일상적으로 말하는 주소와 어록의 문체가 아닌 순정한 고문이 되게 한 것으로 이해하였다.

4. 맺음말 - 문학사적 의미

김택영은 1900년에 『연암집』을 간행하고 쓴 발문에서 연암의 문장은 선진과 양한에서 송과 명에 이르는 문장을 하나로 만들어 일가를 이루었고, 신라와 고려부터 조선에 이르기까지 옹용雍容하고 순아醇雅한 문장 중에서도 중체를 구비하여 신품神品으로 평가되는 작가는 오직 연암뿐이라고 하였다.³⁵ 또한 그는 1923년에 중국의 고문을 평한 글에서 청나라 말기에 보관報館의 패문稗文이 지어지면서 한유와 소식의 정맥이 끊어졌다³⁶고 하였다. 그가 말한 보관의 패문은 당시 신문에서 사용된 패관소설의 문체를 가리킨다. 연암의 족손族孫인 박남수朴南壽가 연암의 문장이 비록 공교롭기는 하지만 패관기서稗官奇書를 좋아하니 이로부터

---

33   朱熹, 『大學集註章句』, 37면.
34   朴趾源(1), 『燕巖集』 권1, 장14a, 「以存堂記」. "不過是四勿章註脚, 吾儒茶飯說話, 文却幻脫霧巧, 妙得禪旨. 所以不歸於老生常談."
35   金澤榮 編, 『燕巖集』 跋, 장2a~장3a, 「燕巖集跋」. "先生之文, 上溯先秦兩漢, 下逮宋明, 融液彙言, 篤成一家. … 大抵東方之文, 自羅麗以訖本朝, 蓋亦咸取理順, 雍容醇雅, 有似乎地氣使然, 而求其具有衆體, 出神入化, 以合乎藝苑家所謂神品者, 惟先生有焉."
36   金澤榮, 『韶濩堂文集定本』 권8, 459면, 「雜言十」. "又久則流爲報舘之稗文, 韓蘇正脉, 遂如大風吹物, 一往于廣漠之空際, 而不知其何時復返也."

고문이 일어나지 않을까 걱정한 것[37]에서 보듯이, 연암의 문장은 패관체로 인하여 세인들에 의해 지속적으로 주목 받은 것이 사실이다.

위와 같이 김택영이 고문의 정맥을 끊은 주범으로 패관체를 지적했음에도 불구하고, 그가 패관체의 진수를 보여주고 있는 연암의 문장을 한유와 소식의 정맥을 이은 고문의 전형이라고 말하는 데에는 논리상의 괴리가 존재한다. 그가 세 차례에 걸쳐 편찬한 『연암집』에는 이와 같은 논리상의 문제점을 해결하는 데에 초점이 맞추어져 있다. 그 방법의 하나로 그는 연암의 작품을 축소해 수록하거나 일부 작품의 원문을 삭제하였다. 그 결과 그는 『중편연암집』에서 당시까지 전해오던 연암의 작품 321편에서 고문에 해당하는 124편을 수록하였고, 수록된 작품 중에서도 순정하지 못하다고 생각되는 내용을 삭제하였다. 다음으로 그는 연암 작품의 풍격을 밝히고 해당 원문에 비점을 붙여놓았다. 그 결과 그는 『중편연암집』에서 총 52편에 달하는 연암 작품을 대상으로 작가(작품)나 시대를 비교해 평하거나 작품의 풍격을 제시하였고, 해당 원문에 권圈[○]과 방점傍點[●]을 찍어놓았다. 또한 그는 연암 문장을 비평하면서 주로 기승전합으로 구성된 문장에서 자연스럽게 변화를 꾀하여 기세가 성대하게 된 부분에 대해 집중적으로 부각하였다.

위와 같이 김택영이 특정한 목적에 따라 연암 작품을 선정하거나 원문을 삭제해 간행한 『연암집』은 당시 사람들에 의해 적지 않은 비판이 일어났다. 그 한 예로 신채호는 1908년 12월 18일자 『대한매일신보』에 기고한 글에서 『연암집』 3권(『연암집』 6권 2책과 『연암속집』 3권 1책을 가리킴)은 "그 전집이 아니며, 또 그 선택한 것이 그 문자의 교묘한 것만 취하여 한 솥에서 한 조각 저민 고기가 되는 것만도 못한 것"이라고 혹평한 것[38]을 들 수 있다. 이와 같은 그의 비판은 당시의 문체가 한문체에서 국한혼용체로 바뀌는 시기를 맞이하여, 김택영이 패관체로 구사된 연암의 문장을 산삭하는 방식으로 그가 평생에 걸쳐 추구했던 당송고문의 전형으로 바꾸어놓은 데 따른 당연한 결과이다. 그는 공자가 '문왕이 이미 죽었으니, 문이

---

37 南公轍, 『金陵集』 권17, 장30b~장31a, 「朴山如墓誌銘」. "山如謂燕巖曰: 先生文章雖工, 好稗官奇書, 恐自此古文不興."
38 송혁기(2009), 457~458면.

이에 있지 않은가?'라고 말한 것을 들어 문과 도는 하나임을 강조한 것[39]에서 보듯이, 세간의 비판에도 불구하고 그가 3종의 『연암집』을 편찬한 데에는 위와 같이 공자에 의해 구현된 고문의 전범을 구현하여 성인이 이룩한 고도를 회복하려는 복고적 언어관이 자리하고 있다. 우리는 이 책의 내용에 대한 면밀한 분석을 통하여 한유와 소식을 잇는 당송고문가로서의 그의 수준 높은 문학적 안목과 통찰력을 확인하였다. 이와 동시에 우리는 한문학 종장기에 고문을 수단으로 문학 활동을 하였던 문장가의 복고적 문학관을 확인하였다는 점에서 그 의미를 찾을 수 있다.

---

39 金澤榮, 『韶濩堂文集定本』 권6, 장13a, 「書深齋文稿後」. "天下古今之言文章者, 莫詳於孔子. 其曰文王既沒, 文不在茲乎者, 所以言道非文莫形, 而文與道一也."

제17장

김택영의 중국 산문비평과 사상적 지향

1. 머리말

　동아시아에 자리한 한·중·일 3국은 1900년을 전후로 급격한 변화를 겪었다. 1894년에 청일전쟁이 일어나 이듬해 청국이 일본에 패하였고, 1910년에는 대한제국이 일본에 의해 강제로 병합되었다. 이어 1911년에는 중국 무한에서 손문이 혁명을 일으켜 청 왕조가 무너졌고, 1912년에는 중국 최초의 공화국인 중화민국이 세워졌다. 이 장에서는 위와 같이 한국의 병합과 중국의 혁명이라는 동아시아 근대의 역사적 전환기를 당하여, 한국과 중국에서 한문 산문으로 작품 활동을 하면서 두 나라의 산문문학에 대해 폭넓은 안목을 갖추고 있었던 것으로 판단되는 창강 김택영을 주목하고자 한다.

　전 장에서 살펴보았듯이 김택영은 1905년 9월에 서울에서 중국 남통南通으로 이주하였다. 그가 중국행을 실행할 수 있게 된 계기는 1882년에 임오군란이 일어났을 때 김윤식金允植의 소개로 중국 남통에서 온 장건張謇과의 만남에 의한 것이다. 그는 을사조약이 체결되기 직전인 1905년 봄에 장건에게 편지를 보내 자신의 망명 계획을 알리고, 같은 해 9월에 인천을 떠나 중국 상해와 남경의 사이에 자리한 남통에 도착하였다. 장건은 김택영을 자신이 경영하던 호보사滬報社의 주필을 부탁하였으나 김택영이 이를 완곡히 사양하자, 자신이 남통에 설립한 한묵림서국翰墨林書局에서 교정보는 일을 맡겼다.

김택영은 한묵림서국에서 1914년에 자신을 포함해 고려와 조선의 문장가 10인의 작품을 선록하여 『여한십가문초』를 편찬하였는데, 장건은 당시 진보당 이사직을 함께 맡고 있던 양계초梁啓超에게 이 책의 서문을 부탁하였다. 김택영은 이를 계기로 1922년에 남경에 있는 동남대학東南大學에서 강의하고 있던 양계초와 다음과 같은 편지를 주고받았다.

> [자료 1] : 저의 선대 중에 효우하고 덕행이 뛰어난 사람 두 선조가 있는데, 공께서 혹 두 선조에서 선택하여 전傳과 묘지墓誌를 지을 수 있는지요? 허락해 주신다면 행장을 적어 올리겠습니다. 제가 보기에 공의 문장은 오늘날 중국에서 제일이 되는데, 중국 인사들의 지론이 저와 같은 것을 찾아볼 수 없습니다. 아! 선비가 일생을 살면서 사람들에게 알려지기가 이렇게 어렵군요.[1]

> [자료 2] : 문집을 대략 한번 보았습니다. 우러러 탄복하오니 저는 견줄 만한 것이 없습니다. 한국의 한 가닥 문헌이 거의 땅에 떨어지지 않았군요. 선조의 묘문墓文을 지으라고 부탁하셨는데, 저는 본디 문장을 잘 짓지 못하고 또한 수서壽序와 묘문을 짓지 않겠다고 다짐한 것이 여러 해입니다. 부탁에 응하지 못해 황송하고 황송합니다. 다른 날 훌륭한 작품을 택하여 필기筆記 속에 넣어 장래에 사료史料로 남기는 것으로 성의에 답하고자 합니다.[2]

[자료 1]은 김택영이 양계초에게 보낸 글이다. 김택영은 이 글에서 자신의 선조 중에서 효행과 덕행에 뛰어난 두 분을 골라 전傳과 묘지墓誌를 요청하였다. 이어 그는 양계초의 문장이 중국에서 가장 뛰어나다고 말하면서 당시에 그가 제대로 평가받고 있지 못한 것에 대해 안타까움을 표하였다. [자료 2]는 양계초가 김택영에게 보낸 답신이다. 양계초는 김택영의

---

1 金澤榮, 『韶濩堂文集定本』 권2, 452면, "與梁任公啓超牘". 「僕之先世, 有孝友至行者兩世, 公倘可擇於兩世, 賜以傳誌否. 如果相許, 錄行以進. 以僕觀之, 公之文字, 當爲今日中州之第一, 而中州士之持論如僕者不可得見. 噫. 士生一世, 難見知於人如是夫."

2 金澤榮, 『韶濩堂文集定本』 권2, 452면, 「附任公答牘」. "大集畧誦一過, 欽佩無似. 東國一綫文獻, 庶不墜地也. 屬爲先德銘幽, 鄙人本不能文, 且矢願不作壽序墓文有年矣. 不克應命, 主臣主臣. 他日當採大著, 入筆記中, 爲將來留史料, 卽所以答盛意耳."

문집을 일독하고 자신은 그와 견줄 수 없다고 높게 평가하였다. 그러나 그는 수서壽序와 묘문墓文을 짓지 않은 것이 여러 해가 되었다는 이유를 들어 김택영의 청탁을 정중히 거절하였다. 당시에 한국과 중국을 대표하는 두 문장가가 상대의 문장을 높이 평가하면서도, 한문 산문에 대한 이해에 있어서 작지 않은 차이가 있음을 보여준다. 이 장에서는 위와 같이 한문 산문에 대한 두 문인의 시각차에 주목하고, 김택영이 1927년에 생을 마감하기까지 중국에서 문장가로 활동하면서 중국 산문을 비평한 내용을 중심으로, 근대 전환기에 전개된 동아시아 한문 산문의 한 국면을 밝혀보기로 한다.

2. 산문비평의 양축 : 감甘과 고苦

전 장에서 살펴보았듯이 김택영은 500년간 조선 왕조의 정치 권력과 소외되어 있던 개성의 한미한 가문 출신이다. 그는 독학으로 17세에 치른 성균 초시를 시작으로 다섯 차례의 경향 초시를 거쳐 42세에 비로소 성균진사가 되었다. 그는 19세에 과거 준비를 하다가 불현듯 문장의 도가 과거에만 그치지 않을 것이라는 생각이 들었다. 그러자 전에 익히 알고 있던 책을 다시 보아도 혼란만 가중되었고, 이미 주석한 내용조차 사실과 맞지 않아 이어가지 못하였다. 그는 이때부터 밤낮으로 평소 흠모하던 문장가와 친구들을 꿈속에서 만난 사람이 수십 명에 이르렀다. 그는 23세에 평양과 금강산의 승경을 유람하고 동해의 해변에서 파도를 보고 돌아왔는데, 이때 귀유광歸有光의 글을 읽고 갑자기 막혔던 가슴이 환하게 열리는 것 같은 감동을 얻었다. 그제야 그는 전에 혼란했던 것을 조금씩 이해하게 되었고, 어긋났던 주석들을 조금씩 고쳐나갔다.[3] 김택영이 비평한 중국산문의 양상은 위와 같이 수년간 한문

---

3 金澤榮, 『韶濩堂文集定本』권3, 509면, 「楊穀孫文卷序」. "余少時才質甚愚, 且又鄉居無師, 所習不過乎科舉之學. 一日忽自慨念文字之道, 當不止是. 取舊書更讀之, 則前日所自謂知者, 乃反皆不可知而夢夢矣. 時或注之手, 則憂憂乎其不可續矣. 於是大憂之, 日夜思繹, 不敢暫寧. 凡古之名流及同時畏友之所繫乎慕者, 宵夢輿接, 歲不下數十. 及弱冠, 西游箕子故都, 覽其江山勝麗, 因又東放于沙海, 以窮萬里之波濤. 既歸, 得歸有光文讀之, 忽有所感, 胸膈之間, 猶若昏然開解. 自是以往, 向之所夢夢者, 始漸可以有知, 向之所憂憂者, 始漸可以暢注."

산문에 대한 깊은 사유 과정을 거쳐 귀유광의 글을 통해 터득한 고문관에 기초한 것이다. 다음 글은 김택영이 자신의 생을 마감하기 1년 전인 1926년에 지은 것으로, 그는 이 글을 통해 중국 산문의 문체적 특징과 전개 양상을 일목요연하게 밝혔다.

[자료 3] : 옛날의 문장은 『상서』와 『주역』에서 시작된 것으로, 끝없이 넓은 듯하고[灝灝然] 엄숙하고 강직한 듯하여[噩噩然] 심원하다[幽]. 공자가 변화시켜 단맛[甘] 나게 하였으니 또한 천지 풍기의 자연의 이치를 따른 것이다. 이로부터 이후에 맹자가 공자의 단맛 나는 글을 배워 파란波瀾이 있게 하였고, 사마천이 공자의 단맛 나는 문장을 배워 신운神韻이 있게 하였다. 한유가 맹자의 파란이 있는 문장을 배우고 그것에 더하여 강하江河 같이 하였는데, 고문이라는 이름이 처음으로 이것에서 일어났다. 아래로 명에 이르러 방효유方孝孺와 귀유광 무리가 모두 그것을 따라 지어 단맛 나는 것에서 어긋나지 않았다. 청의 시대에 이르러 문기文氣가 크게 시들었다. 방포方苞와 요내姚鼐 같은 무리들이 자신의 기가 부족한 것을 알고 쓴맛[苦]에 가까운 간담簡淡한 문장을 지어 그 단점을 비호하였다. 방포와 요내가 죽고 나자 그 기가 더욱 쇠하였다. 조금 뛰어난 자가 몰래 제자문체의 쓴맛 나는 것을 훔쳐 스스로 이름을 내고, 사람들을 속여서 "네가 문을 지으려면 너의 고면顧眄을 버리고 너의 기축機軸을 버리고 너의 신미神味 · 성채聲彩를 버리고, 나의 고고枯槁 · 담박淡泊한 문장을 따르라."고 하였다. 이에 재능이 없는 후생 소년은 그의 간편簡便한 것을 좋아하여 서로 쫓아가 문장이 높은 자는 거짓으로 짓고는 칼을 어루만지며 노려보고, 문장이 낮은 자는 겁을 먹으면서 어렵게 생각하여, 법도에 맞지 않고 문장도 되지 않는 것이 나무 톱밥을 씹고 밀랍을 씹는 것과 같은 데도 연구하거나 캐묻지 않는다.⁴

---

4 金澤榮, 『韶濩堂續集』, 509면, 「苦行讀書樓記」. "古之文章, 始於尙書周易者, 灝灝然噩噩然幽矣. 孔子作變而甘之, 蓋亦順夫天地風氣自然之理也. 自是以後, 孟子學孔子之甘而波瀾之, 司馬遷學孔子之甘而神韻之. 韓退之學孟子之波瀾而加之爲若長江焉大河焉. 古文之名, 始起於此. 而下至明, 方孝孺歸有光輩, 皆循而爲之, 莫能違其所謂甘者焉. 及前淸之世, 文氣大凋, 如方氏姚氏之倫, 自知其氣之不足, 而爲簡淡近苦之文, 以護其短. 方姚氏旣去, 其氣尤衰. 其稍傑者, 潛竊諸子文體之苦, 以自鳴而欺人曰, 爾欲爲文, 宜去爾顧眄, 去爾機軸, 去爾神味聲彩, 以從吾之枯槁淡泊者. 於是乎後生少年之無才者, 樂其簡便而胥趣之, 高者假僞而撫劍疾視, 下者怯懦而艱澀, 不中軌不成章, 如嚼木柹與蠟而無可以究問也."

김택영은 중국 역대 산문의 문체적 특징을 입맛에 비유하여 단맛[甘] 나는 문장과 쓴맛[苦] 나는 문장으로 구분하였다.[5] 그는 1912년에 지은 글에서 "『상서』와 『주역』의 문장은 쓴맛이 나고, 공자의 문장은 단맛이 난다."[6]고 하였다. 그런데 그는 [자료 3]에서 두 책의 문장은 끝없이 넓고[灝灝然] 엄숙하고 강직하여[噩噩然][7] '심원하다[幽]'고 하였다. 두 책에 대한 평가가 쓴맛[苦] 나는 문장에서 심원한[幽] 문장으로 바뀐 것이다. 인용문에서 그는 공자의 문장은 천지 풍기의 자연의 이치에 따랐으므로 단맛이 나고, 제자諸子의 문장은 자연의 이치에 역행하였으므로 쓴맛이 난다고 하였다. 가장 이상적인 문장의 모델로 공자의 단맛 나는 문장을 설정하고, 그와 반대의 문체를 추구한 문장으로 제자의 쓴맛 나는 문장을 제시한 것이다. 따라서 그는 공자 이전에 지어진 『상서』와 『주역』의 문장을 단맛과 상대되는 쓴맛으로 표현하는 것은 적절하지 않다고 보고, 두 책의 문장을 단맛과 쓴맛을 겸하고 있는 의미를 지닌 '심원하다'는 표현으로 바꾼 것으로 생각된다.

김택영은 공자의 단맛 나는 문장이 후에 두 가지 형태로 이어졌다고 하였다. 전국시대에 맹자에 의해 파란波瀾이 있는 문장이 지어졌고, 한대에 사마천에 의해 신운神韻이 있는 문장이 지어졌다. 당대에 한유는 맹자의 문장을 이어 강하江河 같은 문장을 지었는데, 이것이 바로 고문이다. 명대에는 방효유方孝孺와 귀유광에 의해 한유의 고문이 이어졌다. 이와 반대로 제자의 쓴맛 나는 문장은 명대에 왕세정과 이반룡에게 이어졌다. 청대의 방포方苞와 요내姚鼐가 그것을 이어 쓴맛에 가까운 간담簡淡한 문장을 지었고, 말기에는 걸출한 자가 나와 제자서의 쓴맛을 배워 고고枯槁·담박淡泊한 문장을 지었다. 김택영은 청대 말기에 공자진龔自珍과 증국번曾國藩 등이 제자위체諸子僞體의 문장을 창도하였는데, 증국번의 훈업과 명위가 매우 성하여 그를 따르는 자들이 더욱 많았다[8]고 말한 것으로 보아, 그가 말한 걸출한

---

5 김택영은 한문산문의 문체적 특징을 오감(五感)에 비유하곤 하였다. 그는 옛사람의 문장을 읽으면 향기가 코로 들어오고 맛이 입으로 들어오며, 색이 눈으로 들어오고 소리가 귀로 들어 온다고 말하기도 하였다.(金澤榮, 『韶濩堂文集定本』 권8, 318면, 「雜言三」)
6 金澤榮, 『韶濩堂文集定本』 권8, 320면, 「雜言四」. "書易之文苦, 孔子之文甘."
7 양웅揚雄은 『法言·問神』에서 "虞夏의 문장은 너그럽고 온후하며[渾渾], 商書의 문장은 끝없이 넓으며[灝灝], 周書의 문장은 엄숙하고 강직하다[噩噩]."고 말하였다.
8 金澤榮, 『韶濩堂集·借樹亭雜收』 권4, 498면, 「答河叔亨贖」. "滿淸之季, 龔定菴曾滌生輩唱諸子僞體之文. …

문인은 증국번을 가리키는 것이다. 증국번은 정치적으로는 태평천국의 난을 진압하고 중국 최초의 근대적 무기 공장을 짓는 등 양무운동을 주도하였고, 문학에 있어서는 동성파를 중시하여 주공과 공자와 나란히 할 정도로 요내의 위상을 높인 인물이다. 김택영이 중국에서 활동할 때에도 증국번의 문인으로 자처하면서 권력에 아첨하고 세속을 속이는 자들이 적지 않았다.[9]

김택영이 중국 산문의 전개 과정을 정리하면서 가장 고심했던 부분이 바로 증국번의 문장에 대한 포폄 문제였다. 증국번은 귀유광이 문장을 지으면서 억양抑揚하고 탐토呑吐하여 정운情韻이 모자라지 않은 것은 의리에 맞지 않는다고 보고, 그가 추구한 신미神味한 문장은 다만 말만 허비하는 것[10]이라고 비판하였다. 이와 같은 증국번의 언급은 김택영이 귀유광을 단맛 나는 공자의 문장을 이었다고 평가한 것과 정면으로 배치되는 것이다. 그는 1912년에는 증국번의 지적과 같이 귀유광의 경학이 심후深厚하지 못한 것[11]임을 인정하였고, 1918년에는 증국번의 문장은 순아醇雅·호건豪健하며 기미氣味는 한유와 증공의 사이에 있다[12]고 높였다. 그러나 그는 1923년에는 증국번이 한유와 구양수를 사모하였으나 일가를 이루지 못하였다[13]고 지적하였고, 결국 [자료 3]에서 보듯이 증국번이 제자위체의 문장을 창도하였다고 단언하였다. 그는 1925년에 지은 글에서 강절江浙 지역에는 귀유광에 의해 계승된 한유와 구양수의 문체가 사라졌는데, 광동廣東 지역의 황준헌黃遵憲이 홀로 명맥을 보존하여 양계초에게 전하여 제자체와는 다르다[14]고 하였다. 그는 위와 같이 증국번의 문장에 대해 수차례에

而滌生之勳業名位甚盛, 故附而從者尤衆."
9　梁啓超(1998), 111면. "咸同間, 曾國藩善爲文而極尊桐城, 嘗爲聖哲畵像讚, 至躋姚鼐與周公孔子竝列. 國藩功業 旣焜燿一世, 桐城亦緣以增重, 至今猶有挾之以媚權貴欺流俗者."
10　曾國藩, 『曾文正公全集』 권1, 33면, 「書歸震川文集後」. "又彼所爲, 抑揚呑吐, 情韻不匱者, 苟裁之以義, 或皆可以不陳. … 神乎味乎, 徒詞費耳."
11　金澤榮, 『韶護堂文集定本』 권8, 318면, 「雜言三」. "曾滌生病歸太僕之文之神乎味乎, 以爲未臻於經學之深厚, 此固是也."
12　金澤榮, 『韶護堂文集定本』 권8, 324면, 「雜言九」. "曾文正之文, 能醇雅能豪健, 氣味在韓曾之間."
13　金澤榮, 『韶護堂文集定本』 권8, 459면, 「雜言十」. "近日多見曾滌生文, 盖於當時諸子僞體盛行之際, 能知慕韓歐, 然成家未完."
14　金澤榮, 『韶護堂集·借樹亭雜收』 권4, 498면, 「答河叔亨牘」. "江浙韓歐文體之亡也, 廣東黃遵憲獨保守一脉, 以傳于梁啓超. 此梁文所以異於諸子體者也."

걸친 포폄 과정을 거친 후, 공자에서 시작하여 귀유광에게 이어진 단맛 나는 문장이 양계초에 의해 계승되었다는 결론에 도달하게 되었다.

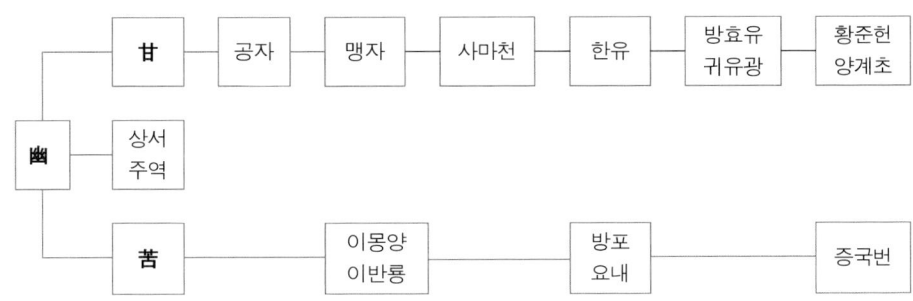

[그림 1] 중국 역대 산문의 전개 과정

김택영이 위와 같이 중국 산문을 단맛과 쓴맛으로 나눈 것은 문에서의 기氣를 중시했던 그의 고문관에 기초한 것이다. 그는 문장에서의 기는 바른 것[正]과 어긋난 것[戾], 맑은 것[淸]과 흐린 것[濁]이 있는데, 문장을 잘 운용하면 기가 바르고 맑아져서 자연스럽게 고탕鼓盪하고 약취躍驟하며 취미臭味가 있고 신운神韻이 있게 되지만, 이와 반대로 하면 기가 어긋나고 흐려져 군삽窘澀하고 옹종擁腫하고 구극勾棘하여 광혹狂惑한 문장이 된다[15]고 하였다. 위와 같이 광혹한 문장은 장章과 편篇에서 기를 구하지 않고 자字와 구句에서 기를 구한 것에서 비롯된 것이다. 문장에서의 기는 자와 구를 줄이거나 잘라내어 억지로 문장을 꺾거나[勾] 야위게[棘] 하는 것에서 얻어지는 것이 아니다.[16] 그는 단맛 나는 문장을 지은 공자와 맹자, 사마천과 한유 등은 문맥을 잘 통하게 하고 문자를 적절하게 구사하였으나[文從字順],[17] 쓴맛

15　金澤榮, 『韶濩堂文集定本』 권1, 236면, 「答人論古文書」. "凡自古以來, 以最能文名者, 卽其氣之最盛者也. 然氣有正有戾, 有淸有濁. 故善用法妙, 則其氣正淸而爲前之所云.[필자 주: 自然而鼓盪, 自然而躍驟, 自然而臭味, 自然而神韵.] 反之則其氣戾濁而爲窘澀擁腫勾棘一切狂惑之類."

16　金澤榮, 『韶濩堂文集定本』 권8, 459면, 「雜言十」. "所惡乎諸子史漢之僞體者, 以其求氣於字句, 而不求氣於章篇也. … 夫所謂文氣者, 豈減字截句, 爲勾爲棘之所得致者哉."

17　한유는 樊紹述의 墓誌銘에서 "文從字順各職職, 有欲求之此其躅."라고 말하였다. (魏仲擧 편, 『五百家註音辨昌黎先生集』 권34, 장3a, 「南陽樊紹述墓誌銘」)

나는 문장을 지은 이몽양李夢陽과 이반룡 등은 억지로 글자를 만들거나[强生其字] 억지로 구절을 험하게 구사하여[强險其句] 문장이 광혹하게 되었다"[18]고 하였다. 이로 보아 김택영이 추구한 파란波瀾이 있고 신운神韻이 있어 단맛이 나는 문장은 장과 편에서 기를 구하여 문맥이 잘 통하고 문자가 적절하게 구사한 것을 의미하고, 그가 배격한 간담簡淡하거나 고고枯槁·담박淡泊하여 쓴맛이 나는 문장은 자와 구에서 기를 구하여 억지로 글자를 만들거나 구절을 험하게 구사한 것으로 생각된다.

3. 구풍격과 신의경의 관계

김택영은 고대에는 만이蠻夷에 불과하던 강절江浙 지역이 후세에 제로齊魯의 문명을 뛰어넘었고, 강절에서 멀리 떨어져 있어 불모지나 다름없던 광동廣東 지역이 지금은 강절의 문명을 능가하게 되어, 양계초의 문장이 일시에 우뚝하다[19]고 하였다. 광동 출신 황준헌과 양계초는 대한제국기(1897~1910)를 전후로 하여 한국에서 널리 알려진 인물들이다. 황준헌은 1880년에 주일 청국공사 참사관으로 재임하면서 지은 『조선책략』이 같은 시기에 제2차 수신사로 일본에 파견된 김홍집에 의해 한국에 널리 알려졌다. 김택영은 자신이 1913년에 편찬한 『한사경』에서 김홍집이 고종에게 『조선책략』을 올린 이후에 진행된 사건의 전말을 소상히 기록한 것으로 보아,[20] 그는 이 책을 통해 황준헌 문장의 특징을 파악했을 것으로 판단된다. 양계초는 1897년에 상해에서 간행한 「시무보時務報」에 2월 5일 자 「대한조선독립협회보」

---

18 金澤榮, 『韶濩堂文集定本』 권8, 322면, 「雜言五」. "世之爲文者, 或設心作意, 强生其字, 强險其句, 以爲有氣. 如此則孔孟太史韓蘇文從字順之文, 不得爲有氣, 而李夢陽李于鱗輩狂惑之文, 獨爲有氣, 其可乎哉."

19 金澤榮, 『韶濩堂文集定本』 권9, 347면, 「如皐縣知縣周君家傳」. "中州之氣, 自西北日趨東南, 如建瓴之水之下注. 以江浙之地言之, 在唐虞三代時, 不離乎蠻夷, 而後世文明, 反過乎齊魯, 儒林文苑, 所在如麻矣. 若兩廣雲南貴州之屬, 比江浙尤踔遠, 古所稱不毛者也. 然今則廣東之文明, 又將凌轢江浙, 而梁啓超之文章, 翹於一時."

20 金澤榮, 『韓史綮』 권5, 292면, 「太上皇」. 김홍집이 일본에서 이 책을 가져와 고종에게 전한 사실이 이 책에서 조선의 정치개혁과 외국과의 통상을 주장한 내용, 이후 李晩孫이 「嶺南萬人疏」를 올려 김홍집을 참수할 것을 주장하고 閔台鎬가 이만손을 불러 화복으로 유시하자 이만손의 소의 내용을 고친 사실 등이 기록되어 있다.

가 소개된 이후, 이듬해 일본에 망명하여 요코하마에서 간행한 「청의보淸議報」가 1월 13일자 「황성신문」에 알려졌다. 또한 그는 1902년에 광지서국廣智書局을 창설해 자신의 문집인 『음빙실문집飮冰室文集』을 비롯해 다양한 서적을 간행하였는데, 이 책들은 한국에 설치된 연락처를 통해 신속히 한국으로 전해졌다.[21] 김택영은 1894년에 김홍집에 의해 편사국 주사로 발탁된 이후 1905년까지 사서를 편찬하는 일에 참여하였는데, 그는 이때 당시 일본에서 전해진 양계초의 문장을 숙독했을 것으로 생각된다.

다음 글은 양계초가 1921년에 지은 『청대학술개론淸代學術槪論』에 나오는 것으로, 그는 이 글을 통해 자신이 지은 문장의 특징을 밝혔다.

> [자료 4] : 나는 일찍부터 동성파桐城派 고문을 좋아하지 않았다. 유년기에 문장을 지을 때 만한晩漢과 위진魏晋을 배워 자못 엄격하면서도 정련된[矜練] 문장을 높이 여겼다. 이제는 스스로 해방되어 힘써 평이平易·창달暢達한 문장을 짓는다. 때로 이어俚語와 운어韻語 및 외국어법外國語法을 섞어 붓 가는 데로 따라가 검속하지 않으니, 학자들이 다투어 본받아 이를 신문체新文體라고 불렀다. 노년층은 애통하면서 들 여우[野狐]라고 꾸짖는다. 그러나 그 조리는 명석明晳하고 필봉은 항상 감정을 띠고 있어, 독자를 대함에 특별히 일종의 마력이 있다.[22]

[자료 4]에서 양계초는 어려서부터 동성파桐城派의 문장을 좋아하지 않았다고 하였다. 그는 유년기에 만한晩漢과 위진魏晋의 문장을 높게 여겨 자못 긍련矜練한 문장을 지었다고 한다. 그가 말한 긍련한 문장은 엄격하면서도 정련된 문장을 말하는데, 이는 곧 김택영이 제자사한諸子史漢의 위체僞體라고 말한 증국번의 고고담박枯槁淡泊한 문장을 의미한다. 그러나 양계초는 이제는 그것에서 해방되어 평이平易·창달暢達한 문장을 짓는다고 하였다. 사람들은 이와 같은 그의 문장을 신문체新文體라고 불렀다. 그는 당시 노년의 문장가들은 그의

21　葉乾坤(1980), 117~120면.
22　梁啓超(1998), 142면. "啓初夙不喜桐城派古文, 幼年爲文, 學晚漢魏晉, 頗尙矜鍊. 至是自解放, 務爲平易暢達, 時雜以俚語韻語及外國語法, 縱筆所至不檢束, 學者競效之, 號新文體. 老輩則痛恨, 詆爲野狐, 然其文條理明晳, 筆鋒常帶情感, 對於讀者, 別有一種魔力焉."

문장을 들 여우 같다고 비판하였으나, 그 자신은 문장에 조리가 명석明晳하고 필봉이 항상 감정을 띠고 있어 독자에게 마력에 빠져들게 하는 힘이 있다고 자부하였다. 동시대에 황준헌은 양계초의 문장은 사람의 마음을 감동하게 하는 일자천금一字千金의 가치가 있고, 붓으로는 쓰지 못하나 마음속에서 깨달음을 주어 철석심장鐵石心腸도 감동하게 하는 힘이 있다[23]고 말하기도 하였다. 김택영은 이와 같은 양계초의 문장이 공자의 단맛 나는 문장의 모습을 갖춘 것으로 이해하고, 그의 문장이 귀유광의 고문을 계승했다고 말한 것이다.

다음 글은 김택영이 1923년에 명대와 청대 문장의 특징을 평한 것으로, 그는 이 글을 통해 청대의 문장이 위축된 원인을 밝혔다.

[자료 5] : 명대의 문장은 원기元氣가 여전히 성하였는데 방효유와 귀유광의 무리는 모두 한유, 소식의 후방 정예군이 되기에 부끄러움이 없다. 청에 이르러 기가 마침내 크게 위축되었다. 처음에는 오직 법도를 삼가 지켜 간담簡淡한 문장을 지어 스스로 부족함을 감추었다. 오래 지나자 그 법을 함께 잃어 혹은 제자사한諸子史漢의 위체僞體로 사람을 속이고, 혹은 변려騈儷의 비체卑體를 짓고는 반대로 한유를 촌스럽다고 매도하였다. 또 오래 지나자 보관報館의 패문稗文으로 흘러 한유와 소식의 정맥正脈이 마침내 큰 바람에 물건이 쓸려가듯이 한번 광막한 공간으로 떠나가 어느 때에 다시 돌아올지 모르겠다.[24]

김택영은 [자료 5]에서 청대에 유행했던 문체를 세 가지 유형으로 나누어 설명하였다. 초기에는 명대 방효유와 귀유광에 의해 이어진 한유와 소식의 법도를 지킨 것으로 평가되는 간담簡淡한 문장이 지어졌으나, 이후 제자사한諸子史漢의 위체僞體와 변려의 비체卑體가 나와 정통 고문의 법도를 잃었고, 마지막으로 보관報館의 패문稗文이 지어지면서 한유와 소식의

23　丁文江,『梁任公先生年譜長篇草稿』上册, 150면(「光緖二十八年四月黃公度致飮氷室主人書」). "驚心動魄, 一字千金, 人人筆下所無, 卻爲人人意中所有, 雖鐵石人亦應感動."(葉乾坤(1980), 119면, 재인용.)
24　金澤榮,『韶濩堂文集定本』권8, 459면,「雜言 十」. "明代之文, 元氣尙盛, 如方正學歸太僕之倫, 皆無愧爲韓蘇之後勁. 至淸則氣遂大萎, 始惟謹守法度, 而爲簡淡之文以藏拙矣. 久則幷失其法, 或爲諸子史漢之僞體以欺人, 或爲騈儷之卑體而反罵昌黎爲村, 又久則流爲報舘之稗文, 韓蘇正脉, 遂如大風吹物, 一往于廣漠之空際, 而不知其何時復返也."

정맥正脈이 끊어졌다는 것이다. [자료 5]에서 주목되는 것은 그가 고문의 정맥을 끊은 주범으로 보관의 패문을 지목한 것이다. 전 장에서 살펴보았듯이 보관은 당시에 간행된 신문을 가리키고, 패문은 중국에서 유행한 패관소설의 문체를 의미한다. 이는 그가 사마천의 재능을 지니지 못한 사람이 사마상여司馬相如와 탁문군卓文君의 일을 기록하면 패관소설과 같이 장황하게 펼칠 것[25]이라고 말한 것을 통해 확인할 수 있다. 패관소설의 문체는 고문이 아닌 백화로 되어있다는 것은 주지의 사실이다. 이것은 당대에 백화소설에서 시작하여 송대의 화본話本 소설에 계승되다가 명청소설에서 굳건한 위치를 차지하였다. 4대 소설이라 일컬어지는 명대 중엽 전후에 나온 4편의 장편 소설과 18세기 중엽에 나온 고금의 명작인 장편소설『홍루몽』이 모두 백화로 되어있다.[26]

　양계초는 신문의 책임을 언급하면서 '신문은 국가의 눈·코·입이며, 사회의 거울이고 문단의 왕'이라고 말했듯이, 중국에서는 청일전쟁서 패배한 1895년을 전후로 질과 양에서 폭발적으로 신장한 신문 잡지는 20세기 전환기의 변화된 문학 환경이 집중적으로 반영된 새로운 글쓰기 매체요 장場이었다.[27] 양계초가 당시 새로운 글쓰기 매체로 등장한 신문에서 구사한 신문체의 특징의 하나가 이어俚語를 섞어 쓰는 것이다. 이어俚語는 일반 사람들이 늘 쓰는 말인 속어俗語와 같은 의미로 사용된다. 양계초는 문학이 진화하기 위한 하나의 관건으로 고어古語의 문학으로부터 속어의 문학으로 변화되는 것으로 보고, 이 문제는 소설가만 채용할 것이 아니라 모든 문장에서 사용해야 한다고 하였다.[28] 이로 보아 김택영이 중국 고문의 정맥을 끊었다고 말한 보관의 패문과 중국 제일의 문장이라고 말한 양계초의 신문체에 사용된 이어[속에는 서로 동일한 것임을 알 수 있다. 그런데 왜 김택영은 양계초의 문장이 귀유광의 고문을 계승했다고 말한 것일까?

---

25 金澤榮,『韶濩堂文集定本』권8, 323면,「雜言六」. "讀司馬史, 則可以知後世之史皆死史也. … 司馬相如傳卓文君事, 使後世史氏書之, 當不過綴枯淡一二句, 以就史體之嚴而已. 無子長之才, 而張皇其事如子長, 則安得免於稗官小說哉."
26 최영애(2008), 28~29면.
27 김월회(2004), 195면.
28 梁啓超,『梁啓超全集』권22. 326면,「蒙學報演義學報合敍」, "文學之進化有一大關鍵, 卽由古語之文學變爲俗語之文學也, … 苟欲思想之普及, 則此體非徒小說家當採用而已, 凡百文章, 莫不有然."

양계초는 시의 혁명은 구풍격舊風格 속에 신의경新意境을 담는 것을 실천하는 데 있다[29]고 하였다. 그가 말한 구풍격은 서구 소설을 번역하면서 전통소설의 체제를 유지하고 백화가 아닌 문언소설의 형식을 취한 것[30]에서 보듯이, 중국전통의 체제와 문언의 형식으로 글을 짓는 것을 가리킨다. 그리고 신의경은 공화共和·대표代表·자유自由·평등平等 등과 같은 서양 글을 번역한 일본어 어구[31]를 사용하여 서구의 정신과 사상을 담아내는 것을 의미한다.[32] 양계초가 스스로 신의경과 구풍격은 항상 서로 배치된다[33]고 말한 것에서 알 수 있듯이, 문장을 지을 때 전통의 체재와 문언의 형식[구풍격]을 유지하면서 속어나 번역어를 사용하여 서구의 정신과 사상[신의경]을 담는 것은 쉬운 일이 아니었다. 중국에서 표준화된 '국어'가 만들어지기 이전에 백화문 운동을 추진할 방법도 없고 국어의 문학을 추동할 방법도 없던 때에, 북경화北京話가 유행하지 않던 지역에 살던 지식인들이 구사한 백화문은 모두 양계초의 신문체에 '적的'이나 '마嗎' 등을 덧보탠 것에 지나지 않았다.[34] 양계초가 창출한 신문체는 비록 속어와 외국어법을 사용하여 서구의 정신과 사상을 담으려 했지만, 문체에 있어서만큼은 백화가 아닌 문언의 형식을 그대로 유지한 것이다. 이로 보아 김택영이 양계초의 문장을 중국 제일로 평가한 것이 그가 전통 고문의 문체와 체제를 통해 평이창달한 문장을 구사한 구풍격에 초점을 맞추어 말한 것이고, 앞서 살펴보았듯이 양계초가 김택영에게 자신은 수서壽序와 묘문墓文을 짓지 않는다고 한 것은 서구사상과 정신을 담은 신의경에 중점을 두고 말한 것으로 생각된다.

---

29 梁啓超, 『飮氷室文集』(上海 廣智書局, 1905), 203면, 『飮氷室詩話』第63則. "能以舊風格含新意境, 斯可以擧革命之實矣. 若能爾爾, 則雖間雜一二新名詞, 亦不爲病."
30 이현복(2007), 294면.
31 梁啓超, 『梁啓超全集』권22, 189면, 「夏威夷遊記」. "全首皆用日本譯西書之語句, 如共和·代表·自由·平等·團體·歸納·無機諸語皆是野. … 如天衣無縫."
32 梁啓超, 『梁啓超全集』권22, 189면, 「夏威夷遊記」. "吾雖不能詩, 惟將竭力輸入歐洲之精神思想, 以供來者之詩料可乎."
33 梁啓超, 『梁啓超全集』권22, 189면, 「夏威夷遊記」. "新意境與舊風格, 常相背馳."
34 葉乾坤(1984), 142면.

4. 산문비평의 사상적 지향

김택영은 중국어를 할 줄 몰랐다. 일이 있어 다른 사람들과 접촉할 때는 언제나 필담으로 하였다.[35] 1913년에 정인보가 한묵림서국을 찾아가 김택영을 만났을 때, 김택영은 그를 데리고 방으로 들어가 작은 종이에 '어디서 왔는가?'라고 써서 물었다.[36] 음성언어의 주기관으로 사용되는 입과 귀를 닫고, 문자언어의 주기관으로 사용되는 손과 눈으로 살아가던 중국 생활 모습을 잘 보여준다. 물론 중국어를 몰랐던 그가 필담으로 사용한 문체는 백화가 아닌 문언이다. 그는 1912년에 장건의 60세 생일을 맞아 지은 수서壽序가 일간지에 게재된 것을 계기로, 강소 지역에서 그의 작품을 구하는 사람들이 많아졌다.[37] 그가 중국에서 살던 때에는 백화가 아닌 문언으로 지은 문장으로 사람들과 교유할 수 있는 여건이 조성되어 있었다. 위와 같이 22년간 중국에 살면서 필담과 고문을 무기로 문장가로 활동한 그의 입장으로 보면, 문장에서 사용되는 언어가 고문에서 백화로 바뀌어 가는 현실은 평생 자신의 삶을 지탱해준 버팀목이 통째로 사라지는 것이나 다름이 없었을 것이다.

다음 글은 김택영이 1918년에 조긍섭曺兢燮에게 보낸 편지의 한 부분으로, 그는 이 글을 통해 어록에 대한 비판적 시각을 표출하였다.

[자료 6] : 천하의 고금에서 문장을 말한 것으로 공자보다 상세한 것이 없다. 그가 "문왕이 이미 죽었으니, 문이 이에 있지 않은가?"라고 말한 것은 도道는 문文이 아니면 드러나지 못하므로 문과 도는 하나[文與道一]라는 것을 말한 것이다. … 중략 … 노자가 오천 자로 도에 어긋나는 문장을 지으면서부터 문과 도가 나뉘어 둘이 되었다. 시대가 더욱 내려오면서 그 나뉨이 더욱 심해졌다. 그러므로 맹자에게서 한번 구해졌고, 주돈이 · 정이 · 장재 · 주희 등의 군자에 의해 다시 구해졌는데, 주희가

---

35 費範九, 「光復時兩姓入通籍」, 『南通軼聞』. "金不會說中國話, 有事與人接洽, 總是筆談." (곽미선(2010), 149면, 재인용)
36 鄭寅普, 「滄江實紀序」, 『滄江先生實紀』권1, 601면. "歲癸丑, 余旅上海渡淮, 訪滄江見之南通書局. 滄江延入室, 出小紙片書問何來, 蓋其栖托異域, 言以筆宣久矣. 汝黙然內傷."
37 李箕紹 편, 『滄江先生實紀』, 696면, 「遺事」. "先生爲著季直壽序一篇, 見者皆以爲奇文, 播之滬報. 於是江蘇省人士, 爭以文字索之者多."

더욱 힘써 그것을 구하였다. 구하는 것이 간절하여 부득이 불교에서 경전을 주석하는 어록을 사용하게 되었으니, 공자의 도는 비록 밝혀졌으나 공자의 문은 한번 쇠하지 않을 수 없었다. 이것은 또한 천지의 기수氣數이다. 그러나 주희가 비록 부득이하게 어록을 사용하였지만, 그 사용은 친구나 문인과 편지로 문답할 경우에 그쳤고, 고문을 짓는 것에 이르러서는 그렇게 하지 않아 공력을 사용한 것이 매우 정성스러웠다.[38]

김택영이 평생에 걸쳐 추구했던 문장은 공자의 문장이다. 그는 인용문에서 공자가 '문왕이 이미 죽었으니, 문이 이에 있지 않은가?'라고 말한 것을 예로 들어, 문과 도는 하나임을 강조하였다. 물론 그가 지향했던 도는 공맹에 의해 세승된 유학의 도이다. 따라서 그는 노자가 『도덕경』을 지어 유학의 도와 다른 도를 제창하면서 문과 도가 분리되었다고 하였다. 그는 공자에 의해 완성된 유학의 도와 유학의 문은 전국시대의 맹자와 송대의 신유학자들에 의해 이어진 것으로 보았다. 그러나 그는 주희가 불교 경전의 어록을 사용하면서부터 공자의 문장이 쇠하게 된 것으로 이해하였다. 그는 주희가 어록을 사용한 것은 친구나 문인과의 편지에 국한하였고, 고문을 지을 때는 공력을 기울여 순정한 문체를 구사하였다고 하였다. 문제는 그가 고문이 쇠퇴한 주원인을 주희가 사용한 어록으로 지목했다는 것이다. 전 장에서 살펴보았듯이 그가 한국 산문의 전개 과정을 논하면서 이색이 처음 정주학을 창도하여 주소와 어록의 기운이 많은 문장을 지은 이후, 권근 → 김종직 → 최립 → 신흠 → 이정구로 이어진 조선의 문장이 모두 이색의 영향을 받아 부솔庸率 · 이속俚俗 · 용미冗靡하다고 비판한 것도 위와 같은 맥락으로 이해된다.

인도에서 시작된 불교의 동전東傳은 중국을 비롯한 동아시아 문명에 커다란 영향을 미쳤다. 송대에 신유학자들은 불교적 시각으로 유교 경전의 용어를 해석하였다. 또한 도교에서

---

38 金澤榮, 『韶濩堂文集定本』 권6, 297면, 「書深齋文稿後」. "天下古今之言文章者, 莫詳於孔子. 其曰文王旣沒, 文不在玆乎者, 所以言道非文莫形, 而文與道一也. … 中略 … 自老子作五千言違道之文, 而文與道分而爲二. 愈降而其分愈甚, 故一救於孟子, 再救於周程張朱諸君子, 而朱子救之尤力. 然救之之切, 不得已而用浮屠氏釋經之語錄, 則孔子之道雖明, 而孔子之文則不能不一衰, 是亦天地之氣數耶. 然朱子雖不得已而用語錄, 而其用止於知舊門人書牘問答之際, 至其爲古文則不然, 用工甚精. 故其言曰文字奇而穩方好, 又曰有典有則, 方是文章. 又曰讀孟子, 始知作文之法, 又嘗擧程子之語曰, 西銘吾得其意, 但無子厚筆力, 不能作此, 皆未嘗忘文章者也."

는 불신佛身의 개념, 업과 윤회의 개념도 차용하였고, 욕계, 색계, 무색계라는 불교의 개념도 그대로 수용했다. 문학에서도 불경을 한역한 선종의 어록이 구어를 문학적 표현 수단으로 수용할 수 있도록 만들었다.[39] 불경에서 사용된 어록에는 구어口語가 많이 섞여 있다. 어록의 문장을 백화라고 부르는 것은 이 때문이다. 중국어는 문언文言과 백화白話로 나누어진다. 문文과 백白은 글자의 의미가 상반되는 말이다. 문文은 본래 문紋 자로 무늬라는 뜻이다. 백白은 무늬 없이 물들이지 않은 흰색을 가리킨다. 문언文言은 말을 그대로 옮긴 것이 아니고 갈고 다듬은 글이다. 백화는 말을 다듬지 않고 그대로 옮긴 것이다. 중국에서 소수 지식인의 전유물이었던 문언과 괴리된 대중들이 말하는 대로 쉽게 쓰고 읽을 수 있는 표현 수단으로 탄생한 것이 백화이다. 이 백화는 1919년에 일어난 5·4 백화운동으로 이어져서 현재의 표준 중국어인 '국어' 또는 '보통화'의 글말로 자리 잡게 되었다.[40]

양계초는 사람들이 말을 할 때는 모두 오늘날의 말을 사용하지만, 글을 쓸 때는 반드시 고인의 말을 모방하기 때문에, 부녀자와 아이들, 농민들이 『수호전』·『삼국지』·『홍루몽』을 읽는 것이 육경을 읽는 것보다 많다[41]고 하였다. 당시 사람들의 언어생활이 문자언어인 문언과 음성언어인 백화가 서로 분리되어 있음을 지적한 것이다. 앞서 살폈듯이 그의 문장은 백화가 아닌 문언의 형식을 유지했지만, 그는 궁극적으로 근대화된 서구처럼 언어생활에서 문자언어와 음성언어가 함께 사용되는 언문일치를 지향하였다. 그는 이와 같은 언문일치에 기초하여 평이하고 통속적인 문학을 실천함으로써 다수의 민중이 문학에 접근할 수 있게 하고, 이를 통해 계몽·교육의 이상을 실천하면 서구처럼 문명이 진화될 수 있을 것으로 보았다.[42] 황준헌은 중국에서 간행된 40~50종의 신문이 모두 양계초의 신문체를 본받았고, 새로 번역한 명사, 두찬杜撰한 언어, 관리의 보고문, 시험관의 제목에 이르기까지 그의 신문체를 답습하여, 문장의 형식에서 일대 변화가 일어났다[43]고 하였다. 진보적 언어관에 의해

---

39 이동철(2010), 126면.
40 최영애(2008), 28~29면.
41 梁啓超, 『飮氷室文集』 1책, 54면, 「變法通議·論幼學」. "今人出語, 皆用今語, 以下筆效古言, 故婦孺農氓不以讀書爲難事, 而水滸三國紅樓之類, 讀者反多於六經."
42 최형욱(2009)(2), 439면.
43 丁文江 「光緒二十八年十一月致新民師函丈書」, 『梁任公先生年譜長篇草稿』 上册, 167~171면. "此半年中, 中國

창출된 양계초의 신문체가 당시의 문체에 끼친 파괴력이 얼마나 컸는가를 보여준다.

김택영은 중국 남통으로 이주한 이후 줄곧 한국 국적을 유지하다가, 1912년 1월에 '본분으로 돌아간다[還本分]'는 명분을 들어 중국 국적을 취득하였다.[44] 그가 '본분으로 돌아간다.'고 말한 것은 기자의 자손 이래 3천 년 동안 이어온 중국 번병의 국민[藩民]에서 중국 국적에 편입된 국민[編民]이 되는 것[45]을 의미한다. 이는 또한 왕통王通이 '공자와 소통하여 망극의 은혜를 받았다.'고 말한 것을 언급하면서, 자신이 평생에 걸쳐 익힌 학문은 모두 중국의 신성神聖에게서 자뢰資賴한 것[46]을 실천한 것이기도 하다. 전 장에서 살펴보았듯이 김택영은 1913년에 간행한 『고본대학장구』에서 유흠 부자에 의해 완성된 『예기』의 「대학」 원문을 근거로 주희의 격물설을 비판함으로씨, 주자학에 의해 성립된 국내 학문과 도통의 진실성은 물론 이를 근간으로 형성된 통치 질서의 합법성까지 흔들어 놓았다. 이어 그는 1916년에 강유위가 공교운동을 중단하고 빈산에 은둔하면서 공교가 망하고 공자의 사당이 훼손될 지경에 처한 것을 비난하였고,[47] 1923년 4월 국내에서 공교운동을 펼치며 배산서당培山書堂을 만든 이병헌李炳憲에 의해 개설된 '배산유회상해출장소培山儒會上海出張所'의 회원으로 참여하였다.[48] 그가 5.4운동을 기점으로 중국에서 언문일치 운동이 활발하게 일어났음에도 불구하고 한문 산문에서 어록을 배척한 이면에는, 위와 같이 공자에 의해 구현된 유학의 도와 유학의 문이 하나가 되어 성인이 이룩한 고도를 회복하려는 복고적 언어관이 자리하고 있다.

四五十家之報, 無一非助公之舌戰, 拾公之牙慧者, 乃至新譯之名詞, 杜撰之語言, 大吏之奏摺, 試官之題目, 亦剿襲而用之, 精神我不知, 形式其大變矣."(葉乾坤, 「梁啓超與語文分離」, 『中國學報』 24, 120면, 재인용)

44　金澤榮, 『韶護堂文集定本』 권1, 234면, 「答張生書」. "武漢兵興, 中國復還舊觀, 故僕於是得爲中華民國之民, 以還其本分."

45　金澤榮, 『韶護堂集』 권6, 12면, 「呈南通縣官請入籍書」. "伏念朝鮮自箕子子孫以來, 世爲中國藩民者已三千年, 以澤榮今日之所遭, 尤願附中國編民."

46　金澤榮, 『滄江稿』 권14, 200면, 「年略一」. "吾人生平區區之學殖, 皆資於中國之神聖, 文中子所云; 通於夫子, 受罔極之恩者也."

47　金澤榮, 『韶護堂文集定本』 권5, 286면, 「泗陽書室記」. "使康南海氏處於今日, 飮水讀書於空山之中, 而不動一手一足, 至其孔敎已亡孔祠已毁而後, 始乃洋洋作千萬言, 徒以空言洩其感痛, 其何益之有哉."

48　최혜주(1996), 124면.

5. 맺음말 : 산문사적 의미

　김택영은 1994년 9월에 상해에 도착하는 즉시 소주蘇州에 거처하고 있던 유월兪樾을 찾아가 자신이 지은 시문을 보여주었다. 유월은 당시 85세의 노구에도 불구하고 그의 시문을 읽은 후, 그의 문장은 청강淸剛한 기氣가 있어 곡절曲折·소상疏爽하고, 다하지 못한 생각이 없고 이르지 못한 글자가 없어, 증공과 왕안석 두 문인을 합쳐 하나로 만들었다[49]고 평가하였다. 전 장에서 살펴보았듯이 중국 근대의 정치가이자 실업가였던 장건은 김택영에게 자신이 경영하던 한묵림서국에서 일하도록 주선하였고, 국내에도 널리 알려진 신문화 운동의 주도자였던 양계초는 김택영이 편찬한 『여한십가문초』에 발문을 지었다. 또한 중국의 대표적인 개혁사상가로 자본주의 철학서를 번역한 엄복嚴復은 김택영과 시문을 주고받았고, 중국의 근대 사학가로 알려진 도기屠寄는 김택영의 문집인 『창강고』의 간행 경비를 부담하였다. 그리고 1913년 강소성 의장을 지낸 사원병沙元炳은 김택영을 연회에 자주 초대하였다.

　변영만이 김택영의 전傳에서 그의 한문 산문을 비평한 태도와 방법을 언급한 내용이 이목을 끈다. 김택영은 옛사람의 글을 읽을 때 눈을 가늘게 뜬 채 급하게 보거나 소리 내어 읽기를 좋아하지 않았고, 정신이 이미 응집되어 마음속에서 운용하고 손으로 끄집어냄에 전고를 소홀히 하고 신취神趣를 중시하였으며, 찌꺼기를 버리고 정화精華를 높게 평가하였다. 그는 표연히 바람을 타고 북을 치고 가면서 발꿈치를 떨어뜨리지 않아 옛사람들이 홀로 도달한 경계에 이른 것이 많아, 같은 시대에 중국과 한국에서 짝할 사람이 없었다.[50] 위와 같은 김택영의 비평안은 19세에 독학으로 고문을 연구하여 23세에 귀유광의 글을 읽고서 고문의 이치를 터득한 이후, 각종의 한국과 중국의 한문 산문에 대한 깊은 사유 과정을 거치면서 형성된 것이다. 앞서 살폈듯이 그가 당시 문단을 주도하고 있던 중국번의 문인들을 의식하지 않고 중국 산문을 소신 있게 비평할 수 있었던 것은, 위와 같이 장건과 유월을 비롯하여 중국

49　兪越,「書金于林文稿」,『滄江先生實紀』권1, 636면. "余讀其文, 有淸剛之氣, 而曲折疏爽, 無不盡之意, 無不達之詞, 殆合曾南豊王半山兩家而一之者."
50　卞榮晚「傳」,『滄江先生實紀』, 710면. "觀古人書, 似微晩不迫視, 不喜聲讀, 而神已凝矣, 其運於心而出於手也, 略典故而衆神趣, 遺滓濁而昇精華. 飄然乘風而鼓行, 不坌其踵, 而多至古人獨至之境. 并世中東無其儔矣."

남쪽 지역을 대표하던 학자와 정치가의 지지와 그의 수준 높은 비평안에 힘입은 것이다.

김택영이 중국에서 활동하던 때는 5.4운동을 계기로 신문학운동이 활발히 펼쳐진 시기이다. 당시 신문학운동을 주도했던 대표적 인물인 호적胡適은 1917년 1월 『신청년新青年』에 발표한 「문학개량추의文學改良芻議」에서 '문학 개량'의 방향으로 여덟 가지를 제시하였다. 그는 이 글에서 중국 문학은 주대周代의 언문일치 이후로 오랫동안 언어와 문자가 배치되었다가, 당대와 송대의 어록체부터 언문일치를 향한 추세가 나타났고, 원대에는 거의 언문일치에 접근하였으나 명대에 들면서 그 추세가 중단되었다고 하였다. 그는 오늘날의 역사 진화의 눈으로 볼 때 백화문학은 중국 문학의 정통이고, 또 장래의 문학에서 반드시 사용해야 할 이기利器라고 단언하였다.[51] 위와 같이 호적이 주장한 언문일치의 반대편에는 김택영이 평생에 걸쳐 추구한 복고적 문학관이 자리하고 있다. 김택영은 이민족이 중국을 차지했던 원대와 청대에 정령政令과 풍기가 유약柔弱하였고, 문장도 따라서 약해진 것[52]으로 보았으나, 앞서 살폈듯이 명대의 문장은 원기가 성하여 방효유와 귀유광이 한유와 소식의 정통을 이은 것으로 이해하였다. 김택영의 중국 산문비평은 신문학운동이 활발히 전개되던 시기에 특정한 사승 관계나 문학 유파에 구애됨이 없이 유학의 도와 문을 하나로 하는 복고적 언어관에 기초한 것으로, 앞의 논의에서 보여준 그의 산문비평은 수천 년간 중국 문학의 중심에 자리하였던 중국 산문의 특징을 이해하는 데 도움을 줄 수 있을 것으로 생각된다.

---

51   胡適(1941), 42~43면.
52   金澤榮, 『韶濩堂文集定本』 권8, 459면, 「雜言十」. "中州爲胡夷所入主, 則政令風氣皆柔弱, 而文章亦從而弱, 元清是也."

1. 원전 자료

姜世晃,『豹菴稿』,『한국문집총간』속80, 한국고전번역원.
江永 찬,『禮書綱目·喪禮義』,『문연각사고전서』133.
康有爲,『新學僞經考』, 中華書局, 1958.
高步瀛,『唐宋詩擧要』, 上海古籍出版社, 1959.
郭慶藩,『莊子集釋』, 중화서국, 1961.
郭茂倩 輯,『樂府詩集』, 中華書局, 1979.
郭鍾錫,『俛宇先生文集』,『한국문집총간』341, 한국고전번역원.
權 近,『陽村先生文集』,『한국문집총간』7, 한국고전번역원.
權斗寅,『荷塘集』,『한국문집총간』151, 한국고전번역원.
仇兆鰲 찬,『杜詩詳註』,『문연각사고전서』1070.
仇兆鰲 찬,『杜詩詳註』, 중화서국, 1979.
奇大升,『高峯先生論思錄』,『한국문집총간』40, 한국고전번역원.
金魯謙,『性菴集』, 서울대 규장각.
金邁淳,『臺山集』,『한국문집총간』294, 한국고전번역원.
金允植,『雲養集』,『한국문집총간』328, 한국고전번역원.
金 隆,『勿巖集』,『한국문집총간』38, 한국고전번역원.
金履祥,『尙書表注』,『문연각사고전서』60-431.

_____, 『仁山文集』, 『문연각사고전서』 1189-783.

金馹孫, 『濯纓先生文集』, 『한국문집총간』 17, 한국고전번역원.

金鍾秀, 『夢梧集』, 『한국문집총간』 245, 한국고전번역원.

金澤榮, 『古本大學章句』, 南通 翰墨林書局, 1913.

_____, 『金澤榮全集』, 아세아문화사, 1978.

_____, 『韶護堂文集定本』, 『한국문집총간』 347, 한국고전번역원.

_____, 『韶護堂集』, 『한국문집총간』 347, 한국고전번역원.

_____, 『韶護堂續集』, 『한국문집총간』 347, 한국고전번역원.

_____, 『韶護堂集續』, 『한국문집총간』 347, 고전번역원.

_____, 『韶護堂集·借樹亭雜收』, 『한국문집총간』 347, 한국고전번역원.

_____, 『滄江稿』, 국사편찬위원회.

_____, 『滄江先生實紀』, 『金澤榮全集(陸)』, 아세아출판사, 1978.

_____, 『韓史綮』, 『金澤榮全集(伍)』, 아세아출판사, 1978.

_____, 『合刊韶護堂文集補遺』, 『한국문집총간』 347, 한국고전번역원.

_____ 편, 『燕巖續集』, 국립중앙도서관.

_____ 편, 『燕巖集』, 국립중앙도서관.

_____ 편, 『重編朴燕巖先生集』, 단국대 석주선기념박물관.

南公轍, 『金陵集』, 『한국문집총간』 272, 한국고전번역원.

단국대 동양학연구원, 『연민문고 소장 연암 박지원 작품 필사본총서』, 문예원, 2012.

陶敏 외, 『韋應物集校注』, 上海古籍出版社, 1988.

陶 潛, 『陶靖節先生集』, 단국대 도서관.

朴榮喆 편, 『燕巖集』, 경인문화사, 1982.

朴齊家, 『貞蕤閣初集』, 『한국문집총간』 261, 한국고전번역원.

朴宗采, 『過庭錄』, 연민문고본, 단국대 석주선기념박물관.

_____ 편, 『附錄』, 단국대 석주선기념박물관.

朴趾源(1), 『燕巖集』, 경인문화사, 1982.

朴趾源(2), 『燕巖集』, 국립중앙도서관.

朴趾源(3), 『燕巖集』, 단국대 석주선기념박물관.

朴趾源(4), 『燕巖集』, 영남대 도서관.

朴趾源(5), 『燕巖集』, 『한국문집총간』 252, 한국고전번역원.

朴趾源, 『熱河日記』, 충남대 도서관.

_____, 『雜錄(下)』, 단국대 석주선기념박물관.

_____, 『燕巖草稿(三)(四)(六)(八)』, 단국대 석주선기념박물관.

_____, 『燕巖集草稿補遺(九)』, 단국대 석주선기념박물관.

_____, 『楊梅詩話』, 단국대 석주선기념박물관.

_____, 『杏溪集』, 단국대 석주선기념박물관.

_____, 『熱河日記(貞)』, 단국대 석주선기념박물관.

_____, 『沔陽雜錄』, 단국대 석주선기념박물관.

朴鴻緒 편, 『潘南朴氏世譜』, 潘南朴氏大宗中, 1981.

白居易, 『白氏長慶集』, 『문연각사고전서』 1080.

司馬遷, 『史記』, 탐구당.

徐居正, 『東人詩話』, 『한국시화총편』 1, 동서문화사.

_____, 『四佳集』, 『한국문집총간』 11, 한국고전번역원.

_____ 찬, 『東文選』, 『고전원문』, 한국고전번역원.

徐師曾, 『文體明辯』, 臺灣 北平文化學社, 1932.

成大中, 『靑城集』, 『한국문집총간』 248, 한국고전번역원.

成三問, 『成謹甫先生集』, 『한국문집총간』 10, 한국고전번역원.

蘇　大, 『新安文獻志』, 『문연각사고전서』 1375.

蕭統 편, 『文選』, 문선연구회.

孫洙 편, 『唐詩三百首』, 동양고전종합DB, 전통문화연구회.

安鼎福, 『順菴集』, 여강출판사, 1984.

梁啓超, 『飮氷室文集』, 上海 廣智書局, 1905.

_____, 『梁啓超全集』, 北京出版社, 1999.

梁國治 찬, 『欽定國子監志』, 『문연각사고전서』 600.

黎靖德 편, 『朱子語類』, 『문연각사고전서』 700~702.

_____ 편, 『朱子語類』, 中華書局, 1994.

梧岡祠講會所 편, 『略辨韓史』, 한국학중앙연구원 장서각.

王伯大 편, 『別本韓文考異』, 『문연각사고전서』 1073.

王守仁, 『王文成全書』, 『문연각사고전서』 1265-1~1266-1.

王禕 찬, 『王忠文集』, 『문연각사고전서』 1226.

王重民, 『中國善本書提要』, 上海古籍出版社, 1983.

郁賢皓 편, 『李白選集』, 上海古籍出版社, 1990.

魏慶之 편, 『詩人玉屑』, 韓國漢詩硏究院, 1992.

魏仲擧 편, 『五百家註音辨昌黎先生集』, 『문연각사고전서』 1074.

柳得恭, 『泠齋集』, 『한국문집총간』 260, 한국고전번역원.

＿＿＿, 『古芸堂筆記』, 아세아문화사, 1985.

＿＿＿, 『泠齋書種』, 修綆室 소장.

劉履 찬, 『風雅翼』, 『문연각사고전서』 1370.

兪晩柱, 『欽英』, 서울대 규장각, 1997.

劉安 著, 安吉煥 編譯, 『淮南子』, 명문당, 2013.

劉剡 편, 『大學章句重訂輯釋章圖通義大成』, 갑진자본, 국립중앙도서관.

＿＿ 편, 『詳說古文眞寶大全前集』, 일본 내각문고.

＿＿ 년, 『選詩』, 白氏 종가 소장.

＿＿ 편, 『選詩續編』, 국립중앙도서관.

＿＿ 편, 『少微家塾點校附音資治通鑑節要』, 무신자본, 국립중앙도서관.

＿＿ 편, 『新刊重訂輯釋通義源流本末』, 갑진자본, 국립중앙도서관.

＿＿ 편, 『朱子感興詩諸家集解』, 갑진자본, 국립중앙도서관.

＿＿ 편, 『重訂輯釋源流』, 국립중앙도서관.

兪鎭 편, 『策文』, 고려대도서관.

劉學鍇 외, 『李商隱詩歌集解』, 中華書局, 1998.

劉 勰, 『文心雕龍』, 『문연각사고전서』 1478.

柳希春, 『眉巖先生集』, 『한국문집총간』 34, 한국고전번역원.

尹光心, 『幷世集』, 국립중앙도서관.

尹定鉉, 『梣溪先生遺稿』, 『한국문집총간』 306, 한국고전번역원.

尹弼重 편, 『坡平尹氏魯宗派譜』, 파평윤씨노종파보간행위원회, 1983.

尹行恁, 『碩齋別稿』, 『한국문집총간』 288, 한국고전번역원.

李 岡, 『鐵城聯芳集』, 국립중앙도서관.

李 穀, 『稼亭集』, 『한국문집총간』 3, 한국고전번역원.

李奎報, 『東國李相國集』, 『한국문집총간』 1, 한국고전번역원.

李圭象, 『幷世才彦錄』, 창작과비평사, 1997.

李箕紹, 『滄江先生實紀』, 『金澤榮全集(陸)』, 아세아출판사, 1978.

李德懋, 『靑莊館全書』, 『한국문집총간』 257, 한국고전번역원.

李德弘, 『艮齋集』, 『한국문집총간』 51, 한국고전번역원.

李　陸, 『靑坡集』, 『한국문집총간』 13, 한국고전번역원.

李　白, 『李太白文集』, 『문연각사고전서』 1066.

李　穡, 『牧隱藁』, 『한국문집총간』 3, 한국고전번역원.

_____, 『牧隱詩藁』, 『한국문집총간』 4, 한국고전번역원.

_____, 『牧隱文藁』, 『한국문집총간』 5, 한국고전번역원.

李睟光, 『芝峯類說』, 『고전원문』, 한국고전번역원.

李崇仁, 『陶隱集』, 『한국문집총간』 5, 한국고전번역원.

李　珥, 『栗谷先生全書』, 『한국문집총간』 44, 한국고전번역원.

____ 편, 『精言玅選』, 연세대 도서관.

李宗洙 편, 『朱子感興詩諸家集解』, 국립중앙도서관.

李澤遂, 『奮齋集』, 서울대 규장각.

李海應, 『薊山紀程・渡灣』, 『燕行錄選集』, 한국고전번역원.

李賢輔, 『聾巖集』, 『한국문집총간』 17, 한국고전번역원.

李荇等 찬, 『新增東國輿地勝覽』, 서울대 도서관.

李滉(1), 『退溪先生文集』, 『한국문집총간 29, 한국고전번역원.

李滉(2), 『退溪先生文集』, 계명한문학연구회, 1990.

李　滉, 『陶山全書』, 한국학중앙연구원.

李羲天, 『石樓遺稿』, 국립중앙도서관.

任聖周 편, 『朱文公先生齋居感興詩詩家注解集覽』, 국립중앙도서관.

任　廉, 『暘葩詩苑』, 『한국시화총편』 金, 경인문화사, 1989.

張啓成 외, 『文選全釋』, 貴州人民出版社, 1994.

張志淵 편, 『張志淵全書』, 단국대 동양학연구소.

儲仲君, 『劉長卿詩編年箋注』, 中華書局, 1996.

鄭道傳, 『三峯集』, 『한국문집총간』 5, 한국고전번역원.

鄭夢周, 『圃隱先生文集』, 『한국문집총간』 5, 한국고전번역원.

丁若鏞, 『與猶堂全書』, 여강문화사.

鄭惟一, 『文峯先生文集』, 『한국문집총간』 30, 한국고전번역원.

鄭宗魯, 『立齋先生文集』, 『한국문집총간』 253, 한국고전번역원.

程　頤, 『伊川易傳』, 『문연각사고전서』 9-155.

_____, 『程氏經說』, 『문연각사고전서』 182-45.

正　祖, 『弘齋全書』, 『한국문집총간』 267, 한국고전번역원.

_____ 찬, 「御製養老務農頒行小學五倫行實鄕飮儀式鄕約條例」, 탁본 1첩, 서울대 규장각.

鄭 玄 찬, 『禮記注疏』, 『문연각사고전서』 115.

曺兢燮, 『深齋集』, 景文社, 1980.

趙斗淳, 『心庵遺稿』, 『한국문집총간』 307, 한국고전번역원.

趙殿成, 『王右丞集箋注』, 上海古籍出版社, 1998.

朱彝尊, 『經義考』, 『문연각사고전서』 111.

朱 熹, 『詩傳』, 경문사, 1979.

_____, 『論語集註』, 이이회, 1983.

_____, 『大學集註章句』, 이이회, 1983.

_____, 『孟子集註』, 이이회, 1983.

_____, 『大學·中庸集註』, 이이회, 1983.

_____, 『儀禮經傳通解』, 『문연각사고전서』 131-1.

_____(1), 『朱子全書』, 『문연각사고전서』 720.

_____(2), 『朱子全書』, 上海古籍出版社.

_____, 『朱熹集』, 四川教育出版社, 1996.

朱熹·呂祖謙 찬, 『近思錄』, 보경문화사, 1995.

曾國藩, 『曾文正公全集』, 臺灣 世界書局, 1978.

蔡 模, 『文公先生感興詩』, 서울대 규장각.

學部 편, 『韓國歷代史略』, 『한국개화기교과서총서』 13, 아세아문화사, 1977.

韓方信, 「哭平齋李文敬公岡」, 『東文選』, 서울대 규장각.

韓汝愈, 『遁翁集』, 『한국문집총간』 44, 한국고전번역원.

許 曄, 『逸齋先生集』, 『한국문집총간』 28, 한국고전번역원.

헐버트 편, 『大東紀年』, 국립중앙도서관.

胡廣 찬, 『詩傳大傳』, 경문사, 1979.

_____ 찬, 『周易大傳』, 경문사, 1979.

洪樂仁, 『安窩遺稿』, 국립중앙도서관.

洪奭周, 『淵泉先生文集』, 『한국문집총간』 294, 한국고전번역원.

洪錫熹 편, 『豊山洪氏族譜』, 풍산홍씨대종회, 1962.

洪龍漢, 『長洲集』, 연세대도서관.

洪履祥, 『慕堂集上』, 『한국문집총간』 6, 한국고전번역원.

洪稷榮, 『小洲集』, 연세대도서관.

洪直弼, 『梅山先生文集』, 『한국문집총간』 252, 한국고전번역원.
洪翰周, 『智水拈筆』, 아세아문화사, 1984.
黃宗羲 찬, 『增補宋元學案』, 중화서국, 1770.
黃 玹, 『梅泉續集』, 『한국문집총간』 348, 한국고전번역원.

2. 연구논저

강명관, 「정도전의 "재도론" 연구」, 『한문학논집』 10집, 단국한문학회, 1992.
강문식, 「포은 정몽주의 교유 관계」, 『한국인물사연구』, 한국인물사연구회, 2009.
고혜령, 「高麗 士大夫와 元制科」, 『국사관논총』 24, 국사편찬위원회, 1991.
곽미선, 「김택영의 망명시기 문학 활동 연구」, 연세대 박사학위논문, 2010.
郭紹虞, 『照隅室古典文學論叢』, 臺灣 丹靑圖書, 1985.
국립중앙박물관, 『朝鮮時代 風俗畵』, 한국박물관회, 2002.
김남형, 「『精言妙選』의 文獻的 檢討」, 『韓國漢文學硏究』 23, 한국한문학회, 1998.
김동훈, 「김택영, 근대적 각성과 중국문인들의 영향」, 『한국한문학연구』 28, 한국한문학회, 2001.
김두종, 『韓國古印刷技術史』, 탐구당, 1974.
김명호, 『열하일기 연구』, 창작과 비평사, 1990.
_____, 「환재 박규수 연구(1)-수학기의 박규수」, 『민족문학사연구』 4, 민족문학사연구소, 1997.
_____, 『박지원 문학 연구』, 성균관대 대동문화연구원, 2001.
_____, 「『양매시화』 해제」, 『단국대 소장 연민문고 <동장귀중본> 해제집』, 문예원, 2012.
_____, 『연암문학의 심층 탐구』, 돌베개, 2013.
_____, 『열하일기 연구(수정증보판)』, 돌베게, 2022.
김문식, 「18세기 서울 여성의 머리장식」, 『문헌과 해석』 42, 태학사, 2008.
_____, 「연암 박지원의 목민서, 『七事考』」, 『동양학』 48, 단국대 동양학연구원, 2010.
_____, 「『汋陽雜錄』 해제」, 『단국대 소장 연민문고 <동장귀중본> 해제집』, 문예원, 2012.
김병국, 「精言妙選의 文獻的 檢討와 栗谷의 詩觀」, 『書誌學報』 15, 한국서지학회, 1995.
김성윤, 『朝鮮後期 蕩平政治 硏究』, 지식산업사, 1997.
김수영, 「연암 박지원의 서상수(徐常修)에게 윤회매(輪回梅) 사라고 보낸 편지 연구」, 『민족문학사연구』 34, 민족문학사, 2007.
김영진, 「조선후기 사대부의 야담 창작과 향유의 일양상- 盧命欽·盧兢 父子와 豊山 洪鳳漢家와의 관계를 中

　　　　　心으로-」, 『어문논집』 37, 안암어문학회, 1997.

_____, 「朴趾源의 필사본 小集들과 自編稿『烟湘閣集』및 그 계열본에 대하여」, 『동양학』 48, 단국대 동양학연구소, 2010.

_____, 「『연암집 부록』 해제」, 『단국대 소장 연민문고 <동장귀중본> 해제집』, 문예원, 2012.

김월회, 「新體散文이 매체와 만나는 두 양상」, 『대동문화연구』 45, 성균관대 대동문화연구원, 2004.

김윤수, 「『詳說古文眞寶大全』과 批點古文」, 『중국어문학』 15, 영남중국어문학회, 1988.

_____, 「『十九史略』의 源流와 韓國的 展開」, 『계간서지학보』 6, 한국서지학회, 1992.

김윤조(1), 「幷世集 所載 연암 작품의 검토 - 특히 士章哀辭 를 중심으로-」, 『안동한문학논집』 4, 안동한문학회, 1990.

_____(2) 「燕巖의 李夢直哀辭 에 대하여」, 『한문교육연구』 4, 한국한문교육학회, 1990.

_____, 「朴榮喆本 燕巖集의 錯誤・脫落에 대한 검토-'文' 부분을 대상으로 '勝溪文庫本 燕巖集'과 비교하여」, 『漢文學論集』 10, 단국한문학회, 1992.

_____ 역주, 『역주 과정록』, 태학사, 1997.

_____(1), 「『燕巖草稿 三: 錦衕藏弄集』 해제」, 『단국대 소장 연민문고 <동장귀중본> 해제집』, 문예원, 2012.

_____(2), 「『燕巖集草藁補遺(九)』 해제」, 『단국대 소장 연민문고 <동장귀중본> 해제집』, 문예원, 2012.

김진우, 『言語와 文化』, 중앙대학교 출판부, 1996.

김풍기, 『朝鮮前期 文學論 研究』, 태학사, 1996.

김학주, 『조선시대 간행 중국문학 관계서 연구』, 서울대출판부, 2000.

김혈조, 「『流觴曲水亭集 乾・坤』 해제」, 『단국대 소장 연민문고 <동장귀중본> 해제집』, 문예원, 2012.

_____ 옮김, 『열하일기(1)(2)(3)』, 돌베개, 2017.

단국대 석주선기념박물관, 『한국전통 어린이복식』, 단국대학교 출판부, 2000.

도현철, 「이색의 서연강의」, 『역사와 현실』 제62호, 한국역사연구회, 2006.

_____, 「이색의 유교교화론과 일본 인식: 새로 발견된 대책문을 중심으로」, 『이색 연구를 통해 본 한국 중세사 연구방법』, 연세대학교 국학연구원 제407회 국학연구발표회 발표요지, 2010.

董士偉, 『康有爲評傳』(國學大師叢書本, 南昌 百花洲文藝出版社, 1994.

목은연구회, 『牧隱 李穡의 生涯와 思想』, 목은연구회, 1996.

_____, 『韓中牧隱李穡研究』, 목은연구회, 2000.

박걸순, 「韓末 學部의 編纂史書와 그 歷史認識」, 『忠北史學』 5, 충북대학교 사학회, 1992.

박광용, 「조선후기 탕평 연구」, 서울대 박사학위 논문, 1994.

박철상, 「白光弘 內賜本『選詩』의 書誌的 의미」, 『한국학논집』 38, 한양대 동아시아문화연구소, 2004.

박현모, 「일제시대 공화주의와 복벽주의의 대립-3·1운동 전후의 왕정복고[復辟]운동을 중심으로-」, 『정신문화연구』 봄 30-1, 한국학중앙연구원, 2007.
卞東波, 「조선의 『齋居感興二十首』의 유통과 수용 양상 연구」, 『한국문화』 54, 규장각한국학연구소, 2011.
변주승, 「신유박해의 정치적 배경」, 『한국사상사학』 16, 한국사상사학회, 2001.
徐復觀, 『徐復觀先生全集(2)』, 臺灣 學生書局, 1986.
葉乾坤, 『梁啓超와 舊韓末 文學』, 법전출판사, 1980.
＿＿＿, 「梁啓超與語文分離」, 『中國學報』 24, 한국중국학회, 1984.
송혁기, 「연암 문학의 발견과 실학의 지적 상상력」, 『한국실학연구』 18, 한국실학학회, 2009.
신호열·김명호 옮김, 『연암집(상)(중)(하)』, 돌베게, 2007.
심경호(1), 「正祖의 經學類 書籍 御定·御命撰과 經學思想」, 『계간서지학보』 21, 한국서지학회, 1998.
＿＿＿(2), 「조선조의 杜詩集 간행과 杜詩 受容」, 『杜詩와 杜詩諺解 硏究』, 태학사, 1998.
안유경, 「이현일의 '격물치지'설」, 『동양철학』 30, 한국동양철학회, 2008.
梁啓超, 『淸代學術槪論』, 학민문화사, 1998.
양승무, 「退溪와 栗谷의 理氣心性論 비교연구」, 『유교사상연구』 22, 한국유교학회, 2005.
엄연석, 「포은 정몽주의 유가적 의리실천과 역사철학적 인식」, 『한국인물사연구』, 한국인물사연구회, 2009.
오금성, 「중국의 과거제와 그 정치·사회적 기능: 송·명·청대의 사회의 계층이동을 중심으로」, 『科擧』, 일조각, 1981.
오수경, 『연암그룹 연구』, 월인, 2013.
이가원, 「『연암집』 逸書·逸文 및 附錄에 대한 小攷」, 『국어국문학』 39·40, 국어국문학회, 1968.
＿＿＿ 역, 『열하일기(상)』, 대양서적, 1973.
이강범, 「康有爲 『新學僞經考』의 淵源과 經學 주장, 그리고 政治的 파장」, 『中國語文學論叢』 44, 중국어문학회, 2007.
이강엽, 「『열하일기』의 우언문학적 해석」, 『국제어문』 27, 국제어문학회, 2003.
이광호, 「李退溪學問論의 體用的 構造에 관한 연구」, 서울대 박사학위논문, 1993.
李 軍, 「康有爲與孔敎會的保守主義思想述評」, 『退溪學』 16, 안동대학교 퇴계학연구소, 2007.
이동철, 「번역으로서의 동아시아」, 『고전, 고전번역, 문화번역』, 미다스북스, 2010.
이동환, 「李穡에게 있어서의 道學의 文學的 闡發」, 『牧隱李穡國際學術大會發表要旨』, 1997.
이민홍, 『士林派文學硏究』, 형설출판사, 1985.
＿＿＿, 「退溪詩歌의 品格 硏究」, 『泮橋語文硏究』 4, 반교어문학회, 1992.
이성무, 「한국의 과거제와 그 성격: 고려·조선 초기를 중심으로」, 『科擧』, 일조각, 1981.
＿＿＿, 『조선시대 당쟁사』, 아름다운날, 2007.

이승수, 「1386년 정몽주의 南京 사행, 路程과 詩境」, 『민족문화』 40, 한국고전번역원, 2015.
이연세, 「栗谷의 風格論에 대한 硏究」, 『고전비평연구』 2, 태학사, 1998.
이익주, 「杏村 李嵒의 생애와 정치활동」, 『행촌 이암의 생애와 사상』, 일지사, 2002.
이의강, 『杜詩諺解 硏究』, 도서출판 다운샘, 2006.
이종문, 「燕巖 朴趾源의 漢詩에 關한 한 考察」, 『한국한문학연구』 39, 한국한문학회, 2007.
李澤厚·劉綱紀 주편, 權德周·金勝心 공역, 『中國美學史』, 대한교과서주식회사, 1992.
이현복, 「梁啓超의 小說과 文學 관념」, 『中國語文論叢』 55, 중국어문연구회, 2007.
이현일, 「泊翁 李明五 시 연구」, 『한국한시연구』 19, 한국한시학회, 2011.
인권환, 『高麗時代 佛敎詩의 硏究』, 고대 민족문화연구소, 1989.
임형택, 「16세기 士林派의 文學意識」, 『韓國學論集』 3, 계명대 한국학연구소, 1975.
장동익, 「麗元文人의 交遊」, 『국사관논총』 31, 국사편찬위원회, 1992.
정길수, 「『연암집』 해제」, 『연민문고 소장 연암박지원 작품 필사본 총서』, 문예원, 2012.
정재철, 「杏村 李嵒 시의 연구」, 『한문학논집』 18, 근역한문학회, 2000.
_____, 『이색 시의 사상적 조명』, 집문당, 2002.
_____, 『고문진보 연구』, 문예원, 2014.
조병한, 「梁啓超의 국민국가론과 民權·民族 관념」, 『서강인문논총』 22, 서강대 인문과학연구소, 2007.
진단학회, 『진단학보』 102호, 진단학회, 2006.
최경훈, 「조선전기 주자 저술의 간행에 대한 연구」, 『서지학연구』 42, 한국서지학회, 2009.
최석기, 「朝鮮 前期의 經書 解釋과 退溪의 『詩釋義』」, 『퇴계학보』 92, 퇴계학연구소, 1996.
최성환, 「정조의 의리 탕평과 노론 벽파의 대응」, 『조선후기 탕평정치의 재조명』, 태학사, 2011.
최영애, 『중국어란 무엇인가』, 통나무, 2008.
최형욱(1), 「조선의 梁啓超 수용과 梁啓超의 조선에 대한 인식」, 『韓國學論叢』 45, 한양대 한국학연구소, 2009.
_____(2), 「梁啓超의 詩界革命論이 개화기 한국 시론에 미친 영향」, 『한국언어문화』 38, 한국언어문화학회, 2009.
최혜주, 『滄江 金澤榮의 韓國史論』, 도서출판 한울, 1996.
한국역사연구회, 『역사와 현실』 제62호, 한국역사연구회, 2006.
한국고전번역원, 『국역 열하일기』, 『한국고전종합DB』, 2017.
한영우, 「杏村 李嵒과 《檀君世紀》」, 『행촌 이암의 생애와 사상』, 일지사, 2002.
허남진, 「張載의 氣一元論과 任聖周의 氣一分殊說」, 『한국문화』 43, 규장각한국학연구소, 2008.
허태용, 「17세기 후반 正統論의 강화와 『資治通鑑節要』의 보급」, 『韓國史學史學報』 3, 한국사학사학회, 2001.
胡 適, 「文學改良芻議」 『中國新文學大系』 1, 上海 良又復興圖書印刷公司, 1941.

홍영의, 「공민왕의 반원개혁과 안동몽진의 추이」, 『고려 공민왕과 임시수도 안동』, 안동대학교 민속학연구소, 2004.
홍학희, 「栗谷 李珥의 詩文學硏究」, 이화여대 박사학위논문, 2001.

**한국한문학의
재도문학 수용 양상**

초판1쇄 발행 2024년 5월 10일

지은이 정재철
펴낸이 홍종화

주간 조승연
편집·디자인 오경희·조정화·오성헌
　　　　　　신나래·박선주·정성희
관리 박정대

펴낸곳 민속원
창업 홍기원
출판등록 제1990-000045호
주소 서울 마포구 토정로 25길 41(대흥동 337-25)
전화 02) 804-3320, 805-3320, 806-3320(代)
팩스 02) 802-3346
이메일 minsok1@chollian.net, minsokwon@naver.com
홈페이지 www.minsokwon.com

ISBN 978-89-285-1980-4 94810
SET 978-89-285-0359-9

ⓒ 정재철, 2024
ⓒ 민속원, 2024, Printed in Seoul, Korea

이 책은 저작권법에 따라 보호를 받는 저작물이므로 무단전재와 복제를 금지하며,
이 책의 전부 또는 일부를 이용하려면 반드시 저작권자와 출판사의 서면동의를 받아야 합니다.